FÍSICA

Ensino Médio, Vestibulares e Concursos

Revisão
Gilda Regina Cury Cioff e
Arnaldo Pereira

Capa
Andréa Magalhães da Silva

Produção e Arte Final
Sergio Clemente

Montagem
Francisco Gomes do Nascimento

Composição:
Editora Obelisco Ltda.

Fotolitos:
Dimensão 3, Estúdio Gráfico

Atualização:
Diamantino Fernandes Trindade e
Fausto Pinto de Oliveira

Dados Internacionais de Catalogação na Publicação (CIP)
(Câmara Brasileira do Livro, SP, Brasil)

Miranda, Valdir da Silva
Física – ensino médio, vestibulares e concursos / Valdir da Silva Miranda.
— São Paulo : Ícone, 2008.

ISBN 978-85-274-0970-4

1. Física (Ensino médio) I. Título.

08-01090 CDD-530.07

Índices para catálogo sistemático:

1. Física : Ensino médio 530.07

ÍCONE EDITORA LTDA.
Rua Anhanguera, 56 – Barra Funda
CEP 01135-000 – São Paulo – SP
Tel./Fax.: (011) 3392-7771
www.iconeeditora.com.br
e-mail: iconevendas@iconeeditora.com.br

Valdir da Silva Miranda

FÍSICA

Ensino Médio, Vestibulares e Concursos

ATUALIZAÇÃO:
Diamantino Fernandes Trindade
Fausto Pinto de Oliveira

Ícone editora

1. FÍSICA

1. O QUE É A FÍSICA

A Física é a Ciência que estuda os fenômenos físicos, tais como:

a gota de chuva que cai,
o carro que anda,
o rádio que toca,
o cachorro que late etc.

Qualquer transformação que ocorre com um corpo do Universo, constitui um fenômeno. Os fenômenos que ocorrem nos seres vivos, são estudados pela Biologia. Os fenômenos que ocorrem com a matéria inanimada são estudados pela Física. Os fenômenos que ocorrem com a matéria inanimada e que alteram a natureza do corpo, são estudados pela Química.

Os fenômenos físicos (elementos da Física), são observáveis pela experimentação. Experimentação, significa fazer a verificação como esses corpos se comportam sob determinadas circunstâncias. Fazer uma experimentação, significa investigar uma Lei da Natureza. O cientista que faz uma investigação desta ordem, está desenvolvendo o que é chamado pelas ciências de Método Científico. Foi o cientista italiano Galileu Galilei que criou o Método Científico.

2. DIVISÃO DA FÍSICA

A Física de hoje, responsável por inúmeros avanços científicos decorrentes de importantes descobertas, possui para o nosso estudo a seguinte classificação:

Ramo	Estuda
Mecânica	movimento
Termologia	calor
Física Ondulatória	ondas, som
Óptica	luz e visão
Eletricidade	fenômenos elétricos
Eletromagnetismo	fenômenos magnéticos

Em particular, a Mecânica pode ser subdividida em partes tais como:

Ramo	Estuda
Cinemática	os movimentos dos corpos sem se preocupar com as causas que o produziram.
Dinâmica	as relações entre as forças e os movimentos.
Estática	as condições de equilíbrio.

3. MEDIDAS FÍSICAS

A medição é de importância fundamental para a Física. O ato de medir é sempre uma comparação entre duas grandezas da mesma espécie, realizada com auxílio de instrumentos.

Há casos em que a medida é feita diretamente. Esse processo recebe o nome de "medição direta". Como um exemplo, temos o comprimento de um objeto qualquer.

Há outros casos em que a medida não é feita diretamente. Esse processo recebe o nome de "medição indireta". Como exemplo, temos a área de um corpo qualquer. (Para um caderno, medimos a largura e a altura.).

4. UNIDADE FÍSICA

Quando se realiza uma medida física ou uma comparação entre duas grandezas, a grandeza a ser medida é comparada com um padrão que se chama – unidade de medida ou simplesmente unidade.

O comprimento é uma grandeza de medida. Existem diversas unidades de comprimento (quilômetro, metro, centímetros etc.). Para comprimentos pequenos, usa-se o centímetro, já para comprimentos maiores, usa-se o quilômetro.

A massa é uma outra grandeza de medida. Para a massa, existem diversas unidades (miligrama, grama, quilograma etc.).

O tempo é uma outra grandeza de medida importante na Física. Para o tempo, existem diversas unidades (ano, mês, dia, hora etc.), sendo o segundo a unidade de tempo mais usada.

5. ERROS DE MEDIÇÃO

a) erros – tipos

Qualquer medição, por mais bem feita que seja, é sempre aproximada. Neste ponto de vista, qualquer medição física deve incluir uma estimativa do erro cometido.

Os erros que podem aparecer num processo de medição podem ser divididos em 3 categorias:

1ª) erros grosseiros

Este tipo de erro é devido à incompetência ou desatenção de quem mede. Pode ser devido à leitura, uso inadequado do instrumento, engano na hora da devida marcação.

2ª) erros acidentais

Este tipo de erro pode ocorrer ocasionalmente, mesmo a um experimentador competente e cuidadoso. Pode ser devido a uma má posição, ou alteração instantânea da corrente elétrica, variação brusca de temperatura, variação brusca de pressão, de volume etc.

3ª) erros sistemáticos

Este tipo de erro pode ser devido às imperfeições do aparelho, ou devido a uma falha do método adotado. O erro sistemático aparece em todas as medições.

b) *valor mais provável*

O valor mais provável da medida de uma grandeza é obtido quando se efetuam várias medições da mesma. Após obter várias medidas, determina-se o valor médio dessas medidas. O valor médio (V_m) dessas medidas é dado por:

$$V_m = \frac{V_1 + V_2 + V_3 + V_4 + \ldots\ldots + V_n}{n}$$

onde n é o número de medidas e $V_1, V_2 \ldots V_n$ o valor de cada medida feita.

Por exemplo, se desejamos conhecer o valor mais provável de uma haste e para isso, efetuamos cinco medidas conforme os dados abaixo:

$v_1 = 15{,}15$ cm $v_4 = 15{,}00$ cm
$v_2 = 15{,}02$ cm $v_5 = 15{,}10$ cm
$v_3 = 15{,}03$ cm

O valor médio dessas medidas é

$$V_m = \frac{15{,}15 + 15{,}02 + 15{,}03 + 15{,}00 + 15{,}10}{5} =$$

$$= \frac{75{,}30}{5} = V_m = 15{,}06 \text{ cm}$$

Para cada medida realizada, há necessidade de ser encontrado o desvio das medidas realizadas.

Chamemos de d os desvios. Para as medidas acima, o desvio encontrado é:

d = |valor médio – valor das medidas realizadas|

ou

$d_1 = |v_m - v_1| = |15{,}06 - 15{,}06| = 0{,}09$ cm
$d_2 = |v_m - v_2| = |15{,}06 - 15{,}02| = 0{,}04$ cm
$d_3 = |v_m - v_3| = |15{,}06 - 15{,}03| = 0{,}03$ cm
$d_4 = |v_m - v_4| = |15{,}06 - 15{,}00| = 0{,}06$ cm
$d_5 = |v_m - v_5| = |15{,}06 - 15{,}10| = 0{,}04$ cm

O desvio médio desses desvios será dado por:

$$d_m = \frac{d_1 + d_2 + d_3 + d_4 + d_5}{5} =$$

$$d_m = \frac{0{,}09 + 0{,}04 + 0{,}03 + 0{,}06 + 0{,}04}{5} = \frac{0{,}26}{5} =$$

$d_m = 0{,}052$ cm

O valor mais provável ou comprimento (c) desta haste é dado por:

$c = V_m \pm d_m$

$c = 15{,}06 \pm 0{,}052$ cm

O número $c = 15{,}06 \pm 0{,}052$ cm é o resultado da série de medições, e representa o valor mais provável do comprimento da haste.

6. ALGARISMOS SIGNIFICATIVOS

Os zeros situados à esquerda de um número que expressa uma medida, não dão nenhuma informação quanto à precisão da medida. Eles aparecem ou desaparecem conforme as unidades utilizadas para expressar a medida. Com exceção desses zeros, todos os outros algarismos fornecidos são necessários para expressar a confiança que se tem do resultado.

Ao fornecer 9,1 cm como resultado de uma medida, não podemos escrever simplesmente 9,10 cm.

Dizemos 9,1 cm e situamos a medida entre 9,05 e 9,15 cm.

Dizemos 9,10 cm e situamos a medida entre 9,095 e 9,105 cm.

Exemplo

1. Seja o número 2,342 m resultado de uma medida.

Esse número ou a medida é fornecida com quatro algarismos significativos.

Essa afirmação, leva à conclusão:
a medida é provavelmente maior que 2,3415 m e menor que 2,3425 m.

2. Olhando num amperímetro, verificou-se estar marcando 4. Como todos os amperímetros medem correntes, a leitura será 4A. No entanto, a menor graduação da escala do amperímetro é 1A e o ponteiro coincide, na precisão, com o traço da graduação 4.
Logo, essa medida é expressa por 4,0A e não 4 A.

7. NOTAÇÃO CIENTÍFICA E POTÊNCIA DE DEZ

Denomina-se notação científica a um número expresso pela forma

$N \cdot 10^n$ com n inteiro e $1 \leqslant N < 10$

A potência de dez é uma forma mais simples de escrever grandes números. Há dois casos a considerar:

Exemplos: $2{,}7 \cdot 10^8$ $3{,}82 \cdot 10^{-6}$; $1{,}01 \cdot 10^{-5}$

1º caso: expoente $\geqslant 0$

Exemplos	$10^4 = 10 \times 10 \times 10 \times 10 = 10000$
$10^0 = 1$	$286 = 28{,}6 \cdot 10$
$10^1 = 10$	$286 = 2{,}86 \cdot 100$ ou $2{,}86 \times 10^2$
$10^2 = 10 \times 10 = 100$	$36000 = 3{,}6 \cdot 10000 = 36 \cdot 10^4$

Regra

Quando a vírgula é deslocada para a esquerda, o expoente de 10 é positivo e é igual ao número de casas deslocadas.

Exemplos

$2386{,}5 = 2{,}3865 \,.\, 10^3$ = três casas deslocadas para a esquerda

$5608000 = 5{,}608 \,.\, 10^6$ = seis casas deslocadas para a esquerda

2º caso: expoente < 0

Exemplo

$$10^{-1} = \frac{1}{10} = 0{,}1$$

$$10^{-3} = \frac{1}{10^3} = \frac{1}{1000} = 0{,}001$$

$$5.10^{-3} = \frac{5}{10^3} = \frac{5}{1000} = 0{,}005$$

Regra

Quando a vírgula é deslocada para a direita, o expoente de 10 é negativo e é igual ao número de casas deslocadas.

Exemplos

$0{,}037 = 37.10^{-3}$ = três casas deslocadas para a direita

$3.542 = 354{,}2 \,.\, 10^{-2}$ = duas casas deslocadas

$0{,}000046 = 0{,}46 \,.\, 10^{-4}$ = quatro casas deslocadas

EXERCÍCIOS RESOLVIDOS

1. Na medição da espessura de uma chapa de ferro, foram obtidos em 5 tentativas os valores:

1ª medida = 1,97 mm	4ª medida = 2,05 mm
2ª medida = 2,01 mm	5ª medida = 1,98 mm
3ª medida = 2,04 mm	

Pedem-se

a) O valor médio das medidas.
b) Os desvios das 5 medidas.
c) O valor mais provável da medida.

Solução

a) A soma dos 5 valores é:

$$1{,}97 + 2{,}01 + 2{,}04 + 2{,}05 + 1{,}98 = 10{,}05$$

O valor médio V_m é: $V_m = \dfrac{10{,}05}{5} = 2{,}01$ mm

b) Os desvios apresentados são:

$d_1 = \lvert 2{,}01 - 1{,}97 \rvert = 0{,}04$	$d_4 = \lvert 2{,}01 - 2{,}05 \rvert = 0{,}04$
$d_2 = \lvert 2{,}01 - 2{,}01 \rvert = 0{,}00$	$d_5 = \lvert 2{,}01 - 1{,}98 \rvert = 0{,}03$
$d_3 = \lvert 2{,}01 - 2{,}04 \rvert = 0{,}03$	

c) Cálculo do valor mais provável.

O desvio médio dessas medidas, será:

$$d_m = \frac{0{,}04 + 0{,}00 + 0{,}03 + 0{,}04 + 0{,}03}{5} = \frac{0{,}14}{5}$$

$d_m = 0{,}028$ mm

O valor mais provável ou o comprimento será expresso por:

$c = v_m \pm d_m$

$c = 2{,}01 \pm 0{,}028$ mm

2. Escrever os números abaixo em potência de 10.

a) $1000 = 10^3$
b) $3.900 = 39 \,.\, 10^2 = 3{,}9 \,.\, 10^3$
c) $74850 = 748{,}50 \,.\, 10^2 = 7{,}4850 \,.\, 10^4$
d) $0{,}001 = 10^{-3}$
e) $0{,}000347 = 347 \,.\, 10^{-5} = 3{,}47 \,.\, 10^{-4}$

3. Expressar em notação científica, o resultado de cada uma das operações indicadas:

a) 2 m + 400 cm = $6 \,.\, 10^2$ cm
b) 78 mm + 40 cm = $4{,}78 \,.\, 10^{-1}$ m
c) $2 \,.\, 10^3$ cm + $4{,}7 \,.\, 10^5$ mm = $4{,}9 \,.\, 10^5$ mm
d) 7 kg + 300 g = $7{,}3 \,.\, 10^3$ g
e) 27 g + 0,06 kg = $8{,}7 \,.\, 10^{-2}$ kg
f) 2 h + 30 min = $9 \,.\, 10^3$ s

EXERCÍCIOS PROPOSTOS

1. Numa série de 10 medidas da espessura de uma chapa, foram obtidos os valores:

1,43 cm	1,47 cm	1,43 cm
1,45 cm	1,46 cm	1,41 cm
1,44 cm	1,44 cm	1,42 cm

Calcular:

a) Valor médio das medidas.
b) Desvios apresentados.
c) Valor mais provável dessa espessura.

2. Em três medições da distância entre dois traços foram obtidos os resultados:

66,473 mm; 66,468 mm; 66,475 mm

Achar:

a) O valor médio.
b) Os desvios dos resultados.
c) O valor mais provável (maneira mais correta de apresentar o resultado).

Resposta:

a) 66,472 mm b) + 0,001; −0,004; + 0,003
c) 66,472 ± 0,004 mm.

3. Escreva os números abaixo em potência de 10.

a) $200000 = 2 \,.\, 10^5$	c) $830 = 0{,}083 \,.\, 10^4$
b) $48{,}7 = 487000$	d) $0{,}00034 = 0{,}034 \,.\, 10^{-2}$

4. Escreva os seguintes números em notação científica.

a) $3\,800 = 3{,}8 \,.\, 10^2$
b) $376{,}08 = 3{,}7608 \,.\, 10^2$
c) $87{,}4 \,.\, 10^2 = 8{,}74 \,.\, 10^3$
d) $0{,}0075 = 7{,}5 \,.\, 10^{-3}$
e) $734 \,.\, 10^{-8} = 7{,}34 \,.\, 10^{-6}$
f) $0{,}042 \,.\, 10^{-3} \doteq 4{,}2 \,.\, 10^{-5}$

2. GRÁFICOS

1. INTERPOLAÇÃO. EXTRAPOLAÇÃO

Quando realiza-se experiências onde são feitas várias medições das grandezas envolvidas, obtém-se dados experimentais imprescindíveis à análise e descrição do fenômeno.

A relação entre as grandezas envolvidas no fenômeno pode ser analisada e estabelecida através de uma equação, tabela ou gráfico.

O gráfico citado, é do tipo cartesiano (dois eixos perpendiculares) e a leitura pelo gráfico dos valores obtidos pode implicar em dois valores. O primeiro por interpolação e o segundo por extrapolação.

Interpolação: quando a leitura dos valores está situada entre os pontos obtidos experimentalmente.

Extrapolação: quando a leitura dos valores está situada fora dos pontos obtidos experimentalmente.

Exemplo:

O gráfico abaixo foi obtido experimentalmente. Determine graficamente os valores aproximados de y quando: a) x = 3,0,; b) x = 1,5; c) x = 60.

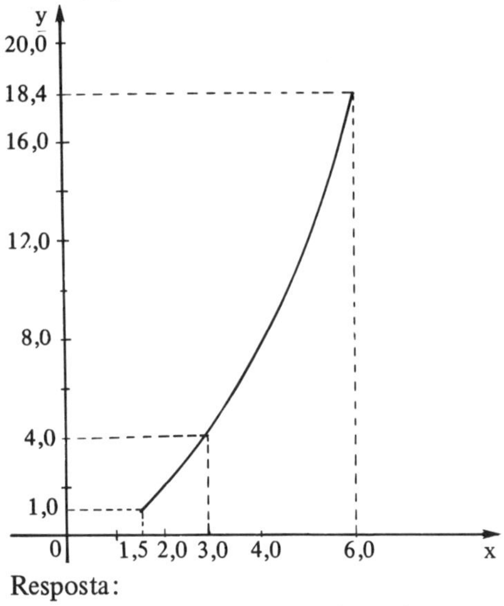

Resposta:

a) Para x = 3,0 obtemos pelo gráfico: y = 4,0 temos aqui uma interpolação.

b) Para x = 1,5 o gráfico não apresenta valores experimentais correspondentes de y. Assim, realizamos uma extrapolação prolongando o gráfico mas procurando manter a tendência da curva original. Observe no gráfico, as linhas tracejadas representam extrapolações. Fazendo a extrapolação temos: para x = 1,5, y = 1,0.

c) Neste caso fazemos extrapolação. As observações do item (b) valem aqui. Para x = 6,0 obtemos y = 18,4.

2. COEFICIENTE ANGULAR

A Física é uma ciência ligada à Matemática. A tangente de um ângulo num triângulo retângulo é uma relação matemática importante no estudo da física. O triângulo retângulo ABC abaixo.

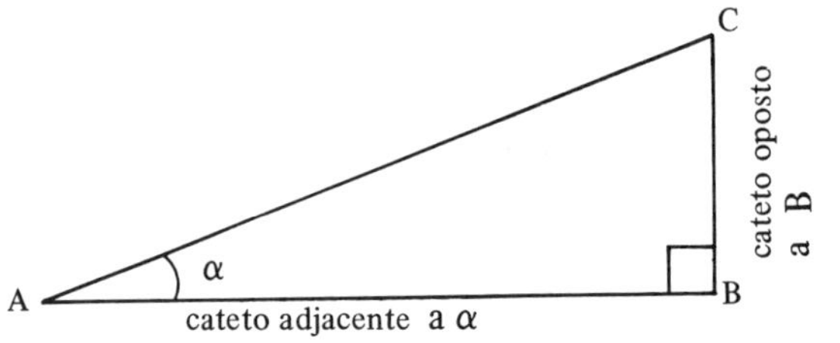

a tangente do ângulo α é abreviada por tg α, e é dada pela razão abaixo:

$$\text{tg}\,\alpha = \frac{\text{cateto oposto a }\alpha}{\text{cateto adjacente a }\alpha}$$

ou

$$\text{tg}\,\alpha = \frac{BC}{AB}$$

Seja o gráfico abaixo:

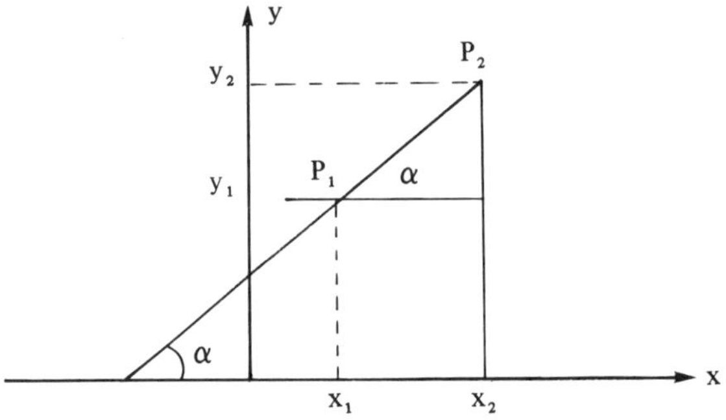

O ponto P_1 tem abscissa x_1 e ordenada y_1

O ponto P_2 tem abscissa x_2 e ordenada y_2

$y_2 - y_1$ = diferença das ordenadas y_2 e y_1

$x_2 - x_1$ = diferença das abscissas $x_2 - x_1$

Nestas condições, chama-se coeficiente angular ou dedividade da reta à relação:

$$\text{coeficiente angular da reta} = \frac{y_2 - y_1}{x_2 - x_1}$$

Conforme a figura $(y_2 - y_1)$ e $(x_2 - x_1)$, são os catetos oposto e adjacente ao ângulo α, respectivamente. Logo, podemos escrever:

$$\text{coeficiente angular} = \text{tg}\,\alpha \text{ (numericamente)}$$

3. GRANDEZAS DIRETAMENTE PROPORCIONAIS E GRANDEZAS INVERSAMENTE PROPORCIONAIS

a) *Grandezas diretamente proporcionais*

A tabela abaixo, representa as massas em gramas e os respectivos volumes em cm^3 de um mesmo corpo.

m(g)	2,4	4,8	7,2	9,6
V(cm^3)	0,3	0,6	0,9	1,2

A relação $\frac{m}{V}$ é constante, dará:

$$\frac{m}{V} = \frac{2,4}{0,3} = 8, g/_{cm^3}$$

$$\frac{m}{V} = \frac{4,8}{0,6} = 8\ g/_{cm^3}$$

$$\frac{m}{V} = \frac{7,2}{0,9} = 8\ g/_{cm^3}$$

$$\frac{m}{V} = \frac{9,6}{1,2} = 8\ g/_{cm^3}$$

Neste caso, diz-se que a massa é diretamente proporcional ao volume e o número 8 $g/_{cm^3}$ é a constante de proporcionalidade. Essa constante, recebe o nome de densidade absoluta do corpo.

b) *Grandezas inversamente proporcionais*

Uma grandeza é inversamente proporcional, quando o produto entre elas for constante.

Se x for uma grandeza e y for outra grandeza (de mesma unidade), e o produto x . y = constante, temos uma grandeza inversamente proporcional. Chamando K essa constante, teremos:

$$\boxed{x \cdot y = K} \quad \text{, ou} \quad \boxed{y = \frac{K}{x}}$$

EXERCÍCIOS DE REVISÃO (RESOLVIDOS)

1. Calcular o coeficiente angular da reta do gráfico a seguir:

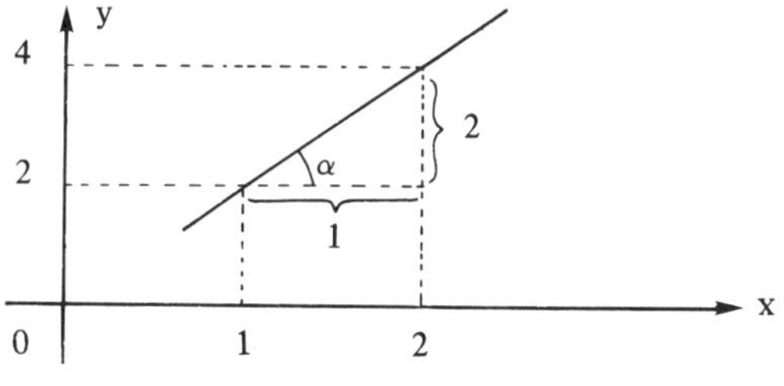

$$tg\ \alpha = \frac{2}{1} = 2, \text{portanto,}$$

coeficiente angular = 2

2. A área de um círculo é diretamente proporcional ao quadrado do raio. Triplicando o raio, de quanto ficará multiplicada a área?

Solução: sendo $A \alpha R^2$,

$$\frac{A_1}{A_2} = \frac{R_1^{\ 2}}{R_2^{\ 2}} \rightarrow \text{como } R_2 = 3\ R_1,$$

$$\frac{A_1}{A_2} = \frac{R_1^{\ 2}}{(3\ R_1)^2} = \frac{R_1^{\ 2}}{9\ R_1^{\ 2}} = \frac{1}{9}$$

$$\frac{A_1}{A_2} = 9 \rightarrow \boxed{A_2 = 9\ A_1}$$

3. O volume de uma esfera de raio R é diretamente proporcional a R^3. Se a razão entre os raios de duas esferas vale 2, qual é a razão entre os seus volumes?

Solução

$V \alpha R^3$

$$\frac{V_1}{V_2} = \frac{R_1^{\ 3}}{R_2^{\ 3}} = \left(\frac{R_1}{R_2}\right)^3$$

A relação $\frac{R_1}{R_2} = 2$, logo

$$\frac{V_1}{V_2} = (2)^3 \rightarrow \boxed{\frac{V_1}{V_2} = 8}$$

EXERCÍCIOS PROPOSTOS

1. Calcule o coeficiente angular dos gráficos abaixo, onde m, V, S, t representam a massa, o volume, a distância do Km 0 a um marco quilométrico da estrada e tempo, respectivamente.

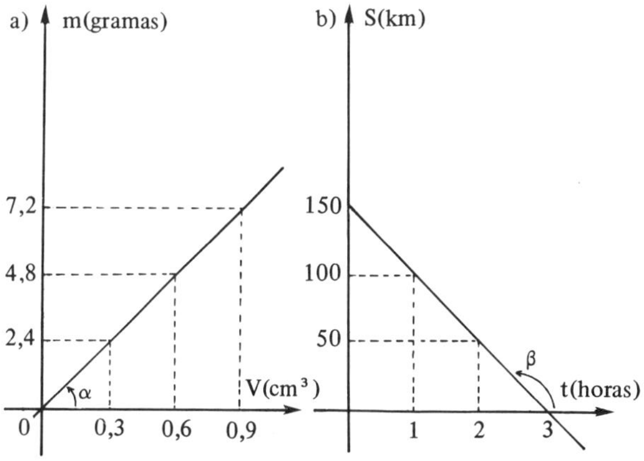

Resposta

a) $tg\ \alpha = 8$

ou

coeficiente = 8 $g/_{cm^3}$

b) $tg\ \beta = -50$

ou

coeficiente angular = $-50 \frac{Km}{h}$

2. Pendurando um corpo na extremidade de um fio com a outra extremidade fixa, a massa máxima que o fio pode suportar, sem se romper, é diretamente proporcional à área A de sua seção transversal (ou grossura do fio). Se um fio cujo raio de sua seção vale R = 1 cm suporta massa m_1 = 500 kg, qual deverá ser o raio para suportar a massa m = 4 500 kg?

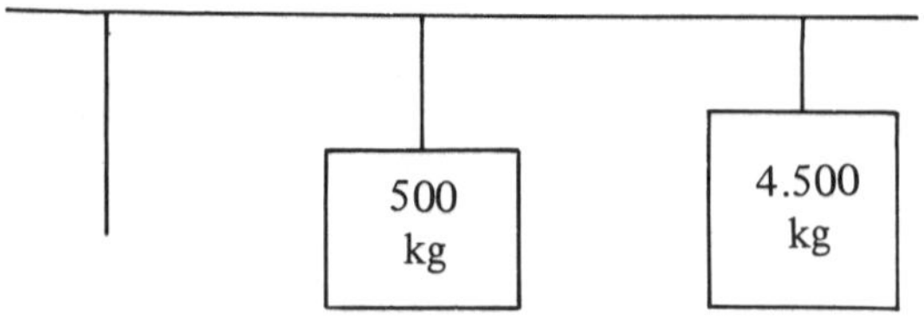

Resposta
R = 3 cm

3. Pode-se dizer que a massa de uma pessoa é diretamente proporcional à área da seção transversal dos ossos da perna. Se duplicar a sua massa, por quanto tempo ficará multiplicado o raio dos ossos da perna?

Resposta
$R = \sqrt{2}\ R$

4. Ao se esticar um fio, torna-se fino; isto quer dizer que o comprimento varia inversamente com a área de sua seção transversal. Se um fio cilíndrico de cobre com raio 5 mm foi esticado e seu comprimento se tornando 100 vezes maior, qual é o seu novo raio?

Resposta
R = 0,5 mm

3. CINEMÁTICA

1. CONCEITOS

Mecânica é a parte da Física que estuda os movimentos e as suas causas. Para fins de estudo, costuma-se dividir a Mecânica em:

Cinemática: é a parte da Mecânica que estuda os movimentos sem considerar as causas produtoras.

Dinâmica: é a parte da Mecânica que estuda as causas do movimento. Entende-se que toda causa capaz de modificar o estado de movimento ou produzir deformação como sendo a força.

Estática: é a parte da Mecânica que estuda os corpos em equilíbrio.

Quando a posição de um corpo muda com o decorrer do tempo, e relativamente a um referencial, dizemos que esse corpo está em movimento. Caso contrário, esse corpo está em repouso.

Todo corpo em movimento, recebe o nome de móvel e o caminho descrito por ele, recebe o nome de trajetória.

A posição de um corpo em movimento pode ser definida de maneira mais simples se conhecermos sua trajetória. Neste caso, escolhe-se na trajetória um ponto que será a origem (0). A seguir, dá-se uma orientação positiva para a trajetória.

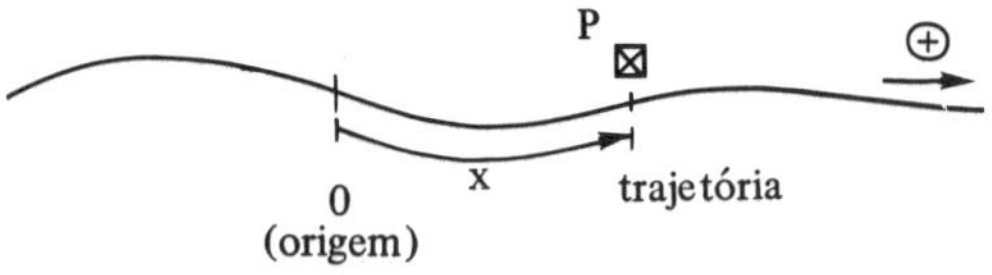

Finalmente, a posição P é dada pela medida algébrica do arco OP. Esse valor recebe o nome de abscissa.

Deslocamento escalar (espaço percorrido). Define-se deslocamento escalar pela relação Δx, dada abaixo:

$$\Delta x = x - x_o$$

onde
x = abscissa final
x_o = abscissa inicial

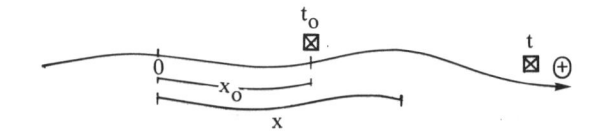

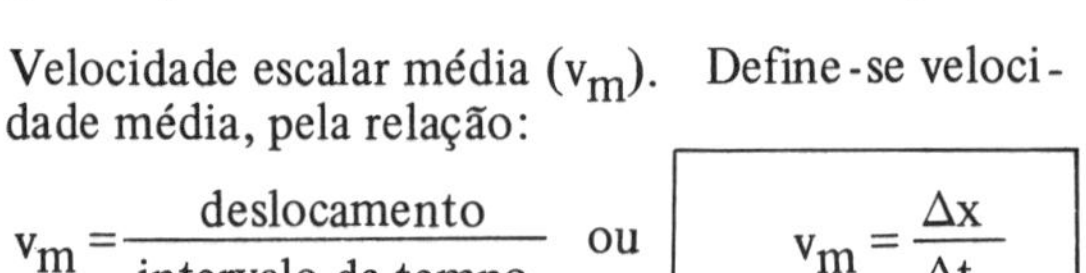

Δx é positivo quando o móvel caminha no sentido da orientação positiva da trajetória, Δx é negativo quando o movimento é em sentido oposto.

Velocidade escalar média (v_m). Define-se velocidade média, pela relação:

$$v_m = \frac{\text{deslocamento}}{\text{intervalo de tempo}} \quad \text{ou} \quad \boxed{v_m = \frac{\Delta x}{\Delta t}}$$

onde
$\Delta x = x - xo$
Δt = intervalo de tempo = t - to

Quando o móvel caminha no sentido da orientação da trajetória, a velocidade média v_m é positiva, quando o móvel caminha em sentido contrário é negativa.

2. MOVIMENTO UNIFORME

Equação horária

A abscissa x de um móvel pode ser determinada através de uma função : $x = f(t)$, denominada equação horária.

O movimento é retilíneo e uniforme, quando a trajetória do móvel é retilínea e a velocidade constante. É abreviado por M.R.U. (Usaremos a partir de agora só a representação M.U.) A equação horária ou função horária, é dada por:

$x = xo + vt$,

onde
x = abscissa final do móvel
xo = abscissa inicial do móvel
v = velocidade (constante)
t = tempo

O gráfico correspondente a essa função é uma linha reta:

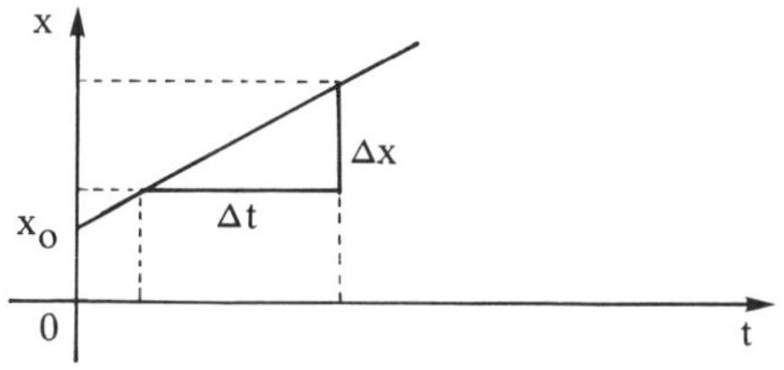

Uma propriedade importante deste gráfico é que a constante da reta representa, numericamente, a velocidade já que esta é constante e vale

$$v = \frac{\Delta x}{\Delta t}$$

A velocidade, sendo constante, o gráfico que representa a velocidade em função do tempo é uma reta paralela ao eixo dos tempos:

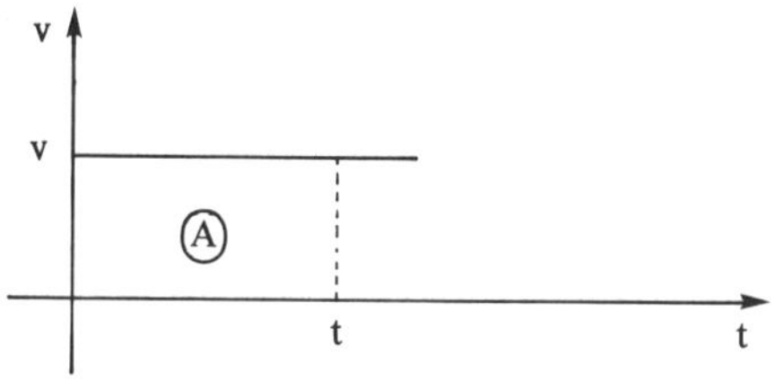

Nos gráficos de *v* x *t* a área A sob a linha é numericamente igual ao deslocamento do corpo no intervalo de tempo considerado. Se a área calculada der um valor negativo significa que o deslocamento é negativo, ou seja, o corpo desloca-se no sentido oposto à orientação da trajetória.

EXERCÍCIOS DE REVISÃO

1. Um elevador sobe 80 m em 1 minuto e 20 segundos e em seguida, volta à sua posição inicial. Calcule a velocidade média deste elevador nos casos:

a) Durante a subida.
b) Durante todo o trajeto.

Solução

a) Transformação do tempo dado em segundos.
1 min 20 s x 60 + 20 s = 80 s

$\Delta x = 80$ m $\qquad \Delta t = 80$ s

Usando a definição de v_m, temos:

$$v_m = \frac{80 \text{ m}}{80 \text{ s}} = 1 \text{ m/s}$$

$$v_m = 1 \frac{m}{s}$$

b) como $x = xo$
$\Delta x = 0$ e conseqüentemente
$v_m = 0$

2. Um carro percorre uma estrada passando pelo km 20 às 2,0 horas e pelo km 60 às 2,4 horas. Calcular a v_m deste carro no intervalo de tempo considerado.

Solução

$\Delta t = 2,4 \text{ h} - 2,0 \text{ h} = 0,4 \text{ h}$
$\Delta x = 60 \text{ km} - 20 \text{ km} = 40 \text{ km}$

$$v_m = \frac{\Delta x}{\Delta t} = \frac{40 \text{ km}}{0,4 \text{ h}} = 100 \frac{\text{km}}{\text{h}} \qquad \boxed{v_m = 100 \frac{\text{km}}{\text{h}}}$$

3. Aplicando a equação horária do M.U. $x = xo + vt$

Calcule o espaço percorrido em 7s por um móvel cuja velocidade é constante e vale $30 \frac{m}{s}$. Admita o móvel partindo do repouso.

Solução

Quando um móvel parte do repouso xo = 0, a equação fica reduzida aos valores: $x = vt$

Aplicando os dados,

$x = 30 \frac{m}{s} \cdot 7s = 210$ m

$x = 210$ m

4. Dois carros passam simultaneamente por um ponto A de uma trajetória e se dirigem para um ponto B distante de A 180 km. Suas velocidades, são:

$v_1 = 60 \frac{\text{km}}{\text{h}}$ e $v_2 = 90 \frac{\text{km}}{\text{h}}$

Calcular qual o tempo em que um chega no ponto B antes que o outro.

Solução

Admitindo que o ponto A passa a ser origem dos espaços percorridos. Então em A passa a ter abscissa zero.

Logo xo = 0

Temos dois imóveis: x_1 = móvel 1 | x_2 = móvel 2
$x_1 = v_1 t_1$ | $x_2 = v_2 t_2$

Cálcular o tempo gasto por cada móvel para percorrer a distância de 180 km.

$180\ km = 60 \frac{km}{h} . t_1 \rightarrow t_1 = 3\ h$

$180\ km = 90 \frac{km}{h} . t_2 \rightarrow t_2 = 2\ h$

Logo

Δt = diferença entre os tempos

$\Delta t = 3 - 2 = 1\ h$
$\Delta t = 1\ h$

5. A distância entre o Sol e a Terra é $1{,}5 . 10^8$ km. Sendo c a velocidade da luz e igual a $3 . 10^5 \frac{km}{s}$. Calcular o tempo gasto pela luz do Sol para atingir a Terra.

Solução

$x = xo + vt$

$xo = 0 \rightarrow x = vt \rightarrow 1{,}5 . 10^8 = 3 . 10^5 . t$

$t = \frac{1{,}5 . 10^8}{3 . 10^5} = 0{,}5 . 10^3\ s$ ou

$t = 500\ s = 8\ min\ 20\ s$

6. A figura abaixo, representa o gráfico x x t do movimento retilíneo de um corpo. Determinar:

a) A equação horária do movimento.

b) O instante em que o móvel passa pela posição de abscissa 10 m.

c) A posição e o deslocamento do móvel no instante 30 s.

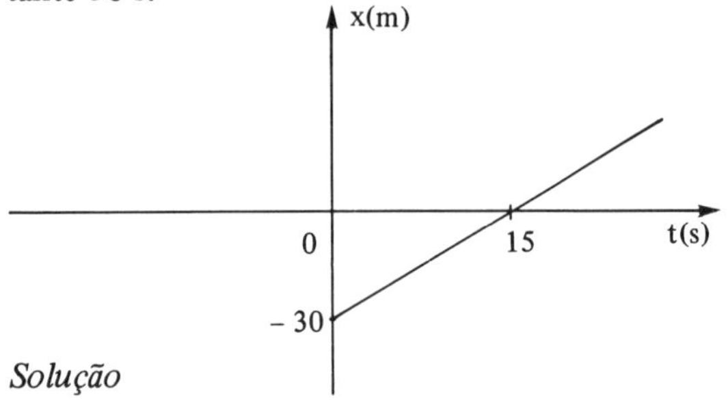

Solução

Do gráfico temos:

$to = 0$

$xo = -30\ m$

quando $x = 0$ temos $t = 15\ s$

a) Como $x = xo + vt$, a velocidade é calculada por: $v = \frac{x - xo}{t} = \frac{0 - (-30)}{15} = \frac{30}{15} = 2\ m/_s$.

A equação ficará: $x = xo + vt$ ou

$$\boxed{x = -30 + 2\ t}$$

b) Para $x = 10$ m, temos:

$10 = -30 + 2\ t \rightarrow 10 + 30 = 2\ t$

$40 = 2\ t \rightarrow t = \frac{40}{2} = 20\ s$

$$\boxed{t = 20\ s}$$

c) Para $t = 30$ s, temos:

$x = -30 + 2\ t$, como $t = 30$ s,

$x = -30 + 2(30) = -30 + 60$ $\boxed{x = 30\ m}$

$\Delta x = x - xo = +30 - (-30) = +30 + 30$

$$\boxed{\Delta x = 60\ m}$$

7. Dois móveis A e B deslocam-se sobre uma mesma reta conforme as equações horárias:

$x_A = -40 + 5t$ e $x_B = 100 - 2\ t$

onde as abscissas são medidas em metros e os instantes em segundos.

Determinar:

a) O instante do encontro.

b) A posição do encontro.

c) Os deslocamentos dos móveis até o instante do encontro.

Solução

a) No instante do encontro, temos: $x_A = x_B$

$-40 + 5t = 100 - 2t$

$+5\ t + 2\ t = 100 + 40 \rightarrow$

$7\ t = 140 \rightarrow t = \frac{140}{7} = 20s.$

$$\boxed{t = 20\ s}$$

b) $x_A = -40 + 5 . t \rightarrow t = 20\ s,$

$x_A = -40 + 5(20) \rightarrow x_A = -40 + 100$

$$\boxed{x_A = 60\ m}$$

$x_B = 100 - 2\ t \rightarrow t = 20s$

$x_B = 100 - 2\ (20) \rightarrow$

$x_B = 100 - 40 \rightarrow$ $x_B = 60\ m$

c) $\Delta x_A = 5 . 20 \longrightarrow$ $\boxed{\Delta x_A = 100\ m}$

$\Delta x_B = -2 . 20 \rightarrow$ $\boxed{\Delta x_B = -40\ m}$

EXERCÍCIOS PROPOSTOS

1. Um automóvel percorre a distância entre São Paulo e São José dos Campos com a velocidade média de $60 \frac{km}{h}$; a distância entre São José dos Campos e Cruzeiro é 100 km e o móvel percorre com a velocidade média de $100 \frac{km}{h}$ e entre Cruzeiro e Rio de Janeiro com velocidade média de $60 \frac{km}{h}$. A distância entre São Paulo e São José é 90 km.

A distância entre Cruzeiro e Rio de Janeiro é 210 km.

Calcule a velocidade média do automóvel entre São Paulo e Rio de Janeiro.

Resposta

$v_m \cong 66{,}67 \frac{km}{h}$

2. A velocidade média de um móvel, na metade de seu percurso é 80 km e na outra metade é 60 km/h. Determine a velocidade média no percurso total.

Resposta

$v_m = 68{,}57$ km

3. Dois navios N_1 e N_2 partem de um mesmo ponto e se deslocam sobre uma mesma reta com velocidades 35 km/h e 25 km/h. A comunicação entre os dois navios é possível, pelo rádio, enquanto a distância entre eles não ultrapassar 600 km. Determine o tempo durante o qual os dois navios podem se comunicar, admitindo que:

a) Os dois navios partem ao mesmo tempo e movem-se no mesmo sentido.

b) O navio mais lento parte duas horas antes do outro e movem-se no mesmo sentido.

c) Os dois navios partem ao mesmo tempo e movem-se em sentidos opostos.

Resposta

a) 60 h b) 65 h c) 10 h

4. Uma tartaruga está a 4 m de uma folha de alface e começa a se mover em direção a folha, com a velocidade constante de 1/10 km/h. Calcule o tempo gasto pela tartaruga para atingir a folha.

Resposta

t = 144 s

5. Um móvel percorre uma reta, em M.U., partindo de um ponto 0. Escreva a equação do movimento sabendo que o espaço percorrido ao fim de 10 s vale 38 cm e que o espaço percorrido ao fim de 15 s vale 53 cm.

Resposta

x = 8 + 3 t

6. Um trem sai da cidade A dirigindo-se para a cidade B com a velocidade constante de 50 km/h.

Calcule o tempo depois da partida do primeiro trem que deverá sair de A outro trem com a velocidade de 75 km/h para alcançar o primeiro trem a 120 km da cidade A.

Resposta

t = 48 minutos

7. Um trem e um automóvel estão caminhando paralelos e num mesmo sentido de um trecho retilíneo. Os seus movimentos são uniformes e a velocidade do automóvel é o dobro da velocidade do trem. Desprezando-se o comprimento do automóvel e tendo o trem 100 m de comprimento, pergunta-se: qual o espaço percorrido pelo automóvel desde o instante em que alcança o trem até o instante que o ultrapassa?

Resposta

x = 200 m

8. Dois móveis partem, simultaneamente de dois pontos A e B e deslocam-se em M.U. sobre a mesma reta, de A para B, com as velocidades de 20 m e 15 m. O encontro dos móveis é verificado após 50 s da partida. Calcule a distância inicial entre os dois móveis.

Resposta

250 m

9. Numa avenida grande, os sinais de tráfego são sincronizados de tal forma que os carros, trafegando a uma velocidade determinada, encontram sempre os sinais abertos (sinal verde). A distância entre os sinais sucessivos (cruzamentos) é de 200 m e que o intervalo de tempo entre a abertura de um sinal e a abertura do sinal seguinte é 12 segundos, qual a velocidade em que devem trafegar os carros para encontrar sempre os sinais abertos?

Resposta

v = 60 km/h

10. Dois trens caminham em sentidos contrários; o primeiro a 18 km/h e o segundo a 24 km/h. Um viajante, colocado no primeiro, observa que o segundo trem leva 13 segundos, para passar por ele. Calcular o comprimento do segundo trem. Supor que ambos os trens tenham *movimento uniforme.*

Resposta

x = 152 m

RESOLVA OS TESTES (DIVERSOS)

1. O gráfico representa a variação da posição de um carro em função do tempo. Através do gráfico, a velocidade média entre os instantes: 2 s e 4 s é: a) 3 m/s b) - 3 m/s c) 0 d) N.R.A.

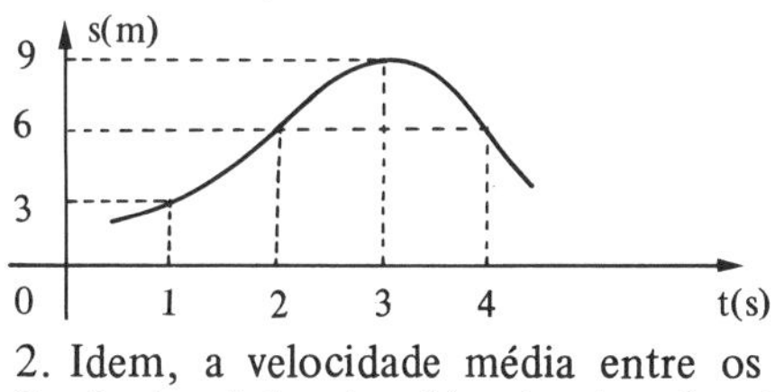

2. Idem, a velocidade média entre os instantes: 0 e 5 s é: a) 1 m/s b) - 2 m/s c) - 0,5 m/s d) - 0,2 m/s

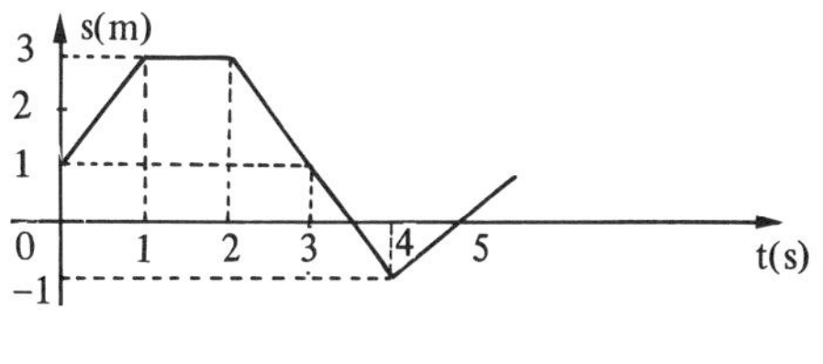

3. Se você percorre uma distância AB durante 30 s com velocidade média de 4 m/s e, em seguida, percorre a distância BC durante 20 s com velocidade média de 5 m/s, a sua velocidade média no percurso AC é:

a) 4 m/s
b) 2 m/s
c) 0
d) N.R.A.

4. Um veículo percorre 20 m com velocidade média de 2 m/s e, em seguida, percorre mais 30 m com velocidade média de 6 m/s. A velocidade média no percurso de 50 m vale:

a) - 3,3 m/s
b) - 6,6 m/s
c) ≅ 3,3 m/s
d) 6,6 m/s

5. Um móvel percorre um espaço AB com velocidade média de 10 m/s e o espaço BC com velocidade média de 20 m/s. Se AB = BC, qual é a velocidade média no percurso AC?

a) ≅ 13,3 m/s
b) = 6,6 m/s
c) = 3,3 m/s
d) = 0

6. De um ponto partem, em movimento uniforme, dois corpúsculos com intervalo de tempo igual a 4 segundos e com sentidos para leste e norte, respectivamente. As suas velocidades, sabendo-se que, após 4 s desde a partida do 2º, a distância que os separa é 5 metros, e depois de 8 s é 8 metros valem:

a) $v_1 \cong 1{,}5$ m/s
$v_2 \cong 1{,}5$ m/s
b) $v_1 \cong 0{,}6$ m/s
$v_2 \cong 0{,}55$ m/s
c) $v_1 \cong 0{,}5$ m/s
$v_2 \cong 0{,}3$ m/s
d) N.R.A.

3. MOVIMENTO UNIFORMEMENTE VARIADO

CONCEITOS

Quando a velocidade de um móvel estiver variando em toda a trajetória por ele descrita, este móvel está realizando um movimento chamado variado (M.V.) A aceleração média do movimento é verificada pela razão existente entre a variação da velocidade Δv pelo intervalo de tempo Δt considerado. Isto pode ser representado pela relação:

a_m = aceleração média

$$a_m = \frac{\Delta v}{\Delta t}$$

O movimento variado é classificado em *acelerado* e *retardado.*

Se o módulo da velocidade for crescente,
o movimento é acelerado.

Se o módulo da velocidade for decrescente,
o movimento é retardado.

Se a aceleração for mantida constante durante todo o movimento, é denominado *uniformemente variado* e, se além disso a trajetória for retilínea, teremos um *movimento retilíneo e uniformemente variado.*

EQUAÇÕES

Da aceleração média.

am = aceleração média

$$am = \frac{\Delta v}{\Delta t} = \frac{v - vo}{t - to}$$

da aceleração instantânea

$$a = \lim_{\Delta t \to o} \frac{\Delta v}{\Delta t}$$

A unidade da aceleração será sempre o quociente da unidade de velocidade por unidade de tempo, ou

$$\frac{\frac{km}{h}}{s}, \frac{\frac{cm}{s}}{s}, \frac{m/s}{s}, \frac{\frac{km}{h}}{min}, \frac{\frac{km}{h}}{h} \quad \text{etc}$$

Da velocidade;

Como $\frac{\Delta v}{\Delta t}$ é constante com o tempo, a aceleração instantânea é a própria aceleração média.

$$a = \frac{\Delta v}{\Delta t}$$

$\Delta v = v - v_o$, e fazendo $t_o = 0$
$\Delta t = t - 0 = t$

Então:

$$a = \frac{v - v_o}{t} \quad \text{ou}$$

$$\boxed{v = v_o + a\,t}$$

Horária

Enquanto o tempo varia de 0 a t, o espaço (ou posição) varia de x_o para x, temos então a equação dada por:

$$\boxed{x = x_o + v_o t + \frac{1}{2} a t^2}$$

De Torricelli

Essa equação não encerra o fator tempo, e é uma relação entre as velocidades e as posições. É dada por:

$$v^2 = v_0^2 + 2a\,(x - x_0)$$

Observação

Quando o corpo em estudo estiver em queda livre, o movimento é dito acelerado, onde a aceleração é a da gravidade, representada pela letra g.

Tomaremos sempre o valor de $g = 10\,\frac{m}{s^2}$, caso contrário será indicado.

O deslocamento pode ser dado através da área da figura geométrica no gráfico da velocidade em função do tempo.

EXERCÍCIOS RESOLVIDOS

1. Um móvel parte do repouso, em movimento retilíneo, com aceleração constante durante 10 s. Sua velocidade no instante 5s é de 20 m/s. Determinar:

a) A aceleração.
b) A velocidade no instante 10 s.
c) O deslocamento nos 10 s iniciais.

Solução

a) $v_0 = 0$ e para t = 5s, v = 20 m/s

$$a = \frac{\Delta v}{\Delta t} = \frac{20 - 0}{5 - 0} \therefore \boxed{a = 4\ m/s^2}$$

b) Da equação da velocidade: $v = v_0 + at$, temos: $v = 0 + 4\,t$, no instante t = 10s:

$$v = 4 \,.\, 10 \therefore \boxed{v = 40\ m/s}$$

c) Da equação horária: $x = x_0 + v_0 t + \frac{a}{2} t^2$, temos para t = 10 s:

$$\Delta x = x - x_0 = 0 \,.\, 10 + \frac{4}{2} \,.\, 10^2 \therefore \boxed{\Delta x = 200\ m}$$

2. O gráfico abaixo, representa a velocidade de um móvel em função do tempo que se desloca sobre uma reta. Determinar:

a) Os deslocamentos nos 10 s e nos 30 s iniciais.
b) As acelerações nos 10 s iniciais e entre 10 s e 30 s.
c) Os tipos de movimento.

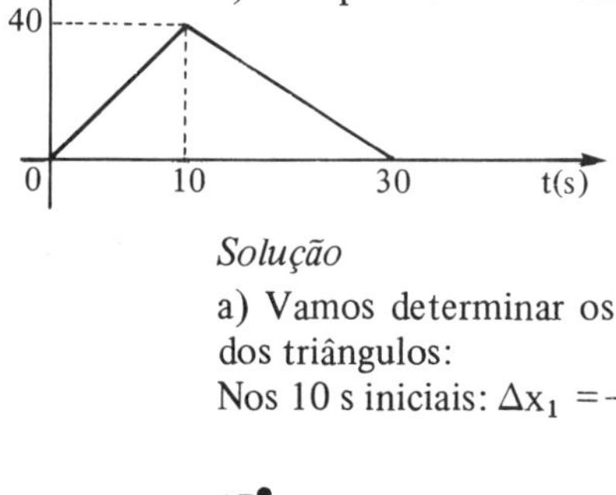

Solução

a) Vamos determinar os deslocamentos pelas áreas dos triângulos:

Nos 10 s iniciais: $\Delta x_1 = \frac{10 \,.\, 40}{2}$ $\boxed{\Delta x_1 = 200\ m}$

Nos 30 s iniciais: $\Delta x = \frac{30 \,.\, 40}{2}$ $\boxed{\Delta x = 600\ m}$

b) Nos 10 s iniciais temos:

$t_0 = 0$ $\quad t = 10\ s$
$v_0 = 0$ e $\quad v = 40\ m/s$

$$a_1 = \frac{40 - 0}{10 - 0} \therefore \boxed{a_1 = 4\ m/s^2}$$

Entre os instantes 10 s e 30 s, temos:

$t_0 = 10\ s$ $\quad t = 30\ s$
$v_0 = 40\ m/s$ e $\quad v = 0$

$$a_2 = \frac{0 - 40}{10 - 10} \therefore \boxed{a_2 = -\ 2\ m/s^2}$$

c) Nos 10 s iniciais o movimento é uniformemente acelerado, pois |v| é crescente ou $a_1 > 0$ e $v > 0$, isto é, a aceleração e a velocidade têm o mesmo sinal.

Entre os instantes 10 s e 30 s o movimento é uniformemente retardado, pois |v| é decrescente ou $a_2 < 0$ e $v > 0$.

3. O gráfico v x t representa a velocidade do elevador em função do tempo. Supondo o eixo das abscissas orientada de baixo para cima, determinar:

a) O instante em que atinge a altura máxima.
b) O deslocamento máximo.
c) O deslocamento nos 50 s iniciais.
d) A velocidade média nos 50 s iniciais.

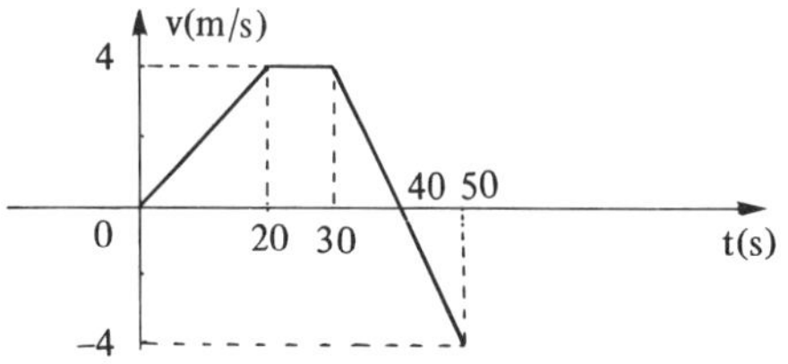

Solução

a) Pelo gráfico pode-se deduzir que o elevador sobe até 40 s e a partir desse instante começa a descer. Portanto, o instante t em que atinge a altura máxima é 40 s.

b) O deslocamento máximo refere-se ao instante 40 s, assim:

$$\Delta x^1 = \Delta x_1 + \Delta x_2 + \Delta x_3 = \frac{20 \,.\, 4}{2} + 10 \,.\, 4 + \frac{10 \,.\, 4}{2} \therefore \boxed{\Delta x^1 = 100\ m}$$

c) Nos 50 s temos: $\Delta x = \Delta x^1 + \Delta x_4$

$$\Delta x = 100 + \frac{10 \,.\, (-\ 4)}{2} = 100 - 20 \quad \boxed{\Delta x = 80\ m}$$

d) $v_m = \frac{\Delta x}{\Delta t}$, substituindo os valores, temos:

$$v_m = \frac{80}{50} \therefore \boxed{v_m = 1{,}6\ m/s}$$

4. Um ponto material parte do repouso e, em M.U.V., adquire a velocidade de 10 m/s em 5 s. Calcule:
a) A sua aceleração.
b) A velocidade no instante t = 8 s.
c) A distância percorrida de 0 a 8 s.
d) A distância percorrida durante o oitavo segundo.

Solução

a) $a = \frac{v - vo}{t} = \frac{10 - 0}{5} = 2 \text{ m/s}^2$

b) $v = vo + a\,t \rightarrow v = 0 + 2 \,.\, 8 \rightarrow v = 16 \text{ m/s}$

c) $\Delta x = v_0 t + \frac{1}{2} at^2 \rightarrow \Delta x = 0 \,.\, 8 + \frac{1}{2} \,.\, 2 \,.\, 8^2$

$\Delta x = 64$ m

$\Delta x = \frac{1}{2} a\,t^2$ (no intervalo de 0 a 7 s)

$\Delta x = \frac{1}{2} \,.\, 2 \,.\, 7^2 = 49$ m

Δx (de 7 a 8 s) = 64 - 49

$\Delta x = 15$ m

5. Um corpo move-se em linha reta obedecendo a seguinte lei:

$x = 5 + 6\,t - \frac{1}{2}\,t^2$

onde x está medido em metros e t em segundos. Para esse movimento, qual é a expressão da velocidade em função do tempo?

Solução

A equação da velocidade é

$v = v_0 + at$

Da equação dada, os valores são:

$v_0 = 6 \frac{m}{s}$

$a = -1 \frac{m}{s^2}$

Logo:

$v = 6 - 1\,t$ ou

$$v = 6 - t$$

6. Um móvel parte do repouso em movimento uniformemente acelerado e atinge a velocidade v_1 após um percurso d. Sua velocidade era v_2 quando percorreu um quarto desse percurso. Determine a relação $v_2 \mid v_1$.

Solução

A velocidade é v_2 quando $\Delta x = \frac{d}{4}$

Aplicando Torricelli: $v_2^2 = v_0{}^2 + 2a\,(x - xo)$ sendo $vo = 0$ (partiu do repouso) e $\Delta x = x - xo$

$v_2^2 = 2\,a\Delta x$, logo

$$v_2{}^2 = 2a\,\frac{d}{4} \qquad (1)$$

A velocidade é v_1 quando $\Delta x = d$. Novamente Torricelli.

$$v_1^2 = 2a\,d \qquad (2)$$

Dividindo (1) e (2), vem:

$$\frac{v_2^2}{v_1^2} = \frac{\cancel{2a}\,\frac{d}{4}}{\cancel{2a}\,d} = \frac{d}{4} : d = \frac{\cancel{d}}{4} \,.\, \frac{1}{\cancel{d}} =$$

$$\frac{v_2^2}{v_1^2} = \frac{1}{4} \rightarrow \frac{v_2}{v_1} = \sqrt{\frac{1}{4}}$$

$$\frac{v_2}{v_1} = \frac{1}{2}$$

7. Dois móveis A e B movem-se na mesma reta, obedecendo às equações abaixo:

$x_A = -10t + 5t^2$ e $x_B = 30 + 5t - 10t^2$

onde x é medido em metro e t medido em segundos. Determinar:

a) O instante em que A e B se encontram.
b) As acelerações a_A e a_B no encontro.
c) As velocidades v_A e v_B no encontro.
d) A posição do ponto de encontro.
e) Quando e onde são iguais as velocidades de A e B.
f) Os instantes em que A e B mudam de sentido.

Solução

a) No encontro, $x_A = x_B$ ou

$-10t + 5t^2 = 30 + 5t - 10t^2$
$5t^2 + 10t^2 - 5t - 10t = 30$
$15t^2 - 15t - 30 = 0 \quad (:15)$
$t^2 - t - 2 = 0$

Resolvendo a equação do 2º grau:

teremos a resposta t = 2s

b) Para achar as acelerações a_A e a_B, multiplique o coeficiente numérico (número) de t^2 por 2. O resultado é a aceleração.

Logo

$a_A = 10 \frac{m}{s^2}$ e $a_B = -20 \frac{m}{s^2}$

Obs. A aceleração de cada móvel é constante.

c) A equação de v_A	A equação de v_B
$v_A = vo + at$	$v_B = vo + at$
$v_A = -10 + 10 \,.\, t$	$v_B = 5 - 20\,t$

O instante do encontro, está no item (a), ou seja t = 2 s.

Então

$v_A = -10 + 10\,(2)$	$v_B = 5 - 20\,(2)$
$v_A = -10 + 20$	$v_B = 5 - 40$
$v_A = 10$ m/s	$v_B = -35$ m/s

d) $x_A = -10t + 5t^2$

$t = 2s$ (tempo de encontro)

$x_A = -10(2) + 5(2)^2$

$x_A = -20 + 20$

$x_A = 0$

$x_B = 30 + 5t - 10t^2$

$x_B = 30 + 5(2) - 10(2)^2$

$x_B = 30 + 10 - 40$

$x_B = 0$

e) Quando as velocidade são iguais.

$v_A = -10 + 10t$ e $v_B = 5 - 20t$

Para serem iguais $v_A = v_B$

$-10 + 10t = 5 - 20t$

$-10 - 5 = -20t - 10t \rightarrow$

$-15 = -30t \rightarrow \quad t = \dfrac{-15}{-30}$

$t = 0,5s$

onde as velocidades são iguais.

$x_A = -10t + 5t^2$

$t = 0,5s$

$x_A = -10(0,5) + 5(0,5)^2$

$x_A = -5 + 5(0,25)$

$x_A = -5 + 1,25$

$x_A = -3,75$ m

$x_B = 30 + 5t - 10t^2$

$t = 0,5s$

$x_B = 30 + 5(0,5) - 10(0,5)^2$

$x_B = 30 + 2,5 - 10(0,25)$

$x_B = 30 + 2,5 - 2,5$

$x_B = 30$ m

f) Ao mudar de sentido, a velocidade é zero:

$v_A = -10 + 10t$

$v_A = 0$

$0 = -10 + 10t$

$-10t = -10$

$t = 1s$

$v_B = 5 - 20t$

$v_B = 0$

$0 = 5 - 20t$

$+20t = 5$

$t = \dfrac{5}{20}$

$t = 0,25s$

8. O núcleo do átomo de hélio (partícula alfa) é lançado com velocidade de 10^3 m/s em trajetória retilínea no interior de um tubo de 2,0 m de comprimento, o qual faz parte de um acelerador de partículas. Sendo constante a aceleração e $9 \cdot 10^3$ m/s a velocidade de saída da partícula, o tempo gasto no interior do tubo será de:

$v^2 = v_0^2 + 2a\Delta x$

$(9 \cdot 10^3)^2 = (10^3)^2 + 2a \cdot 2$

$4a = 80 \cdot 10^6$

$a = 2 \cdot 10^7$ m/s²

$v = v_0 + at$

$9 \cdot 10^3 = 10^3 + 2 \cdot 10^7 t$

$2 \cdot 10^7 t = 8 \cdot 10^3$

$t = 0,0004$ s

9. (ITA-SP). Uma partícula é lançada, no vácuo, verticalmente para cima, com uma velocidade inicial de 10 m/s. Dois décimos de segundos depois, lança-se, do mesmo ponto, uma segunda partícula com a mesma velocidade inicial. A aceleração da gravidade é igual a 10 m/s². A colisão entre as duas partículas ocorrerá:

Solução

Orientando o eixo das abscissas segundo a vertical, para cima, com origem no ponto de lançamento e supondo t segundos depois do lançamento da segunda partícula o instante da colisão, temos:

$x_1 = 10(t + 0,2) - 5(t + 0,2)^2$ e $x_2 = 10t - 5t^2$

No ponto de encontro $x_1 = x_2$

$10(t + 0,2) - 5(t + 0,2)^2 = 10t - 5t^2$

Resolvendo a equação encontramos $t = 0,9$ s

Isto é, a colisão se dará 0,9 s após o lançamento da segunda partícula.

A altura acima do ponto de lançamento será:

$x_1 = x_2 = 10t - 5t^2 = 10 \cdot 0,9 - 5 \cdot 0,9^2$

$x_1 = x_2 = 4,95$ m

10. Um corpo foi lançado, verticalmente, para cima com velocidade de 20 m/s. Considerando g constante e igual a -10 m/s², pede-se:

a) A velocidade no instante $t = 0,4$ s.
b) A velocidade na altura máxima.
c) O instante em que atinge a altura máxima.
d) A altura máxima atingida.
e) O tempo de queda.
f) O gráfico (vxt) e (hxt).

Solução

a) $v = v_0 + at \rightarrow$

$v = 20 - 10t \rightarrow v = 20 - 10(0,4) = 16$

$v = 16$ m/s

b) Na altura máxima, v = o (o corpo pára, e desce com inversão de movimento).

c) $v = v_0 + at \rightarrow v = 0$

$0 = 20 - 10t \rightarrow 10t = 20 \rightarrow t = \dfrac{20}{10} = 2$

$t = 2$ s

d) A altura máxima atingida = h

$h = h_0 + v_0t + \dfrac{1}{2}at^2 \rightarrow a = -g$, $h_0 = 0$

$h = v_0t + \dfrac{1}{2}(-g)t^2 \rightarrow$ o tempo é 2s

$h = 20 \cdot (2) + \dfrac{1}{2}(-10)(2)^2 = 20$ m

$h = 20$ m

e) Ao atingir o solo, h = 0, logo

$h = 20t + \dfrac{1}{2}(-10)t^2$

$0 = 20t + \dfrac{1}{2}(-10)t^2 \rightarrow$

$0 = 20t - 5t^2 \rightarrow t_{total} = 4s$

Logo o tempo de queda = tq

tq = 2 s

f)

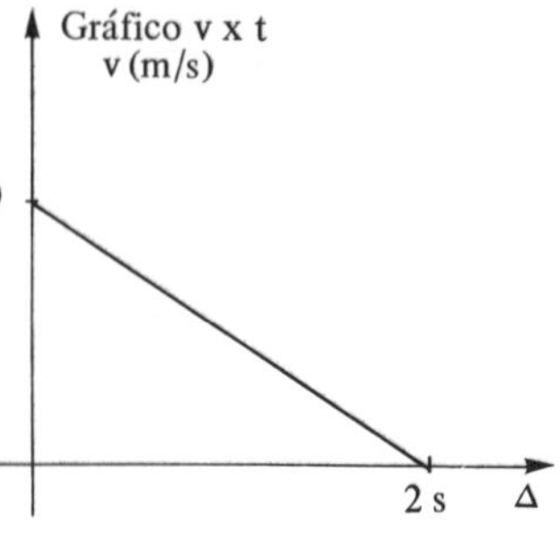

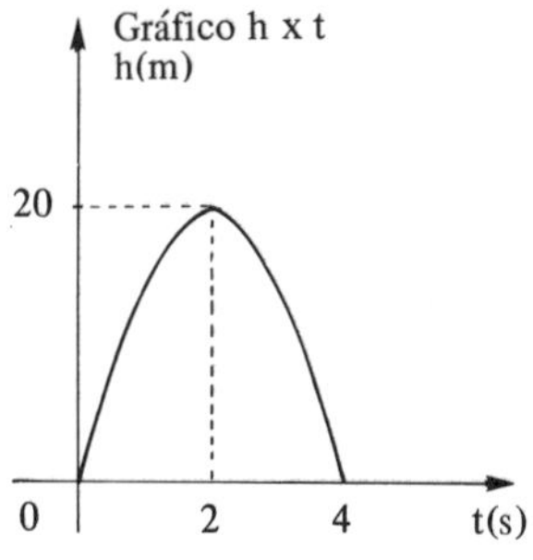

11. Um corpo percorre uma trajetória em M.U.V., passando pelo ponto A da mesma com velocidade de 10m/s e pelo ponto B, distante 25 m de A, com a velocidade de 15 m/s. Determine:

a) Em quanto tempo percorre a distância AB.

b) O deslocamento do corpo 4 s após passar por B.

c) A velocidade ao passar por B.

Solução

a) $\Delta x = \left(\frac{v_B + v_A}{2}\right) t \rightarrow$

$$25 = \left(\frac{15 + 10}{2}\right) t \rightarrow t = \frac{25}{12{,}5} = 2 \text{ s}$$

$$\boxed{t = 2 \text{ s}}$$

b) a = aceleração

$$a = \frac{V_B - V_A}{t} = \frac{15 - 10}{2} = 2{,}5 \text{ m/s}^2$$

Cálculo do deslocamento.

$$\Delta x = V_B\, t + \frac{1}{2} a t^2 = 15 . 4 + \frac{1}{2} . 2{,}5 . 4^2 = 80 \text{ m}$$

$$\boxed{\Delta x = 80 \text{ m}}$$

c) $v = v_B + at \rightarrow \; = 15 + 2{,}5 . 4 =$

$$\boxed{v = 25 \text{ m/s}}$$

PROBLEMAS PROPOSTOS

1. Sabendo-se que uma bala foi impelida verticalmente, de baixo para cima com a velocidade 250 m/s, calcular a duração da ascensão e a altura atingida pela bala, admitindo g = 10 m/s.

Respostas
t = 2 s
h = 3125 m

2. Um barco a vapor tem a velocidade 9 km/h em relação a água tranqüila, e as águas do rio em que navega, 1,2 m/s. Calcular o percurso do barco durante 2h 20min., quando navega no sentido da corrente e em sentido contrário.

Resposta

31 080 m   10 920 m

3. Um barco tem em relação à margem a velocidade 6,2 m/s água abaixo 3,8 m/s água acima. Determinar a velocidade da corrente e do barco.

Resposta
1,2 m/s   5 m/s

4. Lança-se um corpo de cima para baixo, na direção da vertical, com velocidade inicial de 40 m/s. Pede-se o espaço percorrido e a velocidade depois de 2,0 s.

Resposta

99,6 m   59,6 m/s

5. Um corpo cai livremente. Num ponto A de sua trajetória tem a velocidade 29,45 m/s e chega a um ponto B com a velocidade 49,50 m/s. Calcular a distância AB e o tempo necessário para percorrê-la.

Resposta

78,5 m   2,0 s

6. Para se achar a profundidade de um poço, deixou-se cair uma pedra no seu interior e ouviu-se o choque com o fundo do poço, depois de 6,0s. Calcular essa profundidade. Velocidade do som 334 m/s.

Resposta

151 m

7. Uma esfera elástica cai de uma altura 78,40 m acima de um plano, e salta conservando 3/4 da sua velocidade. Que altura alcançará a esfera depois do choque, e que tempo passará para tocar novamente o solo?

Resposta

44,10 m   6,0 s

8. Um corpo cai sem impulso de uma altura de 142m; depois de percorrer 25 m, lança-se outro corpo da mesma altura. Com que velocidade deve ser lançado o segundo corpo, para que os dois toquem o solo ao mesmo tempo?

Resposta

30,0 m/s

9. Um indivíduo colocado a 60m de altura vê passar um corpo lançado de baixo para cima, e 8,0 seg depois o vê voltar. A que altura se elevou o corpo? Com que velocidade passou pelo observador: Admitir g = 10 m/s².

Resposta

140 m   40 m/s

10. Lança-se um corpo de baixo para cima segundo a vertical com uma velocidade 40 m/s. Ao mesmo tempo lança-se com velocidade de mesmo valor, e do ponto mais alto da trajetória do primeiro, um segundo corpo no sentido de cima para baixo. Quando e onde se encontrarão? $g = 10\ m/s^2$.

Resposta

1 seg. e a 35m acima do ponto de partida

11. Com que velocidade deve ser lançado um corpo segundo a vertical de baixo para cima, para atingir a altura de 490m?

Resposta

98 m/s

12. Quer-se bombardear de um aeroplano um ponto A do solo. O avião voa horizontalmente a uma altura de 720 m, a 360 km/h, aproximando-se do ponto A em linha reta. A que distância da vertical do ponto A deve deixar cair uma bomba para atingir o objetivo? Admitir $g = 10 m/s^2$. Desprezar a resistência do ar.

Resposta

1 200 m

13. Durante um nevoeiro, um nagevador recebe dois sinais expedidos simultaneamente por um posto na costa, um deles através do ar e outro através da água. Entre as recepções dos dois sons, decorre o intervalo de tempo $\Delta t = 5$ segundos. Nas condições de experiência, a $v_{som} = 341$ m/s no ar e 1504 m/s na água. Determine a distância x entre o barco e o posto emissor dos sinais.

Resposta

$x \cong 2205$ m

14. Dois carros movem-se no mesmo sentido – sobre uma mesma pista com velocidades – constantes e iguais a 30 m/s e 20 m/s. No instante em que o mais rápido está a 12 m atrás do outro, o seu motorista aplica o freio, introduzindo uma aceleração de $-5\ m/s^2$. Nestas condições, se a pista for estreita, não possibilitando a ultrapassagem, há ou não choque dos carros?

Resposta

Não há choque, pois a solução da equação do 2º grau dá $\Delta < 0$ ($\Delta = -20$).

15. Na estrada, um ônibus mantém normalmente a velocidade de 90 km/h. Um trecho de estrada, de extensão igual a 600 km, está em obras e é transposto pelo ônibus, com velocidade de 18 km/h. O ônibus retardou com $0{,}40\ m/s^2$ ao avizinhar-se do trecho e acelerou com $0{,}20\ m/s^2$ após sair dele. Calcule o atraso do ônibus.

Resposta

156 s

RESOLVA OS TESTES

1. A equação horária de um móvel é $x = 2 - 10t + 5t^2$, onde x corresponde à abscissa e t ao tempo. Podemos afirmar que:

a) A trajetória é retilínea.
b) A trajetória não pode ser curvilínea.
c) No instante t = 1 o móvel se encontra instantaneamente em repouso.
d) O movimento é uniforme.
e) O móvel não passa, em nenhum instante, pela origem das abscissas.

2. Um móvel com a velocidade constante de 80 m/s, percorreu certa distância em 10 s. Um outro móvel, partindo do repouso, deseja perfazer o mesmo percurso, no mesmo intervalo de tempo, mantendo a aceleração constante. A aceleração e a velocidade no final do percurso devem ser, respectivamente, iguais a:

a) $8\ m/s^2$ e 16 m/s
b) $8\ m/s^2$ e 160 m/s
c) $16\ m/s^2$ e 160 m/s
d) $10\ m/s^2$ e 100 m/s
e) n. r. a.

3. Um móvel em movimento acelerado possui aceleração de $6\ cm/s^2$; a velocidade inicial vale 4 cm/s e o espaço inicial vale 20 cm. O espaço percorrido no instante t = 4 s vale:

a) 20 cm
b) 40 cm
c) 60 cm
d) 100 cm

4. Um observador parado vê passar um trem de carga, que tem a velocidade de 4 m/s, e esta passagem dura meio minuto. O comprimento do trem vale:

a) = 120 m
b) = 140 m
c) 160 m
d) 180 m

5. Um automóvel está com a velocidade de 54 km/h e tem que usar os freios repentinamente, sendo que os freios dão uma aceleração em módulo de $2\ m/s^2$. O tempo gasto pelo carro até parar vale:

a) 5,5 s
b) 6,5 s
c) 7,5 s
d) 8,5 s

6. A distância percorrida neste tempo vale:

a) 56,00 m
b) 55,00 m
c) 54,00 m
d) N.R.A.

7. Um ponto material desloca-se com uma certa velocidade segundo um eixo orientado, adquirindo, na origem deste, uma aceleração constante de $-15\ cm/s^2$. Após 6,0 segundos sua velocidade é de 30 cm/s, dirigida segundo o sentido negativo do eixo.
A velocidade do ponto material no instante em que lhe foi comunicada a aceleração é de:

a) 15 cm/s
b) 30 cm/s
c) 45 cm/s
d) N. R. A.

4. VETORES – GRANDEZAS VETORIAIS

Um vetor é um ente matemático. Para ser definido, precisa de três propriedades básicas. São elas: direção sentido e intensidade. É representado por segmentos orientados. Uma letra com uma seta sobre ela indica o vetor:

$\vec{a}$ ——————→ $\vec{b}$

Se dois vetores possuem mesma direção, sentido oposto e mesma intensidade, são chamados de opostos (vetores opostos). Se $\vec{a}$ é um vetor, $-\vec{a}$ é o seu oposto.

A soma de dois vetores dá como resultado um terceiro vetor chamado resultante, por exemplo:

$\vec{a} + \vec{b} = \vec{c}$

Se dois vetores são perpendiculares entre si, sua resultante pode ser obtida aplicando-se o Teorema de Pitágoras.

Na subtração abaixo,

$\vec{a} - \vec{b} = \vec{a} + (-\vec{b})$

Na multiplicação de um vetor $\vec{v}$ por um número n ($n \neq 0$), temos como produto um vetor de intensidade $n \cdot |\vec{v}|$ cuja direção é a mesma da velocidade, de sentido igual ao da velocidade para $n > 0$ e sentido oposto ao da velocidade para $n < 0$.

Exemplos

1. Um avião voa 400 km para o Norte e em seguida 300 km para o Leste. O deslocamento desse avião será:

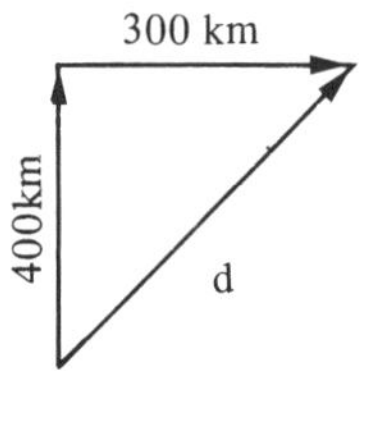

Solução analítica:
Usando Pitágoras
$d^2 = 400^2 + 300^2$
$d^2 = 160.000 + 90.000$
$d^2 = 250.000$
$d = 500$ km

2. Um barco a motor atravessa um rio de 1 km de largura e se dirige perpendicularmente à direção da correnteza do rio, atingindo a margem oposta num ponto situado a 300 m rio abaixo. Supondo a velocidade do barco de 10 m/s, a velocidade da correnteza será:

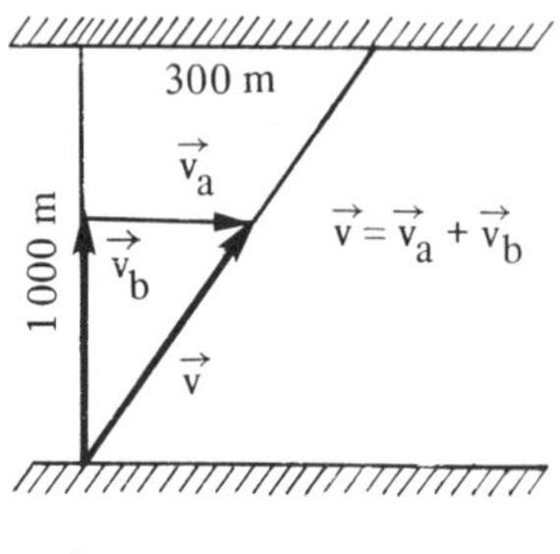

Nesse mesmo intervalo de tempo, a água carrega o barco 300 m rio abaixo com velocidade v_a;

isto é: $\frac{1000}{v_b} = \frac{300}{v_a} \rightarrow$; $\frac{1000}{10} = \frac{300}{v_a}$

$300 = v_a \cdot 100 \rightarrow v_a = 3{,}0$ m/s

EXERCÍCIOS RESOLVIDOS

1. De uma ponte de altura h = 20 m um menino deixa cair uma pedra com a intenção de atingir uma lata flutuante. A correnteza tem velocidade $v_c = 3{,}0$ m/s. A que distância da vertical pela pedra deve situar-se a lata no instante da largada? Considere $g = 10$ m/s^2.

Solução

Dados $\begin{cases} h = 20 \text{ m} \\ v_o = 0 \\ v_c = 3{,}0 \text{ m/s} \end{cases}$
$g = 10$ m/s^2

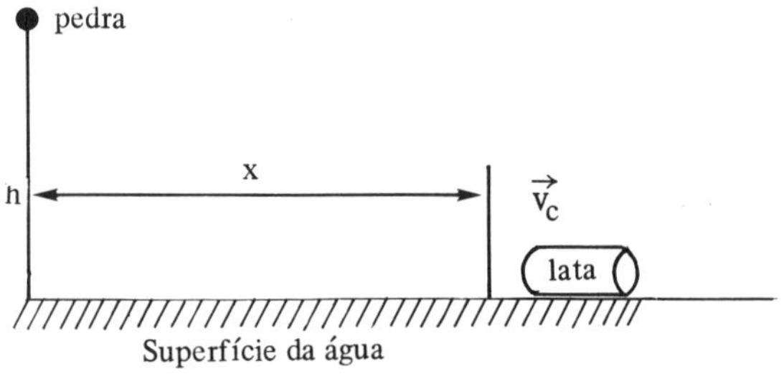

O tempo gasto pela pedra atingir a superfície da água é igual ao tempo para a lata percorrer a distância x, pois os fenômenos são simultâneos.

Para a pedra: $h = \frac{g\,t^2}{2}$

Para a lata: $x = v_e\, t$.

$h = 20 \text{ m} \rightarrow 20 = \frac{10}{2}\, t^2 \rightarrow t = 2$ s

colocando na equação da lata.

$x = v_e\, t \rightarrow x = 3{,}0 \,.\, 2 = 6$ m

Logo $\boxed{x = 6 \text{ m}}$

Observação

Se quisermos obter a soma $\vec{S} = \vec{a} + \vec{b}$ utilizando outro processo, temos a *regra do paralelogramo.*

Se:

teremos

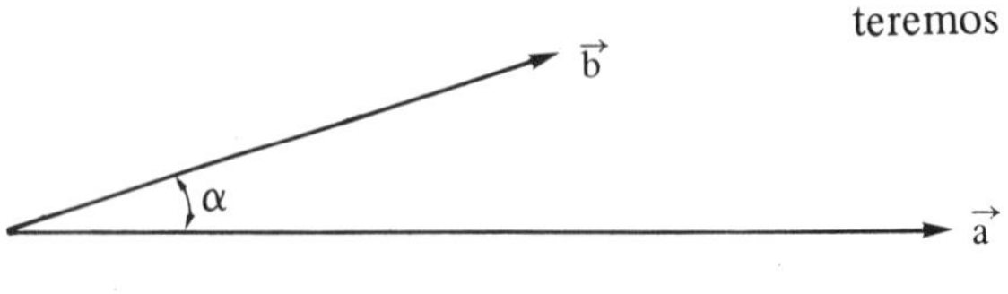

A seguir, completa-se o paralelogramo.

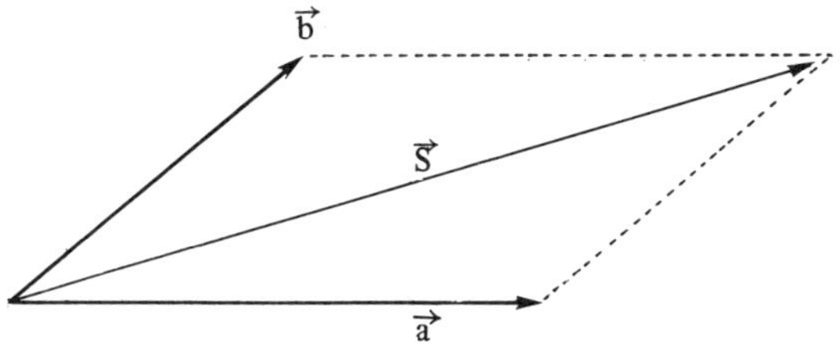

Módulo da Soma:

$$S = \sqrt{a^2 + b^2 + 2\,a\,b\cos\alpha}$$

CASOS PARTICULARES

1º Quando $\vec{a}$ for perpendicular a $\vec{b}$, S é resolvida pela Teorema de Pitágoras.

e $S = \sqrt{a^2 + b^2}$

2º Quando $\vec{a}$ e $\vec{b}$ tiverem a mesma direção e o mesmo sentido, S terá a mesma direção, o mesmo sentido e por módulo a soma dos módulos de $\vec{a}$ e $\vec{b}$.

Se:

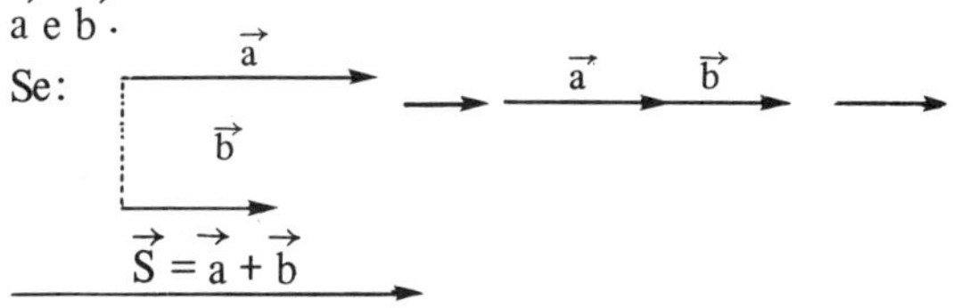

Logo $S = a + b$

3º Quando a e b tiverem mesma direção e sentidos opostos, temos:

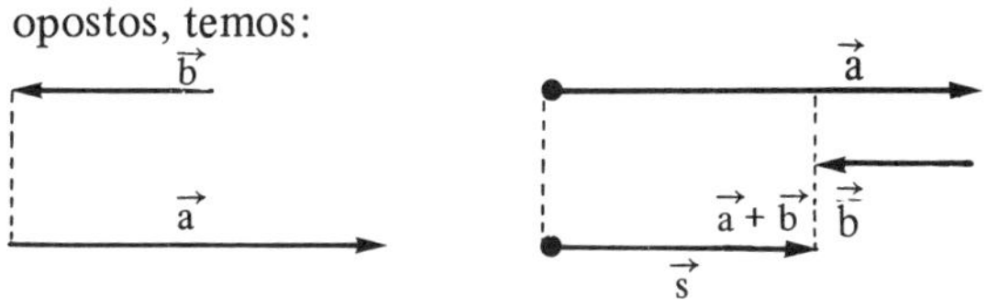

Logo $S = a - b$

EXERCÍCIOS RESOLVIDOS

1. Dados:

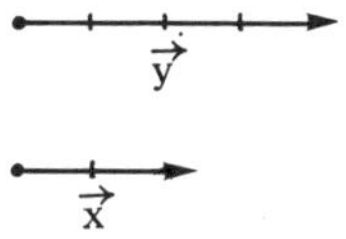

Solução

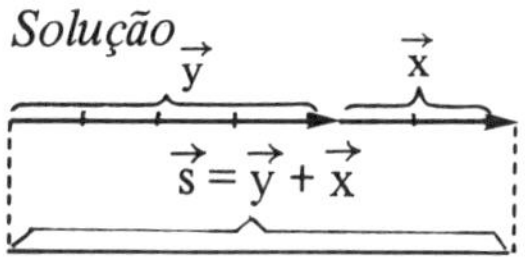

$S = |\vec{y}| + |\vec{x}| = 4 + 2 = 6$

2. Dados:

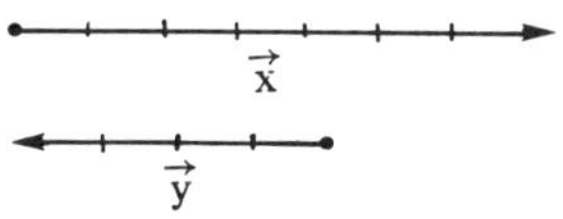

Solução

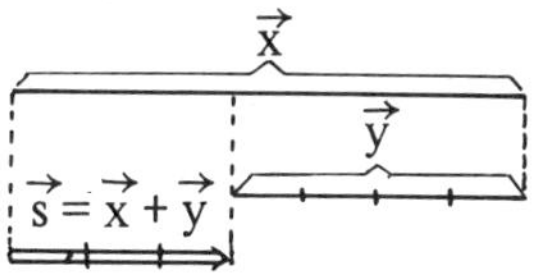

$S = |\vec{y}| - |\vec{x}| = 7 - 4 = 3$

3. Dados:

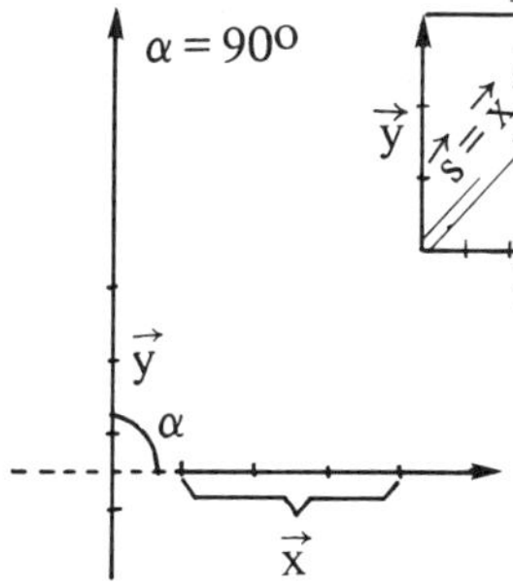

Solução

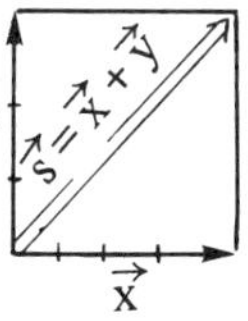

$S = \sqrt{|\vec{x}|^2 + |\vec{y}|^2}$

$S = \sqrt{4^2 + 3^2}$

$S = \sqrt{16 + 9}$

$S = \sqrt{25}$

$S = 5$

4. Dados:

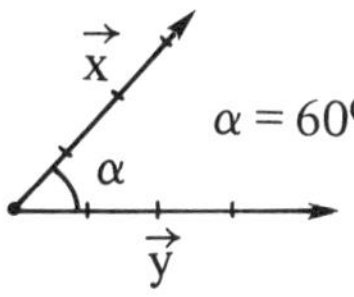

Solução

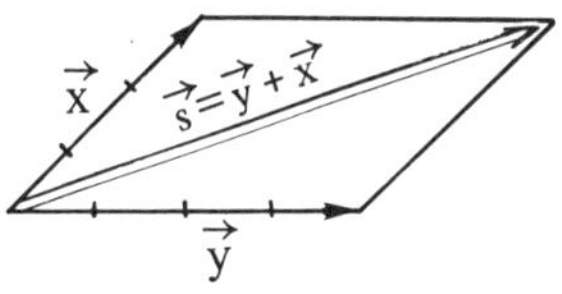

$S = \sqrt{x^2 + y^2 + 2\,xy \times \cos\alpha}$

$S = \sqrt{3^2 + 4^2 + 2 \times 3 \times 4 \times \cos 60^{\circ}}$

$S = \sqrt{9 + 16 + 24 \cdot \frac{1}{2}}$

$S = \sqrt{25 + 12}$

$S = \sqrt{37}$

5. Dados:

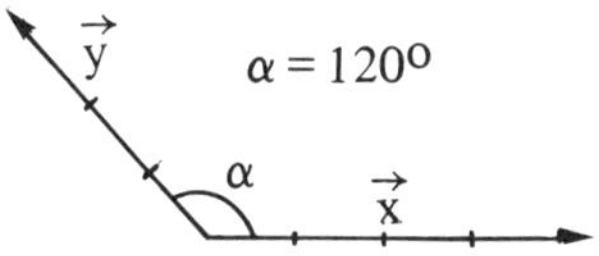

Solução

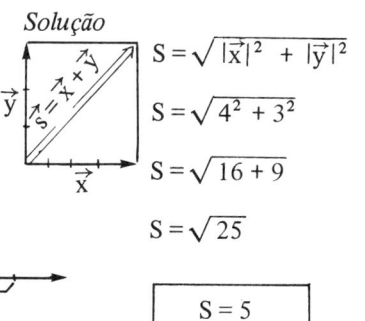

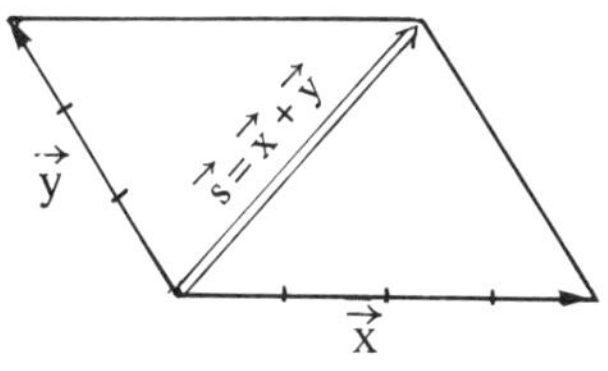

$S = \sqrt{x^2 + y^2 + 2\,xy\cos\alpha}$

$S = \sqrt{4^2 + 3^2 + 2 \times 4 \times 3 \times \cos 120^{\circ}}$

$S = \sqrt{16 + 9 + 24 \cdot \left(-\frac{1}{2}\right)}$

$S = \sqrt{25 - 12}$

$S = \sqrt{13}$

RESOLVA OS TESTES

1. A intensidade da resultante de dois vetores será mínima se estes forem:

a) Perpendiculares.
b) De mesma direção e mesmo sentido.
c) De mesma direção e sentidos opostos.
d) De direções formando ângulo de 45°.
e) n.r.a.

2. Um corpo está sujeito simultaneamente a duas acelerações de direções perpendiculares e de intensidades 6 m/s^2 e 8 m/s^2. A aceleração resultante terá intensidade igual a:

a) 14 m/s^2 c) 2 m/s^2 e) 1,3 m/s^2
b) 10 m/s^2 d) 7 m/s^2

3. Um automóvel percorre 100 km rumo norte, em seguida 30 km rumo leste e finalmente 60 km para o sul. O deslocamento resultante do automóvel foi de:

a) 190 km c) 160 km e) 50 km
b) 130 km d) 10 km

4. A afirmação: $\vec{a} + \vec{b} = \vec{b} + \vec{a}$ é:
a) Correta somente se $\vec{a}$ e $\vec{b}$ forem de direções perpendiculares.
b) Correta somente se $\vec{a}$ e $\vec{b}$ forem de mesma direção e mesmo sentido.
c) Correta somente se $\vec{a}$ e $\vec{b}$ forem de mesma direção e sentidos opostos.
d) Correta em todos os casos.
e) Incorreta.

5. (Med-RJ). Decompomos um vetor de módulo 13 em dois outros ortogonais, sendo que um deles tem módulo 12. O módulo do outro será:

a) 5 b) 1 c) 25 d) 4 e) 8

6. (S.Carlos-SP). Um barco a motor a toda potência sobe um rio com velocidade de 20 km/h e desce com velocidade de 48 km/h. Qual a velocidade das águas?

a) 28 km/h c) 34 km/h e) n.r.a.
b) 14 km/h d) 48 km/h

7. (MACK-SP). Um rio corre para o norte com velocidade de 4,8 km/h. Um homem rema um bote, para cruzar o rio, com uma velocidade em relação à água de 6,4 km/h para leste. Em relação à terra, a velocidade do bote será aproximadamente igual a:

a) 8,05 km/h c) 7,05 km/h e) 5,05 km/h
b) 9,05 km/h d) 6,05 km/h

8. A distância que separa o ponto material da origem após 6,0 s é:

a) $9,9 \cdot 10^2$ cm c) $1,8 \cdot 10^2$ cm
b) $2,7 \cdot 10^2$ cm d) N. R. A.

9. Um carro partindo do repouso, percorre arco de círculo de raio R, com aceleração uniforme em módulo. Depois de percorrer a distância s_1 na curva, o carro atinge a velocidade v_1. Nessas condições, a velocidade do carro, no instante em que percorreu $s_1/2$, contada do ponto de partida é:

a) $v_1/2$ b) $2\,v_1/3$ c) $v_1/\sqrt{2}$ d) v_1

10. Da estação A parte um trem com velocidade constante v_A = 80 km/h. Depois de certo tempo, parte dessa mesma estação, o trem B com a velocidade constante v_B = 100 km/h. Depois de certo percurso, o maquinista de B verifica que o seu trem está distante do trem A de 3 km; a partir desse instante ele aciona os freios indefinidamente, comunicando ao trem a aceleração de − 50 km/h^2. O trem A continua no seu movimento. Nestas condições:

a) Não houve encontro dos trens.
b) Houve encontro dos trens depois de 12 min.
c) Houve encontro dos trens depois de 36 min.
d) Não houve encontro dos trens; estão agora com a distância de separação de 2 km.

5. LANÇAMENTOS HORIZONTAL E VERTICAL

a) *Princípio de Galileu*
Princípio da Independência

"Se um móvel apresenta um movimento composto, cada um dos movimentos componentes se realiza como se os demais não existissem."

b) *Lançamento Horizontal no Vácuo*

Quando um corpo é lançado horizontalmente no vácuo, descreve dois movimentos:

1º Queda Livre — sob ação exclusiva da gravidade. Trata-se de um movimento uniformemente variado (pois mantém constante a aceleração).

2º Movimento Horizontal — trata-se de um M.U., pois não existe nenhuma aceleração na direção horizontal, o móvel o realiza por inércia, mantendo a velocidade $\vec{v_o}$ com que foi lançado.

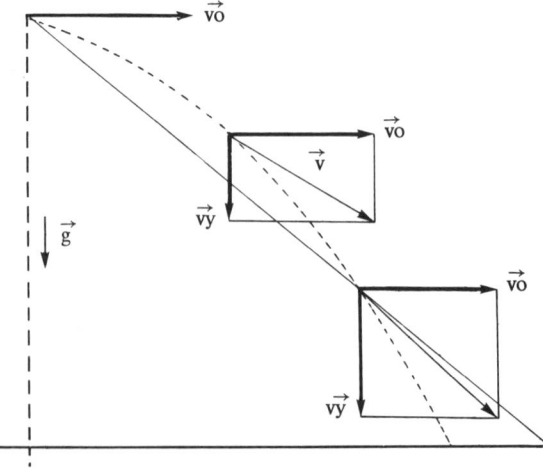

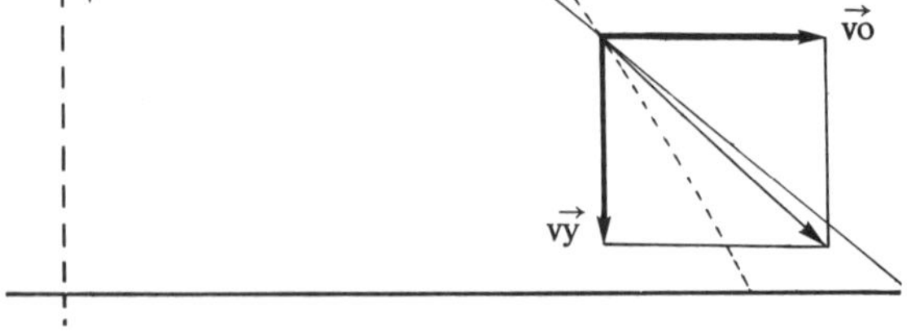

Em cada ponto da trajetória, a velocidade resultante v é sempre tangente à trajetória.

$$\vec{v} = \vec{v_o} + \vec{v_y}$$

EXERCÍCIO RESOLVIDO

Uma esfera rola com velocidade constante de 10 m/s numa mesa horizontal. Ao abandonar a mesa, ela fica sujeita exclusivamente à gravidade, atingindo um ponto no solo distante 5 m do pé da mesa. Determinar:

a) O tempo de queda.
b) A altura da mesa em relação ao solo.
c) A velocidade escalar da esfera ao chegar ao solo.

Solução

a) Ao abandonar a mesa, a esfera apresenta na direção horizontal, um M.U., com velocidade $v_o = 10$ m/s

Logo, $x = vt$,

$$5 = 10\,t \rightarrow \boxed{t = 0{,}5\ s}$$

que é o tempo de queda.

b) A esfera cai da altura h em queda livre, então

$$h = \frac{g\,t^2}{2} = \frac{10\,.\,(0{,}5)^2}{2} = \boxed{h = 1{,}25\ m}$$

c) Por Torricelli

$$v^2 = v_o^2 + 2\,g\,h \rightarrow$$

$$v^2 = 10^2 + 2\,(10)\,(1{,}25)$$

$$v^2 = 100 + 25 \rightarrow v^2 = 125$$

$$\boxed{v \cong 11{,}2\ m/s}$$

EXERCÍCIOS PROPOSTOS

1. Um avião voa horizontalmente a 2000 m de altura com a velocidade de 250 m/s no instante que abandona uma bomba. Determine:

a) O tempo de queda da bomba.

b) A distância que a bomba percorre na direção horizontal desde o lançamento até o instante em que atinge o solo.

c) A velocidade escalar da bomba ao atingir o solo.

Despreze a ação do ar.

Resposta

a) 20 s
b) 4000 m
c) 200 m/s

2. Um bombardeio voa a 3920 m de altura com velocidade de 1440 km/h. Calcule a posição para soltar uma bomba para atingir um alvo no solo.

Adote $g = 10$ m/s^2 e depreze a resistência do ar.

Resposta

11.200 m

6. LANÇAMENTO OBLÍQUO NO VÁCUO

Considere o lançamento abaixo.

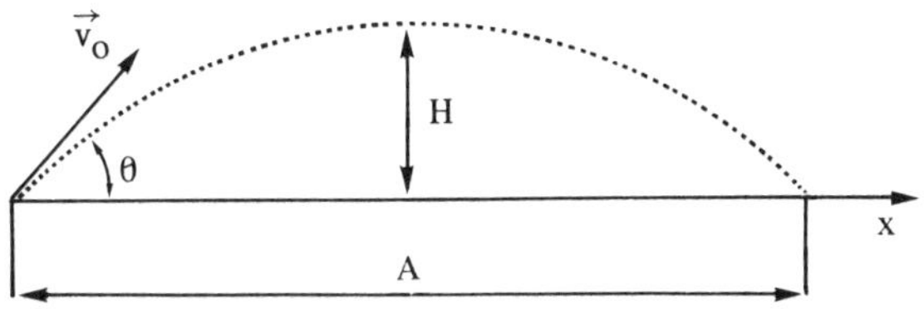

onde
A = alcance
H = altura máxima

A trajetória descrita em relação à Terra é uma parábola.

O movimento descrito pelo móvel compreende dois movimentos.

1º Movimento Vertical – M.U.V.

Decompondo o movimento em um sistema cartesiano.

A aceleração escalar do movimento é −g

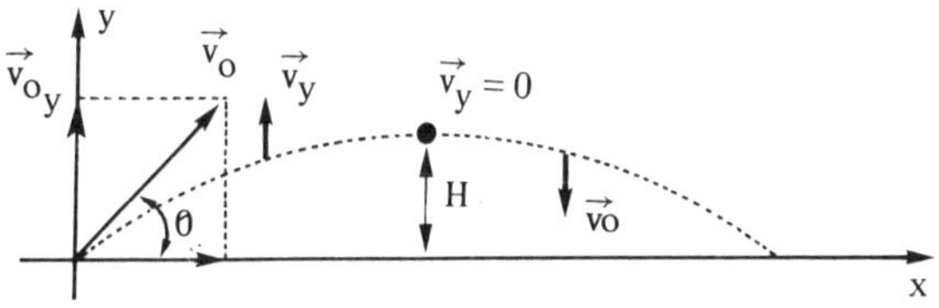

A velocidade inicial vertical $\vec{v}_{oy}$ é dada por:

$$\boxed{v_{oy} = v_o\,.\,\text{sen}\,\theta}$$

Como o movimento na direção vertical é uniformemente variado, valem as funções:

$$\boxed{y = v_{oy}^2\,t + \frac{g\,t^2}{2}} \qquad \boxed{v_y = v_{oy} + g\,t}$$

$$\boxed{v_y^2 = v_{oy} + 2\,g\,h}$$

Para calcular H,

$$\boxed{H = \frac{v_o^2\,\text{sen}^2\,\theta}{2\,g}}$$

2º Movimento Horizontal – (M.U.)

Considere o lançamento horizontal abaixo.

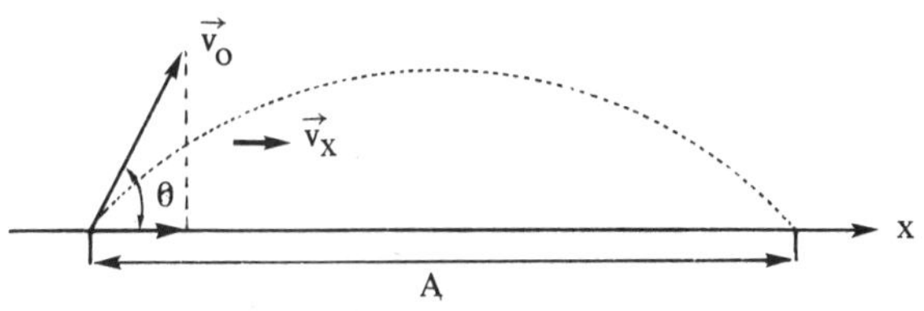

A velocidade horizontal $\vec{v}_x$ permanece constante durante o movimento.

O módulo da velocidade $\vec{v}_x$ é dado por:

$$\boxed{v_x = v_o\,.\,\cos\,\theta}$$

A equação horária desse movimento horizontal (M.U.), pode ser escrita por:

$$x = v_x \cdot t$$

O alcance A é dado por:

$$A = \frac{v_o^2 \text{ sen } 2\,\theta}{g}$$

O alcance máximo Am é verificado quando $\theta = 45^o$

EXERCÍCIOS RESOLVIDOS

1. Um corpo é atirado obliquamente no vácuo com v_o = 100 m/s, numa direção que forma um ângulo com a horizontal, tal que:
sen θ = 0,8 e
cos θ = 0,6

Determine
a) Os módulos das velocidades horizontal e vertical no instante do lançamento.
b) A altura máxima atingida pelo móvel.
c) O alcance do lançamento.

Solução

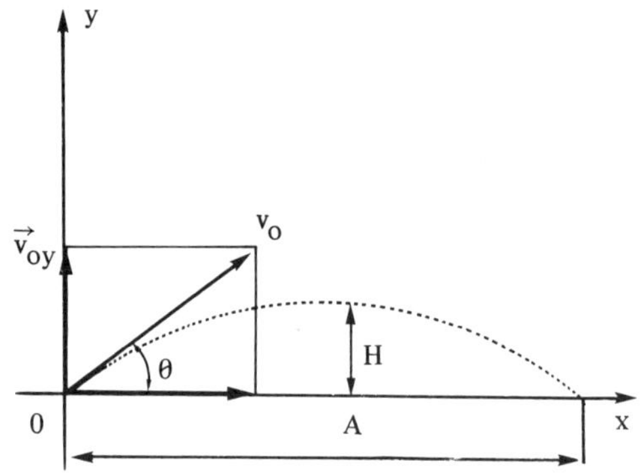

a) Pela figura:
$v_{oy} = v_o \cdot \text{sen } \theta$
$v_x = v_o \cdot \cos \theta$

Logo:
$v_{oy} = 100 \cdot 0{,}8 =$

$$v_{oy} = 80 \text{ m/s}$$

$v_x = 100 \cdot 0{,}6$

$$v_x = 60 \text{ m/s}$$

b) $H = \dfrac{v_o^2 \text{ sen}^2\,\theta}{2g}$

$$H = \frac{(100)^2 \cdot (0{,}8)^2}{2 \cdot 10} = \frac{10000 \cdot 0{,}64}{20} = 320 \text{ m}$$

$$H = 320 \text{ m}$$

c) Alcance A

$$A = \frac{v_o^2 \text{ sen } 2\,\theta}{g} = \frac{(100)^2 \text{ sen } 2\,\theta}{10} =$$

como sen 2 θ = 2 sen θ cos θ,

$$A = \frac{10000 \cdot 2 \cdot 0{,}8 \cdot 0{,}6}{10} = 960 \text{ m} \quad \boxed{A = 960 \text{ m}}$$

2. Um móvel é lançado obliquamente no vácuo numa direção que faz ângulo de 45º com o horizontal. Determine a relação entre o alcance A e a altura H.

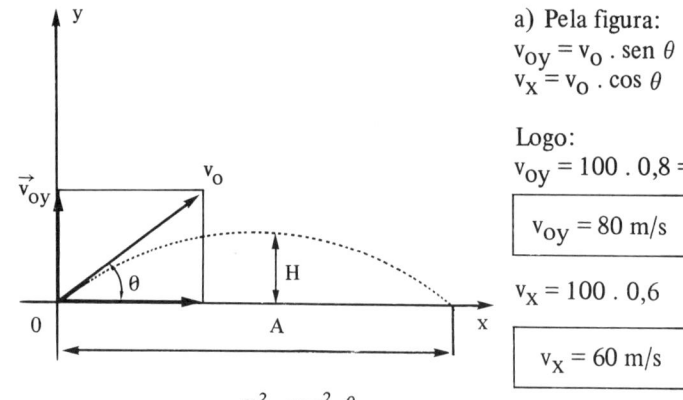

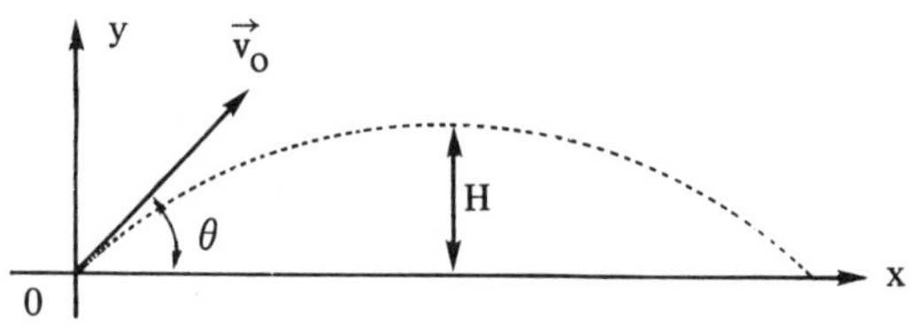

Solução

Altura máxima = H

$$H = \frac{v_o^2 \cdot \text{sen}^2\,\theta}{2\,g} \rightarrow \text{sen}^2\,45^o = \frac{1}{2}$$

$$H = \frac{v_o^2 \cdot \frac{1}{2}}{2\,g} = \boxed{\frac{v_o^2}{4\,g}} \quad (1)$$

Alcance = A

$$A = \frac{v_o^2 \cdot \text{sen } 2\,\theta}{g}, \text{ como sen } 2\,\theta = \text{sen } 90^o = 1$$

$$\boxed{A = \frac{v_o^2}{g}} \quad (2)$$

Comparando (1) e (2),

$$\frac{H}{A} = \frac{\frac{v_o^2}{4\,g}}{\frac{v_o}{g}} = \frac{v_o^2}{4\,g} \cdot \frac{g}{v_o^2} = \frac{1}{4}$$

$$\frac{H}{A} = \frac{1}{4} \rightarrow \boxed{H = \frac{A}{4}}$$

EXERCÍCIOS PROPOSTOS

1. Um corpo é lançado obliquamente a partir do solo, no vácuo, sob ângulo de 60º. Após descrever uma trajetória parabólica, ele atinge novamente o solo numa posição distante 8,60 m do ponto de lançamento. Adotando seu 60º = sen 120º = 0,86 e g = 10 m/s², determine:
a) A velocidade de lançamento v_o.
b) A altura máxima atingida pelo móvel.
c) A velocidade escalar mínima do móvel.

Resposta
a) 10m/s b) 3,7 m c) 200 m/s

2. No lançamento oblíquo de um projétil, o alcance é 20 m e a altura máxima é 10 m. No ponto mais alto da trajetória, a velocidade escalar do móvel é 5 m/s. Desprezando a resistência do ar e g = 10 m/s², determine:
a) O tempo total do movimento e o tempo de subida.
b) A velocidade escalar de lançamento.
c) O ângulo de trio (em função trigonométrica).

Resposta
a) 4 s e 2 s c) $\cos \theta = \dfrac{1}{3}$
b) 15 m/s

4. DINÂMICA

Define-se força a toda causa capaz de modificar o estado de movimento ou produzir deformação num corpo.

LEIS DE NEWTON

1ª Lei: conhecida como *Princípio da Inércia.*

Afirma que:

"Todo corpo deve continuar em seu estado natural (repouso ou movimento) a menos que sobre ele venha atuar uma força externa."

2ª Lei: conhecida como *Princípio Fundamental da Dinâmica.*

Afirma que:

"A aceleração adquirida por um corpo é proporcional à resultante das forças que agem sobre ele."

(A resultante é a soma vetorial de todas as forças que agem sobre o corpo.)

Esta lei, é substituída por uma só equação dada por:

$$\boxed{\vec{F} = m \cdot \vec{a}}$$

(Lembrando que força e aceleração são vetores.)

1 kg J

Obs.: Se a massa é dada em kg e a aceleração em m/s^2 temos que a unidade de força será:

$1\ kg \cdot 1\ m/s^2$

Isto corresponde a 1 newton. Assim:

$1\ N = 1\ kg \cdot 1\ m/s^2$

3ª Lei: conhecida como *Lei da Ação e Reação.*

Afirma que:

"A toda força de ação, corresponde uma força de reação, de mesma intensidade, mesma direção e sentido contrário."

As forças de ação e reação surgem sempre em corpos diferentes e por isso nunca se anulam.

EXERCÍCIOS RESOLVIDOS

1. A figura abaixo mostra um corpo de massa 5 kg, inicialmente em repouso, sobre o qual passam a atuar as forças $\vec{F_1}$ e $\vec{F_2}$ de intensidades 50 N e 30 N, respectivamente. Supondo ausência de atrito entre o corpo e a superfície, determine:

a) A aceleração adquirida.
b) A velocidade no instante 10 s.
c) O deslocamento do corpo nos 10 s iniciais.

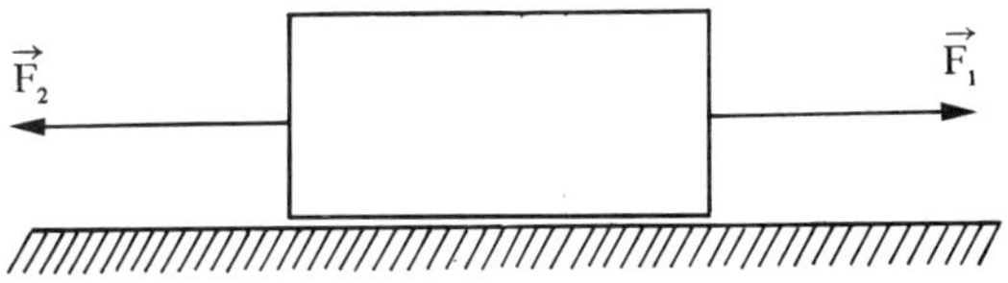

Solução

Como força é vetor, vale a relação:

$\vec{F_R} = \vec{F_1} + \vec{F_2}$,

$\vec{F_R} = \vec{F_1} - \vec{F_2}$ (sentidos opostos)

$$F_R = 50 - 30 = \boxed{F_R = 20\ N}$$

a) Aplicando a 2ª Lei de Newton.

$\vec{F_R} = m \cdot \vec{a}$

$20 = 5 \cdot a \rightarrow \boxed{a = 4\ m/s^2}$

b) Como $v = v_0 + at \rightarrow v_0 = 0$ (repouso)

$\vec{v} = \vec{a}t$ A $\vec{a}$ t

$\vec{v} = 4 \cdot 10 \rightarrow \boxed{v = 40\ m/s}$

c) Δx = deslocamento

$\Delta x = v_0 t + \frac{1}{2} at^2 \rightarrow v_0 = 0$ (repouso)

$\Delta x = \frac{1}{2} \cdot 4 \cdot (10)^2 = 200\ m$

$\boxed{\Delta x = 200\ m}$

2. Um corpo de massa 5 kg move-se sobre uma superfície horizontal sem atrito em M.R.U., com velocidade de 2 m/s. Qual deve ser a intensidade da força constante aplicada ao corpo, na horizontal, para que a velocidade passe a 14 m/s em 30 s?

Solução

Dados: $m = 5\ kg$, $v_0 = 2\ m/s$
$v = 14\ m/s$ $t = 30\ s$

Como $F = m\,a \rightarrow$

e $a = \frac{v - v_0}{t} = \frac{14 - 2}{30} = \frac{12}{30} = 0{,}4\ m/s^2$

$F = 5 \cdot 0{,}4 = \boxed{F = 2\ N}$

3. Dado o sistema abaixo ligado por um fio leve flexível, sem atrito na polia, calcular aceleração de movimento do bloco suspenso.

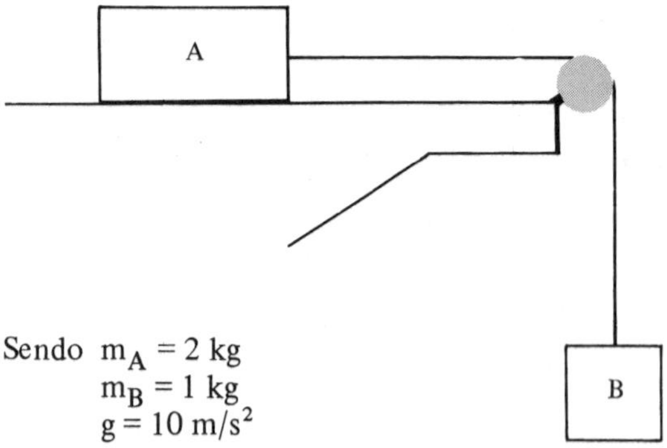

Sendo $m_A = 2$ kg
$m_B = 1$ kg
$g = 10$ m/s²

Solução

A primeira coisa a fazer é verificar para onde o sistema se move. No sistema acima, é claro que ele se move no sentido do corpo A para o corpo B.

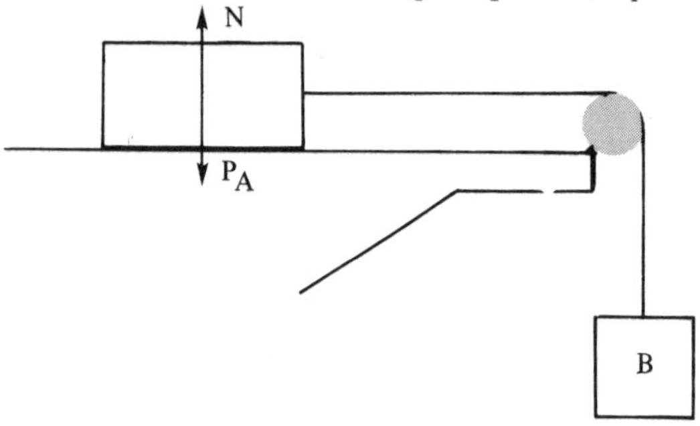

COMENTÁRIOS SOBRE O SENTIDO DE MOVIMENTO

"O corpo A possui m = 2 kg. O peso do corpo A é dado por:

$P_A = m_A \cdot g \rightarrow$ sendo $g = 10$ m/s² temos:
$P_A = 2 . 10 = 20$ N

No entanto, esta força (o peso é uma força) é anulada pela força normal N, conforme acima. Em outras palavras, peso = normal, neste caso.

O corpo B possui m = 1 kg. O peso do corpo B é dado por:

$P_B = m_B . g \rightarrow P_B = 1 . 10 = 10$ N

Como o corpo B não está apoiado em nenhuma superfície horizontal, esta força de 10 N é a responsável pela movimentação do sistema."

Análise das forças atuantes.

No corpo A.

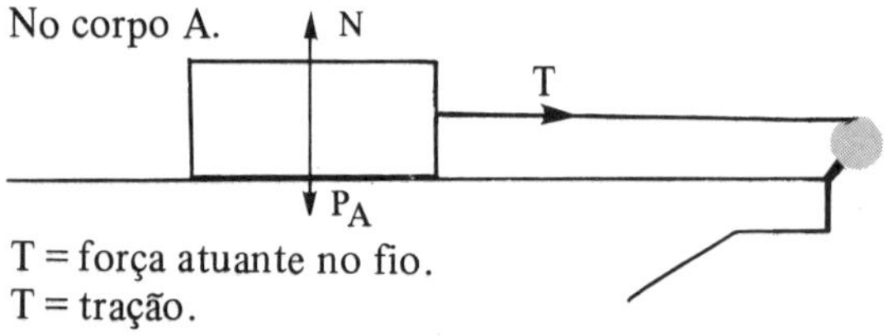

T = força atuante no fio.
T = tração.

Portanto, a tração T é a única força atuante no corpo A.

A equação de T é dada pela 2ª Lei de Newton.

$$T = m_A . a$$

No corpo B

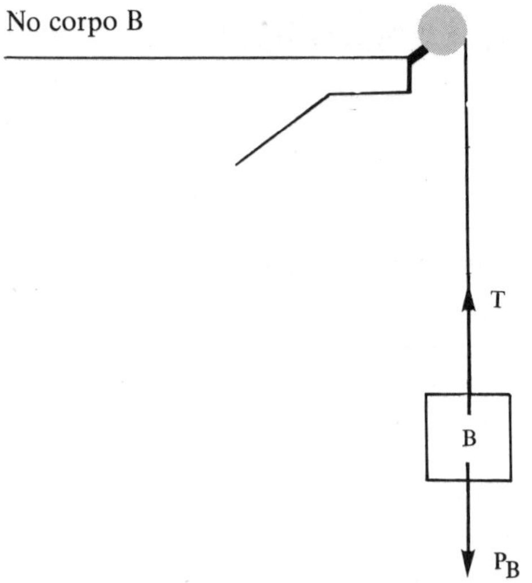

O fio é considerado ideal e é o mesmo que liga os corpos A e B, logo a força de tração T se transmite para o corpo B.

No corpo A

$$T = m_A . a$$

No corpo B

$$P_B - T = m_B a$$

O P_B *puxa* o sistema.

O T é contrária a P_B. Logo são seus sinais contrários.

Cálculo da aceleração do sistema.

Façamos a soma algébrica dessas forças.

$$\begin{cases} T = m_A a \\ P_B - T = m_B a \end{cases}$$

$$P_B + \cancel{T} - \cancel{T} = m_A a + m_B a \rightarrow P_B = (m_A + m_B) a$$

$$a = \frac{P_B}{m_A + m_B}$$

Substituindo os valores na equação acima,

$$a = \frac{10}{2 + 1} = \frac{10}{3} = 3{,}3 \text{ m/s}^2$$

$$a = 3{,}3 \text{ m/s}^2$$

Para calcular o valor da força T, substituindo $a = 3{,}3$ m/s² nas equações,

$T = m_A . a$	$P_B - T = m_B a$
$T = 2 . 3{,}3$	$10 - T = 1 . 3{,}3$
$T = 6{,}6$ N	$T \cong 6{,}6$ N

4. Determinar a aceleração do sistema que se movimenta conforme figura. Admitindo $m_B > m_A$.

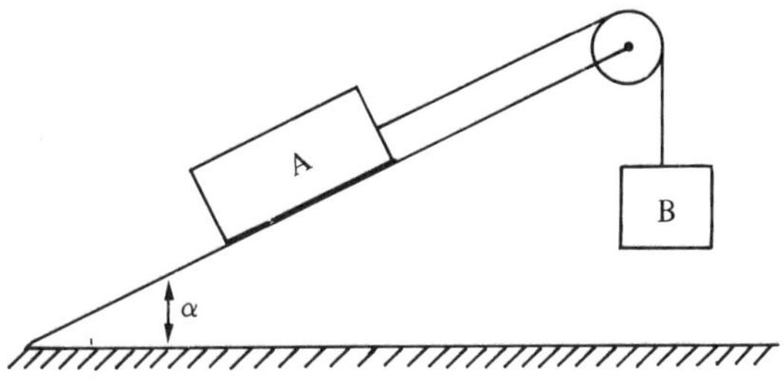

Solução

O sistema é conhecido como plano inclinado. A polia é máquina de Atwood.

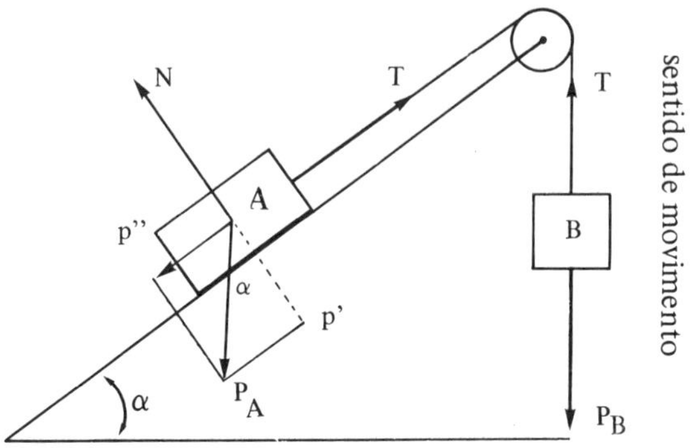

As forças atuantes nos corpos são:

Em A (Aplicando a 2ª Lei de Newton).

$$T - P'' = m_A\, a$$

A força P'' = projeção de P_{Ax} sen α
$P'' = P_A \cdot \text{sen}\, \alpha$

colocando em cima, ficaremos com:

$$T - P_A \,.\, \text{sen}\, \alpha = m_A\, a$$

Em B (Aplicando a 2ª Lei de Newton).

$$P_B - T = m_B\, a$$

Somando as forças:

$$\begin{cases} \not{T} - P_A \,\text{sen}\, \alpha = m_A\, a \\ P_B - \not{T} = m_B\, a \end{cases}$$

$$P_B - P_A \,\text{sen}\, \alpha = (m_A + m_B)\, a$$

$$a = \frac{P_B - P_A \,\text{sen}\, \alpha}{m_A + m_B}$$ que é a aceleração do sistema.

5. Dada a figura abaixo e desprezando a massa da polia, do fio e atritos, demonstre que:

a) aceleração do conjunto vale:

$$a = \frac{g}{3}(1 - 2\,\text{sen}\, \alpha)$$

b) a tração no fio T vale:

$$T = \frac{2}{3} P (1 + \text{sen}\, \alpha)$$

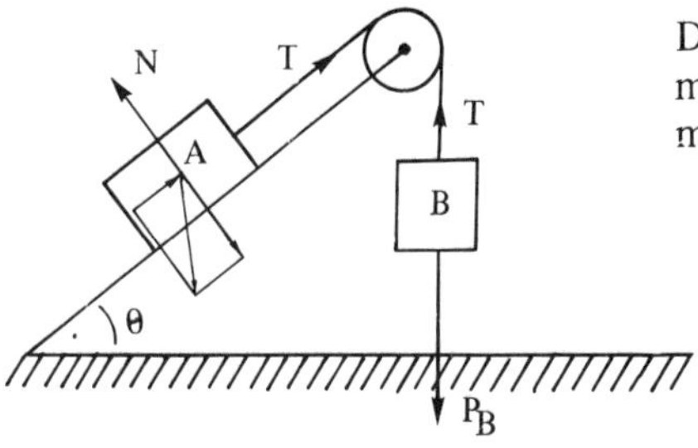

Dados:
$m_A = 2$ m
$m_B = 1$ m

Solução

a) Forças nos corpos. (O sentido de movimento é de A para B.)

Em A: $T - 2P'' = (2\,m)\, a$

onde $P'' = P_A$ sen θ, logo

$$T - 2P_A \,\text{sen}\, \theta = (2\,m)\, a$$

Em B: $$P_B - T = m\,.\,a$$

Σ das forças:

$$\begin{cases} \not{T} - 2P_A \,\text{sen}\, \theta = 2\,m\,a \\ P_B - \not{T} = m\,.\,a \end{cases} \rightarrow \begin{cases} P_B - 2P_A \,\text{sen}\, \theta = \\ = 3\,m\,.\,a \end{cases}$$

Lembrando que $2\,m + m = 3\,m$

Então: $$a = \frac{P_B - 2P_A \,\text{sen}\, \theta}{3m}$$

b) $P_B - T = m\,a \rightarrow$

$T = P - m\,.\,a \rightarrow$ como $a = \dfrac{P_B - 2P_A \,\text{sen}\, \theta}{3m}$,

$$T = \frac{2}{3} mg (1 + \text{sen}\, \theta)$$

EXERCÍCIOS PROPOSTOS

1. Os corpos da figura têm massas dadas por: $m_A = 18$ kg, $m_B = 22$ kg e a força $F = 300$ N. Desprezando atritos, calcule:

a) A aceleração do conjunto.

b) A força tensora.

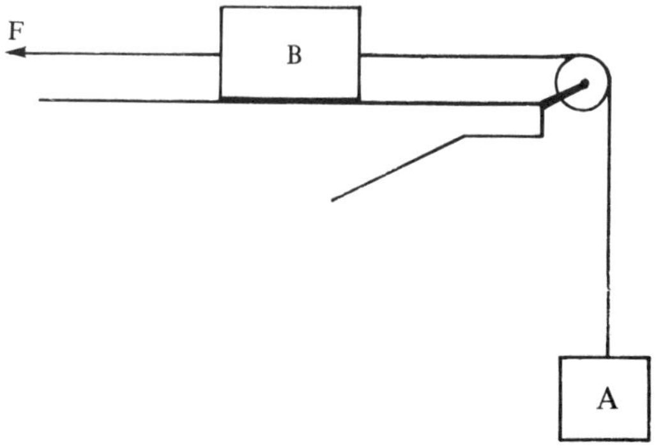

2. Dada a figura abaixo

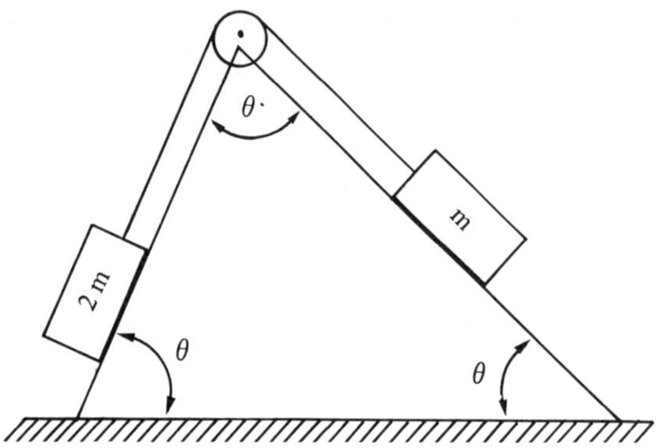

demonstre que:

a) A aceleração do conjunto $a = \frac{g}{3}$ sen θ

b) a tração T no fio vale:

$$T = \frac{4}{3} P \text{ sen } \theta$$

3. A polia e os fios da figura são considerados ideais, sem inércia. O fio é perfeitamente flexível e não há atritos.

Considerando $g = 10$ m/s^2

$m_A = 40$ kg

$m_B = 24$ kg

Determine as acelerações a_1 (do corpo A) e a_2 (do corpo B) quando:

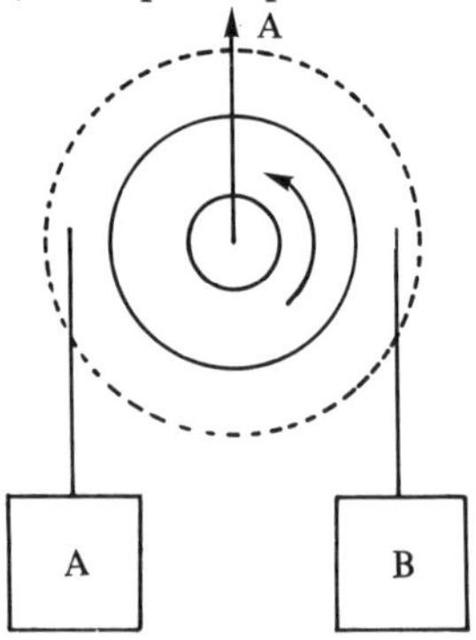

a) a = 400 N
b) a = 720 N
c) a = 1200 N

4. O sistema na figura abaixo, possui os fios de massas desprezíveis e polia sem atrito. O equilíbrio estático ocorre conforme figura. Sendo M = = 700 gramas, determine o valor de m.

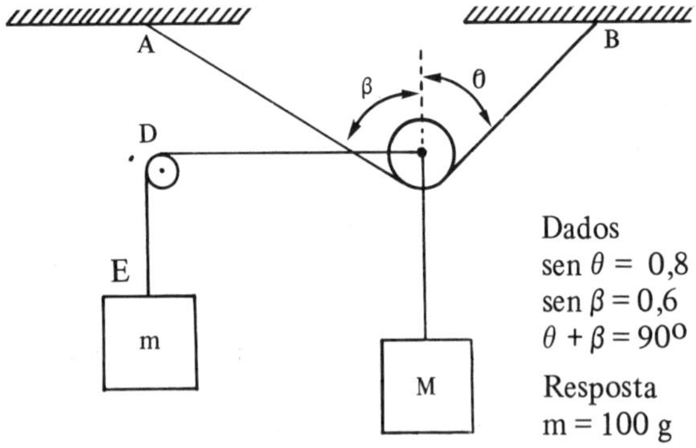

Dados
sen θ = 0,8
sen β = 0,6
$\theta + \beta = 90^o$

Resposta
m = 100 g

5. Seja o elevador abaixo de massa M e o homem de massa m. O elevador está suspenso a uma corda que passa pela polia e vem às suas mãos. O homem puxa a corda e sobe com a aceleração constante α, juntamente com o elevador. São supostos conhecidos:

M,
m,
α e g.

Determine a força que a plataforma exerce no homem.

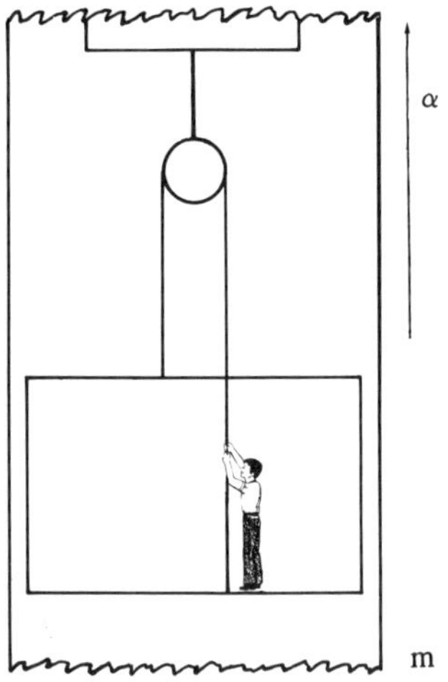

Resposta
$N = (m - M) \cdot \frac{(g + \alpha)}{2}$

6. A tração no fio e a aceleração no sistema abaixo valem:

a) T = 260 N
b) a = 16 m/s^2.

Calcule-os.

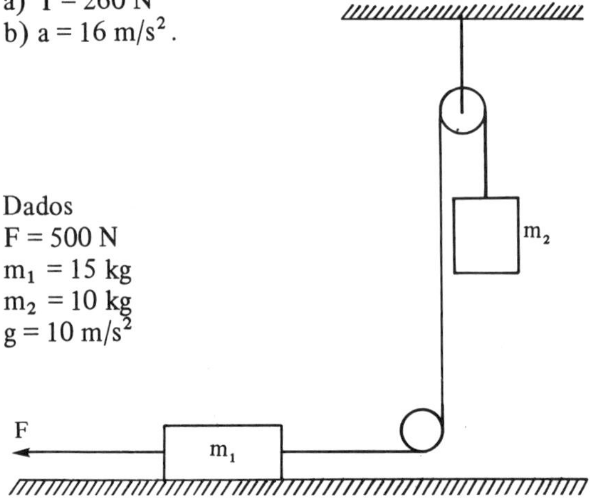

Dados
F = 500 N
$m_1 = 15$ kg
$m_2 = 10$ kg
$g = 10$ m/s^2

TESTES DIVERSOS

1. (CESCEM-SP). No esquema ao lado, um vagão pode deslocar-se sem atrito sobre trilhos horizontais e retilíneos. Dentro do vagão, José e João puxam molas presas a paredes opostas, conforme a figura. Pode-se afirmar:

I. Quando apenas José puxa a mola, o vagão passa a mover-se para a direita sob a ação da força aplicada à mola.
II. Quando apenas João puxa a mola, o vagão move-se para a direita, sob a ação da força aplicada à mola.
III. Quando ambos aplicam forças às molas, o vagão só não se move se as forças aplicadas forem de mesma intensidade.

Responda de acordo com a seguinte convenção.
a) Só a afirmativa I é correta.
b) Só a afirmativa II é correta.
c) Só a afirmativa III é correta.
d) Há duas afirmativas corretas.
e) Todas as afirmativas são erradas.

2. (CESCEM-SP). O gráfico abaixo é o da força F em função da aceleração a, para três corpos identificados pelas letras A, B e C. A respeito dessa situação, fazem-se três afirmações:

I. Os três corpos têm a mesma massa.
II. Se uma mesma força é aplicada, sucessivamente, a cada corpo, o corpo C adquire maior aceleração.
III. Os três corpos adquirirão a mesma velocidade final se, a partir do repouso, e durante o mesmo intervalo de tempo, cada um deles for submetido à ação da mesma força.

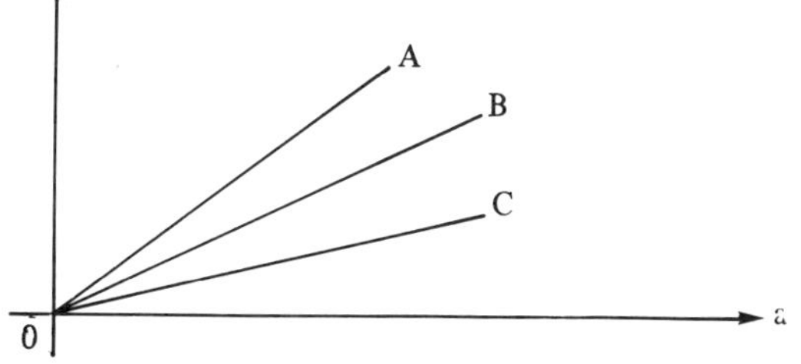

Analisando o gráfico, conclui-se que está (estão) correta(s)
a) Apenas I
b) Apenas II
c) Apenas I e III
d) Apenas II e III
e) I, II e III

3. (MACK-SP). Um móvel se desloca partindo do repouso, segundo o diagrama:

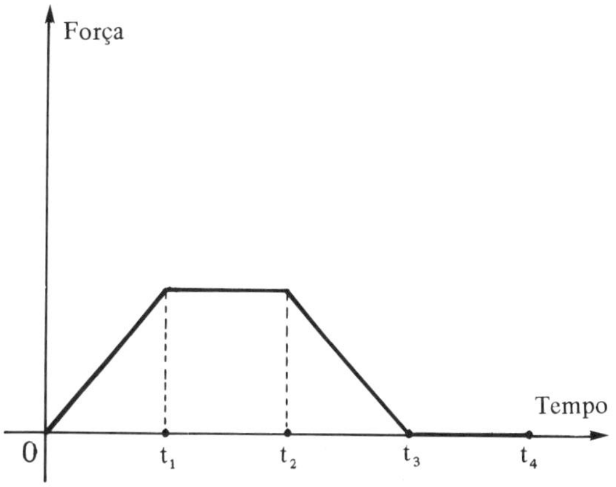

a) No intervalo de tempo entre 0 e t_1 seu movimento é uniformemente acelerado.
b) No intervalo de tempo entre os instantes t_1 e t_2 seu movimento é uniforme.
c) No intervalo de tempo os instantes t_2 e t_3 seu movimento é uniformemente retardado.
d) No intervalo de tempo entre os instantes t_3 e t_4 o móvel está em repouso.
e) Nenhuma das anteriores.

4. (CESESP-PE). Um elevador cuja massa vale 1 500 kg, desce acelerado do alto de um edifício com aceleração de 1 m/s^2. Considerando a aceleração da gravidade igual de 1 m/s^2 a tensão no cabo de suporte será em newtons.
a) 16500
b) 1500
c) 15000
d) 13500
e) 150

5. Com relação ao problema anterior, a aceleração que deverá ter o elevador, a fim de que a tensão no cabo de suporte seja igual ao peso do elevador, será, em m/s^2.
a) 2
b) 1
c) 5
d) 10
e) 0

6. (CESCEA-SP). Temos três cubos de massas M_1 = 2 kg, M_2 = 3 kg e M_3 = 5 kg. Devemos ligá-los entre si por fios inextensíveis e sem massa e puxá-los com a força de F = 10 N, sobre um plano sem atrito. Foram utilizadas as Figuras (I) e (II) [vide pág. seguinte] esquematizadas, em que T_1 e T_2 são as tensões nos fios no caso (I) e T'_1 e T'_2 são as tensões no caso (II).

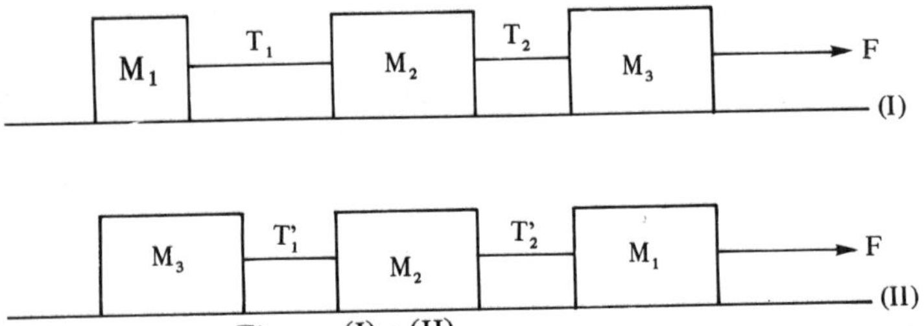

Figuras (I) e (II)

As questões de números 7 e 8 referem-se a este enunciado.

7. Qual das afirmações abaixo é verdadeira a respeito das tensões nos fios nos dispositivos (I) e (II):

a) $T_1 = T'_1 ; T_2 = T'_2$
b) $T_1 > T'_1 ; T_2 > T'_2$
c) $T_1 < T'_1 ; T_2 < T'_2$
d) $T_1 < T'_1 ; T_2 > T'_2$

8. Sobre a aceleração do sistema de massas M_1, M_2 e M_3 o que se pode afirmar, segundo as configurações usadas (a_I = aceleração na configuração I e a_{II} = aceleração na configuração II):

a) $a_I = a_{II} = 1\ m/s^2$
b) $a_I = 1\ m/s^2 ; a_{II} = 5\ m/s^2$
c) $a_I = 2\ m/s^2 ; a_{II} = 1\ m/s^2$
d) $a_I = 2\ m/s^2 ; a_{II} = 5\ m/s^2$

9. (CICE-RJ). No diagrama seguinte, A e B estão juntos em movimento sobre uma superfície horizontal com atrito desprezível. A força aplicada aos blocos é de 16 N na direção e sentidos indicados pela seta. Os blocos têm uma aceleração de 4,0 m/s^2. Sendo a massa do bloco A igual a 3,0 kg, a força que o bloco A exerce sobre o bloco B é de:

a) 16 N
b) 12 N
c) 4 N
d) 3 N
e) nenhum desses valores

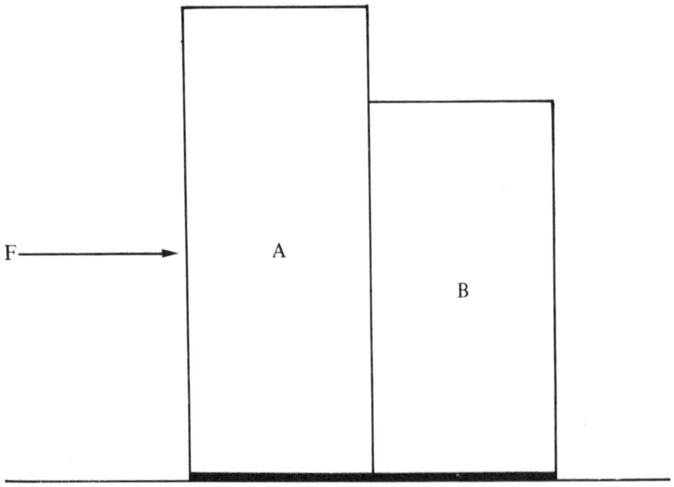

10. (Univ. Fed. do Paraná). Para estudar o comportamento de uma partícula, escolhe-se um determinado referencial inercial.

Se num dado instante, a resultante das forças que age sobre a partícula é nula em relação ao referencial adotado, pode-se dizer que. no instante considerado:

a) ( ) A velocidade da partícula é nula.
b) ( ) A aceleração da partícula é nula.
c) ( ) O movimento partícula é uniformemente acelerado.
d) ( ) O movimento da partícula é uniformemente retardado.
e) ( ) A partícula esté em movimento curvilíneo.

11. (PUC-SP). No arremesso de peso, um atleta gira um corpo rapidamente e depois o abandona. Se não houvesse a influência da Terra, a trajetória do corpo, depois de abandonado pelo esportista, seria:

a) ( ) circular
b) ( ) parabólica
c) ( ) curva qualquer
d) ( ) reta
e) ( ) espiral

12. (CICE-RJ). Dois blocos de madeira de massas m_1 = 2,0 kg e m_2 = 1,0 kg estão em contato sobre uma mesa horizontal. O atrito entre os blocos e a mesa é nulo. Como mostram as figuras, em uma situação aplicamos uma força $\vec{F}$ sobre m_1, e em outra situação, aplicamos uma força $-\vec{F}$ sobre m_2. Se o módulo de $\vec{F}$ é 3,0 N, as forças de interação entre m_1 e m_2 são, respectivamente, na primeira e na segunda situação:

a) ( ) 1 N e 1 N
b) ( ) 2 N e 2 N
c) ( ) 1,5 N e 2 N
d) ( ) 1 N e 2 N
e) ( ) 3 N e 3 N

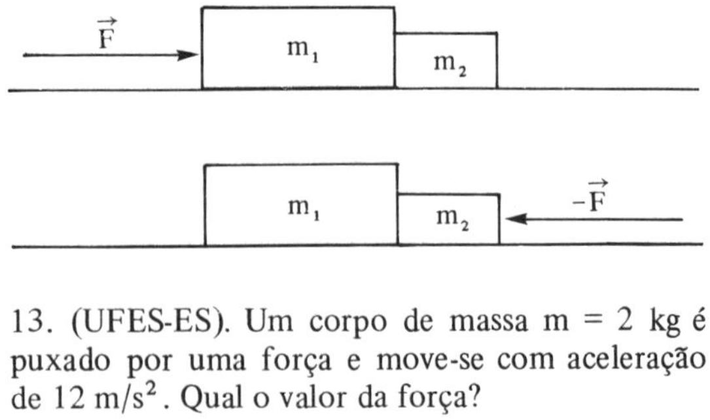

13. (UFES-ES). Um corpo de massa m = 2 kg é puxado por uma força e move-se com aceleração de 12 m/s^2. Qual o valor da força?

a) ( ) 12 N
b) ( ) 14 N
c) ( ) 24 dina
d) ( ) 24 N
e) ( ) 12 dina

5. FORÇA DE ATRITO

1. INTRODUÇÃO

A explicação da existência de uma força entre as superfícies em contato, que se opõe ao deslizamento de uma superfície sobre a outra é que as superfícies dos corpos mesmo lisa, possuem superfícies irregulares. Esta força é a força de atrito.

O atrito entre superfícies que estão deslizando uma sobre a outra chama-se *atrito dinâmico.*

O atrito que procura impedir que um corpo em repouso comece a deslizar, chama-se atrito estático.

O atrito dinâmico é menor ou igual ao atrito estático.

2. LEIS DO ATRITO

1ª A força de atrito depende da natureza das superfícies em contato.

2ª A força de atrito é sensivelmente independente da extensão da área de contato entre os corpos.

3ª O valor máximo da força de atrito estático é diretamente proporcional à reação normal às superfícies de contato.

4ª A intensidade da força de atrito dinâmico é diretamente proporcional à intensidade da reação normal às superfícies em contato.

EXERCÍCIOS RESOLVIDOS

1. Um corpo de massa m = 2 kg parte do repouso e percorre a distância d = 4 m durante 2 segundos, sobre um plano horizontal, sob a ação de uma força horizontal F = 9 N. Determinar a força de atrito entre o corpo e plano.

Solução
F = 9 N

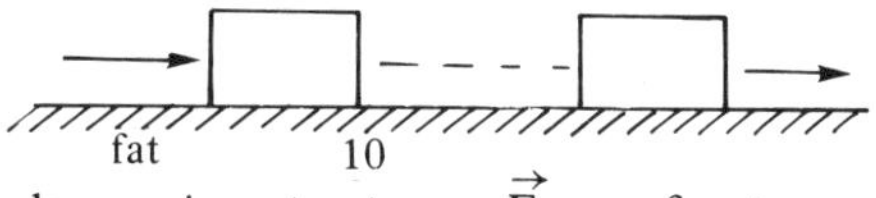

Na direção do movimento, temos $\vec{F}$ para frente e fat contrário ao movimento do corpo,
logo

$$\underbrace{F - fat}_{F_R} = m\,a$$

$F_R = m\,a$ (2ª Lei de Newton)

Cálculo da aceleração (eq. do espaço)

$$s = \cancel{s_0}^{=0} + \cancel{v_0 t}^{=0} + \frac{1}{2}at^2$$

$$s = \frac{1}{2}at^2 \rightarrow 4 = \frac{1}{2}\,.\,a\,.\,(2)^2$$

$8 = 4a \rightarrow$ $\boxed{a = 2\ m/s^2}$

$F - fat = m\,.\,a \rightarrow$
$F - m\,.\,a = fat \rightarrow$
$9 - 2\,.\,2 = fat \rightarrow$ $\boxed{fat = 5\ N}$

Comentários

fat = força de atrito
μ = coeficiente de atrito; N força normal.
Quando o corpo encontra-se numa superfície horizontal:

$\boxed{\text{pois } N = \text{Peso}}$

EXERCÍCIOS PROPOSTOS

1. Um corpo de P = 40 dinas movimenta-se sobre um plano horizontal, sob a ação de uma força paralela ao plano F = 10 dinas. Determine a velocidade do corpo após 10 s de aplicação da força. Dados o coeficiente μ de atrito = 0,2.

Resposta $\qquad g = 1000\ cm/s^2$

V = 5 m/s

2. Um corpo é lançado num plano horizontal com velocidade vo. Determine o coeficiente de atrito entre o corpo e o plano, sabendo que o corpo pára ao fim de t segundos.

Resposta

$$\mu = \frac{vo}{gt}$$

3. Prove que no sistema abaixo, a aceleração do movimento é dada por:

$$a = \frac{(m_A + \mu\, m_B + m_C)g}{m_A + m_B + m_C}$$

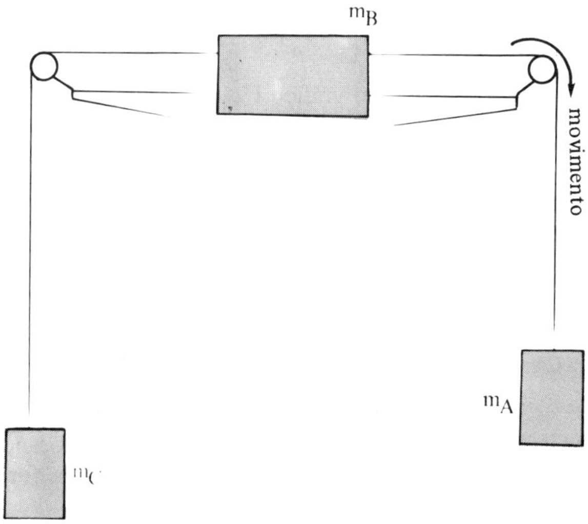

6. TRABALHO REALIZADO POR UMA FORÇA

1. TRABALHO REALIZADO POR FORÇA CONSTANTE

Se sob a ação de uma força $\vec{F}$ constante, um corpo sofre um deslocamento $\vec{d}$ no mesmo sentido da força, o trabalho τ realizado por esta força é definido por:

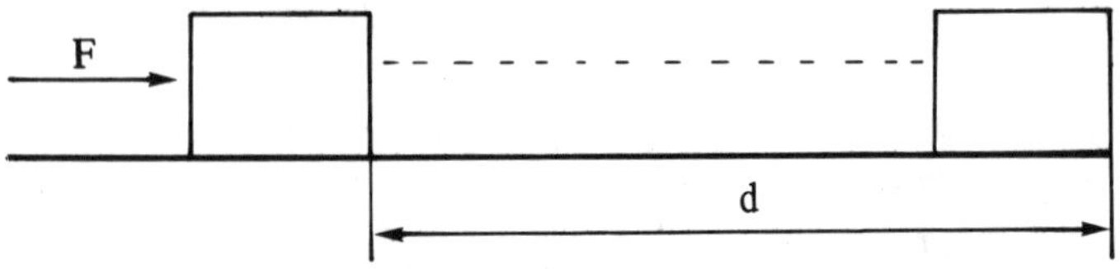

$\tau = F \cdot d$ com $F > 0$ e $d > 0$.

Quando a força faz um ângulo α com o deslocamento $\tau = F \cdot d \cos \alpha$

A unidade do τ é o Joule.

$1\ J = 1\ N \cdot m$ (τ = letra grega) (τ lê-se tau)

2. CÁLCULO DO TRABALHO PELO GRÁFICO

Admitindo o gráfico abaixo:

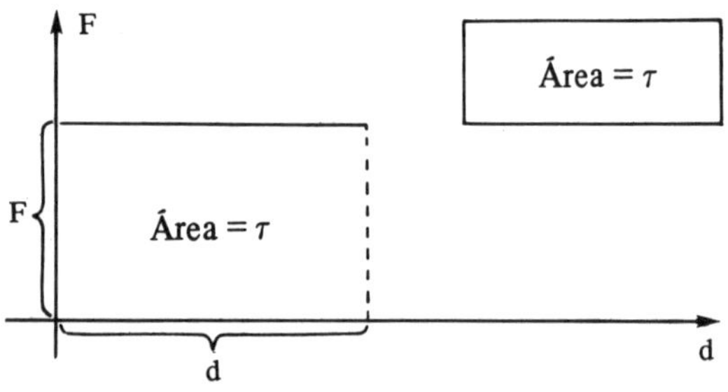

A área do gráfico F x d é numericamente igual ao trabalho realizado pela força, independentemente se ela for constante ou não.

EXERCÍCIOS RESOLVIDOS

1. Um objeto de 1,3 kg é acelerado por uma força F = 70 N, a partir do repouso sobre um plano horizontal sem atrito, deslocando-se 2 m. A seguir, a força muda para 40 N. deslocando o objeto por mais 3 m. Considerando a força horizontal.

Qual o trabalho total realizado de 0 a 5 m?

Solução

a) $\tau_1 = F_1\ d_1 = 70 \cdot 2 = 140\ J$
$\tau_2 = F_2\ d_2 = 40 \cdot 3 = 120\ J$
$\tau_T = \tau_1 + \tau_2 = 260\ J$

2. Um homem segura um corpo de peso 50 N suspendendo-o verticalmente, com velocidade constante desde o assoalho até um ponto situado à altura 1,2 m do assoalho. Determine:
a) O trabalho realizado pela força peso do corpo.
b) O trabalho realizado pela força aplicada pelo homem.

Solução

a) O sentido do deslocamento do ponto de aplicação da força peso é contrário ao sentido desta força, portanto
$\tau = P \cdot h \cos \alpha \rightarrow \alpha = 180^{o}$
$\tau = 50 \cdot 1{,}2 \cos 180^{o} = -\ 60\ J$

b) O corpo é suspenso com velocidade constante, conclui-se que o homem equilibra a força peso durante o trajeto, aplicando a força
$F = -\ P$

O sentido do deslocamento concorda com o sentido da força aplicada. Logo $\alpha = 0^{o}$, então,
$\tau = F \cdot h \cos 0^{o} = P \cdot h$
$\tau = 50 \cdot 1{,}2 . 1 = 60\ J$

Observação

No caso a, $\tau = -\ 60$ J; este trabalho negativo, recebe o nome de trabalho resistente.

No caso b, $\tau = 60$ J; este trabalho positivo, recebe o nome de trabalho motor.

3. Um carro de m = 1 000 kg move-se sem atrito, a partir do repouso conforme gráfico abaixo.
Determine:
a) Tipo de movimento em cada trecho.
b) O trabalho de F de 0 a 200 s.

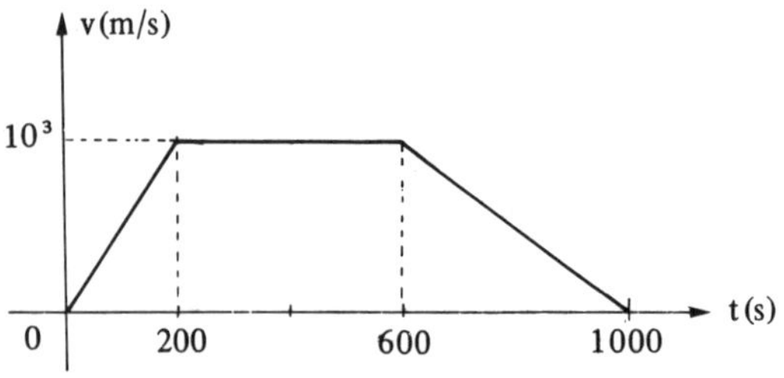

Solução

a) De 0 a 200 m é movimento acelerado.
De 200 a 600 m é movimento uniforme.
De 600 a 1000 é movimento retardado.

b) $\tau \rightarrow$ de 0 a 200 s

$\tau = F \cdot d$

de 0 a 200 s a força é constante pois a aceleração a é constante cálculo da aceleração.

$$a = \frac{v - vo}{t - to} = \frac{1000 - 0}{200 - 0} = 5 \text{ m/s}^2$$

cálculo da força

$F = m \cdot a = 1000 \cdot 5 = 5.000$

$F = 5 \cdot 10^3$ N

cálculo da distância x percorrido até 200 s

$$x = xo + vot + \frac{1}{2} at^2 =$$

$$x = \frac{1}{2} at^2 \rightarrow x = \frac{1}{2} \cdot 5 \, (200)^2 = \frac{1}{2} \cdot 5.40000 =$$

x = 100.000 m

$\tau = F \cdot d = 5.10^3 \cdot 10^5 = 5.10^8$ J

$\tau = 5 \cdot 10^8$ J

EXERCÍCIOS PROPOSTOS

1. Um bloco de 0,5 kg é arrastado sobre um plano horizontal de μ = 0,6. Calcule o trabalho da força de atrito quando o bloco percorre a distância de 10 m.
Dado $g = 10 \text{ m/s}^2$

Resposta

- 30 J

2. Dada a figura abaixo.

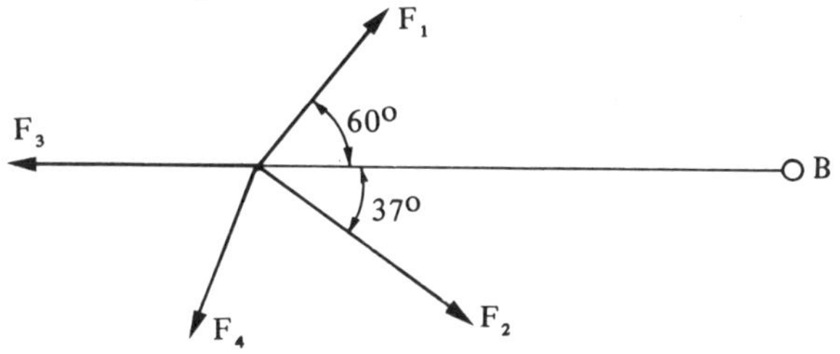

Sendo

AB = 10 m

$F_1 = 200$ N

$F_2 = 150$ N

$F_3 = 100$ N

$F_4 = 500$ N, pergunta-se:

a) Qual o trabalho realizado por cada uma das forças?

Resposta

por $F_1 \Rightarrow \tau = 1000$ J   por $F_3 \Rightarrow \tau = -1000$ J

por $F_2 \Rightarrow \tau = 1200$ J   por $F_4 \Rightarrow \tau =$ zero

b) Qual o trabalho realizado pela resultante das forças?

Resposta?

$\tau = 1200$ J

3. Um ponto material de 20 kg desloca-se numa trajetória retilínea sem atrito, sob a ação de uma força F de direção paralela à trajetória e passa pelo ponto A com a velocidade de 72 km/h, atingindo o ponto B distante de A, 50 m com a velocidade de 108 km/h. Sendo a aceleração constante, qual o trabalho da força F entre A e B?

4. Dada a figura abaixo, onde o corpo parte do repouso (ponto A) e percorre A B C D E. A força F que atua no móvel mantém-se sempre paralela à velocidade do corpo e assume valores diferentes em cada trecho, de forma que o trecho A B possui aceleração constante de $0{,}18 \text{ m/s}^2$; os trechos B C e C D são percorridos em M uniforme e a partir do ponto D a força F se anula. Determine:

a) O trecho que F é maior que a força de atrito. Explicar o porquê.

b) A distância D E = x em que o corpo percorre até parar.

c) O trabalho da força F ao longo da trajetória.

Dado $\mu = 0{,}1$

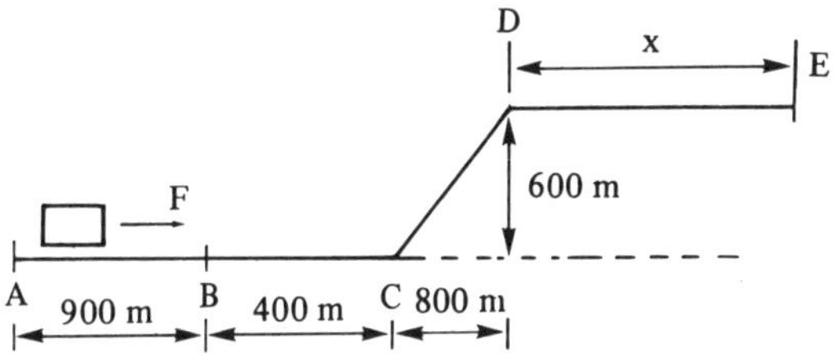

5. Abaixo, temos um gráfico de velocidade em função do tempo de uma trajetória. Sendo a massa m = 0,5 kg, determine:

a) O trecho em que é M uniforme.

b) O trecho em que é movimento retardado.

c) A força em cada trecho.

d) O trabalho da força F em cada trecho.

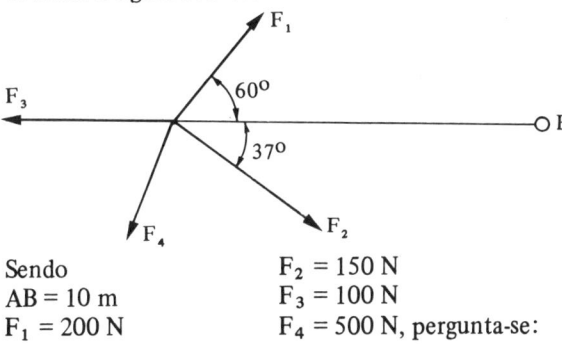

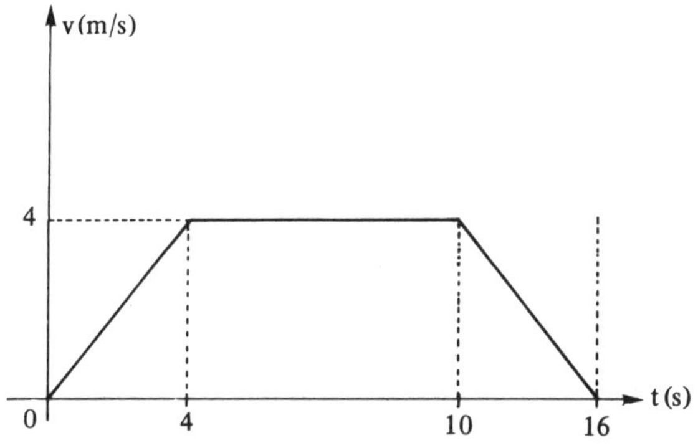

Resposta

a) de 4 a 10 s

b) de 10 a 16 s

c) $F_1 = 0{,}5$; $F_2 =$ zero; $F_3 = 0{,}3$ N

d) 4J; zero; - 4J

6. Um carro de 500 kg move-se sem atrito em trajetória retilínea cujo gráfico é conforme abaixo. Determine:

a) O trabalho da força motora de 0 a 600 m.

b) A aceleração quando o carro passar no ponto 400 m.

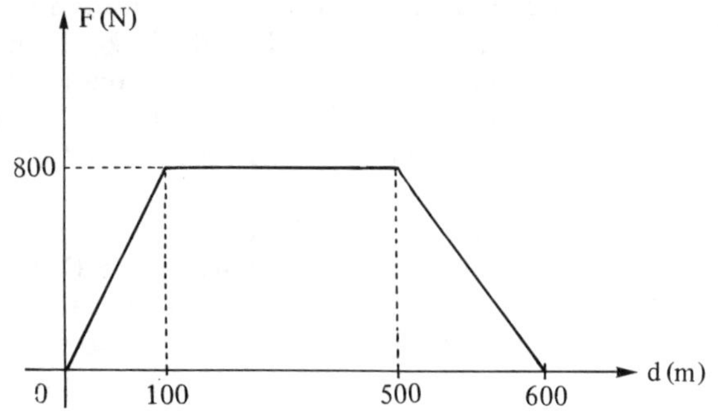

TESTES

1. O agente físico que realiza trabalho é:
a) ( ) O homem.
b) ( ) Uma máquina simples.
c) ( ) A força.
d) ( ) Um corpo ou sistema de corpos.

2. Seja $\vec{F}$ uma força constante que atua sobre um ponto material, o qual se desloca da posição A para B, o seja θ o ângulo formado pela força $\vec{F}$ e o vetor deslocamento $\vec{AB}$; então o trabalho realizado pela força $\vec{F}$ será dado pela expressão:
a) ( ) $\tau_{AB} = |\vec{F}| . |\vec{AB}| . \cos\theta$
b) ( ) $\tau_{AB} = F . d$
c) ( ) $\tau_{AB} = \vec{F} . \vec{AB} . \cos\theta$
d) ( ) $\tau_{AB} = \vec{F} . |\vec{AB}|$

3. O trabalho realizado por uma força é:
a) ( ) Uma grandeza escalar.
b) ( ) Sempre positivo.
c) ( ) Nunca nulo.
d) ( ) Uma função do tempo.

4. Assinale a alternativa correta:
a) ( ) Sempre que houver força, há trabalho.
b) ( ) Sempre que houver força e deslocamento, há realização de trabalho.
c) ( ) A força, sempre que for perpendicular ao deslocamento, não realiza trabalho.
d) ( ) Só há realização de trabalho, quando a força tiver a mesma direção e sentido que o deslocamento.

5. Assinale a força abaixo que nunca realiza trabalho:
a) ( ) Força aplicada por um homem.
b) ( ) Força centrípeta.
c) ( ) Força de tração.
d) ( ) Força peso.

6. Uma partícula é lançada sobre um plano inclinado com atrito. Durante o seu deslocamento, qual das forças abaixo não realiza trabalho?
a) ( ) A força peso.
b) ( ) A componente paralela ao plano inclinado da força peso.
c) ( ) A força de atrito.
d) ( ) A reação normal do plano sobre a partícula.

7. Um ponto material se desloca sobre um plano horizontal. Neste caso, o trabalho realizado pela força peso é:
a) ( ) Sempre positivo.
b) ( ) Sempre negativo.
c) ( ) Sempre nulo.
d) ( ) Positivo, negativo ou nulo, dependendo da trajetória do móvel e do sentido do deslocamento.

8. Um corpo de peso 20 N é abandonado sobre um plano inclinado de 30° sem atrito e sofre um deslocamento de 5 m sobre o mesmo. Logo, o trabalho realizado pelo peso do corpo é de:
a) ( ) 50 J c) ( ) $50\sqrt{3}$ J
b) ( ) 100 J d) ( ) nulo

9. Retomando o teste anterior, o trabalho realizado pela força normal exercida pelo plano sobre o corpo é de:
a) ( ) 50 J c) ( ) $50\sqrt{3}$ J
b) ( ) 100 J d) ( ) nulo

10. Uma corda puxa um bloco, sobre um plano inclinado, de baixo para cima com uma força de 4000 N e uma velocidade constante de 5 m/s. Em 20 s o topo do plano inclinado é atingido. O trabalho realizado pela força é de:
a) ( ) 20000 J c) ( ) $4 . 10^5$ J
b) ( ) 80000 J d) ( ) 10^5 J

11. Um corpo de peso 30 N é lançado do solo, verticalmente para cima, atingindo uma altura de 2,3 m. O trabalho realizado pela força peso, desde o instante de lançamento até o instante em que o corpo retorna ao solo, é de:
a) ( ) 69 J c) ( ) nulo
b) ( ) 138 J d) ( ) - 138 J

12. (UFPa-Pará). O trabalho realizado contra a gravidade para transportar um corpo de um ponto para outro:
a) ( ) Depende só do peso e das posições inicial e final.
b) ( ) Depende da trajetória e do peso do corpo.
c) ( ) Depende das forças dissipadoras que intervêm no fenômeno.
d) ( ) Depende da aceleração que se imprime ao corpo.
e) ( ) Não pode ser calculado por falta de dados.

7. ENERGIA

1. INTRODUÇÃO

A energia é essencial à vida. A energia não pode ser criada nem destruída, apenas transformada.
De acordo com o *Princípio da Conservação da Energia,* a energia total de um sistema isolado permanece constante.
A energia mecânica devido à posição é a energia potencial e devido ao movimento é a energia cinética.

2. EQUAÇÕES

2.a) *Energia potencial gravitacional.*

$$\boxed{E_p = m\,g\,h}$$

2.b) *Energia de movimento ou cinética*

$$\boxed{E_c = \frac{1}{2} m\,v^2}$$

EXERCÍCIOS RESOLVIDOS

1. Um bloco de massa m = 5 kg está em repouso numa superfície horizontal sem atrito. Aplicando-se uma forca constante e horizontal sobre o bloco, este atinge a velocidade de 10 m/s ao percorrer 20 m. Determine:

a) A energia cinética do bloco após percorrer 20 m.
b) O trabalho realizado pela força.
c) A força aplicada.

Solução

Dados $\begin{cases} m = 5\ \text{kg} \\ v_o = 0 \\ v = 10\ \text{m/s} \end{cases}$
$x = 20\ \text{m}$

a) $E_c = \frac{1}{2} m v^2 \rightarrow E_c = \frac{1}{2} . 5 . (10)^2$

$E_c = \frac{1}{2} . 5 . 100 \Rightarrow \quad E_c = 250\ \text{J}$

b) Como $\tau = \Delta E \Rightarrow \quad \tau = 250\ \text{J}$

c) Da definição de trabalho temos:
$\tau = F . \Delta x$, substituindo os valores, vem:

$250 = F . 20 \therefore \boxed{F = 12{,}5\ \text{N}}$

2. Um caminhão carregado com massa total de 12×10^3 kg sobe uma rampa, como mostra a figura. Considerando a aceleração da gravidade igual a 10 m/s², determinar:

a) A variação da energia potencial.
b) O trabalho realizado para subir a rampa.

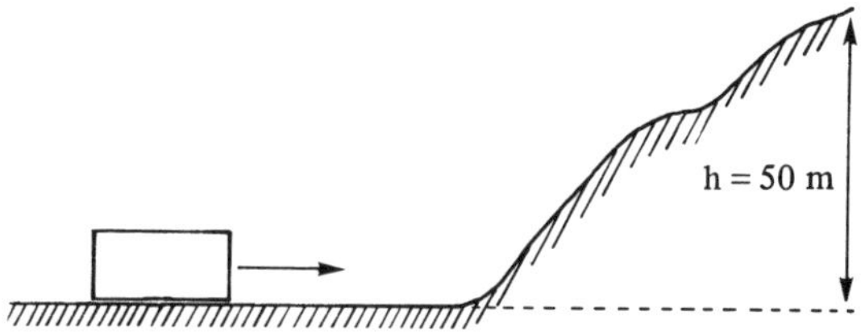

Solução

Dados $\begin{cases} m = 12 \times 10^3\ \text{kg} \\ g = 10\ \text{m/s}^2 \\ h = 50\ \text{m} \end{cases}$

a) $\Delta E_p = mg\,(h - h_o)$, onde $\Delta h = h - h_o = 50$ m
$\Delta E_p = 12 \times 10^3 . 10 . 50$

$$\boxed{\Delta E_p = 6 \times 10^6\ \text{J}}$$

b) Como $\tau = \Delta E$, temos:

$$\boxed{\tau = 6 \times 10^6\ \text{J}}$$

3. Um bloco de massa 2 kg, inicialmente em repouso, encontra-se sobre uma superfície horizontal sem atrito. Aplica-se a seguir uma força horizontal sobre o mesmo, segundo o gráfico abaixo.
Determinar:

a) A velocidade do bloco na posição x = 10 m.
b) A variação da energia cinética sofrida pelo bloco entre as posições x = 10 m e x = 20 m.
c) A energia cinética total adquirida pelo bloco.

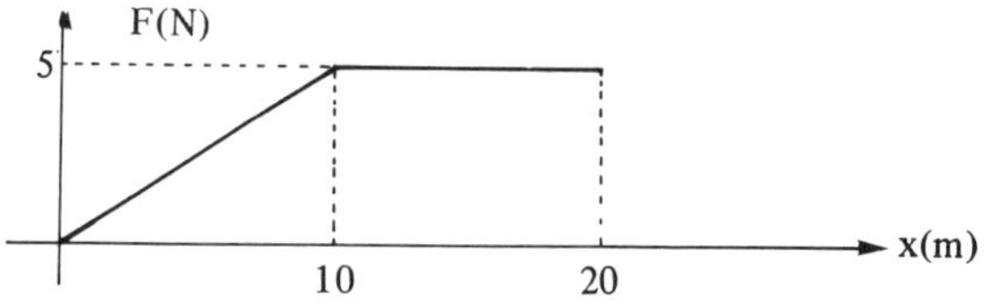

Solução

Dados {m = 2 kg; $v_o = 0$ e o gráfico

a) Determinando o trabalho realizado pela força entre 0 e 10 m pela área, temos:

$\tau = \frac{10 . 5}{2} \therefore \boxed{\tau = 25\ \text{J}}$

Como $\tau = \Delta E_c = \frac{1}{2} m . v^2$, temos:

$\frac{1}{2} . 2 . v^2 = 25 \quad \therefore \boxed{v = 5\ \text{m/s}}$

b) O trabalho realizado pela força entre 10 m e 20 m será: $\tau' = 10 . 5 \therefore \quad \tau' = 50$ J

Como $\tau' = \Delta E_c'$, temos $\boxed{\Delta E_c' = 50\ \text{J}}$

c) A energia cinética final será:

$E_C = \Delta E_C + \Delta E'_C$

$E_C = 25 + 50 \therefore$ $\boxed{E_C = 75 \text{ J}}$

4. Um pequeno corpo em repouso, sofre uma força de valor variável. Calcule a velocidade v do corpo quando tiver recebido o trabalho $\tau = 0{,}32$ J. Dado m = 10 g.

Solução

Dados $\begin{cases} v_O = 0 \\ m = 10 \text{ g} \times 10^{-2} \text{ kg} \end{cases}$

$\tau = 0{,}32$ J

O τ pode ser definido como variação de energia: ou $\tau = \Delta E$

$$0{,}32 = \frac{1}{2} m v^2 \rightarrow$$

$$0{,}32 = \frac{1}{2} \cdot 10^{-2} \cdot V^2 \rightarrow \boxed{v = 8 \text{ m/s}}$$

5. Uma bala de 10 g atinge um obstáculo com velocidade de 600 m/s e penetra 20 cm no mesmo, na direção do movimento. Determinar a força da resistência da parede oposta à penetração da bala.

Solução

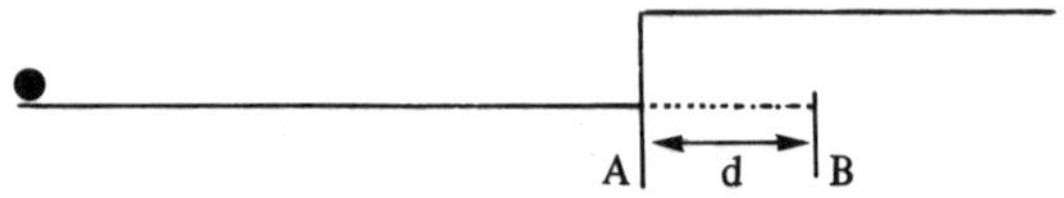

Ao chocar-se com a parede possui E_C que desaparecerá totalmente depois de penetrar d = 20 cm = 0,2 m.

Aplicando o P. C. E. (Princípio da Conservação da Energia P_{CE}). P_{CE} = Energia total

$\tau_{AB} = E_{\text{total cinética AB}}$

$\tau = E_{cB} - E_{cA} \rightarrow$ como $E_{cB} = 0$ (o corpo para)

$\tau = - E_{cA} \rightarrow$ sendo $\tau = F.\ d.$

$$F \cdot d = -\frac{1}{2} m \cdot v^2$$

$$F \cdot 0{,}2 = \frac{1}{2} \cdot 10^{-2} \cdot (600)^2 =$$

$$\boxed{F = 9000 \text{ N}}$$

EXERCÍCIOS PROPOSTOS

1. Um automóvel, numa estrada reta e horizontal, mantém a velocidade de 30 m/s com sua potência máxima. Supondo a resistência do ar 3000 N a única força dissipativa, determinar a potência do automóvel.

Resposta
P = 90 kw

2. Um motor consome 3×10^4 J por minuto e 10% dessa energia é perdida. Determinar a potência útil e o seu rendimento.

Observação: rendimento = n

$$m = \frac{\text{Potência útil}}{\text{Potência total}} = \frac{Pu}{Pt}$$

Pu = Potência total – Potência perdida.

Resposta Pu = 450 W n = 90%

3. Sobre um corpo, inicialmente em repouso, aplica-se uma força que faz com que após 7 s sua velocidade seja de 21 m/s. Sabendo-se que a massa do corpo é 8 kg, pede-se:

a) A aceleração adquirida por ele.
b) A intensidade da força resultante.
c) O trabalho realizado.

Resposta
a) 3 m/s^2 b) 24 N c) 1746 J

4. Um móvel de massa m = 10 kg é abandonado de um local situado a 45 m do solo. Considerando $g = 10 \text{ m/s}^2$, pede-se:

a) A sua energia potencial no instante em que é abandonado.
b) A sua energia cinética ao atingir o solo.
c) A sua energia mecânica, 0,33 s após ser abandonado.

Resposta

a) 4500 J b) 4500 J c) 4500 J

5. Um projétil de 10 g move-se horizontalmente e atravessa uma porta. Antes do impacto, sua velocidade era de 800 m/s e, logo após o mesmo, de 600 m/s. Qual a energia consumida para vencer o obstáculo?

Resposta $E_C = 1400$ J

6. Sobre um corpo de massa igual a 5 kg atua uma força resultante de 15 N. Sabendo-se que o corpo estava inicialmente em repouso, qual é o trabalho realizado pela resultante durante os primeiros 10 m? Qual a energia cinética do corpo após isso?

Resposta $\tau = 150$ J $E_C = 150$ J

7. Dado o looping abaixo, determine o menor valor da velocidade inicial v_O para que o fenômeno seja possível.

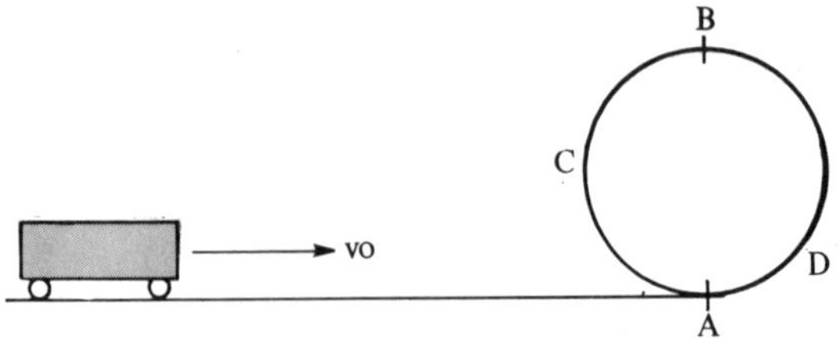

Resposta
$v_{O_{\text{min}}} X = \sqrt{5 \text{ Rg}}$

8. Calcule a altura h abaixo para ser possível a trajetória indicada. Desprezar atritos.

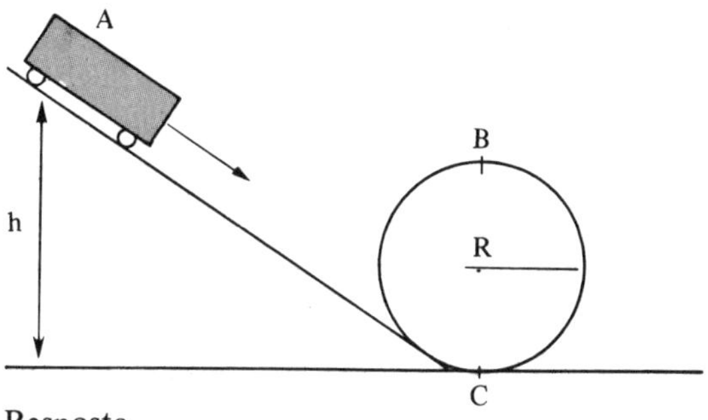

Resposta
$h_{min} = 2{,}5\ R$

9. Um pêndulo simples de massa m e comprimento ℓ é deslocado de sua posição de equilíbrio do ângulo ϕo e depois abandonado à ação da gravidade. Prove que a velocidade tangencial v é dada por:
$v = [2\ g\ell\ (1 - \cos\phi\ o)]^{1/2}$

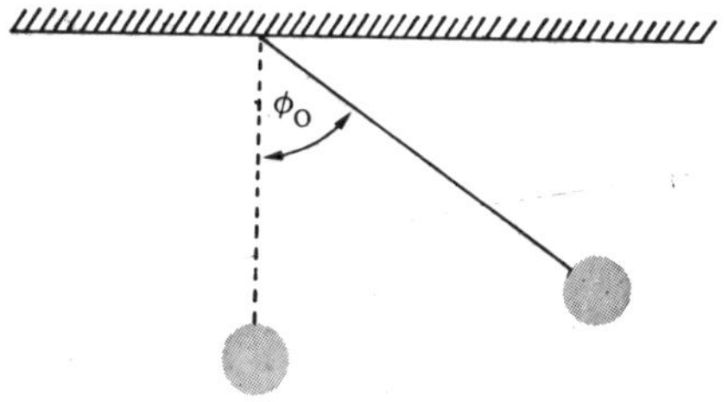

TESTES

1. Um sistema físico tem energia quando:

a) ( ) Está sujeito apenas a ações de forças conservativas.
b) ( ) Está sujeito a forças conservativas e dissipativas.
c) ( ) Está capacitado a realizar trabalho.
d) ( ) Possui grande quantidade de átomos.

2. O princípio da conservação da energia afirma que:

a) ( ) A energia mecânica de um corpo é constante.
b) ( ) A energia não pode ser criada nem destruída, mas apenas transformada em calor, devido aos atritos.
c) ( ) A energia total de um sistema, isolado ou não, permanece constante.
d) ( ) A energia não pode ser criada nem destruída, mas apenas transformada de uma modalidade em outra.

3. A energia potencial de um corpo:

a) ( ) Depende da sua posição.
b) ( ) Depende apenas de sua massa.
c) ( ) Não depende do referencial adotado.
d) ( ) É um vetor dirigido no sentido do movimento.

4. Adotando-se um referencial ligado ao solo, um corpo caindo e encontrando-se a uma altura h do solo:

a) ( ) Possui apenas energia potencial gravitacional.
b) ( ) Possui apenas energia cinética.
c) ( ) Possui energia potencial gravitacional e cinética.
d) ( ) Não possui energia mecânica.

5. A energia potencial gravitacional:

a) ( ) Pode ser medida com o trabalho realizado pela força peso, quando o corpo é deslocado de sua posição até o nível de referência adotado.
b) ( ) Dependendo do nível de referência adotado, poderá ser uma grandeza física escalar ou vetorial.
c) ( ) E sempre positiva, independendo do nível de referência adotado.
d) ( ) Só interessa quando o nível de referência for situado no solo.

6. A energia cinética ou de movimento:

a) ( ) Não depende do referencial adotado.
b) ( ) É proporcional à velocidade do corpo.
c) ( ) É sempre positiva.
d) ( ) Tem sempre a mesma direção e sentido que a velocidade do corpo.

7. A energia mecânica de um corpo.

a) ( ) É a soma das energias potencial e cinética.
b) ( ) Independe do referencial.
c) ( ) É sempre constante, independentemente do tipo de forças atuantes sobre ele.
d) ( ) É sempre positiva.

8. A usina elétrica de uma cidade consome carvão a fim de produzir vapor, com que gira uma turbina; e esta, por sua vez, aciona o gerador elétrico. Um motor elétrico faz uso dessa eletricidade para bombear água para um reservatório situado no alto da cidade.
Assinale a alternativa que indica melhor e pela ordem as transformações de energias ocorridas:

a) ( ) Energias química, térmica, elétrica, cinética e potencial.
b) ( ) Energias química, cinética e potencial.
c) ( ) Energias química, cinética, térmica e potencial.
d) ( ) Energias química, elétrica, cinética e potencial.

9. O teorema da energia cinética diz que:

a) ( ) A energia cinética de um corpo em movimento retilíneo é constante.
b) ( ) O trabalho realizado pela resultante de todas as forças atuantes numa partícula mede a variação da energia cinética da mesma.

c) (   ) O trabalho realizado pela resultante de todas as forças que atuam numa partícula é constante.
d) (   ) A energia cinética de uma partícula transforma-se em potencial e vice-versa.

10. A energia cinética de um corpo era 30 J num instante t_1, e no instante posterior t_2, 50 J. O trabalho realizado pela força resultante, nesse intervalo de tempo, foi de:

a) (   ) 80 J   c) (   ) 20 J
b) (   ) 40 J   d) (   ) faltam dados.

Sobre um corpo em movimento retilíneo uniforme numa superfície horizontal está aplicada uma força $\vec{F}$ constante, inclinada 60º com a horizontal. A força de atrito cinético entre o corpo e a superfície é 4 N.

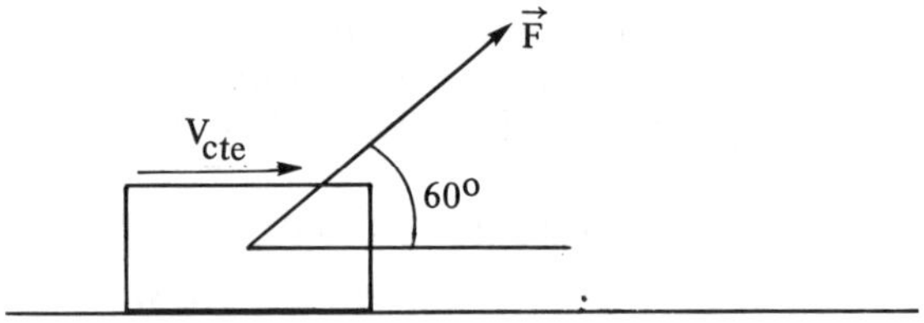

Baseado neste enunciado, responda às questões de 11 a 15.

11. A intensidade da força $\vec{F}$ é de:

a) (   ) 2 N
b) (   ) $2\sqrt{3}$ N
c) (   ) 8 N
d) (   ) $4\sqrt{3}$ N

12. Num deslocamento de 4 m, o trabalho realizado pela força $\vec{F}$ é de:

a) (   ) 16 J
b) (   ) $8\sqrt{3}$ J
c) (   ) 32 J
d) (   ) $16\sqrt{3}$ J

13. Num deslocamento de 4 m, o trabalho realizado pela força de atrito é de:

a) (   ) - 16 J   c) (   ) 16 J
b) (   ) - 32 J   d) (   ) 32 J

14. O trabalho realizado pela força resultante é:

a) (   ) Nulo.
b) (   ) Proporcional ao deslocamento.
c) (   ) Proporcional ao peso do corpo.
d) (   ) Negativo.

15. A variação da energia cinética é:

a) (   ) Nula.
b) (   ) Proporcional ao deslocamento.
c) (   ) Proporcional à massa do corpo.
d) (   ) Negativa.

16. O gráfico que melhor representa a variação da energia cinética com a velocidade é:

a) ( )

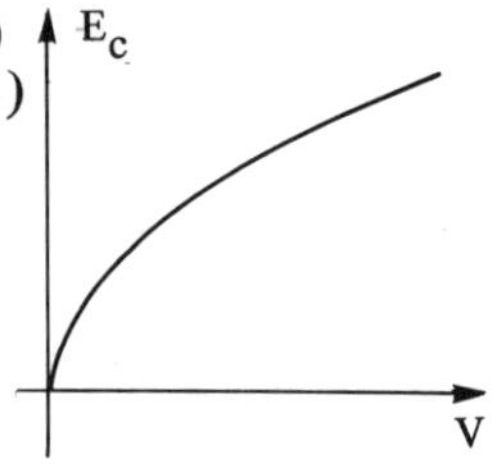

c) ( )

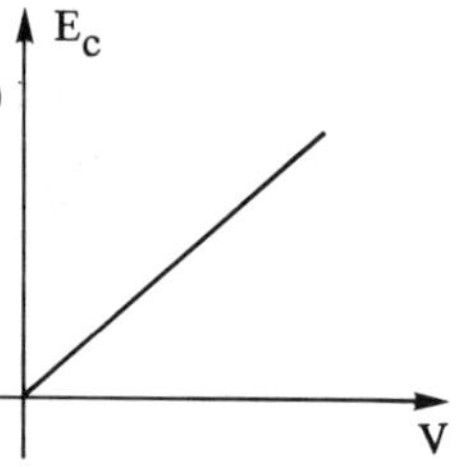

b) ( )

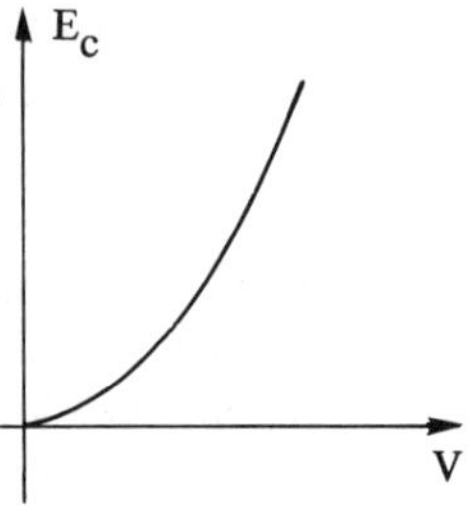

d) ( )

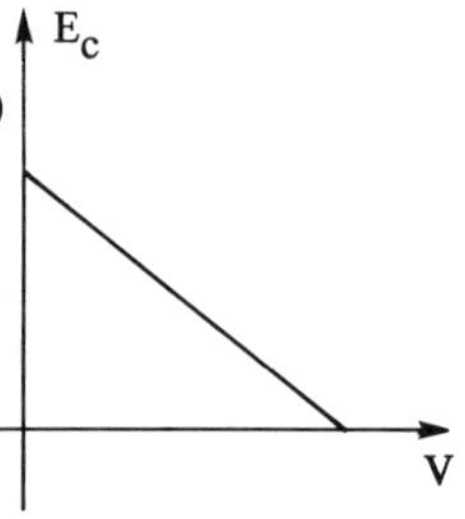

17. A energia cinética de um corpo varia com o tempo, segundo o gráfico abaixo:

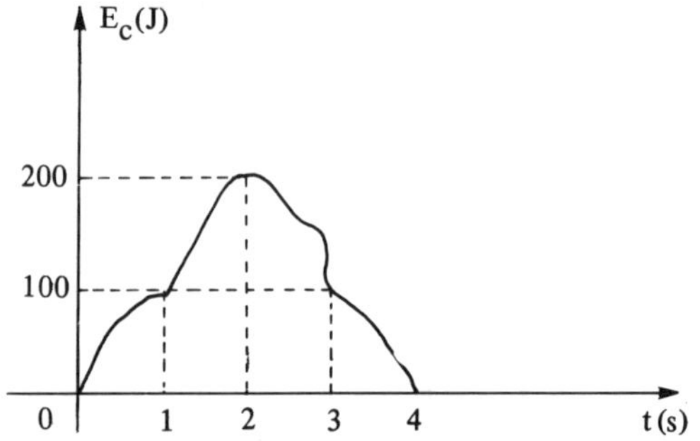

Pode-se concluir que:
a) (   ) O trabalho realizado pela força resultante, entre t = 0 s e t = 4 s, foi sempre positivo.
b) (   ) A velocidade vetorial do corpo, no instante t = 1 s, é igual à velocidade vetorial do corpo, no instante t = 3 s.
c) (   ) Entre t = 1 s e t = 3 s, o trabalho realizado pela força resultante é nulo.
d) (   ) No instante t = 2 s o corpo inverte seu sentido de movimento.

18. Num corpo, inicialmente em repouso, aplica-se uma força resultante constante em direção e sentido, cuja intensidade varia com o deslocamento, segundo o gráfico abaixo:

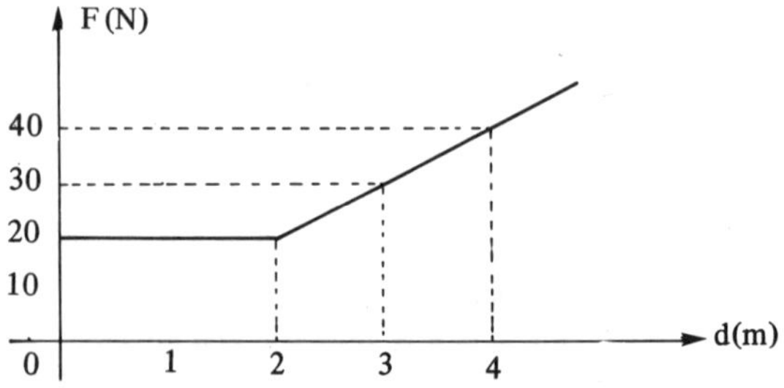

Convém lembrar ao aluno que no gráfico (F x d) o trabalho é fornecido pela área.

Após os primeiros 3 m de deslocamento, sua energia cinética é de:

a) ( ) 65 J   c) ( ) 25 J
b) ( ) 40 J   d) ( ) 35 J

19. Se no teste anterior admitirmos a massa do corpo igual a 5 kg, sua velocidade após 2 m de deslocamento será de:

a) ( ) 30 m/s   c) ( ) 16 m/s
b) ( ) 0 m/s   d) ( ) 4 m/s

Uma pedra de massa 1 kg é levada do solo até o ponto situado a 2 m do solo. Considere-se que a pedra parte do repouso e no final está novamente em repouso e adote-se $g = 10\ m/s^2$.

Responda por este enunciado às questões de 20 a 23.

20. O trabalho da força peso no deslocamento foi de:

a) ( ) 20 J   c) ( ) 10 J
b) ( ) - 20 J   d) ( ) - 10 J

21. O trabalho realizado pela força resultante, no deslocamento, foi de:

a) ( ) 0 J   c) ( ) - 40 J
b) ( ) 40 J   d) ( ) 20 J

22. O trabalho realizado pela força aplicada pelo agente que transportou a pedra foi de:

a) ( ) 0 J   c) ( ) - 40 J
b) ( ) 40 J   d) ( ) 20 J

23. A energia potencial da pedra em relação ao solo é de:

a) ( ) 0 J   c) ( ) - 40 J
b) ( ) 40 J   d) ( ) 20 J

24. Uma força resultante de 10 N atua numa massa de 2 kg, inicialmente em repouso sobre uma mesa sem atrito. O corpo percorre 3,0 m, enquanto a força atua. É errado afirmar que:

a) ( ) A quantidade de energia transferida à massa é de 30 J.
b) ( ) A velocidade final do corpo é de $\sqrt{30}$ m/s.
c) ( ) O trabalho realizado pela força resultante é de 30 J.
d) ( ) Ao fim do deslocamento, sua energia total é de 30 J.

Convém lembrar ao aluno que, além de Ec, o corpo pode ter outra modalidade de energia qualquer, como energia química ou outra.

25. Uma força de 30 N acelera um corpo, a partir do repouso, por uma distância de 3 m, e, a seguir, a sua intensidade passa a ser de 15 N e age por mais 2 m. Considerando-se a inexistência de atrito, a energia cinética do corpo será de:

a) ( ) 90 J   c) ( ) 120 J
b) ( ) 450 J   d) ( ) 60 J

26. Uma bola é chutada com uma velocidade de 20 m/s e sua massa é de 0,5 kg. A força que o goleiro deve aplicar sobre ela para pará-la em 40 cm é de:

a) ( ) 500 N
b) ( ) 50 N
c) ( ) 25 N
d) ( ) 250 N

27. O princípio da conservação da energia mecânica é válido apenas para corpos ou sistemas físicos sujeitos a:

a) ( ) Forças constantes.
b) ( ) Forças conservativas.
c) ( ) Forças dissipativas.
d) ( ) Forças pesos.

28. Um corpo é abandonado sobre um plano inclinado sem atrito (v. fig.). Admitindo $g = 10\ m/s^2$, ele atingirá o solo com uma velocidade de:

a) ( ) 20 m/s
b) ( ) $\sqrt{20}$ m/s
c) ( ) $10\sqrt{5}$ m/s
d) ( ) 50 m/s

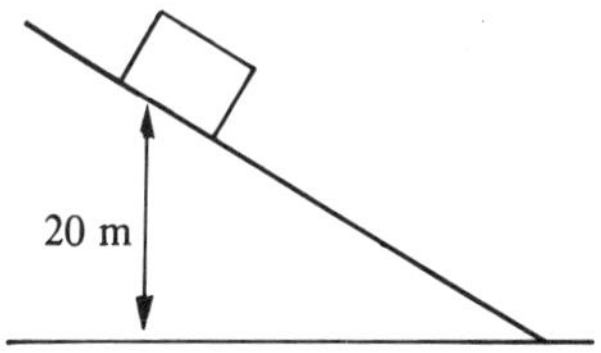

29. Um móvel é abandonado de um local situado a 40 m do solo. Sabendo-se que seu peso é de 30 N, a sua energia cinética, ao atingir o solo, é de:

a) ( ) 300 J
b) ( ) 400 J
c) ( ) 1 200 J
d) ( ) 2400 J

30. Um corpo é abandonado sem velocidade inicial sobre um plano inclinado, a 5 m de altura. Sabendo-se que sua massa é 100 g e que atinge a base do plano inclinado com uma velocidade de 8 m/s, podemos afirmar que:

a) ( ) Não há força dissipativa atuante no corpo.
b) ( ) Durante a descida, o corpo dissipou, em calor, 1,8 J de sua energia.
c) ( ) Durante sua descida, o corpo dobrou sua energia mecânica, pois, além de energia potencial, passou a ter energia cinética.
d) ( ) Sua energia mecânica aumentou 3,2 J.

Uma pedra de massa igual a 10 kg cai livremente de um local situado a 40 m de altura em relação ao solo.

Considerando-se $g = 10\ m/s^2$, responda aos testes de 31 a 34.

31. Sua energia cinética, após 2,5 s de queda, é de:

a) ( ) 2500 J
b) ( ) 875 J
c) ( ) 3125 J
d) ( ) 4000 J

32. Sua energia potencial, após 2,5 s de queda, é de:
a) (   ) 2500 J
b) (   ) 875 J
c) (   ) 3125 J
d) (   ) 4000 J

33. Sua energia mecânica, após 0,37 s de movimento, é de:
a) (   ) 493,48 J
b) (   ) 4000 J
c) (   ) 3275 J
d) (   ) 3492,25 J

34. Sua velocidade ao atingir o solo é de:
a) (   ) $20\sqrt{2}$ m/s
b) (   ) 800 m/s
c) (   ) $40\sqrt{3}$ m/s
d) (   ) 40 m/s

Um corpo é abandonado sem velocidade inicial do ponto A, situado sobre a guia representada na figura abaixo. Sabe-se que o corpo atinge o ponto B com velocidade $V_B = 10$ m/s, e pára no ponto C. A massa do corpo é 1 kg e $g = 10$ m/s^2.

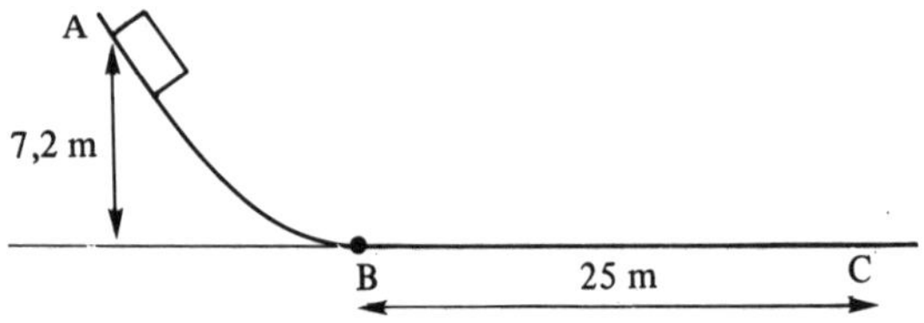

Baseado neste enunciado, responda às questões de 35 a 40.

35. A energia mecânica do corpo nó ponto A é de:
a) (   ) 7,2 J
b) (   ) 50 J
c) (   ) 100 J
d) (   ) 72 J

36. A energia mecânica do corpo no ponto B é de:
a) (   ) 0 J
b) (   ) 50 J
c) (   ) 100 J
d) (   ) 72 J

37. A energia mecânica do corpo no ponto C é de:
a) (   ) 0 J
b) (   ) 50 J
c) (   ) 250 J
d) (   ) 72 J

38. A energia transformada em calor no trecho AB é de:
a) (   ) 50 J
b) (   ) 72 J
c) (   ) 22 J
d) (   ) 0 J

39. O trabalho realizado pela força resultante no trecho BC foi de:
a) (   ) 0 J
b) (   ) 72 J
c) (   ) 250 J
d) (   ) 50 J

40. Dois corpos puntiformes, A e B, de massas $m_A = 1$ kg e $m_B = 2$ kg, respectivamente, possuem uma energia cinética total de 40 J, e estão ligados entre si por um fio ideal de 1 m de comprimento.

Eles se movimentam sobre uma estrutura sem atrito, conforme mostra o esquema abaixo. Seus movimentos cessam em alturas, respectivamente, iguais a:

a) (   ) $h_A = 2$ m e $h_B = 3$ m
b) (   ) $h_A = 1$ m e $h_B = 2$ m
c) (   ) $h_A = 1$ m e $h_B = 1,5$ m
d) (   ) $h_A = 1,5$ m e $h_B = 2$ m

$E_{pa} + Ep_B = 40$
$h_B = h_A + 0,5$

$$\begin{cases} m_A g \cdot h_A + m_B g h_B = 40 \\ 1 \cdot 10 \cdot h_A + 2 \cdot 10(h_A + 0,5) = \\ = 40 \end{cases}$$

$h_A = 1$ m
$h_B = 1,5$ m

30° 30° 1 m 30° A B h_A

(F.M. Santa Casa-SP). Instruções para as questões de números 41 a 43. A força resultante que atua em uma partícula de 0,10 kg de massa é representada, em função do deslocamento, pelo gráfico abaixo:

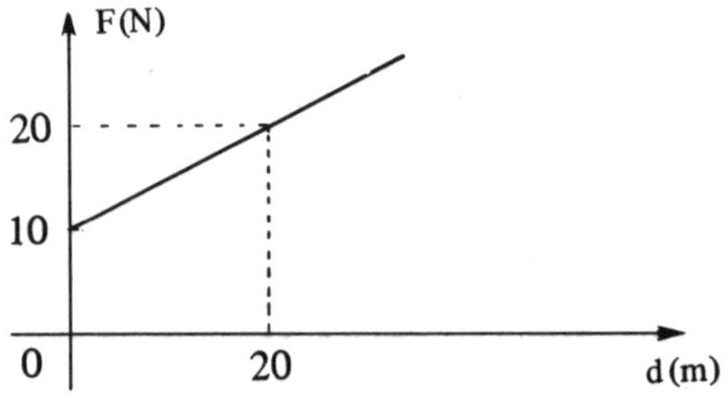

41. O trabalho desenvolvido pela força, para efetuar o deslocamento de 20 m, foi igual a:
a) (   ) 300 J
b) (   ) 600 J
c) (   ) 400 J
d) (   ) 800 J
e) (   ) 1000 J

42. Se, para d = zero, a velocidade da partícula fosse igual a zero, ao fim de 20 m, a velocidade, expressa em m/s, seria igual a:
a) (   ) 20
b) (   ) $20\sqrt{5}$
c) (   ) $20\sqrt{15}$
d) (   ) 30
e) (   ) $30\sqrt{15}$

43. A aceleração da partícula, para d = 10 m será, em m/s^2:
a) ( ) 600
b) ( ) 450
c) ( ) 400
d) ( ) 300
e) ( ) 150

44. (PUC-SP). Uma bola de massa 1 kg é abandonada de um ponto situado a 9 m do solo. Após o choque com o mesmo, sobe, atingindo a altura máxima de 4 m. Supondo que $g = 10\ m/s^2$, a variação da energia no choque foi de:
a) ( ) 90 J d) ( ) 50 J
b) ( ) 40 J e) ( ) 130 J
c) ( ) nula

45. (Combimed/Comcitec-RJ). Uma esfera de massa 0,10 kg rola sobre o perfil de "montanha russa" mostrada na figura ao lado. No instante representado, ela se move para baixo com energia cinética igual a 0,10 J.

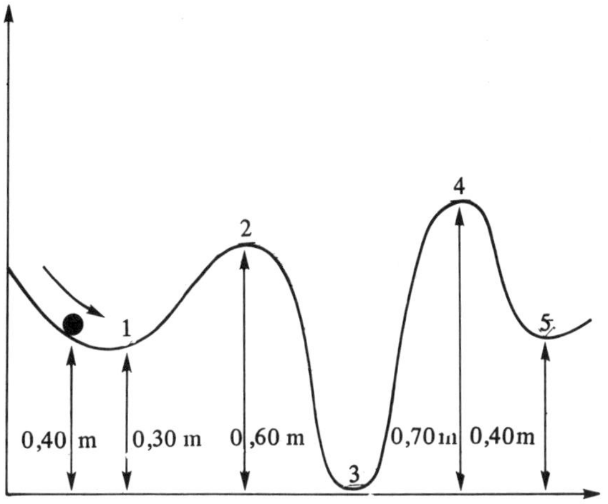

Embora o atrito seja muito pequeno, a bola acabará parando. Em que lugar?
a) ( ) Na posição 1. d) ( ) Na posição 4.
b) ( ) Na posição 2. e) ( ) Na posição 5.
c) ( ) Na posição 3.

8. MOVIMENTO CIRCULAR

1. INTRODUÇÃO

Movimento periódico, é um movimento que apresenta período, freqüência e velocidade angular?

Definição de Período: (T = período)

Período é o tempo gasto para o fenômeno se repetir.

Se o fenômeno for o movimento periódico de uma mola, o período será o tempo gasto para a mola realizar um movimento completo de ida e volta para a mesma posição.

Definição de freqüência (Freqüência = f)

Freqüência é um número que representa a quantidade de vezes que um fenômeno se repete em 1 segundo. A freqüência é o inverso do período:

$$\boxed{f = \frac{1}{T}}$$

Se o fenômeno for um movimento circular, a freqüência será o número de voltas que o móvel realiza em 1 segundo.

Devido a grande importância que o movimento circular oferece ao estudo dos movimentos ondulatórios e vibratórios, faremos um estudo só das aplicações de suas equações.

2. MOVIMENTO CIRCULAR UNIFORME – M. C. U.

Equações

a) espaço angular (ângulo percorrido)

$$\boxed{\varphi = \varphi o + \omega t}$$

onde:
φ = ângulo percorrido total
φo = ângulo inicial
ω = velocidade angular
t = tempo

Observação

Esta equação surge quando se divide a equação horária do movimento uniforme pelo raio R da trajetória circular, ou seja:

x = xo + v t, dividindo por R (raio)

$$\frac{x}{R} = \frac{xo}{R} + \frac{v}{R} \cdot t \ .$$

chamando $\frac{x}{R} = \varphi$

$$\frac{xo}{R} = \varphi o \quad e \quad \frac{v}{R} = \omega\ , \quad \boxed{\varphi = \varphi o + \omega t}$$

b) Velocidade angular ω.

$$\boxed{\omega = \frac{2\pi}{T}} \quad ou \quad \omega = \frac{2\pi}{\frac{1}{f}}\ , \text{ daí } \boxed{\omega = 2\pi f}$$

f = freqüência

c) Velocidade escalar v.

$$v = \omega R$$

d) Aceleração centrípeta = acp

$$acp = \frac{v^2}{R} \quad \text{ou} \quad acp = \frac{\omega^2 R^{\not 2}}{\not R}, \text{ daí}$$

$$acp = \omega^2 R$$

e) Relação entre o espaço percorrido e R (x = espaço percorrido ou distância).

$$x = \varphi . R$$

Se a trajetória do móvel é uma circunferência e a velocidade v constante, temos o movimento circular uniforme (M.C.U). A velocidade tangencial é dada por:

$$v = \frac{2 \pi R}{T}$$

A velocidade angular ω é dada por:

$$\omega = \frac{2 \pi}{T}$$

ω é medida em rad/s

No M.C.U, a aceleração é centrípeta, é radial e dirigida para o centro da circunferência. A equação da aceleração centrípeta é:
acp = aceleração centrípeta

$$acp = \frac{v^2}{R}$$

Mas, $v = \omega R$, logo

$$acp = \frac{\omega^2 R^{\not 2}}{\not R} = \omega^2 R. \quad \boxed{acp = \omega^2 R}$$

que é a responsável pela trajetória circular. A força centrípeta para o centro é

$$F_{cp} = m \frac{v^2}{R}$$

3. MOVIMENTO CIRCULAR VARIADO

Este movimento não é mais periódico pois varia o módulo de sua velocidade e portanto, o tempo em cada volta na circunferência é diferente. Possui aceleração centrípeta acp e aceleração escalar tangencial. A aceleração total, é a soma vertical de acp com at.

Equações:
a) do ângulo percorrido

$$\varphi = \varphi o + \omega o t + \frac{1}{2} \gamma t^2$$

γ = aceleração angular

b) da velocidade angular

$$\omega = \omega o + \gamma t$$

c) de Torricelli

$$\omega^2 = \omega o^2 + 2 \gamma (\varphi - \varphi o)$$

EXERCÍCIOS RESOLVIDOS

1. Uma partícula de massa 20 g efetua um movimento circular e uniforme de raio 6 m com a velocidade escalar de 30 m/s. Determinar:
a) Aceleração centrípeta.
b) A força centrípeta.
c) A velocidade angular.
d) O período.
e) A freqüência.

Solução m = 20 g = 0,02 kg

a) $acp = \frac{v^2}{R} = \frac{(30)^2}{6} = \frac{900}{6} = 150$

$$acp = 150 \text{ m/s}^2$$

b) $F_{cp} = m \frac{v^2}{R}$ = como $\frac{v^2}{R}$ = acp,
$F_{cp} = m_{acp} \rightarrow F_{cp} = 0{,}02 . 150 = 3$

$$F_{cp} = 3 \text{ N}$$

c) $\omega = \frac{v}{R} = \frac{30}{6} = 5$

$$\omega = 5 \text{ rad/s}$$

d) $T = \frac{2 \pi}{\omega} = \frac{2 \pi}{5} = 0{,}4 \pi = 0{,}4 . 3{,}14 = 1{,}256$ s

$$T = 1{,}256 \text{ s}$$

e) $f = \frac{1}{T} = 0{,}8$ $\boxed{f = 0{,}8 \text{ H}_z}$

2. Dois atletas percorrem uma pista circular com velocidades constantes em sentidos contrários, descrevendo 20 voltas por hora e 30 voltas por hora. Supondo-se que tenham partido do mesmo ponto, determine o número de vezes que eles se encontram em 2 horas.

Solução

$\varphi_1 + \varphi_2 = 2\pi$ rad (pois estão numa circunferência)

$\varphi = \omega t$, como $\omega = \dfrac{2\pi}{T}$ ou $\omega = 2\pi f$,

$\varphi_1 = 2\pi f_1 \cdot t$, para o 1º atleta.
$\varphi_2 = 2\pi f_2 \cdot t$, para o 2º atleta.

Como $\varphi_1 + \varphi_2 = 2\pi$, teremos:

$2\pi f_1 t + 2\pi f_2 t = 2\pi$ ou,

$\cancel{2\pi} t (f_1 + f_2) = \cancel{2\pi}$, ou $t = \dfrac{1}{f_1 + f_2}$

sendo

$f_1 = 20 \dfrac{\text{voltas}}{h}$ e

$f_2 = 30 \dfrac{\text{voltas}}{h}$,

$t = \dfrac{1}{20 + 30} = \dfrac{1}{50}$ horas

Em $\dfrac{1}{50}$ h, encontram-se 1 vez, e em 2 h deverão encontrar-se num número n de vezes. Daí,

$\dfrac{1}{50}$ h —— 1
2 h —— n

ou $\boxed{n = 100 \text{ vezes}}$

3. Determinar a velocidade de um projétil disparado contra um alvo rotativo colocado a 15 m de distância. Sabe-se que o alvo executa 300 revoluções por minuto e o arco medido entre o ponto visado no momento do disparo e o ponto de impacto do projétil no alvo é de 18º.

Solução

$18^o = \dfrac{\pi}{10}$ rad

Cálculo da freqüência → $f = 300 \dfrac{\text{voltas}}{\text{min}} =$

$f = 300 \dfrac{\text{voltas}}{60 \text{ s}} = 5 \dfrac{\text{voltas}}{\text{s}} = 5 \text{ Hz}$

$\boxed{f = 5 \dfrac{\text{voltas}}{\text{s}}}$

Cálculo do período → $T = \dfrac{1}{f} = \dfrac{1}{5} = 0{,}2$ s

$\boxed{T = 0{,}2 \text{ s}}$

Cálculo do raio R

$\varphi = \dfrac{x}{R} \rightarrow R = \dfrac{x}{\varphi} = \dfrac{15 \text{ m}}{\dfrac{\pi}{10}} = \dfrac{150}{\pi}$ m

$\boxed{R = \dfrac{150}{\pi} \text{ m}}$

Cálculo de ω.

$\omega = \dfrac{2\pi}{T} = \dfrac{2\pi}{0{,}2} = 10\pi$ $\boxed{\omega = 10\pi \text{ rad/s}}$

Cálculo da velocidade

Como $\omega = \dfrac{v}{R}$,

$v = \omega R = 10\cancel{\pi} \cdot \dfrac{150}{\cancel{\pi}} =$

$\boxed{v = 1500 \text{ m/s}}$

4. Determinar o número de rotações que uma roda volante faz em 20 s a sua velocidade angular varia nesse espaço de tempo de rad/s para 10 rad/s com aceleração angular constante.

Solução

Cálculo da aceleração angular em 20 s

$\omega = \omega o + \gamma t$,

$10 = 3 + \gamma \cdot 20 \rightarrow 7 = 20\gamma$

$\gamma = \dfrac{7}{20} = 0{,}35 \text{ rad/s}^2$

cálculo do ângulo percorrido em 20 s.

$\varphi = \varphi o + \omega o t + \dfrac{1}{2}\gamma t^2 \rightarrow \varphi o = 0$

$\varphi = \omega o\, t + \dfrac{1}{2}\gamma t^2$

$\varphi = 3.20 + \dfrac{1}{2} \cdot (0{,}35) \cdot (20)^2 =$

$\varphi = 60 + 70 = 130$ rad.

Cálculo do número de voltas n

Como 1 volta — 2π rad, | $n = \dfrac{130}{2\pi} = 20{,}7$
n —— 130 rad

O número de voltas, será 20,7.

EXERCÍCIOS PROPOSTOS

1. Uma roda gira com freqüência 1 200 rpm.

Calcule:

a) A freqüência em rps.
b) O período.

Resposta

a) f = 20 Hz
b) T = 0,05 s

2. Um elétron movimenta-se em trajetória circular de raio $0{,}50 \times 10^{-10}$ m em velocidade escalar constante de $2{,}2 \times 10^6$ m/s. Calcule a aceleração centrípeta desse elétron.

Resposta

$acp = 9{,}7 \cdot 10^{22} \text{ m/s}^2$

3. Um disco inicia um movimento uniformemente acelerado, partindo do repouso e, depois de 10

voltas, a sua velocidade angular é de 20 rad/s. Calcule a aceleração angular da roda.

Resposta
$\gamma \cong 3{,}2 \text{ rad/s}^2$

4. Um automóvel a 72 km/h corre com velocidade constante. Sendo o diâmetro de suas rodas 60 cm, calcule quantas rotações por minuto executa o seu eixo.

Resposta
637 rpm

PÊNDULO SIMPLES

O movimento periódico, possui diversos exemplos importantes. Um dos mais importantes é o pêndulo simples.

A equação do pêndulo simples é:

$$\boxed{T = 2\pi\sqrt{\frac{\ell}{g}}}$$

onde
ℓ = comprimento do fio
g = aceleração da gravidade

EXERCÍCIOS PROPOSTOS

1. Um pêndulo simples de comprimento 10 m oscila com período 6,34 s. Calcule a aceleração da gravidade local.

Solução

Adotando $\pi^2 \cong 10$

$T = 2\pi\sqrt{\frac{\ell}{g}} \rightarrow$ elevando ao quadrado,

$$T^2 = \left(2\pi\sqrt{\frac{\ell}{g}}\right)^2 \rightarrow T^2 = 4\pi^2 \frac{\ell}{g}$$

$$T^2 g = 4\pi^2 \ell \rightarrow g = \frac{4\pi^2 \ell}{T^2} \rightarrow$$

$$g = \frac{40 \cdot 10 \cdot 10}{(6{,}34)^2} = \frac{400}{(6{,}34)^2} = 9{,}8 \text{ m/s}^2$$

$$\boxed{g \cong 9{,}8 \text{ m/s}^2}$$

2. Uma pedra de massa 2 kg gira em M.C.U, presa a um fio de comprimento 1 m. Se a velocidade da pedra é v = 6 m/s, determine:

a) O seu período.
b) A acp.
c) A tração no fio.

Solução

a) $v = \frac{2\pi R}{T} \rightarrow T = \frac{2\pi R}{v} = \frac{2 \cdot \pi \cdot 1}{6}$

$$\boxed{T = \frac{\pi}{3} \text{ s}}$$

b) $acp = \frac{v^2}{R} = \frac{6^2}{1} = 36 \rightarrow acp = 36 \text{ m/s}^2$

c) a tração T no fio é a F_{cp}.

Logo, $T = F_{cp}$

$$T = m\frac{v^2}{R} = 2\frac{6^2}{1} = 2 \cdot \frac{36}{1} =$$

$$\boxed{T = 72 \text{ N}}$$

3. Um veículo de massa m = 600 kg, descreve uma pista curva de R = 80 m. Há atrito de escorregamento lateral, de coeficiente $\mu = 0{,}5$. Determine a máxima velocidade que o veículo pode ter para fazer a curva sem derrapar. Adote $g = 10 \text{ m/s}^2$

Solução

O veículo faz a curva se as forças atuantes lhe garantirem a aceleração centrípeta, e as forças atuantes, são:

a normal N
o peso P
a força de atrito Fat (de escorregamento lateral).

A normal N e o peso não interferem na acp. A Fat garante a acp.

$$F_{at} = m\frac{v^2}{R}$$

Mas, a velocidade v é máxima quando Fat for máxima. O máximo valor de Fat é $\mu \cdot N$.
Neste caso N = P = mg. Então:

$$\mu \cdot N = m\frac{v^2_{máx}}{R} \rightarrow \mu \not{m} g = \not{m}\frac{v^2_{máx}}{R}$$

$$\mu g = \frac{v^2_{máx}}{R} \rightarrow v^2_{máx} = \mu R g$$

$$v_{máx} = \sqrt{\mu R g} = \sqrt{0{,}5 \cdot 80 \cdot 10} = \sqrt{400} = 20$$

$v_{máx} = 20 \text{ m/s} = 72 \text{ km/h}$

4. A tensão de uma corda amarrada a uma bola que se move num círculo vertical, no seu ponto mais baixo, excede a tensão na corda quando a bola está no ponto mais alto, de uma quantidade igual a n vezes o peso da bola. Considerando a conservação da energia, o valor de n é 6. Provar.

Solução

Tomando nível de referência para a energia potencial o ponto B, temos:

$$E_{P_A} + E_{C_A} = E_{C_B} + E_{P_B}$$

$$mg\,2R + \frac{mv_A^{\,2}}{2} = \frac{mv_B^{\,2}}{2}$$

$$\boxed{v^2_B = v^2_A + 4Rg} \qquad (1)$$

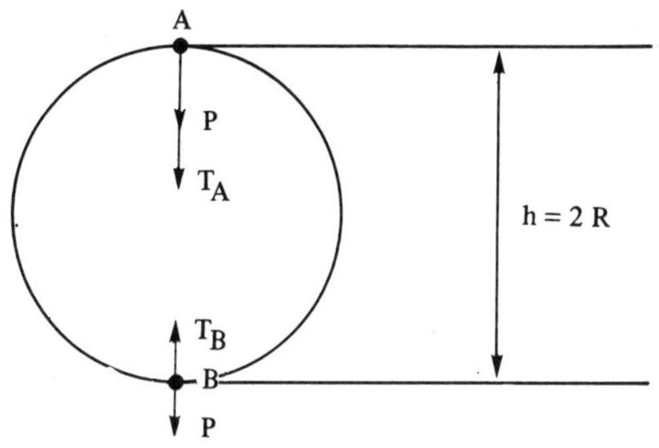

As tensões em A e B, são:

$P + T_A = m\,a_A$ e $-P + T_B = m\,a_B$

como $a = \dfrac{v^2}{R}$,

$P + T_A = m\dfrac{v_A^2}{R}$ e $\boxed{T_B - P = m\dfrac{v_B^2}{R}}$ (2)

Por (1), $v_B^2 = v_A^2 + 4Rg$, logo:

$T_B - P = m\dfrac{v_A^2 + 4\,Rg}{R}$, sendo $P = mg$,

$T_B - mg = \dfrac{m\,(v_A^2 + 4\,Rg)}{R} \rightarrow$

$T_B = \dfrac{m(v_A^2 + 4\,Rg)}{R} + mg$

$T_B = \dfrac{m\,v_A^2}{R} + \dfrac{4\cancel{R}g\,m}{\cancel{R}}$

$\boxed{T_B = \dfrac{m\,v_A^2}{R} + 5\,mg}$ (3)

Por outro lado, $P + T_A = m\,\dfrac{v_A^2}{R}$,

$\boxed{T_A = \dfrac{m\,v_A^2}{R} - mg}$ (4)

Mas $T_B - T_A = n \cdot P$ (n é o número referido).

Logo, $\left(\dfrac{m\,v_A^2}{R} + 5\,mg\right) - \left(\dfrac{m\,v_A^2}{R} - mg\right) = n\,.\,P$

$\cancel{\dfrac{m\,v_A^2}{R}} + 5\,mg - \cancel{\dfrac{m\,v_A^2}{R}} + mg = n\,P$

$6\,mg = n\,P \rightarrow P = mg$

$6\,\cancel{mg} = n\,\cancel{mg} \rightarrow$ $\boxed{n = 6}$

TESTES

1. A força centrípeta:
a) ( ) Nunca é constante em módulo.
b) ( ) Sempre tem a mesma direção.
c) ( ) Tem direção constante apenas nos movimentos circulares.
d) ( ) É nula nos movimentos retilíneos.

2. Em relação à força centrípeta, é falso afirmar que:

a) ( ) Sua intensidade é proporcional ao quadrado da velocidade angular.

b) ( ) Sua intensidade é proporcional ao inverso do raio de curvatura.

c) ( ) Sua intensidade é constante nos movimentos circulares uniformes.

d) ( ) Sua direção é constante nos movimentos uniformes.

3. A força centrípeta tem sempre:
a) ( ) Direção normal à velocidade tangencial.
b) ( ) Direção igual à velocidade angular.
c) ( ) A mesma direção que a velocidade tangencial.
d) ( ) Direção normal à aceleração centrípeta.

4. A força centrípeta tem intensidade 4 N num movimento circular uniforme. Caso a velocidade da partícula triplicar, a intensidade da força centrípeta passara a ser:

a) ( ) 12 N c) ( ) 4/9 N
b) ( ) 36 N d) ( ) 4 N

5. Num movimento circular uniforme, quadruplicando o raio e dobrando a velocidade, a intensidade da força centrípeta:

a) ( ) Dobra. c) ( ) Quadruplica.
b) ( ) Divide-se ao meio. d) ( ) Não se altera.

6. A massa da esfera de um pêndulo é 2 kg e sua velocidade no ponto mais baixo da trajetória é 1 m/s. O comprimento do fio do pêndulo é 2 m e $g = 10\ m/s^2$. Assim sendo, a força centrípeta no ponto mais baixo da trajetória é de:

a) ( ) 1 N
b) ( ) 10 N
c) ( ) 4 N
d) ( ) 9 N

$F_{cp} = \dfrac{m\,V^2}{R}$

$F_{cp} = \dfrac{20\,.\,1^2}{2} = 1\ N$

7. Retomando o teste anterior, a tensão no fio, no ponto mais baixo da trajetória, é de:

a) ( ) 1 N
b) ( ) 21 N
c) ( ) 19 N
d) ( ) 20 N

$T - P = F_{cp}$
$T - 20 = 1$
$T = 21\ N$

8. A intensidade da força centrípeta necessária para manter um automóvel de massa 1000 kg numa trajetória circular de raio 100 m, à velocidade de 10 m/s, é de:
a) ( ) 1000 N c) ( ) 10000 N
b) ( ) 500 N d) ( ) 5000 N

9. Considere um carro de massa 2000 kg percorrendo um trecho de pista circular num plano vertical, com movimento uniforme e velocidade

de 10 m/s. Considerando-se $g = 10 \text{ m/s}^2$, ao atingir o topo da pista, cujo raio é 40 m, esta aplicará ao carro uma força de:

a) ( ) 15 000 N
b) ( ) 20000 N
c) ( ) 5000 N
d) ( ) 0 N

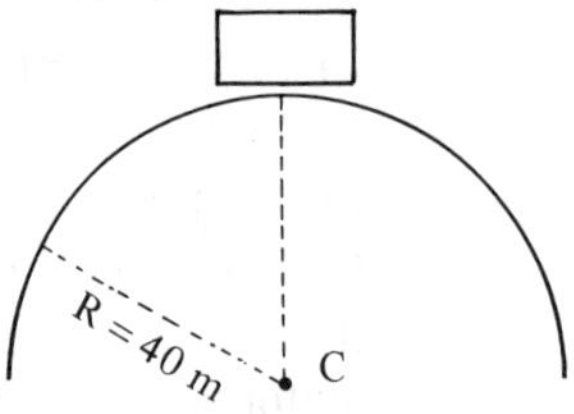

$$F_{cp} = P - N = \frac{mV^2}{R}$$

$$20000 - N = \frac{2000 \cdot 10^2}{40}$$

$$N = 15000 \text{ N}$$

10. Um pêndulo de massa m efetua um movimento circular e uniforme em torno do centro 0, conforme a figura abaixo. A força resultante aplicada em m está dirigida segundo:

a) ( ) OP
b) ( ) MO
c) ( ) PM
d) ( ) A tangente à trajetória

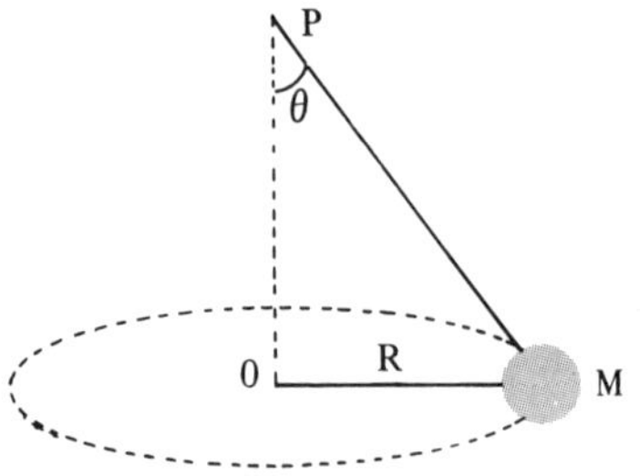

$$T \cos\theta = mg \Rightarrow$$

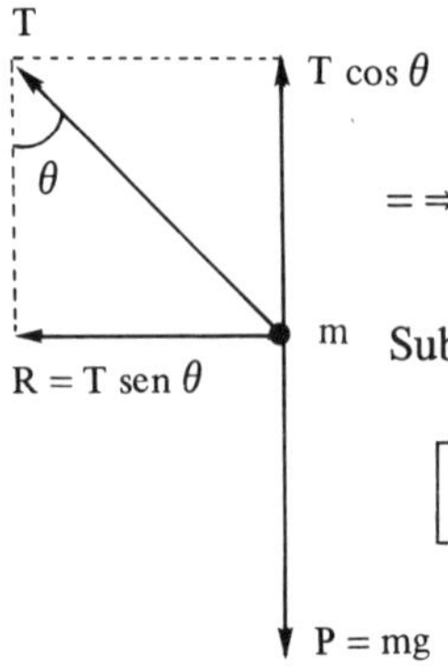

$$\Rightarrow \boxed{T = \frac{mg}{\cos\theta}}$$

Substituindo: $R = \frac{mg}{\cos\theta} \cdot \text{sen}\,\theta$

$$\boxed{R = m \cdot g \cdot \text{tg}\,\theta}$$

11. A intensidade da força resultante, na questão anterior, vale:

a) ( ) mg tg θ
b) ( ) mg sen θ
c) ( ) mg cos θ
d) ( ) mg cotg θ

12. A força centrípeta atuante numa partícula é de 20 N. Dobrando a velocidade da partícula, a força centrípeta passará a ter intensidade igual a:

a) ( ) 80 N
b) ( ) 40 N
c) ( ) 10 N
d) ( ) 5 N

13. Se num movimento circular reduzirmos o raio e a velocidade à metade, a força centrípeta será:

a) ( ) Igual à anterior.
b) ( ) O quádruplo da anterior.
c) ( ) A metade da anterior.
d) ( ) A quarta parte da anterior.

14. No esquema abaixo está representado um corpo A em movimento circular uniforme, não existindo atrito entre ele e a mesa. Ao corpo A encontra-se ligado o corpo B, através de um fio ideal. Considerando-se $m_A = 24$ kg, $m_B = 120$ kg, R = 2 m e $g = 10 \text{ m/s}^2$, então a velocidade do corpo A, para que B fique em equilíbrio, deve ser de:

a) ( ) 10 m/s
b) ( ) 20 m/s
c) ( ) 15 m/s
d) ( ) 12 m/s

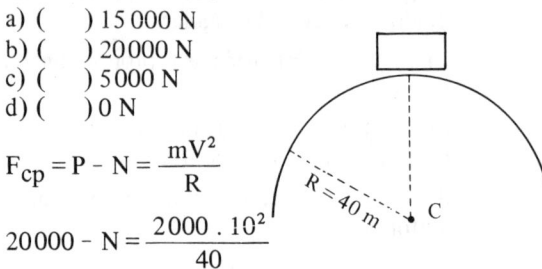

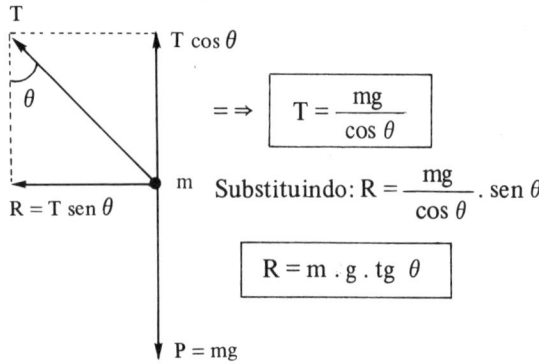

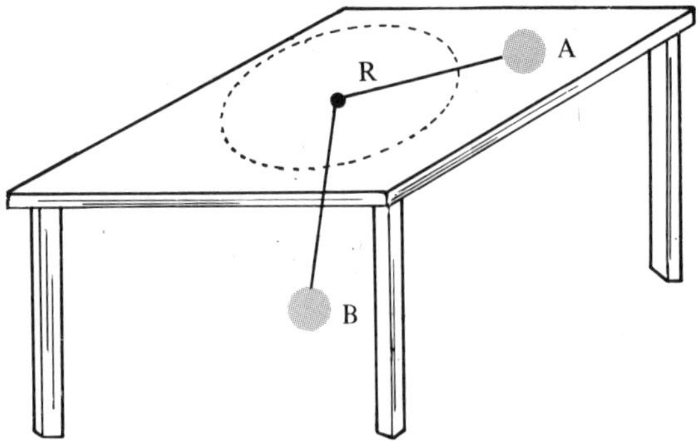

15. No teste anterior, no caso de as massas dos corpos A e B serem iguais entre si, então a velocidade do corpo A, para que B fique em equilíbrio, deve ser de:

a) ( ) 20 m/s
b) ( ) $2\sqrt{5 \text{ m/s}}$
c) ( ) 10 m/s
d) ( ) $\sqrt{10 \text{ m/s}}$

16. (F.M. Santa Casa-SP). A força resultante de uma partícula em movimento circular uniforme é:

a) ( ) Nula, porque não há aceleração.
b) ( ) Nula, porque a força centrípeta é anulada pela força centrífuga.
c) ( ) Centrípeta e de módulo constante.
d) ( ) Centrífuga e de módulo variável.
e) ( ) Constante em direção ao módulo.

17. (Univ. Fed. do Paraná). Um móvel sujeito unicamente à ação de uma força constante, porém sempre na direção perpendicular à sua velocidade instantânea, adquire movimento:

a) ( ) Circular uniforme.
b) ( ) Retilíneo uniformemente variado.
c) ( ) Circular uniformemente variado.
d) ( ).Circular com aceleração variável.
e) ( ) Retilíneo com aceleração variável.

9. QUANTIDADE DE MOVIMENTO. IMPULSO – CHOQUE MECÂNICO

1. QUANTIDADE DE MOVIMENTO

Considere uma partícula de massa m, com a velocidade v.

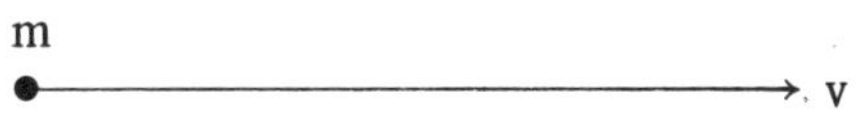

chama-se quantidade de movimento da partícula, o vetor q, definido por:

$$\boxed{\vec{q} = m\vec{v}}$$

A direção de $\vec{q}$ é a mesma de $\vec{v}$.
O sentido é o mesmo de $\vec{v}$.

Para um sistema de m partículas, a quantidade de movimento (Q) do sistema é
a soma das quantidades de movimento das partículas que constituem o sistema, ou seja:

$$\vec{Q} = \sum_{i=1} \vec{q}_i$$

2. IMPULSO

a) De uma força constante

Supondo que uma força $\vec{F}$ age numa partícula, durante o intervalo de tempo Δt.

Chama-se impulso (I) da força constante, ao produto da força vezes o tempo. Isto é:

$$\boxed{\vec{I} = \vec{F} \cdot \Delta t}$$

A direção de I é a mesma de $\vec{F}$
O sentido de $\vec{I}$ é o mesmo de $\vec{F}$

b) Teorema do Impulso

"O impulso da resultante de um sistema de forças que age numa partícula durante o intervalo de tempo Δt é igual à variação da quantidade de movimento da partícula."

ou $\boxed{\vec{I} = \Delta \vec{q}}$

c) Diagrama F x t

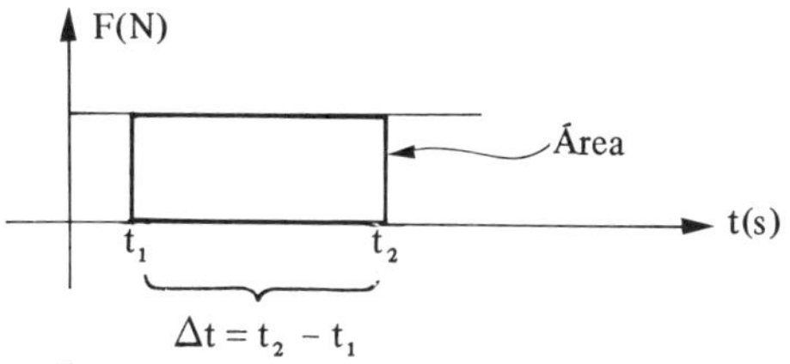

A área A do quadrilátero sombreado, vale A = = F . Δ t e sendo I = F . Δ t, $\boxed{A \overset{n}{=} I}$

ou seja, a área sob este gráfico é numericamente igual ao Impulso.

EXERCÍCIOS RESOLVIDOS

1. Um corpo de massa m = 2 kg inicialmente em repouso, sofre a ação de uma força resultante de intensidade 40 N durante 5 s. Determinar:

a) A variação da quantidade de movimento.
b) A velocidade final que o corpo adquire.

Solução

Dados m = 2 kg vo = 0 F = 40 N t = 5 s

a) I = F . Δ t
I = 40 . 5 = 200 N . s
I = 200 N. s
como
I = Δ q
I = 200 = Δ q logo $\boxed{\Delta q = 200 \text{ kg . m/s}}$

b) $\Delta q = m\,v \rightarrow 200 = 2 . v$ $\boxed{v = 100 \text{ m/s}}$

2. Uma bola de tênis de massa 0,1 kg possui a velocidade de 20 m/s, quando é atingida por uma raquete que lhe aplica uma força de 40 N durante 0,2 s, na direção do movimento, mas em sentido contrário. Calcule a velocidade da bola após a raquetada.

Solução

Pelo teorema do impulso, $I = \Delta q \overset{ou}{\rightarrow} F \cdot \Delta t = Q_2 - Q_1 \rightarrow (-40) \cdot 0{,}2 = 0{,}1\ v_2 - 0{,}1 \cdot 20 \rightarrow$

$\rightarrow \boxed{V_2 = -60 \text{ m/s}}$

3. O gráfico nos mostra a força aplicada sobre um corpo de massa 5 kg, durante 15 s. Determinar nos 15 s:

a) O impulso aplicado.
b) A força média aplicada.
c) A variação da velocidade

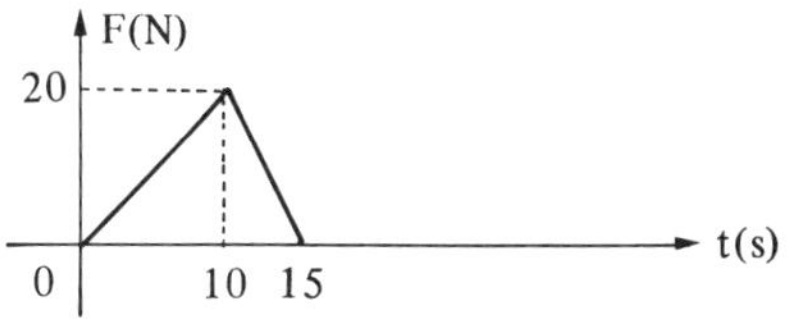

Solução

Dados $m = 5\ kg$
$\Delta t = 15\ s$ e gráfico F x t

a) A área do triângulo nos fornece o impulso:

$I = \frac{15 \cdot 20}{2} \therefore \boxed{I = 150\ N \cdot s}$

b) $I = F_m \cdot \Delta t \therefore 150 = F_m \cdot 15 \Rightarrow \boxed{F_m = 10\ N}$

c) $I = \Delta Q = m \cdot \Delta v$
$150 = 5 \cdot \Delta v \therefore \boxed{\Delta v = 30\ m/s}$

4. Dois blocos A e B, inicialmente em repouso, de massas 2 kg e 5 kg, respectivamente, comprimem uma mola, sobre uma superfície horizontal sem atrito. Quando os blocos são soltos, A caminha para a esquerda com velocidade adquirida pelo bloco B.

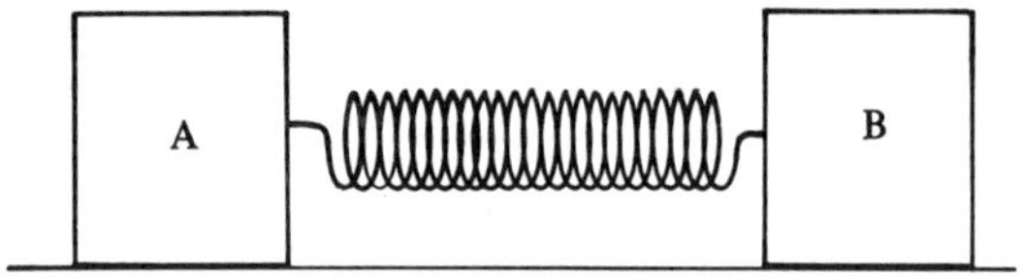

Solução

Dados $\begin{cases} v_O = 0;\ v_A = 20\ m/s \\ m_A = 2\ kg \text{ e } m_B = 5\ kg \end{cases}$

$Q_O = 0 \Rightarrow Q = 0$, pela lei da conservação da quantidade de movimento

$\vec{Q} = \vec{Q}_A + \vec{Q}_B$

Mas: $Q_A = m_A \cdot v_A$, considerando $v > 0$ para a direita
$Q_B = m_B \cdot v_B$

$Q = 2 \cdot (-20) + 5 \cdot v_B$
$Q = -40 + 5 \cdot v_B$

Como $Q_B = Q = 0$, temos:
$-40 + 5\ v_B = 0 \therefore \boxed{v_B = 8\ m/s}$

5. Um vagão de massa $m = 4 \cdot 10^4$ kg está em repouso sobre os trilhos e é atingido por outro de massa $m = 5 \cdot 10^4$ kg, com a velocidade de 6 m/s. Determinar a velocidade do primeiro vagão após o choque, se:

a) O segundo vagão pára com o choque.

b) Os vagões se engatam e movem-se juntos.

Observação:

$a_{antes} = a_{depois}$

Solução

antes do choque $Q_{o_1} = 0$ (em repouso)

a) $Q_{o_2} = m_2\ v_{o_2}$ para o segundo vagão

$Q_{o_2} = 5 \cdot 10^4 \cdot 6 = 3 \cdot 10^5$ kg m/s

$\boxed{Q_{o_2} = 3 \cdot 10^5 \text{ kg m/s}}$

Após o choque:

$Q_1 = m_1\ v_1$ para o primeiro vagão.

$\boxed{Q_1 = 4 \cdot 10^4 \cdot v_1}$ → Pela lei da conservação da quantidade de movimento, $Q_{depois} = Q_{antes}$.

$Q_{antes} = Q_{o_1} + Q_{o_2} =$ | $Q_{depois} = Q_1 + Q_2$
$Q_{antes} = 0 + 3 \cdot 10^5 =$ | $Q_{depois} = 4 \cdot 10^4\ v_1 + 0$ (pára)
$Q_{antes} = 3 \cdot 10^5$ | $Q_{depois} = 4 \cdot 10^4\ v_1$

ou

$3 \cdot 10^5 = 4 \cdot 10^4\ v_1 \rightarrow$

$v_1 = \frac{3 \cdot 10^5}{4 \cdot 10^4} = 7{,}5$ m/s

$\boxed{v_1 \text{ depois do choque } = 7{,}5 \text{ m/s}}$

e a $v_2 = 0$ (pára)

b) Após o choque, os vagões estão juntos,

$Q' = (m_1 + m_B)\ v'_1 = (4 \cdot 10^4 + 5 \cdot 10^4)\ v'_1 \rightarrow$

como $Q_0 = Q'$, temos:

$9 \cdot 10^4\ v'_1 = 3 \cdot 10^5 \rightarrow v_1 = \frac{\not{3} \cdot 10^5}{\not{9}_3\ 10^4} = \frac{10}{3}$

$\boxed{v_1 \cong 3{,}3 \text{ m/s}}$

6. Dois esquiadores A e B, de massas $m_A = 50$ kg e $m_B = 79$ kg estão parados na neve, sobre a qual podem deslizar, com atrito suposto desprezível. O esquiador A empurra o esquiador B, que desliza subindo o aclive CD da figura abaixo, após percorrer a distância horizontal BC, sendo D o ponto de altura máxima.

Pedem-se:

a) As velocidades v_A e v_B e o sentido de seus movimentos.

b) Se a ação de A sobre B (empurrão) durou 1 s, qual o valor da força média horizontal exercida por A em B?

c) A força atuando em A.

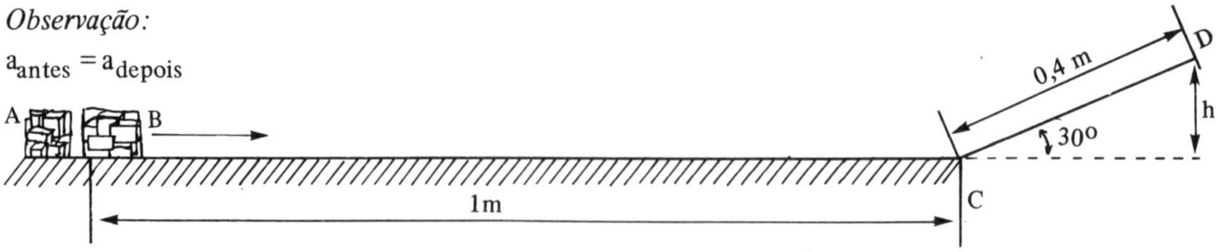

Solução

a) O esquiador B ganha velocidade v_B, logo ele possui E_{cB}

A E_{cB}, se transforma em E_{P_B} no ponto D.

Logo, $E_{cB} = E_{PB}$ ou

$$\frac{1}{2}\, m/B\, v_B^2 = m/B\, gh \rightarrow \frac{v_B^2}{2} = g\,h \quad v_B^2 = 2\,gh$$

Pela figura h = CD sen 30° =

$$h = 0{,}4 \cdot \frac{1}{2} \rightarrow \boxed{h = 0{,}2\ m}$$

Cálculo de $v'_B \rightarrow v'_B = \sqrt{2\,gh} = \sqrt{2 \cdot 10 \cdot 0{,}2} =$ $= 2$ m/s.

Pela conservação de Q,

$$\underbrace{Q_A + Q_B}_{\text{antes}} = \underbrace{Q'_A + Q'_B}_{\text{depois}}$$

$Q_A = 0$ (parado)
$Q_B = 0$ (parado)

$0 = Q'_A + Q'_B \rightarrow 0 = m\,v'_A + m'_B$

$0 = 50 \cdot v'_A + 70\, v'_B \rightarrow$ como $v'_B = 2$ m/s,

$0 = 50\, v'_A + 70\,(2) \rightarrow$

$0 = 50\, v'_A + 140 \rightarrow$ $\boxed{v'_A = -\,2{,}8\ m/s}$

O esquiador A move-se em sentido contrário ao de B.

a) $v'_A = -\,2{,}8$ m/s
$v'_B = 2$ m/s

b) $I = F_m\, \Delta t \rightarrow I = \Delta Q$

$$\boxed{I = Q'_B - Q_B}$$

como $Q_B = 0 \rightarrow I = Q'_B$ ou $I = m_B\, v'_B$

Sendo $I = I_m\, \Delta t$, vem

$$F_m\, \Delta t = m_B\, v'_B \rightarrow F_m = \frac{m_B\, v'_B}{\Delta t} =$$

$$F_m = \frac{70 \cdot 2}{1} = 140 \rightarrow \boxed{F_m = 140\ N}$$

c) Pelo *Princípio da Ação e Reação,* B exerce em A a força de 140 N.

EXERCÍCIOS PROPOSTOS

1. Um corpo de massa m = 20 kg possui uma velocidade $v_1 = 6$ m/s e recebe um impulso que lhe dá a velocidade $v_2 = 8$ m/s. Sendo v_2 perpendicular a v_1, calcule:

a) O impulso aplicado.
b) O ângulo que a sua direção forma com v_1.

Resposta
a) 200 N . A
b) $\theta = \text{arc sen}\,\frac{4}{5}$

2. Calcule a velocidade do corpo de massa m = 2 kg que durante 5 s recebeu uma força F.

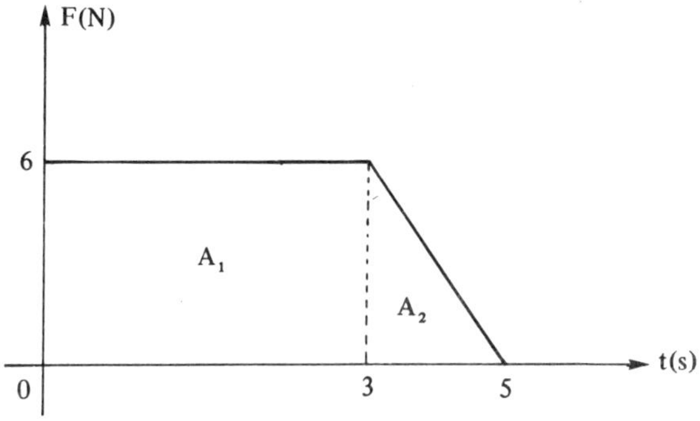

Resposta
$v_2 = 12$ m/s

3. Uma bola desloca-se com a velocidade $v_1 = 2$ m/s num plano sem atrito e horizontal. Choca-se frontalmente com outra bola igual em repouso e prossegue o seu movimento na mesma direção e sentido com a velocidade $v_2 = 0{,}5$ m/s. Calcular a energia cinética do movimento. Dado m = 2 kg.

Resposta
$E_c = 2{,}5$ J

4. Uma pessoa tenta puxar para si um objeto por meio de uma corda. A pessoa e a corda estão sobre uma superfície horizontal polida. A pessoa tem 80 kg e está distante do objeto 40 cm. Dando um rápido puxão na corda, o indivíduo e o objeto deslizam um para o outro, até se encontrarem em um ponto situado a 10 cm da posição inicial do objeto. Determine a massa do objeto.

Resposta
240 kg

5. Um corpo A de massa $m_A = 2$ kg é lançado com a velocidade $v_o = 4$ m/s, num plano horizontal liso, que colide com uma esfera B de massa $m_B = 5$ kg. A esfera B, inicialmente em repouso, é suspenso por um fio flexível de comprimento L e fixo em O. Após a colisão, a esfera atinge a altura h = 0,2 m. Pergunta-se:

a) Qual a velocidade v_B da esfera B após a colisão?
b) Qual o módulo e o sentido da velocidade v_A do corpo A após a colisão?
c) Qual a variação de energia mecânica (energia total) do sistema devido à colisão?

Resposta
a) 2 m/s
b) 1 m/s, em sentido oposto
c) - 5 J

TESTES

O gráfico ilustra a intensidade da força resultante que atua na direção do movimento de um corpo de massa 2 kg, inicialmente em repouso.

Responda as questões de números 1 e 2 com base nos dados acima.

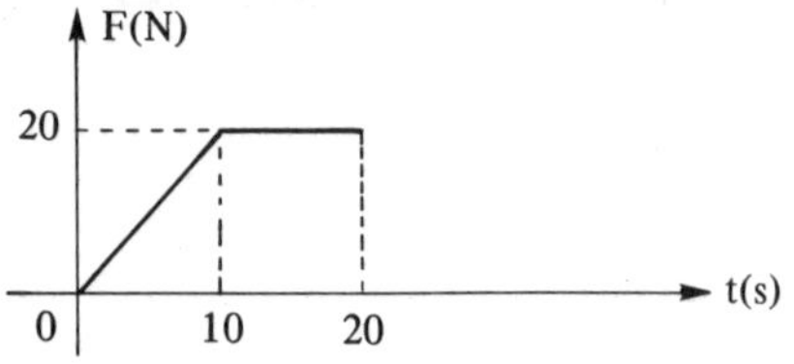

1. A velocidade do corpo ao fim de 20 s é igual a:

a) 10 m/s c) 300 m/s e) n.r.a.
b) 20 m/s d) 150 m/s

2) A aceleração do corpo nos 10 s iniciais e entre 10 s e 20 s são respetivamente:

a) Constante e linearmente variável com o tempo.
b) Constantes.
c) Linearmente variável com o tempo e constante.
d) Linearmente variáveis com o tempo.
e) N.R.A.

3. O impulso da força resultante sobre um corpo é igual:

a) Ao produto da força resultante pelo tempo de duração da mesma.
b) Ao quociente da força resultante pelo tempo de duração da mesma.
c) À variação da quantidade de movimento ocorrida no intervalo de tempo considerado.
d) À quantidade de movimento no final do instante considerado.
e) As alternativas a e c estão corretas.

4. Se a resultante das forças que atuam num corpo for nula, então as intensidades do impulso I e da quantidade de movimento Q serão:

a) $I > Q$ c) $I = Q$
b) $I < Q$ d) $I = Q = 0$

e) $I = 0$ e a variação da quantidade de movimento também terá intensidade nula.

Um carrinho de massa 10 kg move-se, com velocidade constante e igual a 20 m/s, sobre trilhos retilíneos e horizontais. Supondo ausência de atrito, responda as questões de números 5 e 6 com base nesses dados.

5. Se deixarmos cair verticalmente um saco de areia de massa 10 kg, sobre o carrinho, a nova velocidade será de:

a) 20 m/s d) 5 m/s e) n.r.a.
b) 15 m/s c) 10 m/s

6. E se retirarmos agora verticalmente o saco de areia, a velocidade do carrinho será de:

a) 20 m/s d) 5 m/s e) n.r.a.
c) 15 m/s c) 10 m/s

7. (ITA-SP). Um objeto, inicialmente em repouso, explode em duas partes, A e B, com massas M e 3M, respectivamente. Num determinado instante t, após a explosão, a parte B está a 6,00 m do local da explosão. Designando-se por x a distância entre A e B, no instante t, e deprezando-se a influência de outros corpos, pode-se afirmar que:

a) x = 19,0 m
b) x = 8,0 m
c) x = 24,0 m
d) Não é possível calcular x, pois t não foi dado.
e) N.R.A.

8. (CESCEA-SP). Um projétil de massa 5 kg é disparado na direção horizontal com velocidade de 800 m/s por um canhão de massa 2000 kg. A velocidade de recuo do canhão é:

a) 0,5 m/s
b) 1,25 m/s
c) 2,0 m/s
d) 8,0 m/s
e) 40,0 m/s

9. (CESESP-SP). Um vagão vazio, com uma massa de 8 toneladas, rola, à velocidade de 1,5 m/s, sobre um trilho horizontal e colide com outro vagão que está carregado e com uma massa total de 12 toneladas. O segundo vagão encontra-se em repouso. Se os dois vagões se engatam com a pancada, a velocidade dos dois, imediatamente após a colisão, será em m/s.

a) 1,5 b) 0.6 c) 0,2 d) 1,2 e) 0,8

(PUC-SP). Sobre um corpo, inicialmente em repouso, atua uma força que varia com o tempo, de acordo com a diagrama ao lado. Esta explicação refere-se aos testes 10 a 12.

10. A velocidade adquirida pelo corpo é máxima no instante t igual a:

a) 5,0 s b) 15 s c) 20 s d) 25 s e) 10 s

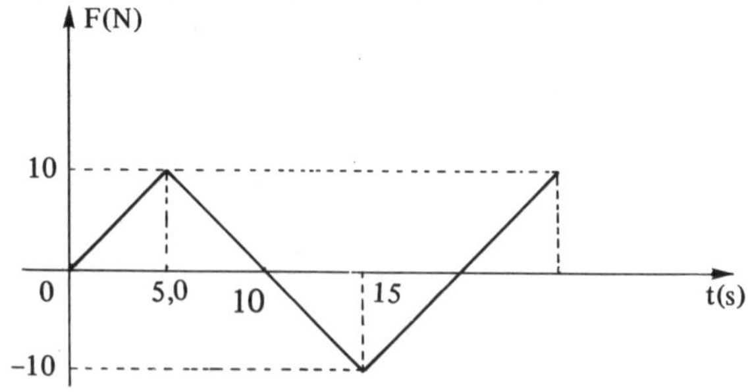

11. Se no instante inicial o corpo se encontra na origem, o afastamento máximo do mesmo em relação à origem ocorre no instante t igual a:

a) 5,0 s c) 15 s e) 25 s
b) 10 s d) 20 s

12. A velocidade anula-se no instante t igual a:

a) 5,0 s c) 15 s e) 25 s
b) 10 s d) 20 s

10. CHOQUE MECÂNICO

1. INTRODUÇÃO

Dois corpos chocando-se e havendo variação na velocidade inicial de pelo menos um deles, diz-se em Mecânica que houve um choque.
O choque pode ser:

a) Choque perfeitamente elástico.

b) Choque perfeitamente anelástico.

a) *Choque elástico*
Um choque é elástico, quando a energia cinética final é igual à energia cinética inicial.

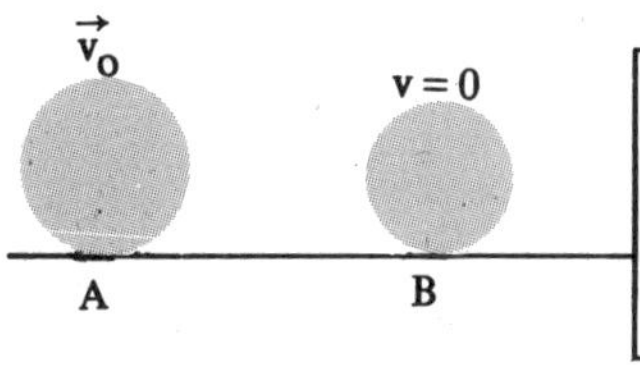

Quantidade de movimento antes da colisão (Q_a)

$$Q_a = m_A\, v_o + m_B \cdot 0$$

$$Q_a = m_A \cdot v_o$$

Energia cinética antes (E_{c_a})

$$E_{c_a} = \frac{1}{2}\, m_A\, v_o^2$$

Depois da colisão

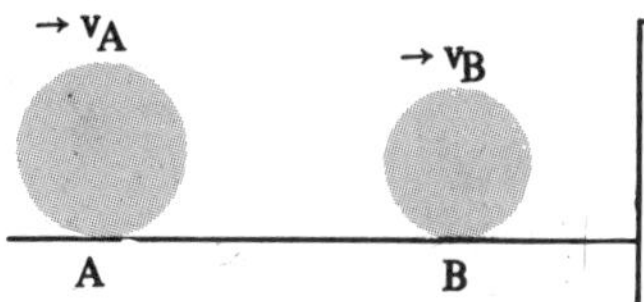

$$Q_d = m_A v_A + m_B v_B$$

$$E_{c_d} = \frac{1}{2}\, m_A\, V_A^2 + \frac{1}{2}\, m_B\, V_B^2$$

Conservação

1. da quantidade de movimento

$$Q_{antes} = Q_{depois}$$

$$Q_a = Q_d$$

$$\boxed{m_A\, v_o = m_A\, V_A + m_B\, V_B}$$

2. da energia cinética

$$E_{c_{antes}} = E_{c_{depois}}$$

$$E_{c_a} = E_{c_d}$$

$$\frac{1}{2}\, m_A\, v_o^2 = \frac{1}{2}\, m_A\, V_A^2 + \frac{1}{2}\, m_B\, V_B^2 \text{ ou}$$

$$\boxed{m_A\, V_o^2 = m_A\, V_A^2 + m_B\, V_B^2}$$

b) *Choque anelástico*
Um choque é anelástico quando a energia cinética final é menor do que a energia cinética inicial.

Antes da colisão

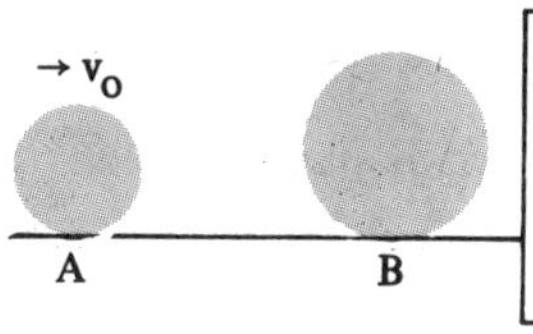

$$a_a = m_A\, V_o$$

$$E_{c_a} = \frac{1}{2} m_A\, V_o^2$$

Depois da colisão

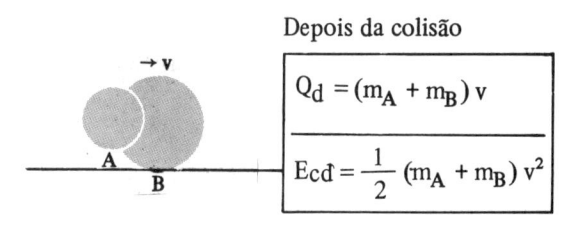

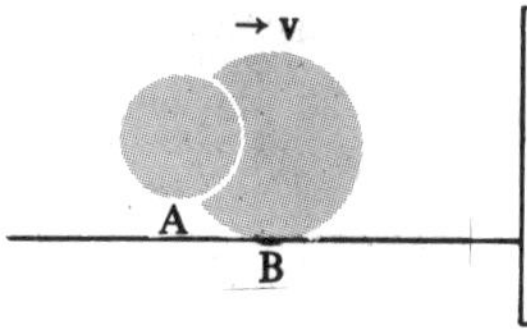

$$Q_d = (m_A + m_B)\, v$$

$$Ecd = \frac{1}{2}\, (m_A + m_B)\, v^2$$

Conservação
Só da quantidade de movimento

$$Q_{antes} = Q_{depois}$$
$$Q_a = Q_d$$

$$\boxed{m_A\, v_o = m_A v + m_B v} \text{ ou } \boxed{m_A v_o = (m_A + m_B)\, v}$$

DISSIPAÇÃO DA ENERGIA

$$E_{c_{antes}} > E_{c\, depois}$$

$$\boxed{E_{c_a} > E_{c_d}}$$

2. LEI DA RESTITUIÇÃO DE NEWTON

Quando um choque estiver entre o elástico e o anelástico, ele é chamado de *Parcialmente elástico.*

Num choque parcialmente elástico, há conservação da quantidade de movimento mas há perda da energia cinética. Para medir essa perda há a grandeza sem dimensões, chamada coeficiente de reinstituição *e.*

O coeficiente de restituição *e,* relaciona a velocidade relativa de afastamento dos corpos depois do choque e a velocidade relativa de aproximação, antes do choque.

Em símbolos,

$$e = \frac{\text{velocidade relativa de Afastamento (depois)}}{\text{velocidade relativa de Aproximação (antes)}}$$

$$e = \frac{v_B - v_A}{v'_B - v'_A}$$ o que é equivalente a

$$\boxed{e = -\frac{v_B - v_A}{v'_B - v'_A}}$$

Quando:

e = 0 → choque perfeitamente anelástico
e < 1 → choque parcialmente elástico
e = 1 → choque perfeitamente elástico

EXERCÍCIOS RESOLVIDOS

1. Uma bola desloca-se com a velocidade v_1 = = 2 m/s num plano horizontal sem atrito. Choca-se frontalmente com outra bola idêntica em repouso e prossegue o seu movimento numa mesma direção e sentido com a velocidade $v'_1 = 0{,}5$ m/s. Calcular a velocidade final da segunda bola.

Verificar se há conservação da energia cinética e o coeficiente de restituição.

Solução

Temos

$m_1 v_1 + m_2 v_2 = m_1 v'_1 + m_2 v'_2$

Mas sendo $m_1 = m_2$, podemos escrever:

$v_1 + 0 = v'_1 + v'_2$, pois $v_2 = 0$

$v_1 = v'_1 + v'_2 \rightarrow$

$2 = 0{,}5 + v'_2 \rightarrow$ $\boxed{v'_2 = 1{,}5 \text{ m/s}}$

cálculo da energia cinética

$E_{c_{inicial}} = E_{c_i}$

$E_{c_i} = \frac{1}{2} m_1 v_2^1 = \frac{1}{2} . m . 4 = 2 m$

$E_{c_{final}} = E_{c_f}$

$E_{c_f} = \frac{1}{2} m_1 v'^2_1 + \frac{1}{2} m_2 v'^2_2 = \frac{1}{2} m$ (0,25 + + 2,25) = 1,25 m

Conclui-se que não houve conservação da energia cinética, pois

$E_{c_i} = 2 m$ e

$E_{c_f} = 1{,}25 m$

Cálculo do coeficiente de restituição e

$$e = \frac{v'_2 - v'_1}{v_1 - v_2} = \frac{1{,}5 - 0{,}5}{2 - 0} = \frac{1}{2} = 0{,}5$$

$$\boxed{e = 0{,}5}$$

2. Duas esferas de massas 500 g e 450 g, movem-se numa mesma reta, com as velocidades 1,8 m/s e 1,2 m/s. Calcular a velocidade depois de um choque central retilíneo nos casos:

a) Movimento no mesmo sentido.

b) Movimento em sentido contrário.

Solução

a) $m_1 v_1 + m_2 v_2 = m_1 v'_1 + m_2 v'_2 \rightarrow$
para a quantidade de movimento
e
$m_1 v_1^2 + m_2 v_2^2 = m_1 v'^2_1 + m_2 v'^2_2 \rightarrow$
para a energia cinética

sendo $\begin{cases} m_2 = 450 \text{ g} \\ v_2 = 120 \text{ cm/s} \end{cases}$ e $\begin{cases} m_1 = 500 \text{ g} \\ v_1 = 180 \text{ cm/s} \end{cases}$

Substituindo, teremos:

$550 . 180 + 450 . 120 = 550 v'_1 + 450 v'_2$ ou

$\boxed{11 v'_1 + 9 v'_2 = 30\,60}$ (1)

$550 . (180)^2 + 450 (120)^2 = 550 v'^2_1 + 450 v'^2_2$
ou

$\boxed{11 v'^2_1 + 9 v'_2 = 486000}$ (2)

Resolvendo o sistema formado por (1) e (2), teremos:

$v'_1 = 1{,}7$ m/s
$v'_2 = 1{,}9$ m/s

b) Resolvido idêntico tomando v_2 com o sinal negativo.

$v'_1 = -0{,}9$ m/s
$v'_2 = 2{,}1$ m/s

EXERCÍCIOS PROPOSTOS

1. Uma esfera de massa m = 3,0 kg tem um movimento de translação com a velocidade de 22 m/s, choca-se com uma segunda esfera, de massa m = 4,0 kg que possui também movimento de translação uniforme com a velocidade de 10 m/s. Sendo o coeficiente de restituição e = 0,80, calcule as velocidades das esferas depois do choque.

Resposta 7,6 m/s 17,2 m/s

2. Uma bola de bilhar bate perpendicularmente contra a tabela da mesa. A velocidade da bola antes do choque é 2,0 m/s. O coeficiente de restituição é e = 0,80. Determine a velocidade de retorno da bola.

Resposta = - 1,6 m/s

3. Uma esfera cai sobre um plano horizontal fixo, da altura 1,8 m. Sendo e = 0,8 calcule a que altura chegará a esfera depois da primeira batida. Adote $g = 10 \text{ m/s}^2$.

1,2 m

4. Uma esfera de massa m e velocidade v choca-se com outra fixa e de massa m/4. Calcule as velocidades depois do choque.

Resposta 0,6 v 1,6 v

5. Um avião a jato voa a 900 km/h e um pássaro de massa m = 2 kg é apanhado pelo avião num choque perpendicularmente contra o vidro dianteiro da cabine. Calcule a força aplicada no vidro, se o choque dura um milésimo de segundo.

Resposta
500000 N

6. Dada a figura abaixo:

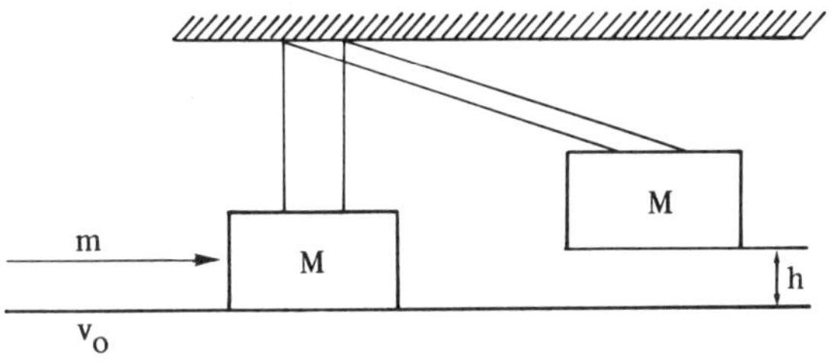

Sendo a massa do projétil m = 5 g que bate no pêndulo de massa M = 2 kg. Sabe-se que após o choque, o projétil se aloja no pêndulo, que se eleva a altura h = 5 m. Admitindo que os fios permaneçam paralelos, calcule a velocidade com que o projétil atinge o pêndulo.

Resposta
400 m/s

TESTES

1. (FEMC-RJ). Uma nave espacial é constituída por estágios. Cada vez que um estágio é lançado fora, a nave adquire maior velocidade. Isto está de acordo com o princípio da
a) Gravitação universal.
b) Independência dos movimentos.
c) Inércia.
d) Conservação da quantidade de movimento.
e) Conservação da energia mecânica.

2. (FMUF-MG). Um corpo de 10 kg está ligado a outro corpo de 2,0 kg através de uma mola comprimida. Ambos estão em superfície de atrito desprezível. Solta-se a mola e os corpos são disparados em sentidos opostos. A velocidade do corpo de 2 kg é 3 m/s. A velocidade do corpo de 10 kg é:
a) 0,60 m/s.
b) Maior que a do corpo de 2,0 kg.
c) 5,0 m/s.
d) 0,50 m/s.

3. (CICE-RJ). Dois blocos de massa 1,0 kg e 2,0 kg respectivamente estão em repouso sobre um plano horizontal com atrito desprezível. Há uma mola comprimida entre os blocos, e o fio AB os impede de se afastarem um do outro. Queima-se o fio AB. No instante em que o bloco (1) percorreu 10 cm a partir da posição inicial, o bloco (2) percorreu uma distância igual a:

a) 5,0 cm
b) 10 cm
c) 20 cm
d) 40 cm
e) zero

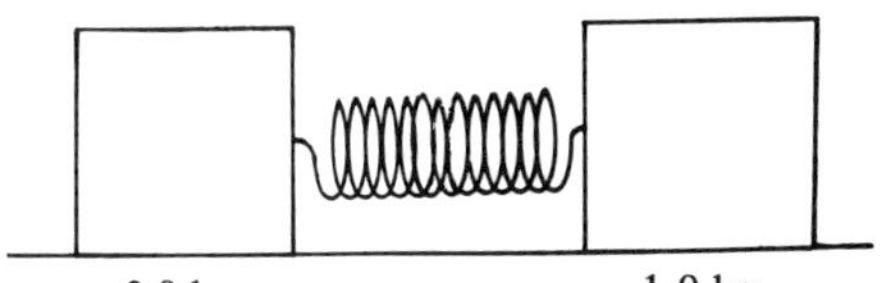

4. (PUC-SP). Um carregador joga uma mala de 20 kg com velocidade inicial de 5 m/s sobre um carrinho parado de massa 80 kg. O carrinho pode deslizar sem atrito sobre o plano horizontal. Supondo que a mala escorrega sobre o carrinho e pára, podemos afirmar que a velocidade adquirida pelo sistema *(carrinho mais mala)* é em m/s:
a) 5
b) 2,5
c) Nula
d) 1
e) 2

5. (CESCEA-SP). Um carro de massa 500 kg, carregado com 1000 kg de areia, escorrega sobre uma superfície horizontal sem atrito, com velocidade 10 m/s. Um furo é aberto no assoalho e a areia começa escoar-se verticalmente em relação ao carro. Quando metade da areia tinha se escoado a velocidade do carro era:
a) 5 m/s
b) 10 m/s
c) 15 m/s
d) Um valor diferente dos anteriores.

6. (CESCEA-SP). Duas bolas de massa m encontram-se paradas sobre uma mesa de bilhar. Uma terceira bola, de mesma massa que as anteriores, é lançada com velocidade v na linha determinada pelas duas primeiras bolas. Após o choque das três bolas, podemos afirmar que:
a) As três bolas terão iguais velocidades de valor v/3.
b) A 1ª bola pára e a 2ª e 3ª terão a mesma velocidade v/2.
c) A 1ª bola pára a 2ª bola pára e a 3ª bola terá velocidade v.
d) A 1ª bola volta com v/2, a 2ª fica parada e a 3ª vai para a frente com velocidade v/2.

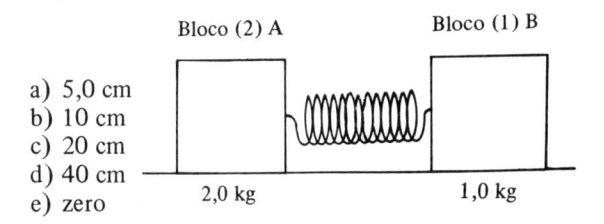

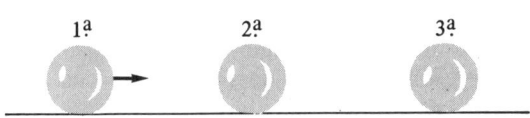

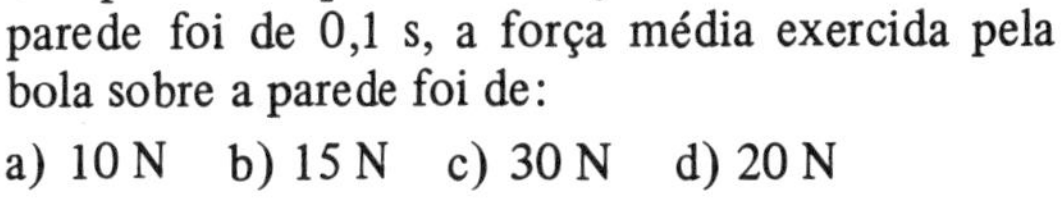

7. (UFF-RJ). Uma bola de 200 gramas de massa colide com uma parede rígida e retorna na mesma direção, com a mesma velocidade constante de 10 m/s que mantinha na ida; admitindo que o tempo de interação entre a bola e a parede foi de 0,1 s, a força média exercida pela bola sobre a parede foi de:
a) 10 N b) 15 N c) 30 N d) 20 N

8. (FM-Santa Casa-SP). Uma molécula de massa M atinge uma parede perpendicularmente e volta sem que o módulo de sua velocidade $\vec{v}$ tenha sido praticamente modificado. Pode-se dizer que, a variação da quantidade de movimento da molécula no choque com a parede tem intensidade igual a:

a) zero c) 2 Mv
b) Mv d) 3 Mv

e) Nenhuma das anteriores.

9. (CICE-RJ). O diagrama abaixo representa a interação unidimensional entre dois corpos "a" e "b"

	ⓐ	ⓑ
Antes da Interação	$u \neq 0$	$v = 0$
Depois da Interação	$u' = ?$	$v' = ?$

Supondo "a" e "b" dois corpos de massas iguais e de interação perfeitamente elástica, então:
a) u'v' menor que zero c) v' = u e) v' = -u
b) u'v' maior que zero d) u' = v'

10. (CICE-RJ). Uma bola de revólver choca-se com um saco de areia. Qual das afirmativas seguintes é fisicamente errada:
a) A energia total do sistema: bala, saco de areia, Terra é conservada.
b) A energia cinética da bala é transformada em energia térmica.
c) A quantidade de movimento da bala de anula.
d) Há conservação da quantidade de movimento para o sistema bala, saco de areia, Terra.
e) A energia mecânica do sistema bala, saco de areia, Terra é conservada.

11. (UFF-RJ). Um corpo A está em repouso em um plano horizontal. Um segundo corpo B, com metade da massa de A, caminha com velocidade v em direção do corpo A. Após se chocar com A caminham juntos com velocidade igual a:
a) v/2 b) v/3 c) v/4 d) v/5 e) v/6

(USP). O enunciado refere-se aos testes 12 e 13. Um bloco B acha-se em repouso sobre uma superfície livre de atrito. Um bloco A está preso a uma extremidade de uma corda de comprimento ℓ. Soltando o bloco A, na posição horizontal, ele colide com B. Os dois blocos grudam-se e deslocam-se juntos após o impacto. Sabendo-se que $m_B = 2\,m_A$ resolva:

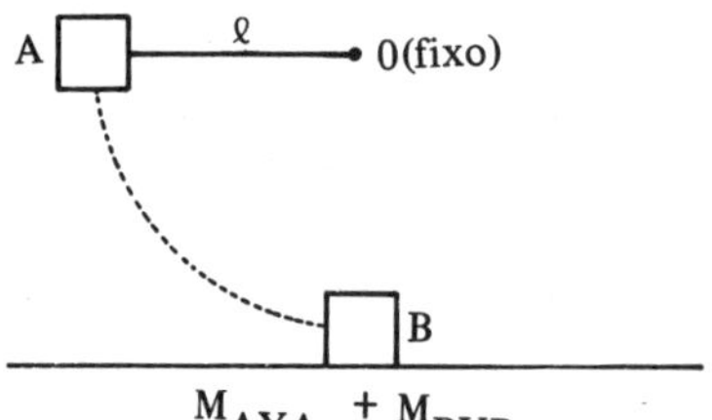

$M_A Y_{A_1} + M_B Y_{B_1}$

12. A velocidade imediatamente após o choque é:
a) $v = \sqrt{2\ell g}$
b) $v = \frac{\sqrt{2\ell g}}{3}$
c) $v = 2\sqrt{2\ell g}$
d) $v = \sqrt{\ell g/3}$
e) $v = \sqrt{\ell g/6}$

13. A altura máxima atingida após a colisão é:
a) $h = \ell/9$ d) $h = \ell/3$
b) $h = \ell/2$ e) $h = \ell/4$
c) $h = \ell/6$

14. (CICE-RJ). O carro de massa M anda com velocidade $\vec{v}$ no laboratório (não há atrito entre o carro e o plano horizontal). O fio que mantém a massa m suspensa ao suporte é cortado de tal maneira que a massa m cai dentro do alojamento existente no carro em movimento. Qual é a razão entre a energia cinética do carro antes de receber a massa m e a energia cinética do sistema depois da queda da massa m?

a) $1 + \frac{m}{M}$

b) $1 - \frac{m}{M}$

c) $1 + \frac{M}{m}$

d) $1 - \frac{M}{m}$

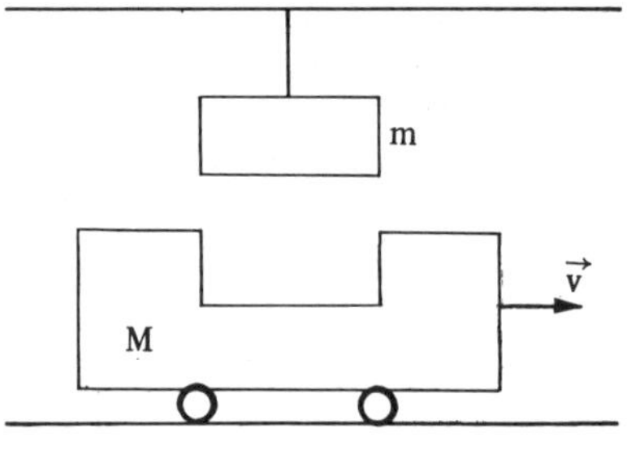

15. (ITA). Na figura temos uma massa M = 132 gramas, inicialmente em repouso, presa a uma mola de constante elástica $k = 1{,}6 \times 10^4$ N/m podendo se deslocar sem atrito sobre a mesa em que se encontra. Atira-se uma bala de massa m = 12 gramas que encontra o bloco horizontalmente, com uma velocidade $v_0 = 200$ m/s incrustando-se nele. Qual é a máxima deformação que a mola experimenta?
a) 25 cm c) 5,0 cm
b) 50 cm d) 1,6 cm

e) Nenhum dos resultados anteriores.

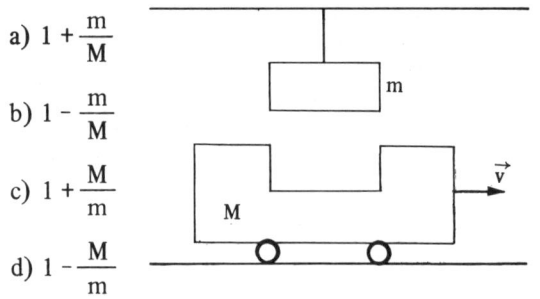

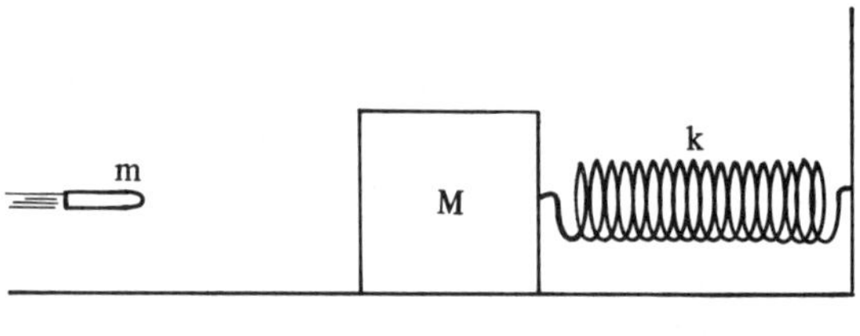

16. (ITA). A superfície cujo perfil está esquematizada na figura, mostra três regiões planas, horizontais. A região (2) está 2,00 m acima de (1); e a região (3) está 1,00 m acima de (1). Os blocos A e B, cada um dos quais tem massa de 5,0 kg, estão inicialmente na região (1), separados mas não ligados, por uma mola comprimida que armazena 120 joules de energia potencial elástica. Supondo que esses blocos possam mover-se sem atrito sobre a superfície e que a aceleração da gravidade vale 10 m/s², pode-se afirmar que, depois que a mola se expandir:

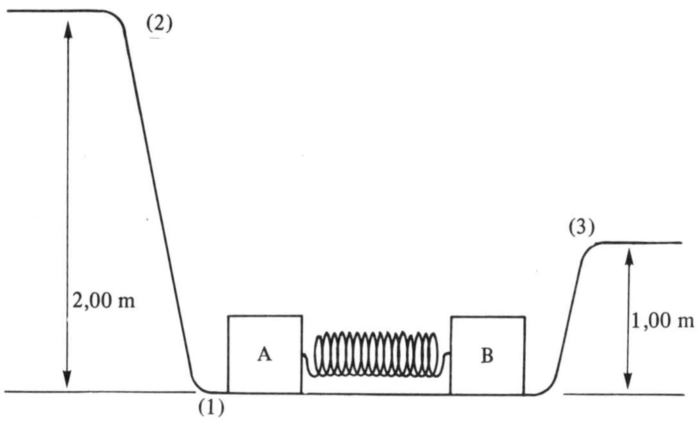

a) O bloco A fica oscilando na região (1), enquanto que o bloco B atinge a região (3) com cerca de 50 J de energia cinética.
b) Nenhum dos blocos escapa da região (1).
c) Os dois blocos acabam por atingir a região (3) com energias cinéticas iguais.
d) O bloco B vai de (1) para (3), chegando ao patamar da região (3), com cerca de 50 joules de energia cinética, enquanto que o bloco A vai para a esquerda, voltando em seguida para a direita indo atingir também a região (3) com cerca de 50 joules de energia cinética.
e) Ao final os dois blocos ficarão parados, na região (3).

11. GRAVITAÇÃO UNIVERSAL

1. INTRODUÇÃO

Para os gregos, a Terra era o centro do Universo. Hoje, sabemos que os planetas giram em torno do Sol. Para chegar a esta conclusão, foram precisos séculos de observações, medições, análises etc. Hipóteses criadas foram tornando insustentáveis face às observações astronômicas. Duas teorias foram causas de inúmeras controvérsias a respeito do Universo.

1ª Teoria: conhecida como

"TEORIA GEOCÊNTRICA"

Proposta por Claudio Ptolomeu, Século II d.C.
A base dessa teoria:
"A Terra ocupa o centro do Universo enquanto os planetas e as estrelas giram em torno dela".

2ª Teoria: conhecida como

"TEORIA HELIOCÊNTRICA"

Proposta por Nicolau Copérnico, astrônomo polonês de 1473 a 1543.
A base dessa teoria:
"O Sol ocupa o centro do Universo e os planetas giram em torno dele em órbitas circulares, enquanto que a Lua gira em torno da Terra."

Copérnico foi considerado um louco, pois era contrário às Escrituras Sagradas.

Tycho Brahe (1546-1601) após a morte de Copérnico, adotou o sistema geocêntrico com algumas modificações, realizando novas e mais precisas medições a respeito dos planetas.

Johannes Kepler (1571-1630) discípulo de Tycho Brahe, reuniu a Teoria de Copérnico e usando os dados do seu mestre estabeleceu as três leis de movimento dos planetas. Essas leis, são conhecidas como Leis de Kepler.

1ª Lei: conhecida como Lei das Órbitas:
"Os planetas descrevem órbitas elípticas em torno do Sol, que ocupa um dos focos."

2ª Lei: conhecida como Lei das Áreas:
"O raio vetor de qualquer planeta varre áreas iguais em tempos iguais."

3ª Lei: conhecida como Lei dos Períodos:
"Os quadrados dos períodos de revolução dos planetas são proporcionais aos cubos dos semi-eixos maiores das respectivas órbitas." Simbolicamente $\frac{T^2}{r^3}$ = constante."

2. LEI DA GRAVITAÇÃO UNIVERSAL

Newton levando as Leis de Kepler para o domínio da Matemática, descobriu uma lei conhecida como Lei da Gravitação.

Afirma que:
"Matéria atrai matéria na razão direta do produto das massas e na razão inversa do quadrado da distância."
Matematicamente:

$$F = G\frac{M\,m}{d^2}$$

G = constante da gravitação universal

$G = 6{,}673 \cdot 10^{-11}\ \frac{N \cdot m^2}{kg^2}$

EXERCÍCIOS RESOLVIDOS

1. Duas massas iguais de 1 kg cada uma, estão afastadas de 1 m. Qual o valor da força entre elas?

Solução

$$G = 6{,}67 \cdot 10^{-8} \frac{N \cdot m^2}{kg^2} = 6{,}67 \cdot 10^{-8} \frac{dinas \cdot cm^2}{g^2}$$

Dados $\begin{cases} m = 1\ kg = 10^3\ g \\ m_1 = m_2 = 10^3\ g \end{cases}$
$d = 1\ m = 10^2\ cm$

$$F = G\frac{M\,m}{d^2} = 6{,}67 \cdot 10^{-8} \frac{10^8 \cdot 10^3}{10^4} =$$

$$\boxed{F = 6{,}67 \cdot 10^{-6}\ dinas}$$

2. Num foguete elevou-se a altura $h = 0{,}1 R_T$ da superfície da Terra. Determine a proporção em que variou o peso do corpo do foguete quando comparado com o seu peso na Terra.

Solução

Pela Lei de Newton podemos escrever:

$$P = G\frac{M_T\,m}{{R_T}^2}$$

$P \rightarrow$ peso do foguete
$M_T \rightarrow$ massa da Terra
$m \rightarrow$ massa do foguete
$R_T \rightarrow$ raio da Terra

$$p' = \frac{M_T \cdot m}{(R_T + h)^2} = \frac{M_T \cdot m}{(R_T + 0{,}1\,R_T)^2} = \frac{M_T \cdot m}{(1{,}1\,R_T)^2}$$

$$P' = \frac{M_T \cdot m}{1{,}21\,{R_T}^2} \rightarrow \frac{P'}{p} = \frac{1}{1{,}21} = 0{,}83$$

Logo
$p' = 0{,}83 \cdot P$

3. A massa da Terra é 81 vezes a da Lua. A distância da Terra à Lua, mede 380.000 km. A que distância do centro da Terra se situa o ponto onde o campo gravitacional é nulo?

Solução

Dados $\begin{cases} M = 81\ m \\ d = 380.000\ km \end{cases}$

Se
x = distância do centro da Terra ao ponto onde o campo gravitacional é nulo, temos:

$$\not{G}\frac{M}{x^2} = \not{G}\frac{m}{(d - x)^2} \rightarrow$$

$$\frac{81\,\not{m}}{x^2} = \frac{\not{m}}{(380.000 - x)^2}$$, elevando ao quadrado

quadrado todos os membros, ficaremos com

$$\frac{9}{x} = \frac{1}{(380.000 - x)} \rightarrow \therefore \boxed{x = 342 \cdot 10^3\ km}$$

4. Um satélite artificial gira ao redor da Terra à altura de 600 km. Qual deve ser sua velocidade para um observador na Terra, tenha a impressão que ele está parado?

Dado $R_T = 6400$ km

Solução $\begin{cases} h = 600\ km \\ R = 6400\ km \end{cases}$

O período é 24 h e o raio da órbita do satélite e $R = r + h = 600 + 6400 = 7000$ km.

$$\text{Como } v = \frac{2\pi R}{T} = \frac{2\pi \cdot 7000}{24} \rightarrow$$

$$\boxed{v \cong 1832\ km/h}$$

EXERCÍCIOS PROPOSTOS

1. Calcule a aceleração da gravidade no Sol, sabendo que o seu raio é 110 vezes maior que o da Terra e sua densidade é 1/4 dada Terra. Adote $g = 9{,}8\ m/s^2$.

Resposta
$g_S = 269{,}5\ m/s^2$

2. Que alteração sofreria o módulo da aceleração da gravidade se a massa da Terra fosse reduzida à metade e o seu raio fosse diminuído de 1/4 do seu valor?

Resposta

$$g^1 = \frac{8}{9}g \rightarrow g^1 = \frac{8}{9}g$$

3. Supondo que um satélite possua peso de 20 kgf e gire em torno da Terra, calcule:

a) A força gravitacional devido à Terra que atuará sobre ele quando estiver em sua órbita à altitude de 400 km.

b) A velocidade linear em km/s, de que ele deverá estar animado a fim de se manter em órbita.

c) O tempo em horas, para dar uma volta completa em torno da Terra.

a) 17,578 kg f
b) 7,425 km/s
c) ≅ 1,5 h

4. Calcule a relação entre a aceleração no Sol e na Terra.

Dados: m_S = 324000 vezes a da Terra
R_S = 108 vezes o da Terra.

Resposta
g' = 28 g

5. Calcule a que distância da superfície da Terra deve estar um corpo para perder 10% do seu peso.

Resposta
3000 m

TESTES

1. (Univ. Brasília). No sistema planetário:

a) Cada planeta se move numa trajetória elíptica tendo o Sol como centro.
b) A linha que une o Sol ao planeta descreve áreas iguais em tempos iguais.
c) A razão do raio da órbita para seu período é uma constante universal.
d) A linha que liga o Sol ao planeta descreverá no mesmo tempo diferentes áreas.

2. (CESCEM-SP). De acordo com uma das Leis de Kepler, cada planeta completa (varre) áreas iguais em tempos iguais em torno do Sol. Como as órbitas são elípticas e o Sol ocupa um dos focos, conclui-se que:

I. Quando um planeta está mais próximo do Sol sua velocidade aumenta.
II. Quando o planeta está mais distante do Sol sua velocidade aumenta.
III. A velocidade do planeta em sua órbita elíptica independe da sua posição relativa ao Sol. Responder de acordo com o seguinte código:
somente a proposição:
a) I é correta.
b) II é correta.
c) II e III são corretas.
d) Todas as proposições são corretas.
e) Nenhuma das respostas anteriores é correta.

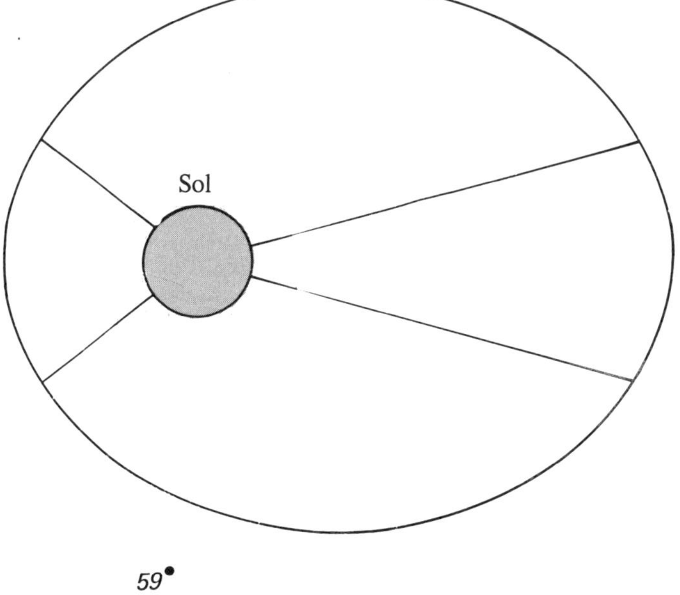

(Univ. Minas Gerais). A distribuição dos planetas segundo uma ordem crescente de seu afastamento do Sol é: Mercúrio, Vênus, Terra, Marte, Júpiter, Saturno, Urano, Netuno e Plutão. Estudando os seus movimentos em torno do Sol, Kepler concluiu que as suas trajetórias são elípses tendo o Sol num dos focos. Concluiu ainda que cada planeta percorre sua trajetória de modo que $T^2 = KR^3$ é o seu período de revolução em torno do Sol, R é o raio médio de sua trajetória e K é uma constante independente de sua massa mas dependente da massa do Sol. Tais resultados são aplicáveis não só ao movimento dos planetas em torno do Sol, como também ao movimento de satélites em suas órbitas. Responda aos testes 3 e 4 com o seguinte código:

a) Se a afirmativa é uma interpretação razoável inteiramente comprovada pelo texto.

b) Se a afirmativa contradiz o que é apresentado no texto.

c) Se a afirmativa ultrapassa o que pe apresentado no texto e não pode ser comprovada por ele.

3. O período de revolução de Mercúrio em torno do Sol é menor do que o da Terra.

4. A velocidade de Vênus aumenta à proporção que ele se aproxima do Sol.

5. Um satélite artificial em órbita circular dista R do centro da Terra e o seu período é T. Um outro satélite também em órbita circular tem período igual a 8 T. O raio de sua órbita é:

a) 2 R
b) 4 R
c) 8 R
d) 16 R
e) Nenhum dos valores.

(ITA). Admitindo-se que a aceleração da gravidade seja g = 9,81 m/s^2 ao nível do mar, pode-se dizer que, a uma altitude igual ao raio da Terra acima do nível do mar. Este enunciado refere-se aos testes 6 e 7.

6. A aceleração da gravidade vale aproximadamente:
a) 2,45 m/s^2
b) 4,90 m/s^2
c) 9,81 m/s^2
d) 19,62 m/s^2
e) Nenhuma das anteriores.

7. A massa de 2,00 kg, àquela altura acima do Pólo Sul cairia na vertical sob ação de uma força inicial de:
a) 2,45 N
b) 4,90 N
c) 9,81 N
d) 19,62 N
e) Nenhuma das respostas anteriores.

8. Um satélite de 4 kg, descrevendo uma órbita circular no plano equatorial, àquela altitude, estaria sujeito a uma aceleração centrípeta:

a) g/2

b) g/4

c) 2 g

d) g

e) 4 g

9. (FM-Itajubá-MG). Se um corpo fosse levado para a superfície de um astro, de forma esférica, cuja massa fosse 8 vezes maior do que a Terra, e cujo raio fosse 4 vezes maior que o raio terrestre, a força gravitacional deste astro sobre o corpo seria, em relação ao seu peso na Terra:

a) 2

b) 0,5

c) 32

d) 4

e) 16

10. (CICE-RJ). Júpiter o maior planeta do sistema solar, tem diâmetro 11 vezes maior do que a Terra e massa 320 vezes maior que a terrestre. Qual será na superfície de Júpiter o peso de um astronauta e seu equipamento cujo peso total na Terra é 120 N?

a) 120 N

b) 180 N

c) 240 N

d) 320 N

e) 3 500 N

11. (CICE-RJ). Um astronauta na sua roupa espacial e com todo o equipamento pode pular, em terra, a 50 cm de altura. Até que altura poderá ele pular na Lua? O raio da Lua é aproximadamente 1/4 do raio terrestre, e a densidade média da Lua é 2/3 da densidade média da Terra:

a) 2,0 m

b) 3,0 m

c) 4,0 m

d) 4,5 m

e) Nenhuma das respostas anteriores.

12. (CESCEM-SP). Dentro de uma cápsula, em órbita circular em torno da Terra e cerca de 300 km acima do nível do mar, um corpo, abandonado com velocidade nula em relação à cápsula, no meio da mesma, não cai em relação à cápsula, porque:

a) Está fora do campo gravitacional da Terra.

b) A cápsula está caindo livremente no campo gravitacional e sua velocidade tangencial é suficiente para que ela siga trajetória circular.

c) A força da gravidade da Terra é igual e de sentido oposto a força da gravidade da Lua.

d) A pressão da atmosfera nessa altura é suficiente para que ela siga trajetória circular.

e) Nenhuma das razões é válida.

13. (UFR-RJ). É sabido que no interior de uma nave em órbita em torno da Terra os corpos "flutuam". Esta "ausência de gravidade" como dizem inadequadamente é principalmente devida a:

a) Estar a nave muito afastada da Terra.

b) Ausência de atmosfera.

c) Atração exercida na Lua.

d) Estar a nave girando em torno da Terra.

e) Nenhuma das razões acima.

14. (FMUF-RJ). No interior de um satélite artificial, que está girando em volta da Terra, descrevendo uma órbita fechada um astronauta deixa cair duas esferas, de massas 50 g e 200 g. Pode-se constatar que:

a) A esfera maior cai mais depressa.

b) A esfera menor cai mais depressa, pois encontra menor resistência.

c) Ambas caem e o fazem com a mesma velocidade, já que não há ar não existe atrito, e são válidas as leis de queda no vácuo.

d) As velocidades de queda serão maiores que as observadas em um satélite que descreve órbitas em torno de Marte.

e) Todas as respostas acima estão erradas.

(CESGRANRIO). Um satélite artificial da Terra tem órbita circular. Os testes 15 e 16 referem-se às seguintes opções: Em relação a um referencial inercial:

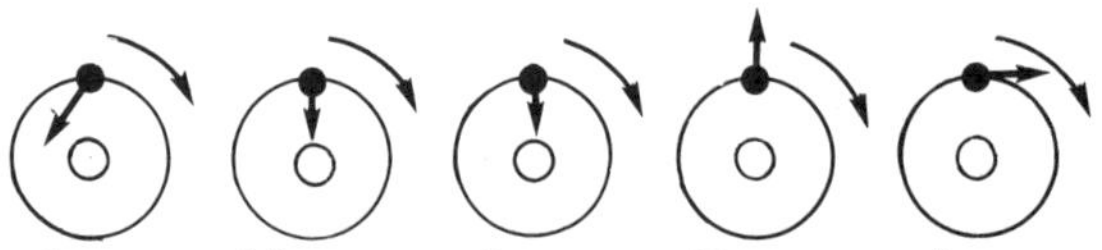

a) b) c) d) e)

15. Qual das opções anteriores melhor representa a resultante das forças que atuam sobre o satélite?

16. Qual das opções representa melhor a aceleração do satélite?

17. (CESCEA-SP). Para um satélite permanecer em uma órbita circular a uma altura h da Terra ($h \ll R$, sendo R o raio da Terra) é necessário que:

a) A aceleração centrípeta do satélite seja igual à aceleração da gravidade na altura h.

b) A força de atração da Terra sobre o satélite seja equilibrada pela atração do Sol sobre o satélite.

c) A velocidade angular do satélite seja proporcional à altura h.

12. ESTÁTICA

1. INTRODUÇÃO

A parte da Mecânica que estuda o equilíbrio dos corpos denomina-se Estática.

Quando um corpo está sob a ação da força F_1, para haver o equilíbrio nessa situação, é necessário aplicar uma força F_2 de mesma intensidade, mesma direção e sentido contrário.

Para um conjunto de forças atuantes no corpo, ele está em equilíbrio quando a sua resultante é nula. Neste caso o corpo estará em repouso ou M.R.U.

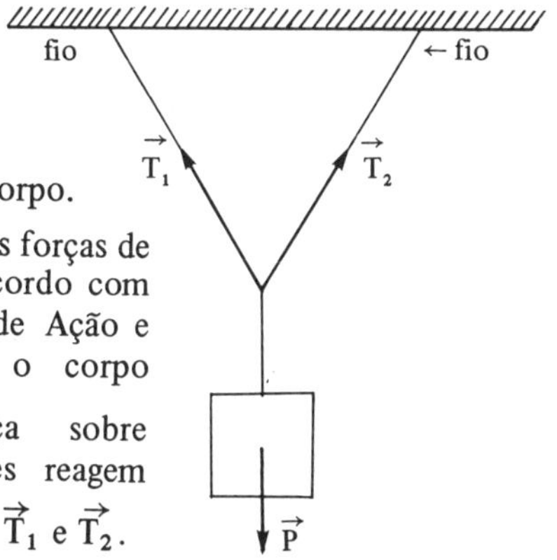

Exemplos

$\vec{P}$ = peso do corpo.

$\vec{T}_1$ e $\vec{T}_2$ são as forças de tração. De acordo com o Princípio de Ação e Reação, se o corpo exerce força sobre os fios, estes reagem com as forças $\vec{T}_1$ e $\vec{T}_2$.

$\vec{P}$ = peso da barra.

$\vec{T}$ = força de tração exercida pelo fio sobre a barra.

$\vec{F}$ = força que age na articulação que liga a barra com a parede.

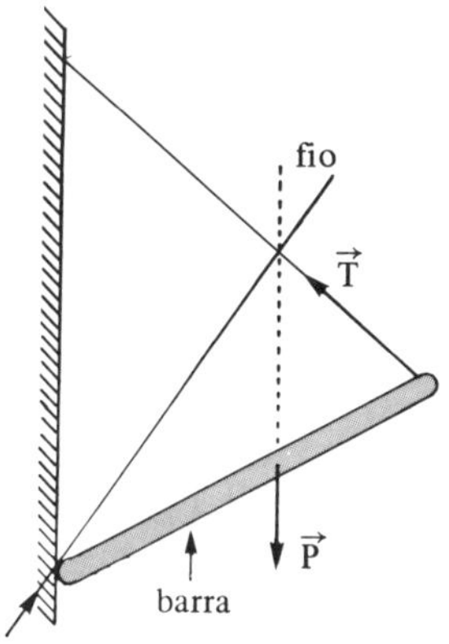

2. MOMENTO DE UMA FORÇA

Dada uma força $\vec{F}$ aplicada num ponto A e um ponto O, denomina-se momento da força $\vec{F}$ em relação ao ponto O, ao produto da intensidade da força pela distância do ponto O à linha de ação da força: $M = F \cdot d$

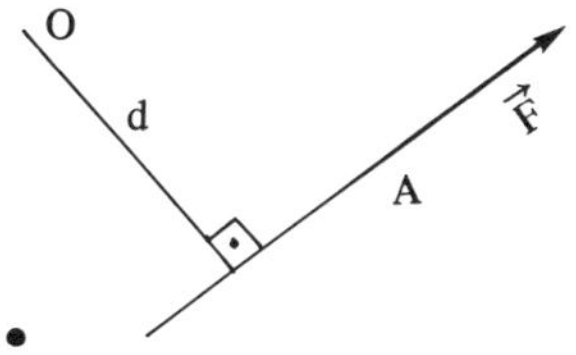

Exemplo

Seja a gangorra abaixo.

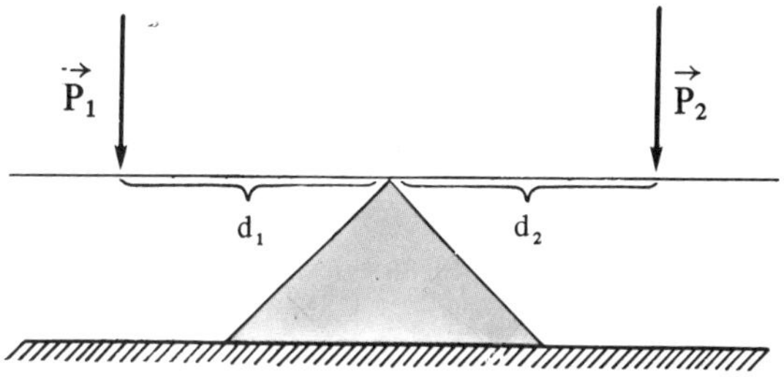

Momento de $\vec{P}_1 \rightarrow M_1 = P_1\ d_1$

$\vec{P}_2 \rightarrow M_2 = P_2\ d_2$

A tábua estará em equilíbrio quando:
$P_1\ d_1 = P_2\ d_2$ ou
$P_1\ d_1 - P_2\ d_2 = 0$

EXERCÍCIOS RESOLVIDOS

1. Um corpo de peso 200 N está em equilíbrio conforme figura. Determine as trações nas cordas supostas de pesos desprezíveis.

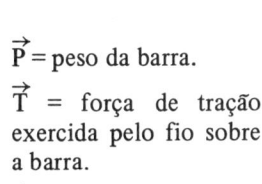

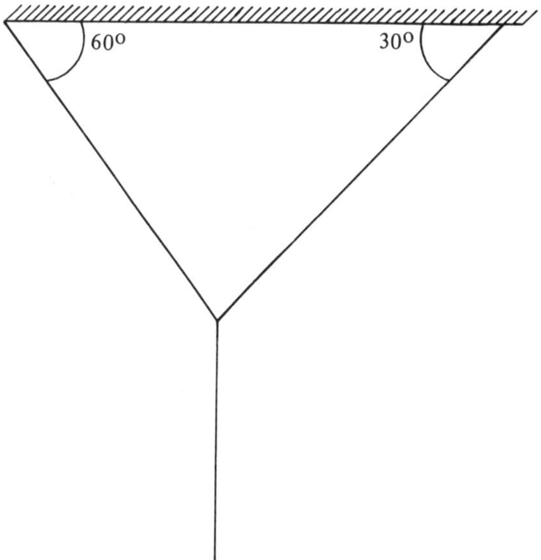

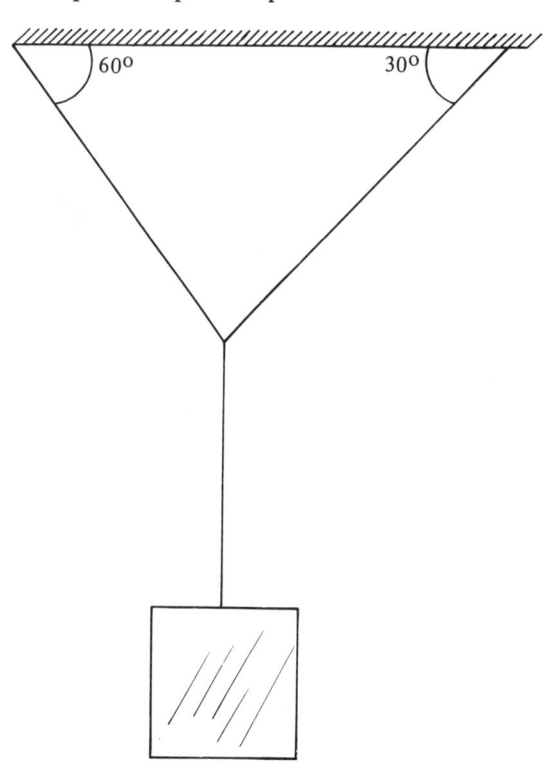

Solução

Colocação de um sistema cartesiano auxiliar, para a decomposição de T_1 e T_2.

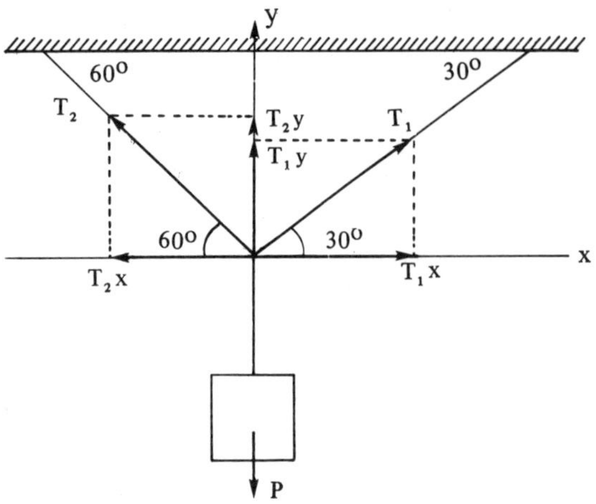

Forças atuantes nos eixos:

x: $T_1x - T_2x = 0$ Ⓐ

y: $T_1y + T_2y - P = 0$ Ⓑ

mas

$T_1x = T_1 \cos 30° \rightarrow$ $\boxed{T_1x = T_1 \dfrac{\sqrt{3}}{2}}$ (1)

$T_2x = T_2 \cos 60° \rightarrow T_2x = T_2 \dfrac{1}{2} =$ $\boxed{T_2x = \dfrac{T_2}{2}}$ (2)

Substituindo (1) e (2) em (A)

$$T_1 \frac{\sqrt{3}}{2} - \frac{T_2}{2} = 0 \rightarrow$$

$$\frac{\cancel{2} T_1 \sqrt{3}}{\cancel{2}} = T_2 \rightarrow \boxed{T_2 = T_1 \sqrt{3}}$$

Os valores de T_1y e T_2y são respectivamente:

$$T_1y = T_1 \text{ sen } 30° = T_1 \cdot \frac{1}{2} = \frac{T_1}{2} \rightarrow$$

$$\boxed{T_1y = \frac{T_1}{2}} \quad (3)$$

$$T_2y = T_2 \text{ sen } 60° = T_2 \frac{\sqrt{3}}{2} \rightarrow \boxed{T_2y = T_2 \frac{\sqrt{3}}{2}} \quad (4)$$

(4)

Substituindo-se (3) e (4) em B,

$$\frac{T_1}{2} + T_2 \frac{\sqrt{3}}{2} - P = 0 \quad \text{Sendo } P = 200 \text{ N}$$

$$\frac{T_1}{2} + T_2 \frac{\sqrt{3}}{2} - 200 = 0$$

Como $T_2 = T_1 \sqrt{3}$, teremos

$$\frac{T_1}{2} + T_1 \sqrt{3} \frac{\sqrt{3}}{2} - 200 = 0 \rightarrow$$

$$\frac{T_1}{2} + \frac{3 T_1}{2} = 200 \rightarrow$$

$$\frac{4 T_1}{2} = 200 \rightarrow T_1 = \frac{400}{4} = 100 \text{ N}$$

$$T_1 = 100 \text{ N}$$

Sendo

$$T_2 = T_1 \sqrt{3} \rightarrow$$

$$T_2 = 100 \sqrt{3} \rightarrow T_2 = 100 \cdot 1{,}7$$

$$\boxed{T_2 \cong 170 \text{ N}}$$

2. Um corpo de peso 400 N está em equilíbrio num plano inclinado de 30°, sob a ação de uma força $\vec{F}$ na direção do plano, sem atrito.

Determine:

a) A intensidade da força $\vec{F}$.

b) A força normal N que o plano exerce sobre o corpo.

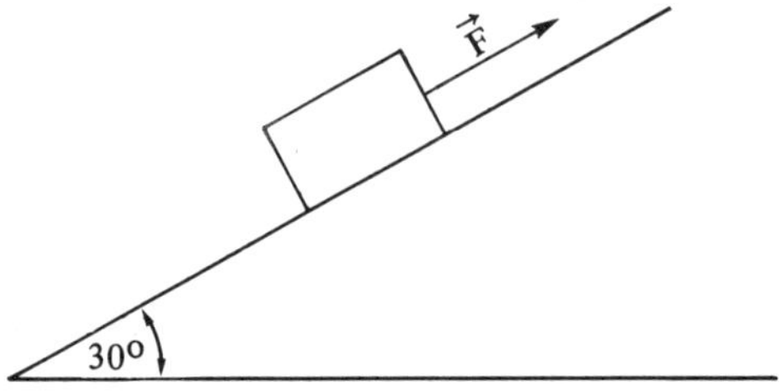

Solução

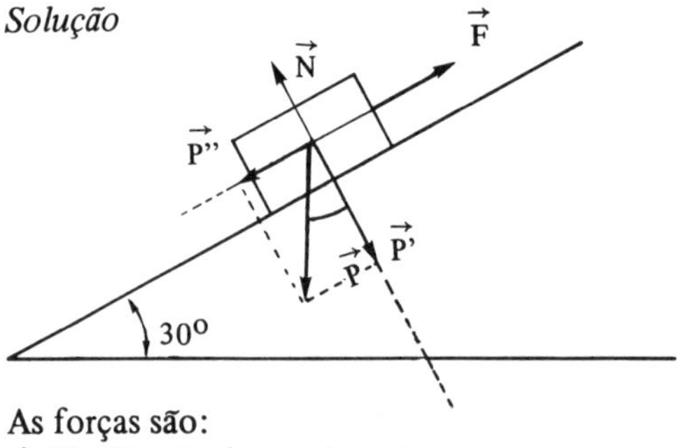

As forças são:

a) Na direção do movimento,

$F - P'' = m\,a,\ a = 0$ (equilíbrio)

$F - P'' = 0$

$$P'' = P \text{ sen } 30° = 400 \cdot \frac{1}{2} = 200 \text{ N}$$

F = 200 N.

b) A força normal N.

$N = P'$

$$N = P \cos 30° = 400 \frac{\sqrt{3}}{2} = 200\sqrt{3}$$

$$N = 200 \cdot \sqrt{3} \cong \boxed{N = 340 \text{ N}}$$

3. Dada a barra delgada AB, de peso Q e comprimento 2 a, apoiada, sem atrito, sobre um cilindro D conforme figura.

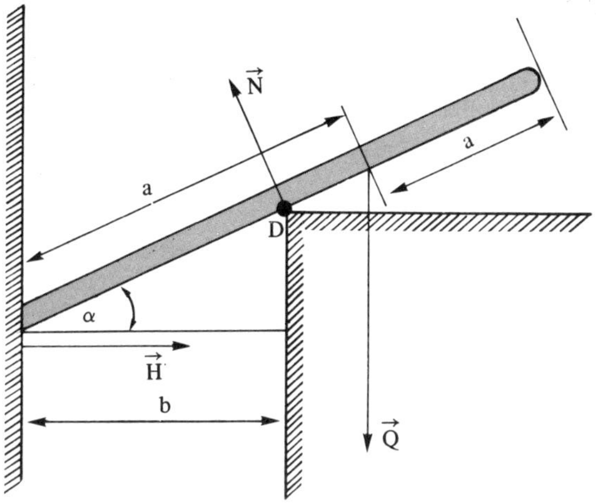

Calcular o ângulo α em função de a e b.

Solução

As forças atuantes são: $\vec{N}$, $\vec{Q}$ e a força $\vec{H}$. Estando em equilíbrio, temos:

Pela figura,

$$\boxed{\frac{Q}{N} = \cos\alpha} \qquad \text{(I)}$$

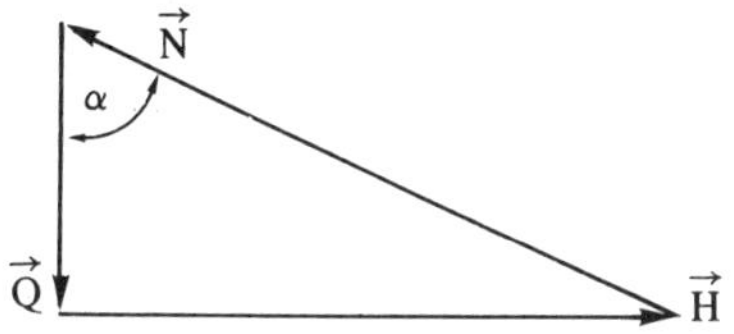

Como a soma dos momentos $\Sigma M = 0$,

$$N.\frac{b}{\cos\alpha} - Q \cdot a \cdot \cos\alpha = 0, \text{ donde}$$

$$\boxed{\frac{b}{a} = \frac{Q\cos^2\alpha}{N}} \qquad \text{(II)}$$

Substituindo (I) em (II), temos:

$$\frac{b}{a} = \frac{Q}{N}\cos^2\alpha \text{ ou}$$

$$\frac{b}{a} = \cos\alpha \cdot \cos^2\alpha \rightarrow \frac{b}{a} = \cos^3\alpha, \text{ ou}$$

$$\boxed{\alpha = \text{arc cos}\left(\frac{b}{a}\right)^{1/3}}$$

EXERCÍCIOS PROPOSTOS

1. Dada a figura abaixo

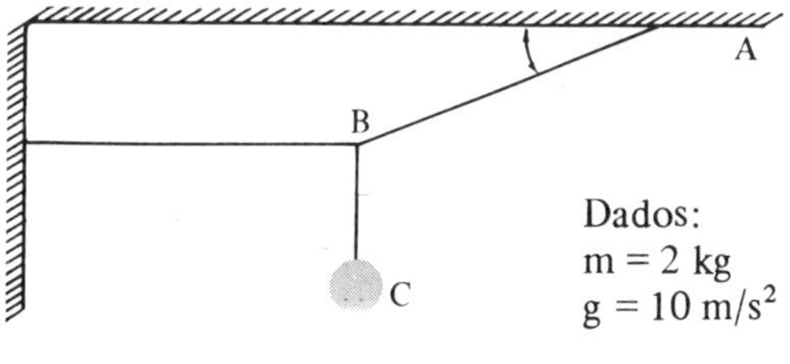

Dados:
$m = 2$ kg
$g = 10$ m/s^2

Determine as trações nos fios AB e BC.

Resposta
$T_{AB} = 40$ N
$T_{BC} = 34{,}8$ N

2. Duas forças atuando sobre um ponto, agem num mesmo plano vertical. A primeira, com intensidade 20 N, tem linha inclinada de 30º em relação à horizontal (para cima) e sentido para a direita. A segunda, com intensidade 30 N, tem linha inclinada de 37º em relação à horizontal (para baixo) e sentido para a direita.

Determine:

a) As componentes cartesianas dessas forças, com eixos nas direções horizontal e vertical.
b) A soma ou resultante das componentes horizontais.
c) A soma ou resultante das componentes verticais.
d) O valor da resultante das resultantes parciais pedidas nos itens b e c.

Resposta
b) $Rx = 41{,}4$ N
c) $Ry = -8$ N
d) $R = 42{,}1$ N

3. Um ponto é solicitado por uma força de 5 N, dirigida para o Norte, uma de 10 N dirigida para o Leste, e outra de 8 N dirigida para o Sul.

Determine:

a) A resultante dessas forças.
b) O ângulo da resultante.

Resposta
a) 10 N
b) ∿ 17º

4. Um peso de 50 N está preso conforme abaixo

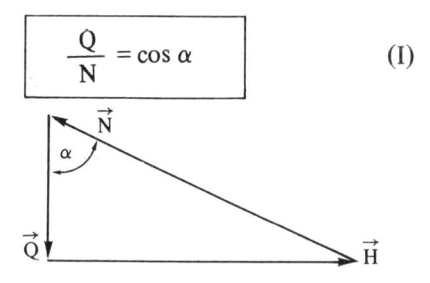

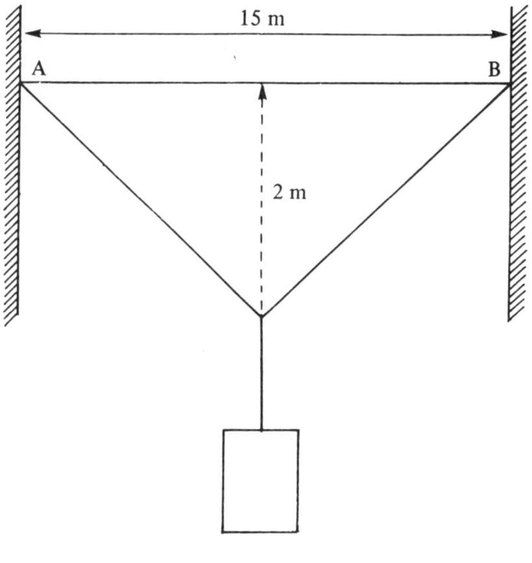

calcule a força atuante em cada fio da corda.

Resposta
= 95 N

TESTES

Um corpo de 600 N é puxado para cima num plano inclinado conforme figura. Sendo atrito desprezível responda:

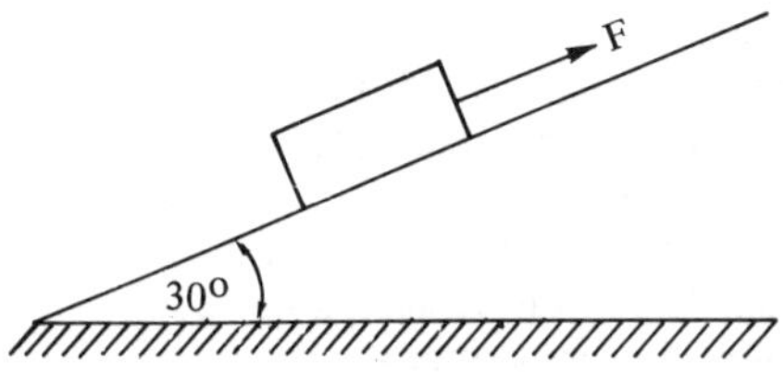

1. No equilíbrio, F vale:
a) 600 N
b) $600\sqrt{3}$ N
c) 300 N
d) N.R.A.

2. A tensão na corda, será:
a) 600 N c) 300 N
b) $300\sqrt{3}$ N d) N.R.A.

3. No esquema abaixo, o peso da barra é desprezível, suporta na extremidade B um peso de 500 N e está articulada em A a uma parede. A tração na corda, nessas condições, tem intensidade igual a:

a) 500 N
b) 600 N
c) 700 N
d) $500\sqrt{2}$ N
e) $700\sqrt{2}$ N

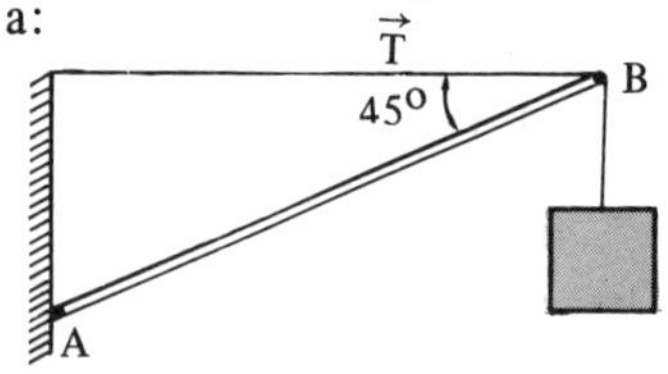

4. O esquema abaixo mostra uma barra rígida e homogênea de peso 50 N e comprimento L em equilíbrio. Podemos concluir que:

a) $x = \frac{L}{3}$ c) $x = \frac{3L}{5}$ e) n.r.a.

b) $x = \frac{2L}{5}$ d) $x = \frac{L}{4}$

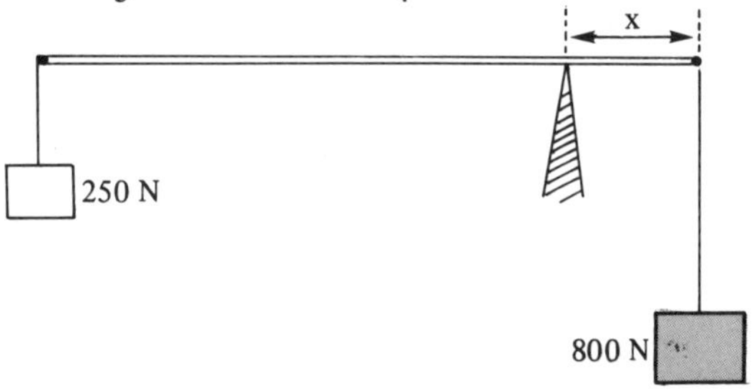

5. Dois blocos A e B de pesos, respectivamente, 200 N e 100 N estão ligados por meio de um fio inextensível e de peso desprezível. Estando o sistema em equilíbrio, o dinamômetro registra 70 N.
Podemos concluir que:
a) A força de atrito entre o bloco A e a superfície é desprezível.
b) A força de atrito entre o bloco A e a superfície tem intensidade de 130 N.
c) A força de atrito entre o bloco A e a superfície tem intensidade de 170 N.
d) A força de atrito entre o bloco A e a superfície tem intensidade de 30 N.
e) O esquema está errado, pois não é possível o equilíbrio nessas condições.

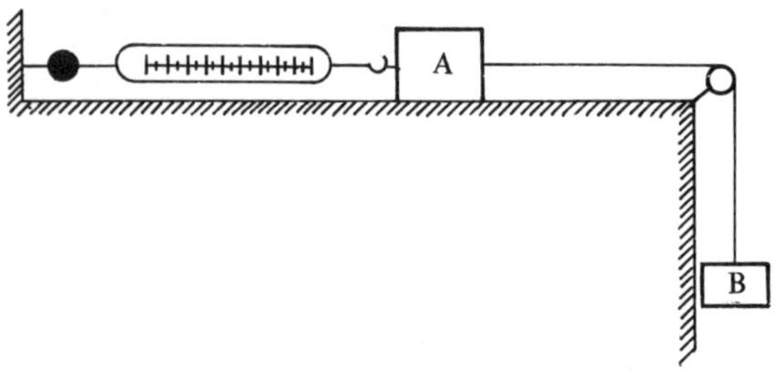

6. (CESCEM-SP). Um corpo de massa M é pendurado de cinco maneiras diferentes numa corda que tem suas duas extremidades fixas, como mostram as figuras a seguir:

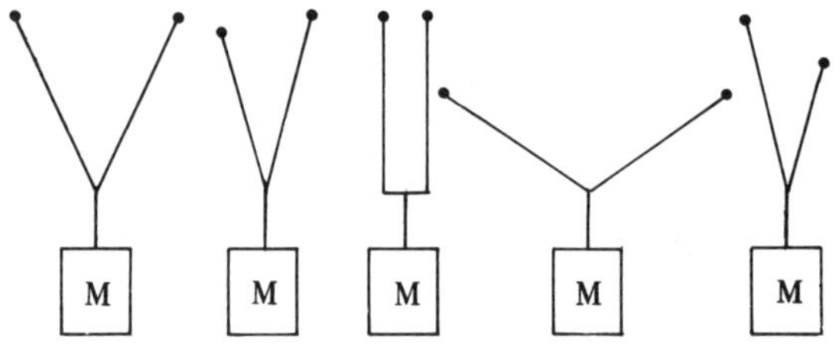

A maior força na corda ocorre em:
a) I
b) II
c) III
d) IV
e) V

7. (CESCEA-SP). Uma carga de peso P é transportada por dois carregadores, João e Antônio, através de duas cordas a e b inextensíveis, sem peso, de comprimento iguais, formando ângulos iguais, θ, com a vertical ($0 < \theta < 90°$).
Se apenas João carregá-la, segurando as duas cordas na vertical, é verdade que:
a) João fará exatamente o dobro da força que fazia quando era ajudado por Antônio.
b) João fará uma força maior que o dobro que fazia quando era ajudado por Antônio.
c) João fará uma força menor que o dobro que fazia quando era ajudado por Antônio.
d) Nenhuma das hipóteses anteriores.

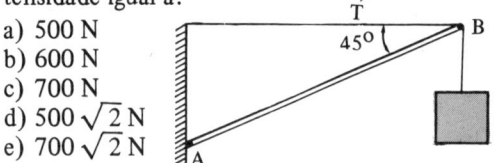

8. (MACK-SP). Uma pessoa de peso P desloca-se ao longo de uma prancha rígida apoiada em duas paredes verticais paralelas, separadas de uma distância d, como mostra a figura:
Ao passar de um extremo ao outro, o esforço E sobre a parede A, desprezando o peso da prancha, varia de acordo com o diagrama:

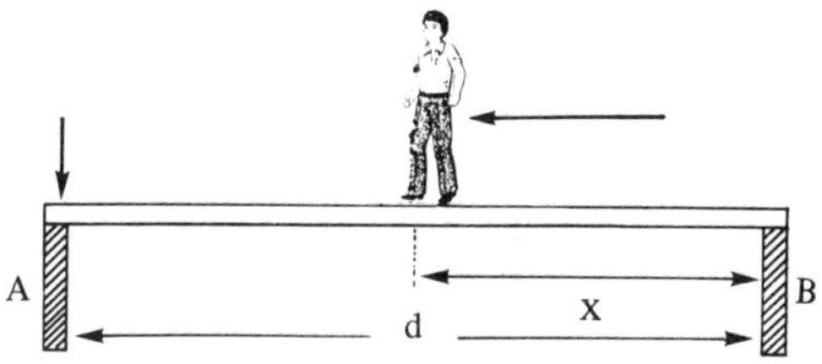

a)
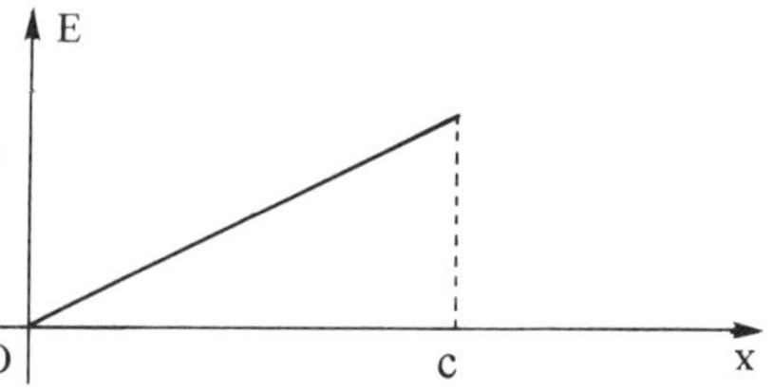

b)
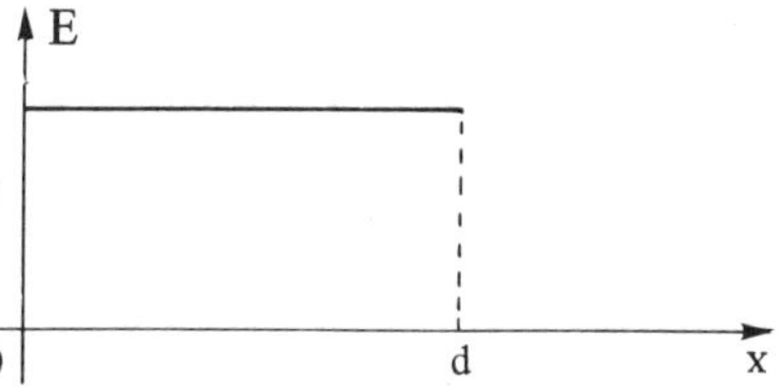

c)
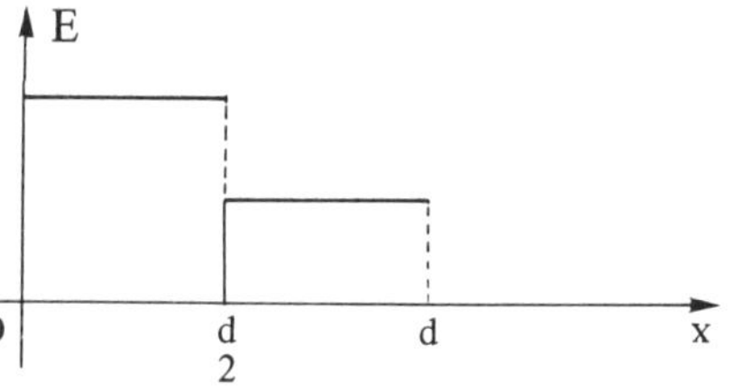

d)
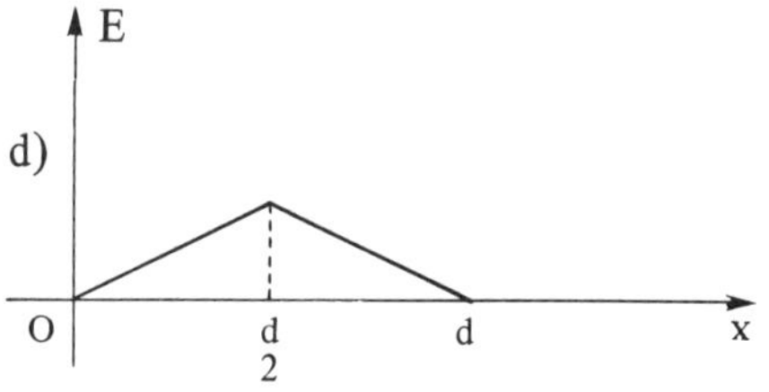

e) Nenhuma das anteriores.

13. FLUIDOS

Todo líquido ou gás que pode fluir, isto é, escoar facilmente. é estudado numa parte da Mecânica que é dividida em:

Hidrostática: estuda os líquidos em repouso.
Hidrodinâmica: estuda os líquidos em movimento.

Os líquidos e os gases são comumente denominado fluidos, isto é: escoam facilmente.

Todo líquido ideal, goza das quatro propriedades abaixo:
1ª É incompressível.
2ª Suas moléculas se deslocam sem atrito.
3ª A força que um líquido em equilíbrio exerce sobre qualquer superfície é sempre normal à superfície.
4ª A pressão de um líquido em equilíbrio independe da orientação.

1. DENSIDADE (MASSA ESPECÍFICA OU MASSA VOLUMÉTRICA)

Massa específica: = μ

É a razão entre a massa (m) do corpo e o seu volume V.

$$\mu = \frac{m}{V}$$

Esta definição só será correta se o corpo for homogêneo.

2. PESO ESPECÍFICO (PESO VOLUMÉTRICO)

Peso específico = Δ

É a razão entre o peso P do corpo e o seu volume V.

$$\Delta = \frac{P}{V}$$

3. PRESSÃO P

Pressão de uma força sobre uma superfície é a razão entre a força e a área considerada.

$$p = \frac{F}{A}$$

Quando a força F forma com a normal à superfície um ângulo θ, a pressão p será:

$$p = \frac{F \cdot \cos\theta}{A}$$

A unidade de pressão é $\frac{\text{Newton}}{m^2} = \frac{N}{m^2}$

4. LÍQUIDO EM EQUILÍBRIO OU HIDROSTÁTICA

Quando um líquido está em equilíbrio, o seu comportamento é estudado na Hidrostática.

Teorema fundamental da Hidrostática ou Teorema de Stevin:
Afirma que:

"A variação de pressão entre dois pontos de um líquido em equilíbrio é igual ao produto da diferença de nível entre os dois pontos, pelo peso específico do líquido."

Isto é
$P_2 - P_1 = h \,.\, \Delta$ ou
$P_2 - P_1 = h \mu \,.\, g$

Exemplo

Qual a pressão em um ponto situado a 10 m abaixo da superfície livre da água de um lago? Considere $g = 10 \text{ m/s}^2$.

Solução
$P_2 - P_1 = \mu h g$
$P_1 \cong 10^5 \text{ N/m}^2$ (P_1 = pressão do ar ambiente)
$P_2 = 10^5 + 10^3 \,.\, 10 \,.\, 10 \Rightarrow P_2 = 2 \,.\, 10^5 \text{ N/m}^2$

5. VASOS COMUNICANTES

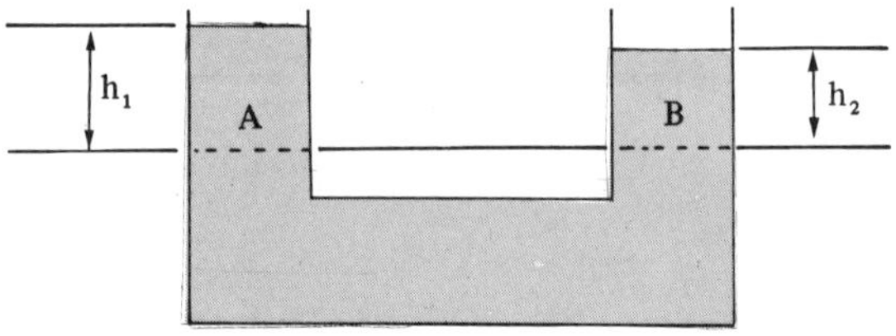

Por Stevin, a pressão no ponto A é igual à pressão no ponto B:

$P_A = P_B$
$P_A = \text{Pamb} + \mu_1 h_1 g$
$P_B = \text{Pamb} + \mu_2 h_2 g$,
Como Pamb é a mesma,

$\mu_1 h_1 \cancel{g} = \mu_2 h_2 \cancel{g} \rightarrow \mu_1 h_1 = \mu_2 h_2 \therefore$

$$\frac{h_1}{h_2} = \frac{\mu_2}{\mu_1}$$

Se na figura acima, o vaso da esquerda contivesse água e $h_1 = 68$ cm. O vaso da direita, mercúrio e $h_2 = 5$ cm. A densidade do mercúrio é calculada por:

$$\frac{h_1}{h_2} = \frac{d_{Hg}}{d_{H_2O}} \rightarrow \frac{68{,}0}{5} = \frac{d_{Hg}}{1{,}00} \rightarrow$$

$$d_{Hg} = 13{,}6 \frac{g}{cm^3}$$

6. FORÇA DO LÍQUIDO

a) Sobre o fundo e
b) Sobre a parede lateral do recipiente.

a) Sobre o fundo
Como o fundo é plano e horizontal, todos os pontos suportam a mesma pressão. Então, a força exercida pelo líquido contra o fundo será:

$$\boxed{F = p \,.\, A}$$ onde A = área

b) Sobre a parede lateral

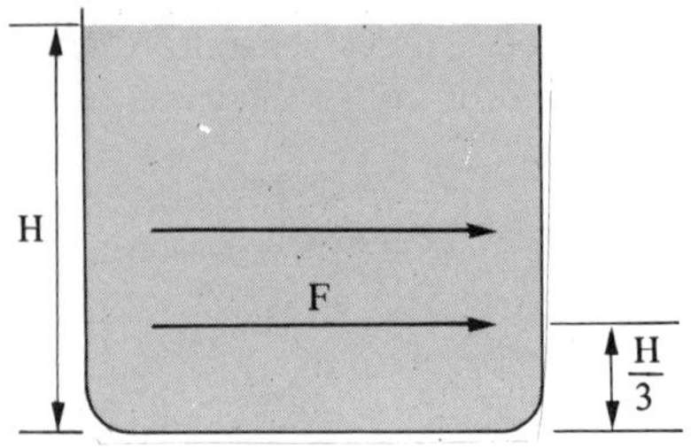

O suporte da força F corta a parede lateral num ponto situado à altura H/3 do fundo do recipiente.

Neste caso $\boxed{F = \frac{1}{2} P \,.\, A}$ onde

P = pressão marcada pelo manômetro no fundo.
A = área da parede lateral.

7. PRENSA HIDRÁULICA

É aplicação do Teorema de Stevin.

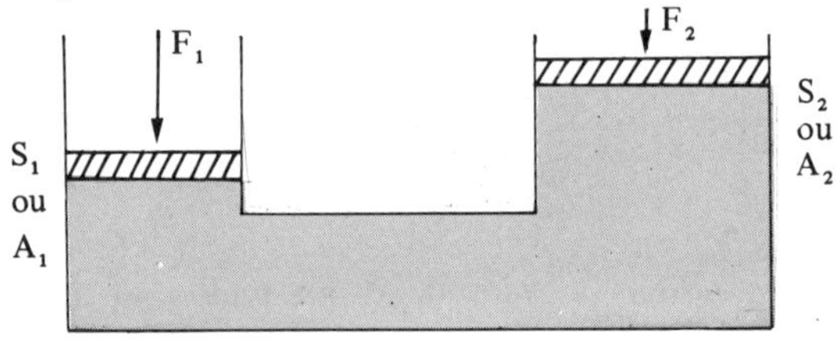

No equilíbrio

$$\boxed{\frac{F_1}{A_1} = \frac{F_2}{A_2}}$$

Exemplo

Os ramos de uma prensa hidráulica são cilíndricos e têm diâmetros.
$D_1 = 5$ cm e $D_2 = 1$ m ($D_2 = 100$ cm)
que exercem sobre os êmbolos as forças F_1 e F_2. Sendo $F_1 = 4$ N, calcular a força exercida pelo êmbolo maior para haver o equilíbrio.
(Calcular F_2)
$D_1 = 5 \text{ cm} \rightarrow R_1 = 2{,}5$ cm
$D_2 = 100 \text{ cm} \rightarrow R_2 = 50$ cm

$$\frac{F_1}{A_1} = \frac{F_2}{A_2} \rightarrow F_2 = F_1 \frac{A_2}{A_1}$$

Área do êmbolo = Área do círculo = πR^2.

$$F_2 = F_1 \frac{\pi R_2^{\,2}}{\pi R_1^{\,2}} = F_1 \left(\frac{R_2}{R_1}\right)^2$$

$$F_2 = 4 \cdot \frac{50}{2{,}5}^{\,2} = \boxed{F_2 = 1{,}6 \times 10^3 \text{ N}}$$

8. CORPOS IMERSOS E FLUTUANTES

Quando um corpo está imerso em água, desloca uma quantidade de água e o peso do volume de água deslocado equilibra o empuxo.

O líquido exercerá no corpo uma força E, chamada empuxo, de sentido vertical para cima de intensidade igual ao peso do líquido deslocado.

Princípio de Arquimedes

"Todo sólido mergulhado num fluido recebe uma força chamada empuxo, vertical e para cima, de intensidade igual ao peso do fluido deslocado."

Considerando um corpo totalmente mergulhado num líquido. Duas forças agem sobre ele:

1ª o seu peso P, e

2ª o empuxo E.

Há três casos a considerar.

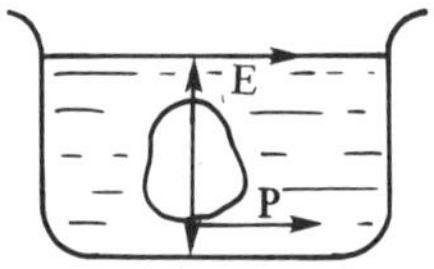

1º caso: $P = E$

Neste caso, o corpo estará em equilíbrio no interior do líquido. Para ser possível o equilíbrio, é necessário que a densidade do corpo seja igual à densidade do líquido.

2º caso: $P > E$

Neste caso, desprezando a resistência do líquido, o corpo adquirirá uma aceleração constante para baixo.

3º caso: $P < E$

Neste caso, desprezando a resistência do líquido, o corpo adquirirá uma aceleração constante para cima.

EXERCÍCIOS RESOLVIDOS

1. O gelo tem densidade $d_1 = 0,92\ g/cm^3$; a água do mar, $d_2 = 1,03\ g/cm^3$. Calcular a fração do volume de um iceberg que fica submersa.

Solução

$P = E$

Para corpos flutuando

$$E = V_{submerso} \cdot \mu_{liq} \cdot g$$

Para corpos mergulhados

$$V_{submerso} = V_{corpo}$$

onde

μ = massa específica

Teremos:

$V_i\, \mu_i\, \cancel{g} = V_{sub}\, \mu_2\, \cancel{g}$

$V_i\, \mu_i = V_{sub}\, \mu_2$, dividindo pela massa específica da água, teremos $V_i\, d_1 = V_{sub} \cdot d_2$ ou

$$V_{sub} = V_i \cdot \frac{d_1}{d_2}$$

$$V_{sub} = V_i \frac{0,92}{1,03} \therefore$$

$$V_{sub} = V_i \cdot 0,89$$

Conclui-se que 89% do volume do iceberg fica submerso.

2. Determinou-se o peso de um corpo $P = 5,0$ N. O peso aparente do corpo totalmente submerso em água é $P_{ap} = 3,0$N.

Determinar:

a) O empuxo que o corpo sofreu.

b) A densidade da substância do corpo.

Solução

Quando o corpo está mergulhado, as forças atuantes, são:

Peso P e o empuxo E, a diferença $P - E$ dá o P_{ap} ou $P_{ap} = P - E$

a) $5,0 - E = 3,0 \rightarrow E = 2,0$ N

b) $d = \dfrac{P}{E} = \dfrac{5,0}{2,0} \rightarrow d = 2,5\ \dfrac{kg}{m^3}$

3. Um corpo, constituído de material que possui $d = 9,0$, pesa 90 kgf. O seu peso aparente dentro d'água é 70 kgf. Verificar se o corpo é oco ou maciço. Adotar $g = 10\ m/s^2$.

Solução

Cálculo do volume usado na construção do corpo.

$P = V \cdot \mu\, g = V \cdot d \cdot \mu_{H_2O} \cdot g$

$90 = V \cdot 9,0 \cdot 1,00 \cdot 10^3 \cdot 10 \rightarrow$ $\boxed{V = 10^{-3}\ m^3}$

$P_{ap} = P - E$

$70 = 90 - E \rightarrow$ $\boxed{E = 20\ N}$

Conhecido o empuxo, calcula-se o volume de água que ele desloca V_{sub}.

$E = V_{sub} \cdot \mu_{H_2O} \cdot g$

$E = 20$ N,

$20 = V_{sub} \cdot 1,00 \cdot 10^3 \cdot 10$

$$\boxed{V_{sub} = 2 \cdot 10^{-3}\ m^2}$$

Conclui-se que o corpo desloca um volume de líquido maior que o volume de material usado na sua construção. Isto só será possível se o corpo for oco.

4. Um corpo, construído com uma liga de ouro (d_1 = 19,3) e prata (d_2 = 10,5) pesa 8,77 kgf; sendo que o seu peso aparente dentro d'água é 8,27 kgf. Calcular o peso de ouro contido no corpo.

Solução

$P_{ap} = P - E$

$8{,}27 = 8{,}77 - E \rightarrow$ $\boxed{E = 0{,}50 \text{ Kgf}}$

O peso P do corpo é a soma dos pesos de ouro P_1 e de prata P_2. Logo, o empuxo E sobre o corpo será a soma dos empuxos sobre o ouro E_1 e sobre prata E_2. Daí,

$$\begin{cases} P = P_1 + P_2 \\ E = E_1 + E_2 \end{cases}$$

sendo $d_1 = \dfrac{P_1}{E_1}$,

$E_1 = \dfrac{P_1}{d_1}$ e $E_2 = \dfrac{P_2}{d_2}$

Então,

$$\left.\begin{array}{l} P = P_1 + P_2 \\ E = \dfrac{P_1}{d_1} + \dfrac{P_2}{d_2} \end{array}\right\} \rightarrow \therefore \left\{\begin{array}{l} 8{,}77 = P_1 + P_2 \\ 0{,}50 = \dfrac{P_1}{19{,}3} + \dfrac{P_2}{10{,}5}, \end{array}\right.$$

que resolvido dará $\boxed{P_1 = 7{,}72 \text{ kgf}}$

EXERCÍCIOS PROPOSTOS

1. Um cilindro reto de madeira (d_1 = 0,70) temo como lastro, um cilindro de mesma base de uma liga metálica (d_2 = 9,0). O conjunto flutua em água conforme abaixo.

Calcule a altura do cilindro que serve de lastro (calcule x da figura).

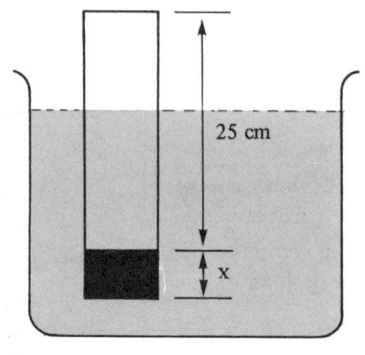

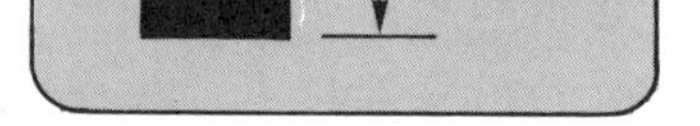

Resposta
x = 0,50 cm

2. Uma bóia cilíndrica flutua numa piscina mantendo as suas bases paralelas à superfície livre da água. A seção reta da bóia é 0,50 m^2. Calcule de quanto ela afundará quando um homem de peso P = 900 kgf estiver sobre ela. Adote g = 10 m/s^2.

Resposta
$h_2 - h_1 = 0{,}18$ m

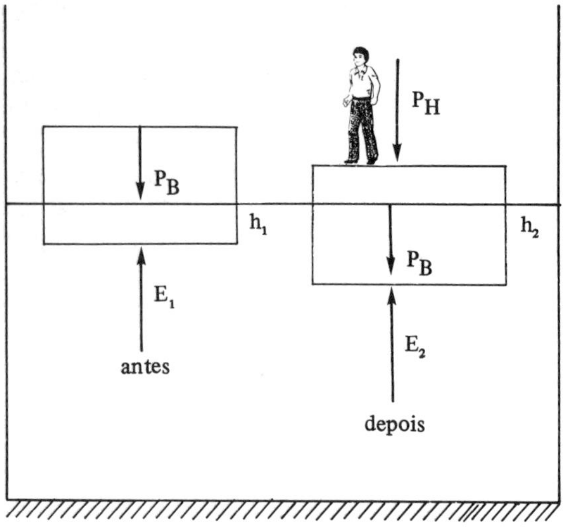

3. Um cilindro reto está em equilíbrio no interior de dois líquidos de densidades d_1 = 2,0 e d_2 = 1,5 conforme abaixo

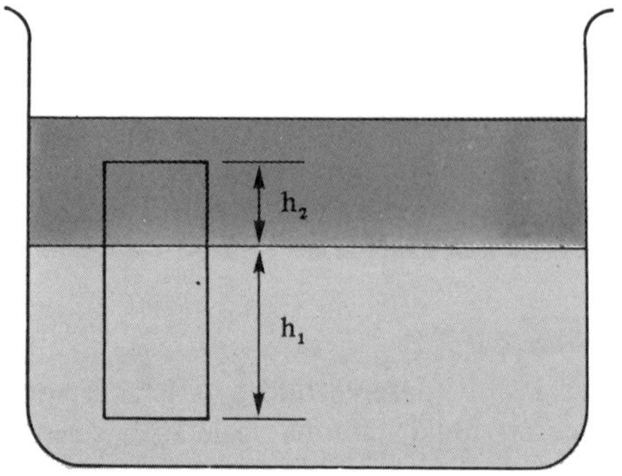

Sendo h_2 = 4,0 cm e h_1 = 6,0 cm. Calcule a densidade do material com que o cilindro foi construído.

Resposta
d = 1,8

4. Uma proveta contém água até uma altura de 49 cm. Deixa-se cair, a partir da superfície livre do líquido, um corpo construído com uma substância de densidade d = 1,25. Calcule:

a) A aceleração da queda do corpo.
b) O tempo gasto pelo corpo para atingir o fundo.

Resposta
a) 2,0 m/s^2
b) 0,70 s

5. Mergulha-se a boca de uma espingarda de rolha em um tanque contendo um líquido de densidade 1,20. O cano forma um ângulo de 45° abaixo da horizontal. (Vide Figura na página seguinte.)

Calcule a que distância da boca da arma a rolha aflorará? (Despreze a viscosidade).

Dados:
densidade da rolha = d = 0,80
v_O da rolha = v_O = 4,0 m/s
g = 10 m/s^2

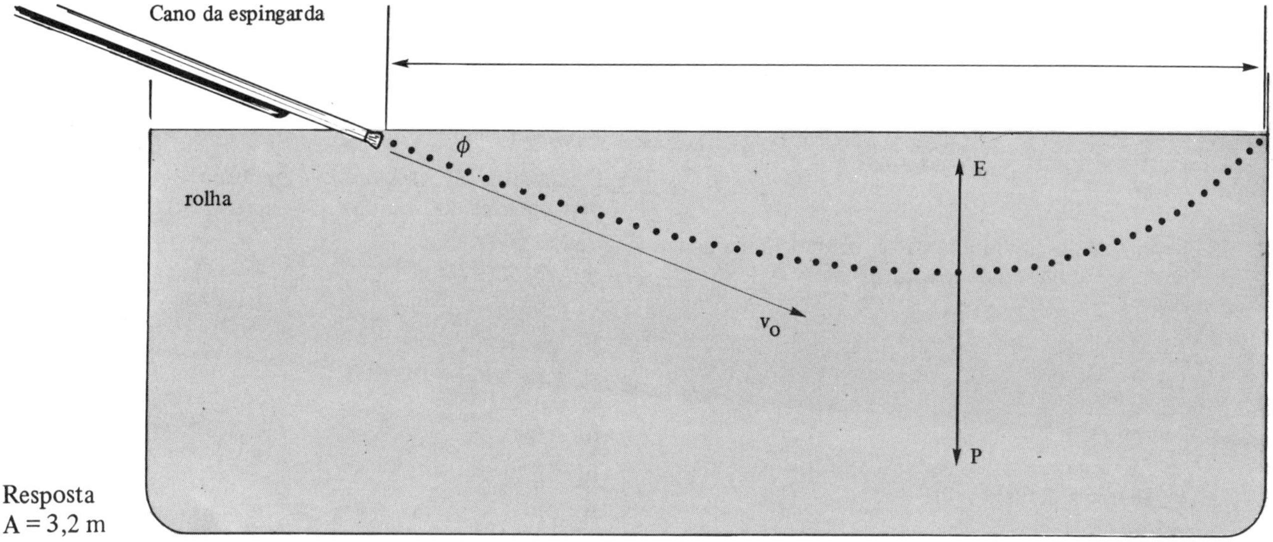

Resposta
A = 3,2 m

6. Um balão de volume 100 m^3, com hidrogênio (μ = 0,090- kg/m^3), deve subir verticalmente com aceleração de 2 m/s^2. Calcule o peso do balão. Despreze a resistência do ar.

Resposta
$P = 1{,}08 \cdot 10^3$ kgf

7. Com uma prensa hidráulica ergue-se um automóvel de massa 1000 kg num local onde a aceleração da gravidade é 10 m/s^2. Qual a força necessária para manter o automóvel erguido, se o êmbolo maior tem área de 2000 cm^2 e o menor 10 cm^2?

Resposta
f = 50 N

8. (MAPOFEI-SP). Um tubo em U contém dois líquidos não miscíveis, conforme a figura. As massas específicas dos líquidos são a = 5,0 g/cm^3 e b = 10,0 g/cm^3. Dá-se h = 1,0 cm. Adotar g = 10 m/s^2. A pressão atmosférica é p = 10 N/cm^2. Qual é a pressão no ponto A?

Resposta
$P_A = 100500\ N/m^2$

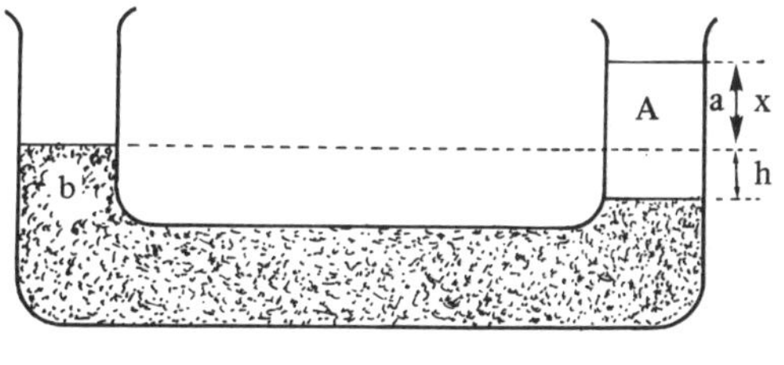

9. Um tubo em U contém água. Derrama-se num dos ramos 20 cm de altura de óleo de massa específica 0,9 g/cm^3 e no outro ramo um líquido desconhecido até a altura de 25 cm, quando se observa nos dois ramos o mesmo nível de água. Qual a massa específica do líquido desconhecido?

Resposta
$d_X = 0{,}72\ g/cm^3$

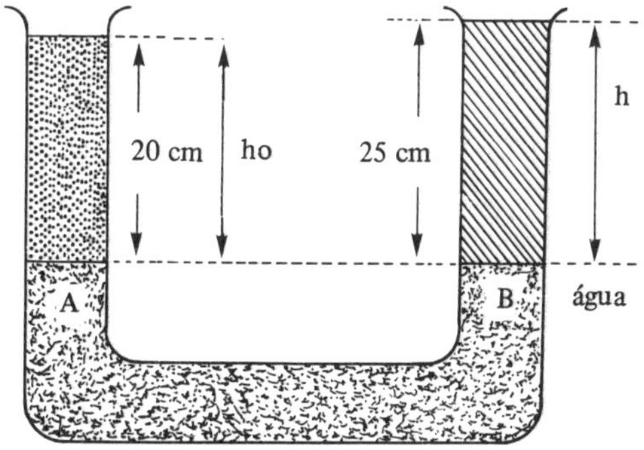

9. ESCOAMENTO DE LÍQUIDO OU HIDRODINÂMICA

a) Equação da continuidade

A equação da continuidade, relaciona dois valores referentes ao escoamento de um líquido (ou fluido).

É da forma:

$S_1\ v_1 = S_2\ v_2$
ou
$S\ v$ = constante

onde

S_1 = área onde escorre o líquido com a velocidade v_1
v_1 = velocidade de escoamento do líquido na área S_1
S_2 = área onde escorre o líquido com a velocidade v_2
v_2 = velocidade de escoamento do líquido na área S_2.

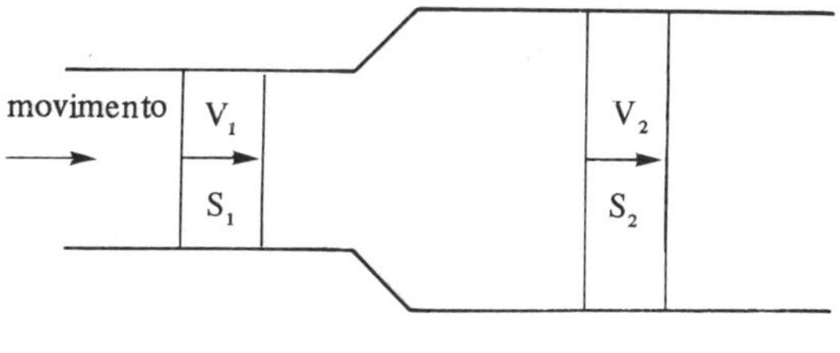

b) Vazão de um escoamento
Q = vazão

$$Q = \frac{\text{variação do volume}}{\text{variação do tempo}}$$

$$\boxed{Q = \frac{\Delta V}{\Delta t}}$$

Se em Δt, o líquido escoar com velocidade constante, o volume escoado será:
$\Delta V = s \cdot v \cdot \Delta t$

$$\frac{\Delta V}{\Delta t} = s\,v \quad \text{ou}$$

$$\boxed{Q = S\,v}$$

c) Teorema de Bernoulli

É aplicação do teorema das energias mecânicas.

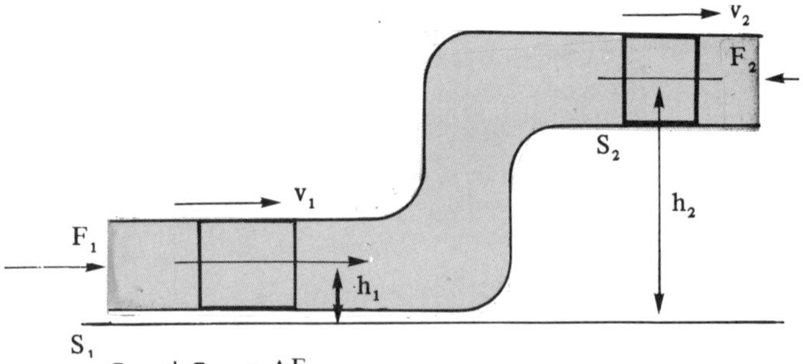

$$\tau_{F_1} + \tau_{F_2} = \Delta E_{M_{total}}$$

A equação é escrita por:

$$\boxed{\frac{P_1}{\mu \cdot g} + h_1 + \frac{v_1^2}{2g} = \frac{P_2}{\mu\, g} + h_2 + \frac{v_2^2}{2g}}$$

ou

$$\boxed{\frac{P}{\mu\, g} + h + \frac{v^2}{2g} = \text{constante}}$$

onde
μ = massa específica do líquido
P_1 = pressão na área S_1
P_2 = pressão na área S_2

Exemplo

Calcular a velocidade com que o líquido do reservatório se escoa.

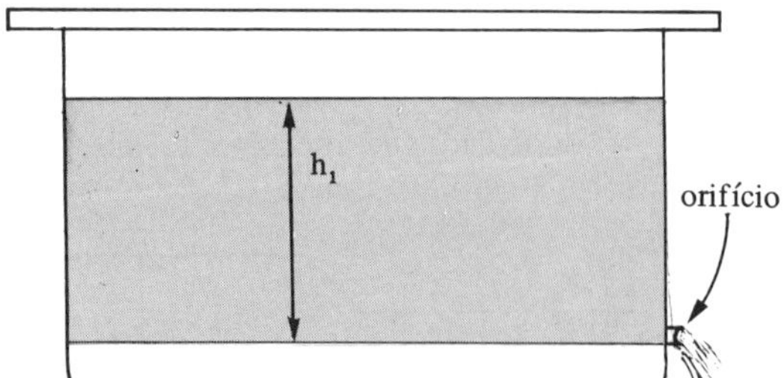

Desprezando a viscosidade e admitindo g = 10 m/s² e suponhando que a superfície livre do líquido se mantenha no mesmo nível durante o escoamento.

Solução

O Teorema de Bernoulli, é aplicado entre a superfície livre do líquido e logo após o orifício.

$$\frac{P_1}{\mu \cdot g} + \frac{v_1^2}{2g} + h_1 = \frac{P_2}{\mu \cdot g} + \frac{v_2^2}{2g} + h_2 \rightarrow$$

No caso:
$P_1 = P_2 = P_{amb}$
$v_1 = 0$
$h_2 = 0$
$h_1 = h$

$$\frac{P_{amb}}{\mu \cdot g} + 0 + h = \frac{P_{amb}}{\mu \cdot g} + \frac{v^2}{2g} + 0 \quad \therefore$$

$$v = \sqrt{2gh} = \sqrt{2 \cdot 10 \cdot 1{,}25} =$$

$$\boxed{v = 5{,}0 \text{ m/s}}$$

TESTES

1. Um bloco de ferro de densidade $7{,}6 \times 10^3$ kg/m³ e volume 100 cm³ está apoiado sobre uma superfície horizontal. Se a área de contato é igual a 10 cm² e a aceleração da gravidade local 10 m/s², podemos afirmar que a pressão exercida pelo bloco sobre a superfície é igual a:
a) 7,6 N/m²
b) 76 N/m²
c) 760 N/m²
d) $7{,}6 \times 10^3$ N/m²
e) n. r. a.

2. A pressão que a água exerce a 10 m de profundidade, sabendo-se que sua massa específica é $1{,}0 \times 10^3$ kg/m³ e g = 10 m/s², é da ordem de:
a) $1{,}5 \times 10^4$ N/m²
b) $1{,}5 \times 10^5$ N/m²
c) $0{,}7 \times 10^5$ N/m²
d) $0{,}7 \times 10^4$ N/m²
e) 1 atm

3. Numa prensa hidráulica, para erguer uma carga de 1000 N é necessário exercer uma força de 20 N. Podemos concluir que a razão entre as áreas dos êmbolos maior e menor é igual a:
a) 5 b) 25 c) 50 d) 100 e) n. r. a.

4. Um corpo totalmente mergulhado num líquido sofre empuxo maior que o seu peso. Podemos concluir, quanto às densidades d_C do corpo e d_L do líquido, que:
a) $d_C > d_L$
b) $d_C = d_L$
c) $d_C < d_L$
d) $d_C \geqslant d_L$
e) $d_C \leqslant d_L$

5. Um mesmo corpo foi mergulhado totalmente em dois líquidos diferentes de densidades d_1 e d_2 sofrendo empuxos E_1 e E_2. Podemos afirmar que:

a) Se $d_1 = d_2$ certamente $E_1 = E_2$;
b) Se $d_1 > d_2$ certamente $E_1 < E_2$;
c) Se $d_1 > d_2$ certamente $E_1 > E_2$;
d) Se $d_1 > d_2$ certamente $E_1 = E_2$;
e) As alternativas a e c estão corretas.

6. Um balão de massa total 50 kg contém hidrogênio; está preso por um fio de peso desprezível e se mantém na vertical. Se o volume do balão é 100 m^3, a aceleração da gravidade 10 m/s^2 e a densidade do ar 1,2 kg/m^3, a força de tração no fio terá intensidade igual a:

a) 500 N   c) 700 N   e) 1 200 N
b) 600 N   d) 800 N

7. (ITA-SP). Na prensa hidráulica esquematizada, D_1 e D_2 são os diâmetros dos tubos verticais. Aplicando-se uma força $\vec{F}_1$ ao cilindro C_1, transmite-se a C_2, através do líquido de compressibilidade desprezível uma força $\vec{F}_2$. Se D_1 = 50 cm e D_2 = 5 cm, tem-se:

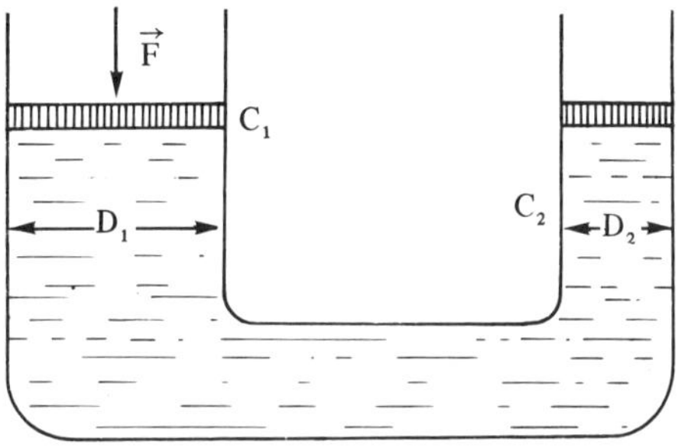

a) $\frac{F_2}{F_1} = \frac{1}{10}$ c) $\frac{F_2}{F_1} = 5$ e) $\frac{F_2}{F_1} = 100$

b) $\frac{F_2}{F_1} = 10$ d) $\frac{F_2}{F_1} = \frac{1}{100}$

8. (CESCEM-SP). Os corpos A e B, iguais em massa e volume, são colocados em uma balança hidrostática, conforme a figura:

Quando B está totalmente mergulhado no líquido L, verifica-se que o equilíbrio se dá quando Y = 2X.

D_L é a densidade do líquido e D_C é a densidade dos corpos. Qual a relação entre D_L e D_C?

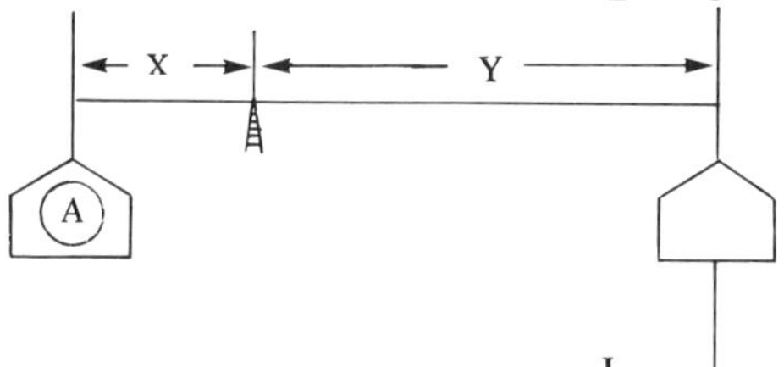

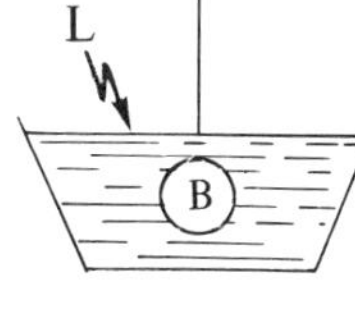

a) $D_L = D_C$ d) $D_L = \frac{D_C}{2}$
b) $D_L = 2 \cdot D_C$
c) $D_L = 4 \cdot D_C$ e) $D_L = \frac{D_C}{4}$

Solução

A força exercida no prato pelo corpo A tem intensidade igual ao seu peso. No outro prato a intensidade resultánte é igual à diferença entre as intensidades do peso de B e do empuxo E que recebe do líquido. Estando o sistema em equilíbrio a soma dos momentos destas forças em relação ao apoio é nula e temos:

$m \cdot g \cdot x - (mg - E) \cdot y = 0$

Sendo m' a massa do líquido deslocado, temos:
$m \cdot g \cdot X - (m \cdot g - m'g) \cdot 2X = 0$

$\therefore m = 2\,m - 2\,m' \Rightarrow m = 2\,m'$

Como $d \cdot v = m \rightarrow D_C \cdot V = 2\,D_L \cdot V$

$\therefore D_L = \frac{D_C}{2} \Rightarrow$ alternativa d

9. (MACK-SP). Um corpo metálico pesa 500 N no ar e 450 N quando submerso em água de densidade d = 10^3 kg/m^3. Sendo g = 10 m/s^2, o volume do corpo e a densidade relativa do metal são, respectivamente:

a) 50 ℓ e 10;
b) 10,0 ℓ e 5;
c) 4,5 ℓ e 5;
d) 4,0 ℓ e 5;
e) 4,0 ℓ e 10.

10. (CESGRANRIO). Um cilindro de 1,0 cm^2 de secção interna, está amarrado a um suporte fixo no Laboratório. O êmbolo pode deslizar no cilindro com atrito desprezível e se encontra inicialmente em contato com o fundo do cilindro (extremidade fechada).

Puxa-se o êmbolo, observando-se que, para um certo valor F do módulo da força exercida, o êmbolo permanece em repouso em qualquer posição dentro do cilindro.

Podemos afirmar que a ordem de grandeza de F, em Newton, é:

a) 10^{-3} b) 10^{-2} c) 10^{-1} d) 10^0 e) 10^1

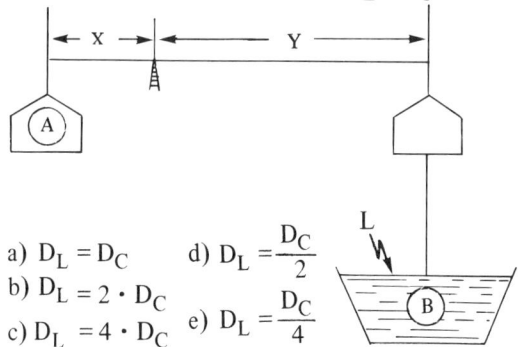

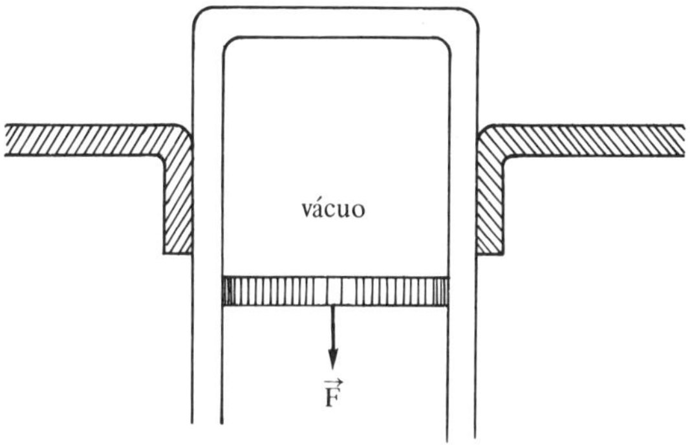

11. (CESCEA-SP). Um reservatório está cheio de dois líquidos, não miscíveis, de densidades d_1 e d_2. Medidas feitas de pressão p dentro do reservatório, em função da distância à superfície, permitem levantar o seguinte gráfico:

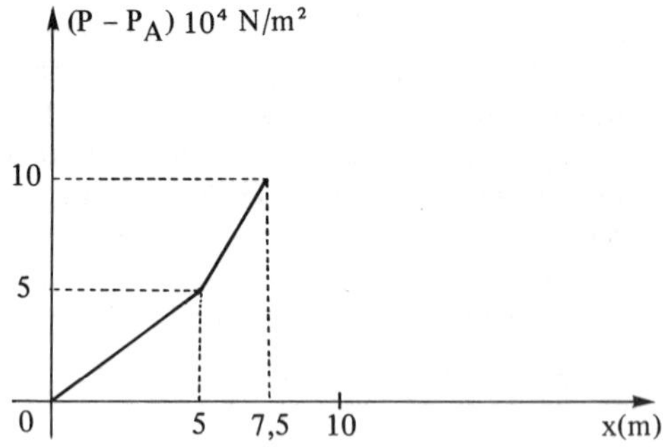

A partir do gráfico podemos concluir que d_1 e d_2 valem respectivamente (dados: $g = 10\ m/s^2$; P_A = pressão atmosférica).

a) $10^3\ kg/m^3$; $2 \cdot 10^3\ kg/m^3$
b) $2 \cdot 10^3\ kg/m^3$; $2 \cdot 10^3\ kg/m^3$
c) $2 \cdot 10^3\ kg/m^3$; $4 \cdot 10^3\ kg/m^3$
d) $4 \cdot 10^3\ kg/m^3$; $2 \cdot 10^3\ kg/m^3$
e) $10^4\ kg/m^3$; $10^3\ kg/m^3$.

$$P_1 = d_1\, h_1\, g \rightarrow d_1 = \frac{P_1}{h_1\, g} = \frac{5 \,.\, 10^4}{5 \,.\, 10} = 10^3\ kg/m^3$$

$$P_2 = d\, h_2 \rightarrow d_2 = \frac{P_2}{h_2\, g} = \frac{5 \,.\, 10^4}{25 \,.\, 10} = \frac{5 \,.\, 10^4}{2 \,.\, 5 \,.\, 10} =$$

$$= \frac{5}{2.5} \cdot \frac{10^4}{10} \quad \rightarrow \quad \boxed{d_2 = 2 \,.\, 10^3\ kg/m^3}$$

Solução

$$P_B - P_A = 5 \,.\, 10^4 = d_1 \,.\, g \,.\, h_1$$

$$5 \,.\, 10^4 = d_1 \,.\, 10 \,.\, 5 \Rightarrow \boxed{d_1 = 10^3\ kg/m^3}$$

$$(P_C - p_A) - P_B = 10 \,.\, 10^4 - 5 \,.\, 10^4 = d_2 \,.\, g\, (h_2 - h_1)$$

$$5 \,.\, 10^4 = d_2 \,.\, 10 \,.\, 2{,}5 \Rightarrow \boxed{d_2 = 2 \,.\, 10^3\ kg/m^3}$$

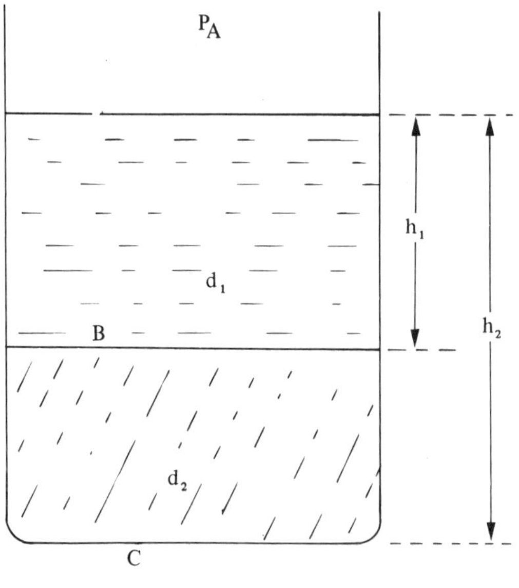

12. (F.M.-Santa Casa-SP). Um recipiente A, de 1 m^3, está mergulhado no mercúrio, de densidade 13,6 g/cm^3, no qual permanece suspenso, preso ao fundo por um fio. A massa do balão é igual a 10^3 kg. A aceleração da gravidade no local é de 10 m/s^2. A tração exercida no fio é igual, em newtons, a:

a) 10^4
b) $1{,}36 \times 10^4$
c) $1{,}26 \times 10^5$
d) $1{,}36 \times 10^9$
e) $1{,}26 \times 10^{10}$

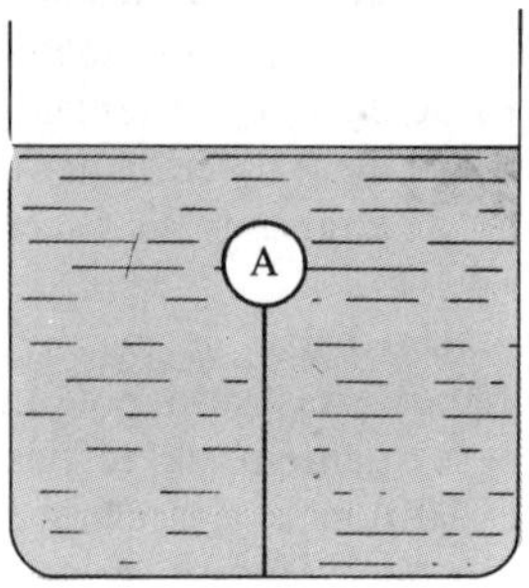

13. (FUVEST-SP). Um objeto cilíndrico é formado por um cilindro de madeira com massa de 1 kg de um cilindro de ferro com massa de 1 kg de mesmo diâmetro, colados pela base. O objeto é colocado num tanque com água. Em relação à água, a densidade relativa da madeira é 0,5 e a do ferro é 7,5.

A situação final do equilíbrio é melhor representada por:

a)

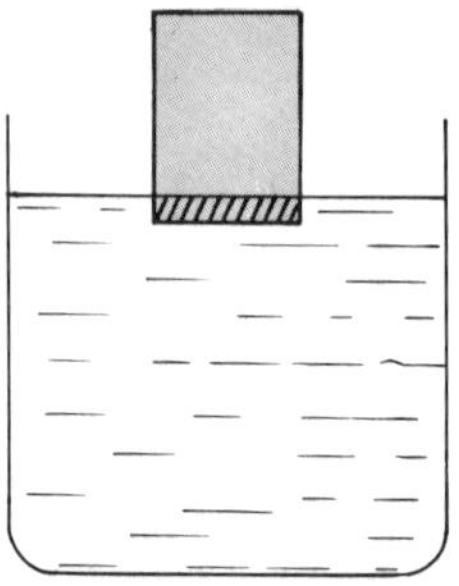

b)

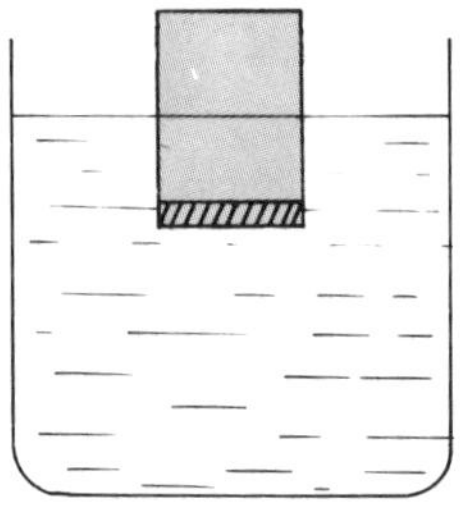

c)

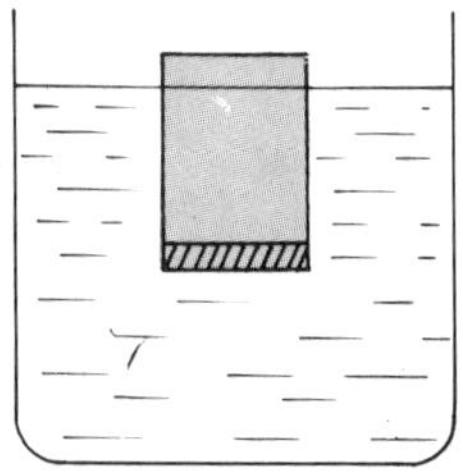

d)

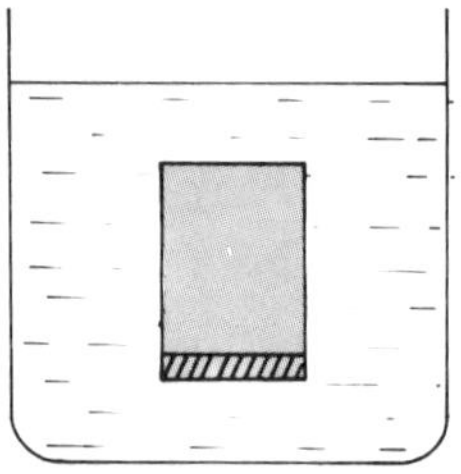

e)

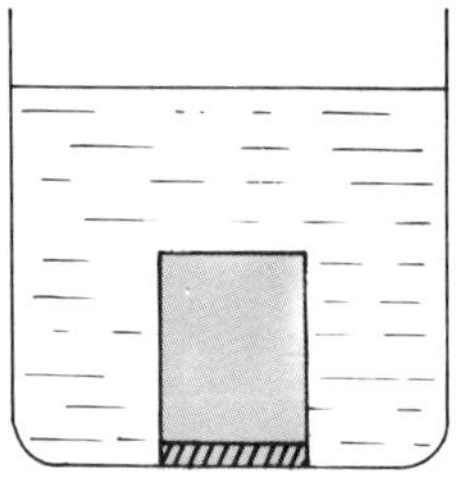

1. TERMOLOGIA

Termologia é o estudo do calor. Este ramo da Física divide-se em vários capítulos a seguir:

I. Termometria.
II. Dilatação dos Corpos
III. Calorimetria.
IV. Mudanças de Estados Físicos.
V. Propagação do Calor.
VI. Comportamento Térmico dos Gases.
VII. Termodinânica.

I. TERMOMETRIA

1. CALOR

No início, imaginava-se que o calor era uma substância. Era um fluido. Foi James Prescott Joule que estabeleceu que o calor é uma forma de energia em trânsito: o calor é energia térmica em trânsito.

2. TEMPERATURA

Chamamos de temperatura de um corpo, como sendo um número que determina o grau de agitação das moléculas do corpo. Como há associação de um número acompanhado de uma escala termométrica, podemos definir temperatura como sendo um número que determina a agitação térmica das moléculas.

3. MEDIDA DA TEMPERATURA

Muitas vezes afirmamos que um corpo está mais quente que outro simplesmente utilizando nossos sentidos. Estas avaliações, entretanto, nem sempre são fiéis. Imagine, por exemplo, a seguinte situação:

Um recipiente A contém água quente. O recipiente B tem água fria e o C água morna.

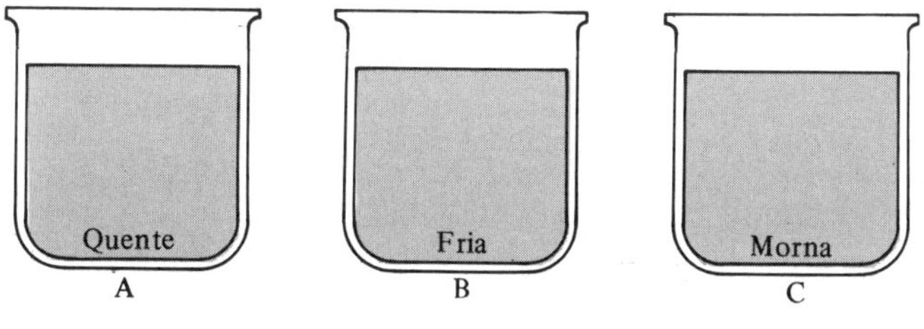

Se mergulharmos a mão direita na água quente e a mão esquerda na água fria e em seguida ambas na água morna teremos sensações diferentes em cada mão. A mão direita nos dará a impressão de que a água morna está fria. A mão esquerda nos sugerirá a água morna como sendo quente.

Um outro fato nos sugere temperaturas diferentes para objetos que estão à mesma temperatura: a maçaneta de uma porta de madeira parece mais fria que a porta, no entanto, ambos estão à mesma temperatura. Pense nisso e procure explicar porque.

Estes exemplos mostram que para determinarmos o estado térmico, isto é, a temperatura de um corpo, temos que fazer medidas objetivas. Para isso são construídos os termômetros.

Sabemos que a temperatura de um corpo é na verdade função da energia cinética média de suas partículas. É impossível, porém, medir a energia cinética de cada partícula vibrando no corpo. Assim, recorremos a processos indiretos para medir temperatura.

É fácil notar modificações que ocorrem em muitos corpos quando sua temperatura aumenta ou diminui. Uma barra de ferro aumenta de comprimento quando a temperatura aumenta. O volume de um líquido varia com a variação da temperatura. A pressão de um gás preso num recipiente varia com a temperatura.

Várias outras grandezas também sofrem alterações toda vez que a temperatura muda. É justamente este fato que utilizamos na construção de termômetros, além do que chamamos **Equilíbrio Térmico.**

Equilíbrio Térmico: Quando um corpo quente está em contato ou próximo de um corpo frio, o quente poderá esfriar e o frio esquentar até que ambos atinjam a mesma temperatura. A medida da temperatura é tomada justamente no momento em que o termômetro entra em equilíbrio térmico com o corpo ou sistema cuja temperatura está sendo medida.

4. ESCALAS TERMOMÉTRICAS

As grandezas que se alteram com a temperatura são chamadas **Grandezas Termométricas.** Associando-se arbitrariamente valores de temperatura a cada valor da grandeza (comprimento de uma barra, volume de um líquido etc.), podemos construir um termômetro.

A calibração do termômetro é muito simples. Escolhe-se dois pontos fixos, ou seja, fenômenos que ocorrem sempre à mesma temperatura. Os mais utilizados são o ponto do gelo t_g (temperatura do gelo derretendo) e ponto do valor, t_v (temperatura do vapor da água fervendo). Deixamos o termômetro entrar em equilíbrio térmico nestas duas situações e atribuímos um valor arbitrário para t_g e t_v. Entre estes valores fazemos as subdivisões em graus. (Vide Figura.)

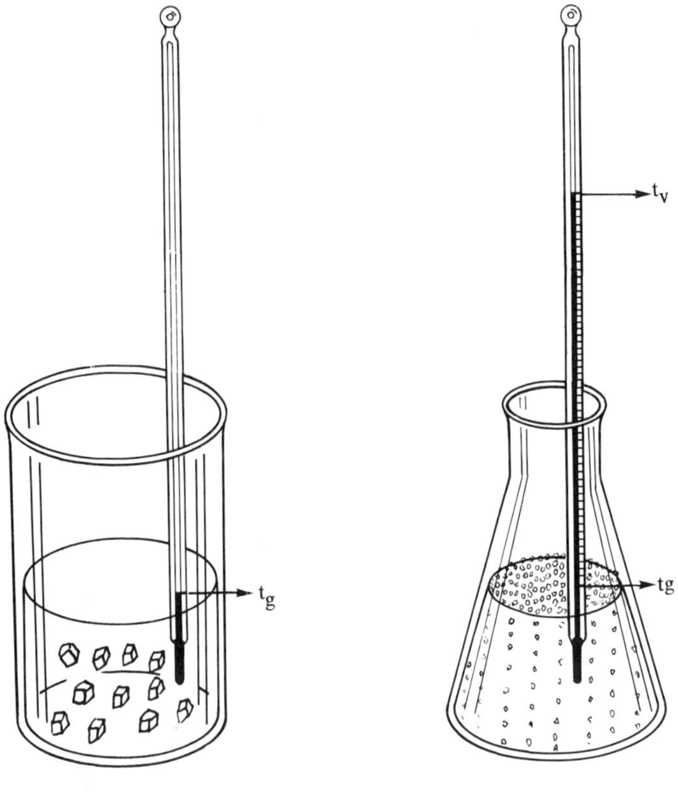

Todos os termômetros possuem uma função definida pela relação $t = f(x)$ denominada função termométrica, onde x é chamada de grandeza termométrica. É conveniente que seja uma função do 1º grau.

$$t = ax + b$$

t = temperatura

a = constante no tubo

x = altura do líquido

b = constante do líquido (da dilatação)

O termômetro associado ao ponto de gelo, ficará

$tg = ax_g + b$

O termômetro associado ao ponto de vapor, ficará

$tv = ax_v + b$

Partindo das equações:

do termômetro — $t = ax + b$ (1)
do ponto de gelo — $t_g = ax_g + b$ (2)
do ponto de vapor — $t_v = ax_v + b$ (3)

fazendo associações de valores, chega-se uma equação conhecida como:

Equação Geral das Escalas

$$t - tg = (tv - tg \left(\frac{x - xg}{xv - xg}\right)$$

Demonstração

Isolando b na equação (2) acima, teremos:

$$tg - ax_g = b \qquad (4)$$

colocando (4) na equação (3), teremos:

$tv = ax_v + tg - ax_g$ ou

$tv - tg = a\,(xv - xg)$ (visto a = constante)

Isolando a, ficaremos com:

$$a = \frac{tv - tg}{xv - xg} \qquad (5)$$

colocando (4) e (5) em (1),

$$t = \left(\frac{tv - tg}{xv - xg}\right) x + tg - ax_g \text{ ou}$$

substituindo-se novamente (5) na equação acima,

$$t = \left(\frac{tv - tg}{xv - xg}\right) x + tg - \left(\frac{tv - tg}{xv - xg}\right) xg$$

ou

$$t - tg = \left(\frac{tv - tg}{xv - xg}\right) x - \left(\frac{tv - tg}{xv - xg}\right) xg$$

que dará

$$t - tg = (tv - tg) \left(\frac{x - xg}{xv - xg}\right) xg$$

que é a equação geral das escalas.

Dedução das Escalas:

1ª Celsius.

Apresente os pontos

$tg = 0^o$

$tv = 100^o$

Logo $t - 0 = (100 - 0)\left(\frac{x - xg}{xv - xg}\right)$

ou

$$tc = 100\left(\frac{x - xg}{xv - xg}\right)$$

2ª Reamur

Apresenta os pontos

$tg = 0^o$

$tv = 80^o$

teremos a equação

$$t_R = 80\left(\frac{x - xg}{xv - xg}\right)$$

3ª Fahrenheit

Apresenta os pontos

$tg = 32^o$

$tv = 212^o$

$t - 32 = (212 - 32)\left(\frac{x - xg}{xv - xg}\right)$ ou

$$t_F - 32 = 180\left(\frac{x - xg}{xv - xg}\right)$$

5. COMPARAÇÃO DAS ESCALAS

Da Celsius $\rightarrow \frac{tC}{100} = \frac{x - xg}{xv - xg}$

Da Reamur $\rightarrow \frac{tR}{80} = \frac{x - xg}{xv - xg}$

Da Fahrenheit $\rightarrow \frac{tF - 32}{180} = \frac{x - xg}{xv - xg}$

Conclui-se que:

$$\frac{tC}{100} = \frac{tR}{80} = \frac{tF - 32}{180}$$

A relação acima pode ainda incluir a escala Kelvin ou Absoluta.

$$\frac{tC}{5} = \frac{tR}{4} = \frac{tF - 32}{9} = \frac{K - 273}{5}$$

EXERCÍCIOS RESOLVIDOS

1. Transformar 300 K na escala Celsius.

Solução

$\frac{tC}{5} = \frac{K - 273}{5} \rightarrow$

$\frac{tC}{5} = \frac{300 - 273}{5} \rightarrow$

$$tC = 27^oC$$

3. Construiu-se um termômetro calibrado numa escala X, atribuindo ao 1º ponto fixo o valor 40° X e ao 2º ponto fixo 240° X. um corpo apresenta a temperatura de 190° X. Calcular a temperatura deste corpo nas escalas.

a) Celsius
b) Kelvin

Solução

a) Celsius $\rightarrow \frac{tc}{100} = \frac{tx - tgx}{tvx - tgx}$

$\frac{tc}{100} \quad \frac{tx - 40}{240 - 40}$

$$tc = 75^oC$$

b) Kelvin $\rightarrow$ como $K = c + 273$

$K = 75 + 273 \Rightarrow$

$$K = 348\ K$$

3. Numa escala X, as temperaturas do gelo fundente é 20° X à pressão de 1 atm e da água em ebulição à mesma pressão é 60° X. Em outra escala Y, essas temperaturas correspondem aos valores:

- 30^oY e 50^oY

Pede-se

a) a relação entre as temperaturas nessas duas escalas.

b) A temperatura na escala X que corresponde 25° Y.

Solução

a) Para a escala X

$\frac{tx - tgx}{tvg - tgx} = \frac{V - Vg}{Ve - Vg}$

Para a escala Y

$\frac{tv - tgy}{tvy - tgy} = \frac{V - Vg}{Ve - Vg} \rightarrow$

colocando os valores:

$$\frac{t_x - 20}{60 - 20} = \frac{V - Vg}{V_e - Vg} \quad e$$

e

$$\frac{ty + 30}{50 + 30} = \frac{V - Vg}{Ve - Vg} \rightarrow$$

ou

$$\frac{tx - 20}{40} = \frac{V - Vg}{Ve - Vg}$$

e

$$\frac{ty + 30}{80} = \frac{V - Vg}{Ve - Vg}$$

Resolvendo o sistema,

$$tx = 35 + \frac{ty}{2}$$

b) $tx = 35 + \frac{25}{2} = 35 + 12{,}5$

$$tx = 47{,}5^{o}X$$

EXERCÍCIOS PROPOSTOS

1. Mediu-se a temperatura de um corpo utilizando-se dois termômetros; um na escala Celsius e o outro na Fahrenheit. Para surpresa, verificou-se que os dois marcava a mesma temperatura.

Calcule essa temperatura.

Resposta
t = - 40

2. Em uma escala, tomou-se para a temperatura de fusão do gelo $- 20^{o}$ e para a temperatura da água em ebulição 230°. Calcule o valor fornecido por ela quando a temperatura for $40^{o}C$.

Resposta
80°

3. Em uma escala termométrica x, a temperatura da água em ebulição à pressão normal é 60° X e a temperatura de fusão do gelo á pressão normal é $- 20^{o}$ X. Sabe-se que uma liga metálica funde-se -a $500^{o}C$, calcule a sua temperatura na escala X.

Resposta
380° X

2. DILATAÇÃO DOS CORPOS

1. DILATAÇÃO DOS SÓLIDOS E LÍQUIDOS

a) Dilatação Linear

Aquecendo-se a barra de metal abaixo, ela se dilata em todas as dimensões.

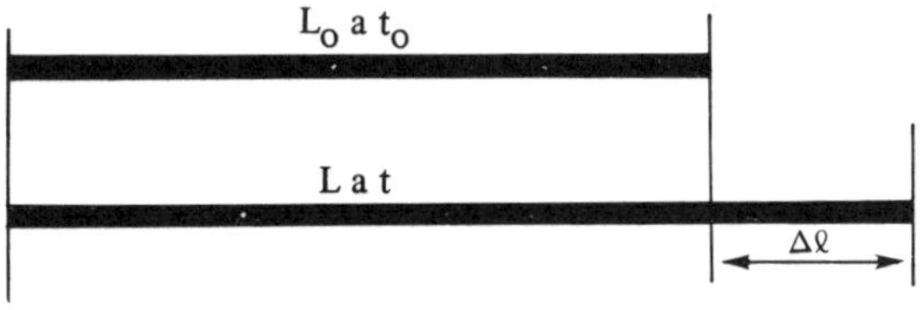

L_o = comprimento inicial
L = comprimento final
$\Delta\ell$ = variação de comprimento
$\Delta\ell = L - L_o$
t_o = temperatura inicial da barra
t = temperatura final da barra
Δt = variação de temperatura

O valor final da barra ℓ, será definido por:

$$L = Lo\,[1 + \alpha\,(1 - to)]$$

onde α = coeficiente de dilatação linear.

O coeficiente de dilatação linear α, corresponde a um valor médio entre a temperatura inicial e a temperatura final. É definido pela expressão:

$$\alpha = \frac{\Delta L}{Lo\Delta t}$$

A sua unidade é o grau recíproco ou $^{o}C^{-1}$

Da equação acima, vemos que o α representa a mudança fracional em comprimento por grau e é independente do comprimento da amostra mas depende do tamanho do grau.

EXERCÍCIOS RESOLVIDOS

1. Uma barra de aço tem comprimento de ℓ cm a $50^{o}C$. Calcule o sem comprimento a $75^{o}C$.

Solução

$\ell = \ell o\,[1 + \alpha (t - to)]$
Para aço $\alpha = 1{,}10 \,.\, 10^{-5}\ {}^oC^{-1}$

Não conhecendo ℓo diretamente, escrevemos a equação duas vezes, uma para cada temperatura.

$\ell_{75} = \ell o\,(1 + 0{,}0000110 \times 75)$
$100 = \ell_{50} = \ell o\,(1 + 0{,}0000110 \times 50)$

Dividindo uma pela outra.

$$\frac{\ell_{75}}{100} = \frac{\ell o\,(1 + 0{,}0000110 \times 75)}{\ell o\,(1 + 0{,}0000110 \times 50)} =$$

$$\ell_{75} = 100 \left(\frac{1000825}{1000550}\right) =$$

$$\boxed{\ell_{75} = 100{,}027 \text{ cm.}}$$

Usando a equação da dilatação

$\ell = \ell o\,[1 + \alpha (t - to)]$,
$\ell_{75} = 100\,[\,1 + 0{,}0000110 \,.\, 25] =$

$\boxed{\ell_{75} = 100{,}0265 \text{ cm}}$ um que dará valor aproximado.

2. Uma barra de metal de comprimento Lo a ^oC sofreu um aumento de comprimento de $\frac{1}{1000}$ Lo quando aquecida a 100^oC. Calcular o coeficiente de dilatação do metal.

Solução

$L = Lo\,[1 + \alpha (t - to)]$
$L = Lo + Lo\,\alpha \,.\, \Delta t$
$L - Lo = Lo\,\alpha\,\Delta t$
$\Delta L = Lo\,\alpha\,\Delta t$

$\Delta L = \frac{1}{1000}$ Lo (dado) e substituindo acima, $\frac{1}{1000}$
$L/o = L/o\,\alpha \,.\, 100$

$$\frac{1}{10^3} = \alpha \cdot 10^2 \rightarrow \boxed{\alpha = 10^{-5}\ {}^oC^{-1}}$$

3. Duas barras metálicas são tais que a diferença entre seus comprimentos, em qualquer temperatura, é igual a 3 cm. Sendo os coeficientes de dilatação linear médios iguais a $15 \times 10^{-6}\ {}^oC^{-1}$ e $20 \times 10^{-6}\,{}^oC^{-1}$, calcular os comprimentos das barras a O^oC.

Solução

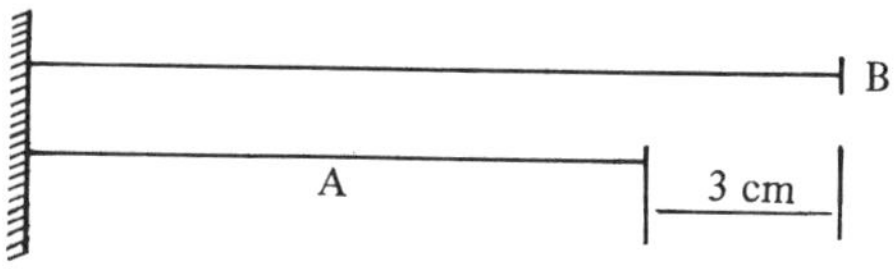

Para qualquer temperatura ser válida a diferença 3 cm, é necessário que

$\Delta\ell_B = \Delta\ell_A$,
ou
$\ell o_B \alpha_B\, \Delta t = \ell o_A\, \alpha_A\, \Delta t \rightarrow$

$\ell o_B\, \alpha_B = \ell o_A\, \alpha_A \rightarrow$

$$\frac{\ell o_B}{\ell o_A} = \frac{\alpha_A}{\alpha_B} \rightarrow$$

Mas $\ell o_B = 3 + lo_A$ conforme figura, ou

$$\frac{3 + \ell o_A}{\ell o_A} = \frac{\alpha_A}{\alpha_B} \rightarrow \frac{3 + \ell o_A}{\ell o_A} = \frac{20 \,.\, 10^{-6}}{15 \,.\, 10^{-6}}$$

$$\frac{3 + \ell o_A}{\ell o_A} = \frac{20}{15} \rightarrow 45 + 15\,\ell o_A = 20\,\ell o_A \rightarrow 45 =$$
$$= 5\,\ell o_A$$

$$\boxed{\ell o_A = 9 \text{ cm}}$$

Como $\ell o_B = 3 + \ell o_A \rightarrow$ $\boxed{\ell o_B = 12 \text{ cm}}$

4. Um pêndulo de um relógio, que pode ser considerado pêndulo simples, bate exatamente o segundo quando sua temperatura é de 20^oC. De quanto adiantará esse relógio em 24 horas se, nesse tempo ele trabalha a uma temperatura constante de 10^oC.

Dado o coeficiente médio linear $= 2 \,.\, 10^{-5}\ {}^oC^{-1}$.

Solução

Para o pêndulo simples:

$$T = 2\pi \sqrt{\frac{\ell}{g}}$$

Sendo ℓo a 10^oC e ℓ a 20^oC, seus períodos são:

$$T = 2\pi \sqrt{\frac{\ell}{g}} \quad \text{e} \quad To = 2\pi \sqrt{\frac{\ell o}{g}}$$

Portanto:

$$\frac{T}{To} = \frac{2\pi\sqrt{\frac{\ell}{g}}}{2\pi\sqrt{\frac{\ell o}{g}}} = \sqrt{\frac{\ell}{g} : \frac{\ell o}{g}} = \sqrt{\frac{\ell}{g} \,.\, \frac{g}{\ell o}} =$$

$$= \frac{T}{To} = \sqrt{\frac{\ell}{\ell o}} \qquad \text{que dará } \frac{T}{T_o} = \sqrt{\frac{\ell}{\ell_o}}$$

Mas $\ell = \ell o\,(1 + \alpha\,\Delta t)$,

$$\frac{T}{To} = \sqrt{\frac{\ell o\,(1 + \alpha\,\Delta t)}{\ell o}} = \sqrt{1 + \alpha\,\Delta t}$$

$$\frac{T}{To} = \sqrt{1 + \alpha\,\Delta t}$$

Sendo α da ordem de 10^{-5}
α^2 será da ordem de 10^{-10}
Logo, $\alpha^2 . (\Delta t)^2$ será praticamente zero.
Podemos escrever:

$$\frac{T}{To} = \sqrt{1 + \alpha \,.\, \Delta t + \alpha^2\,(\Delta t)^2} \quad = \text{ou}$$

$$\frac{T}{To} = \sqrt{1 + 2\frac{\alpha}{2} . \Delta t + \alpha^2 (\Delta t)^2} \quad \text{, ou}$$

$$\frac{T}{To} = \sqrt{(1 + \frac{\alpha}{2}\ \Delta t)^2} \ =$$

$$\frac{T}{To} = 1 + \frac{\alpha}{2} . \Delta t \quad \text{ou}$$

$$\frac{T}{To} - 1 = \frac{\alpha}{2} . \Delta t$$

$$\frac{T - To}{To} = \frac{\alpha}{2} . \Delta t \rightarrow \frac{\Delta T}{To} = \frac{\alpha}{2} . \Delta t$$

Portanto,

$$\Delta T = To . \frac{\alpha}{2} . \Delta t$$

Se o pêndulo à 20ºC bate o segundo, To = 2. Daí,

$$\Delta T = 2\ \frac{\alpha}{2} . \Delta t\text{, ou}$$

$\Delta T = \alpha\ \Delta t =$
$\Delta T = \not{2} . 10^{-5} . 10 =$
$\Delta T = \not{2} . 10^{-4} =$
$\Delta T = 0{,}0002.$

Se em 24 horas temos 86.400 s, portanto,
86.400 s = 2 . 43 . 200 s,
ou
24 horas = 43.200 To.
Logo, o relógio se adiantará de 43.200 . Δ T = = 43.000 x 0,002 = 8,64 segundos.

b) Dilatação Superficial.
c) Dilatação Volumétrica.

É possível verificar experimentalmente que a dilatação superficial Δ A e a dilatação volumétrica Δ V obedecem a leis análogas à dilatação linear, sendo diretamente proporcionais ao valor inicial da grandeza (área inicial e volume inicial) e a variação de temperatura Δ t. Portanto:

Δ A = para a dilatação superficial

$\Delta A = \beta\ Ao\ \Delta t$ ou

$$A = Ao\ [1 + \beta\,(t - to)]$$

Δ V = para a dilatação volumétrica.
$\Delta V = V o\ \gamma\ \Delta t$ ou

$$V = Vo\ [1 + \gamma\,(t - to)]$$

onde β é o coeficiente de dilatação superficial e γ é o coeficiente de dilatação volumétrica. A unidade de β e γ é a mesma da de α.

Relações entre α, β e γ.

1º entre α e β

$$\beta = 2\,\alpha$$

2º entre α e γ

$$\gamma = 3\,\alpha$$

3º entre β e γ

$$\gamma = \frac{3}{2}\beta$$

EXERCÍCIOS RESOLVIDOS

1. Demonstrar que $\beta = 2\,\alpha$

Solução

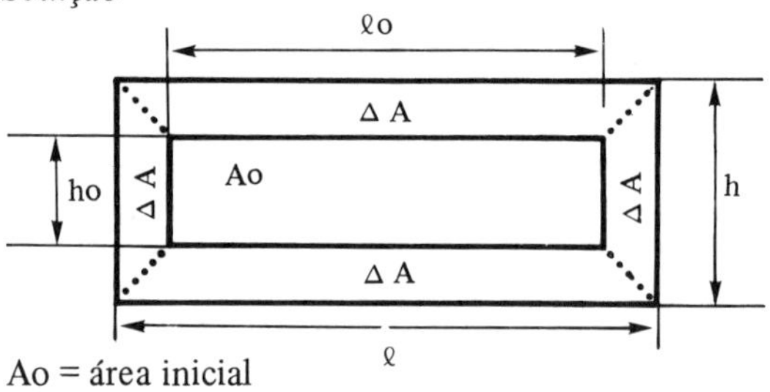

Ao = área inicial
Δ A = variação da área com o aquecimento
h = altura final da área após o aquecimento
ho = altura inicial da área sem o aquecimento

A área da figura pela Geometria é $A_o = \ell_o\ h_o$ e conseqüentemente $A = \ell\ .\ h$

Sabemos que $A = Ao\ [1 + \beta\,(t - to)]$
Substituindo-se Ao e A, teremos:

$$\ell\ .\ h = \ell o\ ho\ [1 + \beta\,(t - to)] \qquad (1)$$

Pela figura, ℓ e h = dilatação linear; logo

$$\begin{cases} \ell = \ell o\ [1 + \alpha\,(t - to)] \\ h = ho\ [1 + \alpha\,(t - to)] \end{cases}$$

$\ell\ .\ h = \ell o\ ho\ [1 + \alpha(t - to)]\ [1 + \alpha\,(t - to)] =$

Substituindo (1) na equação acima,

$\not{\ell o}\ \not{ho}\ [1 + \beta\,(t - to)] = \not{\ell o}\ \not{ho}\,[1 + \alpha\,(t - to)]^2 =$
$= 1 + \beta\,(t - to) = [1 + \alpha\,(t - to)]^2$

Desenvolvendo o termo $[1 + \alpha\,(t - to)]^2$, teremos
$= 1^2 + 2\ .\ 1\,\alpha\,(t - to) + \alpha^2\ (t - to)^2 =$
$= 1 + 2\,\alpha\,(t - to) + \alpha^2\ (t - to)^2 =$
$\not{1} + 2\,\alpha\,(t - to) + \alpha^2\ (t - to) = 1 + \beta\,(t - to)$
$2\,\alpha\,(t - to) + \alpha^2\ (t - to) = \beta\,(t - to)$

Dividindo por (t - to), ficaremos com:

$$\frac{2\,\alpha\,(t - \not{to})}{(t - \not{to})} + \frac{\alpha^2\ (t - to)^2}{(t - \not{to})} = \frac{\beta\,(t - \not{to})}{(t - \not{to})} \rightarrow$$

$2\,\alpha + \alpha^2\ (t - to) = \beta$
Como $\alpha^2 \cong 10^{-10} \cong$ zero,

$$\beta = 2\,\alpha$$

2. Uma chapa metálica tem área de 4 m^2 à temperatura de 20°C. Determinar a sua área à temperatura de 200°C. Dado $\beta = 44.10^{-6}\,{}^{o}C^{-1}$.

Solução

A = Ao [1 + β (t–s ṡ.) s (t - to)]

$A = 4\,[1 + 0{,}000044\,(200 - 20)] =$

$A = 4\,[1 + 0{,}000044\,.\,180] =$

$A \cong 4{,}03\ m^2$.

3. Um disco possui diâmetro 4 cm à temperatura de 10°C. Determinar a área do orifício quando o mesmo é elevado à temperatura de 110°C.

Dado $\beta = 54.10^{-6}\ {}^{o}C^{-1}$

Solução

Aquecendo-se o disco tudo se passa como que se o orifício fosse constituído pelo material do disco, e, portanto, aumenta.

Seja $Ao = \pi R_o^2 \rightarrow D = 4$ cm
$R = 2$ cm

$Ao = \pi\,.\,2^2 =$

$Ao = 4\,.\,3{,}14 = 12{,}56\ cm^2$

$A = Ao\,[1 + \beta\,(t - to)] =$

$A = 12{,}56\,[1 + 0{,}000054\,(110^o - 10^o)] =$

$A = 12{,}63\ cm^2$

4. Um cilindro de alumínio tem a altura 0,40 m e raio da base 0,20 m à temperatura de 0°C. Determine o volume do cilindro a 100°C. Dado $\alpha_{AL} = 0{,}000022\ {}^{o}C^{-1}$.

Solução

V_o = volume inicial do cilindro

$V_o = \pi r^2 h = 3{,}14\,.\,(0{,}2)^2\,.\,0{,}4 =$

$V_o \cong 0{,}050265\,.\ m^3$

Como

$V = Vo\,[1 + \pi\,(t - to)] \rightarrow$ sendo $\pi = 3\,\alpha$,

$V = 0{,}050265\,[1 + 0{,}000066(100^o)] =$

$V = 0{,}050597\ m^3$

5. Uma proveta tem a 10°C um volume de 150 cm^3. Sabendo $\alpha = 0{,}000003\ {}^{o}C^{-1}$, determine a dilatação sofrida pela proveta, à temperatura de 80°C.

Solução

dilatação sofrida = Δ V.

$V = V_o\,[1 + \gamma\,(t - to)]$

$V = V_o + V_o\,\gamma\,(t - to)$

$\Delta V = V_o\,\gamma\,(t - to)$.

Como $\alpha = 0{,}000003\ {}^{o}C^{-1}$

$\gamma = 0{,}000009\ {}^{o}\ C^{-1}$

$\Delta V = 150\,.\,0{,}000009\,.\,70$,

$\Delta V = 0{,}0945\ cm^3$

PROBLEMAS PROPOSTOS

1. Prove que $\gamma = 3\,\alpha$.

2. Uma barra metálica tem um comprimento de 1 m a uma temperatura de 20°C. Verifica-se que a 21°C, seu comprimento é 1,000027 m. Calcule o coeficiente de dilatação linear nesse intervalo de temperatura.

Resposta
$0{,}000027\,{}^{o}C^{-1}$

3. Um retângulo de ferro tem uma área de 1 dm^2 a 25°C. Sendo a sua área a 26°C de 1,000024 dm^2, calcule nesse intervalo de temperatura o coeficiente de dilatação linear.

Resposta
$0{,}000012\,{}^{o}C^{-1}$.

4. O coeficiente linear médio de um material é $24 \times 10^{-6}\,{}^{o}C^{-1}$ entre 19°C e 20°C. Com esse material quer se construir uma esfera cujo volume, a 20°C, é 1,0000 72 litros. Calcule o seu volume a 19°C.

Resposta
1 litro.

5. A área da base de um paralelepípedo de ferro é 100 cm^2 a 10°C. Calcule a área a 20°C. Dado $\alpha_{Fe} = 12 \times 10^{-6}\ {}^{o}C^{-1}$.

Resposta
100,024 cm^2

6. Mede-se certo comprimento com uma escala métrica feita de alumínio, quando a sua temperatura é 27°C, encontrando-se 50 cm. A escala métrica foi calibrada a 0°C e permite precisão da ordem de 0,1 mm. Qual a medida real daquele comprimento?
Dado $\alpha_{AL} = 24 \times 10^{-6}\ {}^{o}C^{-1}$

Resposta
50,03 cm

7. Um pêndulo simples bate certo número de oscilações completas em 1.000 segundos, quando sua temperatura é de 30°C. Se o mesmo oscila a 10°C gastará para realizar o mesmo número de oscilações completas 1.002 segundos. Calcule o α do material que é feito o pêndulo.

Resposta
$2 \times 10^{-4}\ {}^{o}C^{-1}$

8. Constrói-se um pêndulo com um material que possui $\alpha = 10^{-5}\,{}^{o}C^{-1}$, com a finalidade de medir uma montanha. Mede-se o tempo para 10.000 oscilações completas ao nível do mar, à temperatura de 20°C e encontra-se 4.000 segundos. Para realizar o mesmo número de oscilações no alto da montanha, onde a temperatura é 0°C, ele gasta 4.015 segundos. Calcule a altura h da montanha.

Dados:
Raio da Terra = 6.372 km
$g = 10\ m/s^2$

Resposta
h = 1,752 km

9. Um disco de chumbo tem, à temperatura de 20°C, 15 cm de raio. Calcule o seu raio r e a sua área A à temperatura de 60°C.
Dado $\alpha_{Pb} = 29 \times 10^{-6}\ {}^{o}C^{-1}$

Resposta
15,02 cm e
708,39 cm²

10. O coeficiente de dilatação médio do ferro é $0{,}0000117\ {}^{o}C^{-1}$. Calcule de quanto deve aumentar a temperatura de um bloco de ferro para que seu volume aumente de 1%.

Resposta
285°C

11. Um tubo capilar tem 0,2 m m de diâmetro. Calcule o volume do reservatório que é preciso soldar-lhe para se obter um termômetro cujo grau corresponda a 1 cm?

Dados:

$$\gamma_{vidro} = \frac{1}{38.700}\ {}^{o}C^{-1}$$

e

$$\gamma_{Hg} = \frac{1}{5.550}\ {}^{o}C^{-1}$$

Resposta
2,04 cm³

12. A geratriz de um cilindro de ferro, quando aquecida de 0°C a 80°C, sofre um alongamento $\Delta h = 0{,}024$ cm. A massa do cilindro é 6.000 g e o coeficiente de dilatação linear é $\alpha = 12 \times 10^{-6}\ {}^{o}C^{-1}$. Calcular o raio r_0 da base do cilindro a 0°C, sabendo-se que a massa específica do ferro a 0°C é $P_0 = 7{,}2\ g/cm^3$.

Resposta
$r_0 = 3{,}258$ cm

13. Um pino cilíndrico de aço deve ser colocado numa placa, de orifício 198 cm², de mesmo material. A 0°C, a área da secção transversal do pino, é 200 cm². A que temperatura devemos aquecer a placa com orifício, sabendo-se que o coeficiente de dilatação linear do aço é de $12 \times 10^{-6}\ {}^{o}C^{-1}$?

Resposta
421°C

14. (F.E.-S.J. Campos). Uma ponte de aço apresenta comprimento de 1 km quando a 20°C. Está localizado em uma cidade cujo clima provoca uma variação de temperatura da ponte entre 10°C, na época mais fria, e 55°C, na época mais quente. Qual será a variação no comprimento da ponte, para estes extremos de temperatura?
Dado: $\alpha_{aço} = 11 \times 10^{-6}\ {}^{o}C^{-1}$.

Resposta
49,5 cm

TENSÕES TÉRMICAS

Uma barra presa nas duas extremidades é impedida de expandir-se ou contrair-se enquanto sua temperatura se altera. Tensões térmicas motivadas por tração ou compressão serão estabelecidas na mesma. A grandeza desse esforço é dada por:

$$Y = \frac{\frac{F}{A}}{\frac{s}{\ell}}$$

onde
Y = módulo de Young, medido em N/m²
$\frac{s}{\ell}$ = mudança fracional de comprimento ou simplesmente a deformação.

$$\frac{F}{A} = \text{pressão}$$

Se a barra possui comprimento ℓ e área de secção reta A dilata de uma quantidade s quando aquecida a 1°C, esta mudança de comprimento é dada por
$s = \ell\,\alpha\,t$

onde α é o coeficiente de dilatação linear. Combinando as equações, ficaremos com:

$$Y = \frac{\frac{F}{A}}{\frac{s}{\ell}} = \frac{\frac{F}{A}}{\frac{\ell\alpha t}{\ell}} = \frac{\frac{F}{A}}{\alpha t} = \frac{F}{A} : \alpha t = \frac{F}{A} \cdot \frac{1}{\alpha t}$$

$$Y = \frac{F}{A\alpha t} \quad \text{ou}$$

$$\boxed{F = Y\,A\,\alpha\,t}$$

Exemplo

Uma barra de aço de 5 cm² de secção reta é aquecida a 200°C, e suas extremidades são fixadas a dois suportes rígidos. Determinar a força na barra quando a temperatura vai a 20°C. Dado o módulo de Young $Y = 22 \times 10^{10}\ N/m^2$ e o coeficiente linear $\alpha = 11 \times 10^{-6}\ {}^{o}C^{-1}$.

Solução

$F = Y\,\alpha\,t\,A \rightarrow$
$$F = (22 \cdot 10^{10} \cdot N/m^2)\ \frac{(11 \times 10^{-6})}{{}^{o}C} \times (180^{o}C) \cdot (5 \times 10^{-4}\ m^2)$$
F = 217.800 N

d) Dilatação dos Líquidos

O fenômeno da dilatação de líquidos é regido pelas mesmas leis da dilatação de sólidos.

Assim, se ho é certa altura da coluna de um líquido a um temperatura to e se h e é a altura dessa mesma coluna a uma temperatura t, seu coeficiente de dilatação linear médio é α, tal que

$h = ho\,[1 + \alpha\,(t - to)]$

Da mesma forma, sendo Vo o volume de um líquido a uma temperatura to, V seu volume a uma temperatura t, γ será o seu coeficiente de dilatação volumétrica

$V = Vo\,[1 + \gamma\,(t - to)]$

DILATAÇÃO REAL E APARENTE

Quando houver aquecimento de um líquido encerrado num recipiente sólido, primeiro, teremos o aquecimento do recipiente.

Para determinar a dilatação real do líquido, é necessário levar em conta a dilatação do recipiente.

Nestes termos, a dilatação de um líquido não pode ser observada diretamente em face da dilatação do recipiente que o contém. Teremos as dilatações:

1ª dilatação aparente é aquela que é diretamente observada.

2ª dilatação real é aquela que efetivamente sofre o líquido.

e 3ª = dilatação do frasco, de forma que:

$\boxed{\Delta V = \gamma_R\, Vo\, \Delta t}$, onde γ_R é a constante de dilatação real do líquido, ou *coeficiente de dilatação real* do líquido.

$\boxed{\Delta V_{ap} = \gamma_{ap}\, Vo\, \Delta t}$, onde γ_{ap} é a constante ou *coeficiente de dilatação aparente* do líquido.

$\boxed{\Delta V_F = \gamma_F\, Vo\, \Delta t}$, onde γ_F é a constante ou *coeficiente de dilatação volumétrica do frasco.*

RELAÇÃO ENTRE OS COEFICIENTES

Comparando as relações anteriores com a lei da dilatação do líquido obtém-se:

$$\boxed{\gamma_{ap} = \gamma_R - \gamma_F}$$

Observação

Quando há aquecimento de um líquido e o líquido extravasa, esse extravasamento mede a dilatação aparente do líquido.

EXERCÍCIOS RESOLVIDOS

1. Determinado líquido possui coeficiente de dilatação aparente $\gamma_{ap} = 15{,}3 \,.\, 10^{-5}\,^oC^{-1}$. O líquido está num recipiente que possui o coeficiente de dilatação linear $\alpha = 9 \times 10^{-6}\,^oC^{-1}$.

Calcular o coeficiente de dilatação real do líquido.

Solução

$\gamma_R = \gamma_{ap} + \gamma_F$

Sendo $\gamma_F = 3\,\alpha = 3 \,.\, 9 \times 10^{-6} = 27 \times 10^{-6}\,^oC^{-1}$.

Logo $\gamma_R = 15{,}3 \,.\, 10^{-5} + 27 \,.\, 10^{-6} =$

$$\boxed{\gamma_R = 18 \,.\, 10^{-5}\ ^oC^{-1}}$$

2. Um vaso de cobre de volume 2 litros está cheio de mercúrio quando a temperatura de ambos é 20°C. Aquecendo-se o conjunto a 70°C, calcular o volume de mercúrio que extravasa.

Dados: coeficientes de dilatação volumétricos:

a) Do cobre $= 48 \times 10^{-6}\ ^oC^{-1}$

b) Do mercúrio $= 180 \times 10^{-6}\ ^oC^{-1}$

Solução

Seja V_m = volume total do mercúrio após a dilatação

V_v = volume do vaso

V_E = volume extravasado

Assim $V_m = V_v + V_E$, mas,

$V_m = V_o\,[1 + \gamma_m\,(t - to)] = 2000\,[1 + 180 \,.\, 10^{-6} \,.\, 50] = V_m = 2018\ cm^3$

$V_v = V_o\,[1 + \gamma_v\,(t - to)] = 2000\,[1 + 48 \,.\, 10^{-6} \,.\, 50] = V_v = 2004{,}8\ cm^3$

Então

$V_E = 2018 - 2004{,}8 \Rightarrow \boxed{V_E = 13{,}2\ cm^3}$

3. O álcool metílico tem uma densidade de 0,795 g/cm^3 a 15°C. Sabendo-se que a 55°C, a densidade é de 0,752 g/cm^3. Qual será seu coeficiente de dilatação volumétrica?

Solução

A densidade na variação da temperatura será:

$d_{15o} = d_{55o}\,(1 + \gamma_R\, 40) =$

$0{,}795 = 0{,}752\,(1 + \gamma_R \,.\, 40) =$

$1 + 40\,\gamma_R = \dfrac{0{,}795}{0{,}752}$

$40\,\gamma_R = 1{,}057^{-1}$

$\gamma_R = 1{,}43 \times 10^{-3}\,^oC^{-1}$

Observação

A densidade a $0^oC = d_o = \dfrac{m}{Vo}$

A densidade a $t^oC = d = \dfrac{m}{V}$

Como as massas são iguais,

$d_0 V_0 = dV$ ou

$$\frac{do}{d} = \frac{V}{Vo}$$

Sendo $V = Vo\,[1 + \gamma\,\Delta\,t]$

$$do = d\frac{V}{Vo} =$$

$$do = d\,\frac{Vo\,[1 + \gamma\,\Delta\,t]}{Vo} \rightarrow$$

ou

$$\boxed{d = d\,(1 + \gamma\,\Delta\,t)}$$

EXERCÍCIOS PROPOSTOS

1. Determinar a que temperatura 10 litros de água enchem completamente um vaso metálico de volume interno igual a 10,2 ℓ, ambos a 20ºC, sabendo-se que os respectivos coeficientes de dilatação são:

$130 \times 10^{-6}\,^{o}C^{-1}$ e

$25 \times 10^{-6}\,^{o}C^{-1}$,

Nesse intervalo de temperaturas.

Resposta
$35{,}7\ ^{o}C^{-1}$

2. A massa específica do mercúrio é 13,6 g/cm^3 a 0ºC e 13,3 g/cm^3 a 125ºC. Calcular o coeficiente médio de dilatação volumétrica do mercúrio nesse intervalo de temperaturas.

Resposta
$18 \times 10^{-5}\ ^{o}C^{-1}$

3. Sabendo que o coeficiente de dilatação volumétrica da água é $13 \times 10^{-5}\ ^{o}C^{-1}$ e o linear do níquel $13 \times 10^{-6}\,^{o}C^{-1}$, calcular qual o volume de água a ser colocado em um recipiente, feito deste material, cujo volume também a 0ºC é 2 litros, a fim de que a diferença entre o seu volume e o da água seja sempre a mesma, qualquer que seja a temperatura.

Resposta
600 cm^3

4. A massa de um bloco de ferro é 784,27 g. Sua massa aparente m' em água a 4ºC é 683,80 g e em água a 54ºC é m'' = 684,27 g. Calcule o coeficiente médio de dilatação da água nesse intervalo de temperaturas.
Dado: coeficiente de dilatação linear do ferro $12 \times 10^{-6}\,^{o}C^{-1}$.

Resposta
$\gamma = 0{,}00013\,^{o}C^{-1}$

MÉTODO PRÁTICO PARA ACHAR O COEFICIENTE DE DILATAÇÃO CÚBICA DE UM LÍQUIDO

Este sistema criado por Dulong e Petit, baseia-se num tubo em forma de U. O princípio fundamental do método é que a pressão em um ponto dentro de um líquido em equilíbrio hidrostático depende somente da altura do líquido sobre esse ponto e de sua densidade.

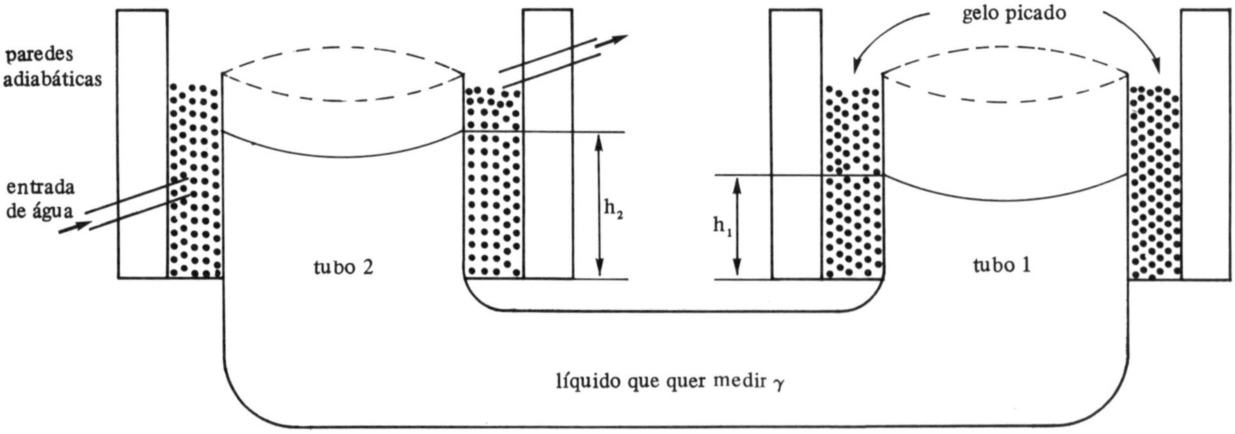

Equação do método:
Pelo princípio da hidrostática, $P_1 = P_2$, ou
$P_2 = P_1$
$h_2\, d_2\, g = h_1\, d_1\, g \rightarrow h_2\, d_2 = h_1\, d_1$,

$$\frac{h_1}{h_2} = \frac{d_2}{d_1} \rightarrow \boxed{\frac{h_1}{h_2} = \frac{d_2}{d_1}} \qquad (1)$$

Sendo v_1 é o volume de uma massa de líquido a temperatura t_1 e
v_2 é o volume da mesma massa a t_2, então,
$d_1\, v_1 = d_2\, v_2$ ou

$$\boxed{\frac{d_2}{d_1} = \frac{v_1}{v_2}}$$

Comparando (1) e (2), teremos $\boxed{\frac{h_1}{h_2} = \frac{v_1}{v_2}}$ (3)

Sendo $v_1 = v_o (1 + \gamma t_1)$ e

Como $v_2 = v_o (1 + \gamma t_2)$

Substituindo em (3), teremos:

$$\frac{h_1}{h_2} = \frac{v_o (1 + \gamma t_1)}{v_o (1 + \gamma t_2)} =$$

$$\frac{h_1}{h_2} = \frac{(1 + \gamma t_1)}{(1 + \gamma t_2)}$$

$$h_1 (1 + \gamma t_2) = h_2 (1 + \gamma t_1)$$
$$h_1 + h_1 \gamma t_2 = h_2 + h_2 \gamma t_1$$
$$h_1 \gamma t_2 - h_2 \gamma t_1 = h_2 - h_1$$
$$\gamma (h_1 t_2 - h_2 t_1) = h_2 - h_1 \quad \text{ou}$$

$$\boxed{\gamma = \frac{h_2 - h_1}{h_1 t_2 - h_2 t_1}}$$

O valor de γ encontrado será o valor real.

TESTES

1. São dadas duas barras metálicas A e B de coeficientes de dilatação, respectivamente iguais a α_A e α_B e comprimentos L_A e L_B. Para a mesma variação de temperatura, a barra A sofrerá maior dilatação que a B se:
a) $\alpha_A > \alpha_B$
b) $L_A > L_B$
c) $\alpha_A > \alpha_B$ e $L_A < L_B$
d) $\alpha_A \cdot L_A > \alpha_B \cdot L_B$
e) n.r.a.

2. O coeficiente de dilatação volumétrica de um certo líquido é $\gamma = 0{,}01\ ^oC^{-1}$. Isto significa que o seu volume inicial V_o sofre variação, para cada ^{o}C de variação de temperatura, de:
a) 0,01 cm^3
b) 0,01 m^3
c) 0,01 ℓ
d) 10%
e) 1%

3. Quando a remoção da tampa metálica de um frasco de vidro é muito difícil, costumamos colocá-lo em água quente para removê-la. Isto se deve ao fato de:
a) O metal ter maior coeficiente de dilatação que o vidro.
b) O metal ter menor coeficiente de dilatação que o vidro.
c) Dilatar apenas a tampa e não o vidro.
d) Dilatar apenas o vidro e não a tampa.
e) Por outras razões diferentes das anteriores.

4. (F.E.S.J. Campos-SP). Um anel de cobre tem diâmetro interno igual a 4,98 cm a 20°C. Para que este anel possa ser introduzido em um cilindro de 5,00 cm de diâmetro será necessário aquecê-lo à temperatura, em graus centígrados: Dado o coeficiente de dilatação linear do cobre $\alpha = 16 \times 10^{-6}$ por $^oC^{-1}$.
a) 30
b) 125
c) 220
d) 270
e) n.r.a.

5. A graduação de certa trena de aço é correta a 0°C. Usada a 40°C para medir uma distância, obteve-se uma leitura igual a 800,0 centímetros. Sendo $\alpha = 1{,}200 \times 10^{-5}\ ^oC^{-1}$.
O verdadeiro valor da distância medida é:
a) 800,0 cm
b) 804,0 cm
c) 800,4 cm
d) N.R.A.

6. Uma peça de estanho sofrendo elevação de temperatura produziu um acréscimo de volume de 0,60%. Dado $\alpha = 2{,}0 \times 10^{-5}\ ^oC^{-1}$, a elevação de temperatura foi de:
a) $\Delta t = 10^oC$
b) $\Delta t = 100^oC$
c) $\Delta t = 1000^oC$
d) N.R.A.

7. Uma barra de aço à 25°C, tem 2 cm de diâmetro. Um anel de latão tem um diâmetro interior de 1,995 cm à mesma temperatura. A qual temperatura exatamente, sendo aquecidos ambos, a barra e o anel, irá o anel deslizar na barra?
a) 35°C
b) 350°C
c) 3500°C
d) N.R.A.

8. Um líquido possui a 0°C o volume de 100 cm^3. Qual será o seu coeficiente de dilatação cúbica a 50°C sabendo-se que o seu volume passou a 102 cm^3?
a) $4 \cdot 10^{-5}\ ^oC^{-1}$
b) $2 \cdot 10^{-5}\ ^oC^{-1}$
c) $0{,}5 \cdot 10^{-5}\ ^oC^{-1}$
d) N.R.A.

9. Um termômetro de mercúrio de bulbo de imersão deve ser construído com uma gama de 0°C a 100°C. Deseja-se para comprimento de escala 10 cm. Aproximadamente qual o volume do bulbo necessário se o diâmetro do fio capilar na haste é 0,2mm?
a) 2 cm^3
b) 0,2 cm^3
c) 0,02 cm^3
d) N.R.A.

10. Na experiência de Dulong e Petit, uma coluna de líquido de 58,92 cm a 0^oC equilibra exatamente outra coluna de 60,01 cm a 100^oC. O coeficiente de dilatação real do líquido será:
a) $185 . 10^{-6}\ ^oC^{-1}$
b) $555 . 10^{-6}\ ^oC^{-1}$
c) $62,5 . 10^{-6}\ ^oC^{-1}$
d) N.R.A.

11. Uma barra de latão e uma barra de aço, ambas de área de secção reta 5 mm^2, são colocadas entre suportes mecânicos rígidos. Se a temperatura sobe de 45^oC, calcule a força nas barras.
a) = $7,8 \times 10^7$ dinas e $10,90 \times 10^7$ dinas
b) = $3,9 \times 10^7$ dinas e $5,45 \times 10^7$ dinas
c) = $1,45 \times 10^7$ dinas e $2,25 \times 10^7$ dinas
d) N.R.A.

3. CALORIMETRIA

1. INTRODUÇÃO

A Calorimetria, procura medir as quantidades de calor que dois ou mais sistemas trocam entre si.

Como calor de um corpo é a sua energia interna, e a energia é cinética ou potencial, a quantidade de calor Q de um corpo é definido pela relação:

$$Q = \frac{1}{2} m N v^2 + E_p$$

onde
N = número de moléculas do corpo.
m = massa de cada molécula
E_p = energia potencial interna.

Nestes termos, a energia cinética interna está relacionada com a temperatura e E_p está relacionada com a estrutura molecular do corpo.

Quando dois corpos A e B estão em presença um do outro, possuindo diferentes energias cinéticas, devido ao choque entre as moléculas a velocidade média das moléculas de um corpo vai aumentar, enquanto a das moléculas do outro corpo vai diminuir.

Portanto, a quantidade de calor de cada um deles, será:
$Q = E_c + E_p$ e
$Q' = E'_c + E'_p$

Se $E_c > E'_c$ o calor fluirá do primeiro para o segundo mesmo que $Q' > Q$.

2. CALOR SENSÍVEL E CALOR LATENTE

Define-se calor sensível, como sendo a quantidade de calor que varia a temperatura do corpo.

Define-se calor latente, como a quantidade de calor necessário para fazer um corpo mudar de estado, sem que haja aumento de temperatura. Calor Latente = L.

$$L = \frac{Q}{m}$$

3. EQUAÇÃO DAS TROCAS DE CALOR

Suponhamos que se ceda ou que se retire de um corpo de massa m e temperatura inicial to, uma quantidade de calor Q. Se o corpo não muda de estado físico, sua temperatura variará de to para t.

Verifica-se experimentalmente que:
a) A variação de temperarura t - to é diretamente proporcional a Q.
b) A variação de temperatura t - to é inversamente proporcional a m.
Ou seja:

$$t - to \sim \frac{Q}{m} \quad \text{ou}$$

$$Q \sim m\,(t - to)$$

Para transformar a proporcionalidade em igualdade, basta determinar o coeficiente de proporcionalidade. Seja c este coeficiente

Logo,

$$Q = m\,c\,(t - to)$$

onde

Q = quantidade de calor, medido em calorias
m = massa, medido em gramas
t - to = temperatura, medida em ^oC.

O coeficiente de proporcionalidade é adequado e característico a cada corpo e do intervalo de temperatura t - to. É chamado:
"calor específico médio" cujo valor é:

$$c = \frac{Q}{m(t - to)}$$

Para a água $c = 1 \frac{cal}{g^oC}$

4. CAPACIDADE CALORÍFICA OU TÉRMICA

Define-se capacidade calorífica de um corpo, ao produto mc.

$$mc = \frac{Q}{t - to} \qquad mc = C \qquad C = \frac{Q}{t - tó}$$

A unidade de C $= \frac{cal}{^oC}$

5. PODER CALORÍFICO

Define-se por poder calorífico de um corpo, como sendo a quantidade de energia ou de calor liberada, por unidade de massa na queima total de um determinado combustível.

Se Q é a quantidade de energia liberada na queima de um combustível de massa m. Seu poder calorífico é a relação:

$$q = \frac{Q}{m}$$

A unidade de $q = \frac{cal}{g}$

4. MUDANÇAS DE ESTADOS FÍSICOS

1ª Sob pressão constante cada substância muda de estado físico a uma temperatura constante.

2ª A temperatura de mudança de estado é típica de cada corpo e de cada pressão, mantendo-se constante durante o processo.

3ª Cada substância cede ou absorve, na mudança de fase uma quantidade constante de calor, a qual depende só da substância e da pressão.

CALORÍMETROS

São recipientes usados para medir calor específico dos corpos e calor latente.

Colocando àgua quente num calorímetro, a água cederá a quantidade de calor Q_a.

$$Q_a = m_a\, c\, (t_a - t_f)$$

m_a = massa da água
c = calor específico da água

O calorímetro absorverá a mesma quantidade de calor

$$Q_a = E\,(t_f - to)$$

E = capacidade calorífica do calorímetro ou equivalente em água do calorímetro.

O valor de

$$E = \frac{m_a c\,(ta - t_f)}{t_f - to}$$

EXERCÍCIOS RESOLVIDOS

1. O gráfico ao lado ilustra a variação de temperatura sofrida por 10g de um corpo em função do calor absorvido. Determinar:

a) A capacidade térmica do corpo.
b) O calor específico do corpo.

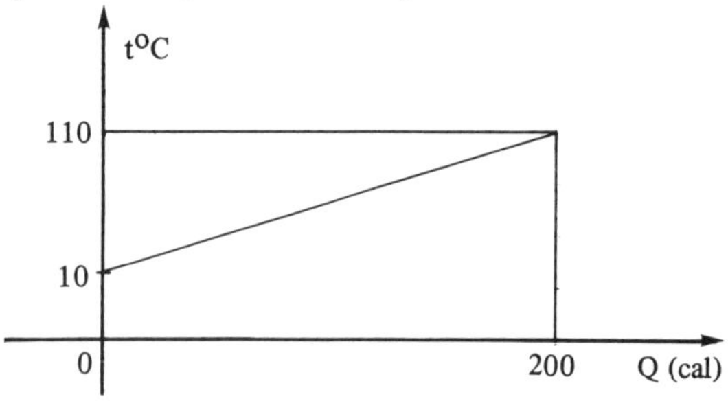

Solução

a) Da definição da capacidade térmica

$$C = \frac{Q}{t - to} = \frac{Q}{\Delta t} = \frac{200}{100} = 2$$

$$C = 2 \frac{cal}{^oC}$$

$$b)\ c = \frac{Q}{m\,(t - to)} = \frac{200}{10(110 - 10)} = \frac{200}{10\,(100)} =$$

$$= \frac{200}{1000} = 0{,}2 \frac{cal}{g^oC} \qquad c = 0{,}2 \frac{cal}{g^oC}$$

2. Um recipiente contém 310 g de água a 10°C. Colocando-se nele um bloco de chumbo, inicialmente a 100°C, verifica-se que a temperatura de equilíbrio térmico é 20°C. Supondo a troca de calor efetivada apenas entre a água e o chumbo, determinar a massa do bloco de chumbo. Dados: calor específico da água 1 cal/g°C e calor específico do chumbo 0,031 cal/g°C.

Solução:

Supomos que o calor recebido (Q_r) pela água será igual ao calor cedido (Q_c) pelo bloco de chumbo, ou ainda, $Q_r + Q_c = 0$

H_2O {$m_a = 310$ g ; to = 10°C e $c_a = 1$ cal/g°C

Pb {$t'_o = 100$°C ; $c_{P_b} = 0{,}031$ cal/g°C e m = ?

$t_e = 20$°C

$Q_r = m_a \cdot c_a (t_e - t_o) = 310 . 1 . 10 = 31 \times 10^2$

$Q_c = m . C_{P_b} . (t_e - t'_o) = m . 0{,}031 . (-80)$

Como $Q_r + Q_c = 0$, temos:

$31 \times 10^2 + 0{,}031 . (-80) m = 0$

| m = 1250 g |

3. Para se determinar a capacidade térmica de um calorímetro, procedeu-se da seguinte forma: colocou-se no calorímetro 450 g de água, estabelecendo-se o equilíbrio térmico, o termômetro registrou 20°C. Em seguida, colocou-se no mesmo 100 g de uma substância de calor específico 0,1 cal/g°C a 122°C. Estabelecendo-se o equilíbrio térmico, o termômetro indica 22°C. Determinar a capacidade térmica do calorímetro.

Solução

Dados

água {m = 450 g e $t_o = 20$°C

substância {m = 100 g ; c = 0,1 cal/g°C
{$t_o = 122$°C

calorímetro {$t_o = 20$°C e C = ?

temperatura equilíbrio térmico $t_e = 22$°C

Supondo apenas calor sensível envolvido, temos:

$Q_r = 2C + 450 . 1 . 2 = 900 + 2C$

$Q_c = 100 . 0{,}1 . (-100) = -1000$

Como:

$Q_r + Q_c = 0$

$900 + 2C - 1000 = 0$

| C = 50 cal/°C |

4. Em um calorímetro de capacidade térmica desprezível, misturam-se 500 g de água a 20°C e duas substâncias A e B de massas, calores específicos e temperaturas respectivamente iguais a: 100 g e 800 g, 0,2 cal/g°C e 0,1 cal/g°C e 80°C e 100°C. Determinar a temperatura de equilíbrio térmico da mistura, supondo que não ocorra mudança de fase.

Solução

Dados

água {m = 500 g e $t_o = 20$°C

A {m = 100 g ; c = 0,2 cal/g°C e $t_o = 80$°C

B {m = 800 g ; c = 0,1 cal/g°C e $t_o = 100$°C

$Q_r = 500 . 1 . (t - 20)$

$Q_c = 100 . 0{,}2 (t - 80) + 800 . 0{,}1 (t - 100)$

Como:

$Q_r + Q_c = 0$

$500 (t - 20) + 20 (t - 80) + 80 (t - 100) = 0$

$50 t - 50 . 20 + 2t - 2 . 80 + 8 t - 8 . 100 = 0$

$60 t = 50 . 20 + 2 . 80 + 8 . 100$

| t ≅ 32,7°C |

5. Uma panela de ferro de 500 g de massa possui 1 litro de água. A temperatura inicial do conjunto é $t_1 = 15$°C. Mergulha-se na água uma resistência elétrica de capacidade calorífica desprezível e que consome uma potência de 1000 watts. Calcular o tempo para ligar a resistência para a água ferver.

Desprezar as fugas de calor para o meio exterior e supor 1 atm a pressão ambiente.

Solução

A energia cedida pela resistência é convertida em energia interna da água e do ferro. Sendo Q_T a energia cedida pela resistência.

$Q_T = Q_1 + Q_2$

onde

Q_1 = quantidade de calor recebida pela água.

Q_2 = quantidade de calor recebida pela panela.

$Q_T = m_1 c_1 (t_f - t_1) + m_2 c_2 (t_f - t_1^1)$

$Q_T = m_1 c_1 + m_2 c_2 (t_f - t_1)$

A resistência consome a potência P = 1000 W

Sendo

$$\text{Potência} = \frac{\text{Energia}}{\text{tempo}}$$

$$P = \frac{Q}{t} \rightarrow t = \frac{Q}{P} = \frac{(m_1 c_1 + m_2 c_2 (t_f - t_1)}{P} =$$

Como

m_1 = massa de 1 litro de água ≅ 1 kg

$C_1 = 1$ cal/g°C ou 4185 J/Kg°C

$m_2 = 500$ g = 0,5 kg

$C_2 = 0{,}11$ cal/g°C ou 460 J/kg°C

$t_f = 100$°C e $t_1 = 15$°C, vem:

$$t = \frac{(1 . 4\,185 + 0{,}5 . 460)(100^\circ - 15^\circ)}{1000} =$$

= 375,275 s.

Logo | t = 375,275 s |

Observação

Foi usado as unidades em:

$m_1 = 1$ kg

$c_1 = 4185$ J/kg°C

$m_2 = 0{,}5$ kg

$c_2 = 460$ J/kg°C

Devido ao fator potência ter sido dado em Watts.

6. Em um calorímetro cujo equivalente em água é 100 g e está a uma temperatura de 19,1°C, colocam-se 200g de água a 80°C e uma massa m = 100 g de ferro a 200°C. Admitindo que o sistema não troque calor com o exterior e sabendo que o calor específico do ferro é 0,11 cal/g°C, calcule a temperatura final da mistura.

Solução

O ferro cede calor para o calorímetro e para a água. Logo, a temperatura final ficaria entre 80° e 200°C.

Teremos o sistema de equação:

Q_1 = para o ferro
Q_2 = para a água
Q_3 = para o calorímetro
ou:
$Q_1 = Q_2 + Q_3$ ou

$m_1 c_1 (220 - t_f) = m_2 c_2 (t_f - 80) + mc (t_f - 19{,}1) =$
$= 100 \cdot 0{,}11 (220 - t_f) = 200 \cdot 1 (t_f - 80) +$
$+ 100 (t_f - 19{,}1)$

Lembrando que mc = E = equivalente em água.
$11 (220 - t_f) = 200 (t_f - 80) + 100 (t_f - 19{,}1)$ que

dará $t_F = 61{,}7°C$

7. Uma senhora vai dar banho em seu filho à temperatura de 37°C e possui um balde de 20 litros, água fria a 20° e água quente a 30°C. O seu fogão, só pode fornecer 260 Kcal para aquecer mais a água.
Calcular as quantidades de água fria e quente para serem misturadas.

Solução

Para aquecer a água fria,
$Q_1 = m_1 c (37 - 20) =$, sendo c = 1 cal/g°C

$Q_1 = 17 m_1$

Para aquecer a água quente,
$Q_2 = m_2 c (37 - 30)$, sendo c = 1 cal/g°C,

$Q_2 = 7 m_2$

Seja Q_T = quantidade de calor necessário para aquecer as águas:

$Q_T = Q_1 + Q_2$
$Q_T = 17 m_1 + 7 m_2$
Sendo Q_T = 260 Kcal = 260.000 cal.

Logo: $260.000 = 17m_1 + 7 m_2$ (1)

A massa total da água de 20 litros é ~20 kg.
Logo, $m_1 + m_2$ = massa total = 20 kg ou
$m_1 + m_2 = 20.000$ gramas.

Então: $m_1 = 20.000 - m_2$ (2)

colocando (2) em (1), vem:

$260.000 = 17 (20.000 - m_2) + 7 m_2$
$260.000 = 340.000 - 17 m_2 + 7 m_2$ ou
$80.000 = 10 m_2 \rightarrow$ daí

$m_2 = 8.000$ g ou
$m_2 = 8$ kg

Colocando este valor em (2), vem:
$m_1 = 20.000 - 8.000 =$

$m_1 = 12.000$ g ou
$m_1 = 12$ kg

EXERCÍCIOS PROPOSTOS

1. Quatro corpos, de calores específicos, massas e temperaturas são respectivamente:

0,03 cal/g°C, 200 g, 60°C
0,02 cal/g°C, 250 g, 55°C
0,19 cal/g°C, 320 g, 40°C
c , 350 g, 30°C

são colocados numa câmara estanque que não absorve calor. Calcule o calor específico c, sabendo-se que a temperatura de equilíbrio atingida é 38°C.

Resposta
c = 0,12 cal/g°C

2. Um calorímetro de capacidade térmica desprezível contém 300 g de água a 20°C. Mergulha-se nessa água um pedaço de ferro de 150 g de massa e 100°C de temperatura. Calcular a temperatura final do conjunto.
Dado $c_{F_e} = 0{,}113$ cal/g°C.

Resposta
24,27°C

3. Um calorímetro contém 350 g de água. Coloca-se 500 g de chumbo a 98°C e a temperatura de equilíbrio do sistema após colocar o chumbo foi 23°C. Sendo a massa do calorímetro 300 g e a temperatura inicial da água 20°C, calcule o calor específico do chumbo.
Dado $c_{F_e} = 0{,}116$ cal/g°C.
Resposta
0,0308 cal/g°C

4. Um reservatório de massa 300 g e calor específico 0,100 cal/g°C contém 400 g de água a 20°C. Colocando-se no reservatório mais 70 g

de água a 100°C, qual será a temperatura de equilíbrio para a qual evoluirá a temperatura do conjunto? Sabe-se que as trocas de energia têm lugar apenas entre a água e o reservatório.

Resposta
31,2°C

5. De um ponto a uma altura de 16,74 m, abandona-se um bloco de massa 100 kg sobre um tanque que tem 20 litros de água. Supondo que o bloco é de capacidade calorífica desprezível e que só a água absorva a energia cinética do bloco, que pára no fundo do tanque, calcule a elevação da temperatura da água em virtude do impacto.

Resposta
0,02°C.

6. Misturam-se 200 g de vapor de água a 100°C com 500 g de gelo a - 20°C, tudo sob pressão de 1 atmosfera. Se os dois só trocam calor entre si, qual será a temperatura final de equilíbrio?
Dado $c_{gelo} = 0{,}5$ cal/g°C

7. O gráfico abaixo representa a variação de temperatura sofrida por um corpo constituído de uma substância hipotética de massa 10 g em função da quantidade de calor por ele absorvida. Determinar:
a) O seu calor específico no estado sólido e no líquido = $c_s = 0{,}5$
b) O calor latente de fusão e de vaporização = = c = 1

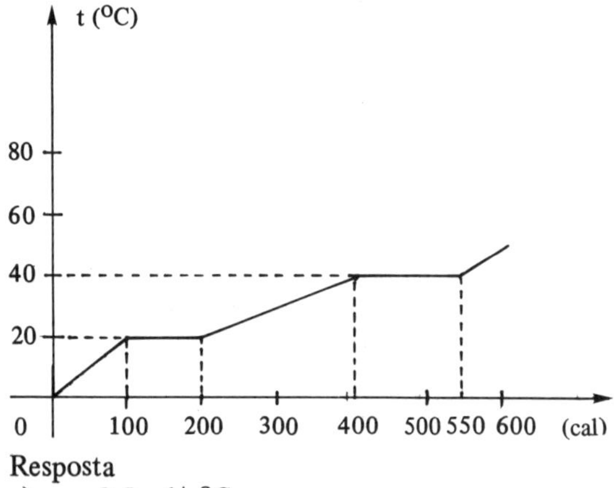

Resposta
a) $c_s = 0{,}5$ cal/g°C
$c_L = 1$ cal/g°C
b) $L_F = 10$ cal/g
$L_V = 15$ cal/g

8. (MAPOFEI-SP). Num calorímetro de capacidade térmica desprezível misturam-se 200 g de gelo a 0°C com 200 g de água a 40°C. O calor de fusão do gelo é 80 cal/g. Qual a temperatura de equilíbrio e qual a massa de gelo que se funde?

Resposta
$t_e = 0$°C
m' = 100 g

TESTES

(CESCEM-SP). A tabela abaixo fornece as temperaturas (°C) de fusão e ebulição de algumas substâncias, sob pressão normal. À vista destas informações responda as questões 1, 2 e 3.

Substância	Temperatura de fusão	Temperatura de ebulição
Alumínio	660	2330
Água	0	100
Chumbo	327	1750
Cobre	1083	2582
Éter	-116	35
Ferro	1535	3050
Mercúrio	-39	357
Naftalina	80	218
Ósmio	5500	—
Parafina	54	390
Zinco	420	907

1. São líquidos à temperatura ambiente (20°C):
a) Mercúrio e naftalina.
b) Mercúrio, éter e parafina.
c) Éter, parafina e naftalina.
d) Éter, mercúrio e água.
e) Água, parafina e naftalina.

2. São líquidos entre -50°C e -10°C:
a) Mercúrio e naftalina.
b) Éter.
c) Naftalina e parafina.
d) Parafina e mercúrio.
e) Éter e parafina.

3. São sólidos acima de 100°C
a) Alumínio, chumbo e zinco.
b) Naftalina e mercúrio.
c) Ferro, cobre e alumínio.
d) Parafina, cobre e ferro.
e) As respostas anteriores não são satisfatórias.

O gráfico da página seguinte representa uma substância, inicialmente no estado sólido, de massa 10 g, sofrendo variação de temperatura em função do calor absorvido.

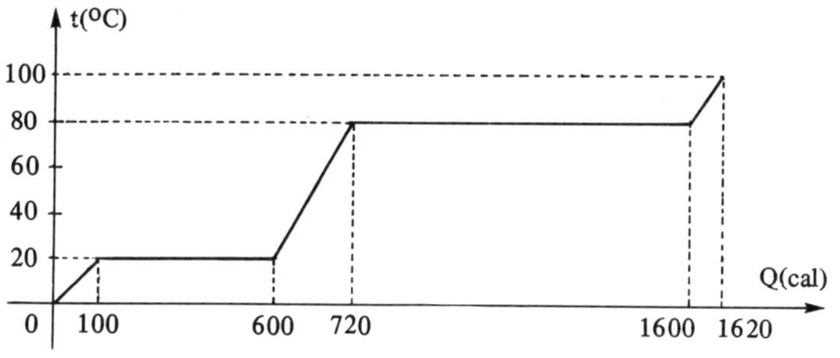

Com os dados do texto e do gráfico, responda as questões de números 4, 5 e 6.

4. As capacidades térmicas da substância no estado sólido, líquido e de vapor são, respectivamente, em cal/°C, iguais a:
a) 0,5; 0,2 e 0,1
b) 0,5; 1 e 2
c) 5; 2 e 1
d) 50; 5 e 2
e) n.r.a.

5. Os calores específicos da substância no estado sólido, líquido e de vapor são, respectivamente iguais, em cal/g°C:
a) 0,05; 0,02 e 0,01
b) 0,05; 0,1 e 0,2
c) 0,5; 0,2 e 0,1
d) 5; 0,5 e 0,2
e) n.r.a.

6. O calor latente de fusão e o calor latente de vaporização da substância são, respectivamente, em cal/g, iguais a:
a) 50 e 88
b) 5 e 20
c) 100 e 50
d) 10 e 15
e) n.r.a.

7. Três esferas maciças de metais diferentes, porém de mesma massa, são mergulhadas em água quente até as temperaturas se igualarem. Em seguida retiram-se as esferas e as colocamos sobre um grande bloco de gelo e verificamos que cada esfera derrete massa diferente de gelo. Podemos concluir, do exposto que:
a) Os três metais têm o mesmo calor específico.
b) Dos três metais, o que mais massa de gelo derreteu, tem maior calor específico.
c) Dos três metais, o que mais massa de gelo derreteu, tem menor calor específico.
d) Houve engano na medida inicial de temperatura, pois a esfera que mais massa de gelo derreteu devia estar à temperatura mais elevada.
e) Todas as afirmações acima são falsas.

8. (MACK-SP). Um fragmento de gelo a 0°C e de massa igual a 5 g é lançado num recipiente que contém água. A massa de água é igual a 40 g, é desprezível a capacidade térmica do recipiente e o calor latente de fusão do gelo é igual a 80 cal/g. Se no final deve existir água a 16°C, podemos concluir que a temperatura da água inicialmente contida no recipiente era:
a) 40°C
b) 12°C
c) 18°C
d) 30°C
e) 28°C

9. (CESESP-PE). Aquece-se 1 kg de gelo a −50°C, transformando-o em vapor a 100°C. São conhecidos:
calor específico do gelo: 0,5 cal/g°C;
calor de fusão do gelo: 80 cal/g;
calor específico da água: 1,0 cal/g°C;
calor de vaporização da água: 540 cal/g.

As diversas fases do processo estão descritas abaixo:
Aquece-se o gelo ( )
Derrete-se o gelo ( )
Aquece-se a água ( )
Vaporiza-se a água ( )

Coloque o número 1 diante do processo que requer o maior número de calorias, o número 2 diante daquele que vem em segundo lugar em termos de calorias necessárias, e assim por diante, até o número 4. Lido de cima para baixo, teremos formado o número.
a) 1234
b) 4231
c) 2413
d) 4321
e) 1324

(CESCEA-SP). No gráfico abaixo estão representadas as variações com o tempo das temperaturas de dois corpos homogêneos, inicialmente sólidos, de substâncias diferentes e massas iguais. Sabe-se que estes corpos recebem calor em quantidades iguais por unidade de tempo.
Este texto e figura referem-se às questões de números 10 e 11.

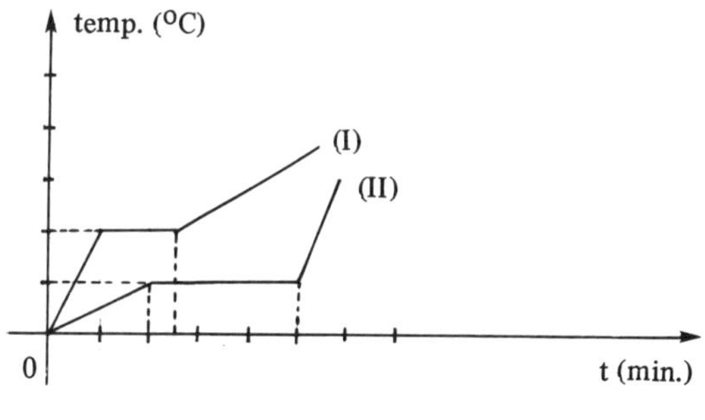

10. Qual dos valores abaixo melhor representa a relação $\frac{c_I}{c_{II}}$ dos calores específicos dessas substâncias, enquanto no estado sólido?

a) $\frac{1}{10}$ b) $\frac{1}{4}$ c) $\frac{2}{5}$ d) 1 e) 4

11. Qual dos valores abaixo melhor representa a relação $\frac{L_I}{L_{II}}$ dos calores latentes de fusão dessas substâncias?

a) $\frac{1}{4}$ b) $\frac{1}{2}$ c) 1 d) 2 e) 4

12. (ETEP-S.J. Campos). Mesma quantidade de calor é fornecida a dois corpos A e B, de mesma massa, inicialmente à mesma temperatura de 15°C. Se as temperaturas passam a ser t_A = = 20°C e t_B = 30°C, a razão entre os calores específicos, $\frac{C_A}{C_B}$, dos dois corpos é:

a) $\frac{3}{2}$ b) $\frac{2}{3}$ c) 3 d) $\frac{1}{3}$ e) outro valor

13. O calor latente de fusão da água é 80 kcal/kg e o calor latente de vaporização, 540 kcal/kg. Se fornecermos 468 kcal a 2,0 kg de gelo inicialmente a 0°C e à pressão atmosférica, teremos no final do processo:
a) 2,0 kg de água a 0°C
b) 0,2 kg de gelo a 0°C e 1,8 kg de água a 0°C
c) 1,8 kg de água a 100°C e 0,2 kg de vapor a 100°C
d) 0,2 kg de água a 100°C e 1,8 kg de vapor a 100°C
e) n.r.a.

$C_A = 3C_B$ $Q_A = m_{xCB}\,\Delta t$ $Q_A = Q_B$

$Q_B = mc_B\,\Delta t$ $m3C_B\,\Delta t = mc_B\,\Delta t$

14. Um corpo A cede calor ao corpo B de mesma massa. Estabelecendo-se o equilíbrio térmico, sem que haja mudança de estado físico e sendo o calor específico de A o triplo do de B, podemos afirmar que a variação de temperatura sofrida por A é:
a) O triplo que a de B.
b) Maior que a de B.
c) Igual a de B.
d) A terça parte da de B.
e) A metade da de B.

15. Dois corpos A e B, de mesma capacidade térmica, trocam calor entre si. Podemos dizer que a variação de temperatura sofrida pelo corpo A é:
a) Igual a de B.
b) Maior que a de B, se A tiver menor massa.
c) Maior que a de B, se A tiver menor calor específico.
d) Menor que a de B, se A tiver menor calor específico.
e) Menor que a de B, se A tiver maior massa.

16. (MACK-SP). O diagrama representa a quantidade de calor absorvida por dois corpos A e B de massas iguais em função da temperatura. A relação entre os calores específicos dos corpos A e B é:

a) $\frac{2}{3}$

b) $\frac{3}{4}$

c) $\frac{2}{1}$

d) $\frac{5}{1}$

e) n.r.a.

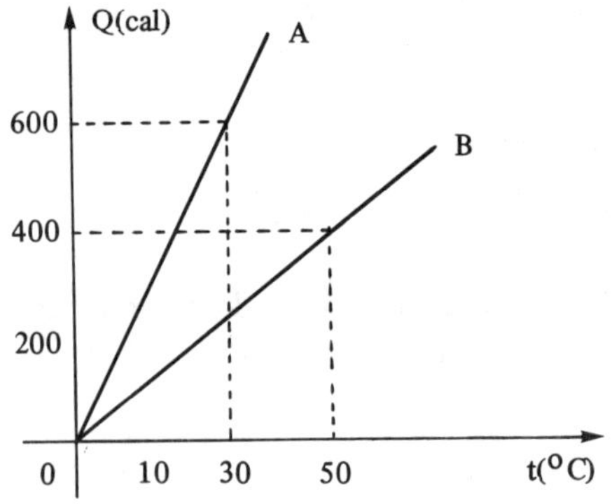

17. (CESGRANRIO-RJ). Em cada opção proposta os recipientes graduados idênticos e termicamente isolados contêm água à temperatura indicada. Misturando-se a água dos dois recipientes, qual das misturas terá temperatura de 25°C?

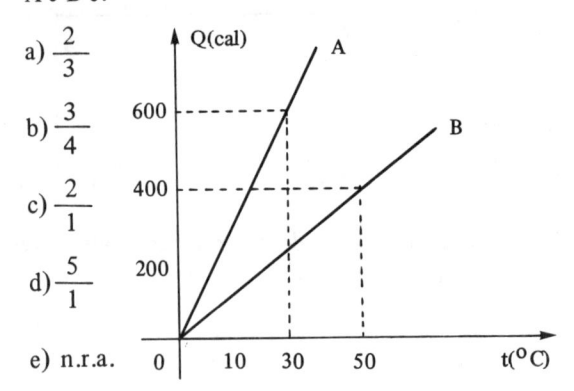

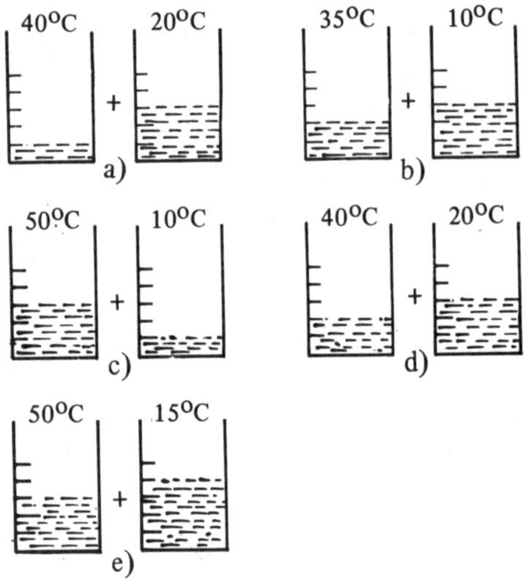

18. (CESESP-PE). As massas de água a 10°C e 40°C que devem ser misturadas a fim de se obter 15 kg de água a 20°C são, respectivamente, em kg:
Dado calor específico da água: 1 cal/g°C.

a) 12 e 13 b) 11,25 e 3,75 c) 9 e 6
d) 10 e 5 e) 7,5 e 7,5

19. (MACK-SP). Uma amostra de 5 g de um líquido absorve 50 cal de calor por minuto, aquecendo-se desde a temperatura de 15 °C até a temperatura de 308 K, em três minutos. Nessas condições, o calor específico do líquido é:

a) 0,1 cal/g°C b) 0,1 cal/g K c) 1,5 cal/g K
d) 7,5 cal/g K e) 30,0 cal/g K

20. (CESESP-PE). Indique a FALSA:
a) O calor passa sempre do corpo de temperatura mais alta para o de temperatura mais baixa.
b) Para uso corrente, a água é a substância termométrica mais usada.

c) Dois corpos em equilíbrio térmico com um terceiro estão em equilíbrio térmico entre si.

d) Uma variação de 1 grau na escala Celsius corresponde à variação de 1 grau na escala Kelvin.

e) Uma caloria é a quantidade de calor necessária para aumentar a temperatura de 1 grama de água de 1°C.

21. (F.E.S.J. Campos-SP). Um cilindro contém 200 g de oxigênio a zero graus centígrados e à pressão de 76,0 cm de mercúrio. A quantidade de calor, em calorias, necessária para aquecer esta massa de gás até 60°C, a volume constante, e a pressão, em cm de mercúrio nesta nova condição serão, respectivamente:

a) 595 e 105,2
b) 1872 e 92,7
c) 2126 e 82,3
d) 3002 e 79,1
e) n.r.a.

22. (FUVEST-SP). Fornecendo uma energia de 10 J a um bloco de 5,0 g de uma liga de alumínio, sua temperatura varia de 20°C a 22°C. Concluímos que o calor específico desse material vale:

a) $1{,}0 \cdot 10^{-4}$ J/°C · kg
b) $0{,}20 \cdot 10^{-4}$ J/°C · kg
c) 1,0 J/°C · kg
d) $25 \cdot 10^{3}$ J/°C · kg
e) $1{,}0 \cdot 10^{3}$ J/°C · kg

5. PROPAGAÇÃO DO CALOR

1. INTRODUÇÃO

De qualquer fonte, por qualquer processo de aquecimento térmico, o calor se propaga de três maneiras diferentes:

1ª **condução** – só nos sólidos
2ª **convecção** – só nos líquidos e nos gases
3ª **irradiação** – através do espaço.

De qualquer forma de propagação, o calor sempre se propaga de uma região para outra a temperatura mais baixa, ou de um corpo para outro que esteja à temperatura mais baixa.

Condução:
Nesse processo, há transporte de energia sem arraste de matéria. Devido aos incessantes choques das moléculas no aquecimento, a energia é transmitida para as moléculas vizinhas. De forma que há o transporte da energia ao longo do corpo.

Convecção:
Consiste no deslocamento de moléculas de diferentes massas específicas, de uma região para outra. Devido a esse arraste, a convecção não pode ocorrer nos sólidos, sendo a convecção um processo característico dos líquidos e nos gases.

Irradiação:
Sendo o calor uma forma de energia, a irradiação constitui a propagação dessa energia através do espaço, mesmo quando não há matéria.

2. GRADIENTE DE TEMPERATURA

Define-se gradiente de temperatura à variação da temperatura por unidade de comprimento ao longo da barra (tomada para a experimentação) que conduz o calor.

$$\text{grad } t = \frac{\Delta t}{d}$$

3. LEI DE FOURIER

a) Fluxo de calor

Chama-se fluxo de calor indicado por ϕ, a quantidade de calor que atravessa uma determinada secção reta do corpo, na unidade de tempo.

$$\phi = \frac{\text{quantidade de calor}}{\text{tempo}}$$

$$\phi = \frac{Q}{t}$$

A unidade de ϕ será: cal/s. No S.I. será J/s

b) Lei empírica de Fovrier

Afirma que:

"O fluxo de calor que atravessa uma determinada área de um condutor, é diretamente proporcional ao produto da área pela variação de temperatura e inversamente proporcional à espessura da área."

Em símbolos:

$$\phi \sim \frac{A\,.\,(t - to)}{e}$$

Para retirar o símbolo ~ (diretamente proporcional) coloca-se uma igualdade e uma constante.

$$\phi = (\text{constante})\ \frac{A\,(t - to)}{e}$$

Seja K essa constante, logo,

$$\boxed{\phi = K\,\frac{A\,(t - to)}{e}}$$

que traduz a lei empírica de Fovrier.
K = coeficiente de proporcionalidade ou
coeficiente de condutibilidade térmica.
A unidade de K.

$$K = \frac{cal}{s\,.\,cm\ ^{o}C}$$

4. ENERGIA EM TRÂNSITO

Considerando um corpo e energia radiante incidindo nele conforme abaixo.

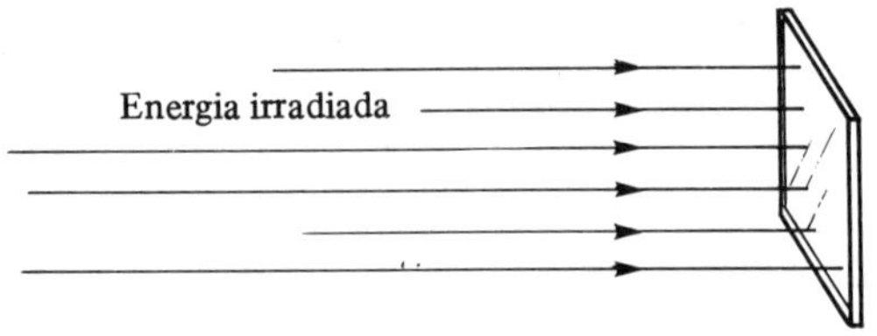

Parte desta energia incidente é:
a) refletida

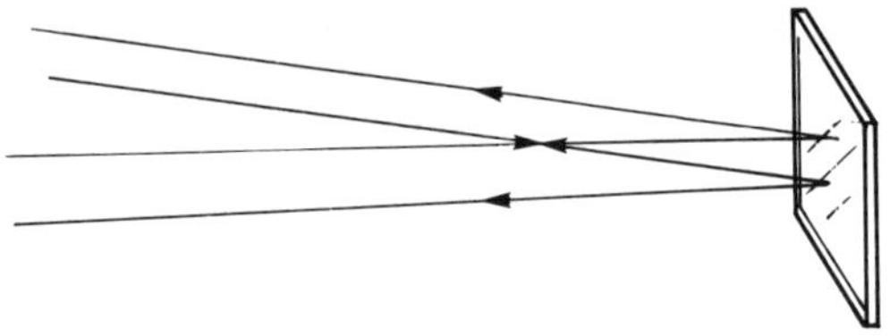

b) transmitida

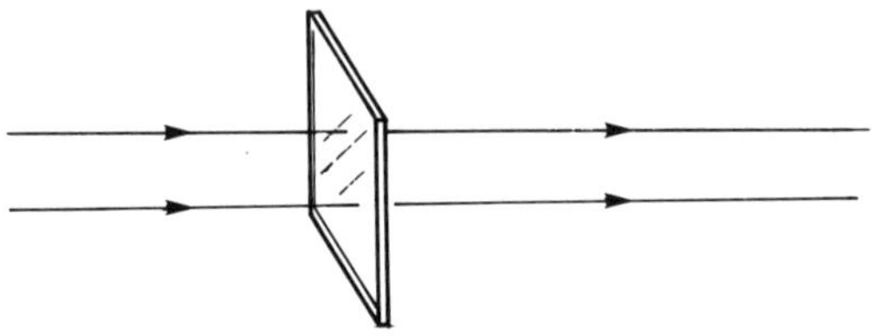

c) absorvida

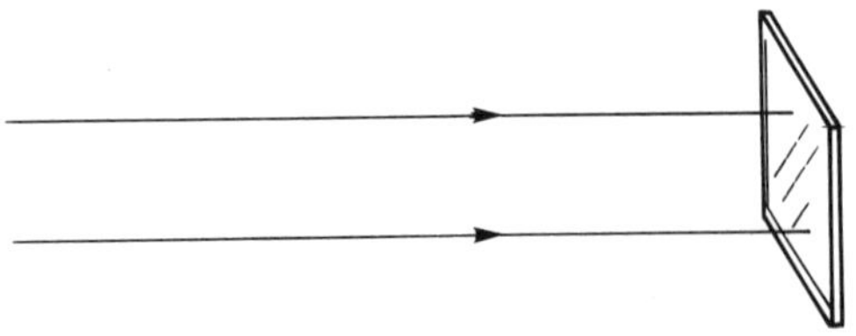

Somente a parcela absorvida é transformada em calor, provocando aumento da temperatura.

5. PODER REFLETOR, PODER TRANSMISSOR E PODER ABSORVEDOR

Seja
Ei = energia radiante incidente
ER = energia refletida
ET = energia transmitida
EA = energia absorvida

Pelo princípio da conservação da energia, que afirma: "A energia não pode ser destruída só transformada."
teremos:

$$Ei = E_R + E_T + E_A$$

dividindo por Ei, vem:

$$\frac{Ei}{Ei} = \frac{E_R}{Ei} + \frac{E_T}{Ei} + \frac{E_A}{Ei}$$

chamando:

$\frac{E_R}{Ei}$ = Poder Refletor = P_R

$\frac{E_T}{Ei}$ = Poder Transmissor = P_T

$\frac{E_A}{Ei}$ = Poder Absorvedor = P_A, ficaremos com:

$1 = P_R + P_T + P_A$ ou

$$\boxed{P_R + P_T + P_A = 1}$$

Quando:

$$\begin{cases} P_R = 0 \\ P_T = 0 \\ P_A = 1 \end{cases} \quad \begin{cases} P_R = 0 \\ P_T = 1 \\ P_A = 0 \end{cases} \quad \begin{cases} P_R = 1 \\ P_T = 0 \\ P_A = 0 \end{cases}$$

temos:

$P_A = 1$ = absorvedor perfeito = **corpo negro**
$P_T = 1$ = transmissor perfeito
$P_R = 1$ = refletor perfeito

6. LEI DE STEFAN-BOLTZMANN

"O poder emissivo de um corpo negro é proporcional à quarta potência da sua temperatura absoluta."

Chama-se poder emissivo de um corpo à razão

$$\mu = \frac{\text{Energia}}{\text{tempo Área}}$$

$$\mu = \frac{E}{t\,.\,A}$$

Pela Mecânica $\frac{E}{t}$ = Potência, logo,

$$\mu = \frac{\text{Potência}}{\text{Área}} = \frac{P}{A}$$

$$\mu = \frac{P}{A}$$

Se A = uma unidade de área,

$$\boxed{\mu = P}$$

ou, o poder emissivo de um corpo é numericamente igual à potência que ele irradia por unidade de área.

A unidade do poder emissivo

$$\mu = \frac{\text{watt}}{m^2}$$

Reescrevendo em símbolos a Lei de Stefan-Boltzmann,

$\mu \sim T^4$ (o poder emissivo é diretamente proporcional a quarta potência da sua temperatura absoluta)

colocando o coeficiente τ chamado constante de Boltzmann, vem:

$$\mu = \tau\ T^4$$

$$\tau = 5{,}7 \times 10^{-8} \frac{\text{watt}}{m^2\ K^4} \text{ ou}$$

$$\tau = 1{,}36 \times 10^{-12} \frac{\text{cal}}{s\ .\ cm^2\ K^4}$$

7. EMISSIVIDADE

Define-se emissividade de um corpo à razão abaixo:

$$\alpha = \frac{\mu}{\mu_{c_N}} = \frac{\text{poder emissivo de um corpo}}{\text{poder emissivo do corpo negro}}$$

$$\alpha < 1$$

Como $\mu_{c_N} = \tau\ T^4$ por Stefan-Boltzmann,

$$\alpha = \frac{\mu}{\tau\ T^4} \text{ ou}$$

$$\boxed{\mu = \alpha\, \tau\ T^4}$$

que define a emissividade de um corpo.

8. LEI DE KIRCHOFF

"A uma dada temperatura, existe uma relação constante entre o poder emissivo e o poder absorvedor de qualquer corpo."

ou

$$\boxed{\mu = C\ T^4}$$

EXERCÍCIOS RESOLVIDOS

1. Uma placa de vidro plano com coeficiente de condutibilidade térmica K tem uma área de 1000 cm^2 e espessura 3,66 mm. Sendo o fluxo de calor por condução através do vidro de 2000 cal/s, calcular a diferença de temperatura entre as suas faces.

Dado $K = 0{,}00183 \frac{\text{cal}}{s\ .\ cm\ ^oC}$

Solução

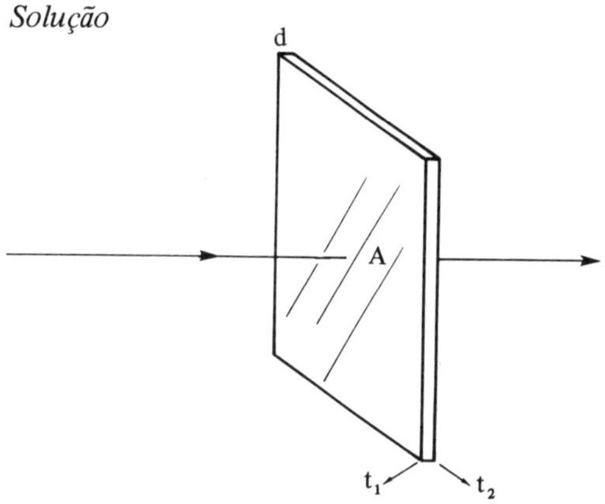

Aplicando Fourier

$$\phi = K \frac{A\,\Delta t}{e} \rightarrow \phi\, e = K\, A\, \Delta t$$

$$\Delta t = \frac{\phi\, e}{K\, A} = \frac{2000\ .\ 0{,}366}{0{,}00183\ .\ 1000} =$$

$$\Delta t = 400^oC$$

2. Calcule quantas calorias são transmitidas por metro quadrado de um cobertor de 2,5 cm de espessura, durante 1 hora, estando a pele a 33ºC e o ambiente a 0ºC?

Dado $K = 0{,}00008 \frac{\text{cal}}{s\ .\ cm\ ^oC}$

Solução

$$\phi = K \frac{A\,\Delta t.}{e} = 0{,}00008 \frac{10^4\ .\ 33}{2{,}5}$$

$$\phi = 10{,}56 \frac{\text{cal}}{s}$$

Se em 1 s – 10,56 cal
3600 s – Q

$$\boxed{Q = 38016 \text{ cal}}$$

EXERCÍCIOS PROPOSTOS

1. As panelas são metálicas, em geral de alumínio, mas os seus cabos são de um outro material, baquelite por exemplo. Explique o porquê desse fato.

2. A superfície livre de um lago, nas regiões muito frias, se congela primeiro e a certa profundidade encontramos água. Por que ocorre esse fato?

3. Periodicamente desligamos a geladeira (sem degelo automático) para tirar o gelo que cobre o congelador. Como explica a necessidade dessa operação?

4. Uma garrafa térmica é constituída de vidro, de paredes duplas e espelhadas, com o vácuo no espaço compreendido entre essas paredes. Explique como a garrafa térmica conserva a temperatura de um líquido no seu interior.

5. Como se explica a origem das brisas marítimas?

6. Uma chapa de cobre de 2 cm de espessura e 1 m^2 de área tem suas faces mantidas a 100°C e 20°C. Sendo a condutibilidade térmica do cobre $320 \frac{k\,cal}{h \cdot m\,°C}$, calcule a quantidade de calor que atravessa a chapa em 1 hora.

Resposta
$128 \cdot 10^4$ k cal

7. Uma placa de ferro é atravessada por uma quantidade de calor de 2000 cal em 25 seg. O fluxo de calor nessa placa é Q. Calcule Q.

Resposta
80 cal/s

8. Calcule a relação entre as energias radiadas por um corpo negro a 1167°C e a 15°C.

Resposta
625

TESTES

1. No processo de propagação de calor, por condução, de um ponto a outro:
a) Há transferência de matéria.
b) Não há transferência de matéria.
c) Pode haver transferência de matéria, se a diferença de temperatura entre os pontos considerados for muito grande.
d) Haverá transferência de matéria só se a diferença de temperatura entre os pontos considerados for nula.
e) As alternativas a e c são corretas.

2. Ao instalarmos um exaustor, numa das paredes da cozinha, devemos escolher uma posição:
a) inferior
b) no meio
c) superior
d) qualquer
e) exatamente a $\frac{2}{3}$ do piso ao teto.

3. Assinale a afirmação incorreta:
a) A propagação de calor por irradiação ocorre também no vácuo.
b) A propagação de calor característica nos líquidos e gases é por convecção.
c) Superfícies escuras são bons absorventes de calor.
d) O bombeiro, no combate ao incêndio, usa roupa de amianto porque este é ótimo isolante térmico.
e) Apenas uma alternativa acima é incorreta.

4. (MACK-SP). Assinale a afirmação incorreta:
a) Todo corpo bom absorvedor de calor é também um bom emissor.
b) Todo corpo bom refletor é um mau irradiador de calor.

6. COMPORTAMENTO TÉRMICO DOS GASES

1. INTRODUÇÃO

Os líquidos e sólidos, por efeito da variação de suas temperaturas, pouco se dilatam, qualquer que seja a pressão externa que sobre eles agem. Já o mesmo não ocorre com um gás. Pequenas variações em sua temperatura podem acarretar variação sensível no seu volume ou na sua pressão. Ou em ambos. E se sobre um gás não age, nenhuma pressão externa, o mesmo tenderia a se expandir indefinidamente. Em razão disto, se um gás é colocado num recipiente fechado, ele se expandirá até ocupar todo o volume deste recipiente.

2. ESTADOS DE UM GÁS

As grandezas volume V, temperatura T (na escala Kelvin) e pressão P são chamadas grandezas de estado. Devido a interdependência entre as três grandezas, o estado de um gás é, em geral, caracterizados pelos valores dessas três grandezas.

Dize-se que um gás sofreu uma *transformação* de estado se as grandezas V_1, P_1 e T_1 num intervalo de tempo se modificam para V_2, P_2 e T_2.

São três as transformações.
1ª **Isotérmica**

Dado as grandezas

$P_1, V_1, T_1 \xrightarrow{\text{processo}} P_2, V_2, T_1$

T_1 não se modificou.

Lei de Boyle - Mariotte →

$$P_O V_O = PV \text{ (constante)}$$

PV = constante

2ª **Isobárica**

Dado as grandezas:

$P_1, V_1, T_1 \xrightarrow{\text{processo}} P_1, V_2, T_2$

P_1 não se modificou

Lei de Gay-Lussac →

$$\frac{V}{T} = \frac{Vo}{To} \qquad \frac{P}{T} = \text{constante}$$

3ª **Isocórica**

Dado as grandezas:

$P_1, V_1, T_1 \xrightarrow{\text{processo}} P_2, V_1, T_2$

V_1 não se modificou.

Lei de Charles →

$$\frac{P}{T} = \frac{Po}{To} \qquad \frac{V}{T} = \text{constante}$$

onde

P_O = pressão inicial
P = pressão final
T_O = temperatura absoluta inicial
T = temperatura final (absoluta)
V_O = volume inicial
V = volume final

3. EQUAÇÃO GERAL DE ESTADO

Gás perfeito

Define-se como gás perfeito, aquele que obedece rigorosamente às Leis de Boyle - Mariotte, Gay-Lussac e Charles para quaisquer valores de P, V e T.

Para um gás perfeito,

$$\frac{PV}{T} = \frac{P_O V_O}{To}$$

4. EQUAÇÃO DE CLAYPERON

Sendo $\frac{PV}{T} = \frac{P_O V_O}{T_O} = k$ (constante) uma equação válida para qualquer que seja o estado do gás.

Cálculo de K

Considerando o gás no estado P_O, V_O, T_O e sendo P_O = 1 atmosfera

$T_O = 273{,}15$ K

Nesta pressão e nesta temperatura, o volume de um mol do gás, segundo a Lei de Avogrado é de 22,4 litros. Então, se o gás tem "n" moles,

$$V_O = n \times 22{,}4 \frac{\ell}{\text{mol}}$$

Logo

$$K = \frac{P_O V_O}{T_O} = \frac{(1 \text{ atm}) \times (n) \times (22{,}4 \ \ell/\text{mol})}{273 \text{ K}} =$$

$$K = n \,.\, \frac{1 \times 22{,}4}{273} \ \frac{\text{atm} \times \ell}{\text{K . mol}} =$$

$$K = n \,.\, 0{,}08208 \ \frac{\text{atm . } \ell}{\text{K . mol}}$$

O número $0{,}08208 \ \frac{\text{atm } \ell}{\text{K . mol}}$ não depende do gás e de seu estado. Por esta razão é chamada constante universal dos gases e é representada por R, ou seja:

$$R = 0{,}08208 \frac{\text{atm } \ell}{\text{K . mol}}$$

Portanto, K = n . R,

como $\frac{PV}{T} = n R$ ou

$$PV = n R T$$

onde n = número de moles do gás

R, não depende do estado do gás. Mas seu valor depende, evidentemente, do sistema de unidades.

Sendo $n = \frac{m}{M}$, onde m é a massa do gás e M, sua massa molar,

$$PV = \frac{m}{M} RT$$

Fazendo $\frac{R}{M} = r$,

$$PV = m \, r \, T$$

sendo r característico de cada gás.

EXERCÍCIOS RESOLVIDOS

1. Vinte gramas de uma substância pura no estado gasoso, ocupam um volume de 8,2 ℓ à temperatura de 47°C e sob pressão de 2 atm.

Calcular a massa molecular dessa substância.

Admitir $R = 0{,}082 \dfrac{atm\ .\ \ell}{K\ .\ mol}$

Dados

$V = 8{,}2\ \ell$

$T = 273 + 47^o = 320\ K$

$P = 2\ atm$

$R = 0{,}082\ \dfrac{atm\ .\ \ell}{K\ .\ mol}$

Solução

Por Clayperon:

$PV = n\ R\ T$

$2 \times 8{,}2 = n \times 0{,}082 \times 320$

$n = 0{,}625$ moles.

Sendo $n = \dfrac{m}{M}$, resulta

$$M = \frac{m}{n} = \frac{20}{0{,}625} = 32\ g$$

Logo $M = 32\ g$

2. Um recipiente metálico está cheio de ar a 27^oC. Aquecem-se o ar e o recipiente permanecendo constante a pressão. Calcule a temperatura que deve ser levado o aquecimento para que escape 25% do ar encerrado no início no recipiente.

Dado o coeficiente de dilatação volumétrica do metal do recipiente é $\gamma = 5 \times 10^{-5}\ {}^oC^{-1}$.

Solução

Por Clayperon:

$PV = n\ R\ T$

Para a situação inicial = $\boxed{PV = 300\ n\ R}$ (1)

Para a situação final = $\boxed{PV_1 = \dfrac{3}{4} n\ R\ T_1}$ (2)

pois restaram 75% da massa inicial.

Dividindo (2) por (1), obtém-se:

$$\frac{PV_1}{PV} = \frac{\frac{3}{4} n\ R\ T_1}{300\ n\ R} \rightarrow$$

$$\boxed{\frac{V_1}{V} = \frac{T_1}{400}}$$

Sendo

$V_1 = V\,(1 + \gamma\,\Delta t)$

$V_1 = V\,(1 + 5 \times 10^{-5} \cdot \Delta t)$

$$\frac{V\,(1 + 5 \times 10^{-5}\,\Delta T)}{V} = \frac{T_1}{400} \rightarrow$$

$$1 + 5 \times 10^{-5}\,\Delta t = \frac{T_1}{400}$$

$400 + 2000 \times 10^{-5}\,(T_1 - 300) = T_1 \rightarrow$

$400 + 2000 \times 10^{-5}\,T_1 - 2000 \times 10^{-5}\ .\ 300 = T_1$

ou

$400 + 2 \times 10^{-2}\,T_1 - 6 = T_1$

$0{,}98\,T_1 = 394$

$$T_1 = \frac{394}{0{,}98} = 402\ K$$

Conclui-se que $\boxed{t_1 = 129^oC}$

(pois $T = 273 + tc$

$402 - 273 = tc$)

3. Um balão A tem o dobro da capacidade do balão B e ambos possuem o mesmo gás perfeito. No A, o gás está a uma pressão atmosférica normal e no B, a pressão está 4 vezes maior quando ambos estão à mesma temperatura. Calcular a pressão a que estará sujeito o gás após aberto a torneira T (da figura abaixo), de forma que a temperatura permaneça constante. Dar resposta em mm de Hg.

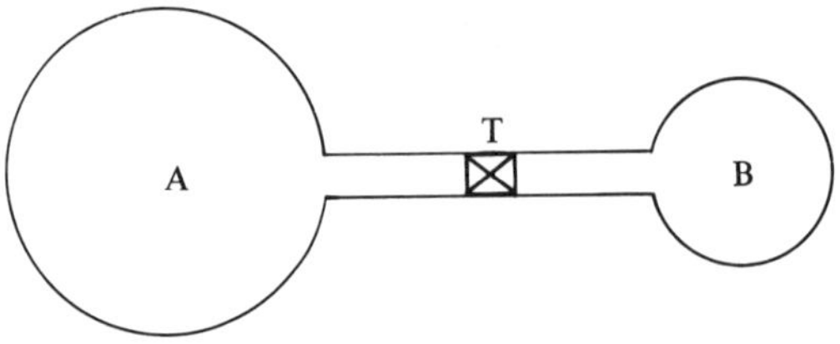

Solução

Para o gás A → $P_A\ V_A = n_A\ R\ T$

$$\boxed{n_A = \frac{P_A\ V_A}{R\ T}} \quad (1)$$

Para o gás B → $P_B\ V_B = n_B\ R\ T$

$$\boxed{n_B = \frac{P_B\ V_B}{R\ T}} \quad (2)$$

Ao abrir a torneira, temos

Volume = $V_A + V_B$

número de moles = $n_A + n_B$

Portanto,

$$\boxed{P\,(V_A + V_B) = (n_A + n_B)\,R\ T} \quad (3)$$

Substituindo (1) e (2) em (3), teremos:

$P\,(V_A + V_B) = \left(\dfrac{P_A\ V_A}{R\ T} + \dfrac{P_B\ V_B}{R\ T}\right) R\ T$ ou

cancelando R T, vem

$P\,(V_A + V_B) = P_A\ V_A + P_B\ V_B$, daí,

$$P = \frac{P_A\ V_A + P_B\ V_B}{V_A + V_B}$$

Sendo:

$V_A = 2\ V_B$

$P_A = 760$ mm de Hg

$P_B = 4 \times 760$ mm de Hg

$$P = \frac{2\ V_B\ .\ 760 + 4 \times 760\ V_B}{2\ V_B + V_B} = \text{o que dará}$$

$P = 1520$ mm de Hg

GRÁFICOS CORRESPONDENTES ÀS TRANSFORMAÇÕES

1. LEI DE BOYLE - MARIOTTE

$P_O\ V_O = PV =$ constante

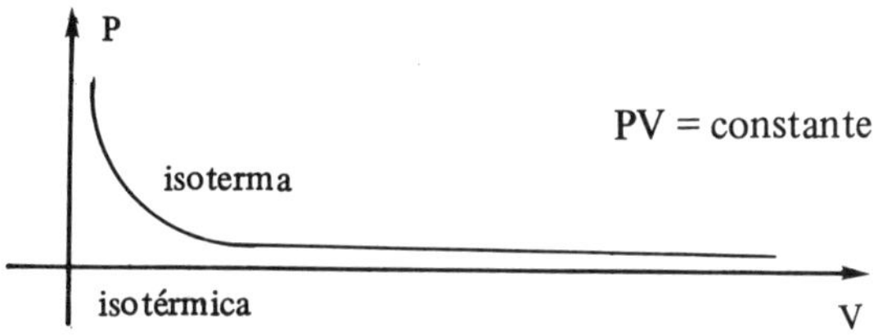

2. LEI DE GAY-LUSSAC

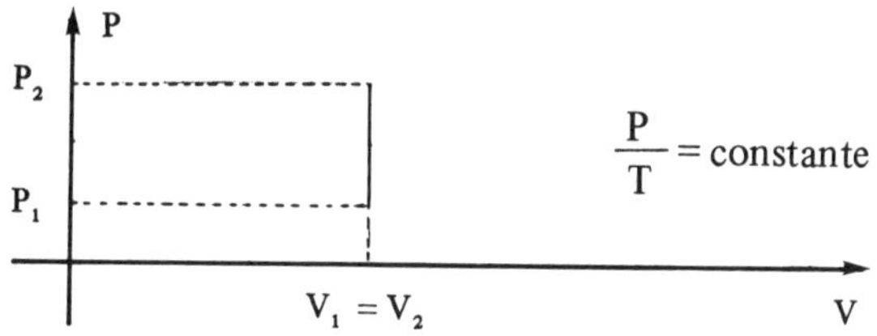

3. LEI DE CHARLES

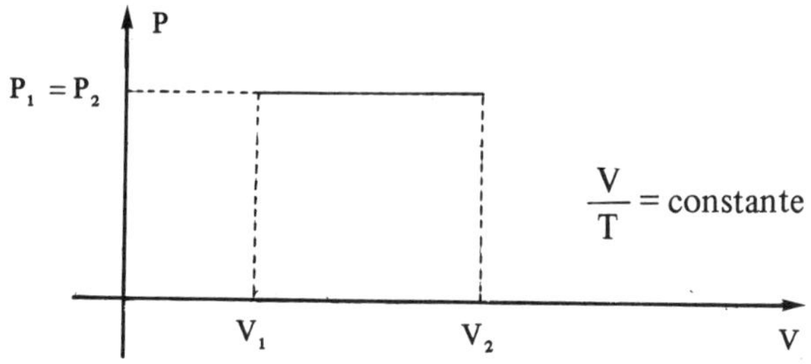

EXERCÍCIOS PROPOSTOS

1. Nas CNPT, certa massa gasosa ocupa um volume de 20 litros. Calcular que volume ocupará a mesma massa gasosa à temperatura de 1040°F, sobre uma pressão dupla da primitiva.

Resposta
30,5 litros

2. Um litro de ar, nas CNPT, tem 1,29 g de massa. Calcule qual a massa de 1,0 litro de ar sob 770 mm de Hg de pressão e à temperatura de 0°C.

Resposta
1,31 g

3. Um pneu de um automóvel foi regulado no início de uma viagem e sua pressão ficou estabelecida em 22 libras/$_{s\ q\ .\ in}$ e sua temperatura igual a 26°C. Durante a viagem, a temperatura do pneu elevou-se a 52°C. Calcule a pressão interna do pneu. Desprezar a variação de volume.

Resposta
24 ℓ b/$_{s\ q\ .\ in}$

4. Um balão encerra n litros de ar a 10°C e sob pressão de 750 mm de Hg. Calcule a variação de temperatura necessária para manter invariável o volume de ar quando a pressão passar a 740,55 mm de Hg.

Resposta
Reduzir a temperatura de 3,6°C

5. Um frasco aberto contém ar a 7°C. Calcule a que temperatura deve ser aquecido o frasco a fim de que escape 1/4 do ar nele contido.

Resposta
100°C

6. Uma bolha de ar parte do fundo de uma piscina que está cheia de água à temperatura de 4°C. A distância 2,04 m da superfície o volume da bolha é 4 cm³. Calcule qual seria o volume dessa bolha, ao rebentar na superfície livre da água, admitindo que ao rebentar, a bolha e o ar exterior já, tenham atingido o equilíbrio térmico.

Dados

Pressão atmosférica no momento de rebentar a bolha = 600 mm de Hg.

Temperatura do ar exterior = 31,7°C.

Massa específica do mercúrio = $13{,}6 \times 10^3$ kg/m³.

Resposta
6 cm³

7. Calcule a densidade absoluta do oxigênio nas CNPT.

Resposta
1,43 g/ℓ

8. O gráfico abaixo ilustra a transformação de uma dada massa gagosa. Determine os valores de T_A e P_3 se $T_B = 400$ K.

Solução

A transformação 1 → 2 é isométrica: $V_1 = V_2$

$$\frac{P_1}{T_1} = \frac{P_2}{T_2}$$

$\frac{4}{400} = \frac{3}{T_2}$

$$\boxed{T_2 = T_A = 300\text{ k}}$$

A transformação 2 → 3 é isotérmica:

$P_2\ V_2 = P_3\ .\ V_3$

$3\ .\ 20 = P_3\ .\ 40$

$$\boxed{P_3 = 1{,}5\text{ atm}}$$

$$\boxed{\begin{array}{l} T_A = 300\text{ k} \\ P_3 = 1{,}5\text{ atm} \end{array}}$$

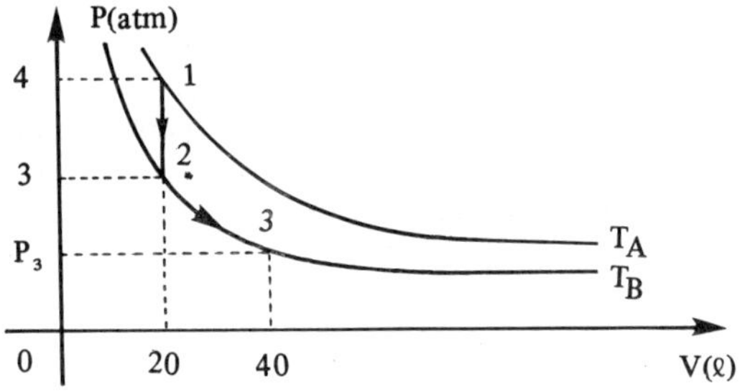

9. (MAPOFEI-SP). O bulbo da figura, de capacidade C_0 = 22,4 cm³, medida a 0°C, contém hidrogênio, inicialmente nessa temperatura (0°C). O tubo recurvado contém mercúrio. A altura manométrica h_0 = 3,0 cm e a pressão atmosférica é P_{at} = 76,0 cm de mercúrio. Aquece-se o bulbo à temperatura t°C, até que a altura manométrica passa a ser h_1 = 25,0 cm. Calcule:

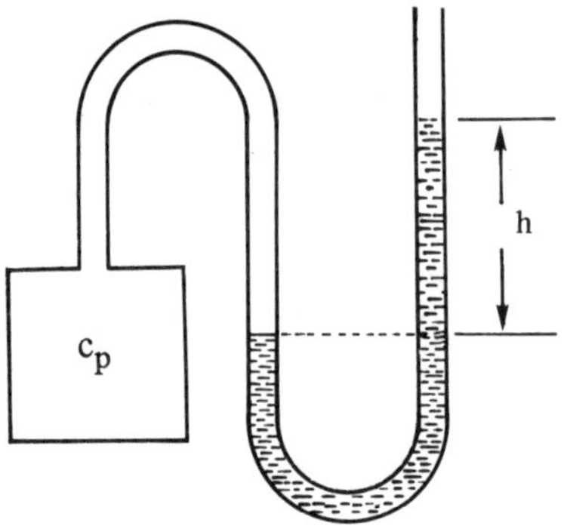

a) Sabendo-se que $R = 8{,}31 \frac{\text{joule}}{\text{mol} \cdot \text{k}}$, o número de moléculas grama (mol) de hidrogênio contido no bulbo.

b) Desprezando-se a dilatação volumétrica do bulbo, a temperatura t.

c) O novo valor da temperatura t, admitindo-se a dilatação do bulbo, sendo seu coeficiente de dilatação cúbica $\gamma = 5{,}1 \times 10^{-6}\,{}^{\circ}C^{-1}$.

d) Sabendo que as massas moleculares do oxigênio e do hidrogênio estão na relação 16 : 1, o número de moles, calculado no item a, seria alterado se a experiência descrita fosse realizada com oxigênio? Justifique.

Solução

a) Na equação de Clapeyron, os valores:

$P = 79\text{ cm Hg} = 0{,}79 \times 13600 \times 9{,}8\ N/m^2$

$V = 22{,}4 \times 10^{-6}\ m^3$

$R = 8{,}31\ J/mol\ .\ K$ e $T = 273\ K$

$PV = n\ R\ T \Rightarrow 0{,}79 \times 13600 \times 9{,}8 \times 22{,}4 \times 10^{-6} =$

$= n \times 8{,}31 \times 273$

$$\boxed{n = 1{,}04 \times 10^{-3}}$$

b) A transformação é isotérmica e temos:

$\frac{P}{T} = \frac{P_O}{T_O}$ onde $P = 101$ cm Hg, $P_O = 79$ cm Hg, $T_O = 273$ K

$\frac{101}{T} = \frac{79}{273}\ \therefore\ T = 349\text{ K}$ ou

$$\boxed{t = 76^{\circ}C}$$

c) Considerando-se a dilatação do bulbo, temos:

$V = V_O\,(1 + \gamma\ .\ \Delta t)$ e $\frac{PV}{T} = \frac{P_O V_O}{T_O}$

$\frac{P\ .\ V_O\,(1 + \gamma \cdot \Delta t)}{T} = \frac{P_O\ V_O}{273}$

$\frac{101\,(1 + 5{,}1 \times 10^{-6}\ .\ t)}{t + 273} = \frac{79}{273} \Rightarrow$

$$\boxed{t = 76{,}2^{\circ}C}$$

d) Não, pois a equação de Clapeyron PV = n R T nos mostra que o número de moles *n* não depende da natureza do gás.

TESTES

1. A constante de Clapeyron R de qualquer gás:

a) Independe da natureza do gás.
b) Depende da natureza do gás.
c) Depende das condições e também da natureza do gás.
d) Independe apenas da temperatura do gás.
e) Independe apenas da pressão e volume do gás.

2. (CESCEM-SP). Temperatura de um gás ideal é uma conseqüência:

a) Da radiação emitida por suas moléculas.
b) Da energia potencial total de suas moléculas.
c) Da energia potencial média de suas moléculas.
d) Da energia cinética média de suas moléculas.
e) Do calor de cada uma de suas moléculas.

(CESCEM-SP). O recipiente N, na figura abaixo, tem o dobro do volume de M. A pressão atmosférica é de 70 cm de Hg. As temperaturas do ar contido em M e em N são iguais. O ar é suposto um gás perfeito. Os tubos manométricos recurvados em U contêm mercúrio e h = 20 cm.

Esta explicação refere-se às questões de números 3 e 4.

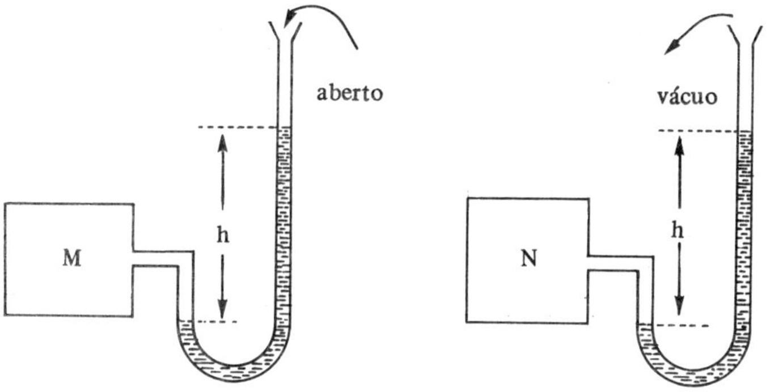

3. As pressões em M e N, medidas em cm de Hg, são respectivamente:
a) Iguais a 20 cm de Hg.
b) Iguais a 90 cm de Hg e 20 cm de Hg.
c) Iguais a 90 cm de Hg.
d) Inferior e superior à pressão atmosférica.
e) Iguais a $\frac{9}{7}$ de h e $\frac{2}{7}$ de h.

4. Pode-se dizer que:
a) A massa de ar contida em N é o dobro da massa de ar contida em M.
b) A massa de ar em N é certamente maior que a massa de ar contida em M.
c) O máximo que se pode dizer é que a massa de ar em M é maior que a massa de ar em N.
d) As afirmações a e b são corretas.
e) Pode-se dizer que em M há $\frac{9}{4}$ da massa do ar de N.

(CESCEA-SP). Certa massa de gás perfeito é submetida a duas transformações termodinâmicas quase estáticas mostradas no gráfico abaixo, de volume X temperaturas:

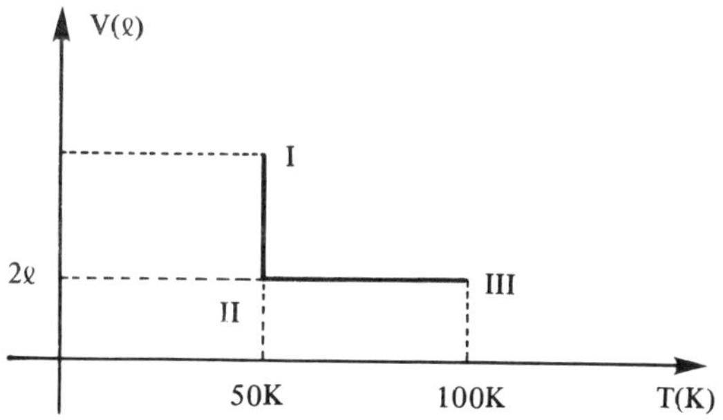

O texto e o gráfico referem-se às questões de números 5 e 6.

5. Considere o quadro de valores, no qual estão indicados os estados I II e III, com os respectivos valores de P (pressão, em atmosfera), V (volume, em litros) e T(temperatura, em Kelvin).

	I	II	III
P(atm)	4	2	
V(ℓ)		2	2
T(K)	50		100

Os valores que completam o quadro acima são:
a) 1 atm; 2ℓ; 50 K
b) 2 atm; 10ℓ; 100 K
c) 3 atm; 4ℓ; 50 K
d) 4 atm; 1ℓ; 50 K
e) 8 atm; 1ℓ; 50 K

6. Em um diagrama P x V (pressão x volume) as mesmas transformações seriam melhor representadas pelo gráfico da figura:

a)
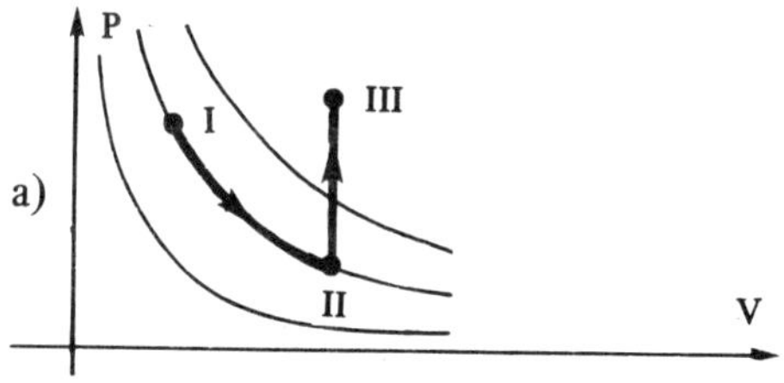

b)
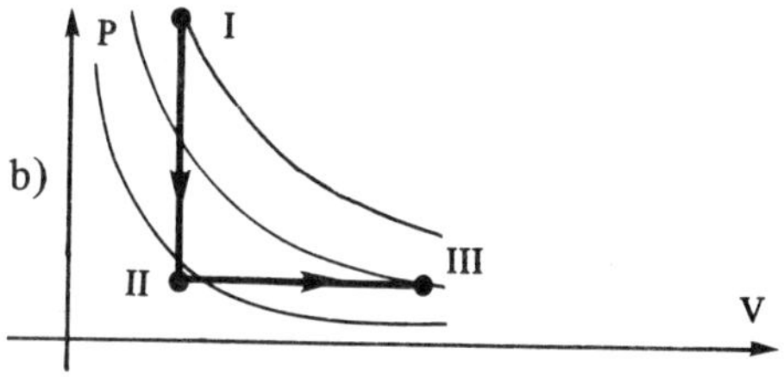

c)
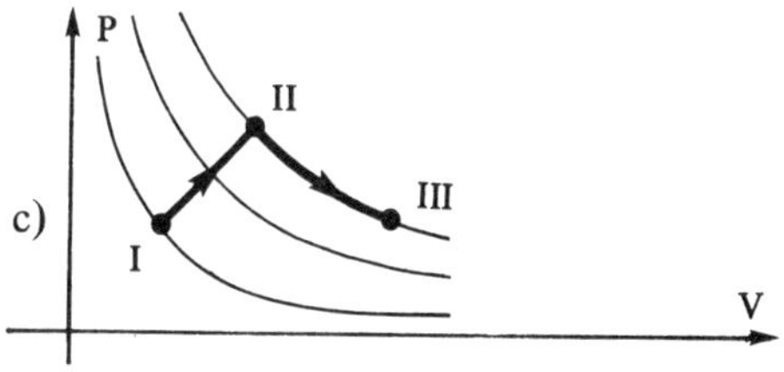

d)
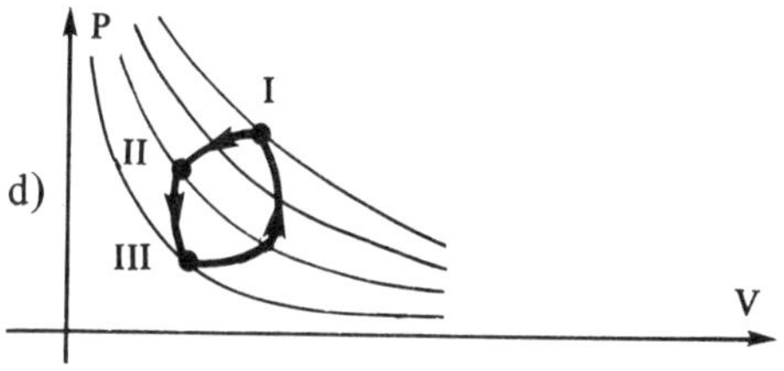

e)
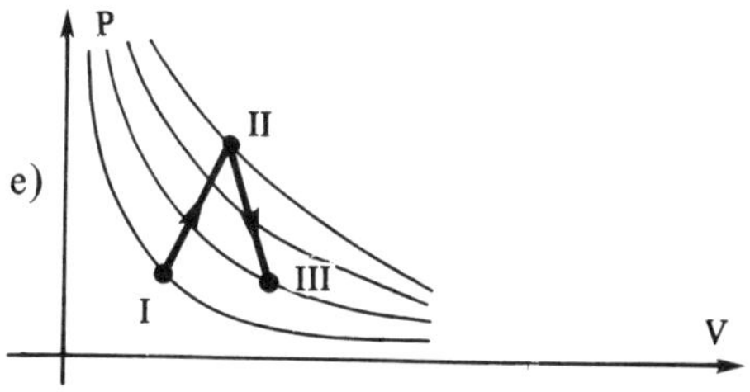

7. Sob pressão de 6 atm, 64 g de O_2 ocupa volume de 8,2ℓ. A temperatura do gás é de:
a) 300°C b) 200°C c) 100°C
d) 27°C e) 270 K

7. TERMODINÂMICA

No diagrama de Clapeyron, abaixo, a área hachurada representa o trabalho de expansão isobárica de um gás dada pela pela expressão:

$$\tau = P \cdot \Delta V$$

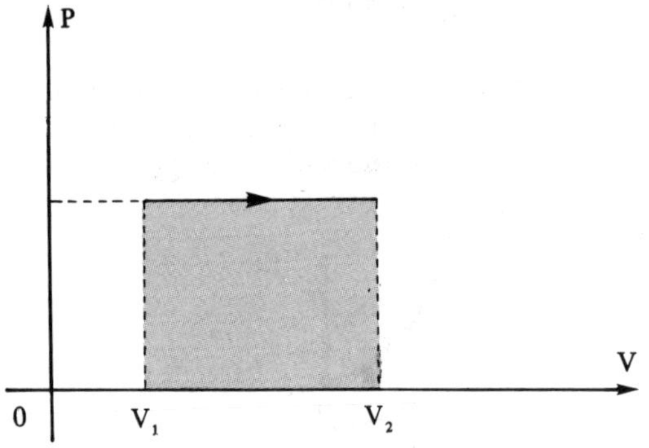

Neste caso, $\Delta V = V_2 - V_1$ será positivo e o trabalho será positivo. Caso contrário, na compressão isobárica o trabalho será negativo.

Quando o trabalho é realizado pelo sistema terá sinal positivo e se realizado sobre o sistema, sinal negativo.

No sistema de Clapeyron, a seguir, não podemos aplicar diretamente $\tau = P \cdot \Delta V$, mas a área hachurada (A) nos fornece o trabalho.

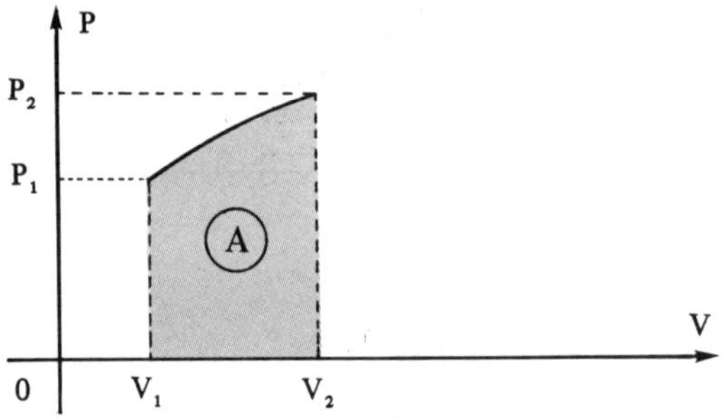

Numa transformação cíclica, o trabalho é representado pela área do ciclo, pois decompondo a mesma em duas transformações abertas, indicadas abaixo, a área C é igual a soma algébrica das áreas C_1 e C_2, isto é, o trabalho total τ é a soma algébrica dos trabalhos τ_1 e τ_2, onde τ_1 é positivo e τ_2 é negativo.

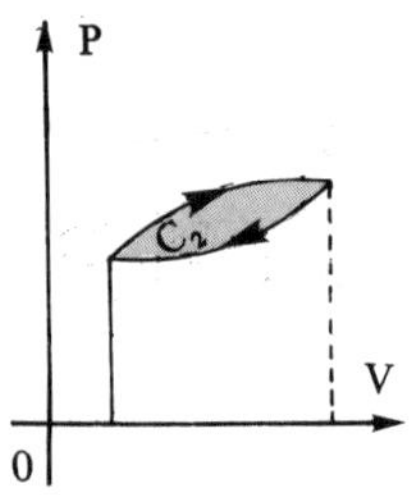

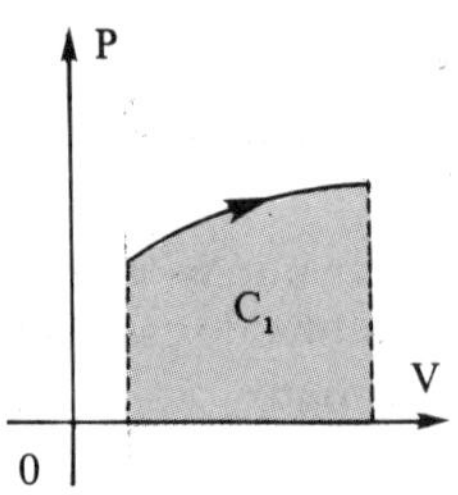

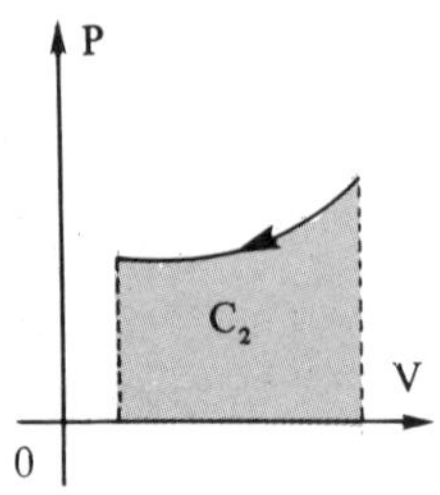

Podemos determinar o sinal do trabalho, observando o sentido em que o ciclo foi percorrido. Se o percurso foi no sentido horário o trabalho é positivo e se no sentido anti-horário negativo.

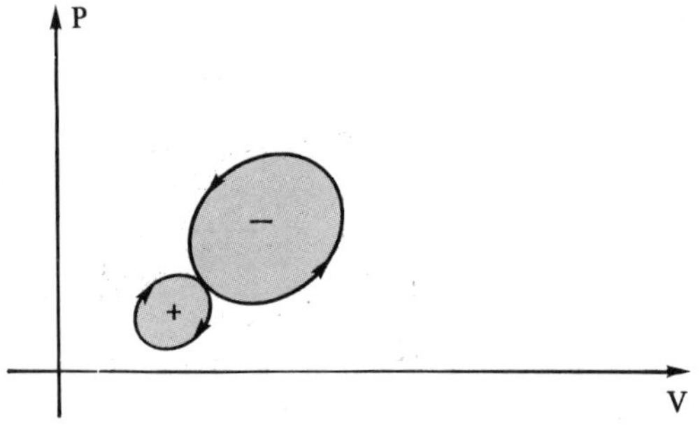

Um sistema tem energia interna U, caracterizada pela sua temperatura, se recebe uma quantidade de calor Q e realiza trabalho τ, sua energia interna sofrerá variação ΔU dada por:

$$\Delta U = Q - \tau$$

que é a expressão do 1º Princípio da Termodinâmica.

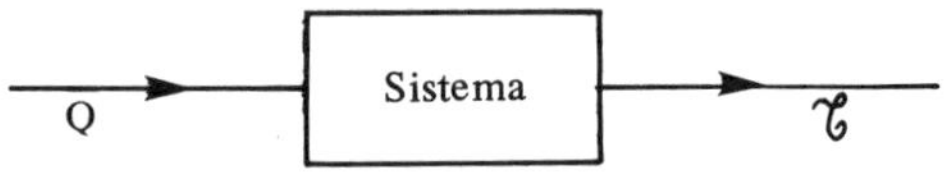

De acordo com a convenção de sinais, no sistema ao lado, temos respectivamente para Q e τ os sinais positivo e negativo.

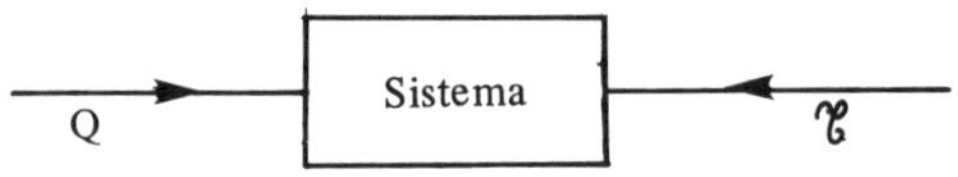

Se a transformação é *adiabática,* isto é, sem troca de calor com o exterior, a quantidade de calor Q em jogo, será nula ou seja, o sistema não recebe calor nem cede calor e temos: $Q = 0 \Rightarrow \Rightarrow \Delta U = -\tau$

Se a transformação é cíclica, a energia interna, inicial U_0 será igual a energia interna final U do sistema e temos a variação da energia interna igual a zero, isto é: $\Delta U = U - U_0 = 0$ e teremos:

$$Q = \tau$$

Numa transformação cíclica o calor absorvido pelo sistema é igual ao trabalho realizado e vice versa.

Geralmente medimos Q em calorias e τ em joules sendo 1 cal igual a 4,186 J, podemos escrever

$\tau = 4{,}186 \cdot Q$

Dispositivos que convertem calor em trabalho ou trabalho em calor são denominados máquinas térmicas.

De acordo com o 2º Princípio da Termodinâmica: o calor só pode passar espontaneamente, de um corpo de maior temperatura para o de menor temperatura.

Algumas vezes o 2º Princípio da Termodinâmica é também denominado princípio da degradação da energia, porque é impossível converter integralmente calor em outra forma de energia.

Um ciclo ideal para máquinas térmicas é o de Carnot, constituído de duas transformações isotérmicas alternadas com duas adiabáticas.

No ciclo de Carnot ao lado, o trabalho fornecido pelo sistema é representado graficamente pela área do ciclo e o sistema recebe uma quantidade de calor Q_1 e cede calor Q_2.

O rendimento do ciclo é dado por:

$$n = \frac{Q_1 - Q_2}{Q_1} \quad \text{ou} \quad n = \frac{T_1 - T_2}{T_1}$$

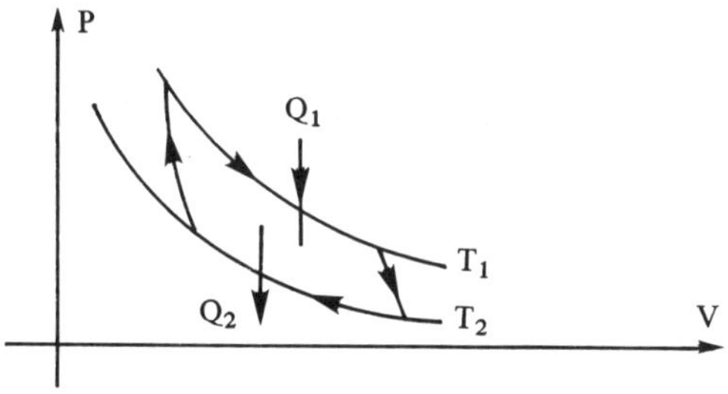

EXERCÍCIOS RESOLVIDOS

1. O diagrama de Clapeyron, ao lado, indica a transformação sofrida por um gás. Determinar:
a) O trabalho realizado na transformação AB.
b) O trabalho realizado na transformação BC.
c) A pressão, se o mesmo trabalho fosse realizado pelo sistema através de uma única isobárica, partindo do volume 1 m^3 e chegando a 6 m^3.

Solução

Determinemos os trabalhos em jogo pelas áreas:

a) De A a B, temos:

$$\tau_{AB} = \frac{30 + 50 \ . \ 2}{2} \quad \therefore \quad \boxed{\tau_{AB} = 80 \text{ J}}$$

b) De B a C, temos:

$$\tau_{BC} = 3 \ . \ 30 \quad \therefore \quad \boxed{\tau_{BC} = 90 \text{ J}}$$

c) O trabalho total será: $\tau_{AC} = \tau_{AB} + \tau_{BC}$

$\tau_{AC} = 80 + 90 \therefore \tau_{AC} = 170$ J

Se a transformação fosse isobárica:

$\tau_{AC} = P \cdot \Delta V \therefore 170 = P(6 - 1) \Rightarrow$

$\Rightarrow \boxed{P = 34 \text{ N/m}^2}$

Resposta:

a) $\tau_{AB} = 80$ J
b) $\tau_{BC} = 90$ J
c) $P = 34$ N/m^2

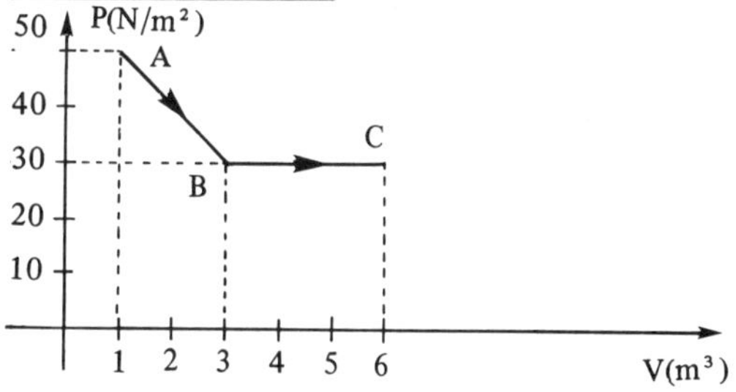

2. (MAPOFEI-SP). Um cilindro de seção reta 100 cm^2 e eixo vertical é vedado por um pistão leve, móvel sem atrito. O sistema encerra um gás e está em equilíbrio térmico e mecânico com a atmosfera ambiente à temperatura de 20°C e pressão de 10 N/cm^2. Fornecendo-se ao gás calor igual a 200 cal, ele se aquece a 270°C e o pistão sobe 8,36 cm. Determinar:
a) A capacidade térmica C do gás.
b) O trabalho τ efetuado pelo gás.

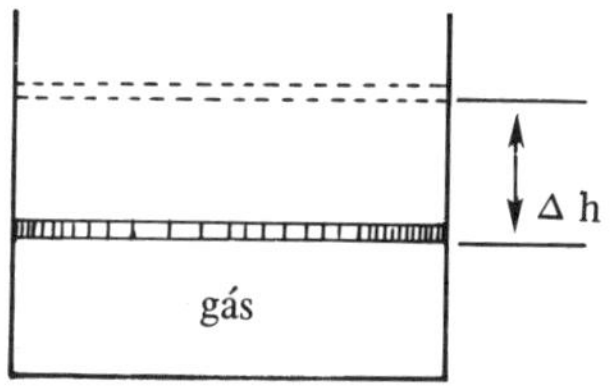

Solução:

Dados $\begin{cases} A = 100 \text{ cm}^2;\ t_o = 20^oC;\ P_o = 10 \text{ N/cm}^2 \\ Q = 200 \text{ cal};\ t = 270^oC \text{ e } \Delta h = 8{,}36 \text{ cm} \end{cases}$

a) $Q = m \ . \ c \ . \ \Delta t$ $\quad \{200 = C(270 - 20)$
$C = m \ . \ c$

$\therefore \boxed{C = 0{,}8 \text{ cal/}^oC}$

b) Supondo a transformação isobárica:

$\tau = P \ . \ \Delta V$ e como $\Delta V = A \ . \ \Delta h$, temos:
$\tau = P \ . \ A \ . \ \Delta h$

$$\tau = 10 \frac{N}{cm^2} \ . \ 100 \text{ cm}^2 \ . \ 8{,}36 \text{ cm} = 8360 \text{ N . cm}$$

$\therefore \boxed{\tau = 83{,}6 \text{ J}}$

Resposta: a) $C = 0{,}8$ cal/°C b) $\tau = 83{,}6$ J

3. Um projétil metálico de calor específico 0,25 cal/g°C choca-se contra um obstáculo rígido. Supondo toda a energia transformada em calor e metade do mesmo absorvido pelo projétil, cuja temperatura passa de 20°C a 180°C, determinar sua velocidade, antes do impacto sabendo-se que não há mudança de fase. Considerar 1 cal = 4 joule.

Solução:

Dados $\begin{cases} c = 0{,}25 \text{ cal/g°C}; Q = 50\% \text{ energia} \\ t_o = 20°C; t = 180°C \text{ e } 1 \text{ cal} = 4 \text{ J} \end{cases}$

A energia em jogo é a cinética: $E_c = \frac{1}{2} m v^2$

e $Q = m' . c . \Delta t$ onde m está em kg e m' em g.

$$\frac{1}{2} E_c = 4 Q \Rightarrow E_c = 8 Q$$

$$\therefore \frac{1}{2} \frac{m v^2}{2} = 4 . 10^3 m . 0{,}25 . 160$$

$v^2 = 4 . 4 . 4 . 10^4 \quad \therefore$ $\boxed{v = \pm 800 \text{ m/s}}$

Resposta: $\boxed{v = \pm 800 \text{ m/s}}$

4. Um refrigerador retira calor da água a 0°C e o transfere para o meio ambiente a 27°C, operando segundo um ciclo de Carnot. Verifica-se, após algum tempo, que 1 kg de gelo se forma. Determinar:

a) A quantidade de calor retirada da água.
b) A quantidade de calor fornecida ao exterior.
c) O trabalho fornecido ao sistema.

Solução:

Dados $\{t_o = 0°C; t = 27°C \text{ e } m = 1 \text{ kg}$

Dos dados decorre que: $T_1 = 300$ K; $T_2 = 273$ K e $m = 10^3$ g

Supondo $L_f = 80$ cal/g, temos:

a) $Q_2 = m . L_f = 10^3 . 80 \quad \therefore \quad \boxed{Q_2 = 8 \times 10^4 \text{ cal}}$

b) $\eta = \frac{T_1 - T_2}{T_1} = \frac{300 - 273}{300} \therefore \eta = 0{,}09$

mas $\eta = \frac{Q_1 - Q_2}{Q_1} \therefore 0{,}09 = \frac{Q_1 - 8 \times 10^4}{Q_1}$

$\boxed{Q_1 \cong 8{,}8 \times 10^4 \text{ cal}}$

c) Como a transformação é cíclica:

$\Delta V = 0$ e temos:

$\tau = Q_1 - Q_2$

$\tau = 8{,}8 \times 10^4 - 8 \times 10^4$

$\boxed{\tau = 8 \times 10^3 \text{ cal}}$

Resposta:

a) $Q_2 = 8 \times 10^4$ cal
b) $Q_1 = 8{,}8 \times 10^4$ cal
c) $\tau = 8 \times 10^3$ cal

EXERCÍCIOS PROPOSTOS

1. Em uma transformação cíclica o calor absorvido é:

a) Maior que o trabalho realizado.
b) Menor que o trabalho realizado.
c) Igual ao trabalho realizado.
d) Igual à variação de energia interna do sistema.
e) Igual a zero.

2. Durante a expansão adiabática e compressão adiabática de uma certa massa gasosa, podemos afirmar que as temperaturas respectivas:

a) Aumenta e diminui.
b) Diminui e aumenta.
c) Aumenta e aumenta.
d) Diminui e diminui.
e) Permanecem constantes.

3. (CESCEM-SP). Em uma transformação adiabática (onde não se verificam trocas de calor com o exterior) o trabalho realizado por um sistema gasoso:

a) É proporcional à quantidade de calor absorvido pelo sistema.
b) É sempre nulo.
c) É igual, em valor absoluto, à variação de energia interna do sistema.
d) É proporcional à quantidade de calor cedida pelo sistema.
e) É aproximadamente nulo.

Um gás ideal tem energia interna $U_o = 1000$J, sujeito à pressão constante de 50 N/m^2. Se o seu volume varia de 1 m^3 a 2 m^3, responda as questões de números 4, 5, 6, 7 e 8, com base nesses dados.

4. A temperatura do gás:

a) aumenta
b) diminui
c) permanece constante
d) é sempre igual a 273 K
e) n.r.a.

5. Durante a transformação, o gás:

a) recebe calor
b) cede calor
c) não recebe e nem cede calor
d) não realiza trabalho
e) n.r.a.

6. O trabalho realizado pelo gás na transformação é igual a:

a) zero
b) 50J
c) 500J
d) 1000J
e) n.r.a.

7. A quantidade de calor recebida pelo gás do ambiente é:

a) zero b) 50J c) 500J d) 1000J

8. Se a energia interna final do gás for U = 2000J, então o calor recebido do ambiente será:
a) 950J b) 1000J c) 1050J d) 1500J
e) impossível de ser determinada.

9. (CESCEA-SP). Um sistema termodinâmico, constituído por massa m de gás perfeito, evolui de um estado I a um estado II, de temperatura $T_{II} > T_I$ (figura ao lado).

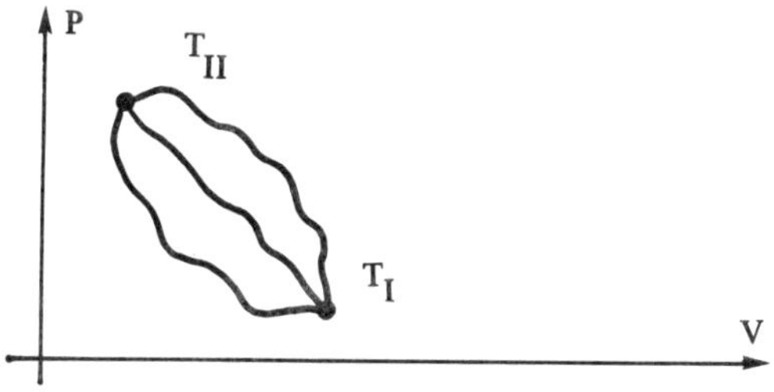

De maneira geral, considerando-se os parâmetros:
ΔQ = calor trocado com o exterior,
$\Delta \tau$ = trabalho realizado ou recebido do exterior,
ΔU = variação da energia interna, qual das afirmações é verdadeira:
a) $\Delta Q \rightarrow$ independe da transformação que o leva de I a II.
$\Delta \tau \rightarrow$ independe da transformação que o leva de I a II.
$\Delta U \rightarrow$ independe da transformação que o leva de I a II.
b) $\Delta Q \rightarrow$ depende da transformação que o leva de I a II.
$\Delta \tau \rightarrow$ depende da transformação que o leva de I a II.
$\Delta U \rightarrow$ depende da transformação que o leva de I a II.
c) $\Delta Q \rightarrow$ independe da transformação que o leva de I a II.
$\Delta \tau \rightarrow$ depende da transformação que o leva de I a II.
$\Delta U \rightarrow$ Independe da transformação que o leva de I a II.
d) $\Delta Q \rightarrow$ depende da transformação que o leva de I a II.
$\Delta \tau \rightarrow$ depende da transformação que o leva de I a II.
$\Delta U \rightarrow$ independe da transformação que o leva de I a II.
e) n.r.a.

10. (MACK-SP). Um motor térmico funciona segundo o ciclo de Carnot. A temperatura da fonte quente é 400 K e a da fonte fria, 300 K. Em cada ciclo, o motor recebe 600 cal da fonte quente. A quantidade de calor rejeitada para a fonte fria em cada ciclo e o rendimento do motor valem respectivamente:
a) 400 cal e 50%
b) 300 cal e 25%
c) 600 cal e 50%
e) 450 cal e 25%
d) 450 cal e 50%

(CESCEM-SP). O gráfico abaixo indica a transformação cíclica (A → B → C → D → A) pela qual passa um mol de um gás ideal. As flechas indicam o sentido em que foram feitas as transformações de estado; P é a pressão e V é o volume. Admite-se: $P_2 = 2\,P_1$ e $V_2 = 2\,V_1$.
As informações e o gráfico referem-se às questões de números 11, 12 e 13.

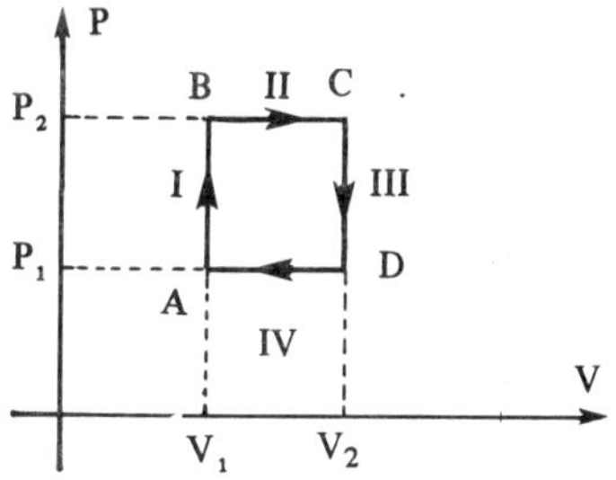

11. Em quais das transformações parciais I (A → → B), II (B → C), III (C → D) e IV (D → A) o sistema variou sua energia interna?
a) Em I, somente.
b) Em II, somente.
c) Em III, somente.
d) Em IV, somente.
e) Em todas.

12. Em qual das transformações parciais I (A → → B), II (B → C), III (C → D) e IV (D → A) o sistema trocou calor com o exterior?
a) Somente I.
b) Somente II.
c) Somente III.
d) Somente IV.
e) Em todas.

13. Em quais transformações parciais (I, II, III e IV) o sistema não realizou nem recebeu trabalho?
a) Em I e II.
b) Em I e III.
c) Em III e IV.
d) Em I e IV.
e) Em II e III.

14. (F.E.S.J. Campos-SP). Uma esfera de chumbo de massa igual a 500 g é deixada cair, do repouso, de uma altura de 75 m até o solo. Admitindo que toda a energia da queda é transformada em aumento de temperatura, a variação de temperatura na esfera, em graus centígrados, será:
Dado o calor específico do chumbo = 0,031 cal/g°C.
a) 5,7 b) 7,2 c) 9,8 d) 11,3 e) n.r.a.

15. (U.B.-D.F). A cachoeira de Itiquira (Véu de Noiva) tem 168 m de altitude. Se na queda d'água a energia potencial é totalmente transformada em calor e considerando-se que a temperatura no topo é de 25°C, então, a temperatura d'água na base é aproximadamente de:
a) 25,4°C b) 26,7°C c) 28,9°C
d) não temos condições para calcular.

8. MOVIMENTO ONDULATÓRIO

1. INTRODUÇÃO

Quando um corpo executa movimento de vaivém, em relação a certo ponto fixo, diz-se que ele é oscilatório. Enquadram-se nesta modalidade.

Um corpo suspenso por uma mola.
Um pêndulo oscilando com pequena amplitude.
O balanceiro de um relógio.

A teoria atômica moderna leva-nos a crer que as moléculas de um corpo sólido oscilem com espécie de movimento harmônico.

Em todas as formas de movimento ondulatório, as partículas do meio que a onda atravessa oscilam com movimentos harmônicos ou superposições deles. Mesmo quando está se tratando de ondas luminosas e de rádio no vácuo. As equações que descrevem o comportamento de um circuito elétrico, onde existe corrente alternada, tem o mesmo aspecto das que definem o movimento harmônico de corpo material.

As propriedades mais importantes do oscilador harmônico são as seguintes:

1ª A freqüência do movimento é independente da amplitude da oscilação.

2ª Os efeitos de várias forças impulsoras podem ser superpostos linearmente.

Todos nós estamos rodeados de fenômenos ondulatórios, que atingem e estimulam nossos órgãos dos sentidos. Como todos os fenômenos ondulatórios podem ser apresentados sob formas de ondas periódicas com os mais variados aspectos, iniciaremos o estudo do movimento ondulatório com o movimento harmônico simples - MHS.

2. MOVIMENTO HARMÔNICO SIMPLES

É um movimento periódico, oscilando em torno de uma posição de equilíbrio sob a ação de uma força cuja intensidade é proporcional à distância do ponto a posição de equilíbrio. Essa força chama-se força restauradora.

Equações

a) do Período

$$T = 2\pi\sqrt{\frac{m}{K}}$$

b) da Freqüência

$$f = \frac{1}{2\pi}\sqrt{\frac{K}{m}}$$

c) da Energia Cinética

$$E_C = \frac{1}{2}\, m\, v^2$$

d) da Energia Potencial

$$E_P = \frac{1}{2}\, K\, x^2$$

e) da Energia Total

$$E_T = \frac{1}{2}\, K\, R^2$$

f) da posição angular ou da alongação

$$\boxed{x = R\cos(\omega t + \alpha o)}$$

onde
R = amplitude do movimento
ω = freqüência angular ou pulsação
αo = fase inicial

g) da Velocidade

$$\boxed{v = -\,\omega R \operatorname{sen}(\omega t + \alpha o)}$$

h) da Aceleração

$$\boxed{a = -\,\omega^2 R \cos(\omega t + \alpha o)}$$

i) da Pulsação ω

$$\boxed{\omega^2 = \frac{K}{m}} \quad \text{ou} \quad \boxed{\omega = \frac{2\pi}{T}}$$

EXERCÍCIOS RESOLVIDOS

1. Provar que para um MHS, a velocidade v é dada por: $v = \omega\sqrt{(R^2 - x^2)}$

Solução

Partindo da equação da velocidade
$v = -\,\omega R \operatorname{sen}(\omega t + \alpha o)$
chamando $(\omega t + \alpha o) = \alpha$
$v = -\,\omega R \operatorname{sen}\alpha$

isolando $\operatorname{sen} \alpha = \frac{v}{-\omega R}$

Elevando ao quadrado;

$$\operatorname{sen}^2 \alpha = \frac{v^2}{\omega^2 R^2} \qquad (1)$$

Da trigonometria:

$\operatorname{sen}^2 \alpha + \cos^2 \alpha = 1$,

$$\operatorname{sen}^2 \alpha = 1 - \cos^2 \alpha \qquad (2)$$

comparando (1) e (2), vem:

$\frac{v^2}{\omega^2 R^2} = 1 - \cos^2 \alpha$, ou

$v^2 = \omega^2 R^2 - \omega^2 R^2 \cos^2 \alpha$

como

$x = R \cos \alpha$, que elevando ao quadrado, dará

$x^2 = R^2 \cos^2 \alpha$, daí,

$v^2 = \omega^2 R^2 - \omega^2 x^2$,

$v^2 = \omega^2 (R^2 - x^2)$

ou

$v = \sqrt{\omega^2 (R^2 - x^2)}$ que dará

$$v = \omega \sqrt{(R^2 - x^2)}$$

2. Prove que num oscilador harmônico simples (uma mola), a energia total E_T vale:

$E_T = \frac{1}{2} K R^2$

Solução

A energia total E_T, vale

$E_T = E_c + E_p$

Mas

$E_c = \frac{1}{2} m v^2$ e $E_p = \frac{1}{2} K x^2$,

daí,

$E_T = \frac{1}{2} m v^2 + \frac{1}{2} K x^2$

Sendo $v^2 = \omega^2 (R^2 - x^2)$, vem:

$E_T = \frac{1}{2} m [\omega^2 (R^2 - x^2)] + \frac{1}{2} K x^2$,

$E_T = \frac{1}{2} m [\omega^2 R^2 - \omega^2 x^2] + \frac{1}{2} K x^2$,

$E_T = \frac{1}{2} m \omega^2 R^2 - \frac{1}{2} m \omega^2 x^2 + \frac{1}{2} K x^2$

Como $m \omega^2 = K$, teremos

$E_T = \frac{1}{2} K R^2 - \frac{1}{2} K x^2 + \frac{1}{2} K x^2$

que resulta

$$E_T = \frac{1}{2} K R^2$$

3. O pêndulo simples consiste numa massa puntiforme M presa à extremidade de um fio, ou bastão sem massa, e de comprimento L, que pode oscilar livremente em torno da sua extremidade superior. A velocidade tangencial máxima que a massa m atinge será dada por:

$v = [2 g \ell (1 - \cos \phi 0)]^{1/2}$. Provar.

Solução

Demonstração desta equação:

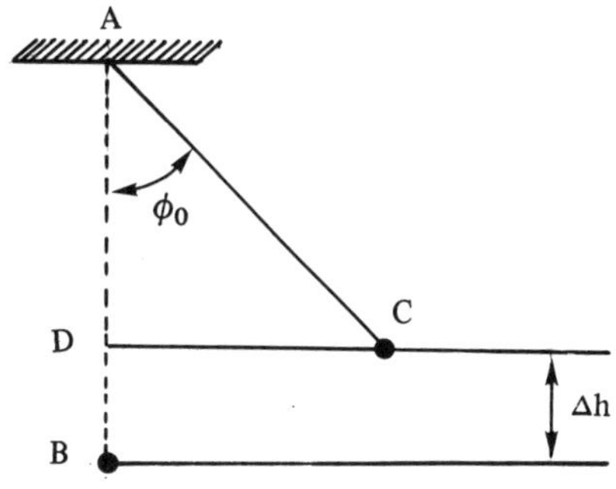

Na posição B a velocidade é máxima, onde a energia cinética é máxima.

Pelo princípio da conservação da energia,

$E_{c_B} = E_{pc} \therefore \frac{1}{2} m v^2{}_B = mg\,h \rightarrow$ como $h = \Delta h$

$\frac{1}{2} m v^2{}_B = mg\,\Delta h \rightarrow v^2{}_B = 2g\,\Delta h$

No triângulo ΔDC' temos:

$\cos \phi_0 = \frac{A_D}{\Delta_c} \rightarrow A\bar{D} = A_c \cos \phi_0$

Sendo $A_c = \ell \rightarrow A_D = \ell \cos \phi\, 0$

Sendo

$\Delta h = AB - AD = \ell - \ell \cos \theta o$ (visto $AB = Ac = \ell$)

$\Delta h = \ell (1 - \cos \phi_0)$

Colocando na expressão $v^2{}_B = 2\,g\,\Delta\,h$, teremos

$v^2{}_B = 2\,g\ell\,(1 - \cos \phi 0)$ ou

$$V_B = [2\,g\ell\,(1 - \cos \phi_0)]^{1/2}$$

4. A tensão máxima $T_{máx}$ é dada pela expressão $T_{máx} = mg\,(1 + \phi^2)$. Provar.

Solução

Demonstração desta equação:

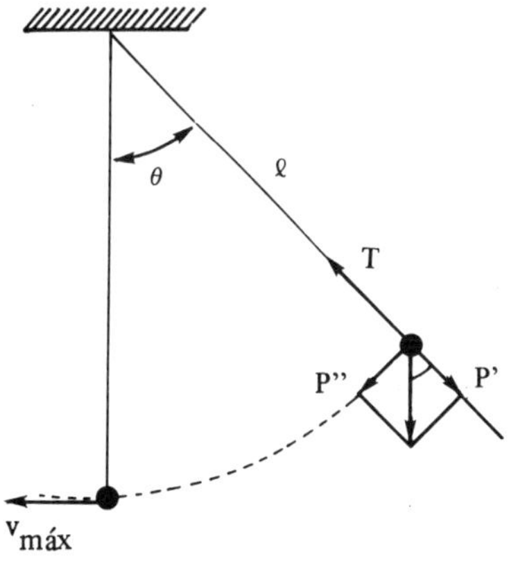

O peso P é decomposta em duas componentes:

a componente radial

P' = Pcos θ = mg cos θ

a componente tangencial

P" = P sen θ = mg sen θ

As componentes radiais das forças produzem a aceleração centrípeta necessária para obrigar o ponto material a se mover num arco de círculo. A componente tangencial é a força restauradora, que age sobre m, tendendo a fazê-lo voltar à posição de equilíbrio. Pela condição imposta, cos $\theta \cong 1$.

A componente radial da força resultante, será:

$T - mg\cos\theta = m_{ar} \to$ como $\cos\theta \cong 1$

$T - mg = m_{ar} = mg + m\dfrac{v^2 máx}{R}$. Sendo R = L

$$T = mg + m\frac{v^2\ máx}{L}$$

Sabemos pelo MHS que num movimento ondulatório, a velocidade máxima é dada por:

$V_{máx} = \omega R = \omega A$ (onde A = amplitude).

Também conhecemos o valor de ω.

$$\boxed{\omega = \sqrt{\frac{K}{m}}}$$

Sendo a força atuante, o próprio peso P = mg e F = Kx (força restauradora da Lei de Hooke).

$$K = \frac{F}{x} = \frac{P}{x} = \frac{mg}{x}$$

Sendo x = L (comprimento do fio)

$$\boxed{K = \frac{mg}{L}}$$

Substituindo-se na equação $\omega = \sqrt{\dfrac{K}{m}}$, teremos

$$\omega = \sqrt{\frac{\frac{mg}{L}}{m}} = \sqrt{\frac{mg}{L} : \frac{m}{1}} = \sqrt{\frac{g}{L}}$$

voltando à equação da $V_{máx} = \omega A$, teremos:

$v_{máx} = \sqrt{\dfrac{g}{L}} \cdot A \to$ sendo A = L sen θ

$$v_{máx} = \sqrt{\frac{g}{L}} \cdot L\,sen\,\theta \to v^2_{máx} = \frac{g}{L} \cdot L^2\,sen^2\,\theta$$

Colocando na equação da tração

$$T = mg + m\frac{v^2\ máx}{L} = mg + m\frac{\frac{g}{L} \cdot L^2\,sen^2\,\theta}{L}$$

$$T = mg + m\frac{g\,L^2\,sen^2\,\theta}{L} \cdot \frac{1}{L} = mg + mg\frac{L^2\,sen^2\,\theta}{L^2}$$

$$T = mg + mg\,sen^2\,\theta$$

Sendo o ângulo θ pequeno, de modo que $sen^2\,\theta \cong \theta^2$, logo

$T = mg + mg\,\theta^2$ ou

$$\boxed{T = mg\,(1 + \theta^2)}$$

5. A trajetória dos elétrons de um osciloscópio quando desviados por dois campos mutuamente perpendiculares e de equações

x = A cos ω t e y = A cos (ω t + α). Prove que é uma elipse quando $\alpha = 30^o$.

Solução

Se $\alpha = 30^o$, teremos

$x = A\cos\omega t$ ou $\cos\omega t = \dfrac{x}{A}$

$y = A\cos(\omega t + 30^o)$ ou $\cos(\omega t + 30^o) = \dfrac{y}{A}$

Expandindo-se a expressão cos (ω t + 30°), temos:

$\cos(\omega t + 30^o) = \cos\omega t \cdot \cos 30^o - sen\,\omega t \cdot sen\,30^o =$

$$= \cos\omega t\frac{\sqrt{3}}{2} - sen\,\omega t \cdot \frac{1}{2} =$$

$$= \frac{x}{A} \cdot \frac{\sqrt{3}}{2} - sen\,\omega t \cdot \frac{1}{2} =$$

Recorrendo à equação fundamental da trigonometria: $sen^2\,\omega t + \cos^2\omega t = 1 \to sen^2\,\omega t = 1 - \cos^2\omega t$,

$$\text{ou } sen\,\omega t = \sqrt{1 - \cos^2\omega t} = \sqrt{1 - \frac{x^2}{A^2}} =$$

$$= \sqrt{\frac{A^2 - x^2}{A^2}} = sen\,\omega t = \frac{1}{R}\sqrt{A^2 - x^2}$$

Reescrevendo, teremos:

$\cos(\omega t + 30^o) = \dfrac{y}{A}$ ou

$\dfrac{x}{A} \cdot \dfrac{\sqrt{3}}{2} - sen\,\omega t \cdot \dfrac{1}{2} = \dfrac{y}{A}$. Mas o valor de sen

$\omega t = \dfrac{1}{A}\sqrt{A^2 - x^2}$, daí,

$$\frac{x}{A} \cdot \frac{\sqrt{3}}{2} - \frac{1}{A}\sqrt{A^2 - x^2} \cdot \frac{1}{2} = \frac{y}{A}$$

$$\frac{\sqrt{3} \cdot x}{2A} - \frac{\sqrt{A^2 - x^2}}{2A} = \frac{y}{A} =$$

$$\sqrt{3} \cdot x - \sqrt{A^2 - x^2} = 2y \to$$

$\sqrt{3}\,.\,x - 2y = \sqrt{A^2 - x^2}$. Elevando-se ao quadrado todos os termos, teremos:

$3x^2 + 4y^2 - 2(-2\sqrt{3}\,xy) = A^2 - x^2$

$3x^2 + 4y^2 + 4\sqrt{3}\,xy + x^2 = A^2$

$4x^2 + 4y^2 + 4\sqrt{3}\,xy = A^2 \rightarrow$ dividindo-se por 4, teremos finalmente:

$$\boxed{x^2 + y^2 + \sqrt{3}\,xy = \frac{A^2}{4}}$$

que é a equação de uma elípse.

EXERCÍCIOS PROPOSTOS

1. Considere duas molas 1 e 2 de constantes K_1 e K_2, sendo $K_1 > K_2$. Nas extremidades das molas, estão presas massas iguais. Quando postas em oscilação, a razão entre os seus períodos é uma relação entre suas constantes. Calcule essa razão.

Resposta

$$\sqrt{\frac{K_2}{K_1}}$$

Uma vibração senoidal satisfaz, no S.I. à função:

$$x = 2\cos\left(\frac{\pi}{20}\,t + \frac{\pi}{2}\right)$$

2. Determine o período na equação acima.

Resposta

$T = 40$ s

3. Determine a elongação quando $t = 1$ s.

4. Determine a velocidade quando $t = 1$ s.

5. Determine a aceleração quando $t = 1$ s.

6. Um móvel em MHS, possui a equação $x = 4\cos\frac{\pi}{6}\,t$. Calcule a velocidade do móvel quando a sua elongação valer 2 cm.

Resposta

$$\frac{\pi\sqrt{3}}{3}\ \text{cm/s}$$

7. Calcule a amplitude e o período de um MHS, sabendo-se que sua velocidade máxima vale $\frac{\pi}{5}$ cm e sua aceleração máxima vale $\frac{\pi^2}{75}$ cm/s^2.

Resposta

$T = 30$ s $R = 3$ cm.

8. Uma mola horizontal sofre um alongamento de 9 cm de seu estado de equilíbrio quando aplicamos sobre ela uma força de intensidade 3,6 N. Prende-se um corpo de 0,4 kg à sua extremidade. Afastado 12 cm de sua posição de equilíbrio ao longo de um plano horizontal sem atrito, e então abandonado, o corpo realiza um MHS. Nessas condições, pede-se:

a) A constante elástica da mola.
b) A força restauradora da mola.
c) O período de oscilação.
d) A amplitude de movimento.
e) A velocidade máxima do corpo.
f) A aceleração máxima do corpo.
g) A v, a aceleração, as energias potencial e cinética do corpo quando o mesmo se encontra a meio caminho entre a sua posição inicial e a posição de equilíbrio.
h) A energia mecânica do sistema.
i) A função horária do movimento.

Respostas

a) 40 N	g) $v = 1{,}04$ m/s
b) $-4{,}8$ N	$a = -6$ m/s^2
c) $\frac{\pi}{5}$ s	$E_C = 21{,}6$ J
	$E_P = 0{,}072$ J
d) 0,12 m	
e) $v_{máx} = 1{,}2$ m/s	h) $E_M = 0{,}288$ J
f) $a_{máx} = 12$ m/s^2	i) $x = 0{,}12\cos 10\,t$.

9. Determine a trajetória de um elétron num tubo de TV. Sabe-se que tal elétron possui as equações de posição:

$x = A\cos\omega t$

$y = A\cos(\omega t + \alpha)$ e que o ângulo $\alpha = 0°$.

Resposta

Uma reta.

10. Idem para $\alpha = 90°$.

Resposta

Uma circunferência.

3. ONDAS – MOVIMENTO ONDULATÓRIO

Um dos desenvolvimentos mais importantes da Física do Século XX foi a descoberta de que toda a matéria é dotada de propriedades ondulatórias e que um feixe de elétrons, por exemplo, é refletido por um cristal da mesma maneira que um feixe de Raios X.

O estudo do movimento ondulatório, é intimamente relacionado com o movimento harmônico. Quando uma onda se propaga em uma substância material, cada partícula da substância oscila em torno de sua posição de equilíbrio, de modo que devemos lidar com vibrações de um grande número de partículas, em vez de apenas uma.

Quando a vibração é perpendicular à direção de propagação da onda, esta recebe o nome de transversal. Se oscila na direção de propagação, a onda recebe o nome de longitudinal. Supondo que a extremidade de um meio é forçada a vibrar periodicamente, o deslocamento y (transversal ou longitudinal) variando com o tempo de acordo com a equação do movimento harmônico simples:

$$y = \begin{cases} A \text{ sen } \omega t \\ \text{ou} \\ A \cos \omega t, \text{ admitido a fase inicial nula.} \end{cases}$$

Durante metade de um ciclo, há um deslocamento num sentido através do meio e, durante a outra metade, um deslocamento no sentido oposto. A série de perturbações contínuas resultante, propagando-se com uma velocidade que depende das propriedades do meio é chamada onda.

a) *A representação matemática de uma onda que se propaga*

Suponhamos que uma onda de qualquer natureza esteja se propagando da esquerda para a direita, num certo meio. Comparemos o movimento de qualquer partícula do meio com o de outra à sua direita. Verifica-se que a segunda se move da mesma maneira que a primeira, mas depois de um certo intervalo de tempo que cresce com a distância que a separa da primeira. Daí, se uma extremidade de uma corda esticada oscila com MHS, todos os outros pontos oscilam também com MHS de mesma amplitude e freqüência. O ângulo de fase do movimento entretanto, é diferente para pontos diferentes.

Seja o deslocamento de uma partícula na origem dada por

$$x = A \cos \omega t$$

O deslocamento de uma partícula à direita da origem retarda de um certo ângulo ϕ em relação ao deslocamento da partícula na origem. Isto é:

$$x = A \cos (\omega t - \phi)$$

O ângulo ϕ representa ângulo de atraso ϕ é proporcional à distância, à origem, ou seja, à sua coordenada x:

$$\phi = K x$$

onde K é constante de propagação. Daí, para tal partícula

$$\boxed{x = A \cos (\omega t - Kx)}$$

Essa equação, representa uma onda propagando-se para a direita. Se a onda se propaga para a esquerda, partículas à direita da origem estarão avançadas em relação à partícula na origem, e a equação da onda torna-se:

$$x = A \cos (\omega t + Kx)$$

Quando uma partícula está à uma distância de 1 comprimento de onda da origem, ela vibra em fase com a partícula da origem. Ela está, então, atrasada ou avançada de um ângulo $\phi = 2\pi$. Pondo na equação x como comprimento de onda λ, vem:

$$x = A \cos (\omega t \pm Kx),$$

$$x = A \cos (\omega t \pm K\lambda),$$

Como $\phi = 2\pi$ e $\phi = Kx$, ou

$\phi = K\lambda$, vem

$$2\pi = K\lambda \text{ ou}$$

$$K = \frac{2\pi}{\lambda}$$

Sendo $\omega = \frac{2\pi}{T} = 2\pi f$, a equação da onda que se propaga, pode ser escrita

$$\boxed{x = A \cos \left(\frac{2\pi}{T} \pm \frac{x}{\lambda}\right)}$$

Esta equação é uma das mais importantes expressões de toda a Física. É chamada equação de onda.

b) *Comprimento de onda*

Suponha que uma perturbação se propague num meio, ao longo de uma direção x, que sejam P_1 e P_2 dois pontos do meio, atingidos pela perturbação. Seja x_1 a abscissa de P_1 e x_2 a abscissa de P_2.

Podemos escrever:

$$P_1 \ \{y_1 = A \cos 2\pi \left(\frac{t}{T} - \frac{x_1}{TV}\right)$$

$$P_2 \ \{y_2 = A \cos 2\pi \left(\frac{t}{T} - \frac{x_2}{TV}\right)$$

As fases de P_1 e P_2 são respectivamente:

$$2\pi \left(\frac{t}{T} - \frac{x_1}{TV}\right) \quad ; \quad 2\pi \left(\frac{t}{T} - \frac{x_2}{TV}\right)$$

A diferença de fases é $\Delta\varphi$. Seu valor é:

$$\Delta\varphi = 2\pi \left(\frac{t}{T} - \frac{x_1}{TV}\right) - 2\pi \left(\frac{t}{T} - \frac{x_2}{TV}\right)$$

$$\Delta\varphi = \frac{2\pi t}{T} - \frac{2\pi x 1}{TV} - \frac{2\pi t}{T} + \frac{2\pi x 2}{TV},$$

ou

$$\Delta\varphi = \frac{2\pi}{TV} (x_2 - x_1), \text{ suposto } x_2 > x_1$$

Os pontos P_1 e P_2 estando em concordância de fase, $\Delta\varphi$ é um múltiplo inteiro de 2π, ou seja quando $\Delta\varphi = 2K\pi$, sendo K = 1, 2, 3, ...
Podemos escrever, pois:

$$\frac{2\pi}{TV} (x_2 - x_1) = 2K\pi \quad (K = 1, 2, 3, \ldots)$$

ou
$$\frac{x_2 - x_1}{TV} = K$$

$$x_2 - x_1 = K\,TV$$

Para K = 1, teremos
$$x_2 - x_1 = Tv$$

que representa a menor distância entre dois pontos em concordância de fase. Lembrando que v é constante, percebe-se facilmente que $x_2 - x_1$ é a distância percorrida pela onda no intervalo de tempo igual ao período da onda. Essa distância, recebe o nome de comprimento de onda e é indicada pela letra grega λ (lambda).

$$\lambda = x_2 - x_1 = v\,T\,. \rightarrow \quad \boxed{\lambda = v\,T}$$
P

Propriedades importantes do comprimento de onda.

1ª O comprimento de onda λ é a menor distância entre os dois pontos que estão em concordância de fase.

2ª O comprimento de onda λ é igual à distância percorrida pela onda durante um período: $\lambda = v\,T$.

3ª Se os pontos P_1 e P_2 estão em oposição de fase, então a diferença de fase $\Delta\varphi$ é um múltiplo ímpar de π. Portanto, quando há posição de fase, temos:

$\Delta\varphi = (2K - 1)\pi$ sendo K = 1, 2, 3, ...

Podemos escrever então:

$$\frac{2\pi}{TV}(x_2 - x_1) = (2K - 1)\pi,$$

$$x_2 - x_1 = (2K - 1)\frac{Tv}{2},$$

$$x_2 - x_1 = (2K - 1)\frac{\lambda}{2}$$
E

Esta fórmula dá a distância entre dois pontos que estão em oposição de fase.

Para K = 1, temos:

$$x_2 - x_1 = \frac{\lambda}{2}$$

Para K = 2, temos:

$$x_2 - x_1 = \frac{3\lambda}{2}$$ e assim sucessivamente.

c) *Estudo de Pulsos*

Se num meio homogêneo e isótropo por um motivo qualquer houver modificação das propriedades físicas de uma região ou de um ponto qualquer desse meio, diz-se que no ponto ou na região considerada ocorreu uma perturbação.

A região onde se origina a perturbação que será propagada recebe o nome de fonte de onda. Quando uma fonte emite perturbações não periódicas ou não contínuas, temos as ondas isoladas ou pulsos.

Os pulsos podem ser: transversais ou longitudinais

Pulsos transversais

Num fio flexível e homogêneo esticado horizontalmente se houver deslocamento do extremo do fio perpendicularmente, dará lugar a uma perturbação que se propaga, ao longo desse fio. Essa perturbação é uma onda isolada ou um *pulso*. A velocidade com que a perturbação se propaga ao longo do fio é constante. Cada ponto do fio atingido pelo pulso reproduz a perturbação ocorrida na fonte com um atraso que é tanto maior quanto maior for a distância do ponto considerado à fonte.

Velocidade de propagação – Transversal:

Seja um fio mantido esticado sob tensão $\vec{T}$ conforme abaixo:

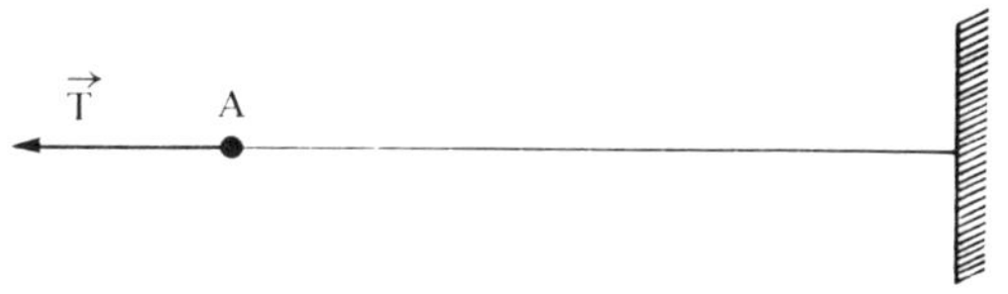

Aplicando-se uma força $\vec{F}$ perpendicularmente à direção da corda, dará origem a um pulso transversal que se propagará ao longo da corda com velocidade constante v. Ao ser aplicada a força $\vec{F}$, temos a origem da marcação do tempo. Sob a ação da força $\vec{F}$, a extremidade A se movimentará com a velocidade u.

Com a ação da força $\vec{F}$, teremos as fases:

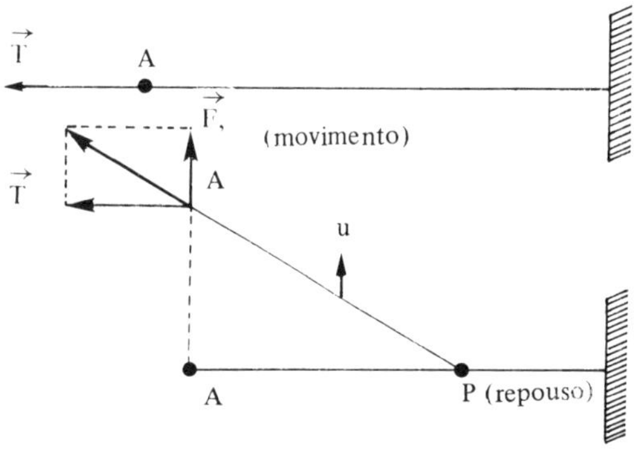

O ponto P separa duas partes da corda, no instante t, de tal forma que a parte à esquerda está em movimento com a velocidade u e a parte à direita está em repouso. Logo, conclui-se que:

$AA' = u\,t$
$AP = v\,t$

Pela semelhança dos triângulos, teremos:

$$\frac{F}{T} = \frac{AA'}{AP} = \frac{u\,t}{v\,t} = \frac{u}{v}$$

daí, $F = \frac{u}{v}\,T$

Usando a definição do impulso,
$$I = F\,.\,t$$
teremos:
$$I = \frac{u}{v}\,.\,T\,.\,t$$

Aplicando a densidade,

$$d = \frac{m}{V}$$

Considerando o comprimento do fio igual a ℓ,

teremos $d = \dfrac{m}{\ell}$, a densidade linear, e

$m = d\ell$.

Lembrando que ℓ = comprimento = v t, ficaremos com:

$m = v \,.\, t \,.\, d$

Por aplicação do teorema do impulso,

$I = \Delta Q \rightarrow I = Q$, onde $Q_O = 0$,

$I = m\,v$.

Alertando que a parte do fio deslocado é a parte A A' e esta possui a velocidade u, então,

$I = m\,u \equiv v\,t\,d\,.\,u$

Mas, $I = \dfrac{u}{v}\, T\, d$, então $\quad v\,t\,d\,.\,u = \dfrac{u}{v}\,.\,T\,.\,t$

que finalmente dará

$$v^2 = \frac{T}{d} \quad \text{ou}$$

$$\boxed{v = \sqrt{\frac{T}{d}}}$$

VELOCIDADE DE PROPAGAÇÃO - LONGITUDINAL

Considerando um tubo de secção transversal A, que contém fluido de massa específica (ou densidade) d, submetida a uma pressão P.

Figura 1

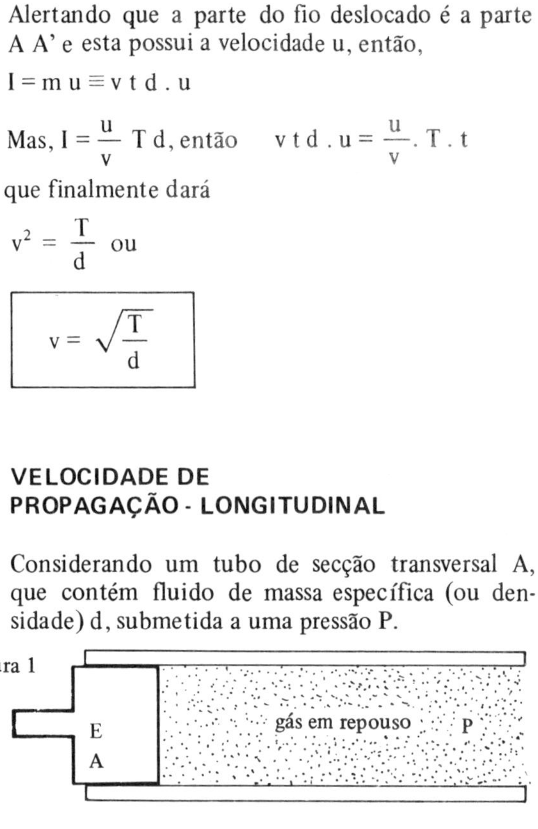

E = êmbolo
P = pressão a que está submetido o gás
A = secção transversal do tubo

O êmbolo movimentando-se para a direita, cria uma perturbação com a velocidade v. A velocidade do êmbolo é u.

No instante genérico t, o êmbolo terá se deslocado de uma distância u t, enquanto a região de separação S ou fronteira, terá percorrido a distância v t.

Figura 2

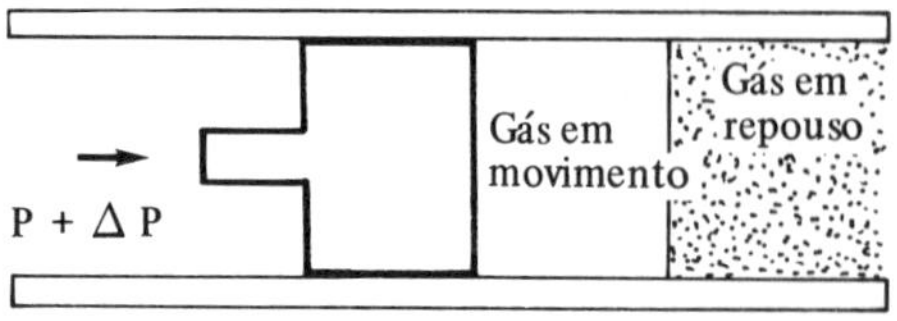

S = região de separação ou fronteira

A fronteira S movimenta-se para a direita com velocidade constante v, que é a velocidade de propagação da perturbação. A situação do conjunto t segundos após o início do movimento do êmbolo E, é ilustrado na Figura 2. No instante genérico t, o êmbolo terá se deslocado de uma distância u t, enquanto a fronteira S percorrerá a distância v t.

Para calcular a velocidade v, calcula-se primeiro a pressão ΔP ocorrida em conseqüência do deslocamento do êmbolo, até o instante t. Para isso, recorremos à definição do módulo de compressibilidade E. Por definição. E vale:

$$E = V\,\frac{\Delta P}{\Delta V}$$

onde

V = volume

ΔP = variação de pressão correspondente à variação de volume ΔV

E é isotérmico se ΔP e ΔV ocorrer sem variação de temperatura.

E é adiabático se a variação ocorrer sem troca de calor.

O fluido em movimento, ocupará um volume dado por A v t. Chamemos de V esse volume (V = A v t).

Devido ao movimento do êmbolo, este volume V sofre a variação passando a ΔV. O valor de ΔV será:

$\Delta V = A\,u\,t$

O módulo de compressibilidade E, será dado por:

$$E = V\,\frac{\Delta P}{\Delta V}\ , \text{ou}$$

$$E = A\,v\,t\,\frac{\Delta P}{A\,u\,t} \quad \text{e}$$

$$\Delta P = \frac{E\,.\,A\,u\,t}{A\,v\,t} = E\,\frac{u\,t}{v\,t} = E\,\frac{u}{v}$$

A força que age sobre o fluido em movimento vale pela hidrostática,

$\Delta F = A\,.\,\Delta P$, (lembrando que $P = \dfrac{F}{A}$

Pela definição de impulso,

$I = \Delta F\,.\,t$, ou

$I = (\Delta P\,.\,A\,.\,t)$

pelo teorema do impulso, temos:

$I = \Delta Q \quad$ e

$\Delta P\,A\,t = \Delta Q = \Delta m\,v$

Pela definição de massa específica (ou densidade)

$d = \dfrac{m}{V}$, no caso $\quad d = \dfrac{\Delta m}{\Delta V}$

e Δ m = d Δ V. Colocando na expressão dada por:
$\Delta P A t = \Delta m v$, teremos:

$\Delta P A t = d \Delta V v$

Mas

$\Delta P = E \frac{u}{v}$ e

$\Delta V = A u t$, ficaremos com:

$E \frac{u}{v} A t = d A . u . t . v$

$\frac{E}{v} = d v \rightarrow E = d v^2$

$v^2 = \frac{E}{d}$ ou

$$v = \sqrt{\frac{E}{d}}$$

onde

E = módulo de compressibilidade

d = densidade

Quando o pulso longitudinal se propaga ao longo de uma barra, a expressão passa a ser escrita da forma

$v = \sqrt{\frac{Y}{d}}$,

onde Y = módulo de Young do material.

9. ONDAS PERIÓDICAS

Consideremos duas fontes F_1 e F_2 num meio homogêneo e as fontes emitam ondas de mesma freqüência e vibrando em concordância de fases. Seja P um ponto deste meio, e P é atingido simultaneamente pelas ondas de F_1 e F_2. O comportamento do ponto P é baseado no princípio da superposição das perturbações:

"A perturbação no ponto P em qualquer instante é a soma das perturbações que atingiriam esse ponto se cada fonte existisse isoladamente."

Quando as fontes agem simultaneamente em P, a perturbação nesse instante considerado será $y = y_1 + y_2$. Neste caso, as grandezas associadas às perturbações podem ser escalares ou vetoriais.

Admitindo um sistema bidimensional, e sejam y_1 a onda oriunda de F_1 e y_2 a onda oriunda de F_2. De forma que as equações são:

$y_1 = A_1 \cos 2\pi \left(\frac{t}{T} - \frac{x_1}{\lambda}\right)$ e

$y_2 = A_2 \cos 2\pi \left(\frac{t}{T} - \frac{x_2}{\lambda}\right)$,

onde A_1 e A_2 = amplitudes.
x_1 e x_2 = distâncias de P à fontes F_1 e F_2.

Em P, teremos:

$y = y_1 + y_2$

$y = A_1 \cos 2\pi \left(\frac{t}{T} - \frac{x_1}{\lambda}\right) + A_2 \cos 2\pi \left(\frac{t}{T} - \frac{x_2}{\lambda}\right)$

$y = A_1 \cos \frac{2\pi t}{T} \left(- \frac{2\pi x_1}{\lambda}\right) +$

$+ A_2 \cos \left(\frac{2\pi t}{T} - \frac{2\pi x_2}{\lambda}\right)$

$y = A_1 \left(\cos \frac{2\pi t}{T} . \cos \frac{2\pi x_1}{\lambda} +\right.$

$\left. + \operatorname{sen} \frac{2\pi t}{T} . \operatorname{sen} \frac{2\pi x_1}{\lambda}\right) +$

$+ A_2 \left(\cos \frac{2\pi t}{T} \cos \frac{2\pi x_2}{\lambda} +\right.$

$\left. + \operatorname{sen} \frac{2\pi t}{T} \operatorname{sen} \frac{2\pi x_1}{\lambda}\right)$

$y = A_1 \cos \frac{2\pi t}{T} \cos \frac{2\pi x_1}{\lambda} +$

$+ A_1 \operatorname{sen} \frac{2\pi t}{T} \operatorname{sen} \frac{2\pi x_1}{\lambda} +$

$+ A_2 \cos \frac{2\pi t}{T} \cos \frac{2\pi x_2}{\lambda} +$

$+ A_2 \operatorname{sen} \frac{2\pi t}{T} \operatorname{sen} \frac{2\pi x_1}{\lambda}$

reunindo os termos em cos e senos comuns, teremos:

$y = \cos \frac{2\pi t}{T} \left(A_1 \cos \frac{2\pi x_1}{\lambda} +\right.$

$\left. + A_2 \cos \frac{2\pi x_2}{\lambda}\right) + \operatorname{sen} \frac{2\pi t}{T} +$

$+ \left(A_1 \operatorname{sen} \frac{2\pi x_1}{\lambda} + A_2 \operatorname{sen} \frac{2\pi x_2}{\lambda}\right)$,

Fazendo

$$A_1 \cos \frac{2\pi x_1}{\lambda} + A_2 \cos \frac{2\pi x_2}{\lambda} = A \cos \varphi \ ,$$

e

$$A_1 \operatorname{sen} \frac{2\pi x_1}{\lambda} + A_2 \operatorname{sen} \frac{2\pi x_2}{\lambda} = A \operatorname{sen} \varphi \ ,$$

teremos:

$$y = \cos \frac{2\pi t}{T} . A \cos \varphi + \operatorname{sen} \frac{2\pi t}{T} A \operatorname{sen} \varphi,$$

$$y = A (\cos \frac{2\pi t}{T} \cos \varphi + \operatorname{sen} \frac{2\pi t}{T} \operatorname{sen} \varphi),$$

$$y = A \cos \frac{2\pi t}{T} - \varphi),$$

Sendo $\omega = \dfrac{2\pi}{T}$,

$$\boxed{y = A \cos (\omega t - \varphi)}$$

Esta equação mostra que o ponto P é obrigado a realizar um MHS em torno de sua posição de equilíbrio. Mas, as fontes ao emitirem as perturbações que atingem P, também realizam MHS em torno de suas posições de equilíbrio.

Interpretações dos elementos A e φ

Os valores:

$$A_1 \operatorname{sen} \frac{2\pi x_1}{\lambda} + A_2 \operatorname{sen} \frac{2\pi x_2}{\lambda} = A \operatorname{sen} \varphi$$

$$A_1 \cos \frac{2\pi x_1}{\lambda} + A_2 \cos \frac{2\pi x_2}{\lambda} = A \cos \varphi,$$

ao elevar ao quadrado, teremos:

$$(A \operatorname{sen} \varphi)^2 = (A_1 \operatorname{sen} \frac{2\pi x_1}{\lambda} + A_2 \operatorname{sen} \frac{2\pi x_2}{\lambda})^2,$$

$$(A \cos \varphi)^2 = (A_1 \cos \frac{2\pi x_1}{\lambda} + A_2 \cos \frac{2\pi x_2}{\lambda})^2,$$

$$A^2 \operatorname{sen}^2 \varphi = A_1{}^2 \operatorname{sen}^2 \frac{2\pi x_1}{\lambda} +$$

$$+ A_2{}^2 \operatorname{sen}^2 \frac{2\pi x^2}{\lambda} +$$

$$+ \ 2 A_1 \operatorname{sen} \frac{2\pi x_1}{\lambda} A_2 \operatorname{sen} \frac{2\pi x_2}{\lambda},$$

$$A^2 \cos^2 \varphi = A_1{}^2 \cos \frac{2\pi x_1}{\lambda} +$$

$$+ A_2{}^2 \cos^2 \frac{2\pi x_2}{\lambda} + 2 A_1 \cos \frac{2\pi x_1}{\lambda} .$$

$$. A_2 \cos \frac{2\pi x_2}{\lambda},$$

Somando-se,

$$A^2 \operatorname{sen}^2 \varphi + A^2 \cos^2 \varphi = A_1{}^2 \operatorname{sen}^2 \frac{2\pi x_1}{\lambda} +$$

$$+ A_1{}^2 \cos^2 \frac{2\pi x_1}{\lambda} + A_2{}^2 \operatorname{sen}^2 \frac{2\pi x_2}{\lambda} +$$

$$+ A_2{}^2 \cos^2 \frac{2\pi x_2}{\lambda} +$$

$$+ 2 A_1 A_2 \operatorname{sen} \frac{2\pi x_1}{\lambda} \operatorname{sen} \frac{2\pi x_2}{\lambda} +$$

$$+ 2 A_1 A_2 \cos \frac{2\pi x_1}{\lambda} \cos \frac{2\pi x_2}{\lambda},$$

$$A^2 (\operatorname{sen}^2 \varphi + \cos^2 \varphi) = A_1{}^2 (\operatorname{sen}^2 \frac{2\pi x_1}{\lambda} +$$

$$+ \cos^2 \frac{2\pi x_1}{\lambda}) + A_2{}^2 (\operatorname{sen}^2 \frac{2\pi x^2}{\lambda} +$$

$$+ \cos^2 \frac{2\pi x_2}{\lambda}) +$$

$$+ 2 A_1 A_2 (\operatorname{sen} \frac{2\pi x_1}{\lambda} \operatorname{sen} \frac{2\pi x_2}{\lambda} +$$

$$+ \cos \frac{2\pi x_1}{\lambda} \cos \frac{2\pi x_1}{\lambda} \cos \frac{2\pi x_2}{\lambda},$$

ou

$$A^2 = A_1{}^2 + A_2{}^2 + 2 A_1 A_2 (\operatorname{sen} \frac{2\pi x_1}{\lambda}$$

$$\operatorname{sen} \frac{2\pi x_2}{\lambda} + \cos \frac{2\pi x_1}{\lambda} \cos \frac{2\pi x_2}{\lambda},$$

$$A^2 = A_1{}^2 + A_2{}^2 + 2 A_1 A_2$$

$$\cos \frac{2\pi x_1}{\lambda} - \frac{2\pi x_2}{\lambda},$$

que pode ser escrita por:

$$A^2 = A_1{}^2 + A_2{}^2 + 2 A_1 A_2 \cos \frac{2\pi}{\lambda} (x_1 - x_2)$$

Temos que considerar dois casos:

1º caso

$x_1 - x_2$ é tal que $\cos \dfrac{2\pi}{\lambda} (x_1 - x_2) = 1$

Resulta

$$A^2 = A_1{}^2 + A_2{}^2 + 2 A_1 A_2 .$$

$$A^2 = (A_1 + A_2)^2 \rightarrow A = \sqrt{(A_1 + A_2)^2} \quad \boxed{A = A_1 + A_2}$$

No ponto P, a amplitude resultante vale a soma das ondas que atingem simultaneamente P. Esse é o caso da interferência construtiva. A solução da equação

$\cos \dfrac{2\pi}{\lambda} (x_1 - x_2) = 1$ é dada por:

$$\frac{2\pi}{\lambda} (x_1 - x_2) = 2 K \pi$$

Para haver interferência construtiva em P, devemos ter

$x_1 - x_2 = K\lambda$, com $K = 0; \pm 1; \pm 2; \pm 3, \ldots$

O módulo de $x_1 - x_2$ designa-se por Δx e recebe o nome de diferença de percurso.

2º caso

$x_1 - x_2$ é tal que $\cos \frac{2\pi}{\lambda}(x_1 - x_2) = -1$

Resulta

$A^2 = A_1^2 + A_2^2 - 2 A_1 A_2$

$A^2 = (A_1 - A_2)^2$ $\boxed{A = A_1 - A_2}$

No ponto P, a amplitude resultante vale a diferença das amplitudes das ondas que atingem simultaneamente P. Esse é o caso da interferência destrutiva. A equação

$$\cos \frac{2\pi}{\lambda}(x_1 - x_2) = -1$$

tem como solução

$$\frac{2\pi}{\lambda}(x_1 - x_2) = (2K + 1)\pi.$$

Para haver interferência destrutiva em P, devemos ter,

$\Delta x = (2K + 1)\frac{\lambda}{2}$, com $K = 0, +1, +2, +3, \ldots$

Observação

Os resultados acima aproximados, valem para as ondas sonoras.

10. ONDAS ESTACIONÁRIAS

Quando um trem contínuo de ondas chega em uma extremidade fixa de uma corda, surge nessa extremidade um trem contínuo de ondas refletidas, propagando-se no sentido oposto. Desde que o limite elástico da corda não seja ultrapassado e que os deslocamentos sejam suficientemente pequenos, o deslocamento real de qualquer ponto da corda será a soma algébrica dos deslocamentos das ondas individuais. Esse é o chamado princípio da superposição, extremamente importante em todos os tipos de movimento ondulatório. Aplicado não somente a ondas na corda, mas também às ondas sonoras no ar, às ondas luminosas e, de fato, a qualquer movimento ondulatório. O termo geral interferência aplica-se ao efeito produzido por dois (ou mais) conjuntos de trens de ondas que estejam passando simultaneamente através de uma dada região.

O aspecto da corda nessas circunstâncias não evidencia que duas ondas estejam se propagando em sentidos opostos. Se a freqüência for tão grande que o olho não possa seguir o movimento, a corda aparece subdividida em vários segmentos. A qualquer instante (exceto aqueles que a corda aparece reta), a sua forma é uma curva senoidal, mas enquanto numa onda que se propaga a amplitude permanece constante, aqui a forma da onda permanece fixa em posição (longitudinal), enquanto a amplitude flutua. Certos pontos, conhecidos como nodos, permanecem sempre em repouso. Entre esses pontos, no meio, nos chamados ventres ou antínodos, as flutuações são máximas. A vibração como um todo é chamada de onda estacionária.

As figuras acima, representam as ondas estacionárias numa corda esticada.

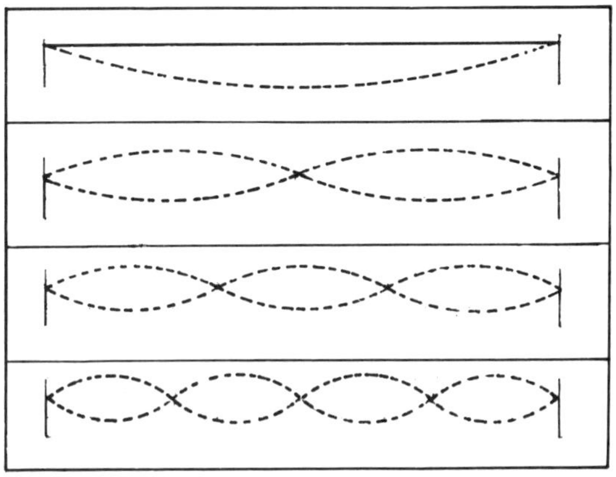

A equação de uma onda estacionária pode ser obtida adicionando-se os deslocamentos de duas ondas de igual amplitude, período e comprimento de onda, mas propagando-se em sentidos opostos.

Assim, se:

$y_1 = A \operatorname{sen}(\omega t - Kx)$ (sentido dos x positivos)

$y_2 = -A \operatorname{sen}(\omega t + Kx)$ (sentido dos x negativo)

então:

$y_1 + y_2 = A \operatorname{sen}(\omega t - Kx) + [-A \operatorname{sen}(\omega t + Kx)]$

$y_1 + y_2 = A[\operatorname{sen}(\omega t - Kx)] - A[\operatorname{sen}(\omega t + Kx)]$

$y_1 + y_2 = A[\operatorname{sen}\omega t \cos Kx - \operatorname{sen} Kx \cos \omega t] - A[\operatorname{sen}\omega t \cos Kx + \operatorname{sen} Kx \cos \omega t]$

$y_1 + y_2 = A \operatorname{sen}\omega t \cos Kx - A \operatorname{sen} Kx \cos \omega t - A \operatorname{sen}\omega t \cos Kx - A \operatorname{sen} Kx \cos \omega t$

$y_1 + y_2 = -A \operatorname{sen} Kx \cos \omega t - A \operatorname{sen} Kx \cos \omega t$

$y_1 + y_2 = -2A \operatorname{sen} Kx \cos \omega t$, que pode ser escrita na forma:

$y_1 + y_2 = -2[A \cos \omega t] \operatorname{sen} Kx$

A forma da corda em cada instante é, assim, uma curva senoidal cuja amplitude (expressão em colchetes) varia com o tempo.

$$\boxed{y = 2\,y\,(\cos \omega\, t)\,\text{sen}\, Kx}$$

Nas ondas estacionárias, a amplitude de vibração de um ponto P depende da distância de P à fonte da onda. Ao longo da direção de propagação, existem pontos em que a amplitude é máxima – esses pontos são os chamados ventrais. A sucessão desses pontos formam as linhas ventrais – e os pontos em que a amplitude é nula – esses pontos são os chamados nós ou nodos. A sucessão desses pontos formam as linhas nodais.

A mesma equação das ondas estacionárias, quando deduzidas em função do cos, ficará:

$$y = 2\,y \cos \frac{2\pi x}{\lambda} \cdot \cos \frac{2\pi t}{T}$$

Demonstração

Sejam $y_1 = y \cos\left(\frac{2\pi t}{T} - \frac{2\pi x}{\lambda}\right)$ a onda incidente

e

$y_2 = y \cos\left(\frac{2\pi t}{T} + \frac{2\pi x}{\lambda}\right)$ a onda refletida.

$$y = y_1 + y_2$$

$$y = y \cos\left(\frac{2\pi t}{T} - \frac{2\pi x}{\lambda}\right) + y \cos \frac{2\pi t}{T} + \frac{2\pi x}{\lambda}$$

$$y = y \cos \frac{2\pi t}{T} \cos \frac{2\pi x}{\lambda} +$$

$$+\ y\,\text{sen} \frac{2\pi t}{T}\,\text{sen} \frac{2\pi x}{\lambda} +$$

$$+\ y \cos \frac{2\pi t}{T} \cos \frac{2\pi x}{\lambda} -$$

$$-\ y\,\text{sen} \frac{2\pi t}{T}\,\text{sen} \frac{2\pi x}{\lambda} =$$

$$y = y \cos \frac{2\pi t}{T} \cdot \cos \frac{2\pi x}{\lambda} +$$

$$+\ y \cos \frac{2\pi t}{T} \cos \frac{2\pi x}{\lambda} =$$

$$y = 2\,y \cos \frac{2\pi t}{T} \cos \frac{2\pi x}{\lambda} \quad \text{ou}$$

$$\boxed{y = 2\,y \cos \frac{2\pi x}{\lambda} \cos \frac{2\pi t}{T}}$$

que é a mesma equação da onda solitária.

Ventres

Quando x é tal que

$$\cos \frac{2\pi x}{\lambda} = \pm 1,$$

ou seja, tal que

$$\frac{2\pi x}{\lambda} = K\pi \ (K = 0, \pm 1, \pm 2, \pm 3, \dots)$$

implica

$$\frac{2x}{\lambda} = K \rightarrow \boxed{x = K\,\frac{\lambda}{2}}$$

teremos os chamados pontos de ventres, ou anti-nó. Esses pontos, correspondem ao máximo valor absoluto da amplitude resultante. A dois valores consecutivos de K, conclui-se que a distância entre dois ventres é $\frac{\lambda}{2}$.

Nós

Quando x é tal que

$$\cos \frac{2\pi x}{\lambda} = 0$$

ou seja, tal que

$$\frac{2\pi x}{\lambda} = (2K + 1)\frac{\pi}{2} \ (K = 0, \pm 1, \pm 2, \pm 3, \dots)$$

que implica

$$\boxed{x = 2\,(K + 1)\,\frac{\lambda}{4}}$$

teremos os chamados pontos de nó. Nestes pontos, a amplitude da onda resultante é zero. A distância entre dois nós consecutivos é $\frac{\lambda}{2}$. Os ventres e os nós se alternam, e a distância entre um ventre e um nó mais próximo é $\frac{\lambda}{4}$.

•CORPOS VIBRANTES

CORDAS VIBRANTES

Seja uma corda AB de comprimento ℓ, presa pelos extremos A e B.

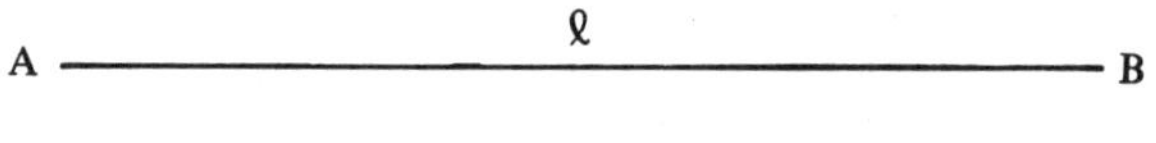

Se a corda for posta a vibrar, evidentemente os extremos fixos A e B serão pontos de nó, com as perturbações refletindo-se em A e B de modo a estabelecer um regime de ondas estacionárias na corda. Se houver apenas um ventre entre os dois nós, formando um fuso, teremos o chamado "nodo fundamental" de vibrar a corda (Figura da página seguinte).

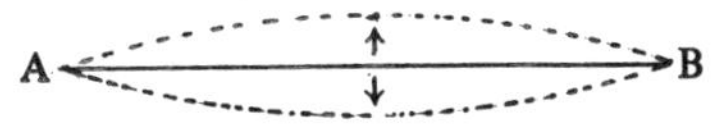

Se A e B são nós, então $\ell = \lambda_1/2$ e logo, $\lambda_1 = 2\,\ell$. Conclui-se que λ no modo fundamental é igual ao dobro do comprimento da corda.

Seja v a velocidade de propagação da onda ao longo da corda. Podemos então determinar a freqüência fundamental da onda no modo fundamental de vibrar:

$$\lambda_1 = \frac{v}{f_1} \rightarrow f_1 = \frac{v}{\lambda_1}\text{, como } \lambda_1 = 2\,\ell,$$

$$\boxed{f_1 = \frac{v}{2\,\ell}}$$

Se em vez de um único ventre, a corda apresentar dois ou mais ventres, teremos os nodos subseqüentes de vibrar na corda.

Os comprimentos e as freqüências correspondentes a esses nodos são obtidos de modo análogo. Por exemplo:

Para dois ventres entre os extremos:

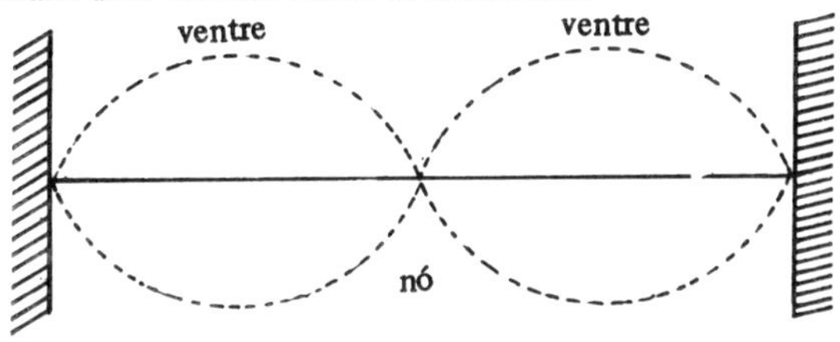

$$\ell = 2\,\frac{\lambda_2}{2} \rightarrow \ell = \lambda_2$$

$$f_2 = \frac{v}{\lambda_2} = \frac{v}{\ell} = 2\,\frac{v}{2\,\ell}$$

$$\boxed{f_2 = 2\,\frac{v}{2\,\ell}}$$

Para três nós entre os extremos:

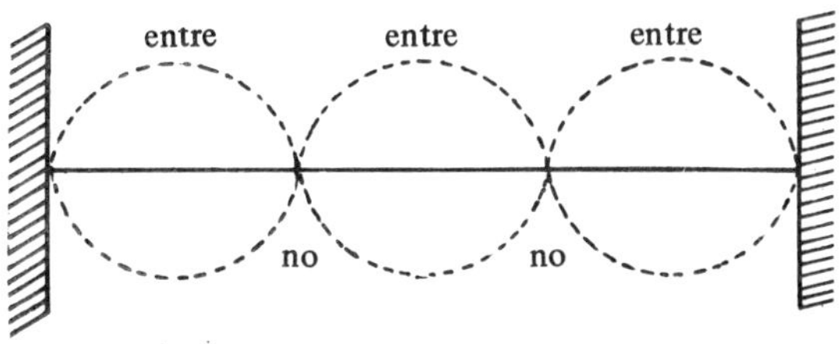

$$\ell = 3\,\frac{\lambda_3}{3}\,,\quad \lambda_3 = \frac{2\,\ell}{3}$$

$$f_3 = \frac{v}{\lambda_3} = \frac{v}{\frac{2\,\ell}{3}} = 3\,\frac{v}{2\,\ell}$$

$$\boxed{f_3 = 3\,\frac{v}{2\,\ell}}$$

Genericamente, para n ventres entre as extremidades, formando n nós, vale:

$$\ell = n\,\frac{\lambda n}{2}$$

$$\lambda n = \frac{2\,\ell}{n}$$

$$fn = \frac{v}{\lambda n}$$

$$\boxed{fn = n\,\frac{v}{2\,\ell}}$$

ou

$$\boxed{fn = \frac{n}{2\,\ell}\sqrt{\frac{T}{d_\ell}}}$$

onde

T = força tensora aplicada na corda

d_ℓ = densidade linear da corda

MODOS NORMAIS E FREQÜÊNCIA PRÓPRIA DE CORDA

Seja uma corda de comprimento L, esticada entre dois suportes fixos; exemplo: violino, piano etc. Estendendo-se no eixo x, de x = 0 a x = L, admitamos seja inicialmente deformada segundo a função y = f(x), a partir do repouso.

O movimento deverá satisfazer à equação diferencial (muito além deste livro).

$$\frac{d^2y}{dt^2} = \frac{T}{\mu}\,\frac{d^2y}{dx^2} = c^2\,\frac{d^2y}{dx^2}\,,$$

às condições limites (extremidade em repouso)
y = 0, quando x = 0 e x = L
e, finalmente, à condição inicial,
y = f(x), quando t = 0.

Ora a equação de uma onda estacionária
$y = Y \operatorname{sen} Kx \cdot \cos \omega t$,

$$y = Y \operatorname{sen}\left(\frac{2\pi}{\lambda}x\right)\ \cos\ \left(\frac{2\pi c}{\lambda}t\right)\,,$$

satisfaz à equação diferencial e a uma condição limite (y = 0, quando x = 0). Para atender à outra (y = 0, quando x = L), é preciso que

$$\frac{2\pi}{\lambda}\,L = \pi,\ 2\pi,\ 3\pi,\ \ldots\ldots$$

ou que

$$\lambda = 2\,L\,,\ \frac{2\,L}{2}\,,\ \frac{2}{3}\,L,\ \ldots\ldots$$

As figuras a, b, c e d, representam modos normais de vibração de uma corda esticada entre suportes rígidos.

modo fundamental ou 1º harmônico.

a) 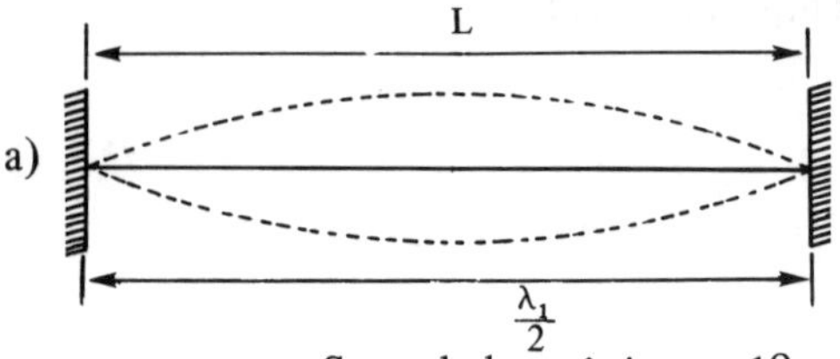

$\lambda_1 = 2\,L$

$\omega_1 = \pi\,\frac{c}{L}$

$f_1 = \frac{c}{2\,L}$

Segundo harmônico ou 1º sobretom.

b) 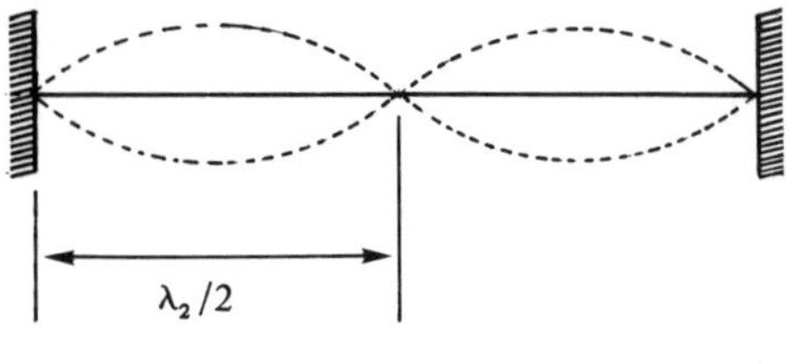

$\lambda_2 = \frac{2\,L}{2}$

$\omega_2 = 2\,\pi\,\frac{c}{L}$

$f_2 = 2\,\frac{c}{2\,L} = 2\,f_1$

Terceiro harmônico ou 2º Sobretom.

c) 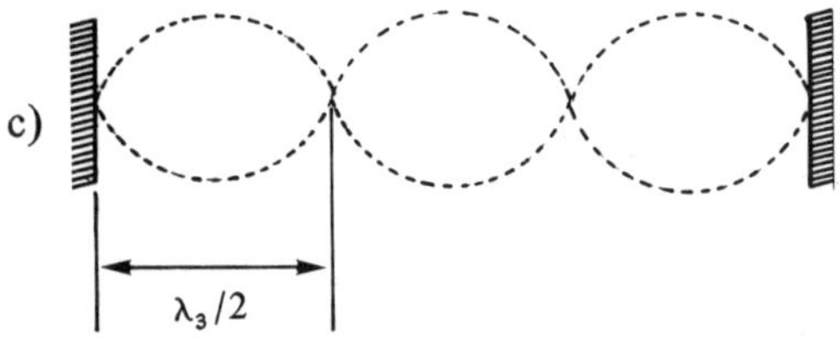

$\lambda_3 = \frac{2\,L}{3}$

$\omega_3 = 3\,\pi\,\frac{c}{L}$

$f_3 = 3\,\frac{c}{2\,L} = 3\,f_1$

Quarto harmônico 3º Sobretom.

$\lambda_4 = \frac{2\,L}{4}$ $\omega_4 = 4\,\pi\,\frac{c}{L}$ $f_4 = 4\,\frac{c}{2\,L} = 4\,f_1$

d) 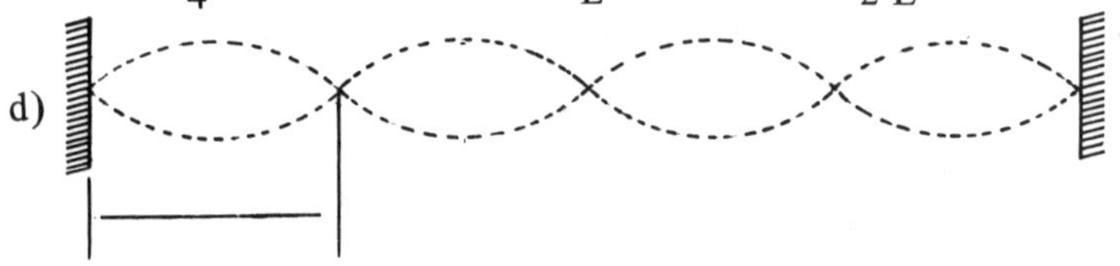

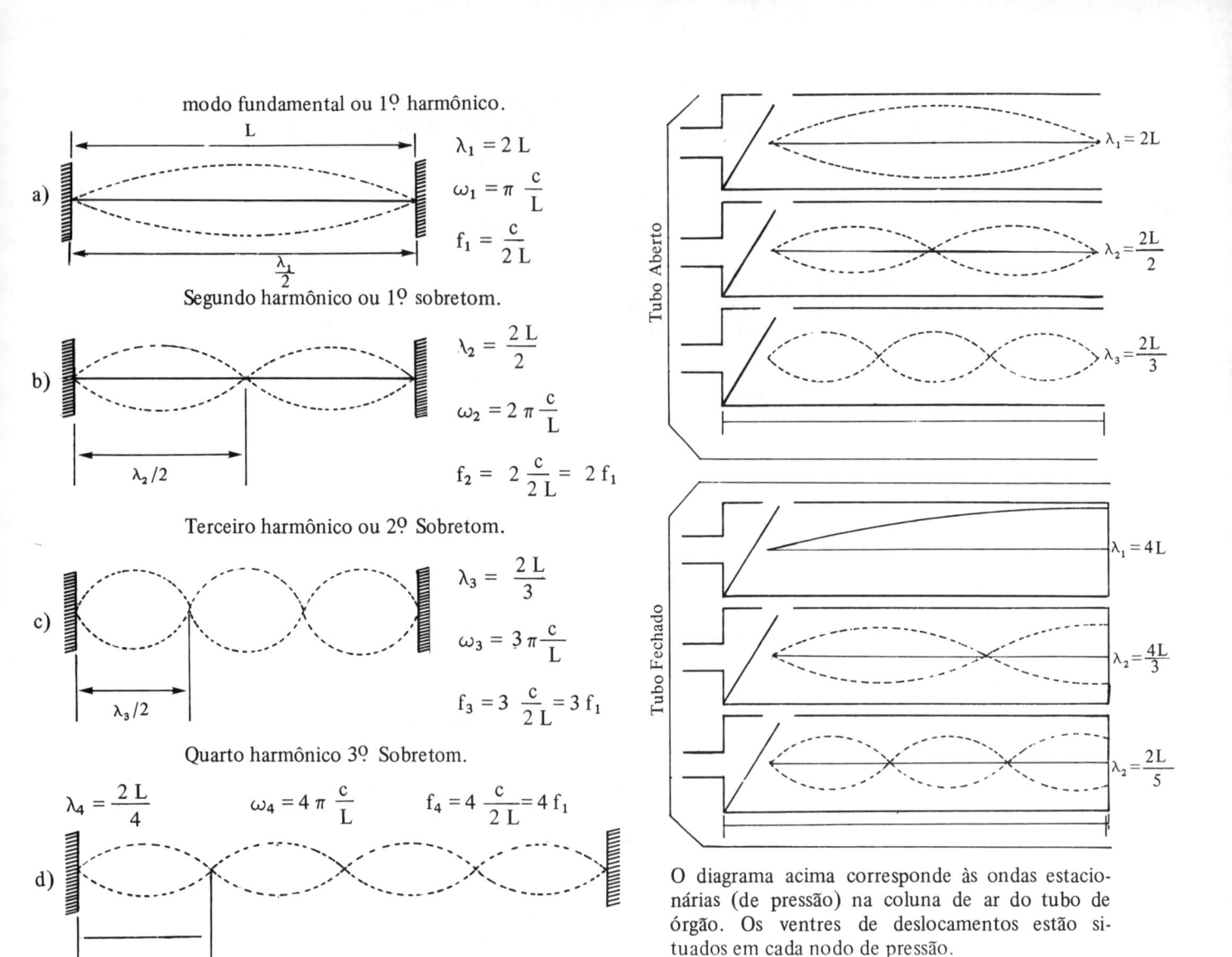

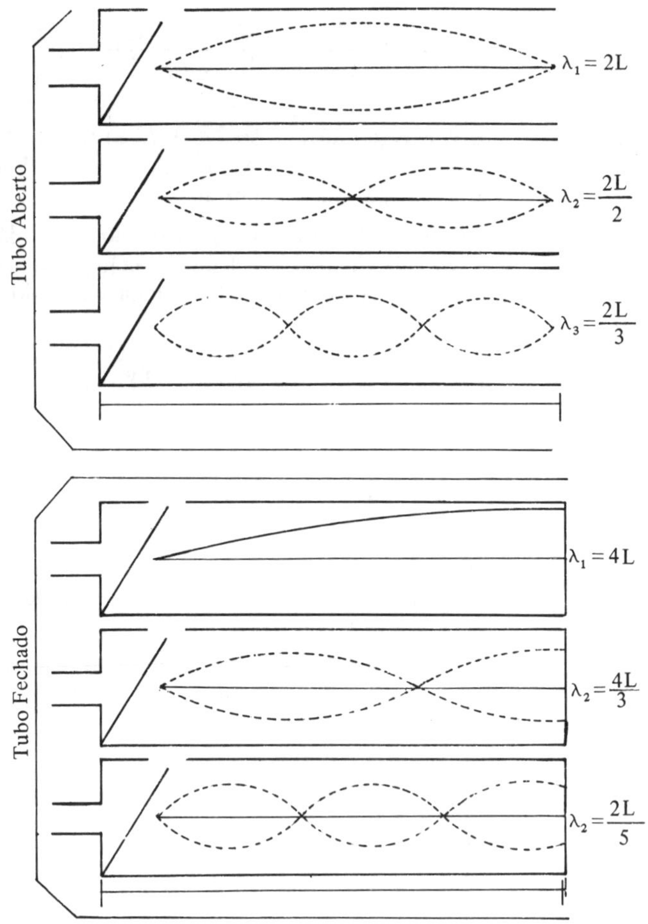

O diagrama acima corresponde às ondas estacionárias (de pressão) na coluna de ar do tubo de órgão. Os ventres de deslocamentos estão situados em cada nodo de pressão.

11. ONDAS SONORAS

1. INTRODUÇÃO

Uma onda mecânica resulta da deformação que ocorre numa região de um meio elástico. Inúmeras experiências mostram que tais deformações são conseqüências de movimentos mais ou menos rápidos de corpos, sendo esses movimentos geralmente vibratórios, mas não necessariamente periódicos.

Essas ondas mecânicas podem provocar num observador a chamada sensação auditiva. No entanto, é necessário que a freqüência seja pertencente ao intervalo entre 20 hertz a 20000 hertz. Portanto, onda sonora ou simplesmente som é a onda mecânica capaz de produzir a sensação auditiva no ser humano. O som não se propaga no vácuo, para isto, é necessário à propagação ser audível um meio material (ar por exemplo). As ondas sonoras ou ondas mecânicas com freqüências limitadas podem ser produzidas nos sólidos e nos fluidos. Nos sólidos, elas podem ser transversais ou longitudinais; enquanto que nos fluidos são somente longitudinais.

As ondas sonoras, possuem fenômenos importantes em particular as de compressão a céu aberto ou em sala fechada, que têm freqüências e intensidades capazes de produzir sensação de som, quando atingem o ouvido humano. O ramo da Física que cuida desses fenômenos é a Acústica e no sentido mais amplo, inclui não somente as ondas audíveis, massa de compressão em sólidos e líquidos, como também as ultrassônicas e subsônicas, de freqüências acima e abaixo dos limites da audição.

2. INTENSIDADE E NÍVEL DE INTENSIDADE

a) **Introdução**

A emissão de ondas sonoras por uma fonte sonora pode ocorrer de várias maneiras. Por exemplo: quando uma arma expele um projétil, criou-se um abalo audível: este som é chamado estampido.

Quando uma fonte sonora vibra periodicamente, os sons recebidos pelo observador são considerados sons musicais, que podem ser simples ou complexos.

Um som musical simples resulta de uma vibração harmônica. Um som musical complexo, resulta de uma vibração periódica mas não harmônica.

Quando a fonte emissora do som não vibra periodicamente, os sons recebidos pelo observador são considerados ruídos. Um objeto caindo no chão, uma porta que range são exemplos de ruídos.

A forma como o som é percebido é um critério bastante subjetivo, pois varia de pessoa para pessoa; entretanto, há um razoável consenso quanto à classificação genérica em sons musicais e ruídos.

As qualidades fisiológicas do som são:
altura,
intensidade e
timbre.

Altura

É a qualidade que nos leva a considerar um som como grave ou agudo.

A propriedade física que permite essa qualidade é a freqüência de vibração da fonte sonora. Um som é tanto mais agudo quanto maior a sua freqüência e será tanto mais grave quanto menor a sua freqüência.

Intensidade

É definida como sendo a potência transmitida por unidade de área disposta perpendicularmente à direção de propagação. Temos aí, a intensidade física. Não deve ser confundida com a intensidade subjetiva ou sonoridade, que é a qualidade que nos leva a considerar um som como "fraco ou forte".

Timbre

É a qualidade que permite fazer a distinção entre a altura e a intensidade.

b) **Intervalo entre dois sons**

Dados dois sons de freqüência f_1 e f_2 (com $f_1 \geqslant f_2$) chama-se intervalo entre estes sons a razão entre as suas freqüências. Ou simbolicamente,

i = intervalo entre dois sons

$$i = \frac{f_1}{f_2}$$

Pela definição teremos sempre $i \geqslant 1$. Além disso, o intervalo, sendo uma razão entre grandezas da mesma espécie, i será sempre uma grandeza física adimensional.

Casos particulares:

1º Quando i = 1, ocorre que $f_1 = f_2$, o intervalo recebe o nome de "uníssono".

2º Quando i = 2, ocorre que $f_1 = 2\,f_2$, o intervalo recebe o nome de intervalo de oitava.

c) **Intervalo logarítmico**

Dado o vasto campo de intensidades sobre o qual medidas acústicas necessitam ser feitas, a escala logarítmica é mais conveniente que a escala aritmética.

O intervalo logarítmico entre dois sons é o logarítmo do intervalo entre eles. Simbolicamente, escrevemos:

$I = \log i$ (I = intervalo logaritmo)

$$I = \log \frac{f_1}{f_2}$$

A unidade de I (intervalo logarítmico) é o Savart, representado por τ.

Definição do Savart:

"Dizemos que entre dois sons existe um intervalo de um savart quando o logarítmo da razão entre suas freqüências é igual a 0,001."

Portanto, o savart é o logarítmo da razão f_1/f_2 expresso em milésimos.

Exemplo

Calcular o intervalo logarítmico para o intervalo de oitava.

Solução

O intervalo de oitava é aquele em que i = 2.

Portanto,
$I = \log i = \log 2$
$I = \log 2 \rightarrow I = 0{,}301$

Ora, 0,301 são 301 milésimos, portanto,
$I = 301\ \tau$

d) **Intensidade auditiva ou sonoridade**

O fisiólogo alemão Ernst Fechner, no século passado exprimiu uma lei aplicada a todos os nossos sentidos. Esta lei, diz que a menor variação perceptível de um estímulo é uma fração constante do referido estímulo. Simbolicamente,

$\Delta I \sim I$

onde

ΔI = menor variação perceptível
I = estímulo

Fechner, chegou a uma outra conclusão importante.
"O aumento da sensação produzido por um aumento de estímulo, é proporcional a razão $\Delta I/I$."

Chamando
dS = aumento de sensação
dI = menor variação perceptível

então:

$$dS = K \frac{dI}{I},$$

ou aplicando o cálculo integral,

$$\Delta S = K \log \frac{dI}{I_o}$$

onde I_o é o menor estímulo perceptível, ou o limiar da sensação.

Sendo $\Delta S = S - So$, teremos:

$$S - So = K \log \frac{dI}{I_o}$$

onde
S = sonoridade (intensidade auditiva) do som considerado
S_o = sonoridade adotada como referência
I_o = intensidade física adotada como referência
I = intensidade física do som considerado
K = constante de proporcionalidade

Fazendo K = 1, teremos:

$$\Delta S = \log \frac{I}{I_o}$$

que é a equação para tratar a diferença entre os níveis de intensidade.

Exemplo

Dado dois sons de intensidades I e I_o, calcular a diferença entre suas intensidades, sabendo que $I = 1000\,I_o$.

Solução

$$\Delta S = \log \frac{I}{I_o} = \log \frac{1000\,I_o}{I_o} \rightarrow$$

$$\Delta S = \log_{10} 1000$$

Ora, o logarítmo decimal de 1000 é 3; portanto, n = 3, ou seja, a diferença entre as intensidades dos sons é de 3, cuja unidade é bel, logo,
n = 3 béis

Na prática, usa-se o símbolo db que corresponde a unidade decíbel, e que vale 1/10 do bel.

Para definir o decíbel, fazemos K = 10 na relação de Fechner-Weber, conhecida por $\Delta S = K \log \frac{I}{I_o}$, e fazendo K = 10, teremos

$$\Delta S = 10 \log \frac{I}{I_o}$$

No exemplo anterior, supondo que $I = 1000\,I_o$, então,

$$\Delta S = 10 \log \frac{1000\,I_o}{I_o} =$$

$\Delta S = 10 \log_{10} 1000 =$
Como $\log_{10} 1000 = 3$,
$\Delta S = 10 \,.\, 30 = 30$
$\Delta S = 30$ db

Portanto, a diferença entre as intensidades é de 30 decíbeis.

Um outro exemplo:

Suponhamos que $I = 10\,I_o$

$$\Delta S = 10 \log \frac{10\,I_o}{I_o} =$$

$\Delta S = 10 \log_{10} 10 =$
Como $\log_{10} 10 = 1$,
$\Delta S = 10 \,.\, 1 = 10$
$\Delta S = 10$ db

Este exemplo, permite escrever:

"Quando se multiplica a intensidade física por um fator 10, a intensidade auditiva (sonoridade) aumenta de 10 decíbeis."

A intensidade I de uma onda sonora, é também relacionada com a potência média transmitida por unidade de área da secção reta, normal à direção de propagação. De forma que

$$I = \frac{1}{2} \frac{Pm^2}{\rho oc}$$

onde Pm^2 = pressão
Tratando-se do ar, nas condições normais, $\rho o = 1{,}29 \frac{Kg}{m^3}$ e c = 346 m/s, logo o produto

$\rho oc = 446\ kg/m^2 \,.\, s$

A intensidade que, no MKS é expressa por $watt/m^2$, é, em certo meio, proporcional ao quadrado da amplitude.

Se a intensidade de uma onda sonora é I_o, ou $10^{-2}\ W/m^2$, seu nível será nulo e a de $1\ W/m^2$ corresponde ao de 120 db. Para 20 db, temos a freqüência variando desde 200 a 15000 Hz.

e) **Efeito Doppler**

Quando a fonte sonora, o observador, ou ambos estão em movimento relativamente ao ar, o timbre do som, por ele ouvido não é, em geral, o mesmo do repouso.

Considere um observador à esquerda de uma fonte F. Consideremos também que as velocidades v_o e v_F (do observador e fonte) permanecem numa mesma linha. Podendo estas velocidades ser do mesmo sentido, ou de sentidos opostos e o observador à frente ou atrás da fonte, torna-se necessário uma convenção de sinais. Nestes termos, o sentido positivo será da posição do observador para a da fonte. A velocidade c de propagação das ondas sonoras será, sempre positiva.

Estando o observador 0 à esquerda da fonte F, a direção positiva será da esquerda para a direita é tanto v_o quanto v_F são positivas. A fonte sonora está em a no tempo t = 0 e em b, no tempo t. Esta superfície, é uma esfera, centro em a e deslocando-se para fora, em todos os pontos à velocidade c.

No intervalo t = 0 a t = t, o número de ondas emitida é f_F t, sendo f_F a freqüência da fonte, a cuja frente as ondas são comprimidas na distância bd, enquanto que atrás se espalham sobre a distância eb. O comprimento de onda λ adiante da fonte é, portanto:

$$\lambda = \frac{(c - v_F)\,t}{f_F\,t} = \frac{c - v_F}{f_F} =$$

Após ela, será: $$\boxed{\lambda = \frac{c - v_F}{f_F}}$$

$$\lambda = \frac{(c + v_F)\,t}{f_F\,t} = \frac{c + v_F}{f_F}$$

$$\boxed{\lambda = \frac{c - v_F}{f_F}}$$

As ondas, aproximando-se do observador 0 em movimento, têm, em relação a ele, uma velocidade de propagação c + v_o. A freqüência f_o, em que se dá o encontro, é:

$$f_o = \frac{c + v_o}{\lambda} = \frac{c + v_o}{(c + v_F)\,/\,f_F}\,, \text{ ou } \quad \frac{f_o}{c + v_o} = \frac{f_F}{c + v_F}\,,$$

que expressa a freqüência f_o ouvida pelo observador, em termos de f_F da fonte. É desnecessário deduzir equações para outros casos particulares, se a convenção de sinais for usada adequadamente. Se o meio, em que se deslocam as ondas, têm velocidades v_m paralela à linha observador-fonte.

$$\frac{f_o}{c + v_o - v_m} = \frac{f_F}{c + v_F - v_m}$$

Exemplos

Sejam f_F = 10^3 ciclos/s e c = 305 m/s. O comprimento das ondas emitidas por uma fonte estacionária, será:

$$\lambda = \frac{c}{f_F} = \frac{305}{10^3} = 0{,}305 \text{ m}$$

Sendo 30,5 m/s a velocidade da fonte, quais os comprimentos de onda adiante e atrás?

$$\text{À frente, } \lambda = \frac{c - v_F}{f_F} = \frac{305 - 30{,}5}{10^3} = 0{,}2745 \text{ m}$$

$$\text{Atrás, } \lambda = \frac{c + v_F}{f_F} = \frac{305 + 30{,}5}{10^3} = 0{,}3355 \text{ m}$$

Se o observador 0 estiver em repouso e a fonte dele se distanciar a 30,5 m/s a freqüência ouvida, será:

Sendo

$v_o = 0$ e
$v_F = 30{,}5$ m/s,

$$f_o = f_F \frac{c}{c + v_F} = 1000 \frac{305}{305 + 30{,}5} = 909 \frac{\text{cilos}}{\text{s}}$$

Se a fonte estiver parada e o observador e a fonte se move para a esquerda a 30,5 m/s, a freqüência percebida será:

$v_o = -\,30{,}5$ m/s , $v_F = o$,

$$f_o = f_F \frac{c + v_o}{c} = 1000 \frac{305}{30{,}5 - 305} = 900 \text{ cilos/s}$$

Enquanto a freqüência f_o, ouvida pelo observador, é menor que f_F, quer a fonte se afaste do observador, quer este se afaste dela, o acréscimo não é o mesmo em ambos os casos.

O efeito Doppler não se restringe a ondas sonoras; as luminosas, devidas a rearrumações eletrônicas em átomos e presumivelmente sua freqüência, é a mesma, quer esteja na Terra, quer numa estrela. Entretanto, verifica-se que o comprimento de onda de algumas delas é ligeiramente maior e de outras, ligeiramente menor que a do mesmo átomo em fonte na Terra. Isto é devido a movimentação contínua destas estrelas. Outro exemplo importante e interessante é a reflexão das ondas do radar num objeto móvel (automóvel ou aeroplano). O comprimento das refletidas decresce, quando o objeto se aproxima da fonte e aumenta, quando se afasta. O mesmo fenômeno ocorre, quando ondas sonoras na água (sonar) são refletidas por submarino em movimento.

EXERCÍCIOS RESOLVIDOS

1. Uma radiação de freqüência 9 x 10^{14} Hz se propaga no vácuo. Qual o comprimento de onda?

Solução

As ondas que se propagam no vácuo, são de origem eletromagnéticas, logo possuem velocidade de 3×10^8 m/s. Então:

$v = \lambda f$, ou

$$\lambda = \frac{v}{f} = \frac{3 \times 10^8}{9 \times 10^{14}} = 3{,}33 \times 10^{-7} \text{ m}$$

$\lambda = 3{,}33 \times 10^{-7}$ m

2. Uma onda possui a equação dada por: $y = 2 \cos 2\pi\left(\frac{t}{0{,}2} - \frac{x}{40}\right)$ no sistema c.g.s. Determinar:

a) A amplitude da onda.
b) O período.
c) A freqüência.
d) A velocidade de propagação.

Solução

Da equação $y = R \cos \omega \left(\frac{t}{T} - \frac{x}{\lambda}\right)$,

e $y = 2 \cos 2\pi \left(\frac{t}{0{,}2} - \frac{x}{40}\right)$

a) $R = 2$ cm

b) $T = 0{,}2$ s

c) $f = \frac{1}{T} = \frac{1}{0{,}2} = 5$ Hz

d) $v = \frac{\lambda}{T} = \frac{40}{0{,}2} = 200$ cm/s

3. Determine a velocidade de uma onda transversal em uma corda cujo comprimento é de 5 m e massa 0,05 kg, sob uma tensão de 100 N.

Solução

$$v = \sqrt{\frac{T}{d_\ell}}$$

onde

T = tensão

d_ℓ = densidade linear

como $d_\ell = \frac{m}{\ell} = \frac{0{,}05 \text{ Kg}}{5 \text{ m}} = 0{,}01 \frac{\text{Kg}}{\text{m}}$

$$v = \sqrt{\frac{100}{0{,}01}} = \sqrt{10000} = 100 \text{ m/s}$$

4. Calcular a freqüência do som fundamental do 3º harmônico emitido por um tubo aberto de 34 cm de comprimento.

Dado $v_{som} = 340$ m/s

Solução

Para o fundamental $= f = \frac{c}{2L} = \frac{v}{2L} = \frac{340}{0{,}68} =$

$f = 500$ Hz

Para o 3º harmônico, $f_3 = \frac{3c}{2L}$ ou

$$f_3 = 3\frac{v}{2L} = 3 \cdot \frac{340}{2 \cdot 0{,}34} = \frac{1020}{0{,}68} = 1\,500$$

$f_3 = 1\,500$ Hz

EXERCÍCIOS PROPOSTOS

1. Na superfície livre da água produz-se ondas de período constante é igual a 0,2 s que percorrem 5 m em 4 s. Determinar:
a) A freqüência da onda.
b) O comprimento de onda.

Resposta
a) 5 Hz
b) $\lambda = 0{,}25$ m

2. Um observador abandona uma pedra, na boca de um poço, no instante em que aciona um cronômetro, verificando que o mesmo registra 4,25 s no instante em que ouve o som da pedra batendo na água. Supondo a velocidade do som no interior do poço igual a 320 m/s e a aceleração da gravidade local 10 m/s², determinar a profundidade do poço.

Resposta
h = 80 m

3. A freqüência do som emitido por uma fonte sonora é de 400 hertz, propaga-se no ar com velocidade de 340 m/s e atinge o observador, em repouso, que percebe uma freqüência de 500 hertz. Qual a velocidade da fonte?

Resposta
$v_F = 68$ m/s

4. (F.E.-S.J. Campos-SP). Um automóvel, deslocando-se à velocidade de 100 km/h, toca sua buzina cujo som é uma senóide pura de freqüência igual a 1200 hertz. Um homem parado ao lado da estrada percebe uma variação brusca no som, no istante que o automóvel passa pelo ponto onde se encontra. Qual a variação brusca de freqüência percebida pelo observador?

Resposta
$\Delta f = 192$ Hz

5. Numa fonte produzem ondas sonoras que se propagam através da água e do ar, em direção a um observador que está às margens de um lago. O observador mede o comprimento de onda do som no ar e na água encontrando

respectivamente λ_{ar} e $\lambda_{água}$. Sendo v_{som} na água quatro vezes maior que no ar, determine a relação entre λ_{ar} e $\lambda_{água}$.

Resposta
0,25

6. A figura representa uma onda estacionária que se forma em um tubo sonoro fechado. A velocidade do som no ar é 340 m/s. Calcule a freqüência do som emitido pelo tubo.

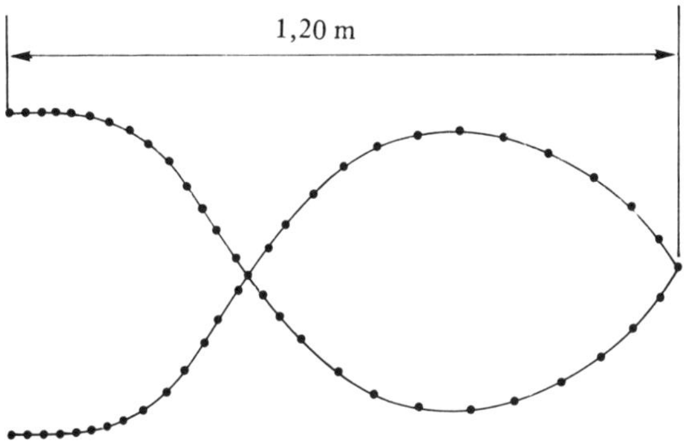

Resposta
212,5 Hz

7. Uma corda metálica de 500 mg de massa e 50 cm de comprimento está submetida a uma tensão de 81 N.
Determine:
a) A velocidade de propagação de uma onda transversal nessa corda.
b) As freqüências do som fundamental e do 3º harmônico.

Respostas
a) 285 m/s
b) 285 Hz
855 Hz

TESTES

1. A velocidade do som no ar depende:
a) Da sua freqüência.
b) Da sua altura.
c) Da sua intensidade.
d) Da temperatura do ar.
e) N.R.A.

2. O que diferencia os infra-sons dos ultra-sons é a:
a) Freqüência.
b) Intensidade.
c) Velocidade de propagação.
d) Amplitude de vibração.
e) N.R.A.

3. Uma fonte emite 1700 vibrações por segundo, no ar, onde a velocidade de propagação é 340 m/s. Podemos concluir que o comprimento dessa onda é igual a:
a) 5 m
b) 0,2 m
c) 340 m
d) 1700 m
e) 10 m

4. (F.M.-USP). Um casal passeio de braços dados. A senhora dá passos de 45 cm e o cavalheiro, de 67,5 cm. Se a velocidade da senhora é de 90 cm/s, a velocidade do cavalheiro é:
a) Uma e meia vezes a da senhora.
b) $\frac{2}{3}$ da velocidade da senhora.
c) 90 cm/s.
d) Mais de 90 cm/s e menos de 135 cm/s.
e) N.R.A.

5. Na questão anterior, por segundo, a dama e o cavalheiro terão dado, respectivamente, os seguintes números de passos:
a) 2 e $\frac{2}{2}$
b) $\frac{2}{3}$ e 2
c) 3 e 2
d) 2 e 3
e) Diferente destes valores.

6. Ainda na questão número 4, eles estarão em "fase", isto é, ambos com o pé direito simultaneamente, o seguinte número de vezes:
a) Uma vez em cada 3 s.
b) Uma vez em cada 6 s.
c) Uma vez em cada $\frac{2}{3}$ s.
d) Uma vez por segundo.
e) N.R.A.

7. Ainda na questão número 4, se eles começam o passeio pelo pé direito, terão dado, respectivamente, a dama e o cavalheiro, os seguintes números de passos, até se porem em fase, de novo:
a) 2 e 3
b) 6 e 4
c) 3 e 2
d) mais de 10
e) n.r.a.

(CESCEM-SP). O gráfico seguinte representa a forma de um fio, em um determinado instante, por onde se propaga uma onda:

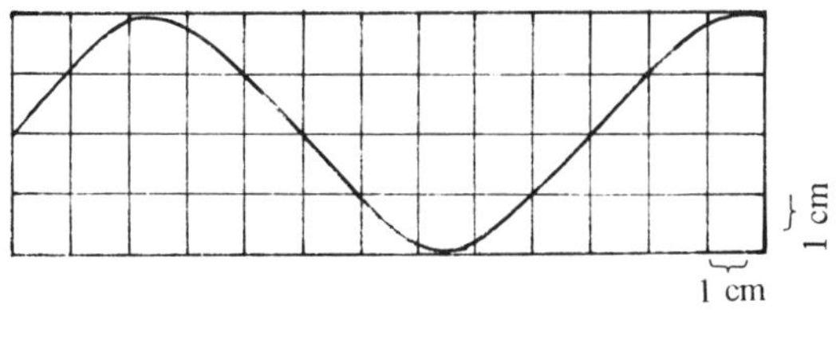

Cada divisão do gráfico é de um centímetro.
O gráfico acima refere-se às questões de números 8 e 9.

$\lambda = 12cm$

$R = 2$

$\frac{\lambda}{R} = \frac{12}{2} = 6$

8. Qual a relação entre o comprimento de onda e a amplitude desta onda?

a) $\frac{4}{3}$

b) $\frac{3}{2}$

c) $\frac{2}{1}$

d) $\frac{3}{1}$

e) $\frac{6}{1}$

9. Sabendo que a velocidade desta onda é de 6 cm/s, qual é a sua freqüência?

a) $\frac{1}{2}$ Hz
b) 1 Hz
c) 2 Hz
d) 4 Hz
e) 6 Hz

10. (CESCEM-SP). Um menino, enquanto observa um operário martelando sobre um trilho de aço, encosta seu ouvido ao trilho e ouve o som de cada batida duas vezes. Uma conclusão correta para esta observação seria que:
a) Seus ouvidos estão a distâncias diferentes da fonte.
b) Parte da onda sofre reflexões múltiplas entre os trilhos de aço.
c) Ondas longitudinais e transversais têm velocidades diferentes no aço.
d) A velocidade do som é maior no aço que no ar.
e) Ocorre interferência construtiva e destrutiva.

11. (ITA-SP). Uma fonte sonora, F, emite no ar um som de freqüência f, que é percebido por um observador, O.
Considere as duas situações seguintes:
1ª) A fonte aproxima-se do observador, na direção F-O, com uma velocidade v, estando o observador parado. A freqüência do som percebido pelo observador é f_1.
2ª) Estando a fonte parada, o observador aproxima-se da fonte, na direção O-F, com uma velocidade v. Neste caso, o observador percebe um som de freqüência f_2.

Supondo que o meio esteja parado e que v seja menor que a velocidade do som no ar, pode-se afirmar que:

a) $f_1 > f_2 > f$
b) $f_1 > f > f_2$
c) $f_2 > f_1 > f$
d) $f_1 = f_2 > f$
e) $f_1 = f_2 < f$

12. Um piano e um violão emitem a mesma nota musical. O fato do observador distinguir perfeitamente a nota emitida por um instrumento e o outro é devido:
a) A alturas diferentes.
b) A intensidades diferentes.
c) A timbres diferentes.
d) A freqüências diferentes.
e) N.R.A.

13. (ITA-SP). As velocidades do som no ar e na água destilada a 0°C são, respectivamente, 332 m/s e 1404 m/s. Fazendo-se um diapasão de 440 Hz vibrar nas proximidades de um reservatório àquela temperatura, o quociente dos comprimentos de onda dentro e fora da água será aproximadamente:
a) 1
b) 4,23
c) 0,314
d) 0,236
e) Depende do índice de refração da água.

14. (FUVEST-SP). A figura representa as cristas (acima do nível médio) de um sistema de ondas produzidas na supefície da água.
Podemos afirmar que as duas fontes:

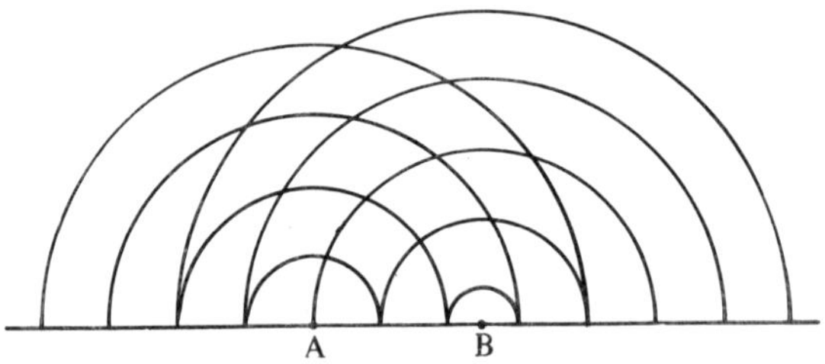

a) Vibram em fase, e a freqüência de A é maior que a de B.
b) Vibram em fase e a freqüência de A é igual à de B.
c) Vibram em fase e a freqüência de A é menor que a de B.
d) Vibram defasadas e a freqüência de A é menor que a de B.
e) Vibram defasadas e a freqüência de A é igual à de B.

12. A LUZ

INTRODUÇÃO

O homem é capaz de ver os objetos que o cercam devido à luz que, procedente deles, chega a seus olhos. Os objetos brilhantes, tais como o Sol ou uma chama luminosa, emitem sua própria luz. Todos os outros objetos são visíveis por causa da luz que refletem. Um grupo de filósofos gregos, do Século IV a.C., interpretou este fato afirmando que a luz era formada por corpúsculos emitidos pelos objetos visíveis e que eram recebidos pelo olho humano. Esta hipótese estava em contradição com as idéias postuladas por outra escola do pensamento grego, que interpretava o mecanismo da visão como produto de raios visíveis, isto é, invisíveis, emitidos pelo próprio olho para sondar o meio circulante.

A luz é uma forma de energia. Como nos é visível, não existe nenhuma dificuldade em determinar sua presença. O Sol irradia continuamente luz em todas as direções; uma pequena porção dela cai sobre a Terra e a ilumina. Embora estejamos permanentemente submetidos à radiação, não sentimos seu impacto porque não se trata de uma coisa material.

O que podemos sentir é o calor do Sol. Como a luz é forma de radiação, pode deslocar-se através do espaço vazio durante milhões de quilômetros sem perder sua energia. Realiza isto a uma velocidade de 300 000 km/seg., a qual é tão rápida que para os olhos parece instantânea. Mas, ainda a essa velocidade a luz que nos chega do Sol partiu 8 (oito) minutos atrás.

Desde remota antigüidade deseja-se saber o que é a luz, conhecer de que maneira e com que velocidade ela se propaga, explicar também como é produzida e por que razão os objetos apresentam cores diferentes.

AS TEORIAS DA LUZ

O que é a luz? Qual a natureza da luz? Para responder perguntas como estas foram desenvolvidas várias teorias.

TEORIA ONDULATÓRIA

O princípio da teoria ondulatória foi exposto por Roberto Hooke (1635-1703), em certa época. Hooke comparou as ondas formadas na superfície da água quando uma pedra cai nela, com o tipo de perturbação que se origina num corpo emissor de luz. Esta devia ter sua origem em algum tipo de perturbação vibratória produzida no interior do corpo emissor e, conseqüentemente, se propagaria na forma de ondas.

Hooke formulou esta idéia depois de haver descoberto o fenômeno de difração, que faz aparecer iluminadas certas zonas que deveriam ser escuras. Encontrou a explicação observando detidamente o comportamento das ondas formadas na superfície da água.

Em 1676, Olaus Roemer, considerando a natureza ondulatória da luz, pensou que esta não podia ter uma velocidade infinita, e dispôs-se a medir a velocidade das ondas luminosas. Observando os eclipses das luas de Júpiter, notou que, quando a Terra se encontrava a máxima distância de tal planeta, estes eclipses se atrasavam cerca de 15 minutos. Isto quer dizer que a luz gastava esse tempo para percorrer a distância adicional. Segundo este método, Roemer obteve para a velocidade da luz o valor de $3{,}1 \times 10^{10}$ cm/seg., muito próximo do valor atualmente aceito, que é $2{,}99 \times 10^{10}$ cm/seg.

TEORIA CORPUSCULAR

A Teoria de Hooke foi prontamente derrotada pelas idéias de Isaac Newton, que propôs outra teoria corpuscular corrigida. Newton propôs sua hipótese entre 1675 e 1704. Para ele, a luz, – apesar de parecer contínua aos olhos humanos – seria constituída de partículas muito pequenas (depois chamadas fótons), emitidas pela fonte luminosa com grande velocidade.

Os fótons teriam como missão, atravessar o vácuo e os meios transparentes, refletir-se nas superfícies sólidas como corpos elásticos, e atingindo a retina, produzir a sensação de luz. Quanto à diversidade das cores, Newton admitiu que os corpúsculos, conforme o tamanho, tinham diferentes doses de energia e assim podiam comunicar sensações luminosas várias.

Em 1690, porém, um físico holandês Christian Huygens apresentou uma teoria ondulatória: o raio luminoso (trajetória retilínia da luz) nada mais é que uma onda, propagando-se num meio denominado éter. Ambas as concepções (de Newton e Huygens), serviam perfeitamente para demonstrar as leis da reflexão e refração da luz. Mas Newton fazia uma séria objeção à teoria ondulatória: uma onda, ao encontrar um obstáculo em sua propagação, deve contorná-lo. Assim procedem as ondas do mar e também as ondas sonoras. Se estas não contornassem os obstáculos, o som só caminharia em linha reta e apenas o perceberíamos quando o ouvido estivesse alinhado com a fonte sonora, sem nenhuma barreira entre ambos. E se a luz fosse formada de ondas, dizia Newton, não se propagaria em linha reta, pois deveria contornar os objetos que encontrasse. Newton cometeu um engano, por desconhecer que a luz só contorna obstáculos.

Uma batalha científica de dois séculos mobilizou os seguidores das duas teorias. Em determinado momento, pareceu vencer a teoria ondulatória.

Em 1809, Étienne Malus, descobriu que os feixes luminosos experimentavam o fenômeno da polarização, que estavam em desacordo com a hipótese ondulatória formulada por Christian Huygens, em 1690.

Em 1811, Dominique François Arago, descobria que a luz branca polarizada, ao atravessar certos cristais, produzia imagens coloridas.

Anteriormente, no ano de 1801, Thomas Young, assestou um terrível golpe na teoria corpuscular com suas experiências sobre interferências. Segundo ele, produzia-se franjas luminosas e escuras que só podiam ser explicadas aceitando o caráter ondulatório da luz.

Foi entre 1815 e 1827, quando um físico francês, Augustin Jean Fresnel (1788-1827) demonstrou que a luz também contorna os obstáculos (difração) e afirmou definitivamente a teoria da onda de luz. Com ela puderam ser provados novos fenômenos como: dupla refração, polarização, interferência, difração etc. Segundo a teoria, a luz era polarizada por ser composta de ondas que vibravam num só plano. Mais um golpe, este mortal, ainda seria desferido contra a hipótese da emissão corpuscular: Newton havia estabelecido que a velocidade da luz n'água deve ser maior que no ar; Huygens concluíra o contrário.

E, em meados do século passado Jean Bernard Léon Foucault (1819-1868) verificou experimentalmente que a velocidade de propagação da luz no ar é maior que na água, conforme previa a teoria ondulatória. Após tanta controvérsia, outra descoberta esclareceu melhor a questão.

TEORIA DA ELETRICIDADE E DO MAGNETISMO

Na segunda metade do Século XIX, estudando matematicamente o movimento de uma carga elétrica, o físico James Clark Maxwell (1831-1879) concluiu que uma carga elétrica, acelerada ou retardada, produz um campo elétrico e um campo magnético que se propagam no espaço; ao se propagarem ao longo de uma reta, os módulos característicos desses campos não permanecem constantes, mas variam de ponto a ponto. Fazendo a representação gráfica dos módulos, ponto por ponto, Maxwell obteve a figura de uma onda. Por isso deu ao conjunto dos campos elétrico e magnético o nome de onda eletromagnética. A Teoria de Maxwell interpretava o comportamento da luz no vácuo, mas era apenas aproximada para as propriedades óticas da matéria.

Hendrik Lorentz desenvolveu teoricamente a teoria eletromagnética, empreendendo tenaz campanha de divulgação, pois os meios culturais estavam muito presos a concepções mecanicistas da natureza.

Uma pergunta ficava por responder: Havia necessidade da existência do éter para a propagação das ondas eletromagnéticas? Em seguida puseram-se em execução numerosos dispositivos experimentais, para demonstrar sua existência.

Entre estes pôde ser assinalado o de Oliver Lodge, que constava de dois discos, girando muito próximos, que permitiram verificar se o éter exercia algum tipo de atrito. As observações astronômicas diziam que sim, que realmente existia o éter e que este envolvido à Terra, mas não deveria girar com ela, pois de outra forma sua rotação teria afetado a observação dos microscópios.

Os norte-americanos Michelson e Morley realizaram uma série de experiências para determinar o atraso da rotação do éter com respeito à Terra, encontrando que era igual a zero. O éter ou permanecia estacionário, ou não existia, ou a luz se comportava de modo peculiar. Desta forma chegou-se à conclusão de que esta substância, tão tênue, que opunha tanta resistência à sua detenção, nada mais era do que uma coisa hipotética.

O éter era uma complicação desnecessária. A luz se comportava de modo peculiar quando se tratava de medir sua velocidade, pois mantinha uma propagação sempre igual. Este resultado levou a Albert Einstein, mais tarde, a formular sua teoria da relatividade, baseada na constância da velocidade da luz.

August Kundt em seus trabalhos notou que havia mesmo descoberto uma dispersão anormal, em que notava-se a absorção seletiva de apenas algumas determinadas cores.

Joseph Larmor e Lorentz desenvolveram a teoria dos elétrons, que interpretava esses fenômenos, e que mereceu enorme crédito quando, no ano de 1896, Pieter Zeeman descobriu que as raias espectrais se decompunham em presença de campos magnéticos. Esta nova teoria conseguiu explicar todos fenômenos ligados à propagação da luz.

Alguns anos mais tarde, verificou-se não poder ela interpretar nem os fenômenos de emissão nem os de absorção da luz.

Competiria à Física de nosso século realizar mais uma importante unificação: A da teoria da luz com a Termodinâmica. Os pioneiros dessa teoria foram Gustav Kirchhoff, Johannh Heirich Lambert, Otto Lummer e Wilhelm Wien, que forneceram importantes subsídios durante os Séculos XVIII eXIX.

Ludwing Boltzmann desenvolveu estudos sobre as radiações térmicas, e elas aplicando as noções de pressão e de temperatura, e deduzindo, por considerações termodinâmicas, a lei que afirma serem as radiações de um corpo negro proporcionais às quartas potências de suas temperaturas absolutas.

TEORIA DOS QUANTA

Em 1900, Max Planck formulou uma nova teoria que estabelece as relações entre as características das radiações (freqüência) e a energia, propondo que a energia da fonte deveria ser um múltiplo inteiro de uma certa quantidade h. Esse valor de h, denominado quantum elementar de ação, é uma constante universal, cujo valor foi calculado em 6,5 x 10^{-27} erg . seg. Seu nome completo era Max Karl Ernst Ludwing Planck (1858-1947), nasceu na cidade de Kiel, foi o físico introdutor da Teoria dos Quanta, que provocou radical modificação na estrutura da Física Clássica, também determinou a expressão matemática correta da distribuição das freqüências, foi agraciado com o Prêmio Nobel de 1918.

O alemão Heinrich Rudolf Hertz (1857-1894) descobriu em 1888, experimentalmente as ondas eletromagnéticas através de experiência mostrando que elas possuíam propriedades semelhantes à da luz, refletindo-se, refratando-se, interferindo, difratando-se, polarizando-se e propagando-se com a mesma velocidade.

Hoje em dia, inúmeros fatos demonstram que as ondas eletromagnéticas se produzem sempre que uma carga elétrica muda de velocidade, não se trata, porém, de ondas materiais como as que se formam na água. Estas são formadas por partículas líquidas que se deslocam; as eletromagnéticas, não. De acordo com os comprimentos de onda (variadíssimos) que apresentam, produzem certos fenômenos menos ou mais acentuados.

Embora não haja uma separação nítida entre os grupos dos diversos comprimentos de onda, costuma-se fazer uma divisão para facilitar o estudo: raios gama, raios ultravioletas, Raios X, luz, raios infravermelhos, ondas hertzianas. Concluindo, a luz são as ondas eletromagnéticas visíveis. Mas, simultaneamente, ocorrem, fenômenos que são melhor explicados se considerarmos a luz como sendo onda e há outros em que a teoria corpuscular cabe melhor.

Hertz foi um célebre físico pelos seus trabalhos relativos à propagação das ondas eletromagnéticas, chamadas hertzianas, sobre os quais se fundamenta a telegrafia sem fios; descobriu ainda, o efeito fotoelétrico.

Coube a Albert Einstein (1879-1955) resolver o velho problema do éter, que tanto preocupou físicos e filósofos. "O éter não existe", afirmou o cientista, e as mais rigorosas e modernas experiências lhe deram razão. A Luz, por sua própria natureza, propaga-se muito bem até mesmo no vácuo, pois uma onda eletromagnética não precisa de qualquer "apoio" ou suporte material. Ela se propaga em linha reta, em todas as direções, viaja no espaço a uma velocidade de 300 000 km por segundo.

É fácil observar um raio luminoso que penetra num quarto escuro por uma fresta. Se a luz se propaga por meio de um movimento ondulatório, por que não se difunde, dentro do recinto, em todas as direções, como o som? Isso confundiu Huygens e seus partidários.

Numa explicação simples e intuitiva, podemos comparar as ondas eletromagnéticas luminosas com as ondas do mar que se chocam frontalmente contra um dique de represamento, no qual existe uma abertura. Uma "parte" das ondas atravessa a abertura e forma um raio de onda. Nos flancos a água fica tranqüila, pois está na "sombra" do dique. O raio de onda não é uma massa de água independente, separada do resto: é simplesmente uma zona de água agitada. Analogamente, quando a luz passa por um orifício, o que temos? Não um raio luminoso – ele não existe, é um comodismo de expressão – mais sim um feixe de ondas frontais, como as que cruzam a abertura do dique. As vibrações existem também nas zonas da "sombra", mas não puderam propagar frontalmente, isto é, em linha reta. O feixe não pode alargar-se como faria um líquido ou um gás. Por isso, as ondas eletromagnéticas reproduziram sempre, mesmo a distância, apenas a superfície da abertura.

Quando a luz choca com uma superfície metálica sensível, provoca um desprendimento de elétrons. Em 1905, Einstein, examinou esse efeito (efeito fotoelétrico), chegou a conclusão de que os fenômenos como se a luz estivesse composta de partículas (posteriormente denominadas quanta). Cada quantum de luz libera um elétron. Como ele se voltava, novamente, aos postulados da teoria corpuscular.

Einstein nasceu em Ulm, de origem judaica; naturalizado norte-americano; uma das maiores figuras do Século XX; notabilizou-se pelo estabelecimento da Teoria da Relatividade e contribuiu para o aperfeiçoamento de inúmeras partes da Física Teórica; ganhou em 1921 o Prêmio Nobel; em 1925 esteve em visita ao Brasil.

As experiências de Millikan mostram que a energia cinética de fotoelétrons confirmava a fórmula proposta por Einstein.

Em 1921, A. H. Compton, confirmou a teoria dos fótons, através de uma teoria que é chamada efeito Compton. Ele conseguiu determinar os movimentos de um fóton e de um elétron antes e depois de "colidirem", e verificou que ambos se comportavam como corpos materiais, possuindo energia cinética e quantidade de movimento, que foram conservados na colisão. O efeito fotoelétrico e o efeito Compton parecem exigir o retorno à teoria da natureza corpuscular da luz.

Arthur Holly Compton (1892-. . . .) foi um físico norte-americano, nasceu em Wooster, realizou estudos sobre a rotação da terra e descobriu à alteração do comprimento da onda dos Raios-X quando espalhados. Prêmio Nobel em 1927 com C.T.R. Wilson (em conjunto).

Na segunda década de nosso século, Louis Victor Pierre de Broglie propôs uma arrojada teoria: a luz possuía uma dupla personalidade. Umas vezes se comporta como onda e outras como partícula.

A teoria atualmente aceita pressupõe que a luz seja algo mais definido. Seu comportamento é regido por leis dependentes do estado da matéria (mecânica ondulatória). Para demonstrá-lo podemos por exemplo, utilizar a experiência de Young sobre a formação das interferências, somente que, nesse caso, emprega-se um feixe luminoso de intensidade muito débil. Passando-o por duas aberturas convenientemente situadas, faz-se chegar a luz a uma chapa fotográfica. Em princípio, é lícito esperar que cada quantum de luz que alcance a chapa enegreça uma molécula da emulsão que a cobre. Se o feixe luminoso for suficientemente débil ao iniciar a operação, é como se os elétrons que chegam à chapa pudessem chocar com qualquer parte dela. À medida que o tempo passa, entretanto, pode ver-se como as partes já enegrecidas vão se concentrando gradualmente. Nestas zonas é que precisamente vão produzir-se as franjas luminosas de interferência. Segundo as modernas teorias, estas zonas são as que têm maior probabilidade de serem atingidas pela luz, de maneira que só quando o número de quanta que chegam à chapa for suficientemente grande, as teorias dependentes do estado da matéria alcançam o mesmo resultado que as teorias clássicas.

13. ÓPTICA: CONCEITOS INICIAIS

I. INTRODUÇÃO

1. FONTE DE LUZ

Fonte de luz, é todo corpo capaz de enviar luz ao espaço que o envolve e, em particular ao órgão visual do observador. As fontes de luz, podem ser:
puntiformes: quando as dimensões são desprezíveis.
extensas: quando as dimensões são apreciáveis.

As fontes de luz classificam-se em:
primárias: sol, lâmpadas acesas etc. – têm luz própria.
secundárias: lua, planetas etc. – emitem luz basicamente por reflexão.

2. MEIOS DE PROPAGAÇÃO

É toda a região de propagação da luz.

Um meio é homogêneo quando apresenta as mesmas propriedades físicas em qualquer elemento de volume considerado. Caso contrário, o meio é dito heterogêneo.

Um meio é dito isótropo quando apresenta propriedades físicas que não dependem da direção em que são observadas. Caso contrário, o meio é dito anisótropo.

Um cristal é constituído de carbonato de cálcio que é homogêneo e anisótropo (ao ser aquecido se dilata desigualmente nos três eixos a ele associados).

3. MEIOS TRANSPARENTES

Um meio é transparente quando a luz se propaga neste meio por distâncias bem consideráveis, segundo trajetórias regulares e geometricamente bem definidas.

Meios translúcidos
Um meio é translúcido quando a luz se propaga por distâncias consideráveis, segundo trajetórias irregulares.

Meio opaco
Um meio é opaco quando nele a luz praticamente não penetra.

4. PINCEL DE LUZ

Considere uma fonte (lâmpada) e próximo a ela coloquemos um anteparo com um minúsculo orifício. Ao acendê-la terá materializado uma fonte pontual de luz. Ao acender a lâmpada, surge uma região luminosa em forma de cone. A essa região, dá-se o nome de pincel de luz.

II. PRINCÍPIOS DA ÓPTICA GEOMÉTRICA

A) Os princípios da óptica geométrica, são:

1. Princípio da propagação retilínea da luz.
2. Princípio da independência da propagação dos raios luminosos.
3. Princípio da reversibilidade do raio luminoso.
4. Princípio da reflexão.
5. Princípio da refração.

1. PRINCÍPIO DA PROPAGAÇÃO RETILÍNEA DA LUZ

Afirma que

"Num meio homogêneo e transparente a luz se propaga em linha reta."

2. PRINCÍPIO DA INDEPENDÊNCIA DA PROPAGAÇÃO DOS RAIOS LUMINOSOS

Afirma que

"O encontro de dois ou mais raios luminosos em nada altera a sua propagação, ou seja, cada um deles continua a se propagar como se não tivesse ocorrido o encontro".

3. PRINCÍPIO DA REVERSIBILIDADE DO RAIO LUMINOSO

Afirma que

"O trajeto seguido pela luz independe do sentido no qual é percorrido."

4. PRINCÍPIO DA REFLEXÃO

Neste princípio, são estudados os fenômenos de reflexão da luz por espelhos planos e por espelhos curvos e por qualquer superfície refletora.

5. PRINCÍPIO DA REFRAÇÃO

Neste princípio, são estudados os fenômenos de refração da luz por meio de superfícies de rios, lagos, prismas, lentes etc.

B) Espelhos perfeitos, dióptros perfeito e absorvente perfeito.

A energia transportada pela luz, pelo princípio da Conservação da Energia, se divide em três parcelas, a saber:

1ª A parcela refletida.
2ª A parcela transmitida.
3ª A parcela absorvida.

Simbolicamente, escrevemos:

Energia incidente = E_i
Energia refletida = E_R
Energia transmitida = E_T
Energia absorvida = E_a

Teremos:

$E_i = E_R + E_T + E_a$

Dividindo por E_i

$$\frac{E_i}{E_i} = \frac{E_R}{E_i} + \frac{E_T}{E_i} + \frac{E_a}{E_i} \rightarrow 1 = \frac{E_R}{E_i} + \frac{E_T}{E_i} + \frac{E_a}{E_i}$$

chamando:

$$\frac{E_R}{E_i} = \text{poder refletor} = P_R$$

$$\frac{E_T}{E_i} = \text{poder transmissor} = P_T$$

$$\frac{E_a}{E_i} = \text{poder absorvedor} = P_a$$

ficaremos com:

$1 = P_R + P_r + P_A.$

Quando:

$P_T = 0$, $P_A = 0$ {teremos $P_R = 1$

Neste caso, temos um espelho perfeito ou refletor perfeito.

Quando:

$P_R = 0$, $P_A = 0$ {teremos $P_T = 1$,

Neste caso, temos um dióptro perfeito.

Quando:

$P_T = 0$, $P_R = 0$ {teremos $P_A = 1$,

Neste caso, temos um absorvente perfeito.

Leis da Reflexão

1ª O raio refletido pertence ao plano de incidência.

2ª O ângulo de reflexão é igual ao ângulo de incidência.

Leis da Refração

1ª O raio refratado pertence ao plano de incidência.

2ª Para dois meios dados, e para uma determinada luz simples incidente, é constante a razão entre o seno do ângulo de incidência e o seno do ângulo de refração. (Lei de Snell.)

A segunda lei da refração é denominada de Lei de Snell - Descartes ou simplesmente Lei de Snell; e pode ser expressa pela relação:

$$\frac{\text{sen i}}{\text{sen r}} = \text{constante (sen i} \neq 0)$$

A constante, recebe o nome de índice de refração relativo do meio para o qual a luz passa em relação ao meio do qual a luz provém.

Para a luz que atravessa do meio 1 para o meio 2, a constante será o índice de refração relativo do meio 2 em relação ao meio 1, que é representada por:

$$\frac{\text{sen i}}{\text{sen r}} = n_{2,1}$$

Se a luz fosse proveniente do meio 2 para o meio 1, e índice de refração, seria:

$n_{1,2}$

III. PROPAGAÇÃO RETILÍNEA DA LUZ

a) **Câmara escura de orifício**

Um dispositivo simples cujo funcionamento se baseia na propagação retilínea da luz, é a câmara escura. Trata-se de uma caixa com paredes opacas possuindo um pequeno orifício em uma das faces. Os raios luminosos que provêm da fonte, penetram através do orifício e atinge a parede oposta, determinando na mesma uma região iluminada com forma semelhante à da fonte e invertida. Costuma-se chamá-la de imagem projetada do objeto.

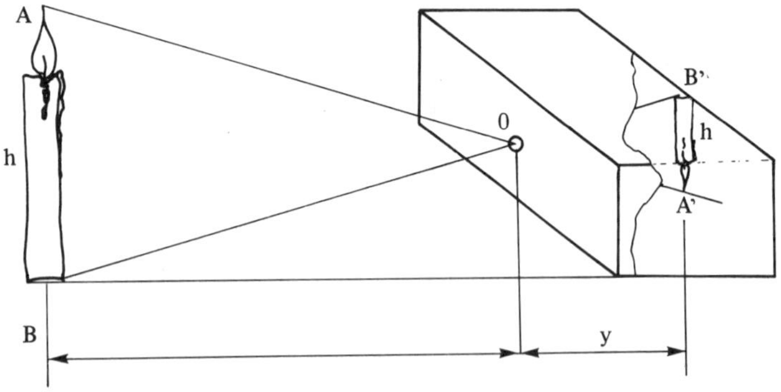

x = distância do objeto ao orifício
y = comprimento da caixa.

A relação entre as dimensões do objeto e da imagem é tirada através da semelhança de triângulos. Podemos escrever pelos triângulos: A B O e A' B' O.

$$\boxed{\frac{h}{h'} = \frac{x}{y}}$$

Este é o princípio de funcionamento da câmara fotográfica.

b) **Ângulo visual ou diâmetro aparente**

Consideremos um observador colocado à frente de um objeto, recebendo luz por ele enviada. Levaremos em consideração só os raios que partem da extremidade A B e atingem o olho do observador.

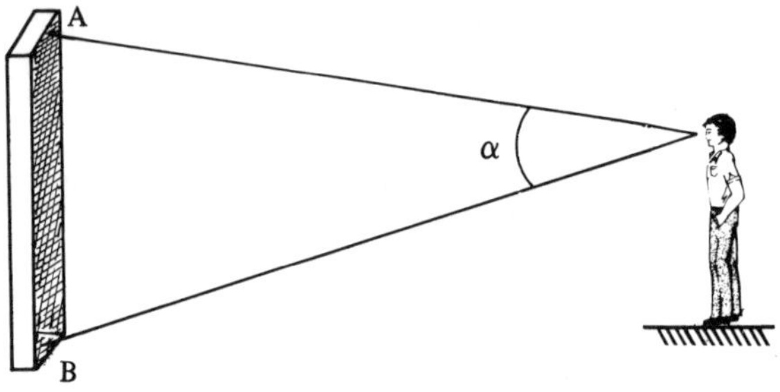

O ângulo α que forma pelos raios partindo dos pontos A e B é denominado ângulo visual.

O menor ângulo visual sob o qual o olho humano vê os pontos A e B, distintos, chama-se limite de acuidade visual (aproximadamente um minuto sexagesimal ou 0,0003 rad). O ângulo visual, também recebe o nome de poder separador do olho.

O ângulo visual depende das dimensões do objeto e de sua distância ao globo ocular do observador.

Quanto maior a distância, menor o ângulo visual e quanto maior o tamanho do objeto, maior o ângulo visual.

Quanto mais afastado o objeto, menor será o ângulo visual.

Quanto maior o objeto, maior será o ângulo visual α.

A tangente trigonométrica do ângulo visual α é:

$$\text{tg}\,\alpha = \frac{A\,B}{D}$$

Para valores de α não superiores a $5^{o}\,30'$ (0,096 rad), o valor da tangente do ângulo é praticamente igual ao valor do ângulo, expresso em radianos:

$$\text{tg}\,\alpha \cong \alpha$$

temos pois $\alpha = \text{tg}\,\alpha = \frac{A\,B}{D}$

O ângulo visual é o elemento responsável pelo tamanho aparente percebido pelo observador ao visualizar um objeto.

Aumentando-se cada vez mais a distância o observador acaba chegando a uma posição na qual não é mais possível distinguir pontos diferentes da fonte, ou seja, a partir dessa posição a fonte passa a ser vista como fonte pontual.

IV. REFLEXÃO DA LUZ

IMAGEM FORNECIDA POR UM ESPELHO PLANO

CONSIDERAÇÕES ANALÍTICAS

Para um espelho plano, objeto e imagem são simétricos ponto a ponto em relação ao plano do espelho, tendo portanto mesmas dimensões e naturezas contrárias. Entretanto, um objeto e sua imagem fornecida por um espelho plano não podem ser superspostos por translação. Esta propriedade recebe o nome de enantiomorfismo. A imagem de um objeto extenso é ponto a ponto, simétrica em relação ao plano do espelho.

Exemplo

Uma pessoa de 1,80 m de altura está diante de um espelho plano vertical. Calcular a altura mínima necessária que deve ter o espelho para que a pessoa se veja completamente, qualquer que seja a sua distância ao espelho. Desprezar a distância dos olhos ao alto da cabeça.

Solução

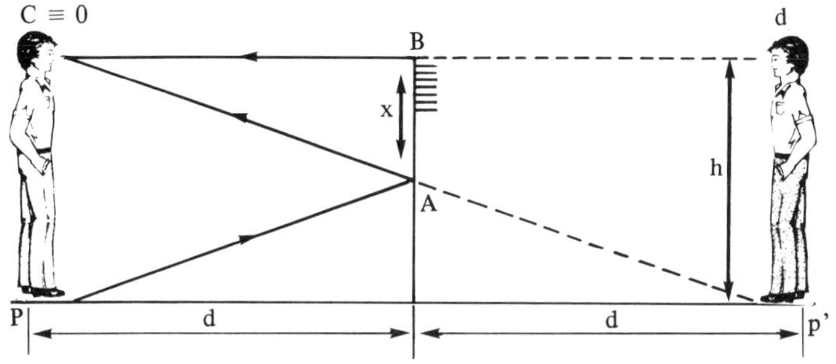

Solução

Para que o indivíduo veja a sua imagem completa é necessário que veja o raio luminoso proveniente dos seus pés e o raio luminoso proveniente do alto da sua cabeça.

O triângulo P' C' C é semelhante ao triângulo A B C. Então,

$$\frac{A\,B}{c\,B} = \frac{P'\,C'}{c\,c'}$$

sendo

A B = x
c B = d
P' c' = h
c c' = 2 d , então

$$\frac{x}{\not d} = \frac{h}{2\not d} \rightarrow x = \frac{h}{2} = \frac{1{,}8}{2} = 0{,}9$$

logo x = 0,9 m

Uma haste vertical A B é colocada diante de um espelho plano, também vertical, a 20 cm de distância do espelho. Um observador vê simultaneamente a haste e a sua imagem, de tal modo que o globo ocular G do observador e a extremidade inferior B da haste definem uma reta perpendicular ao plano do espelho. Se o observador vê o objeto sob ângulo de 60º e a imagem com ângulo de 30º, calcular a distância do observador ao espelho.

Solução

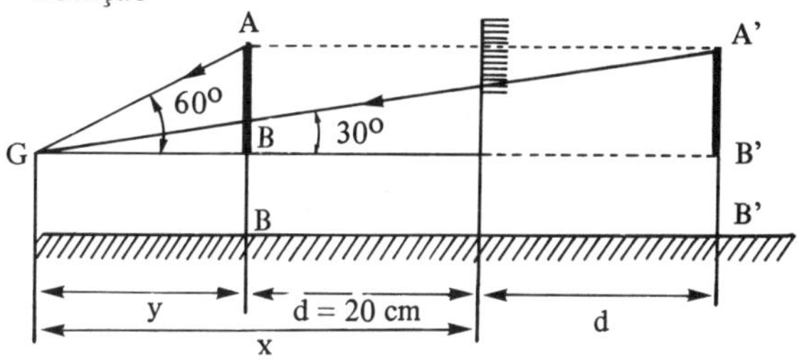

Objeto e imagem, são simétricos em relação ao plano do espelho; assim:

$$\text{tg } 60^o = \frac{A\,B}{y} \quad \therefore \quad A\,B = y \text{ tg } 60^o$$

$$A\,B = y\sqrt{3} \qquad (1)$$

$$\text{tg } 30^o = \frac{A'\,B'}{40 + y} \quad \therefore \quad A'\,B' = (40 + y) \text{ tg } 30^o$$

$$A'\,B' = (40 + y)\,\frac{\sqrt{3}}{3} \qquad (2)$$

Igualando 1 e 2, teremos:

$$y\sqrt{3} = (40 + y)\,\frac{\sqrt{3}}{3} \rightarrow$$

$$y\sqrt{3}\,.\,3 = (40 + y)\sqrt{3} \rightarrow$$

$$y\,3\sqrt{3} = 40\sqrt{3} + y\sqrt{3}$$

$$3\,y\sqrt{3} - y\sqrt{3} = 40\sqrt{3}$$

$$2\,y\sqrt{3} = 40\sqrt{3} \rightarrow y = 20 \text{ cm}$$

$$x = y + d \rightarrow x = y + 20 \rightarrow$$

$$x = 20 + 20 \rightarrow \boxed{x = 40 \text{ cm}}$$

ROTAÇÃO DE UM ESPELHO PLANO

Suponhamos que um espelho plano sofra uma rotação, e vejamos quais são as conseqüências desta rotação.

Seja E um espelho na horizontal

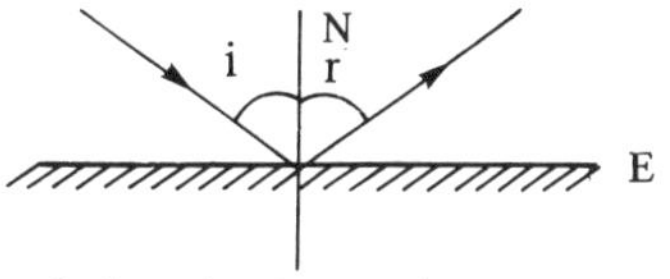

e deslocado do ângulo α conforme adiante.

Rotação do espelho plano

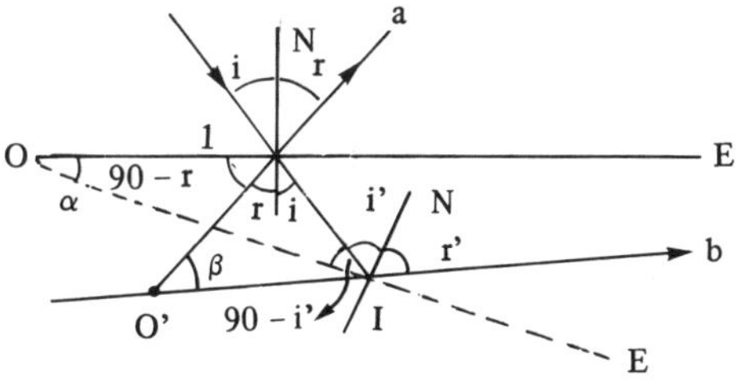

No Δ 10'1' → i' + r' = β + r + i

como r' = i' e r = 1, temos

$2i' = \beta\, b + 2i \therefore$ $\boxed{\beta = 2\,(i' - i)}$

No Δ 0 11' → $\alpha + [(90 - r) + r + i] + (90 - i') = 180$

$\alpha + 90 - r + r + i + 90^{o} - i' = 180$

$\alpha = i' - i$, colocando na equação acima, ficaremos com:

$$\boxed{\beta = 2\,\alpha}$$

Que se conclui

"Quando um espelho plano gira de um determinado ângulo α, o raio refletido gira, no mesmo sentido, de um ângulo β = 2 α."

NÚMERO DE IMAGENS OBTIDAS NA ASSOCIAÇÃO DE ESPELHOS PLANOS NÃO PARALELOS

Podemos representar esta situação esquematicamente e fazer as seguintes considerações:

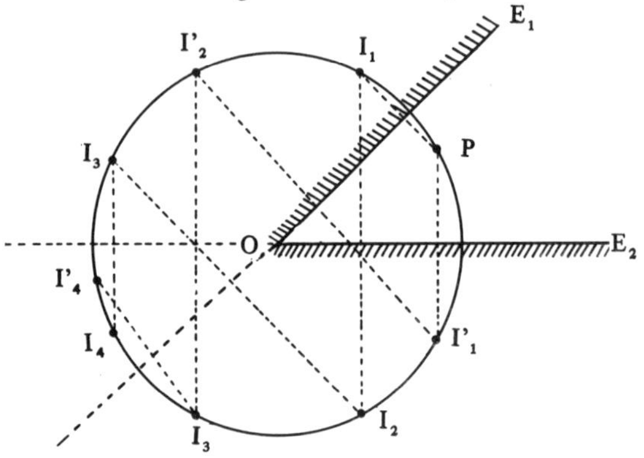

1ª) As imagens se formam em pontos que estão localizados num círculo cujo centro é o vértice [O] dos espelhos, e cujo raio é a distância entre o vértice e o ponto objeto [$\overline{OP}$].

2ª) A imagem I_1, formada por E_1, é virtual e simétrica ao ponto P. A imagem I_1 funciona como objeto para o espelho E_2, dando origem à imagem I_2. Esta funciona novamente como objeto para E_1, e assim sucessivamente. Da mesma forma são obtidas as imagens I'_1, I'_2 etc.

3ª) O número de imagens formado nos espelhos angulares não é infinito. Ele depende do ângulo formado entre os espelhos.

Assim, para dois espelhos planos, que formam entre si um ângulo α, o número de imagens (N) é obtido pela expressão:

$$\boxed{N = \frac{360}{\alpha} - 1}$$

4. REFLEXÃO DA LUZ – ESPELHOS CURVOS

Espelhos esféricos são calotas esféricas polidas por dentro ou por fora.

Polidas por dentro

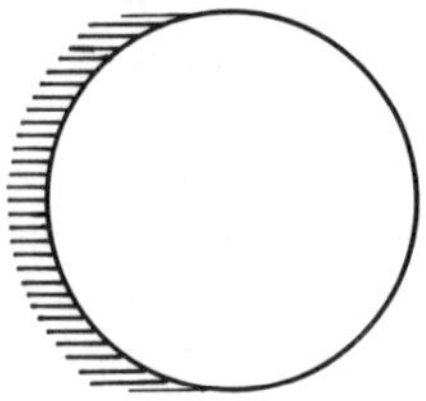

= espelho côncavo

Polida por fora

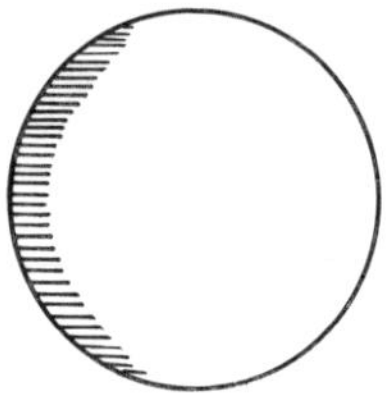

= espelho convexo

PRINCIPAIS ELEMENTOS DOS ESPELHOS ESFÉRICOS

Centro de curvatura do Espelho = C

É o centro da esfera à qual a calota pertence.

Vértice do espelho = V

É o ponto que corresponde ao centro da calota esférica. É também chamado de Pólo da calota.

Eixo principal = EP

É a reta que passa pelo centro de curvatura do espelho e por seu vértice.

Eixo secundário = ES

É qualquer reta que passa pelo centro de curvatura do espelho.

Abertura do espelho = α

É o ângulo formado entre os eixos secundários que passam por C

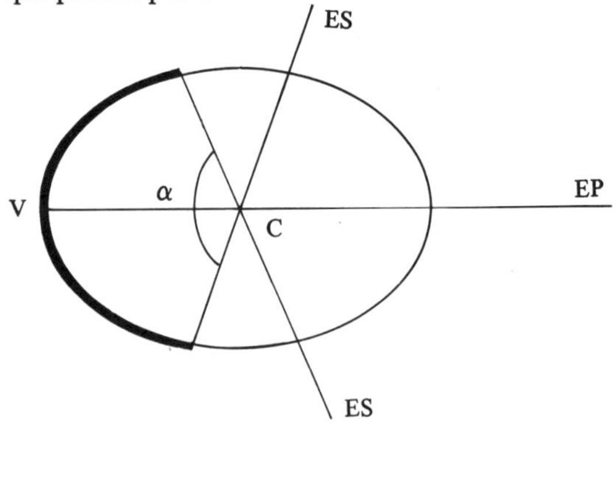

Foco imagem

É o ponto de encontro dos raios refletidos ou de seus prolongamentos.

Foco imagem de um espelho esférico

É o ponto de encontro dos raios refletidos ou de seus prolongamentos, provenientes dos raios incidentes paralelos ao eixo principal.

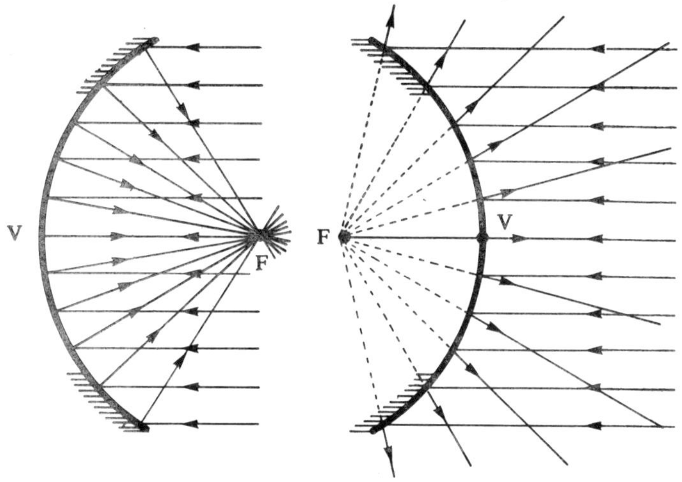

"Todo raio paralelo ao eixo principal se reflete, passando pelo foco do espelho."

ESPELHO CÔNCAVO E CONVEXO

Espelho côncavo	**Espelho convexo**
foco = real	foco = virtual

Distância focal – f

É a distância entre o foco e o vértice do espelho.

Condição de Gauss:

$$f = \frac{R}{2}$$

R = raio da curvatura

Incidência de Luz – Leis

1. Todo raio paralelo ao eixo principal se reflete, passando pelo foco.

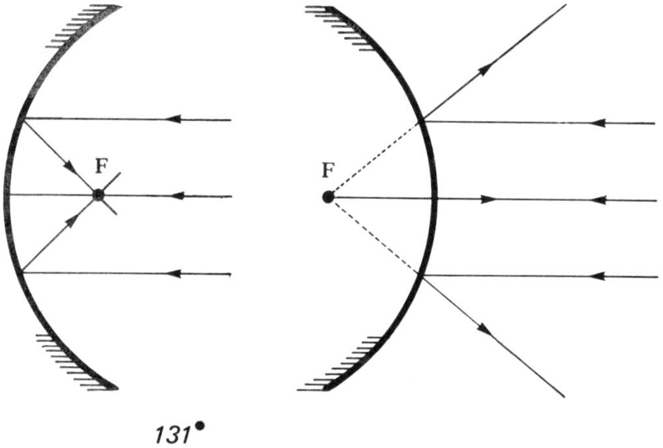

2. Todo raio que passa pelo foco se reflete paralelamente ao eixo.

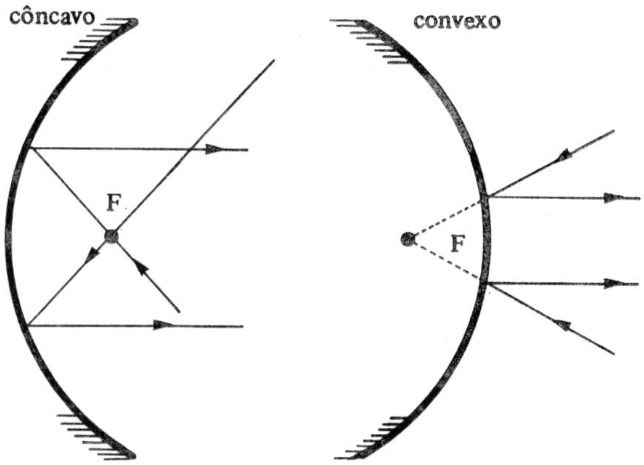

3. Todo raio que passa pelo centro de curvatura do espelho, reflete-se sobre si mesmo.

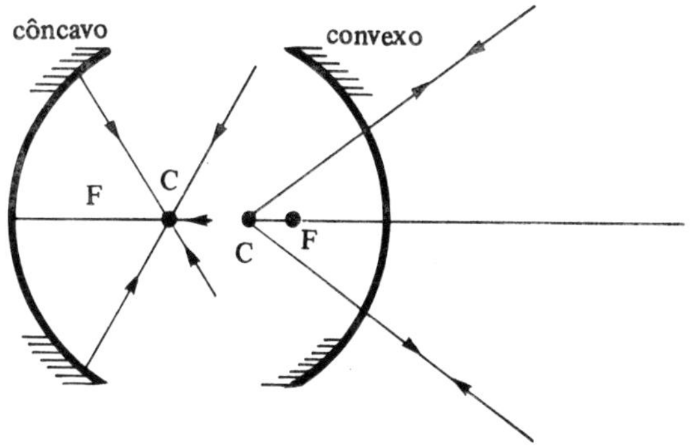

FORMAÇÃO DE IMAGENS

É válido os valores abaixo para a formação geométrica das imagens

Distância Focal = f = é a distância entre F e V.

Distância Objeto = d_o = É a distância entre objeto e o vértice.

Distância imagem = d_i = É a distância entre a imagem e o vértice.

Tamanho da Imagem = H_i = altura da imagem

Tamanho do objeto = H_o = altura do objeto.

CONSTRUÇÃO DE IMAGENS NOS ESPELHOS CURVOS

1. Espelho *Côncavo*

a) Objeto entre F e V

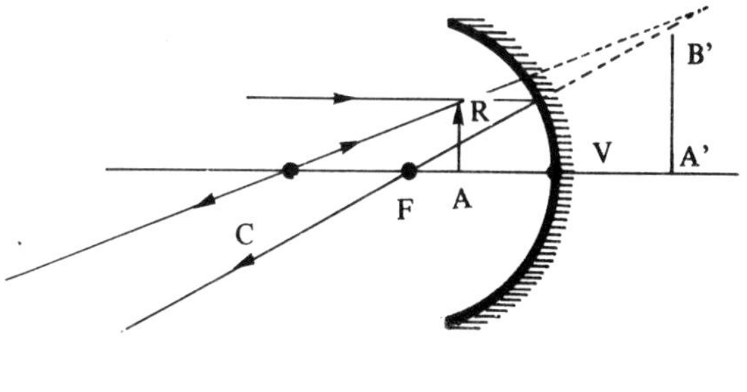

Características da imagem

Virtual (obtida pela intersecção dos prolongamentos dos raios refletidos).
direita, maior.

b) Objeto no foco

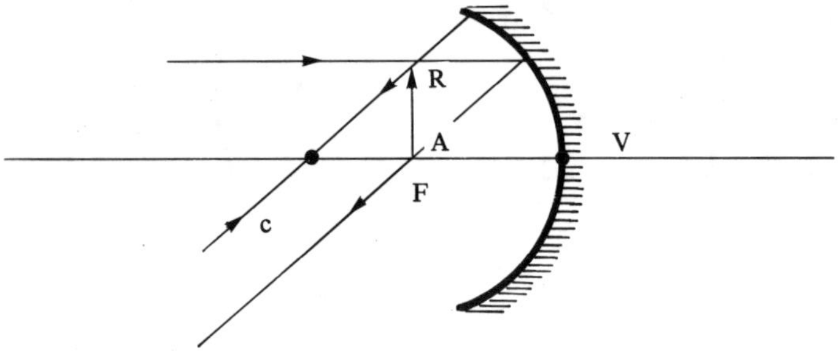

Características da imagem

No infinito não tem sentido dizer se é real ou virtual.

c) Objeto entre Foco e Centro de Curvatura (F e C)

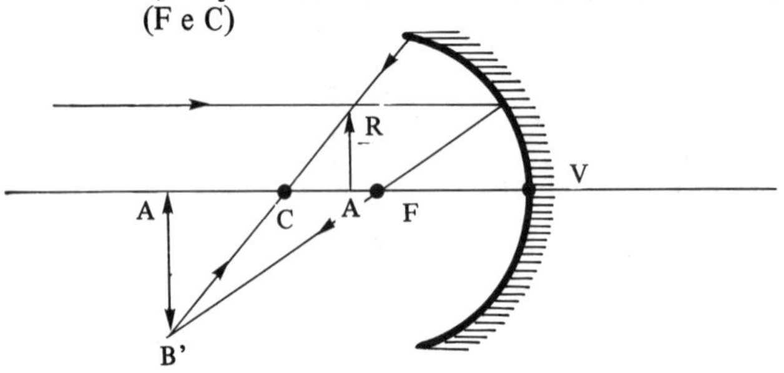

Características da imagem

Real (Obtida pela intersecção dos raios refletidos)
invertida, maior.

d) Objeto no C

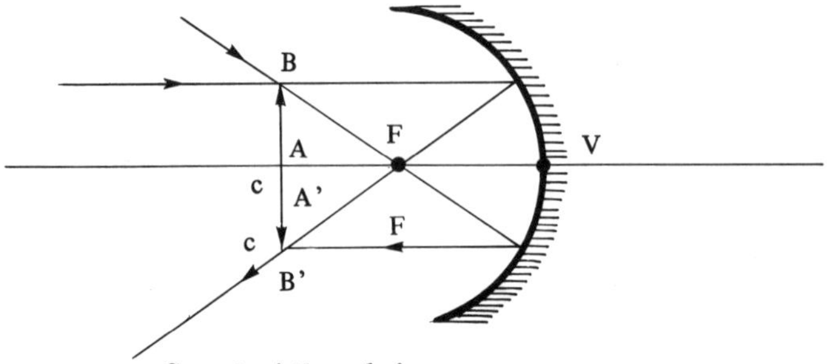

Características da imagem

Real (obtida pela intersecção dos raios refletidos)
Invertida, tamanho é igual ao objeto

e) Objeto além de C.

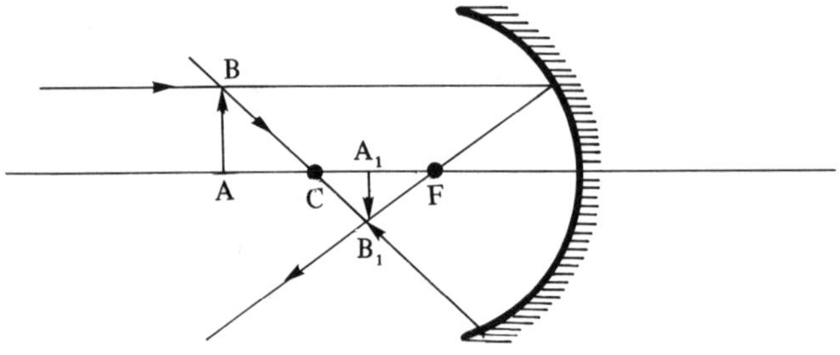

Característica da imagem

real
invertida
menor

ESPELHO CONVEXO

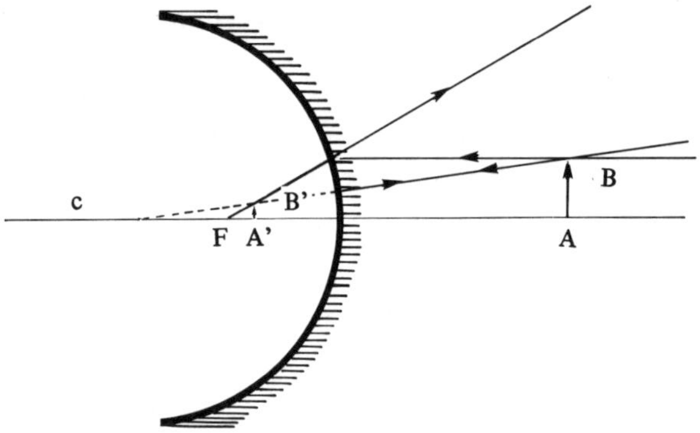

Características da imagem

virtual,
direita e menor
que o objeto

Lembre-se que

imagem real: formada pela intersecção dos raios refletidos

imagem virtual: formada pela intersecção dos prolongamentos dos raios refletidos.

Nos espelhos côncavo, só há uma posição em que a imagem é virtual (é o caso a).

Isto só ocorre quando o objeto está entre o foco F e o vértice V.

Nos demais casos, havendo imagem esta é real.

Nos espelhos convexos, a imagem será sempre virtual.

AUMENTO LINEAR TRANSVERSAL

A altura da imagem conjugada por um espelho esférico a um determinado objeto, poderá ser: inferior, igual ou superior à altura do objeto.

Consideremos um espelho côncavo:

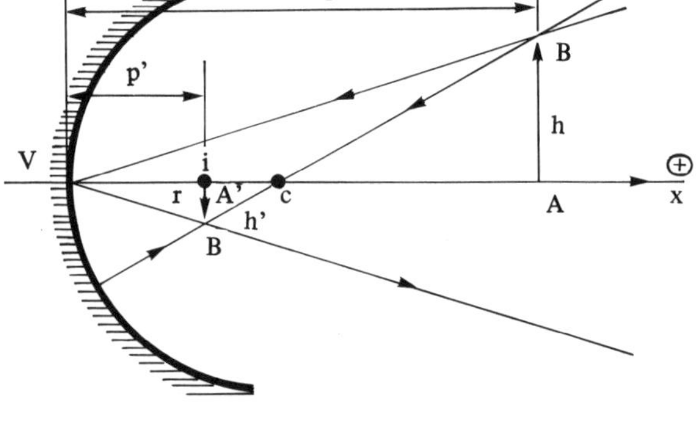

Chamando
h = ordenador do objeto
h' = ordenada da imagem

Pelos triângulos semelhantes
V A B e V A' B',
podemos escrever

$$\frac{\overline{A'B'}}{\overline{AB}} = \frac{\overline{VA'}}{\overline{VA}} \rightarrow$$

Sendo
$\overline{A'B'} = -h'$
$\overline{AB} = h$
$\overline{VA'} = p'$
$\overline{VA} = p$,
teremos

$$\frac{-h'}{h} = \frac{p'}{p}, \text{ ou } \frac{h'}{h} = -\frac{p'}{p}$$

A razão $\frac{p'}{p}$ é chamada aumento linear transversal e é indicada por A.
Temos, portanto

$$\boxed{A = -\frac{p'}{p}}$$

Quando
p e p' têm mesmo sinal, $A < 0$, e a imagem é invertida em relação ao objeto.

p e p' têm sinais opostos, $A > 0$, e a imagem é direita em relação ao objeto.

EQUAÇÃO DE GAUSS

Seja o esquema abaixo

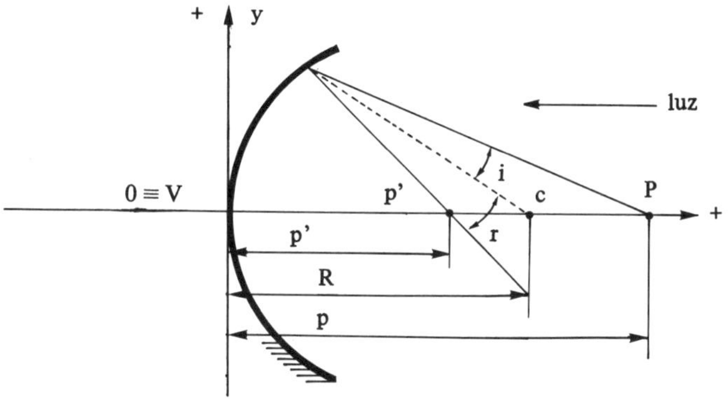

p = abscissa do objeto
p' = abscissa da imagem
R = abscissa do centro de curvatura
Teremos:

$\overline{VP} = p$ $\overline{cp} = p - R$

$VP' = p'$ $p'c = R - p'$

Como os segmentos são orientados

$$\frac{\overline{Vp}}{\overline{vp'}} = \frac{\overline{cp}}{\overline{p'c}} \rightarrow \text{ que equivale a:}$$

$$\frac{p}{p'} = \frac{p - R}{R - p'}, \rightarrow \ p(R - p') = p'(p - R),$$
$$pR - pp' = p'p - p'R,$$
$$p'R + pR = 2pp', \text{ dividindo por}$$

p p' R, obtemos:

$$\frac{p'R}{pp'R} + \frac{PR}{pp'R} = \frac{2pp'}{pp'R} \rightarrow \text{ que dá finalmente a}$$

equação de Gauss: $\frac{1}{p} + \frac{1}{p'} = \frac{2}{R} \rightarrow$ ou,

$$\boxed{\frac{2}{R} = \frac{1}{p} + \frac{1}{p'}}$$

ASSOCIAÇÃO DE ESPELHOS

a) Espelho plano e espelho plano

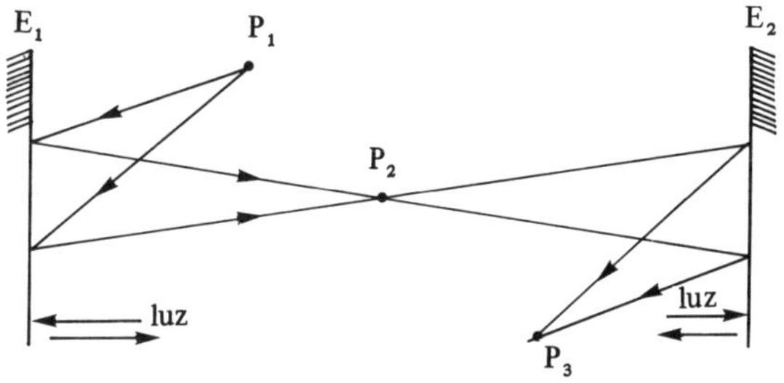

A imagem do primeiro sistema é obrigatoriamente objeto para o segundo sistema óptico. Podemos escrever:

P_2 é ponto imagem real de S_1 e ponto objeto real para S_2.

b) Espelho plano e espelho esférico

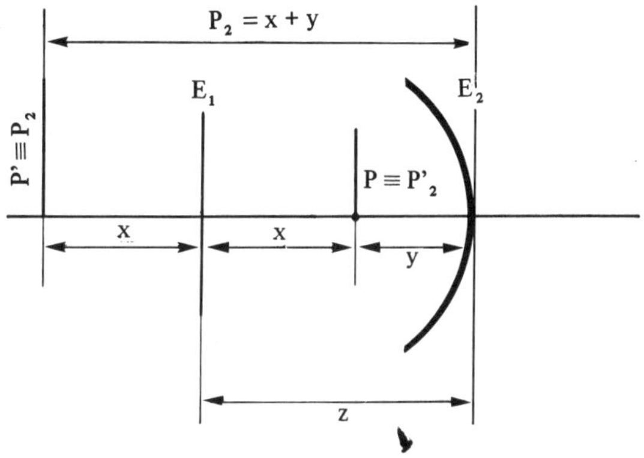

Sendo:
$P_2 = Z + x$
$P'_2 = Z - x$

A imagem fornecida por E_1 constitui um objeto para o espelho côncavo e a imagem fornecida por E_2 deve coincidir com o objeto imagem.

Usando a equação de Gauss, teremos:

$\frac{2}{R} = \frac{1}{p} + \frac{1}{p'}$, lembrando que para os espelhos curvos a relação $\frac{2}{R}$ é chamada de inversa do foco, ou $\frac{1}{f} = \frac{2}{R}$, onde $f = \frac{R}{2}$

$\frac{1}{f} = \frac{1}{p} + \frac{1}{p'}$. Os dados da figura darão o relacionamento:

$$\frac{1}{f} = \frac{1}{x+y} + \frac{1}{x-y}$$

$$\frac{1}{f} = \frac{(z+z)}{(Z+x)(Z-x)}$$

que ao ser desenvolvida, dará o valor de x.

Exemplo

Sendo um espelho côncavo E_2 de $R = 32$ cm associado ao espelho plano E_1, calcule a distância p (distância do objeto ao espelho E_1)

Solução

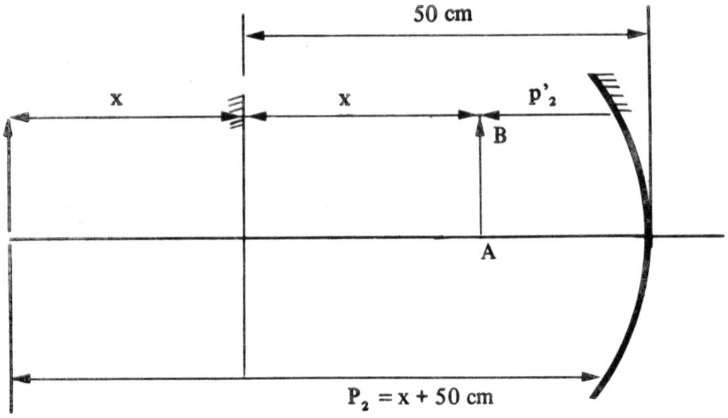

Pela associação, temos

$P_2 = 50 + x$

$P'_2 = 50 - x$

Sendo $R = 32$ cm, $f = +16$ cm

Aplicando a equação de Gauss,

$\frac{1}{f} = \frac{1}{p} + \frac{1}{p'}$, teremos

$$\frac{1}{16} = \frac{1}{50+x} + \frac{1}{50-x} \rightarrow \text{ou } \frac{1}{16} = \frac{(z+z)}{(z+x)(z-x)}$$

$\frac{1}{16} = \frac{100}{(50+x)(50-x)}$, desenvolvendo,

$1600 = 50^2 - x^2$ ou $x^2 = 900$

$x = 30$ cm

Por outro lado, pelo princípio da reversabilidade da luz, obteríamos o mesmo resultado se tivéssemos considerado a luz incidindo em E_2 inicialmente.

c) Espelho côncavo e espelho côncavo

Sejam os dois espelhos curvos e côncavos abaixo,

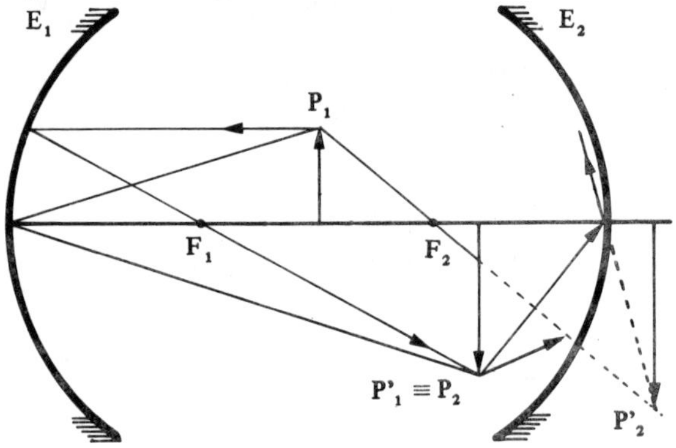

Seja o seguinte exemplo

Dois espelhos esféricos côncavos são dispostos coaxialmente, a uma distância de 75 cm um do outro. Suas distâncias focais valem 20 cm e 30 cm respectivamente. Determinar as características da imagem formada quando a luz proveniente de um objeto de 10 cm de altura, situado a 30 cm do primeiro espelho, incide no primeiro espelho, reflete-se neste e atinge o segundo espelho, sofrendo nova reflexão.

Solução

Consideremos inicialmente o primeiro espelho.

Em relação a este espelho, temos:

$f_1 = +20$ cm

$P_1 = +30$ cm

Colocando estes valores na equação dos focos conjugados (equação de Gauss), teremos:

$$\frac{1}{20} = \frac{1}{30} + \frac{1}{P'_1} \rightarrow \frac{1}{20} - \frac{1}{30} = \frac{1}{P'_1} \rightarrow$$

a solução dará

$P'_1 = +60$ cm

Cálculo da altura da primeira imagem; como $Y_1 = +10$ cm, escrevemos:

$$\frac{Y'_1}{+10} = -\frac{+60}{+30} \rightarrow y'_1 = -20 \text{ cm}$$

Consideremos agora o segundo espelho.

Sendo a distância entre eles 75 cm e a imagem fornecida pelo primeiro espelho é 60 cm de distância do primeiro espelho, então esta imagem constitui um objeto para o segundo espelho, e está a 15 cm deste, conforme figura abaixo.

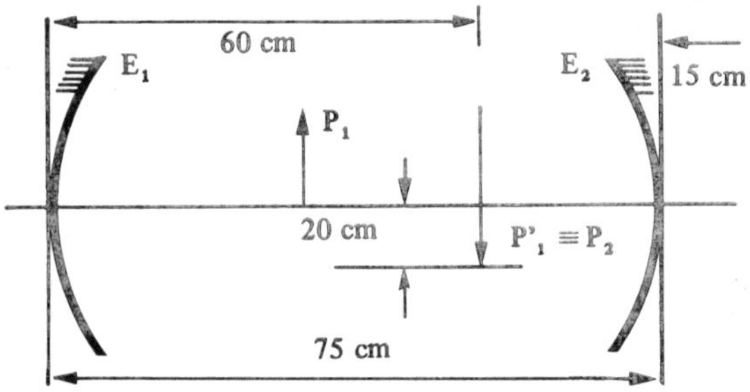

Temos pois
$P_2 = +15$ cm
$f_2 = +30$ cm

Colocando estes valores na equação dos focos conjugados (equação de Gauss), teremos:

$$\frac{1}{+30} = \frac{1}{15} + \frac{1}{P'_2} \rightarrow \frac{1}{30} - \frac{1}{15} = \frac{1}{P'_2}$$

resolvendo, acharemos $P'_2 = -30$ cm.

Cálculo da altura da imagem final.
$y_2 = y'_1 = -20$ cm

Temos:

$$\frac{y'_2}{-20} = -\frac{-30}{+15} \rightarrow y'_2 = -40 \text{ cm}$$

A imagem é:
virtual,
situada a 30 cm do segundo espelho,
invertida em relação ao objeto inicial,
altura (maior que o objeto).
objeto = 10 cm de altura
imagem = 40 cm de altura.

d) Espelho côncavo e espelho convexo

Seja o seguinte exemplo.

Um espelho convexo, cuja distância focal mede 10 cm, está situado a 20 cm de um espelho côncavo de distância focal 20 cm.

Os espelhos estão montados coaxialmente (eixos coincidentes) e as superfícies refletoras estão voltadas uma para a outra.

Um objeto é colocado no ponto médio do segmento que une os vértices dos dois espelhos.

a) Localizar a imagem fornecida pelo espelho convexo ao receber os raios luminosos que partem do objeto e são refletidos pelo espelho côncavo.

b) Construir graficamente a imagem.

Solução

a)

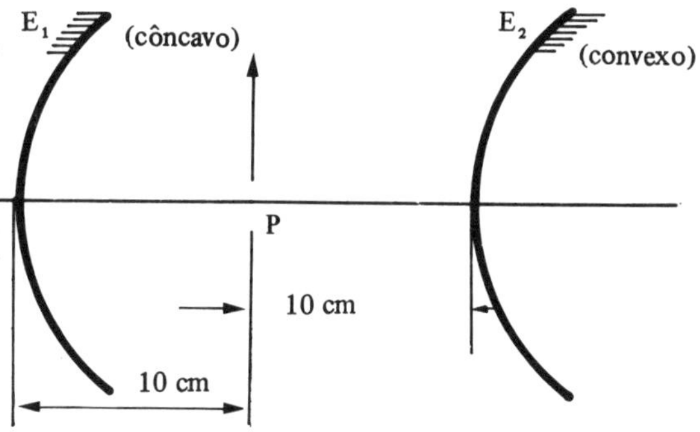

Inicialmente, consideremos o espelho côncavo E_1. Temos
$f_1 = +20$ cm
$P_1 = +10$ cm

Aplicando a equação dos focos conjugados:

$$\frac{1}{+20} = \frac{1}{+10} + \frac{1}{P'_1} \rightarrow \text{ resolvendo, acha-se:}$$

$P'_1 = -20$ cm

Consideremos agora o espelho convexo E_2.

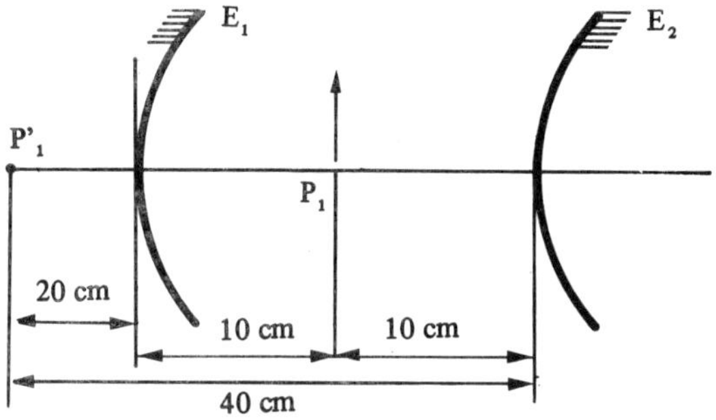

temos
$f_2 = -10$ cm
$P_2 = +40$ cm

Aplicando a equação dos focos conjugados,

$$\frac{1}{-10} = \frac{1}{+40} + \frac{1}{P'_2} \rightarrow \text{ resolvendo-se, acha-se:}$$

$P'_2 = -8$ cm

Portanto, a imagem final é uma imagem virtual, situada a 8 cm de E_2.

b)

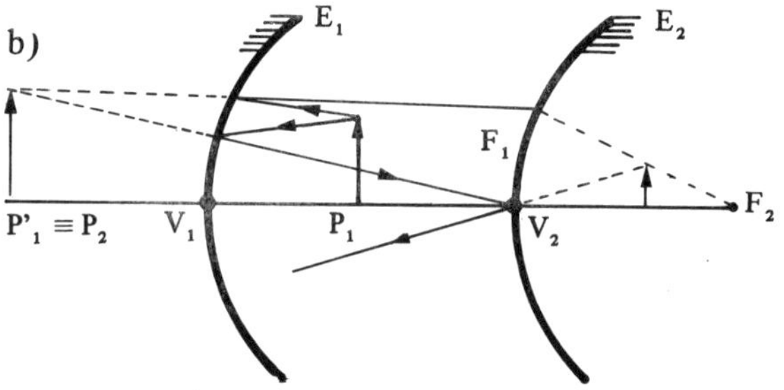

V. REFRAÇÃO DA LUZ

1. INTRODUÇÃO

Suponhamos que a superfície S separe dois meios transparentes (1) e (2). Essa superfície é chamada dióptro.

Suponhamos um raio luminoso A B propagando-se no meio (1) e incidindo na superfície no ponto B. O meio (2) sendo transparente, há um raio B C que atravessa a superfície S e se propaga no meio (2). Esse fenômeno é chamado refração. O raio que passou para o outro meio B C, chama-se raio refratado. O ângulo que o raio refratado faz com a normal N (reta que incide perpendicularmente à superfície) chama-se ângulo de refração.

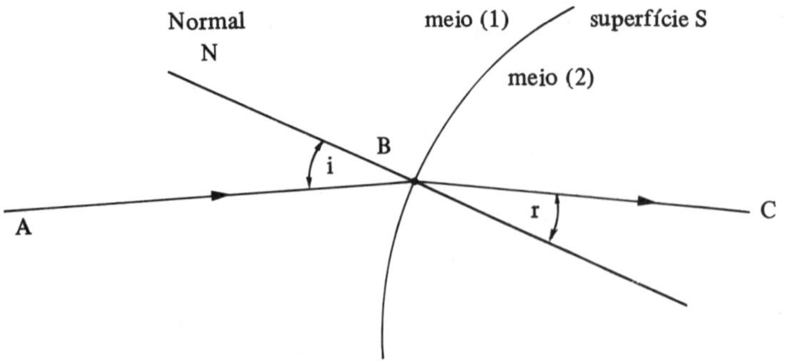

Observação

O raio incidente acima é um raio de luz monocromático A B, que resulta no raio refratado B C. No caso acima, só teremos um raio refratado, mas pode acontecer que o raio incidente é um raio composto, e neste caso, teremos diversos raios refratados de cores diferentes.

2. LEIS DA REFRAÇÃO

1ª O raio refratado está no plano de incidência, isto é, o raio refratado, o raio incidente e a normal, estão num mesmo plano.

2ª Lei de Snell - Descartes

"Para os mesmos meios (1) e (2) e mesma luz monocromática, é constante o quociente do seno do ângulo de incidência pelo seno do ângulo de refração."

Em outras palavras, afirma que:

$$\frac{\text{sen } i}{\text{sen } r} = \text{constante}$$

(para os mesmos meios e para a luz monocromática)

Essa constante, recebe o nome de *índice* de refração do meio (2) em relação ao meio (1).

Representa-se por $n_{2,1}$.

Logo, podemos escrever:

$$\boxed{\frac{\text{sen } i}{\text{sen } r} = n_{2,1}}$$

A relação $\frac{\text{sen } i}{\text{sen } r} = n_{2,1}$, pode ser escrita pela forma abaixo

$$\frac{\text{sen } i}{\text{sen } r} = \frac{n_2}{n_1}$$

Esta relação é demonstrada através do método de Huyghens, do raio refratado.

Demonstração

Seja S a superfície que separa os meios (1) e (2) cujos índices de refração são n_1 e n_2. Suponhamos que o raio RI se propaga no meio (1), incidindo em S no ponto I, sofre refração e passa ao meio 2.

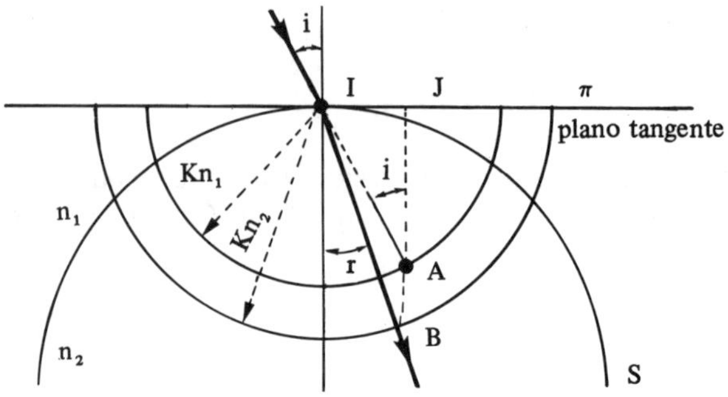

Supondo-se $n_2 > n_1$

No triângulo I J A, $\text{sen } i = \frac{IJ}{Kn_1}$

No triângulo I J B, $\text{sen } r = \frac{IJ}{Kn_2}$

Dividindo membro a membro essas relações, obteremos:

$$\frac{\text{sen } i}{\text{sen } r} = \frac{IJ}{Kn_1} : \frac{IJ}{Kn_2} = \frac{IJ}{Kn_1} \cdot \frac{Kn_2}{IJ} =$$

$$\boxed{\frac{\text{sen } i}{\text{sen } r} = \frac{n_2}{n_1}}$$

3. ÍNDICE DE REFRAÇÃO RELATIVOS E ABSOLUTOS

a) Índice de refração relativo

Pela Lei de Snell - Descartes, que afirma

$\frac{\text{sen } i}{\text{sen } r} = n_{2,1}$ = constante, chamada índice relativo para a mesma luz monocromática.

Demonstra-se que (vide abaixo).

$$n_{2,1} = \frac{v_1}{v_2},$$

$$\text{Como } \frac{\text{sen } i}{\text{sen } r} = \frac{v_1}{v_2} = n_{2,1}$$

O termo $n_{2,1}$ é o índice relativo (de refração).

Demonstração que

$$n_{2,1} = \frac{v_1}{v_2}$$

Considerando uma propagação num meio padrão e incide sobre a superfície S que separa os meios (1) e meio padrão (2).

$$\frac{\text{meio padrão} \quad v}{\text{meio (1)} \quad v_1} S$$

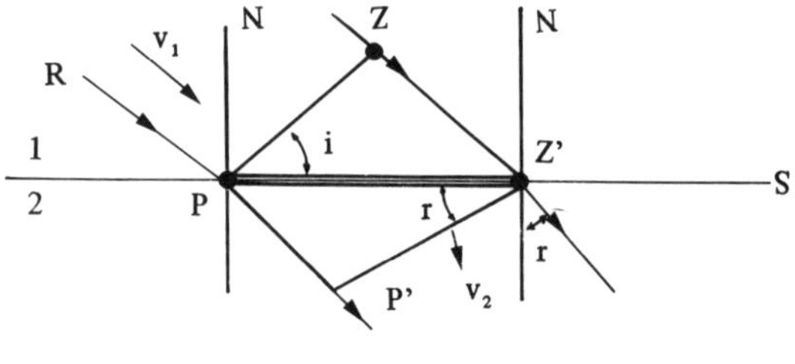

Pela figura, percebe-se que no triângulo P Z Z',

$$\text{sen } i = \frac{Z\,Z'}{P\,Z'}$$

O deslocamento Z Z' = v_1 t, portanto

$$\boxed{\text{sen } i = \frac{v_1\, t}{P\,Z'}}$$

Pela figura, percebe-se que no triângulo P P' Z', temos:

$$\text{sen } r = \frac{P\,P'}{P\,Z'}$$

O deslocamento P P' = v_2 t, portanto

$$\boxed{\text{sen } r = \frac{v_2\, t}{P\,Z'}}$$

Dividindo estas duas relações, teremos:

$$\frac{\text{sen } i}{\text{sen } r} = \frac{\dfrac{v_1\, t}{P\,Z'}}{\dfrac{v_2\, t}{P\,Z'}} = \frac{v_1}{v_2}$$

ou $\boxed{\dfrac{\text{sen } i}{\text{sen } r} = \dfrac{v_1}{v_2}}$

ou ainda $\dfrac{v_1}{v_2} = n_{2,1}$, logo, $\boxed{\dfrac{\text{sen } i}{\text{sen } r} = n_{2,1}}$

O termo constante $n_{2,1}$, é chamado de índice de refração relativo.

b) Índice de refração absoluto

Suponhamos que o meio (1) seja o vácuo, isto é, que o raio incidente se propague no vácuo e o raio refratado no meio (2). O índice de refração que obteremos será o índice de refração do meio (2) em relação ao vácuo. Este índice, será chamado de índice de refração absoluto do meio (2). É representado por n_2.

Temos então:

$$\boxed{\frac{\text{sen } i}{\text{sen } r} = n_2}$$

O índice de refração absoluta, serve para identificar uma substância, pois ele é uma constante.

Os índices relativos e absolutos, possuem uma relação. Essa relação é dada por:

$$\boxed{\frac{n_2}{n_1} = \frac{v_1}{v_2}}$$

que pode ser demonstrado conforme abaixo:

$n_2 = v/v_2$
$n_1 = v/v_1$

Dividindo estas duas relações, teremos:

$$\frac{n_2}{n_1} = \frac{\dfrac{v}{v_2}}{\dfrac{v}{v_1}} : \frac{v}{v_2} \bullet \frac{v_1}{v} = \frac{v_1}{v_2}$$

logo $\boxed{\dfrac{n_2}{n_1} = \dfrac{v_1}{v_2}}$ ou ainda

$$\boxed{n_1\, v_1 = n_2\, v_2}$$

4. REFRINGÊNCIA

Suponhamos o raio incidente no meio (1) e o refratado no meio (2). Dizemos que o meio (2) é mais refringente que o meio (1), quando o índice de refração do meio (2) em relação ao meio (1) é maior do que a unidade. Isto é:

$$\boxed{n_{2,1} > 1}$$

Da afirmação acima, conclui-se que:

1ª Se $n_{2,1} > 1$, resulta

$\dfrac{\text{sen } i}{\text{sen } r} > 1 \therefore \text{sen } i > \text{sen } r.$

Como os ângulos i e r são menores que 90°, ao maior seno corresponde o maior ângulo, logo $i > r$.

Conseqüentemente,

"No meio mais refringente o raio luminoso aproxima-se da normal."

2ª Temos

$n_{2,1} = \dfrac{n_2}{n_1}$, sendo $n_{2,1} > 1$,

resulta $\dfrac{n_2}{n_1} > 1 \therefore$

$$\boxed{n_2 > n_1}$$

Logo,

"O meio mais refringente possui maior índice absoluto de refração."

3ª Através de experimentações, ficou provado que o meio mais refringente é o mais denso.

5. ÂNGULO LIMITE DE REFRAÇÃO

Sejam os meios (1) e (2)

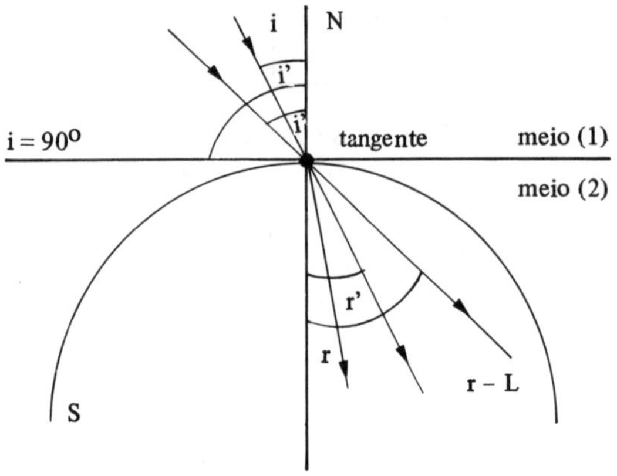

Temos sen i / sen r $\geqslant n_{2,1}$. Suponhamos que $n_{2,1} > 1$, isto é, o meio (2) seja mais refringente que o meio (1). Neste caso, i > i. Portanto, o ângulo de incidência é maior que o de refração. Se aumentarmos a incidência para i', o ângulo de refração aumentará para r', mas teremos sempre i' > r'. Se considerarmos i = 90°, isto é, o raio incidente sendo tangente à superfície, o ângulo de refração tomará um valor L, menor que 90°.

Como a incidência de 90° é a maior possível, o ângulo de refração L é o maior possível. Por isso, é chamado de ângulo limite de refração.

Cálculo do ângulo limite de refração.

De um modo geral, temos:

$$\frac{\text{sen } i}{\text{sen } r} = n_{2,1},$$

quando i = 90°, resulta r = L, então,

$$\frac{\text{sen } 90^\circ}{\text{sen } L} = n_{2,1}, \text{ ou } 1 = \text{sen } L \,.\, n_{2,1},$$

$$\boxed{\text{sen } L = \frac{1}{n_{2,1}}}$$

pois sen 90° = 1.

6. ÂNGULO LIMITE DE INCIDÊNCIA

Suponhamos que $n_{2,1} < 1$, isto é, o meio (1) é mais refringente que o meio (2). Temos:

$$\frac{\text{sen } i}{\text{sen } r} = n_{2,1},$$

Sendo $n_{2,1} < 1$, resulta

$$\frac{\text{sen } i}{\text{sen } r} < 1 \therefore \text{sen } i < \text{sen } r.$$

Então, $\boxed{i < r}$

Como i < r, conclui-se que:

"Se formos aumentando i, também r aumentará e sempre o ângulo de refração será maior que o ângulo de incidência."

Então, quando o ângulo de refração for 90°, o raio refratado B E for tangente à superfície, o ângulo de incidência tomará um valor L menor que 90°. Como o ângulo de refração 90° é maior possível o ângulo de incidência L é o maior possível. Por isso, recebe o nome de ângulo limite de incidência.

Temos pois:

$$\frac{\text{sen } i}{\text{sen } r} = n_{2,1} \therefore \frac{\text{sen } L}{\text{sen } 90^\circ} = n_{2,1} \therefore$$

$$\frac{\text{sen } L}{1} = n_{2,1} \rightarrow$$

$$\boxed{\text{sen } L = n_{2,1} = \frac{1}{n_{2,1}}}$$

Observação

Suposto sempre $n_{2,1} < 1$ e verifica-se estar o ângulo limite formado no meio (1).

Sendo $n_{2,1} = \frac{n_2}{n_1}$, resulta

$$\frac{n_2}{n_1} < 1 \therefore \boxed{n_2 < n_1}$$

A afirmação que $n_2 < n_1$ dá a seguinte conclusão: "O ângulo limite é formado no meio que tem maior índice absoluto de refração, isto é, no meio mais refringente."

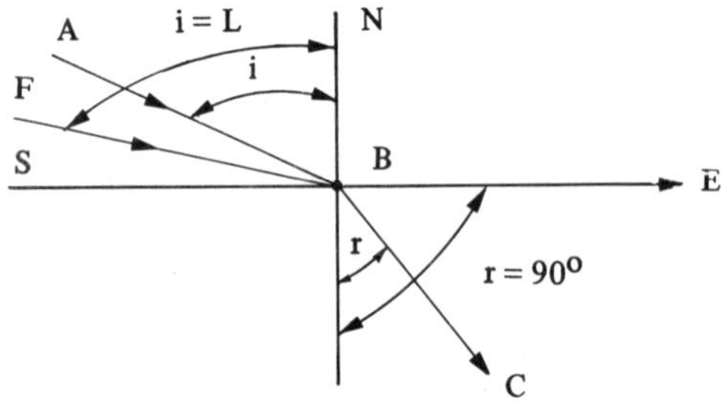

7. REFLEXÃO TOTAL

Seja o raio incidente G B

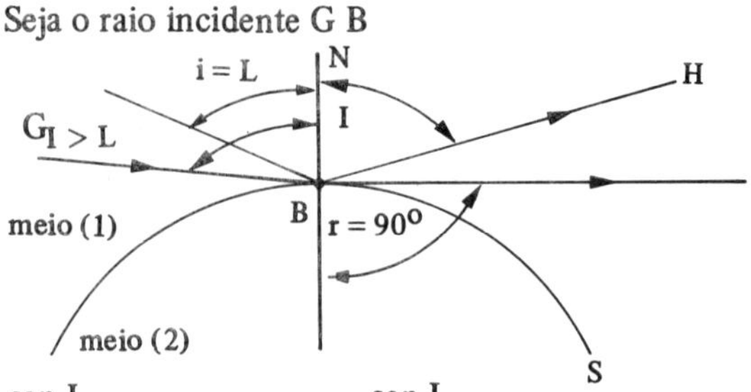

$$\frac{\text{sen } I}{\text{sen } R} = n_{2,1} \therefore \text{sen } R = \frac{\text{sen } I}{n_{2,1}}$$

Por hipóteses, $I > L$.
Portanto, sen $i >$ sen L.
Vimos que sen $L = n_{2,1}$, então:

$$\text{sen}\, I > n_{2,1} \therefore \frac{\text{sen}\, I}{n_{2,1}} > 1$$

Comparando os valores

$$\text{sen}\, R = \frac{\text{sen}\, I}{n_{2,1}} \text{ com sen}\, L = n_{2,1},$$

resulta $\boxed{\text{sen}\, R > 1}$

Conseqüentemente, é impossível achar esse ângulo de refração R.

Conclui-se que:

"Quando o ângulo de incidência é maior que o ângulo limite de incidência, não há refração. O raio incidente é totalmente refletido. O fenômeno é chamado de reflexão total.

8. REFRAÇÃO DA LUZ: DIÓPTROS PLANOS-LÂMINAS DE FACES PARALELAS – PRISMAS

a) Dióptros Planos

Denomina-se dióptro plano, ao conjunto constituído de dois meios homogêneos, transparentes e isótropos separados por uma superfície plana S. O dióptro propriamente dito, é a superfície S (plana).

Determinação da imagem P' de um ponto P.

Considerando o dióptro plano abaixo

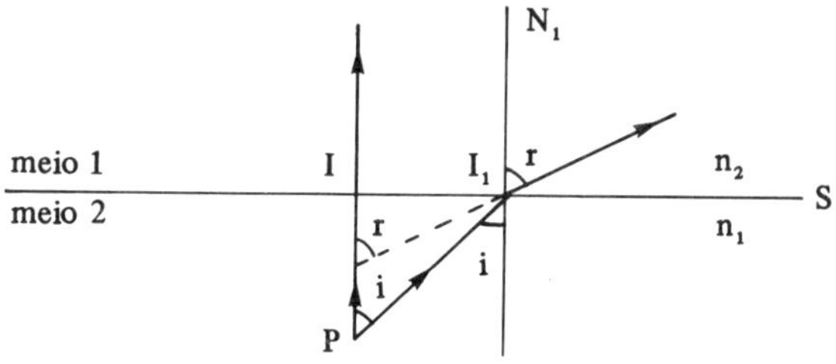

Seja um ponto P (objeto real). O raio PI a $P_{alcance}$ S em I, sendo nulo o ângulo de incidência. Esse raio passa para o meio (2) sem sofrer desvio. Um segundo raio PI, forma com a normal N_1 o ângulo de incidência i, sofre refração passando para o meio (2) formando o ângulo de refração r. P' é a imagem virtual que o dióptro conjuga ao ponto objeto real P. É importante notar que o objeto e a imagem se situam no mesmo meio, que é o meio da luz incidente em S.

Nestes termos, P' é a única imagem que corresponde ao ponto P.

Verificação,

1ª no triângulo $PI\,I_1$,

$$\text{tg}\, i = \frac{I\,I_1}{I\,P}$$

2ª no triângulo $P'I\,I_1$,

$$\text{tg}\, r = \frac{I\,I_1}{I\,P'}$$

Dividindo membro a membro, teremos:

$$\frac{\text{tg}\, i}{\text{tg}\, r} = \frac{I\,P'}{I\,P}$$

$$I\,P' = I\,P\,\frac{\text{tg}\, i}{\text{tg}\, r} = I\,P\,\frac{\text{sen}\, i \cos r}{\text{sen}\, r \cos i}$$

$$I\,P' = I\,P \,.\, \frac{\text{sen}\, i}{\text{sen}\, r} \,.\, \frac{\cos r}{\cos i}$$

Pela Lei de Snell-Descartes, temos

$\frac{\text{sen}\, i}{\text{sen}\, r} = \frac{n_2}{n_1}$. Levando para a expressão acima,

$$I\,P' = I\,P\,\frac{n_2}{n_1} \,.\, \frac{\cos r}{\cos i}$$

Usando valores de identidades trigonométricas,

$\cos i = \sqrt{1 - \text{sen}^2\, i}$ e

$\cos r = \sqrt{1 - \text{sen}^2\, r}$, e como sen $r = \frac{n_1}{n_2}$ sen i,

substituindo em cos, r ficaremos com:

$$\cos r = \sqrt{1 - (\frac{n_1}{n_2}\,\text{sen}\, i)^2} = \sqrt{1 - \frac{n_1^{\,2}}{n_2^{\,2}}\,\text{sen}^2 i},$$

$$\cos r = \sqrt{1 - \left(\frac{n_1}{n_2}\right)^2 \text{sen}^2\, i}$$

Substituindo esta expressão e a expressão de $\cos i = \sqrt{1 - \text{sen}^2\, i}$, na expressão dada por

$I\,P' = I\,P\,\frac{n_2}{n_1} \,.\, \frac{\cos r}{\cos i}$, teremos:

$$\boxed{I\,P' = I\,P\,\frac{n_2}{n_1} \cdot \frac{\sqrt{1 - \frac{n_1}{n_2}\quad \text{sen}^2\, i}}{\sqrt{1 - \text{sen}^2\, i}}}$$

À expressão acima finalmente pode ser tirada a conclusão:

"I P' e conseqüentemente P' dependem do ângulo de incidência i."

É claro que a cada raio incidente oriundo do mesmo objeto corresponderá uma certa imagem P' e, portanto, a um mesmo objeto correspondem várias imagens. Como conclusão geral, pode-se afirmar que o dióptro plano não é estigmático. Ele (o dióptro plano), apresenta estigmatismo nos casos:

1º Se P for ponto de S, temos IP = 0, e IP' = 0, logo para outras superfícies, o dióptro plano apresenta estigmatismo.

2º Se P for impróprio, ou seja, se $IP \to \infty$, então $IP' \to \infty$, ou seja P' também será impróprio, e o dióptro plano apresenta estigmatismo.

3º Se sen i ≅ 0, a equação se reduz a

$$IP' = IP \frac{n_2}{n_1}$$

Devido ao fato de I P' ser aproximadamente constante, o dióptro plano é considerado estigmático.

Equação do dióptro plano (aproximação de Gauss).

Na região da luz incidente o sentido positivo é convencionado como contrário ao da luz incidente; portanto, nessa região os objetos serão reais ($p > 0$) e as imagens virtuais ($p' < 0$).

Na região da luz emergente, o sentido positivo é concordante com o da luz emergente; conseqüentemente, nessa região os objetos serão virtuais e as imagens reais.

Nessas condições, tomando o valor algébrico dos segmentos, temos:

$$IP' = IP \frac{n_2}{n_1}$$

Fazendo IP' = p' (imagem virtual) e I P = p, vem:

$$P' = P \frac{n_2}{n_1} \text{ ou } -\frac{P'}{P} = \frac{n_2}{n_1}, \text{ ou}$$

$$\boxed{\frac{n_2}{n_1} = -\frac{P'}{P}}$$

Observação

Um sistema óptico *estigmático* é o sistema que, a um objeto pontual, cojuga uma imagem também pontual. Se o sistema óptico não apresentar esta qualidade, será dito *astigmático*.

b) Lâminas de Faces Paralelas

Seja os três meios homogêneos transparentes e isótropos abaixo meio (1), meio (2) e meio (3).

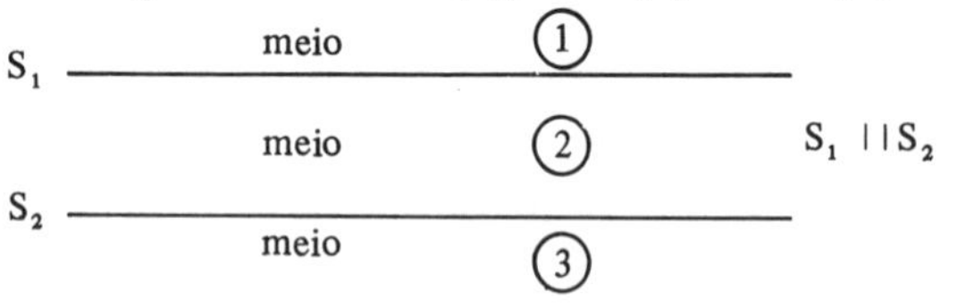

Seja agora o raio R_1 que incide em S_1. Há refração e surge o raio refratado $I_1 I_2$ que incide em S_2 no ponto I_2. Ocorre uma segunda refração e emerge no meio (3) v raio I_2 R".

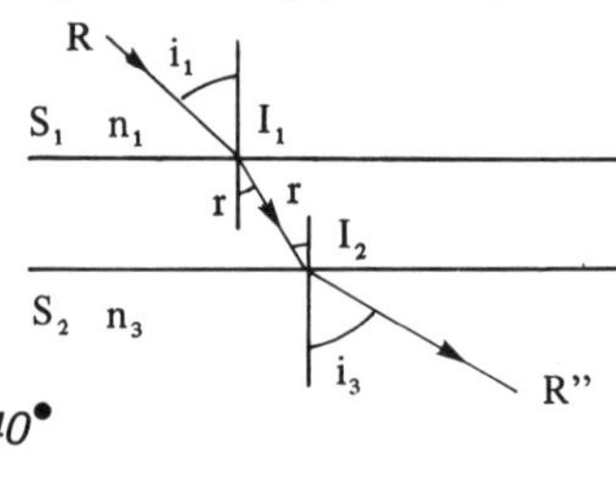

Aplicando Snell-Descartes nas faces S_1 e S_2,

$$\frac{\text{sen } i_1}{\text{sen } r} = \frac{n_2}{n_1} \text{ em } S_1$$

$$\frac{\text{sen } r}{\text{sen } i_3} = \frac{n_3}{n_2} \text{ em } S_2$$

Multiplicando membro a membro

$$\frac{\text{sen } i}{\cancel{\text{sen } r}} \cdot \frac{\cancel{\text{sen } r}}{\text{sen } i_3} = \frac{\cancel{n_2}}{n_1} \cdot \frac{n_3}{\cancel{n_2}},$$

$$\frac{\text{sen } i}{\text{sen } i_3} = \frac{n_3}{n_1}$$

Se os meios (1) e (3) forem idênticos, $n_3 = n_1$ e conseqüentemente,

$$\frac{\text{sen } i}{\text{sen } i_3} = \to \text{sen } i_3 = \text{sen } i_1$$

Como i_1 e i_3 são ângulos agudos, $i_3 = i_1$

Esta igualdade, nos permite afirmar:

"Se ambas as faces de uma lâmina de faces paralelas forem banhadas pelo mesmo meio, o raio emergente, será paralelo ao raio incidente."

Conseqüentemente, quando um raio luminoso atravessa uma lâmina de faces paralelas, não sofre desvio angular; sofre somente translação isto é, é deslocado paralelamente a si mesmo de uma distância d. Essa distância d, recebe o nome de desvio.

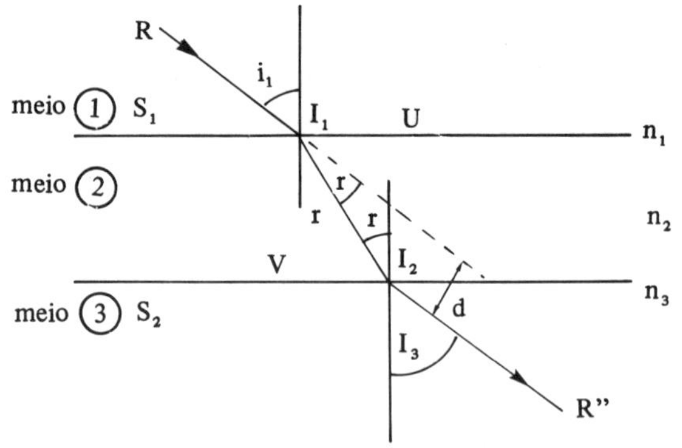

Cálculo do desvio d.

No triângulo I, U I_2,

$$d = \overline{I_1 I_2} \cdot \text{sen } (i - r)$$

No triângulo I_1 V I_2.

$$\overline{I_1 I_2} = \frac{\overline{I_1 V}}{\cos r}; \text{ substituindo acima,}$$

$$d = \frac{I_1 V}{\cos r} \cdot \text{sen } (i - r)$$

O segmento $\overline{I_1 V}$ é a espessura da lâmina, que será chamada e, logo,

$$d = \frac{e}{\cos r} \text{ sen } (i - r)$$

Usando sen (a - b) = sen a cos b - sen b cos a, teremos:

$$d = \frac{e}{\cos r}\ \text{sen i cos r} - \text{sen r cos i},$$

$$d = \frac{e\,(\text{sen i cos r} - \text{sen r cos i})}{\cos r} =$$

$$d = \frac{e \text{ sen i cos r}}{\cos r} - \frac{e \text{ sen r cos i}}{\cos r} =$$

$$d = e \text{ sen i} - e \cos i \frac{\text{sen r}}{\cos r} =$$

$$d = e\,(\text{sen i} - \cos i \frac{\text{sen r}}{\cos r}) =$$

Mas $\frac{\text{sen i}}{\text{sen r}} = n_{2,1}$, $\text{sen r} = \frac{\text{sen i}}{n_{2,1}}$

Por outro lado,

$\text{sen}^2 r + \cos^2 r = 1,$
$\cos^2 r = 1 - \text{sen}^2 r,$

$\cos r = \sqrt{1 - \text{sen}^2 r}$. ou

$$\cos r = \sqrt{1 - \frac{\text{sen}^2 i}{(n_{2,1})^2}} =$$

$$\cos r = \sqrt{\frac{(n_{2,1})^2 - \text{sen}^2 i}{(n_{2,1})^2}} =$$

Substituindo esses valores na expressão de d,

$d = e\,(\text{sen i} - \cos i \frac{\text{sen r}}{\cos r})$, teremos:

$$d = e\,(\text{sen i} - \cos i \frac{\frac{\text{sen i}}{n_{2,1}}}{\sqrt{\frac{(n_{2,1})^2 - \text{sen}^2 i}{(n_{2,1})^2}}} =$$

$$d = e\ [\text{ sen i} - \cos i \frac{\text{sen i}}{n_{2,1}} \frac{n_{2,1}}{\sqrt{(n_{2,1})^2 - \text{sen}^2 i}} =$$

$$d = e\ [\text{sen i} - \cos i \text{ sen i} \frac{1}{\sqrt{(n_{2,1})^2 - \text{sen}^2 i}} =$$

$$d = e\left[\text{sen i} - e \cos i \text{ sen i} \frac{1}{\sqrt{(n_{2,1})^2 - \text{sen}^2 1}}\right] =$$

$$d = e \text{ sen i} - e \text{ sen i} \frac{\cos i}{\sqrt{(n_{2,1})^2 - \text{sen}^2 i}} =$$

$$\boxed{d = e \text{ sen i}\ \left[1 - \frac{\cos i}{\sqrt{(n_{2,1})^2 - \text{sen}^2 i}}\right]}$$

Para lâminas justapostas

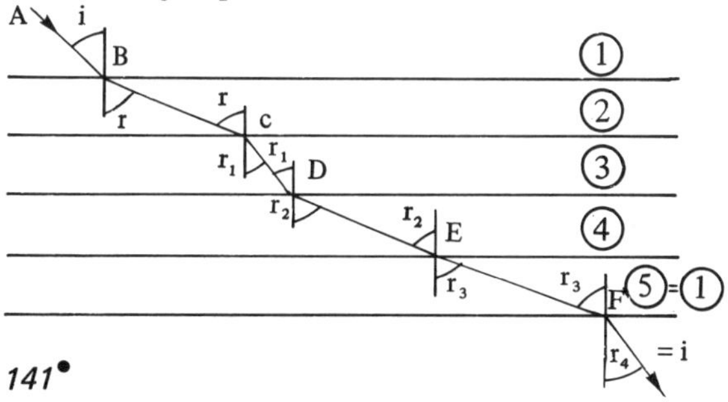

Aplicando a Lei de Snell - Descartes para cada refração;

em B : $\frac{\text{sen i}}{\text{sen r}} = n_{2\ 1} = \frac{n_2}{n_1}$,

em C : $\frac{\text{sen r}}{\text{sen } r_1} = n_{3\ 2} = \frac{n_3}{n_2}$,

em D : $\frac{\text{sen } r_1}{\text{sen } r_2} = n_{4\ 3} = \frac{n_4}{n_3}$,

em E : $\frac{\text{sen } r_2}{\text{sen } r_3} = n_{5\ 4} = \frac{n_5}{n_4}$,

em F : $\frac{\text{sen } r_3}{\text{sen } r_4} = n_{1\ 5} = \frac{n_1}{n_5}$

Temos:

$$\frac{\text{sen i}}{\text{sen r}} \cdot \frac{\text{sen r}}{\text{sen } r_1} \cdot \frac{\text{sen } r_1}{\text{sen } r_2} \cdot \frac{\text{sen } r_2}{\text{sen } r_3} \cdot \frac{\text{sen } r_3}{\text{sen } r_4} =$$

$$= \frac{n_2}{n_1} = \frac{n_3}{n_2} = \frac{n_4}{n_3} = \frac{n_5}{n_4} = \frac{n_1}{n_5}$$

Simplificando, temos:

$\frac{\text{sen i}}{\text{sen } r_4} = 1$, $\text{sen } r_4 = \text{sen i}$

$\therefore$ $\boxed{r_4 = i}$

ou

$$\frac{\text{sen i}}{\text{sen r}} \cdot \frac{\text{sen r}}{\text{sen} r_1} \cdot \frac{\text{sen } e_1}{\text{sen} r_2} \cdot \frac{\text{sen } r_2}{\text{sen } r_3} \cdot \frac{\text{sen } r_3}{\text{sen i}} =$$

$n_{2,1} \cdot n_{3,2} \cdot n_{4,3} \cdot n_{5,4} \cdot n_{1,5}$,

que dará

$$\boxed{n_{2,1} \cdot n_{3,2} \cdot n_{4,3} \cdot n_{5,4} \cdot n_{1,5} = 1}$$

A igualdade acima, dará a conclusão:

"Quando várias lâminas de faces paralelas são justapostas, o produto dos índices relativos de refração, tomados num mesmo sentido, é igual à unidade."

c) Prismas

Em óptica, chama-se prisma a um meio transparente limitado por dois dióptros planos não paralelos. O meio transparente (2), limitado pelas faces planas A B F E e A B C D é um prisma.

Elementos do prisma

1º) Aresta: é a reta A B, intersecção principal das duas faces.

2º) Secção reta ou secção principal: é a secção feita por um plano perpendicular à aresta.

3º) Ângulo do prisma: é o ângulo diedro formado pelas duas faces.

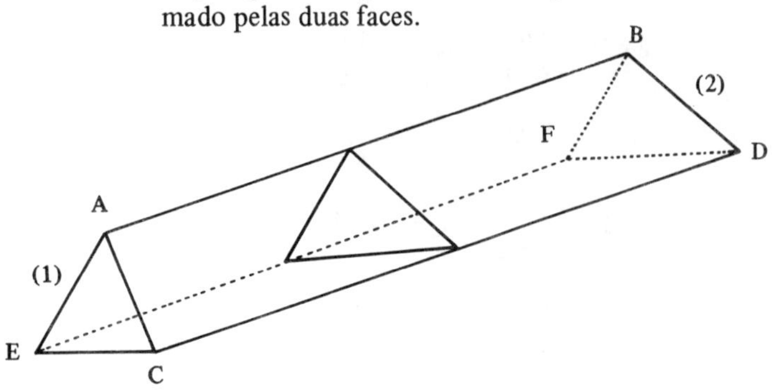

Trajetória de um raio luminoso que atravessa um prisma.

Seja o raio luminoso B C, propagando-se no meio (1) e incidindo em C sobre a face do prisma.

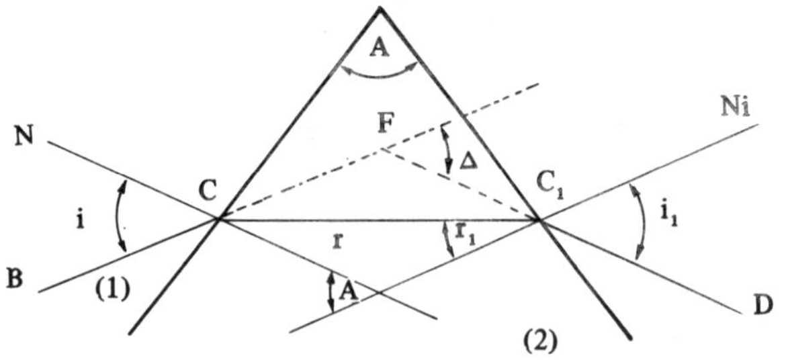

O raio C_1D é chamado raio emergente.

O ângulo i_1 é chamado ângulo de emergência.

F representa a prolongação do raio emergente e do raio incidente. O ângulo entre eles é Δ. Esse ângulo é chamado desvio. Tudo se passa se o raio luminoso tivesse girado de um ângulo Δ ao redor do ponto F.

Fórmulas do Prisma

1ª Na primeira refração (em C),

$$\frac{\text{sen } i}{\text{sen } r} = n$$

2ª Na segunda refração (em C_1),

$$\frac{\text{sen'} i_1}{\text{sen } r_1} = n$$

3ª As normais C N e C_1N_1, são perpendiculares aos lados do ângulo A. Logo, o ângulo que elas formam, ao se encontrarem em E, é igual ao ângulo em A. Esse ângulo é extremo ao triângulo E C C_1, logo, pelo teorema do ângulo externo, podemos escrever:

$$A = r + r_1,$$

4ª Do ângulo de desvio Δ.

O ângulo de desvio Δ é o ângulo externo do triângulo CC_1 F. Pelo teorema do ângulo externo,

$$\Delta = F\hat{C}C_1 + F\hat{C}_1C$$

Mas, $F C C_1 = i - r$ e $F C_1 C = i_1 - r_1$

logo,

$\Delta = i - r + i_1 - r_1 =$

$\Delta = (i + i_1) - (r + r_1)$

Sendo $(r + r_1) = A$, resulta:

$$\boxed{\Delta = i + i_1 - A}$$

ESTUDO DO DESVIO

Vimos que $\Delta = i + i_1 - A$. Logo, o valor do desvio Δ depende dos valores de i, i_1 e A. Mas, i_1 depende do ângulo de incidência i e do índice de refração do prisma n. Logo, Δ é uma função de i, n e A.

O estudo do Δ divide-se em duas partes.

1ª Estudo experimental do desvio.

VARIAÇÃO DO DESVIO COM A.

É feito com um prisma de ângulo variável.

Consiste numa cuba de paredes de vidro com faces paralelas. Nessa cuba é colocado um líquido que será a substância do prisma. As paredes, tendo as faces paralelas, não influem no desvio angular. As paredes A B C D e E F G H são fixas. As outras duas A E H D e B F G C, são móveis ao redor dos eixos D H e C G, de maneira que podemos variar o ângulo que elas formam. Esse ângulo, é o ângulo do prisma A.

Com esse aparelho se verifica que, quando A cresce, o desvio também cresce.

O raio M P entra no prisma por A E H D e sai por B F G C, segundo O N.

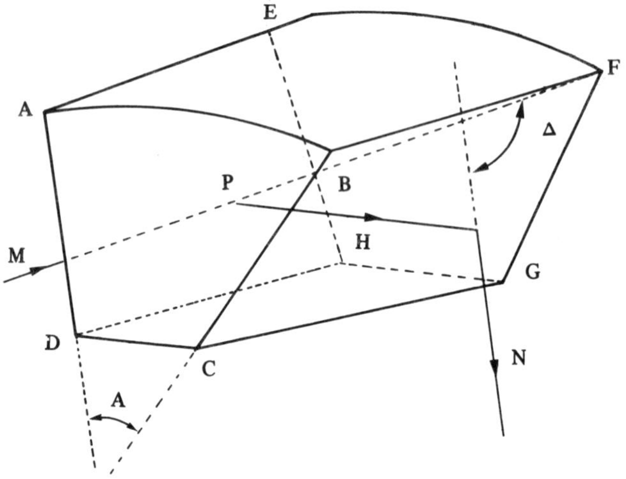

VARIAÇÃO DO DESVIO COM O ÍNDICE DE REFRAÇÃO n.

É necessário o uso de diversos prismas, de materiais diferentes, mas de mesmo valor do ângulo A. São justapostos conforme figura abaixo:

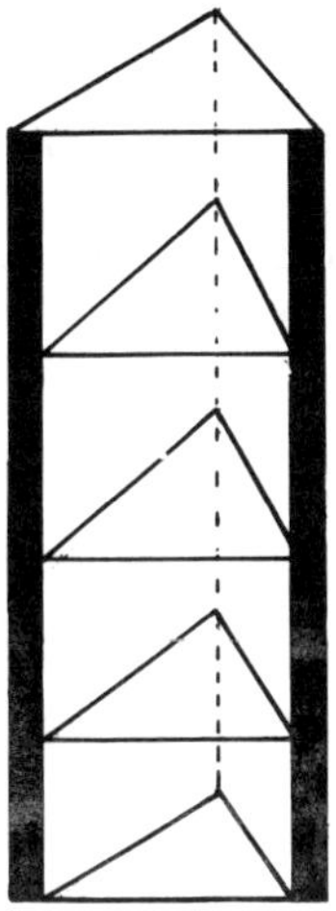

O conjunto desses prismas recebe o nome de poliprisma. Faz-se passar a luz por uma abertura ab, paralela à aresta do conjunto. Assim, a luz que sai da abertura ab, tem a forma de um plano luminoso paralelo à aresta do conjunto. Esse plano, encontra o conjunto segundo A B, de maneira que, para todos os prismas do conjunto, o ângulo de incidência i, é o mesmo.

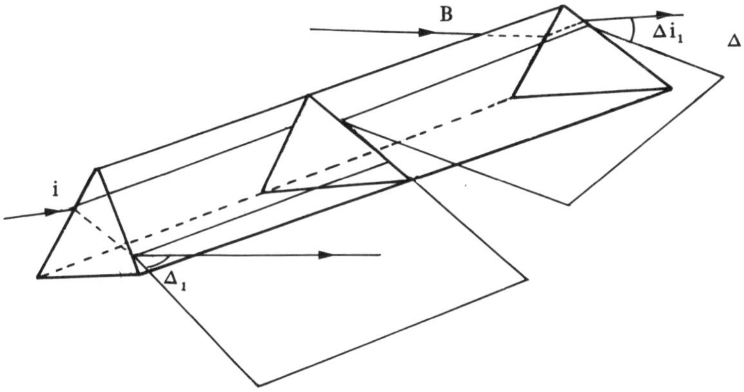

Ora, como todos esses prismas têm mesmo ângulo A, e i é o mesmo, o desvio Δ só depende da natureza do prisma, isto é, de n.

De cada prisma sai um feixe de luz paralelo à aresta, mas, em cada prisma, o feixe tem uma inclinação diferente. Verifica-se que o desvio Δ é tanto maior quanto maior o índice n.

VARIAÇÃO DO DESVIO COM ÂNGULO DE INCIDÊNCIA

É feita com um prisma que possa girar em torno da aresta, de maneira que pode passar da posição A C D para a posição A C' D. Um feixe de luz monocromática passa por uma abertura ab e incide rasante sobre o prisma. No início, o prisma está na posição A C D. A luz que não atravessa o prisma, incide em B sobre um anteparo. Depois se gira o prisma, de maneira que o ângulo de incidência vai variando. Quando o prisma está na posição A C' D' a luz que incide no prisma sai segundo A B' e incide em B' sobre o anteparo. Como o prisma é um só e a luz monocromática a mesma conclui-se que A e n são os mesmos. Portanto, Δ vai depender da incidência i.

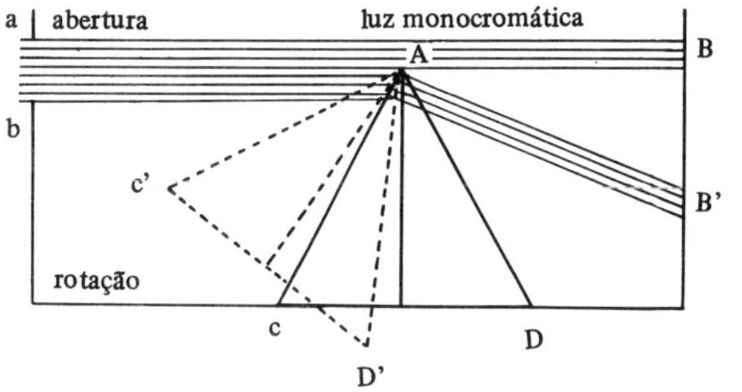

O desvio mínimo Δ_m corresponde ao ponto M da curva. Vemos que, para esse ponto M_1 i e i_1 são iguais.

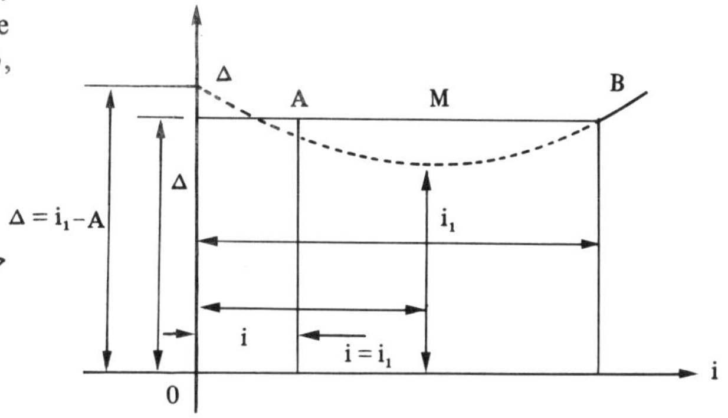

Conclusões

O desvio toma valor mínimo quando o ângulo de incidência for igual ao ângulo de emergência.

Pelo fato de ser $i = i_1$, resulta que também $r = r_1$. Com efeito;

$$\frac{\text{sen } i}{\text{sen } r} = n \quad \therefore \quad \text{sen } r = \frac{\text{sen } i}{n}$$

$$\frac{\text{sen } i_1}{\text{sen } r_1} = n \quad \therefore \quad \text{sen } r_1 = \frac{\text{sen } i_1}{n}$$

Se $i = i_1$, fica

$\text{sen } r_1 = \text{sen } r \therefore r = r_1$

1ª Valor do ângulo de incidência que produz desvio mínimo já é sabido que: $\Delta = i + i_1 - A$,

chamemos
Δ_m = desvio mínimo
i_m = valor do ângulo de incidência para o qual o desvio é mínimo.

Nesse caso, também $i_1 = i_m$, logo,

$\Delta_m = i_m + i_m - A \rightarrow \Delta_m = 2\, i_m - A$

Daí

$$i_m = \frac{\Delta_m + A}{2}$$

2ª Valor do desvio para ângulos pequenos, já sabemos que:

$$\frac{\text{sen } i}{\text{sen } r} = n \quad \text{e} \quad \frac{\text{sen } i_1}{\text{sen } r_1} = n$$

No entanto, quando os ângulos são pequenos podem ser confundidos com seus senos. As fórmulas, ficarão:

$$\frac{i}{r} = n \quad \therefore \quad i = n \cdot r$$

$$\frac{i_1}{r_1} = n \therefore i_1 = n \cdot r_1$$

Sendo $\Delta = i + i_1 - A$, para o caso de ângulos pequenos, escreveremos:

$\Delta = n_r + n_{r_1} - A$

$\Delta = n(r + r_1) - A$

Mas $r + r_1 = A$

logo $\Delta = n A - A$,

ou $\boxed{\Delta = A(n-1)}$ (para ângulos pequenos)

CONDIÇÃO DE EMERGÊNCIA

Quando o índice de refração do prisma é maior que o índice de refração do meio em que o prisma está colocado, qualquer raio incidente penetra no prisma. Mas, nem sempre emerge, pois, pode sofrer reflexão total na segunda face, se não for satisfeita uma condição. Para que haja emergência, o ângulo r' de incidência na segunda face deve ser menor que o ângulo limite L.

A condição para que exista pelo menos um raio emergente é que o mínimo valor de r'. seja menor ou igual a L; isto é:

$$\boxed{r'_{min} \leqslant L} \qquad (1)$$

Mas, $r' = A - r$, portanto, para o mesmo A, r' será mínimo quando r for máxima

$r'_{min} = A - r_{máx}$

Mas, $r_{máx} = L \therefore$

$$\boxed{r'_{min} = A - L} \qquad (2)$$

Colocando (2) em (1),

$A - L \leqslant L$, logo,

$$\boxed{A \leqslant 2L}$$

Esta expressão representa a condição para que exista pelos menos um raio emergente. SE $A > 2L$, não haverá nenhum raio emergente.

EXERCÍCIOS RESOLVIDOS

1. Na parede de uma sala escura existe um pequeno orífico que por ele penetra luz e a sombra de um objeto colocado fora da sala. Sendo a altura da sombra 20 cm distância do orifício à sombra 2 m e a distância do orifício ao objeto 5 m, calcule a altura do objeto.

Solução

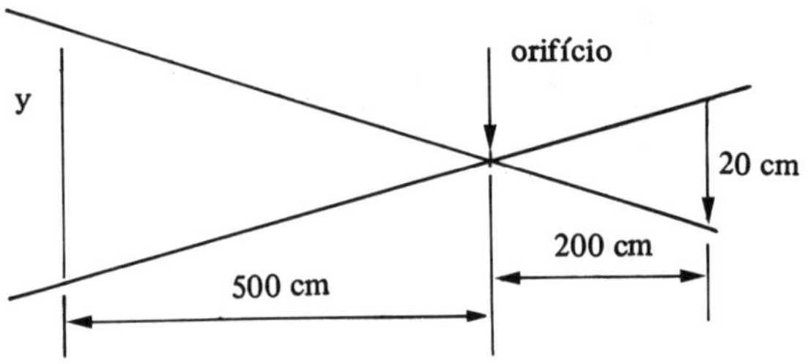

Pela figura, percebe-se que:

$$\frac{y}{500} = \frac{2}{200} \rightarrow y = 50 \text{ cm}$$

2. Uma pessoa de 1,65 m de altura está em frente a um espelho plano retangular e vertical. Os seus olhos estão a 1,50 m do solo.

Determine

a) A altura mínima do espelho para se ver inteiro.

b) A altura do solo até o espelho.

Solução

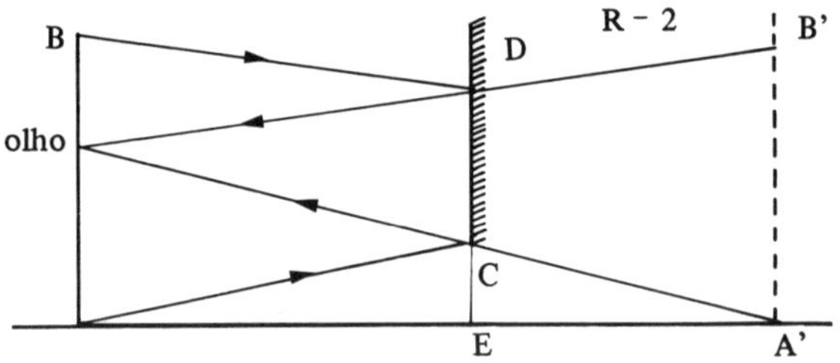

a) Pelo triângulo A'B'O ∿ D C O, (A'B'O é semelhante a D C O)

$$\frac{A'B'}{DC} = \frac{AA'}{AE} \rightarrow \frac{1{,}65}{DC} = \frac{2AE}{AE} \rightarrow$$

DC = altura do espelho = 82,5 cm

b) Pelo triângulo A' A O ~ A' E C

$$\frac{AO}{EC} = \frac{AA'}{EA'} \rightarrow \frac{1{,}50}{EC} = \frac{2EA'}{EA'} \rightarrow$$

EC = 75 cm

3. Um objeto de 1 cm de altura está diante de um espelho convexo de diâmetro 20 cm. A distância entre o objeto e o espelho é 8 cm. Calcular:

a) A distância da imagem ao espelho.

b) A altura da imagem.

Solução

$$\frac{1}{f} = \frac{1}{P} + \frac{1}{P'} \quad \text{e} \quad \frac{i}{O} = -\frac{p'}{P}$$

Sendo
$p = 8$ cm
$D = 20$ cm $\rightarrow R = 10$ cm

Logo $f = \frac{R}{2} = 5$ cm. Como o espelho é convexo
$f = -5$ cm
$O = 1$ cm

Substituindo

$$\frac{1}{8} + \frac{1}{p'} = \frac{1}{-5} \rightarrow p' = -\frac{40}{13} = -3{,}1 \text{ cm}$$

$$\frac{i}{1} = 40/13 : 8 \rightarrow \frac{i}{1} = \frac{5}{13} \rightarrow$$

$$\boxed{i = 0{,}39 \text{ cm}}$$

4. Um espelho côncavo de distância focal 15 cm está colocado a 10 cm de um objeto que possui 1 cm de altura. Calcule:

a) Posição.
b) Característica da imagem.

Solução

$$\frac{1}{P} + \frac{1}{p'} = \frac{1}{f}$$

$$\frac{i}{O} = -\frac{p'}{P} = -10 \text{ cm (objeto virtual)}$$

$f = 15$ cm
$O = 1$ cm

$$\frac{1}{-(-10)} + \frac{1}{p'} = \frac{1}{15} \rightarrow p' = 6 \text{ cm}$$

$$\text{Como } \frac{i}{0} = -\frac{6}{(-10)} = \rightarrow i = 0{,}6 \text{ cm}$$

a) 6 cm
b) Imagem real e direita.

EXERCÍCIOS PROPOSTOS

1. Qual a altura de uma torre que projeta uma sombra de 21 m de comprimento, sabendo-se que nesse instante uma haste vertical de 1,5 m projeta uma sombra de 45 cm?

Resposta
70 m

2. Sendo r o raio da Terra, 109 r o raio do Sol, 23680 r a distância entre os centros da Terra e do Sol e 60 r a distância entre os centros da Terra e da Lua, calcule:
a) O comprimento do cone de sombra da Terra.
b) O raio da secção normal ao cone da sombra, passando pela Lua.

Resposta
a) 219 r
b) 0,726 r

3. Sobre um espelho plano coloca-se perpendicularmente a ponta de um lápis e sua imagem vai ficar a 4 mm da ponta. Calcule a grossura do espelho.

Resposta
2 mm

4. Num espelho côncavo de distância focal 3 cm, tem-se um objeto situado a 12 cm do espelho. Pede-se a distância que formará a imagem e quais as características.

Resposta
4 cm, imagem real e invertida.

5. Um objeto é colocado a 10 cm de um espelho convexo que apresenta distância focal de 30 cm. Calcule onde se formará a imagem e quais são as suas características.

Resposta
7,5 cm, imagem virtual e invertida.

6. Tem-se um objeto de 2 cm de altura colocado a 15 cm de um espelho convexo. Calcule:
a) Tamanho
b) Posição da imagem.
c) Características.

Respostas
a) 4 cm
b) 30 cm
c) Virtual e invertida.

7. Um raio luminoso incide sobre uma superfície com um ângulo de 45°, passando para o outro meio. Calcule o ângulo de refração, sabendo-se que o índice de refração do segundo meio em relação ao primeiro vale $\sqrt{2}$.

Resposta
30°

8. Um ponto luminoso é colocado dentro de uma meio transparente a 60 cm da superfície plana S_1 que separa esse meio transparente do ar. O raio visual que observa esse ponto luminoso, incide como o ângulo de 45° e o índice de refração do meio vale $\sqrt{2}$. Calcule a distância da imagem à superfície S_1 e o caminho percorrido pela luz no meio transparente.

Resposta
$20\sqrt{3}$ cm e $40\sqrt{3}$ cm

9. O raio mínimo de um disco de cartolina colocada em água com a destinação de interceptar toda a luz proveniente de uma lâmpada colocada dentro da água é 11,5 cm. Sendo o índice de refração da água 1,33, calcule a profundidade para colocar a lâmpada.

Resposta
10 cm

10. Incide um raio luminoso sobre um cristal de quartzo. Sendo o raio de incidência 57° e

sabe-se que o raio refratado é perpendicular ao raio refletido, calcule o índice de refração do quartzo.

Resposta
1,545

11. Uma lâmina possui espessura de 42 mm. e índice de refração 1,5. Incide sobre esta lâmina um raio luminoso com o ângulo de 37°. Calcule o desvio lateral sofrido pelo raio.

Resposta
10,8 mm

12. Calcule a que distância da face superior está a imagem fornecida por uma moeda colocada embaixo de um bloco de vidro retangular de espessura 2 cm e índice de refração 1,5. Quando observado de cima pela vertical, a imagem da moeda parece estar mais perto da face superior, do que a própria moeda.

Resposta
1,3 cm

13. Faz-se incidir num diamante um raio de luz, e percebe-se que este raio atravessa-o. Sendo o ângulo limite de incidência 24°, calcule o índice de refração do diamante.

Resposta
2,42

14. Um feixe luminoso convergente forma um cone de semi abertura constante e igual a 45°, incide sobre uma lâmina de faces paralelas de índice de refração 1,414 e espessura 10 cm. Sabendo-se que o eixo do cone é perpendicular à lâmina calcule o deslocamento sofrido pelo vértice do cone.

Resposta
4,23 cm

15. Sendo o ângulo do vértice de um prisma 60°, e o índice de refração $\sqrt{3}$, calcule o ângulo do desvio para um raio que incide formando um ângulo de 60°.

Resposta
60°

16. A seção principal de um prisma é um triângulo de ângulos de 20°, 70° e 90°. Um raio luminoso incide perpendicularmente à face adjacente aos ângulos de 70° e de 90°. O ângulo limite para o vidro desse prisma é 42°.

Mostre geometricamente o trajeto do raio luminoso e mostre como se reflete duas vezes antes de sair do prisma.

(Resposta) é demonstração do aluno

17. Um prisma cujo ângulo refrigente é 30°, é constituído de vidro cujo índice de refração é 1,5. Calcule o mínimo ângulo de incidência, para que possa haver raio emergente na segunda face.

Resposta

VI. DIÓPTROS, LENTES ESFÉRICAS E DELGADAS

1. REFRAÇÃO ATRAVÉS DE UM DIÓPTRO ESFÉRICO

INTRODUÇÃO

Chama-se dióptro esférico a uma superfície de forma esférica que separa dois meios transparentes.

Os dióptros esféricos podem ser de dois tipos:

a) Dióptro Côncavo

Quando a luz incidente encontra o dióptro pela face côncava.

b) Dióptro Convexo que é o Inverso

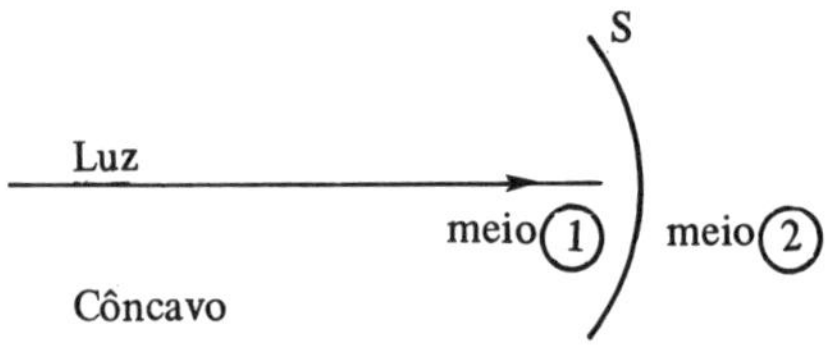

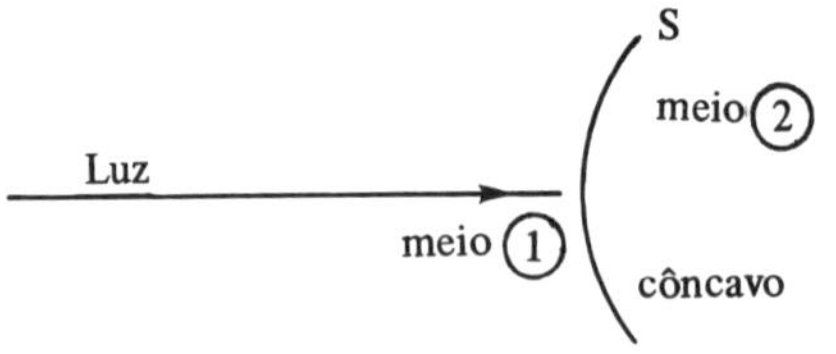

ELEMENTOS DE UM DIÓPTRO ESFÉRICO

São os mesmos elementos definidos para um espelho esférico, isto é:

a) Centro de curvatura = O
b) Raio de curvatura = R
c) Vértice = V
d) Abertura = ângulo A O B
e) Eixos: principal O V e secundários.

2. ESTIGMATISMO NOS DIÓPTROS ESFÉRICOS

Seja o dióptro esférico abaixo e supondo que um objeto real P esteja localizado sobre o eixo principal.

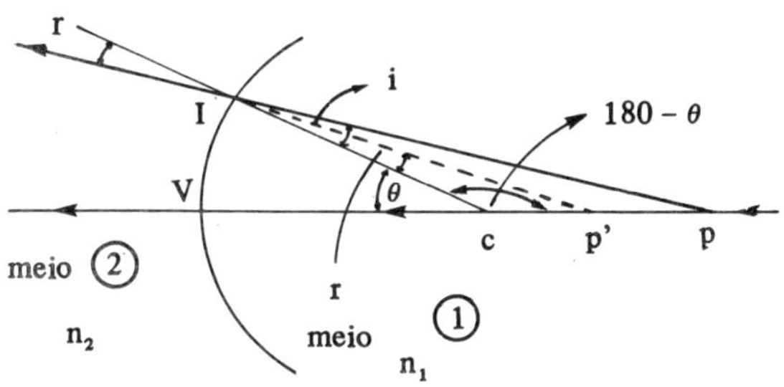

Para obter a imagem P', considera-se o raio incidente que parte de P e atinge o vértice do dióptro. Nota-se que essa incidência é normal, ou seja, o ângulo de incidência é nulo, e conseqüentemente o raio refratado não sofre desvio ao passar para o meio (2). Um outro raio que parte de P incide no dióptro no ponto I, forma com a normal I C o ângulo de incidência i. Supondo que o raio refratado correspondente forme um ângulo r com a citada normal. Os prolongamentos dos raios emergentes se interceptam em P', que é então a imagem que o dióptro esférico conjuga ao ponto P.

Uma análise, mostrará se P' é a única imagem que o dióptro conjuga ao objeto P.

Aplicando a lei dos senos no triângulo C P I, estabelece-se que:

$$\frac{CP}{\text{sen}\, i} = \frac{IP}{\text{sen}\,(180^o - \theta)},$$

Mas sen $(180^o - \theta) =$ sen θ, resulta

$$\boxed{\frac{CP}{\text{sen}\, i} = \frac{IP}{\text{sen}\, \theta}} \qquad (1)$$

Em relação ao triângulo C P' I, fazendo a mesma análise, obtém-se:

$\dfrac{CP'}{\text{sen}\, r} = \dfrac{IP'}{\text{sen}\,(180^o - \theta)}$, que resulta como conseqüência:

$$\boxed{\frac{CP'}{\text{sen}\, r} = \frac{IP'}{\text{sen}\, \theta}} \qquad (2)$$

Dividindo (1) por (2), teremos:

$$\frac{\dfrac{CP}{\text{sen}\, i}}{\dfrac{CP'}{\text{sen}\, r}} = \frac{\dfrac{IP}{\text{sen}\, \theta}}{\dfrac{IP'}{\text{sen}\, \theta}}, \text{ temos:}$$

$$\frac{CP}{\text{sen}\, i} \cdot \frac{\text{sen}\, r}{CP'} = \frac{IP}{\text{sen}\, \theta} \cdot \frac{\text{sen}\, \theta}{IP'}, \text{ ou}$$

$\dfrac{CP}{CP'} \cdot \dfrac{\text{sen}\, r}{\text{sen}\, i} = \dfrac{IP}{IP'}$. Aplicando a Lei de Snell-Descartes, ficaremos com:

$$\frac{CP}{CP'} \cdot \frac{n_1}{n_2} = \frac{IP}{IP'} \text{ (visto que a lei é: } \frac{\text{sen}\, i}{\text{sen}\, r} = \frac{n_2}{n_1})$$

ou

$$\frac{CP'}{CP} = \frac{IP'}{IP} \cdot \frac{n_1}{n_2} \text{ ou ainda:}$$

$$\frac{CP'}{CP} = \frac{n_1}{n_2} \cdot \frac{IP'}{IP}$$

Aplicando-se agora a lei dos cossenos ao triângulo C P' I, escreveremos:

$$(IP')^2 = (IC)^2 + (CP')^2 + 2\,(IC)\,(CP') \cos\theta$$

Lembrando que cos $(180^o - \theta) = -\cos\theta$, logo,

$$IP' = \sqrt{(IC)^2 + (CP')^2 + 2\,(IC)\,(CP') \cos\theta},$$

Analogamente,

$$IP = \sqrt{(IC)^2 + (CP)^2 + 2\,(IC)\,(CP) \cos\theta}$$

Temos finalmente:

$$\frac{CP'}{CP} = \frac{n_1}{n_2} \sqrt{\frac{(IC)^2 + (CP')^2 + 2\,(IC)\,(CP') \cos\theta}{(IC)^2 + (CP)^2 + 2\,(IC)\,(CP) \cos\theta}}$$

Esta expressão, mostra que C P' ou a posição de P' depende do ângulo θ, ou seja, do ponto I onde o raio incidente proveniente de P atinge o dióptro. Portanto, de um modo geral, o dióptro faz corresponder várias imagens a um mesmo ponto P. Isto significa que, de um modo geral o dióptro esférico não é estigmático. Se o objeto P tivesse sido disposto sobre o centro de curvatura, teríamos C P = 0 e conseqüentemente, C P' = 0. Neste caso a imagem P' coincidiria com o objeto P, no centro do dióptro. Portanto, em relação ao centro de curvatura, o dióptro esférico é rigorosamente estigmático.

3. EQUAÇÃO DE CONJUGAÇÃO PARA OS DIÓPTROS ESFÉRICOS

Considerando a equação dada por

$$\frac{cp'}{cp} = \frac{n_1}{n_2} \sqrt{\frac{(lc)^2 + (cp')^2 + 2\,(lc)\,(cp') \cos\phi}{(lc)^2 + (cp)^2 + 2\,(lc)\,(cp) \cos\phi}},$$

e usando as condições de aproximação de Gauss, se tivermos $l \cong V$ ($\cos\phi \cong 1$), ela fica reduzida a

$$\frac{cp'}{cp} = \frac{n_1}{n_2} \sqrt{\frac{(vc)^2 + (cp')^2 + 2\,(vc)\,(cp') \cdot 1}{(vc)^2 + (cp)^2 + 2\,(vc)\,(cp) \cdot 1}} =$$

$$= \frac{cp'}{cp} = \frac{n_1}{n_2} \cdot \frac{VC + CP'}{VC + CP},$$

A conveção de sinais será:

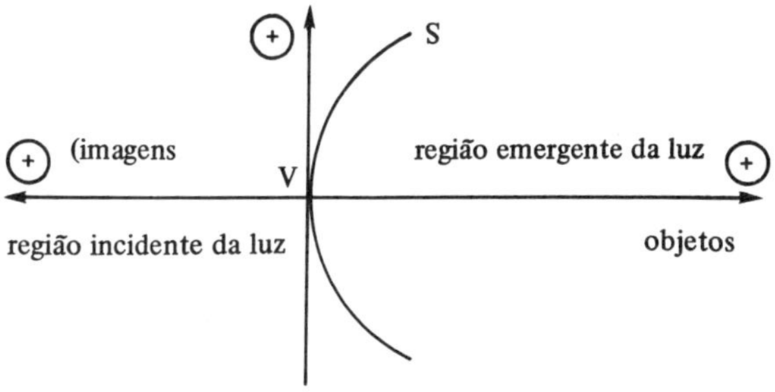

$p' > 0$ (imagens reais) $P > 0$ (objeto reais)
$P < 0$ (objetos virtuais) $P' < 0$ (imagens virtuais)

Aplicando os valores dos segmentos orientados, teremos:

$$\frac{\overline{cp'}}{cp} = \frac{n_1}{n_2} \cdot \frac{\overline{VC + CP'}}{VC + CP} = \qquad (1)$$

Fazendo $\overline{VC} = R$

$\overline{CP'} = - p' - R$

$\overline{CP} = P - R,$

onde

R = abscissa do centro de curvatura da superfície esférica

P' = abscissa da imagem

P = abscissa do objeto

n_1 = índice de refração absoluto do meio 1, donde vem a luz

n_2 = índice de refração absoluta do meio 2, para o qual a luz passa.

Substituindo-os em (1), vem:

$$\frac{-P-R}{P-R} = \frac{n_1}{n_2} \cdot \frac{R + (-p' - R)}{R + (p - R)} = \frac{n_1}{n_2} \cdot \frac{R - p' - R}{R + p - R} =$$

$$= \frac{-P-R}{P-R} = \frac{-n_1 P'}{n_2 P} \quad ;$$

$$-n_1 P' P + n_1 P' R = -n_2 P P' - n_2 P R,$$

$$n_1 P' R + n_2 P R = n_1 P P' - n_2 P P.$$

dividindo por: p p' R, vem:

$$\frac{n_1 P' R}{P P' R} + \frac{n_2 P R}{P P' R} = \frac{n_1 P P'}{P P' R} - \frac{n_2 P P}{P P' R} \text{, dará:}$$

$$\boxed{\frac{n_1}{P} + \frac{n_2}{P'} = \frac{n_1 - n_2}{R}}$$

que é a equação de conjugação para os dióptros esféricos.

4. RELAÇÃO LINEAR ENTRE OBJETO E IMAGEM

Seja o objeto A B de comprimento O perpendicular ao eixo principal. Seja A'B' a sua imagem, que suporemos já determinada. Qualquer raio incidente, que passe por A dá um raio refrato que passa por A conforme abaixo.

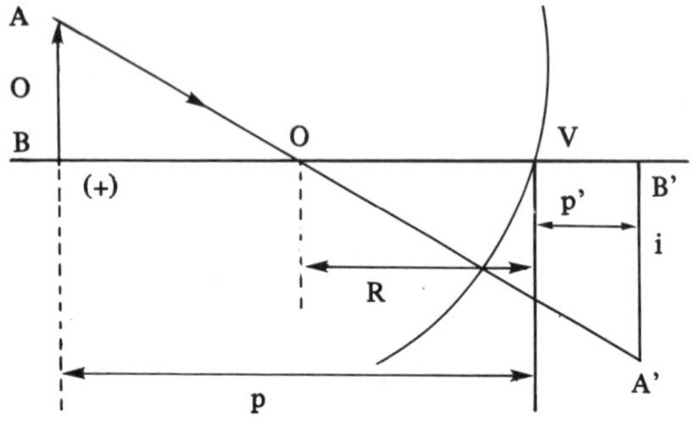

Consideremos o raio que passa pelo centro de curvatura O. Ele dá o raio refrato C A' que passa por A'. Considerando o dióptro de pequena abertura e os raios incidentes poucos inclinados em relação ao eixo principal, podemos considerar a imagem A' B' também perpendicular ao eixo principal. Os triângulos A B O e A' O B', serão retângulos e semelhantes. Então:

$$\frac{BA}{B'A'} = \frac{OB}{OB'} \text{ (em valor absoluto e em sinal).}$$

Mas, quando a luz caminha do meio (1) para o meio (2), vale a relação:

$$\frac{n_1}{P} - \frac{n_2}{P'} = \frac{n_1 - n_2}{R} \quad ,$$

que nos dará a relação

$$R = \frac{n_1 - n_2}{\frac{n_1}{p} - \frac{n_2}{p'}} = \frac{n_1 - n_2}{\frac{n_1 p' - n_2 p}{p p'}} = \frac{p p' (n_1 - n_2)}{n_1 p' - n_2 p}$$

ora, a relação dada por

$$\frac{BA}{B'A'} = \frac{OB}{OB'} \text{ onde}$$

$OB = p - R$ e

$OB' = p' - R$

fica escrita por:

$$\frac{BA}{B'A'} = \frac{p - R}{p' - R}. \text{ como}$$

$BA = O$ e

$B'A' = i,$

finalmente podemos escrever:

$$\frac{O}{i} = \frac{p - R}{p' - R}$$

Substituindo o valor de R dada acima por:

$$R = \frac{p p' (n_1 - n_2)}{n_1 p' - n_2 p}$$

teremos a nova expressão:

$$\frac{O}{i} = \frac{p - \left(\frac{p p' (n_1 - n_2)}{n_1 p' - n_2 p}\right)}{p' - \left(\frac{p p' (n_1 - n_2)}{n_1 p' - n_2 p}\right)} \quad \text{ou}$$

$$\boxed{\frac{O}{i} = \frac{n_2}{n_1} \cdot \frac{p}{p'}}$$

A equação acima dá a relação entre o comprimento do objeto e o da imagem.

VII. LENTES DELGADAS

1. DEFINIÇÕES

Chama-se lente a um meio transparente limitado por dois dióptros curvos, ou por um dióptro curvos e um plano.

As superfícies dióptricas constituem as faces da lente.

A reta que passa pelos centros das duas superfícies denomina-se eixo principal da lente. Se uma das faces for plana, o eixo será perpendicular a essa face e o respectivo raio será infinitamente grande.

2. CLASSIFICAÇÃO E NOMENCLATURA DAS LENTES ESFÉRICAS

As lentes de bordos delgadas são:

lente biconvexa

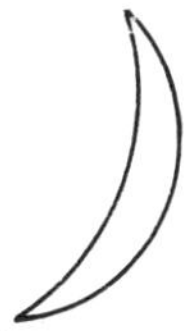
lente côncavo-convexa

lente plano-convexa

As lentes de bordos espessos são:

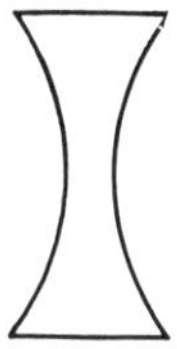
lente bicôncava

lente convexo-côncava

lente plano-côncava

Para a nomenclatura de uma lente, enuncia-se em primeiro lugar o nome da face que tem o maior raio de curvatura.

3. TIPOS DE LENTES ESFÉRICAS

Suponhamos um feixe de raios incidentes paralelos ao eixo principal. Podem acontecer dois casos:

1º Os raios luminosos, depois de atravessarem a lente, aproximam-se do eixo principal, passando todos por um mesmo ponto θ, do eixo principal. Nesse caso, a lente recebe o nome de lente convergente. O ponto θ é chamado foco imagem da lente.

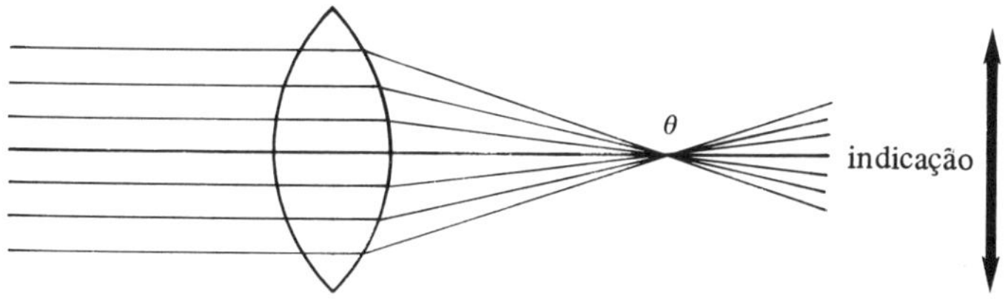

2º Os raios luminosos, depois de atravessarem a lente, afastam-se do eixo principal, e os seus prolongamentos passam todos por um ponto θ do eixo principal. Nesse caso, a lente é chamada lente divergente. O ponto θ é chamado foco imagem da lente.

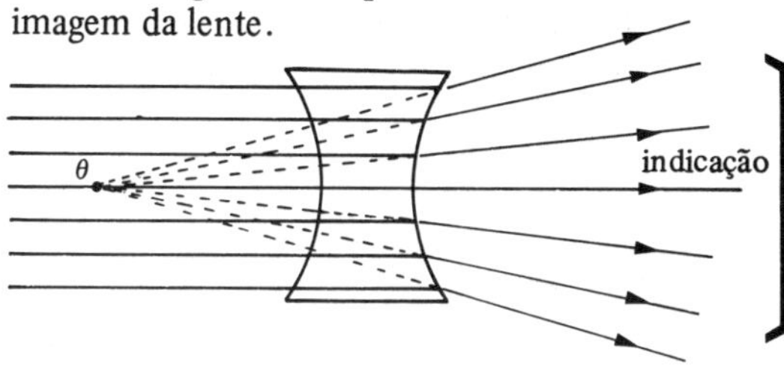

4. LENTE DELGADA

Diz-se que uma lente é chamada delgada, quando a sua espessura é desprezível em comparação com os raios de suas faces. A lente abaixo, possui a espessura e.

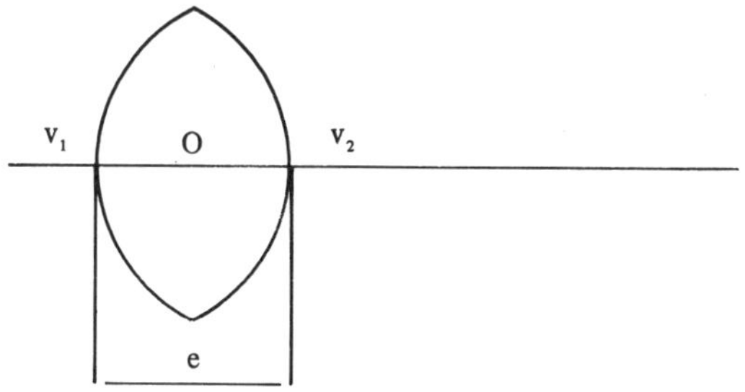

Para a lente ser delgada, $e = 0$, o que implica

$V_1 \equiv V_2 \equiv 0$

A representação das lentes delgadas estão de conformidade com a convenção.

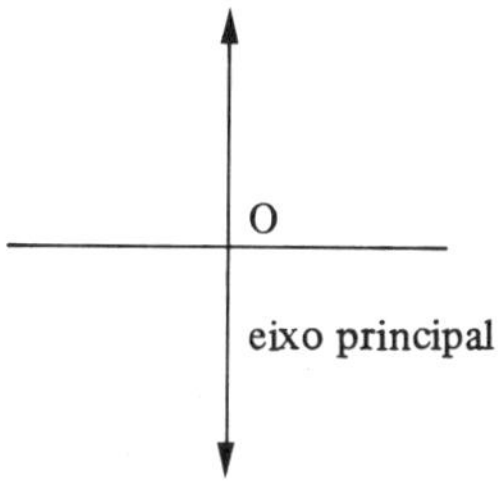

lente delgada convergente

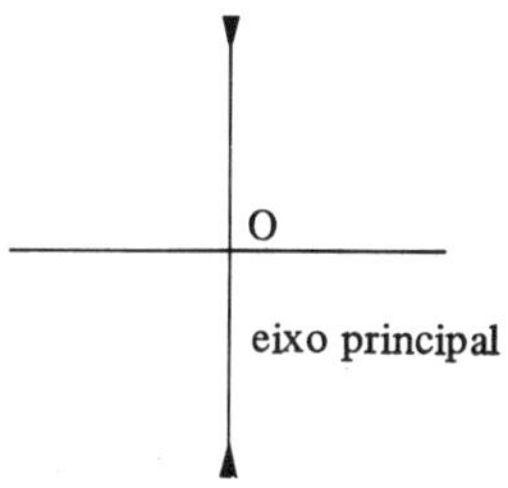

lente delgada divergente

EQUAÇÃO DOS FOCOS CONJUGADOS (EQUAÇÃO DE HALLEY OU DOS FABRICANTES)

1. FOCOS CONJUGADOS

Chama-se focos conjugados ao conjunto de um ponto objeto e o ponto imagem correspondente. A determinação algébrica das imagens é feita por uma equação chamada equação dos focos conjugados.

2. EQUAÇÃO

Suponhamos uma lente delgada de eixo principal O_2 O_1. Chamamos (2) ao material de que é feito a lente, e n_2 ao seu índice de refração absoluto. Chamemos (1) ao meio em que a lente está colocada, e n_1 ao seu índice de refração absoluto.

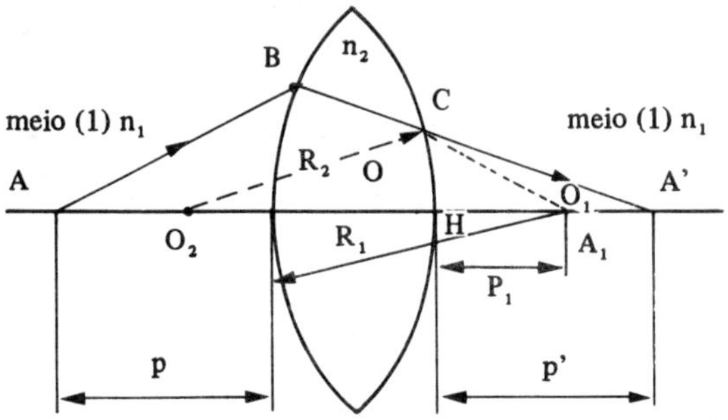

Figura A

Na Figura, A_1 é um objeto virtual para o dióptro II, obtido na intersecção dos prolongamentos; o objeto é A_1 cuja distância ao dióptro II é HA_1.

Faremos a divisão das duas superfícies para melhor entendimento.

Para o dióptro S_1

$$\frac{n_1}{P} + \frac{n_2}{P'_1} = \frac{n_1 - n_2}{R_1}$$

Para o dióptro S_2

$$\frac{n_2}{P_1''} + \frac{n_1}{P'} = \frac{n_2 - n_1}{R_2}$$

Somando membro a membro, resulta:

$$\frac{n_1}{P} + \frac{n_2}{P'_1} + \frac{n_2}{P_1''} + \frac{n_1}{P'} = \frac{n_1 - n_2}{R_1} + \frac{n_2 - n_1}{R_2}$$

Sendo a lente delgada $V_1 \equiv V_2 \equiv O$, o que implica:

$P'_1 = - P_1''$, pois P_1' em relação a S_1 é imagem real e simultaneamente objeto virtual em relação a S_2.

Assim sendo;

$$\frac{n_1}{P} + \frac{n_2}{-P} + \frac{n_2}{P_1''} + \frac{n_1}{P'} = \frac{n_1 - n_2}{R_1} + \frac{n_2 - n_1}{R_2} \; ;$$

$$\frac{n_1}{P} + \frac{n_1}{P'} = \frac{n_1 - n_2}{R_1} + \frac{n_2 - n_1}{R_2} \; ;$$

$$n_1\left(\frac{1}{P} + \frac{1}{P'}\right) = (n_2 - n_1)\left(\frac{1}{R_2} - \frac{1}{R_1}\right) \; ;$$

$$\left(\frac{1}{P} + \frac{1}{P'}\right) = \left(\frac{n_2 - n_1}{n_1}\right)\left(\frac{1}{R_2} - \frac{1}{R_1}\right) \; ;$$

$$\frac{1}{P} + \frac{1}{P'} = \left(\frac{n_2}{n_1} - \frac{n_1}{n_1}\right)\left(\frac{1}{R_2} - \frac{1}{R_1}\right)$$; e finalmente:

$$\frac{1}{P} + \frac{1}{P'} = \left(\frac{n_2}{n_1} - 1\right)\left(\frac{1}{R_2} - \frac{1}{R_1}\right)$$ ou

$$\boxed{\frac{1}{P} + \frac{1}{P'} = (n_{2,1} - 1)\left(\frac{1}{R_2} - \frac{1}{R_1}\right)}$$ ou

$$\boxed{\frac{1}{f} = (n - 1)\left(\frac{1}{R_2} - \frac{1}{R_1}\right)}$$

Essa é a chamada equação dos focos conjugados ou equação de Halley ou equação dos fabricantes, onde:

R_1 = raio de curvatura da face de entrada da luz.

R_2 = raio de curvatura da face de saída da luz.

3. SINAIS DE R

a) Lente biconvexa

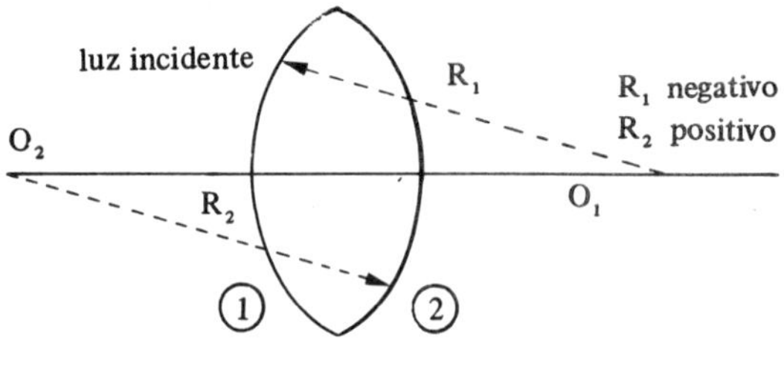

b) Lente plano convexa

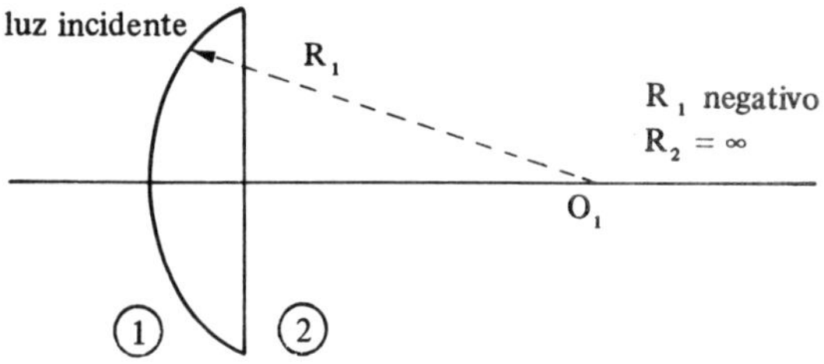

c) Lente côncavo – convexa

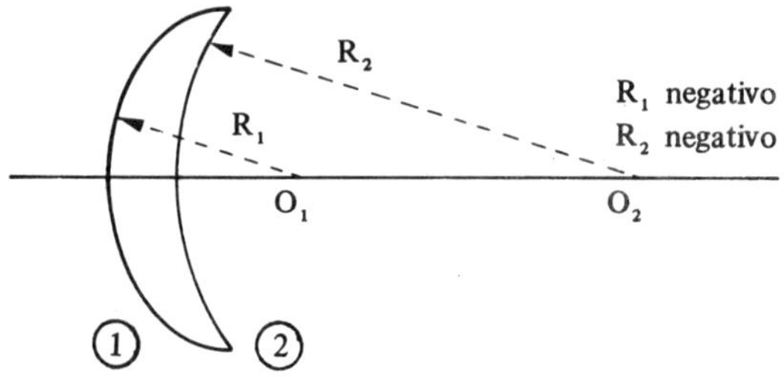

d) Lente bi-côncava

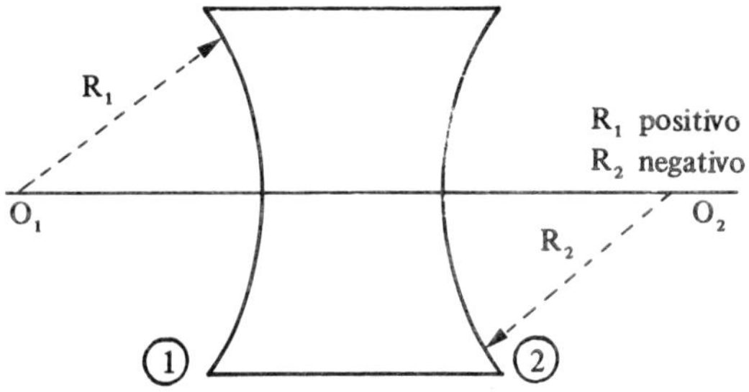

e) Lente plano-côncava

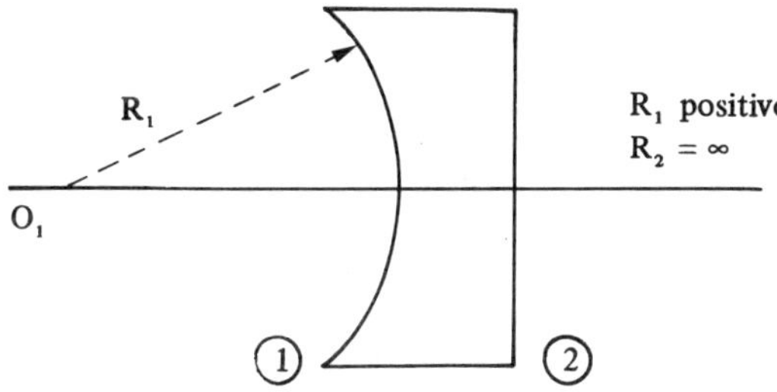

f) Lente convexo-côncava

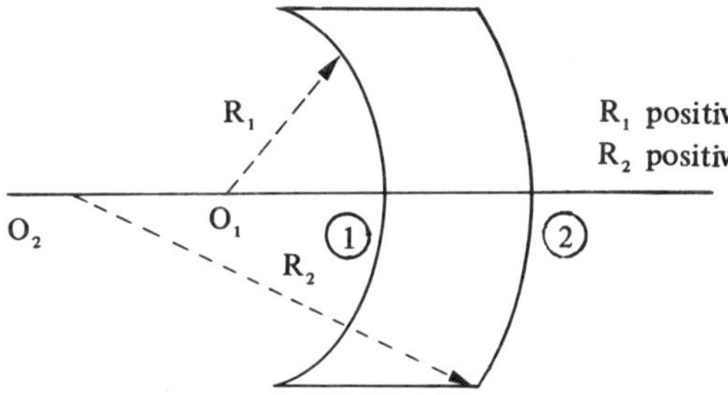

Nota-se pelas figuras que os raios são positivos quando a superfície constituir um dióptro côncavo e são negativos quando a superfície constituir um dióptro convexo para a luz incidente.

4. FOCOS DE UMA LENTE

Consideremos o objeto colocado sobre o eixo principal de forma que a imagem a ele conjugada seja imprópria ($p' \rightarrow \infty$). Essa posição constitui o foco objeto principal da lente. Sua distância ao centro óptico é a distância focal objeto da lente, sendo sua abscissa indicada por fo. Usando a equação de Halley, determinemos analiticamente fo. Lembrando que, neste caso, $\frac{1}{p'} \rightarrow$ o e p = fo, obtemos:

$$\frac{1}{fo} + O = (n_{2,1} - 1) \quad \frac{1}{R_2} - \frac{1}{R_1}$$

$$\frac{1}{fo} = (n_{2,1} - 1) \quad \frac{1}{R_2} - \frac{1}{R_1}$$

Por outro lado, a posição onde se forma a imagem conjugada ao objeto impróprio é o foco imagem principal da lente. Sua distância ao centro óptico é denominada distância focal imagem, e indicamos sua abscissa por fi.

Aplicando-se a equação de Halley, determinemos fi, lembrando que agora $\frac{1}{p} \rightarrow$ e p' = fi, obtemos então:

$$0 + \frac{1}{fi} = (n_{2,1} - 1) \left(\frac{1}{R_2} - \frac{1}{R_1}\right)$$

$$\frac{1}{fi} = + (n_{2,1} - 1) \left(\frac{1}{R_2} - \frac{1}{R_1}\right)$$

A expressão de fo dada por:

$$\frac{1}{fo} = (n_{2,1} - 1) \left(\frac{1}{R_2} - \frac{1}{R_1}\right)$$

demonstra que nas expressões dadas por: $\frac{1}{fi}$ e $\frac{1}{fo}$, possuem valores iguais.

Logo $\frac{1}{fi} = \frac{1}{fo}$ ou $\boxed{f_i = fo}$

Esta igualdade mostra que os focos analisados são simétricos em relação ao centro óptico da lente.

Toda lente possui dois pontos importantes chamados focos. Um é o foco objeto, o outro é o foco imagem.

a) Foco objeto

Chama-se foco objeto ao ponto objeto situado sobre o eixo principal, que dá imagem no infinito (dar imagem no infinito, significa que qualquer raio incidente A B que passe por ele, ou cujo prolongamento passe por ele, deve dar um raio refrato B C que é paralelo ao eixo principal).

Para as lentes convergentes, a determinação geométrica é:

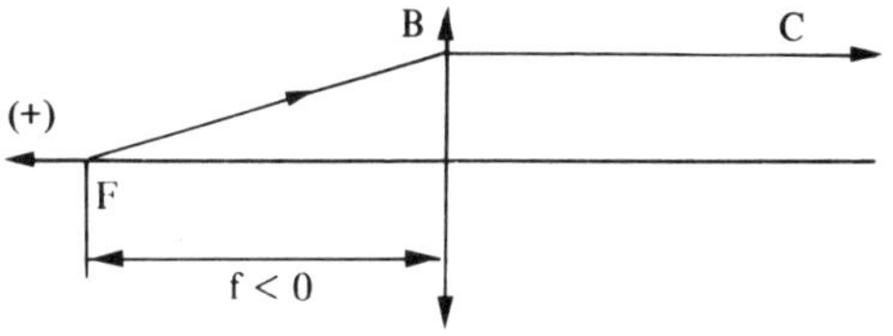

Para as lentes divergentes, a determinação geométrica é:

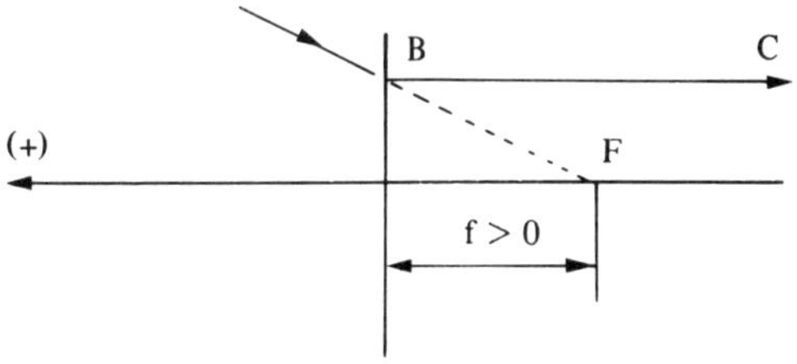

EXERCÍCIOS RESOLVIDOS

1. Uma lente convergente possui distância focal 15 cm. Um objeto de 20 cm de altura é colocado a 45 cm da lente. Calcular:
a) Tamanho da imagem.
b) Características da imagem.

Soluções

a)

f = 15 cm 0 = 2 cm P = 45 cm p' = ? i = ?

sendo $\frac{1}{p} + \frac{1}{p'} = \frac{1}{f} \rightarrow$, $p' = \frac{f P}{p - f}$

$$p' = \frac{15 \times 45}{30} = 22{,}5 \text{ cm}$$

Como $\frac{i}{0} = -\frac{p'}{p} \rightarrow i = -2{,}0\,\frac{22{,}5}{45} =$

$i = -1{,}0$ cm

2. Uma lente divergente possui distância focal de 20 cm. Um objeto de 20 cm de altura e real é colocado a 40 cm da lente. Calcular:
a) Posição da imagem.
b) Características da imagem.

Soluções

a)
$f = -20$ cm (por ser lente divergente)
$P = 40$ cm $P' = ?$ $0 = 2$ cm $i = ?$

sendo $\frac{1}{P} + \frac{1}{P'} = \frac{1}{f}$, $\rightarrow P' = \frac{fP}{p-f} = \frac{-20 \cdot 40}{60} =$

$p' = -13{,}3$ cm   como $\frac{i}{o} = -\frac{p'}{p} \Rightarrow$ vem

$i = -0\frac{P'}{P} = -2\,\frac{-13{,}3}{40} = 0{,}67$ cm

$i = 0{,}67$ cm

b) Imagem virtual e direita.

3. Calcular a distância focal objeto de uma lente biconvexa de raios

$R_1 = -R_2 = 20$ cm
e índice de refração 1,5.

Solução

$$\frac{1}{f} = (n-1)\left(\frac{1}{R_2} - \frac{1}{R_1}\right)$$

$$\frac{1}{f} = (1{,}5-1)\left(\frac{1}{-20} - \frac{1}{20}\right) =$$

$$\frac{1}{f} = (0{,}5)\left(\frac{1}{-20} - \frac{1}{20}\right) = \text{que resolvendo, dá}$$

$f = -20$ cm

EXERCÍCIOS PROPOSTOS

1. Numa lente convergente de distância focal 10 cm, tem-se um objeto real de 3 cm situado a 20 cm da lente. Pedem-se:

Características, tamanho e posição da imagem.

Respostas
3 cm imagem invertida
20 cm imagem real.

2. Um objeto real de 2 cm de altura está colocado perpendicularmente ao eixo principal e a 12 cm de uma lente convergente de distância focal 8 cm. Qual:

24 cm imagem real
4 cm imagem invertida.

3. Um objeto real está a 30 cm de uma lente divergente. Sendo a distância focal 20 cm calcule a posição da imagem.

Resposta
12 cm imagem virtual.

4. Um objeto virtual está a 20 cm de uma lente divergente. A lente possui distância focal de 20 cm. Sabe-se que o objeto está a 10 cm da lente, calcule a posição da imagem.

Resposta
20 cm imagem real.

5. Uma lente biconvexa possui o índice de refração 1,5. Os raios de curvatura são 20 cm e 30 cm. Calcule a vergência (ou número de dioptrias) desta lente.

Resposta
4,2 dioptrias

6. Numa lente biconvexa de raios iguais e índice de refração 1,5, um objeto situado a 50 cm da lente produz uma imagem de 75 cm e real. Calcule o raio de curvatura e o tamanho da imagem.
Dado altura do objeto = 80 cm.

Resposta
30 cm 12 cm

7. Duas lentes convergentes de mesmo eixo principal estão unidas. Calcule a vergência do sistema, sabendo-se que as distâncias focais valem 25 cm e 10 cm.

Resposta
1,4 dioptrias

8. Duas lentes convergentes de distância focal 20 cm e 30 cm são colocadas à distância de 10 cm uma da outra com o eixo principal coincidente. Calcule a posição da imagem de um objeto real colocado a 10 cm da primeira lente.

Resposta
10 cm da segunda - imagem real.

9. Uma lupa é usada junto ao olho de um observador. Qual deve ser a distância focal dessa lupa para que o aumento seja 5, quando a imagem se forma no infinito. A distância mínima de visão distinta é 25 cm.

Resposta
5 cm.

1. ELETROSTÁTICA

Parace que as primeiras observações de fenômenos elétricos foram efetuadas por Thales de Mileto, no Século VI a.C. Ele notou que quando o âmbar, uma resina amarela, era atritado, adquiria a propriedade de atrair pequenos corpos colocados em suas proximidades.

Elétron é âmbar em grego.

Apesar das observações dos gregos, a eletricidade somente surgiu como ciência a partir do Século XVIII.

ELETRIZAÇÃO

Se dois bastões de vidro forem atritados com seda e colocados a pequena distância entre si, aparecerão neles forças de repulsão.

Se um bastão de vidro for atritado com seda e outro de ebonite com lã, eles se atrairão, se colocados um perto do outro.

Analisando essas experiências, vemos que essas forças não são do tipo gravitacional e nem pertencem a nenhum tipo de força conhecida da mecânica.

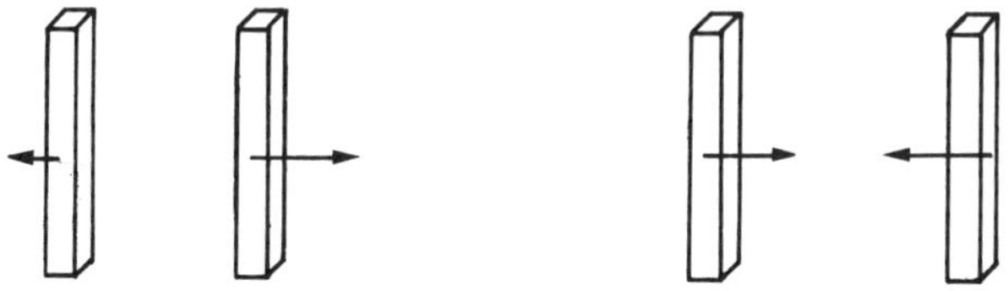

vidro vidro vidro ebonite

Podemos, de início, admitir que durante o atrito os corpos ganharam algo que é o responsável pelas forças.

A esse algo damos o nome de carga elétrica, sem tentar defini-la. Assim, se ocorrer atração ou repulsão, dizemos que os corpos possuem cargas elétricas ou que estão eletrizados.

Os pesquisadores chegaram a conclusão de que existem dois tipos de cargas elétricas que convencionalmente receberam as denominações de positivas (+) e negativas (-). Além disso, enunciaram o princípio fundamental eletricidade.

Cargas de mesmo tipo se repelem e de tipos diferentes se atraem.

Nota. Por convenção, estabeleceu-se que a carga do vidro, acima mencionada é positiva e da ebonite, negativa.

MATÉRIA E CARGA ELÉTRICA

Estudos mais profundos mostram que a carga elétrica é uma entidade inerente à matéria.

Atualmente sabemos que esta é constituída de átomos e que estes, por sua vez, de pequenas "partículas". Os átomos são constituídos de uma parte central (núcleo), formado fundamentalmente de dois tipos de "partículas" (prótons e neutrons) e de uma parte externa onde gravitam outras "partículas" (elétrons), em torno do núcleo.

Os prótons e elétrons são dotados de cargas de mesmo valor, porém de sinais ou tipos diferentes.

Os prótons têm cargas positivas e os elétrons têm cargas negativas. Os neutrons não possuem carga elétrica.

Devido à natureza diferente das cargas dos dois tipos de partículas mencionadas, elas se atraem sendo que essa força obriga os elétrons a se moverem em torno do núcleo.

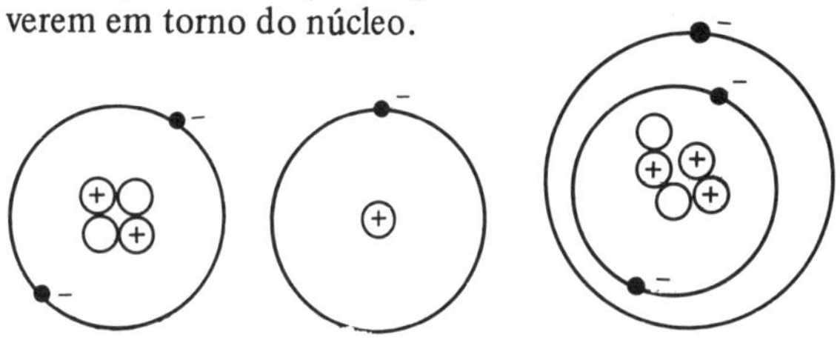

Hélio Hidrogênio Lítio

Vamos agora esclarecer algumas idéias importantes.

Imaginemos um átomo qualquer. Na figura abaixo ele está representado pela pequena bola na qual se representam as cargas positivas e negativas que existem no átomo.

Aproximemos dele um corpo carregado positivamente.

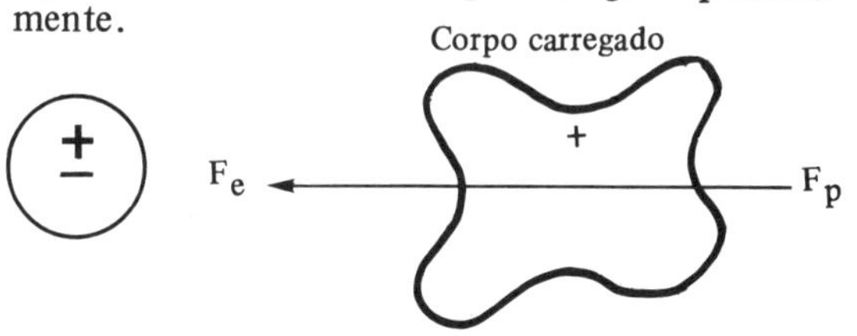

Você pode notar que apareceram no corpo as forças F_e e Fp' devido a atração provocada pelos elétrons do átomo próximo e a repulsão, provocada pelas cargas dos prótons do átomo já mencionado.

Essas forças se anularão e não aparecerão atração ou repulsão no corpo pelo átomo.

Fato idêntico se dará no corpo.

Note que não há anulamento das cargas mas sim de suas ações.

Por um processo qualquer, retiremos alguns elétrons do átomo neutro.

Nessas condições, uma vez que no átomo há menos elétrons que prótons, teremos F_e menor que F_p. O átomo que perdeu elétron passa então a repelir um corpo positivamente carregado. Sob um aspecto global, dizemos que o átomo está carregado positivamente.

Se tivéssemos aumentado o número de elétrons do átomo, teria havido atração entre o corpo e esse átomo.

Podemos então dizer que

Se um corpo neutro perder elétrons, acusará cargas positivas e se ganhar elétrons, em excesso, acusará cargas negativas.

Quando atritamos o vidro com a seda, ele perde elétrons que são transferidos para a seda e ele se torna positivamente carregado. Com a ebonite dá-se o contrário.

Carga Elementar

A carga elétrica parece ser algo inerente a natureza íntima de prótons e elétrons.

Qualquer quantidade de cargas será forçosamente formada por reunião de elétrons ou de prótons.

Devido a isso, em alguns ramos da Física, a carga do elétron é considerada unitária, sendo denominada carga elementar.

Quando usamos a carga do elétron como unidade, não estaremos trabalhando com os sistemas de unidades costumeiros.

No sistema MKSA, com o qual trabalharemos a unidade de carga elétrica é o Coulomb, conforme logo veremos.

Quantidade de cargas

Uma das primeiras dificuldades com que se defrontaram os físicos, foi a da medida de cargas elétricas.

Note que no início dos estudos da eletricidade, o conhecimento da estrutura da matéria era praticamente nulo. O conhecimento do mundo atômico é coisa de nosso século, e um pouco, do fim do século dezenove.

A conceituação estabelecida foi a seguinte:

Suponhamos que temos dois corpos carregados, A e A'. Para compararmos suas cargas, devemos tomar um terceiro corpo carregado, que chamaremos de B.

Colocamos A a uma dada distância de B e medimos a força que aparece nele (F). A seguir, colocamos A' à mesma distância de B e medimos a força que aparece nele (F').

Somente para fixar idéias, suponhamos que as forças obedeçam a relação. F = 2 F'

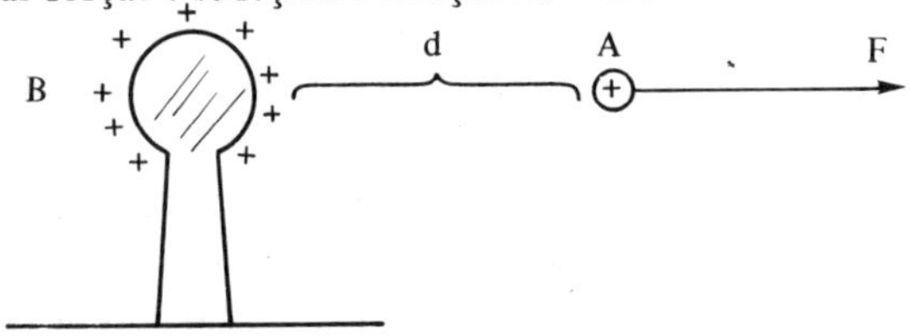

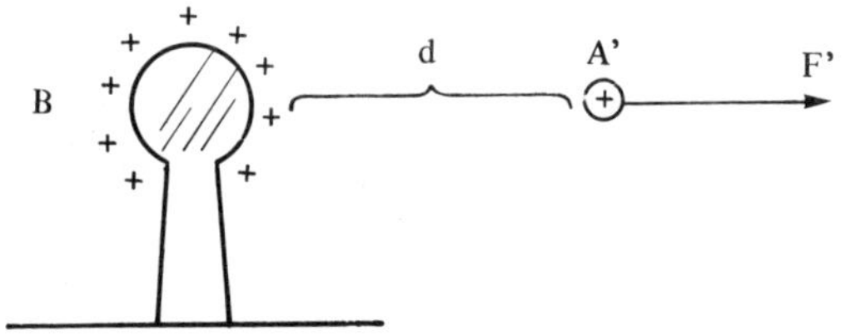

Nessas condições podemos admitir que se o corpo A possui q cargas, o corpo A' possui q/2.

Note que já podendo comparar cargas, basta estabelecer uma dada quantidade como unidade e assim estaremos capacitados a medir.

A unidade de carga será provisoriamente definida como segue:

Um Coulomb (C) é a carga elétrica que repele a outra igual a ela e separadas pela distância de *um metro*, no vácuo, com a força de 9×10^9 newtons.

A carga elementar vale $1{,}6 \times 10^{-19}$ C.

Princípio da Conservação de Cargas

Todos os fatos experimentais levaram os cientistas ao estabelecimento de tal princípio, que afirma:

A quantidade total de cargas de um sistema isolado é constante.

ELETRIZAÇÃO POR CONTATO

Carga

● ⇒ corpo carregado com carga Q

○ ⇒ corpo neutro

●○ Após o contato ocorre a eletrização do corpo neutro. Após serem separados cada corpo ficará com a carga $\frac{Q}{2}$, supondo os corpos idênticos.

Carga com carga

● ○

Q_1 Q_2 Eletrização → ○ ● $\frac{Q_1 + Q_2}{2}$ $\frac{Q_1 + Q_2}{2}$

Lei de Coulomb

Afirma que:

"A força eletrostática entre duas cargas é diretamente proporcional ao produto das cargas e inversamente proporcional ao quadrado da distância que separa essas cargas."

Em símbolos:

$$F = K \frac{q_1 \cdot q_2}{d^2}$$

F = força atuante entre as cargas

K = constante de proporcionalidade, ou constante eletrostática.

$K = 9 \cdot 10^9 \frac{N\,m^2}{c^2}$, determinada experimentalmente.

EXERCÍCIOS RESOLVIDOS

1. De acordo com o modelo de Bohr, o átomo de hidrogênio consiste de apenas um elétron que gira em torno do núcleo em órbita circular. Sendo o raio da órbita $0{,}53 \times 10^{-8}$ cm, determinar:

a) A força entre próton e elétron.

b) A velocidade linear desse elétron.

c) A energia cinética desse elétron.

Dado

$q_p = 1{,}6 \times 10^{-19}$ C

$q_e = 1{,}6 \times 10^{-19}$ C (em módulo)

$m_e = 9{,}1 \times 10^{-31}$ Kg

Solução

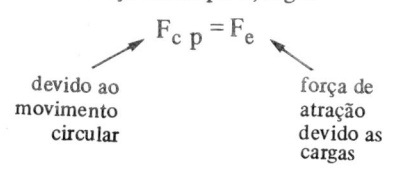

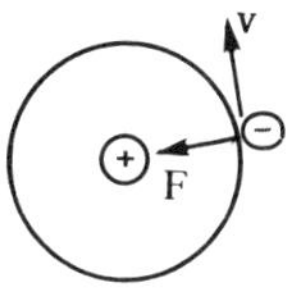

a) A força é: $F = 9 \cdot 10^9 \frac{1.6 \times 10^{-19} \cdot 1.6 \times 10^{-19}}{(0{,}53 \cdot 10^{-10})^2} =$

$$F = 8{,}2 \times 10^{-8}\ N$$

b) Como a trajetória é circular, em qualquer ponto atua a força centrípeta, logo:

$$F_{cp} = F_e$$

F_{cp}: devido ao movimento circular

F_e: força de atração devido as cargas

Sendo $F_e = 8{,}2 \times 10^{-8}$ N

$8{,}2 \times 10^{-8} = \frac{m\,v^2}{R} \rightarrow$

$8{,}2 \times 10^{-8} = \frac{9{,}10 \times 10^{-31}\,v^2}{0{,}53 \times 10^{-10}} \rightarrow$

$v^2 = \frac{8{,}2 \times 10^{-8} \cdot 0{,}53 \cdot 10^{-10}}{9{,}1 \times 10^{-31}} = 4{,}77 \cdot 10^{12}$

então $\boxed{v = 2{,}18 \times 10^6\ m/s}$

c) $E_c = \frac{1}{2} m\,v^2 = \frac{1}{2} \cdot 9{,}1 \cdot 10^{-31} \cdot 4{,}77 \cdot 10^{12} \rightarrow$

$$E_c = 2{,}17 \cdot 10^{-18}\ J$$

2. Duas cargas elétricas puntiformes de 8.10^{-4} C e 2.10^{-3} estão separadas de 6 m no vácuo. Determine a força entre elas.

Solução

$F = 9 \cdot 10^9 \frac{8 \cdot 10^{-4} \cdot 2 \cdot 10^{-3}}{6^2} =$

$= 9 \cdot 10^9 \frac{16 \cdot 10^{-7}}{36} =$

$$F = 4 \cdot 10^2\ N$$

3. Duas cargas elétricas separadas por 3 cm, repelem-se com a força de $4 \cdot 10^{-5}$ N. Calcule a nova força que aparece entre as cargas ao aumentar a distância para 12 cm.

Solução

Cálculo das cargas q_1 e q_2

$q_1\,q_2 = \frac{F \cdot d^2}{K} = \frac{4 \cdot 10^{-5} \cdot (3 \cdot 10^{-2})^2}{9 \cdot 10^9} =$

$= \frac{4 \cdot 10^{-5} \cdot 9 \cdot 10^{-4}}{9 \cdot 10^9} =$

$q_1\,q_2 = 4 \cdot 10^{-18}$

Colocando esse valor em F_2 à distância d = 12 cm

$F_2 = K \frac{q_1\,q_2}{d^2} = 9 \cdot 10^9 \frac{4 \cdot 10^{-18}}{(12 \cdot 10^{-2})^2} =$

$F_2 = 9 \cdot 10^9 \frac{4 \cdot 10^{-18}}{144 \cdot 10^{-4}} =$

$$F_2 = 0{,}25 \cdot 10^{-5}\ N$$

4. Duas cargas puntiformes $q_1 = 1$ C e $q_2 = 4$ C estão fixas nos pontos A e B e separadas por 6 cm no vácuo. Calcular a posição para colocar a carga $Q_3 = 2$ C de forma que fique em equilíbrio sob ação das forças elétricas.

Solução

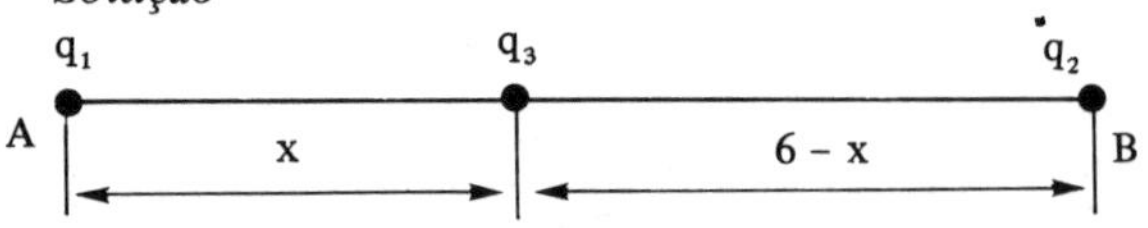

A força entre q_1 e q_3 é $F_{1,3}$

$$F_{1,3} = K \frac{q_1\, q_3}{x^2}$$

A força entre q_3 e q_2 é $F_{2,3}$

$$F_{2,3} = K \frac{q_2 - q_3}{(6-x)^2}$$

Para haver equilíbrio,

$F_{1,3} = F_{2,3}$, ou

$$K \frac{q_1\, q_3}{x^2} = K \frac{q_2 \cdot q_3}{(6-x)^2} \rightarrow$$

$$\frac{1 \,.\, 2}{x_2} = \frac{4 \,.\, 2}{(6-x)^2} \rightarrow$$

$$\frac{2}{x^2} = \frac{8}{36 - 12x + x^2} \qquad \text{ou}$$

$72 - 24x + 2x^2 = 8x^2$ daí

$8x^2 - 2x^2 + 24x - 72 = 0$

$6x^2 + 24x - 72 = 0$

cuja solução dará

$x_1 = 2$ m

e

$x_2 = -6$ m

como só a resposta positiva interessa, conclui-se que

$$x_1 = 2 \text{ m}$$

5. Duas pequenas esferas idênticas, no vácuo, carregadas positivamente, sofrem uma repulsão de $2 \,.\, 10^{-3}$ N. Tocam-se depois essas duas esferas e afastam-se a uma distância metade da anterior e a repulsão passa a ser $9 \,.\, 10^{-3}$ N. Calcular a relação das cargas.

Solução

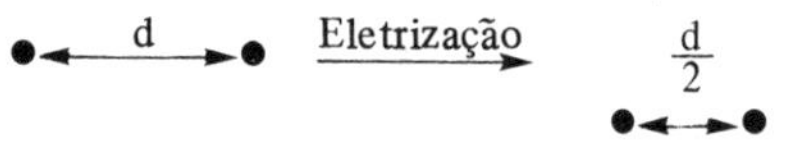

(q_1) (q_2)

$F_1 = 2 \,.\, 10^{-3}$ N $\qquad F_2 = 9 \,.\, 10^{-3}$ N

As forças são:

F_1 = antes do contato

$$F_1 = K \frac{q_1\, q_2}{d^2} \qquad \text{ou}$$

$$2 \,.\, 10^{-3} = K \frac{q_1\, q_2}{d^2}$$

F_2 = após o contato

$$F_2 = K \frac{q_1' \cdot q_2'}{\left(\frac{d}{2}\right)^2}$$

Como após a eletrização as cargas serão

$\frac{q_1 + q_2}{2}$ e $\frac{q_1 + q_2}{2}$, teremos:

$$F_2 = K \frac{\left(\frac{q_1 + q_2}{2}\right)\left(\frac{q_1 + q_2}{2}\right)}{\left(\frac{d}{4}\right)^2} = \text{ou}$$

$$9 \,.\, 10^{-3} = K \frac{\left(\frac{q_1 + q_2}{2}\right)^2}{\frac{d^2}{4}} = K \frac{\frac{q_1^2 + 2\, q_1\, q_2 + q_2}{4}}{\frac{d^2}{4}}$$

$$= K \frac{q_1^2 + 2\, q_1\, q_2 + q_2}{d^2}$$

$$9 \,.\, 10^{-3} = K \frac{q_1^2 + 2\, q_1\, q_2 + 2\, q_2}{d^2}$$

A relação entre as forças é $\frac{F_1}{F_2}$ = que será:

$$\frac{2 \,.\, 10^{-3}}{9 \,.\, 10^{-3}} = \frac{K \frac{q_1\, q_2}{d^2}}{K \frac{q_1^2 + 2\, q_1\, q_2 + q_2}{d^2}} =$$

$$\frac{2}{9} = \frac{q_1\, q_2}{q_1^2 + 2\, q_1\, q_2 + q_2^2} \quad \text{ou}$$

$9\, q_1\, q_2 = 2\, q_1^2 + 4\, q_1\, q_2 + 2\, q_2^2 \rightarrow$ dividindo esta expressão por $q_1\, q_2$, vem:

$$9 \frac{q_1\, q_2}{q_1\, q_2} = \frac{2\, q_1^2}{q_1\, q_2} + \frac{4\, q_1\, q_2}{q_1\, q_2} + \frac{2\, q_2^2}{q_1\, q_2}$$

$$9 = \frac{2\, q_1}{q_2} + 4 + 2 \frac{q_2}{q_1}$$

chamando $\frac{q_1}{q_2} = x$ e $\frac{q_2}{q_1} = \frac{1}{x}$, ficaremos com:

$9 = 2x + 4 + 2\,\frac{1}{x}$ ou

$9 = 2x + 4 + \frac{2}{x}$ ou $9x = 2x^2 + 4x + 2$, ou

$2x^2 - 9x + 4x + 2 = 0$ daí

$2x^2 - 5x + 2 = 0$ cuja solução dará:

as resposta: $x = 2$ e

$x^1 = \frac{1}{2}$ ou

como $\frac{Q_1}{Q_2} = x \rightarrow \frac{Q_1}{Q_2} = 2$ e $\frac{Q_2}{Q_1} = \frac{1}{2}$

6. Dado o sistema de equilíbrio abaixo:

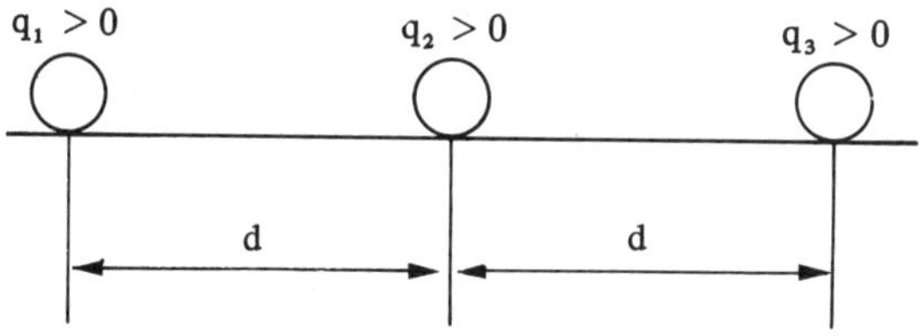

Sendo $q_2 = 270 \times 10^{-6}$ C, calcular os valores das cargas q_1 e q_3.

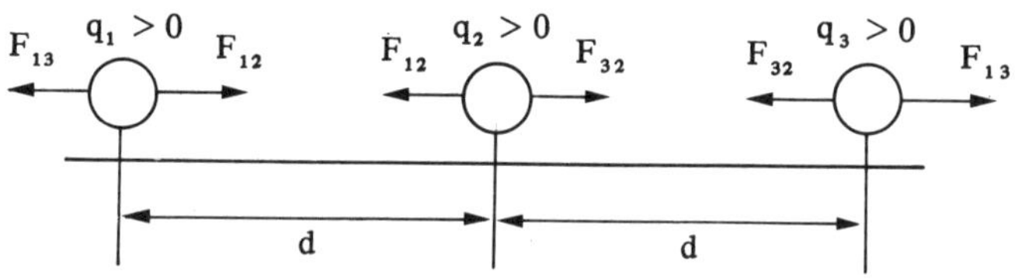

Solução

O sistema estando no equilíbrio, vale as forças:

$F_{1,2} = K\frac{q_1\, q_2}{r^2}$ e

$F_{2,3} = K\frac{q_2 \cdot q_3}{r^2}$, daí

$F_{1,2} = F_{2,3}$, ou

$K\frac{q_1\, \cancel{q_2}}{\cancel{r^2}} = \cancel{K}\frac{q_2 \cdot \cancel{q_3}}{\cancel{r^2}} \rightarrow$ que se conclui ser

$$\boxed{q_1 = q_3}$$

Pelas forças em equilíbrio acima,

$F_{1\ 3} = F_{1\ 2}$, ou

$K\frac{q_1\, q_3}{(2\,d)^2} = K\frac{q_1\, q_2}{d^2} \rightarrow$ como $q_2 = 270 \cdot 10^{-6}$ C

$\frac{q_3}{4\,d^2} = \frac{q_2}{d^2}$ ou $q_3 = \frac{4\,q_2\,d^2}{d^2} =$

$= \frac{4\,(270 \cdot 10^{-6})\cancel{d^2}}{\cancel{d^2}} =$

$q_3 = 1080 \cdot 10^{-6}$ C

Logo $\boxed{q_1 = q_3 = 1080 \times 10^{-6}\ C}$

EXERCÍCIOS PROPOSTOS

1. Duas esferas condutoras idênticas muito pequenas, de mesma massa m = 0,30 g estão no vácuo conforme figura abaixo. Eletriza-se uma delas com carga Q, e a outra mantém-se neutra. Em seguida, são colocadas em contato, e depois, abandonadas, verificando-se que na posição de equilíbrio a distância que as separa é 1,20 m. Considerando $Q > 0$. Determine:

a) O valor de Q.

b) A carga q que deve ser colocada no ponto 0 a fim de que sejam nulas as tensões nos fios.

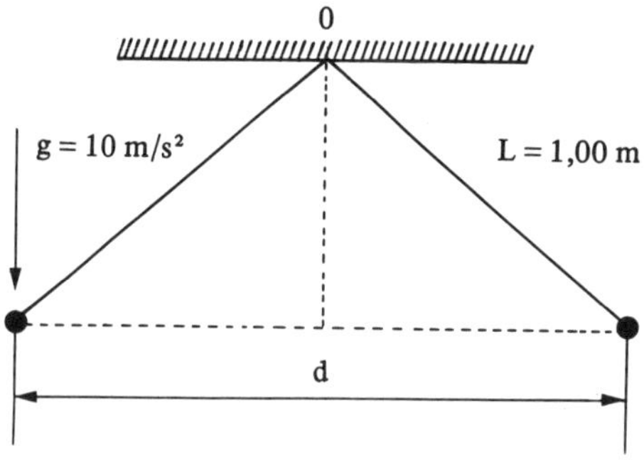

Respostas

a) $1{,}20 \cdot 10^{-6}$ C

b) $6{,}94 \cdot 10^{-7}$ C

2. O sistema abaixo é considerado equilíbrio. Nele, há as cargas puntiformes Q, Q e q, e q está presa ao fio leve e flexível. O triângulo A B C é equilátero com lado a = 1 cm. Sendo:

$Q = 1{,}0 \times 10^{-6}$ C e

$q = -\ 1{,}0 \times 10^{-7}$ C, determine a tensão T no fio.

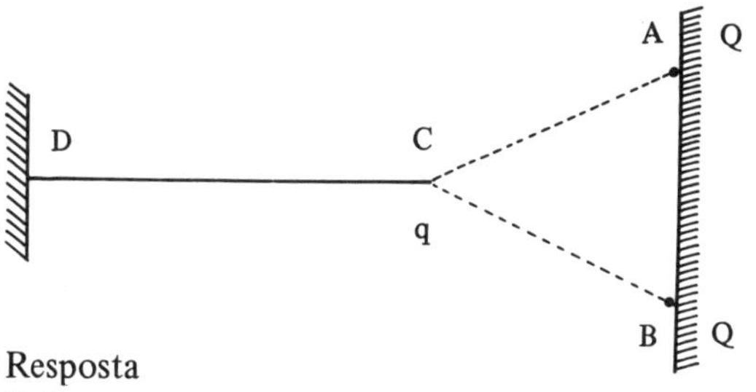

Resposta

3. Duas cargas elétricas iguais a 2×10^{-6} C estão separadas de 2 m no vácuo. Determine:

a) A força atuante sobre uma carga de $0{,}5 \cdot 10^{-6}$ C colocada no ponto médio entre as duas cargas iguais.

b) A força atuante sobre a carga de $0{,}5 \cdot 10^{-6}$ C ao ser colocada na mediatriz do segmento que une as duas cargas iguais, a 1 m do ponto médio.

Respostas

a) $F_r = 0$

b) $F_R \cong 6{,}3 \cdot 10^{-3}$ N.

4. Três cargas elétricas positivas de 5 C ocupam os vértices de um triângulo retângulo, cujos catetos medem 5 cm. Calcule a força total atuante na carga do vértice do ângulo reto.

Resposta

$9\sqrt{2} \cdot 10^{13}$ N

5. Duas cargas elétricas puntiformes q e q' estão à distância d de separação. A força com que uma atua sobre a outra é F. Substituindo a carga q' por outra 3 q' e aumentando a distância para 2 d, aparecerá a força F'. Calcule F'.

Resposta

$$F' = \frac{3}{4} F$$

6. Duas cargas elétricas separadas por 3 cm repelem-se com a força de 4×10^{-5} N. Aumentando-se a distância para 12 m, aparecerá a força F'. Calcule F'.

Resposta

$F' = 2{,}5 \cdot 10^{-6}$ N

7. Em cada vértice de um quadrado situa-se uma carga q. Calcule a carga elétrica Q de sinal contrário às demais, para ser colocada no centro do quadrado para que a resultante das forças sobre a carga q seja nula.

Resposta

$$Q = \frac{q}{2}\left(\frac{1}{2} + \sqrt{2}\right)$$

TESTES

1. Assinale a afirmação falsa:

a) Uma mesma substância pode adquirir, por atrito, cargas positivas ou negativas, dependendo com que ela é atritada.

b) Os isolantes elétricos são também denominados dielétricos.

c) O fenômeno da indução eletrostática mostra que um corpo neutro pode ser atraído por um corpo eletrizado.

d) Um corpo neutro colocado em contato com um corpo eletrizado positivamente só pode se eletrizar positivamente.

e) Apenas uma alternativa acima é falsa.

2. Duas cargas elétricas puntuais repelem-se com forças de intensidade 6×10^{-3}N. Duplicando-se a carga elétrica de uma delas, a força de repulsão terá intensidade igual a:

a) 12×10^{-3}N

b) 6×10^{-3}N

c) 3×10^{-3}X

d) $1{,}5 \times 10^{-3}$N

e) 24×10^{-3}N

3. Duas cargas elétricas puntiformes atraem-se com força de intensidade 18×10^{-4}N. Triplicando-se a distância que as separa, a nova intensidade da força de atração será:

a) 9×10^{-4}N

b) 3×10^{-4}N

c) 2×10^{-4}N

d) 6×10^{-4}N

e) 54×10^{-4}N

4. (FUVEST-SP). Três objetos com cargas elétricas idênticas estão alinhados como mostra a figura. O objeto C exerce sobre B uma força igual a $3{,}0 \cdot 10^{-6}$N.

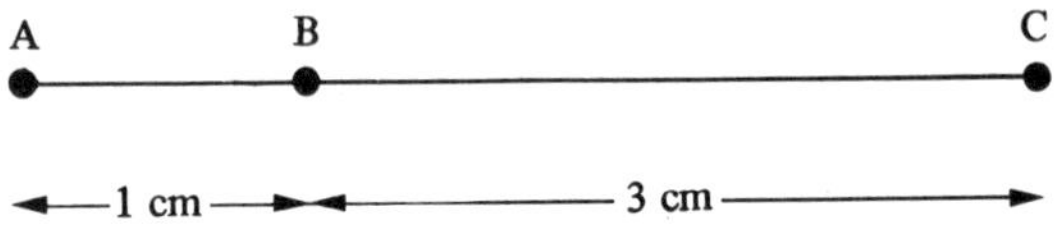

A força elétrica resultante dos efeitos de A e C sobre B é:

a) $2{,}0 \cdot 10^{-6}$N

b) $6{,}0 \cdot 10^{-}$N

c) $12 \cdot 10^{-6}$N

d) $24 \cdot 10^{-6}$N

e) $30 \cdot 10^{-6}$N

5. (CESCEA-SP). Dois corpos puntuais, de massa m e igualmente eletrizados com cargas de mesmo sinal e módulo $Q = 10^{-6}$C, estão separados de uma distância r sobre um plano horizontal. Qual a massa, em ordem de grandeza, que deveriam possuir para permanecer em equilíbrio estático?

Dados: G, constante de gravitação

$$7 \times 10^{-11} \frac{N \cdot m^2}{kg^2} \; ; \; K = 9 \times 10^9 \frac{N \cdot m^2}{C^2}$$

a) 1 kg

b) 10 kg

c) 10^2kg

d) 10^3 kg

e) 10^4 kg

6. (CESGRANRIO-RJ). Duas partículas livres de mesma massa têm cargas respectivas q e 2q. Qual

das seguintes figuras representa as acelerações das partículas, sabendo-se que a interação gravitacional é desprezível em comparação com a interação elétrica?

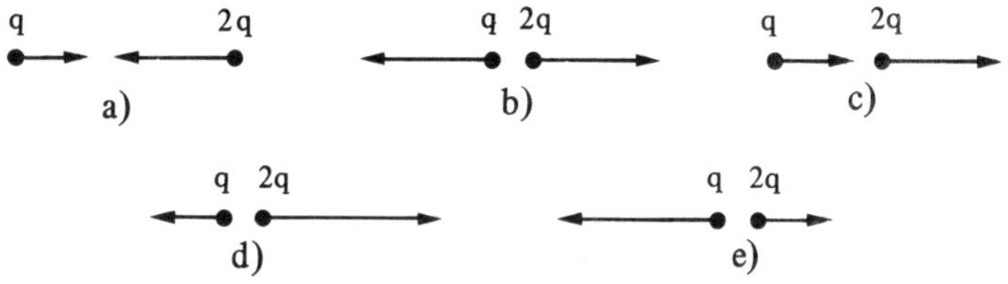

•CAMPO ELÉTRICO

1. INTRODUÇÃO

Dizemos que num dado ponto existe um campo elétrico quando age sobre um corpo eletrizado nele colocado uma força de origem elétrica.

Para saber se a força é de natureza elétrica ou não, devemos comparar as forças que atuam sobre um pequeno corpo carregado e colocado nesse campo. Esse corpo recebe o nome de carga de prova. Qualquer força observada quando o corpo está carregado e que não existe quando estiver descarregado, é de natureza elétrica.

Como a força é de grandeza vetorial, o campo elétrico é também uma quantidade vetorial.

2. INTENSIDADE DO CAMPO ELÉTRICO DE UMA CARGA

Num ponto qualquer, o campo elétrico é representado por $\vec{E}$ e é definido como o quaociente da força $\vec{F}$ atuante na carga de prova:

$$\boxed{\vec{E} = \frac{\vec{F}}{q}}$$

ou a intensidaae de um campo elétrico, é a intensidade da força por unidade de carga. A força sobre uma carga negativa, tem sentido oposto ao do campo.

Unidades de $\vec{E}$.

Sendo $\vec{E} = \frac{\vec{F}}{q} = \frac{\text{Newton}}{\text{coulomb}}$

A unidade de campo é dada em $\frac{\text{Newton (N)}}{\text{Coulomb (C)}}$

Um campo elétrico desempenha o papel de transmissor de interações elétricas.

3. CAMPO ELÉTRICO DE CARGA PUNTIFORME FIXA

Levando em conta que num ponto P qualquer de um campo elétrico $\vec{E}$ se coloque uma carga de prova q, o campo elétrico devido a carga puntiforme Q fixa será:

$\vec{E} = \frac{\vec{F}}{q}$, sendo $F = K \frac{Q\,q}{r^2}$, vem

$$E = \frac{K \frac{Q\,q}{r^2}}{q} = \text{que resulta}$$

$$\boxed{E = K \frac{Q}{r^2}}$$

Este campo dará um gráfico conforme abaixo.

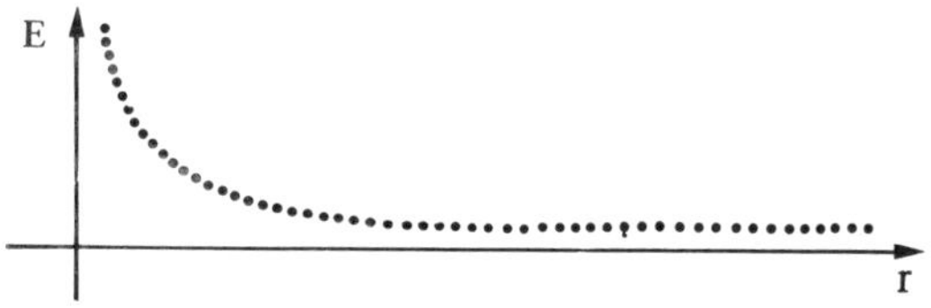

O sentido do campo será analisado nos casos abaixo:

1º caso: $Q > 0$

Este campo é de afastamento

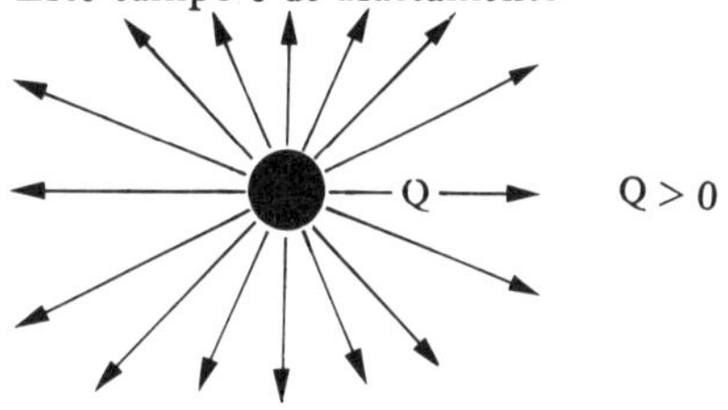

2º caso: $Q < 0$

Este campo é de aproximação

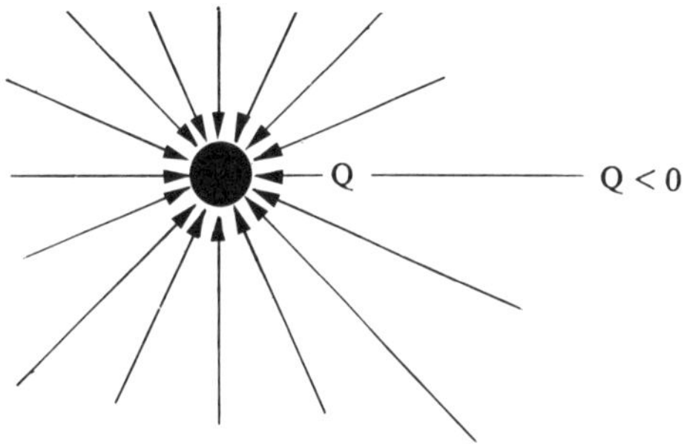

4. CAMPO ELÉTRICO DE VÁRIAS CARGAS PUNTUAIS

Se tivermos as cargas $Q_1, Q_2, Q_3, \ldots. Q_n$ em determinada região, a intensidade do campo resultante será:

$$\vec{E}_R = \vec{E}_1 + \vec{E}_2 + \vec{E}_3 + \ldots. + \vec{E}_n$$

que é a soma vetorial dos campos devidos a cada carga.

5. CAMPO ELÉTRICO UNIFORME

É o campo elétrico onde em todos os pontos, o vetor $\vec{E}$ possui o mesmo sentido, a mesma direção e a mesma intensidade. Num campo elétrico uniforme, as linhas de força são retas paralelas e todas com o mesmo sentido.

EXERCÍCIOS RESOLVIDOS

1. Quando os terminais de uma bateria de 100 volts são ligados a duas placas paralelas separadas de 1 cm, a intensidade do campo elétrico no espaço entre as placas é 10^4 N/C. Supomos que há um campo com essa intensidade e dirigido verticalmente para cima. Calcular a força que age sobre um elétron neste campo e compare com o peso do elétron.

Solução

carga do elétron = e = $1{,}6 \times 10^{-19}$ C

massa do elétron = m = $9{,}1 \times 10^{-31}$ kg

do campo elétrico: $E = \frac{F}{q}$, tira-se

$F = Eq$

$F = 10^4 \cdot 1{,}6 \cdot 10^{-19}$

$$\boxed{F = 1{,}6 \cdot 10^{-15}\ \text{N}}$$

A $F_{elétrica} = 1{,}6 \times 10^{-15}$ N

A força gravitacional ou Peso P = mg

$P = 9{,}1 \times 10^{-31}\ \text{kg} \times 9{,}8\ \text{m/s}^2 = 8{,}9 \times 10^{-30}$ N

A F gravitacional $= 8{,}9 \times 10^{-30}$ N

A relação das duas:

$$\frac{F_e}{F_g} = \frac{1{,}6 \times 10^{-15}}{8{,}9 \times 10^{-30}} = 1{,}8 \times 10^{14}$$

conclui-se em presença da força elétrica gravitacional é desprezível.

2. Supondo que o elétron do exercício (1) é liberado a partir do repouso, qual a velocidade que ele adquire depois de percorrer 1 cm? Qual é sua energia cinética? Qual o tempo gasto para percorrer a distância acima?

Soluçao

Sendo a força constante, o elétron se move com aceleração constante. Logo:

$$a = \frac{F}{m} = \frac{eE}{m} = \frac{1{,}6 \times 10^{-15}\ \text{N}}{9{,}1 \times 10^{-31}\ \text{kg}} = 1{,}8 \times 10^{+15}\ \text{m/s}^2$$

a velocidade, depois de percorrido 1 cm é:

$v^2 = 2a\,x$ = (equação de Torricelli)

$$v = \sqrt{2\,a\,x} = \sqrt{2 \cdot 1{,}8 \times 10^{+15} \cdot 10^{-2}} =$$
$$= 6{,}0 \times 10^6\ \text{m/s}$$

a sua energia cinética é:

$$E_C = \frac{1}{2} m v^2 = \frac{1}{2} \cdot 9{,}10 \times 10^{-31} \cdot (6{,}0 \times 10^6)^2 =$$

$$E_C = \frac{1}{2} \cdot 9{,}1 \times 10^{-31} \cdot 36 \times 10^{12} = 1{,}6 \cdot 10^{-19}\ \text{J}$$

o tempo vale:

$$t = \frac{v}{a} = \frac{6{,}0 \times 10^6}{1{,}8 \times 10^{15}} = 3{,}3 \times 10^{-9}\ \text{seg}$$

3. Considerando o elétron do exercício (1) entrando no campo com uma velocidade horizontal, v_0, determinar a equação da trajetória.

Solução

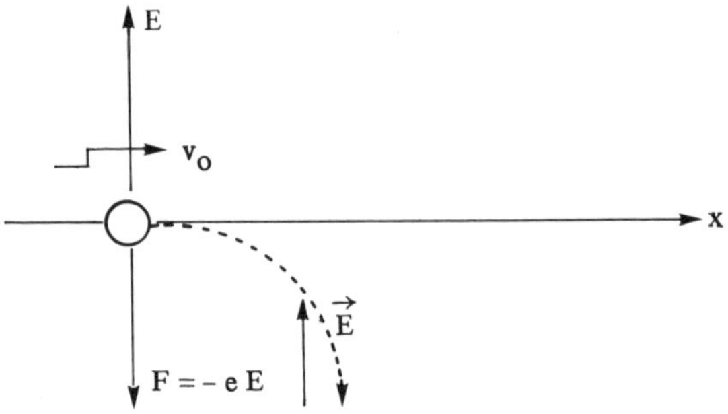

O campo é voltado para cima, de modo que a força sobre o elétron está voltada para baixo. A velocidade inicial tem a direção do eixo do x. A aceleração segundo o eixo do x é nula, e segundo o eixo do y é dada por:

$$a = -\frac{eE}{m}$$

Portanto, após um tempo t,

$x = v_0 t$ (1)

$$y = -\frac{1}{2}\frac{eE}{m}t_2, (y = y_0 + v_{0t} - \frac{1}{2}at^2)(y_0 = v_0 = 0)$$

eliminando t em (1), $t = \frac{x}{v_0}$ e colocando em (2),

$$y = -\frac{1}{2}\frac{eE}{m}\left(\frac{x}{v_0}\right)^2 =$$

$$y = -\frac{1}{2}\frac{eE}{m{v_0}^2}x^2 \text{ ou}$$

$$\boxed{y = -\frac{eE}{2m{v_0}^2}x^2}$$

que representa a equação de uma parábola, que é o mesmo tipo de movimento de um corpo lançado na horizontal de um campo da gravidade terrestre.

4. A 2 m de uma carga positiva de 20 μ C, coloca-se uma carga negativa de 20 μ C conforme abaixo. Calcular a intensidade do campo elétrico em P, a 2 m de cada carga.

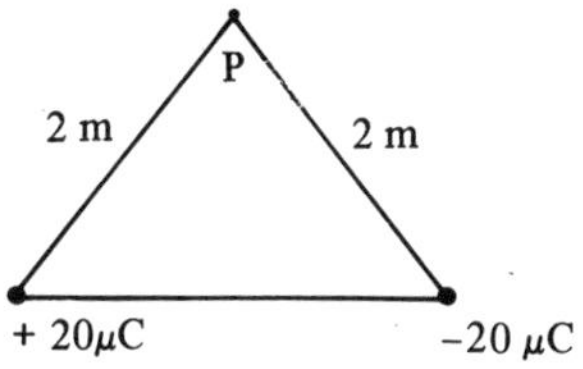

Solução

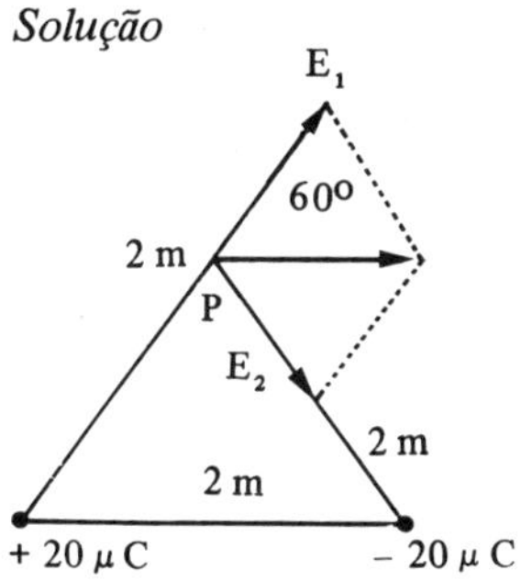

$$E_1 = K\frac{Q}{r^2} = 9 \cdot 10^9 \frac{20 \cdot 10^{-6}}{2^2} =$$

$$= 9 \cdot 10^9 \frac{(20 \cdot 10^{-6})}{4} = 4{,}5 \cdot 10^4 \frac{N}{C}$$

$$E_2 = K\frac{Q}{r^2} = 9 \cdot 10^9 \frac{(20 \cdot 10^{-6})}{2^2} =$$

$$= -9 \cdot 10^9 \frac{(20 \cdot 10^{-6})}{4} = -4{,}5 \cdot 10^4 \frac{N}{C}$$

Cáculo do E_R em módulo, $E_2 = 4{,}5 \cdot 10^4 \frac{N}{C}$

$$E_R = E_1 \cos 60^o + E_2 \cos 60^o =$$

$$E_R = 4{,}5 \cdot 10^4 \cos 60^o + 4{,}5 \cdot 10^4 \cos 60^o =$$

$$E_R = 4{,}5 \cdot 10^4 \cdot \frac{1}{2} + 4{,}5 \cdot 10^4 \cdot \frac{1}{2} =$$

$$\boxed{E_R = 4{,}5 \cdot 10^4 \frac{N}{C}}$$

5. Determine a intensidade, a direção e o sentido do campo elétrico no centro do triângulo equilátero de lado 3 m, em cujos vértices encontram as cargas:

$Q_1 = -2$ C
$Q_2 = -2$ C e $Q_3 = 4$ C no vácuo

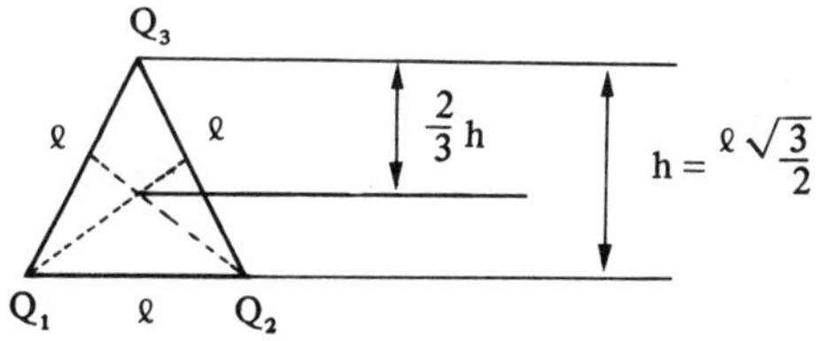

Solução

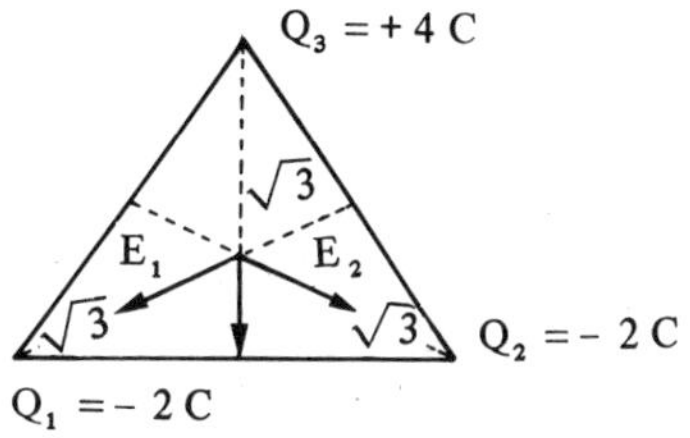

$$E_1 = 9 \cdot 10^9 \frac{2}{(\sqrt{3})^2} = 6 \cdot 10^9 \frac{N}{C}$$

$$E_2 = 9 \cdot 10^9 \frac{2}{(\sqrt{3})^2} = 6 \cdot 10^9 \frac{N}{C}$$

$$E_3 = 9 \cdot 10^9 \frac{4}{(\sqrt{3})^2} = 12 \cdot 10^9 \frac{N}{C}$$

$$E_R = E_1 + E_2 + E_3$$

$$E_R = E_1 \cos 60^o + E_2 \cos 60 + E_3$$

$$E_R = 6 \cdot 10^9 \cdot \frac{1}{2} + 6 \cdot 10^9 \frac{1}{2} + 12 . 10^9$$

$$\boxed{E_R = 18 \cdot 10^9 \frac{N}{C}}$$

EXERCÍCIOS PROPOSTOS

1. Nos vértices de um quadrado de diagonal medindo 20 cm, colocam-se cargas elétricas puntiformes de 1 C, 2 C, 3 C e 4 C. Determine o ponto P do espaço no qual deve ser colocada a carga de $9\sqrt{2}$ C, para anular o campo elétrico produzido pelas outras cargas no centro do quadrado. Considere as cargas no vácuo.

Resposta
a carga $9\sqrt{2}$ C deve ser colocada a $15\sqrt{2}$ cm do centro do quadrado, na mediatriz do lado onde estão as cargas de 3 C e 4 C.

2. Duas cargas de + 25 μ C estão a 1,0 metro de separação, no vácuo. Calcule a intensidade do campo elétrico que cada carga cria no ponto P situado a meia distância entre elas.

Resposta

$$9 \cdot 10^5 \frac{N}{C}$$

3. Têm-se duas pequenas esferas A e B, condutoras, descarregadas e isoladas uma da outra. Seus centos estão distantes de 20 cm. Cerca de 5×10^6 elétrons são retirados da esfera A e transferidos para a esfera B.

Considere a carga do elétron = $1{,}6 \times 10^{-19}$ C e

$K = 9 \cdot 10^9 \frac{N\,m^2}{c^2}$

Determine:

a) O campo elétrico em P.

b) A direção do campo elétrico num ponto R sobre a mediatriz do segmento A B.

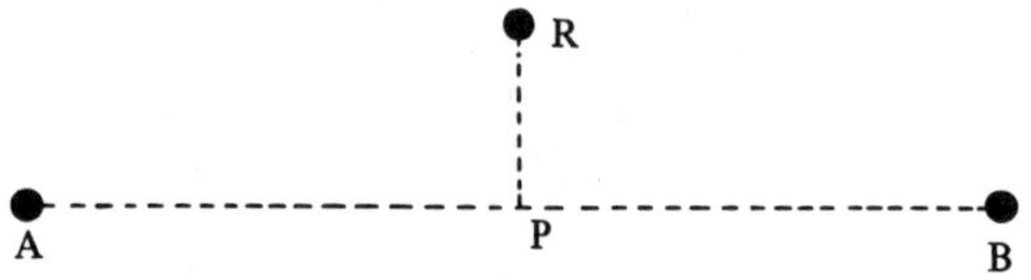

Respostas

a = 1,44 N/C

b = É a direção da bissetriz do ângulo 2α

4. Uma partícula carregada com carga 1 μ C de massa m = $2 \cdot 10^{-6}$ kg é lançada na direção de um campo elétrico uniforme de intensidade $E = 10^5 \frac{N}{C}$, em sentido oposto ao do campo. Determinar a velocidade mínima da partícula para alcançar um ponto A, situado 20 cm da posição de lançamento. Desprezar peso.

Resposta

$100\sqrt{2}$ m/s

5. Determine o ponto P do espaço no qual deve ser colocada uma carga de $9\sqrt{2}$ c para anular o campo elétrico produzido pelas outras cargas no centro do quadrado. Considere o sistema no vácuo.

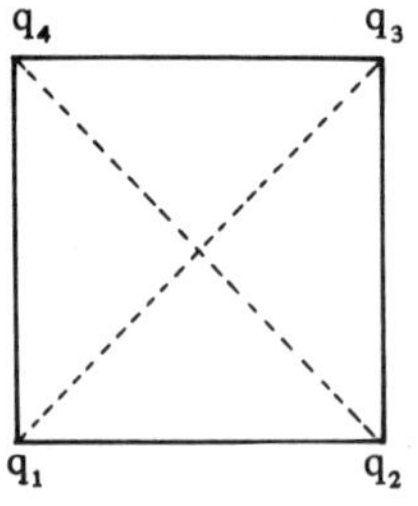

Dados

$q_1 = 1$ C

$q_2 = 2$ C

$q_3 = 3$ C

$q_4 = 4$ C

d = diagonal

d = 20 cm

Resposta

$r = 0{,}15\sqrt{2}$ m

TRABALHO DA FORÇA ELÉTRICA

1. INTRODUÇÃO

Num corpo de massa m em repouso aplica-se a força de intensidade F.

Define-se trabalho da força F constante, ao produto dado por:

$$\tau = F \times d \times \cos\alpha$$

quando o deslocamento é na direção e sentido da força.

$$\tau = F \times d$$

Se a força F aplicada não for constante, o trabalho é numericamente igual à área sob o gráfico de *F* em função de *d*.

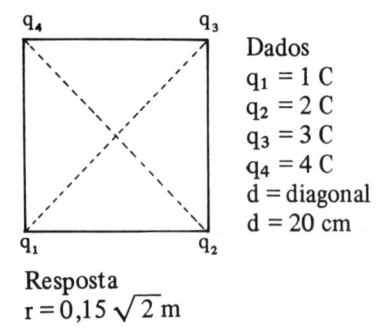

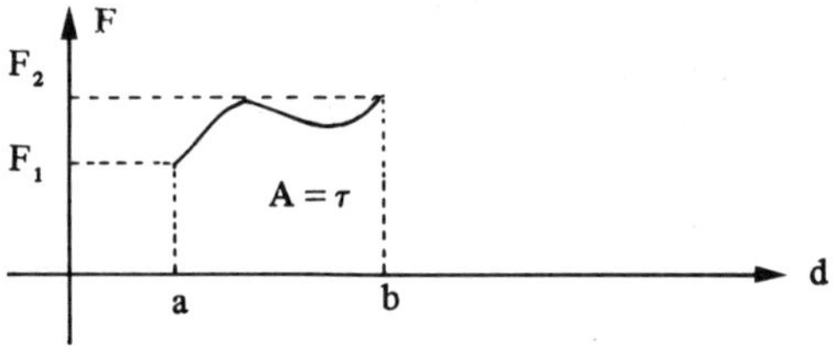

2. TRABALHO DA FORÇA ELÉTRICA

a) *Força constante*

Sendo $\tau = F \cdot d$ e $F = q\,E$ (separados)

$$\tau = q\,E \cdot d$$

que é válida para um campo elétrico qualquer

b) *Força qualquer*

Quando uma carga q desloca-se num campo elétrico qualquer de um ponto A a um ponto B, o trabalho da força elétrica resultante, que age em q, não depende da trajetória que liga A com B, e depende dos pontos de partida A e de chegada B.

Ao sofrer um deslocamento, essa carga q altera o trabalho da força elétrica, porém a razão $\frac{\tau}{q}$ = constante e depende só das condições elétricas existentes em A e B do campo.

A relação $\frac{\tau}{q}$ é indicada pela letra U.

U = diferença de potencial elétrico ou ddp, ou tensão entre A e B.

Então $\frac{\tau}{q} = U$ ou

$$\tau = q \cdot U$$

DIFERENÇA DE POTENCIAL

a) Potencial

O potencial em um ponto de um campo elétrico é definido como a relação da energia potencial de uma carga de prova situada no ponto, para a grandeza da carga, ou seja a energia potencial por unidade de carga.

Representando o potencial pela letra V, ou V_a e V_b, quando queremos chamar a atenção que ele se refere a um ponto específico A ou B.

Potencial no ponto $A = V_A =$

$$= \frac{\text{Energia Potencial de q' no ponto a}}{q'}$$

Segue-se que

E_p = energia potencial

$$E_p = q' \, V_A$$

V_a = potencial no ponto a.

Unidade do potencial

O potencial é um volt se a relação da energia potencial de uma carga no ponto para a grandeza da carga é igual a um joule por coulomb.

Múltiplos submúltiplos

milivolt $= 10^{-3}$ V = 1 m V

microvolt $= 10^{-6}$ V = 1 μ V

quilo-volt $= 10^{3}$ V = 1 KV.

Sabemos que a E_p de uma carga de prova q' situada a uma distância r de uma carga puntiforme q é:

$$E_p = \frac{1}{4\pi\epsilon_0} \, \frac{q\,q'}{r}$$

onde

$$\frac{1}{4\pi\epsilon_0} = K$$

logo $\quad E_p = K \, \frac{q\,q'}{r}$

Segue-se que o potencial V a esta distância é:

$$V = \frac{E_p}{q'} = K \frac{q}{r} \quad \text{ou}$$

$$V = K \frac{q}{r}$$

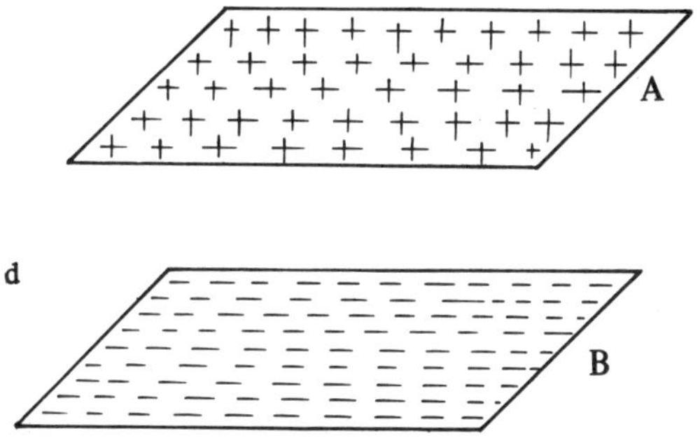

V tem o mesmo sinal de q.

b) Diferença de Potencial

A diferença entre os potenciais de dois pontos de um campo eletrostático é chamada de diferença de potencial entre os pontos. É indicada por $V_{AB} = V_A - V_B$

Como $\tau = q\,U$ e

U = diferença de potencial $= V_{AB}$

$\tau = q\,V_{AB}$ ou

$$\tau = q\,(V_A - V_B)$$

Esta equação dará:

$$V_A - V_B = \frac{\tau}{q}$$

A unidade de $V_a - V_b = \frac{\text{Joule}}{\text{Coulomb}} = \frac{1\,J}{1\,C} = 1$ volt = 1V

c) *Potencial para uma carga puntiforme*

$$V_A - V_B = K\frac{Q}{d_A} - K\frac{Q}{d_B}$$

Quando $V_B = 0$

$$V_A = K\,\frac{Q}{d_A}$$

d) *Potencial para várias cargas*

V_p = potencial em P de várias cargas

$$V_P = K\,\frac{Q_1}{d_1} + K\,\frac{Q_2}{d_2} + \ldots\ldots + K\,\frac{Q_n}{d_n}$$

Observações

1ª O potencial elétrico é uma grandeza escalar e será positiva se $Q > 0$ ou negativa se $Q < 0$.

2ª Se a carga q se move de A para B, a força elétrica realiza um trabalho negativo.

e) *Diferença de potencial entre dois pontos num campo elétrico uniforme.*

$$U = V_A - V_B = E\,.\,d$$

EXERCÍCIOS RESOLVIDOS

1. Um elétron é abandonado num ponto situado a uma distância de $5{,}0 \times 10^{-10}$ m de um próton considerado fixo. Calcular a velocidade do elétron quando ele estiver a $2{,}0 \times 10^{-10}$ m do próton.

Solução

$\tau = q\,U$ e $U = V_A - V_B$

$\tau = q\,(V_A - V_B)$

Como

$V_A = K\dfrac{Q}{d_A}$ e

$V_B = K\,\dfrac{Q}{d_B}$

$\tau = q\,(K\,\dfrac{Q}{d_A} - K\,\dfrac{Q}{d_B}$ ou

$\tau = q\,K\,Q\left(\dfrac{1}{d_A} - \dfrac{1}{d_B}\right) =$

$\tau = (-\,1{,}6 \,.\, 10^{-19})\,(9 \,.\, 10^{9})\,(1{,}6 \,.\, 10^{-19})$

$\left(\dfrac{1}{5 \,.\, 10^{-10}} - \dfrac{1}{2 \,.\, 10^{-10}}\right) =$

$\tau = 6{,}9\ 12 \times 10^{-19}$ J

Sendo $E_C = \tau$, vem

$\dfrac{1}{2}\,m\,v^2 = 6{,}912 \times 10^{-19}$, daí,

$\dfrac{1}{2}\,9{,}1 \times 10^{-31}\,v^2 = 6{,}912 \,.\, 10^{-19}$

$9{,}1 \times 10^{-31}\,v^2 = 13{,}824 \,.\, 10^{-19}$

$v^2 = \dfrac{13{,}824 \,.\, 10^{-19}}{9{,}1 \,.\, 10^{-31}} =$ e

finalmente $\boxed{v = 1{,}2 \,.\, 10^{6}\ \text{m/s}}$

2. Calcular o τ necessário para levar uma carga de $+\,5 \,.\, 10^{-10}$ C de um ponto, situado a 20 m de uma carga de 10^{-9} C, até um ponto a 2 m dela.

Solução

Sendo $U = V_A - V_B = K\,Q\left(\dfrac{1}{d_A} - \dfrac{1}{d_B}\right)$

$\tau = U\,q$,

$\tau = q\,K\,Q\left(\dfrac{1}{d_A} - \dfrac{1}{d_B}\right)$

$\tau = 10^{-19} \,.\, 9 \,.\, 10^{9} \,.\, 5 \,.\, 10^{-10}\left(\dfrac{1}{20} - \dfrac{1}{2}\right) =$

$\tau = -2{,}0\ 25 \,.\, 10^{\ 9}$ J

Como o trabalho da força elétrica é negativo, daí, é necessário o campo realizar o trabalho

$\tau = 2{,}025 \,.\, 10^{-9}$ J

3. São dadas as cargas em micro coulomb, da figura abaixo, calcule:

a) O potencial eletrostático em X.

b) O trabalho necessário para levar + 3 C de x até o ponto médio da diagonal.

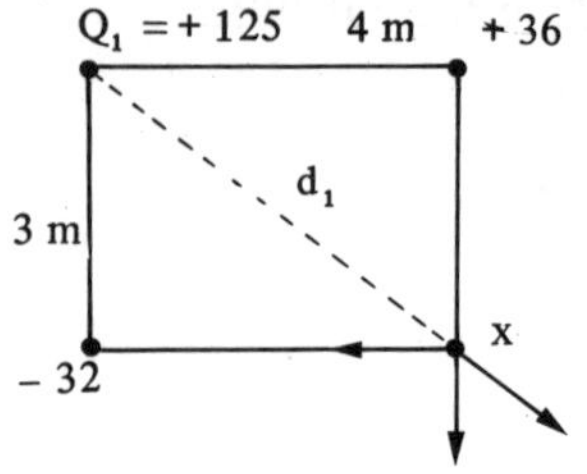

Solução

a) O potencial em x será V_X

$V_X = K\,\dfrac{Q_1}{d_1} + K\,\dfrac{Q_2}{d_2} + K\,\dfrac{(-\,Q_3)}{d_3}$

$V_X = 9 \,.\, 10^{9}\,\dfrac{125 \,.\, 10^{-6}}{5} + 9 \,.\, 10^{9}\,\dfrac{36 \,.\, 10^{-6}}{3}$

$-\ 9 \,.\, 10^{9}\,\dfrac{32 \,.\, 10^{-6}}{4} =$

$V_X = 261 \,.\, 10^{3}$ Volts

b) O trabalho pode ser realizado por qualquer trajetória que não passe pelas cargas.

Como $V_X = 261 \,.\, 10^{3}$ Volts,

O potencial no ponto médio será V, e

$V = K\,\dfrac{Q_1}{\frac{d}{2}} + K\,\dfrac{Q_2}{\frac{d}{2}} + K\,\dfrac{-\,Q_3}{\frac{d}{2}} =$

$V = 9 \,.\, 10^{9}\,\dfrac{125 \,.\, 10^{-6}}{2{,}5} + 9 \,.\, 10^{9}\,\dfrac{36 \,.\, 10^{-6}}{2{,}5} +$

$+\ 9 \,.\, 10^{9}\,\dfrac{(-\,32 \,.\, 10^{-6})}{2{,}5} =$

$V = 464 \,.\, 10^{3}$ Volts

Sendo

$\tau = q\,U$ e $U = V - V_X$, teremos

$\tau = q\,(V - V_X)$, daí

$\tau = 3 \,.\, (464 \,.\, 10^{3} - 261 \,.\, 10^{3})$

$\boxed{\tau = 609 \,.\, 10^{3}\ \text{J}}$

4. Calcule o potencial no ponto médio, entre duas cargas pequenas contendo cada uma carga positiva de 180 μ C. Os centros das esferas distam entre si 6 cm e elas estão no vácuo.

Solução

Cada carga contribui para o potencial no ponto pedido, como se estivesse só, concentrada no centro da esfera em que está distribuída.

Então,

$$V = K\frac{q_1}{\frac{d}{2}} + K\frac{q_2}{\frac{d}{2}},$$

$$V = {}^{3}\!\not{9}.10^9\,\frac{180.10^{-6}}{\not{3}.10^{-2}} + {}^{3}\!\not{9}.10^9\,\frac{180.10^{-6}}{\not{3}.10^{-2}} =$$

$$V = 54.10^5 + 54.10^5$$

$$\boxed{V = 108.10^5 \text{ Volts}}$$

EXERCÍCIOS PROPOSTOS

1. Uma carga elétrica q positiva, colocada no ponto A de um campo elétrico fica sujeita a uma força F, que a desloca até um ponto B. Troca-se a carga para 2 q. Calcule o trabalho realizado pelo campo.

Resposta
$\tau_2 = 2\,\tau_1$

2. Uma carga puntual q cria a uma distância r um potencial de 200 V e um campo elétrico de intensidade igual a $600\frac{N}{C}$. Calcule:

a) A distância r.
b) A carga q.

Respostas

a) $r = \frac{1}{3}$

b) $q = \frac{2}{27} \cdot 10^{-7}$ C

3. Dois pontos A e B têm potenciais em relação a um nível no infinito iguais a 150 V e 100 V, respectivamente. Supondo que se passa a medir os potenciais em relação a B. Calcule o novo potencial de A.

Resposta
50 V

4. A figura abaixo, representa dois pontos A e B, sobre uma linha de força de um campo elétrico uniforme de intensidade $100\frac{V}{m}$. Sendo A B = = 20 cm a distância entre A e B, calcule a diferença de potencial $V_A - V_B$.

Resposta
2 , 0 . 10 V.

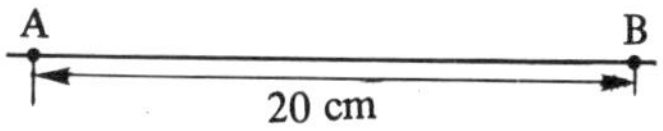

5. Uma esfera metálica oca de 1,8 m de diâmetro, recebe a carga de 45 nC. Calcule o potencial a 3,0 m do centro da esfera.

Observação
1 nC = 1 nano Coulomb = 10^{-9} C.

Resposta
135 V.

6. Um próton tem velocidade relativa zero em relação a um elétron. Para afastar um próton de um elétron, separados de 10^{-15} m é necessário um valor determinado de energia. Calcule essa energia.

Resposta
$2{,}3 \times 10^{-13}$ J

TESTES

1. Uma carga de prova q encontra-se num ponto P de um campo elétrico $\vec{E}$. Podemos afirmar que:

a) O sentido de $\vec{E}$ depende do sinal da carga q.
b) O sentido de $\vec{E}$ é oposto ao da força que surge na carga q.
c) A direção e o sentido de $\vec{E}$ é a força que surge na carga q.
d) A intensidade do campo em P depende da carga de prova.
e) Todas as afirmações acima são falsas.

2. Assinale a afirmação falsa:

a) O campo elétrico no interior de uma esfera eletrizada em equilíbrio eletrostático é nulo.
b) No campo elétrico uniforme a intensidade do vetor campo elétrico é igual em todos os pontos.
c) A carga de prova deve ser sempre positiva e muito pequena para não alterar o campo elétrico existente.
d) A uma distância duas vezes maior de uma carga elétrica, o campo elétrico é necessariamente duas vezes menor.
e) Apenas uma alternativa acima é falsa.

3. Um próton é abandonado no interior de um campo elétrico uniforme E = $3{,}0 \times 10^6$ N/C. A força necessária para manter em equilíbrio o próton é igual a:

a) $4{,}8 \times 10^{-13}$N
b) $2{,}0 \times 10^{25}$N
c) $2{,}0 \times 10^{-13}$N
d) $4{,}8 \times 10^{25}$ N
e) n.r.a.

4. Uma partícula de massa $2{,}0 \times 10^{-3}$kg e carga q = $2{,}0 \times 10^{-3}$C foi lançada, no interior de um campo uniforme E = $5{,}0 \times 10^4$ N/C, na direção

do campo e em sentido oposto ao mesmo. Se a partícula pára ao percorrer 10 cm, a velocidade de lançamento foi de:
a) 10 m/s
b) 5 m/s
c) 20 m/s
d) 50 m/s
e) 100 m/s

(CESCEM-SP). O gráfico dá o potencial (em uma dimensão) criado por uma esfera carregada, onde r é a distância a partir do centro da esfera. Os dados referem-se às questões 5 e 6.

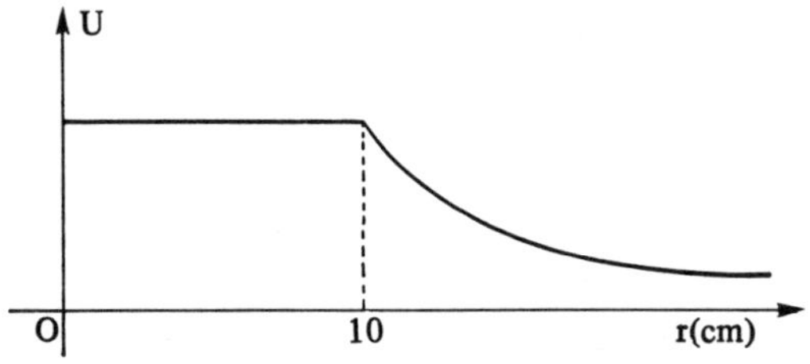

5. A diferença de potencial entre dois pontos do interior da esfera:
a) É constante e diferente de zero.
b) É nula.
c) É aproximadamente constante e diferente de zero.
d) Depende da carga da esfera.
e) Não pode ser determinada através do gráfico.

6. Se uma carga elétrica positiva é colocada na posição r = 20 cm.
a) Ela se deslocará indefinidamente para a esquerda.
b) Ela se deslocará indefinidamente para a direita.
c) Ela aí permanecerá.
d) Ela se deslocará para a esquerda até atingir o ponto r = 10 cm.
e) Nada do que se disse ocorrerá.

•CAPACITORES

1. INTRODUÇÃO

Denomina-se capacitores a todos os dispositivos de dimensões reduzidas, capaz de armazenar grandes quantidades de cargas elétricas. Um dos fatores de maior importância num capacitor é a sua capacitância.

Definição de capitância:
É a sua capacidade de suportar cargas elétricas.

2. CAPACITÂNCIA = C

É definido pela relação das cargas suportadas pelo potencial do capacitor.

$$C = \frac{\text{carga}}{\text{potencial}}$$

$$\boxed{C = \frac{Q}{U}}$$

3. CAPACITOR PLANO

Consta de duas armaduras planas iguais e paralelas separadas por um dielétrico (ou isolante).

Para um capacitor plano.

$$\boxed{C = \in \frac{A}{d}}$$

onde

A = área do capacitor
$\in$ = isolante de permissividade
d = distância entre as armaduras.

4. CONDUTORES ELETRIZADOS EM CONTATO

O potencial V para condutores eletrizados em contato é:

$$\boxed{V = \frac{C_1 V_1 + C_2 V_2 + \ldots\ldots + C_n V_n}{C_1 + C_2 + \ldots\ldots + C_n}}$$

Casos particulares

1º Os condutores têm a mesma capacitância.

Se $C_1 = C_2 = C_3 = \ldots\ldots = C_n = C$,

$$V = \frac{\cancel{C}(V_1 + V_2 + \ldots\ldots + V_n)}{n\cancel{C}} =$$

$$\boxed{V = \frac{V_1 + V_2 + \ldots\ldots + V_n}{n}}$$

2º O sistema é constituído de dois condutores e um é neutro.

$$V = \frac{C_1 V_1 + \cancelto{0}{C_2 V_2}}{C_1 + C_2} = \frac{C_1 V_1}{C_1 + C_2} \rightarrow C_1 V_1 = q_1,$$

Logo, $\boxed{V = \frac{q_1}{C_1 + C_2}}$

3º A Terra e um condutor ligado à Terra.

$$\boxed{V = 0}$$

Qualquer condutor ligado à Terra é nulo.

5. ENERGIA DE UM CAPACITOR

Quando um capacitor está carregado, tem energia armazenada W, definida por:

$W = \frac{1}{2} Q U$ ou

$$W = \frac{1}{2} C U^2$$ visto que $Q = C U$.

6. CÁLCULO DA CAPACITÂNCIA

a) *Capacitor de placas planas e paralelas.*

$$C = \epsilon_0 \frac{A}{d}$$

ϵ_0 = permitividade absoluta do vácuo.
$\epsilon_0 = 8,8 \times 10^{-12}$ unidades do SI.

b) *Capacitor esférico*

$$C = 4 \pi \epsilon_0 \frac{R_A R_B}{R_B - R_A}$$

c) *Capacitor cilíndrico*

$$C = 2 \pi \epsilon_0 \frac{\ell}{\ell u \frac{R_B}{R_A}}$$

7. ASSOCIAÇÃO DE CAPACITORES

Os capacitores podem ser associados em série e paralelos.

a) em série

$$\frac{1}{C} = \frac{1}{C_1} + \frac{1}{C_2} + \ldots\ldots. + \frac{1}{C_n}$$

C = capacitância do capacitor equivalente da associação.

b) em paralelo

$$C = C_1 + C_2 + \ldots\ldots. + C_n$$

Unidade da capacitância:
é o Farad = F

EXERCÍCIOS RESOLVIDOS

1. A distância entre as placas paralelas de um condensador plano é 2 cm e o campo elétrico uniforme tem a intensidade de $E = 5 \times 10^3 \frac{N}{c}$

Determinar a velocidade com que um elétron partindo do repouso da outra placa do condensador atinge a placa oposta.

Dados
$q_e = 1,6 \times 10^{-19}$ C e $\frac{q_e}{m} = 1,8 \times 10^{11} \frac{C}{kg}$
$m_e = 9,1 \times 10^{-31}$ kg

Solução

$d = 2 \text{ cm} = 2 . 10^{-2}$ m

$E = 5 . 10^3 \frac{N}{C}$

$\frac{q}{m} = 1,8 \times 10^{11} \frac{c}{kg}$

Sendo $U = \frac{\tau}{q}$ e $U = Ed$,

$Ed = \frac{\tau}{q} \rightarrow \tau = q E d$

Mas $\tau = \frac{1}{2} m v^2$, daí

$\frac{1}{2} m v^2 = q E d \rightarrow v^2 = \frac{2 q E d}{m}$

$$v = \sqrt{\frac{2 . 5 \times 10^3 . 1,6 \times 10^{-19}\ 2 . 10^{-2}}{9 . 1 \times 10^{-31}}} =$$

$= 3,6 \times 10^{13}$ ou

$$v = 6 \times 10^6 \text{ m/s}$$

2. Considere uma esfera metálica oca de raio 5 cm, a qual foi carregada com uma carga de $3,0 \times 10^{-7}$ C.

Determinar:
a) O potencial da esfera.
b) Os campos elétricos nos pontos situados a 1 cm e a 10 cm do centro da esfera.

Solução

a) O potencial da esfera é:

$$V = K \frac{q}{r} = 9 . 10^9 \frac{3,0 \times 10^{-7}}{5,0 \times 10^{-2}} =$$

$$V = 5,4 \times 10^4 \text{ Volts}$$

b) O campo elétrico a 1 cm do centro da esfera é zero:

Justificando:
Como a esfera possui raio 5 cm, o ponto dado 1 cm é interno. Logo, aí, o campo elétrico é nulo.

O campo elétrico a 10 cm do centro da esfera é:

$$E = K\frac{q}{r^2} = 9 \cdot 10^9 \frac{3 \cdot 10^{-7}}{10^{-2}} = 2{,}7 \times 10^5 \frac{N}{c} \text{ ou}$$

$$\boxed{E = 2{,}7 \times 10^5 \ \frac{V}{m}}$$

3. Calcular a capacitância de uma esfera condutora isolada de raio 9 cm.

Solução

$$V = K\frac{Q}{r} = 9 \cdot 10^9 \frac{Q}{9 \cdot 10^{-2}} =$$

$$V = 9 \cdot 10^9 \ \frac{Q}{9 \cdot 10^{-2}} \text{ ou}$$

$$\frac{Q}{V} = \frac{\not{9} \cdot 10^{-2}}{\not{9} \cdot 10^9} = 10^{-11}$$

A relação $\frac{Q}{V}$ = C, logo

$\boxed{C = 10^{-11}\ F}$ ou

$C = 1{,}0 \times 10^{-11}\ F = 10 \times 10^{-12}\ F$

O número 10^{-12} = pico = p, logo

$\boxed{C = 10\ p\ F}$

4. Um capacitor de placas paralelas e capacitância 3 μ F é carregado com $1{,}17 \times 10^{-3}$ C. Mergulhando-o em água pura, qual deverá ser a diferença de potencial entre suas placas?

A constante dielétrica K da água vale 78.

Solução

C = capacitância
$C = 3\,\mu\ F = 3 \times 10^{-6}\ F$
$Q = 1{,}17 \times 10^{-3}\ C$

A diferença de potencial entre as placas do capacitor quando este estiver no ar, será:

$$V = \frac{Q}{C} = \frac{1{,}17 \times 10^{-3}}{3 \times 10^{-6}} = 3{,}9 \times 10^2 \text{ Volts.}$$

Mergulhando em água pura, temos:

$K = \frac{C}{C_O}$ = relação entre as capacitâncias dentro e fora da água.

$$K = \frac{\not{Q}V}{\not{Q}_O V_O} = \frac{V}{V_O} \rightarrow K = \frac{V}{V_O}$$

$$V = K\,V_O \rightarrow V_O = \frac{V}{K} = \frac{3{,}9 \times 10^2}{78}$$

$V_O = 5{,}0$ Volts

Como a diferença de potencial entre dois pontos de um circuito também é denominada tensão ou voltagem, no caso a tensão entre as placas é 5 Volts.

5. Determine o valor de C conforme circuito abaixo:

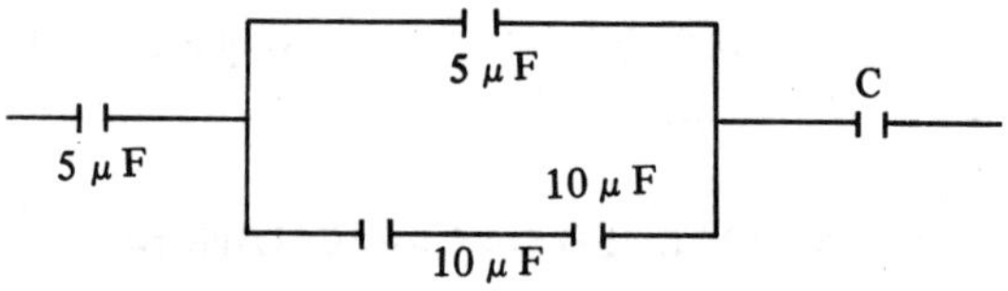

O capacitor equivalente tem capacitância 2 μ F.

Solução

10 μ F está em série com 10 μ F, logo:

$$\frac{1}{10} + \frac{1}{10} = \frac{2}{10}$$

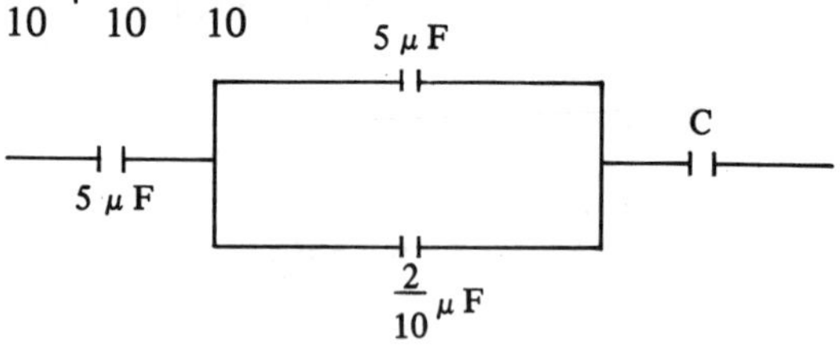

5 μ F está em paralelo com 5 μ F, logo

$$\frac{1}{10} + \frac{1}{5} + \frac{1}{C} = \frac{1}{2} \rightarrow$$

$$\frac{C + 2\,C + 10}{10\,C} = \frac{1}{2} \rightarrow \ 6\,C + 20 = 10\,C,$$

$\boxed{C = 5\,\mu\ F}$

6. Tem-se três capacitores de capacitâncias iguais a 30 μ F. Determinar as possíveis associações e as capacitâncias dos capacitores equivalentes.

Solução

a) em série

$$\frac{1}{C} = \frac{1}{30} + \frac{1}{30} + \frac{1}{30} = \rightarrow \boxed{c = 10\,\mu\ F}$$

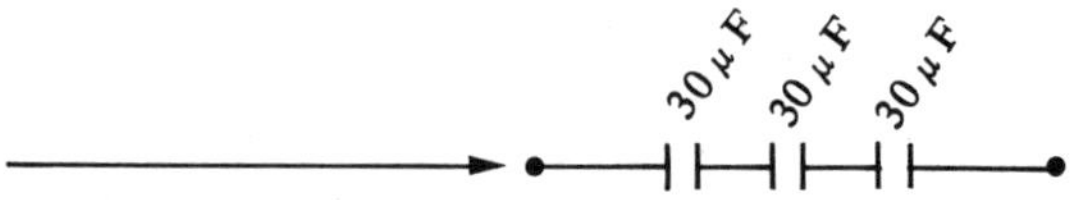

b) em paralelo

$C = 30 + 30 + 30 : \rightarrow \boxed{C = 90\,\mu\ F}$

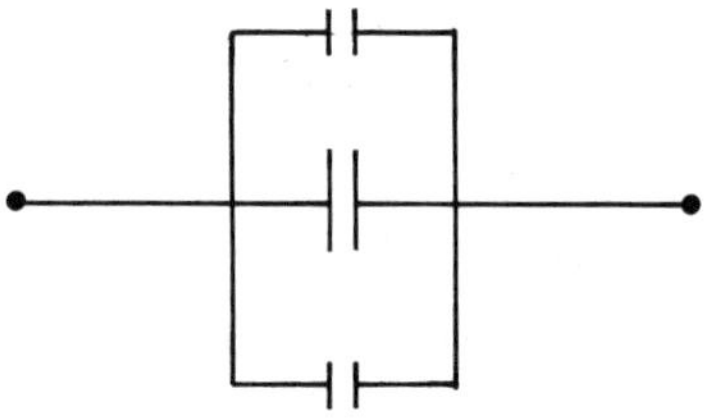

c) mista

$$\frac{1}{C} = \frac{1}{60} + \frac{1}{30} \therefore \rightarrow C = 20\,\mu F$$

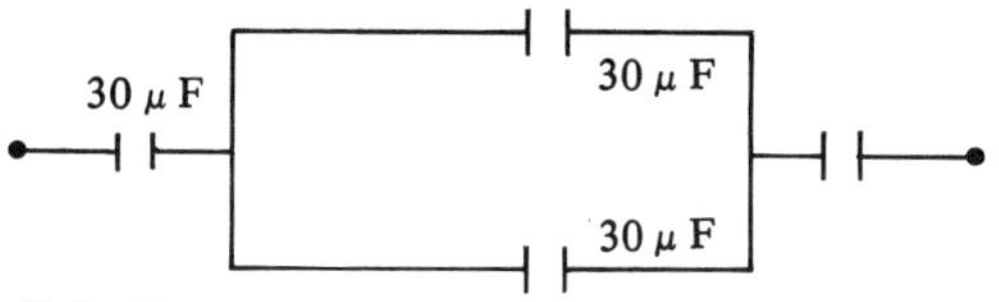

Solução

$$\frac{1}{C_s} = \frac{1}{30} + \frac{1}{30} \therefore \rightarrow C_s = 15\,\mu F$$

$C = 30 + 15 \rightarrow C = 45\,\mu F$

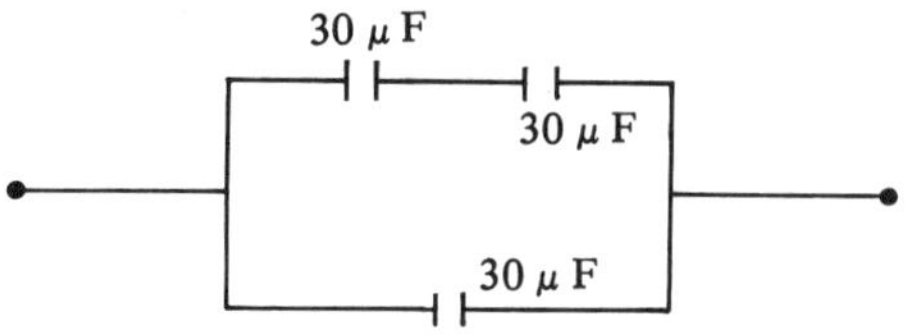

7. Um capacitor A de capacidade $C_A = 3 \,.\, 10^{-6}$ F é carregado sob ddp U_A = 100 V. A seguir é desligado do gerador e ligado em paralelo a outro capacitor B de capacidade $C_B = 2 \,.\, 10^{-6}$ F, descarregado. Determinar:
a) As novas cargas após a ligação.
b) A nova ddp entre as armaduras.
c) A diminuição da energia elétrica, após a ligação efetuada.

Solução

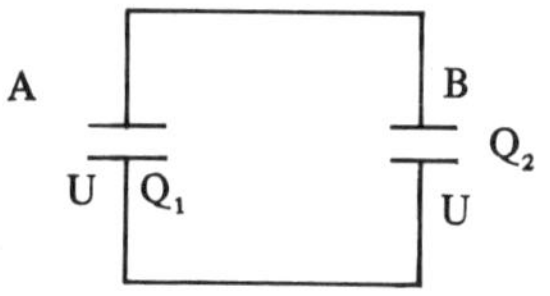

a) A carga elétrica de A antes de ligá-lo a B, vale Q e $\boxed{Q = C_A \,.\, V_A}$

$Q = 3 \,.\, 10^{-6} \,.\, 100 = 3 \,.\, 10^{-4}$ C

$$\boxed{Q_A = 3 \,.\, 10^{-4}\ C}$$

Ligando A e B em paralelo, a carga Q_A se distribui entre os capacitores A (Q_1) e B(Q_2).

Pelo princípio da conservação das cargas elétricas, temos:

$Q_A = Q_1 + Q_2$

Sendo
$Q_1 = C_A\, U$ e
$Q_2 = C_B\, U$
$Q_A = C_A\, U + C_B\, U \therefore Q_A = (C_A + C_B)\, U$

$$U = \frac{Q_A}{C_A + C_B} = \frac{3 \,.\, 10^{-4}}{3 \,.\, 10^{-6} + 2 \,.\, 10^{-6}} =$$

$$U = \frac{3 \,.\, 10^{-4}}{5 \,.\, 10^{-6}} = 60\ V$$

Mas
$Q_1 = C_A\, U$, logo
$Q_1 = 3 \,.\, 10^{-6} \,.\, 60 = 180 \,.\, 10^{-6}$ C ou

$$\boxed{Q_1 = 18 \,.\, 10^{-5}\ C}$$

$Q_2 = C_B\, U$, logo
$Q_2 = 2 \,.\, 10^{-6} \,.\, 60 = 120 \,.\, 10^{-6}$ C ou

$$\boxed{Q_2 = 12 \,.\, 10^{-5}\ C}$$

b) A energia elétrica inicial do sistema de capacitores é a própria energia elétrica inicial de A, pois B estava inicialmente neutro.

O gerador ao carregar o capacitor A com a energia

$E = \frac{Q\,U}{2}$, logo

$$E_A = \frac{Q_A\, U_A}{2} = \frac{3 \,.\, 10^{-4} \,.\, 100}{2} = 150 \,.\, 10^{-4} \text{ ou}$$

$E_A = 1{,}5 \,.\, 10^{-2}$ J

A energia elétrica final do sistema de capacitores é a energia do equivalente.

$$E_{final} = \frac{Q_A\, U}{2} = \frac{3 \,.\, 10^{-4} \,.\, 60}{2} = 90 \,.\, 10^{-4} \text{ ou}$$

$E_{final} = 0{,}9 \,.\, 10^{-2}$ J

A diminuição da energia é Δ E.
$\Delta E = E_{inicial} - E_{final}$
$\Delta E = 1{,}5 \,.\, 10^{-2} - 0{,}9 \,.\, 10^{-2}$
$\Delta E = 0{,}6 \,.\, 10^{-2}$ J

EXERCÍCIOS PROPOSTOS

1. Três capacitores de capacidade 6 μ F, 3 μ F e 2 μ F são associados em paralelo. Aplicando aos terminais da associação a ddp de 10 V, determine:
a) A carga e a ddp em cada capacitor.
b) A carga da associação.
c) A capacidade do capacitor equivalente.
d) A energia elétrica da associação.

Respostas
a) 10 V em cada capacitor; 60 μ C; 30 μ C e 20 μ C
b) 110 μ C
c) 11 μ F
d) 550 μJ

2. Dois capacitores em série, um de $8 \,.\, 10^{-6}$ F e outro de $2 \,.\, 10^{-6}$ F, estão ligados a uma ddp de 100 V. Determine a carga e a ddp de cada capacitor.

Resposta
$Q = 16 \cdot 10^{-5}\ \mu$ C em cada capacitor, 20 V no capacitor de $8 \cdot 10^{-6}$ F e 80 V no outro.

3. Três capacitores de capacidade 6 μ F, 3 μ F e 2 μ F são associados em série. Fornecendo à associação a carga de 12 μ C, determine:
a) A carga e a ddp em cada capacitor.
b) A ddp da associação.
c) A capacidade do capacitor equivalente.
d) A energia elétrica da associação.

Respostas
a) 12 μ C em cada capacitor; 2 V, 4 V e 6 V.
b) 12 V
c) 1 μ F
d) 72 μ J

4. Para o esquema abaixo, determine:
a) A carga total armazenada pela associação.
b) A energia elétrica total armazenada pela associação.

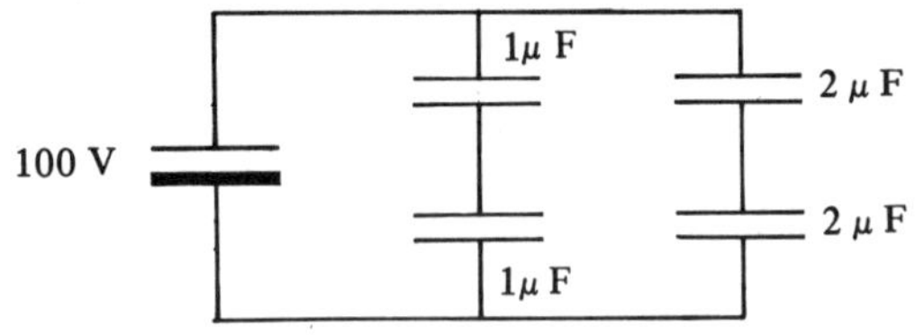

Respostas
a) 150 μ C
b) $75 \cdot 10^{-4}$ J

5. Tem-se um capacitor plano eletrizado com carga $Q = 2 \cdot 10^{-7}$ C e sob ddp $U = 10^3$ V. Estando o capacitor desligado de qualquer gerador, duplica-se a distância entre as armaduras. Determine:
a) A nova ddp do capacitor.
b) As energias eletrostáticas inicial e final.
c) A nova carga do capacitor, se a distância entre as armaduras fosse duplicada sem desligar o gerador.

Respostas
a) $2 \cdot 10^{+3}$ V
b) $E_i = 10^{-4}$ J
$E_f = 2 \cdot 10^{-4}$ J
c) 10^{-7} C

TESTES

1. Duplicando-se a distância entre as armaduras de um capacitor plano, a sua capacitância:
a) Dobra
b) Quadruplica
c) Reduz-se à metade
d) Reduz-se à quarta parte
e) Permanece a mesma

2. Dois capacitores têm as seguintes capacitâncias:
A – 15 μ F quando associados em série.
B – 80 μ F quando associados em paralelo.
As capacitâncias dos capacitores são, respectivamente:
a) 20 μ F e 60 μ F
b) 40 μ F e 40 μ F
c) 30 μ F e 60 μ F
d) 20 μ F e 5 μ F
e) n.r.a.

3. (ITA-SP). Um mau técnico eletrônico, querendo reduzir de 20% a capacidade existente num ramo do circuito e igual a 10 μF, colocou em paralelo com o mesmo outro capacitor de 2,0 μF. Para reparar o erro, e obter o valor desejado, que valor de capacidade você colocaria em série com a associação anterior?
a) 24 μF
b) 4,0 μF
c) -4,0 μF
d) 12 μF
e) 2,0 μF

4. Diminuindo-se a distância entre as armaduras de um condensador plano, mantendo a área e a carga constantes:
a) Só a diferença de potencial aumenta.
b) A energia permanece constante mas a diferença de potencial aumenta.
c) A energia aumenta e a d.d.p. permanece constante.
d) A energia e a d.d.p. entre as placas diminuem.
e) A energia e a d.d.p. entre as placas aumentam.

5. (CESCEM-SP). Dois condensadores C_1 e C_2 são constituídos por placas metálicas, paralelas e isoladas por ar. Nos dois condensadores, a distância entre as placas é a mesma, mas a área das placas de C_1 é o dobro da área das placas de C_2. Ambos estão carregados com a mesma carga Q. Se eles forem ligados em paralelo, a carga de C_2 será:

a) 2 Q b) $\frac{3Q}{2}$ c) Q

d) $\frac{2Q}{3}$ e) $\frac{Q}{2}$

6. (CESGRANRIO-RJ). Duas placas metálicas paralelas são ligadas aos terminais de um gerador. Considere o caminho 1 → 2 → 3 → 4 → 1 no espaço entre as duas placas. O potencial elétrico varia ao longo do caminho conforme o gráfico:

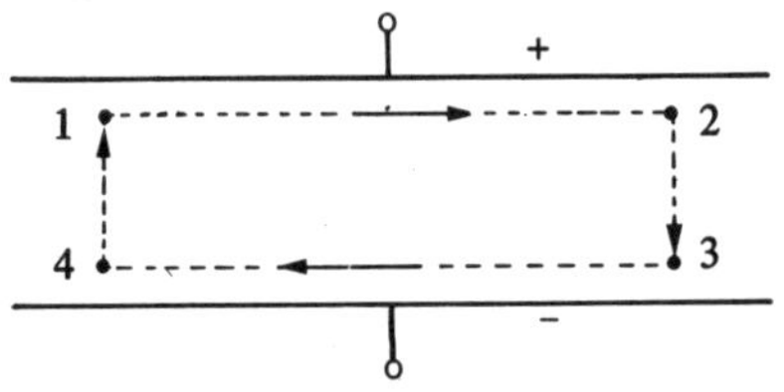

a)

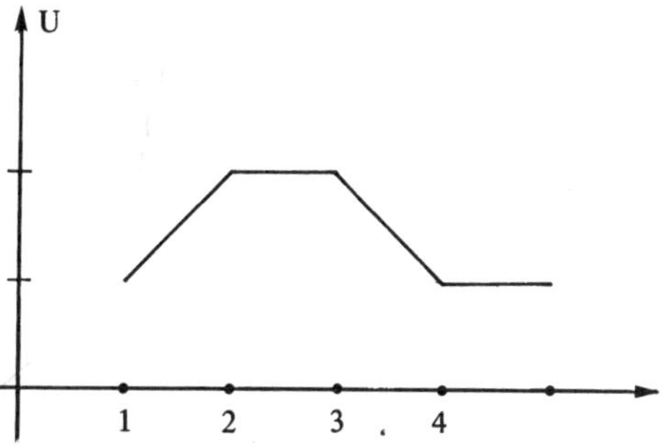

b)

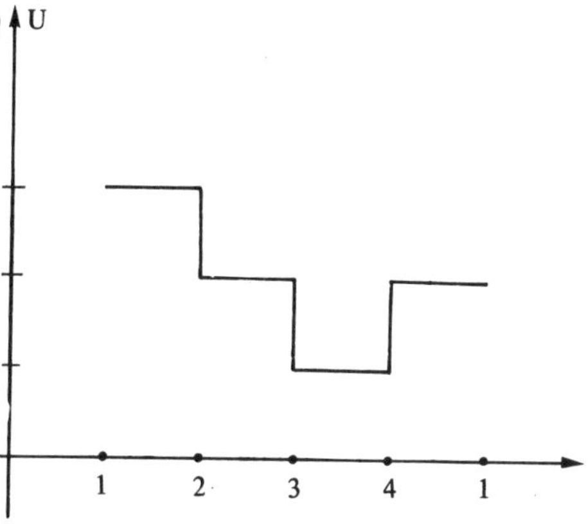

c)

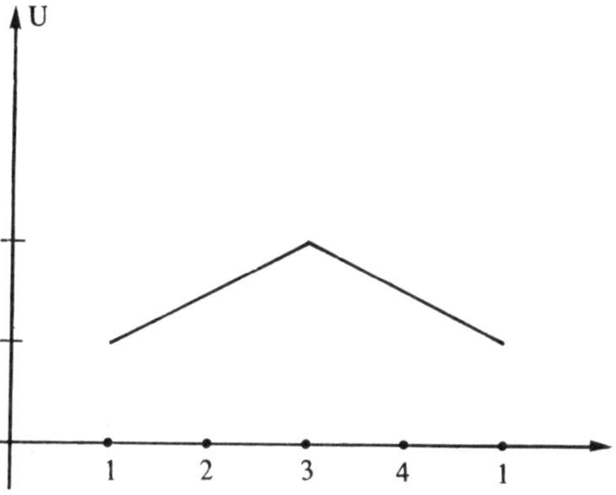

d)

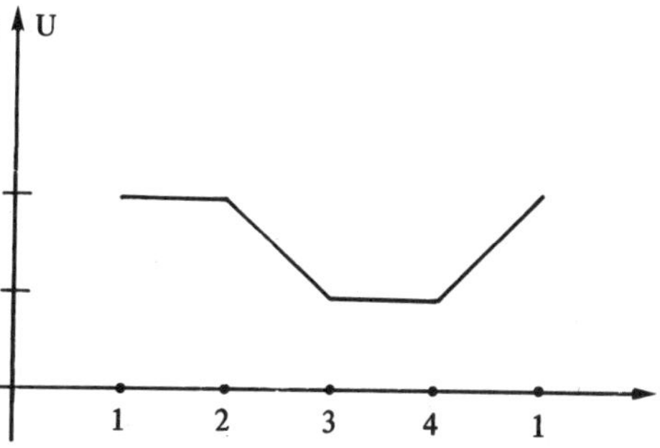

e)

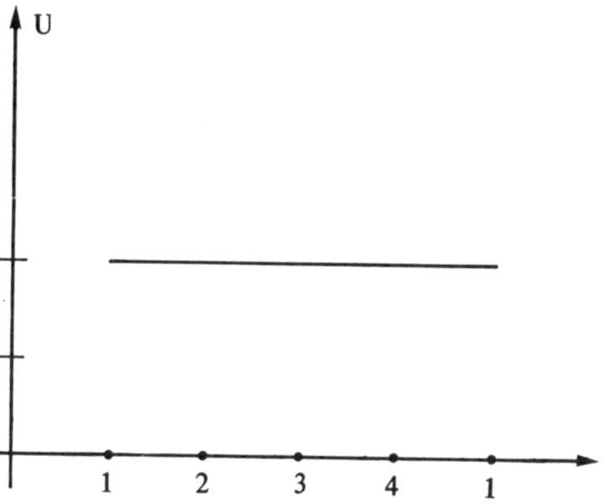

7. A carga total da associação de capacitores é 400 μC. Todos os capacitores são de 2μF, estão ligados de modo que cada linha contém m desses capacitores em série e possui n dessas linhas em paralelo, sob uma diferença de potencial de 100 volts. Se o número total de capacitores é 50, podemos afirmar que temos em série e em paralelo, respectivamente:

a) 3 e 12
b) 4 e 11
c) 5 e 10
d) 6 e 9
e) 7 e 8

2. ELETRODINÂMICA

•CORRENTE ELÉTRICA

1. INTRODUÇÃO

Todo condutor possui cargas livres em sua superfície. Aplicando um campo elétrico no interior de um condutor, ocorrerá, então, movimentação dessas cargas. Essa movimentação das cargas dá o conceito de corrente elétrica.

2. SENTIDO DA CORRENTE ELÉTRICA

O sentido convencionado para a corrente é o do deslocamento das cargas livres positivas do condutor, ou seja, o mesmo do campo elétrico que a mantém.

3. INTENSIDADE DE CORRENTE ELÉTRICA

Por definição, i = intensidade de corrente

$$\boxed{i = \frac{\Delta q}{\Delta t}}$$

Δq = quantidade de carga
Δt = intervalo de tempo

Unidade de corrente

$$i = \frac{\Delta q}{\Delta t} =$$

Δq é dada em C e tempo em *s* assim, a unidade de corrente é $\frac{C}{s}$. Esta unidade é chamada ampère.

EXERCÍCIOS RESOLVIDOS

1. Um fio de cobre possui secção transversal que passam $3 \cdot 10^{21}$ elétrons da esquerda para a direita em 30 segundos. Sabendo-se que a carga elementar vale $1{,}6 \times 10^{-19}$ C, determinar a intensidade da corrente e o sentido.

Solução

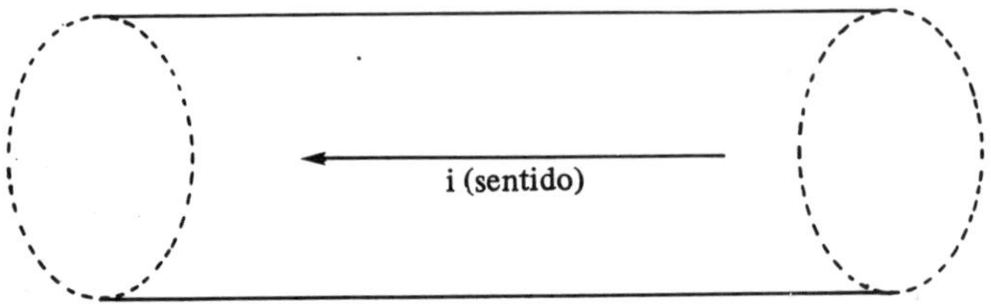

Pela definição,

$i = \dfrac{\Delta q}{\Delta t} =$

$\Delta q = i \, \Delta t =$

Mas

$\Delta q = N \cdot e$

$\Delta q = (3 \cdot 10^{21}) \cdot (1{,}6 \times 10^{-19})$

$\Delta q = 4{,}8 \cdot 10^{2}$ C

Então

$\Delta q = i \, \Delta t$

$i = \dfrac{4{,}8 \cdot 10^{2}}{30} = 16$

$i = 16$ A

2. Através da área da secção transversal de um fio condutor passam 32C de carga elétrica em 10s. Calcular quantos elétrons atravessam a secção do fio, em cada segundo, e qual a intensidade de corrente elétrica.

Solução

Como $\begin{cases} 1\ e - 1{,}6 \times 10^{-19}\ C, \\ n - \quad 32\ C \end{cases}$

daí $n = \dfrac{36}{1{,}6 \times 10^{-19}} = 20 \times 10^{19}$ elétrons

Em 1 segundo,

$N = \dfrac{n}{10} \rightarrow N = 2 \times 10^{19}$ elétrons / s

Sendo $i = \dfrac{\Delta q}{\Delta t}$, vem

$i = \dfrac{32}{10} = 3{,}2$ A

$i = 3{,}2$ A

3. Um elétron gira em torno do núcleo em órbita circular com uma freqüência de 10^{16} Hz. Calcular a corrente elétrica associada ao movimento.

Solução

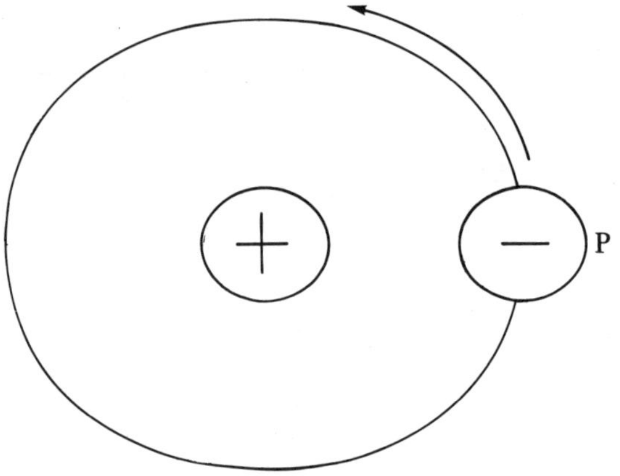

No ponto P, o elétron passa em 1 segundo 10^{16} vezes; logo, a carga em P vale: $\Delta q = f \cdot e$

$\Delta q = 10^{16} \cdot 1{,}6 \times 10^{-19} = 1{,}6 \times 10^{-3}$ em cada segundo.

Daí, $i = \dfrac{\Delta q}{\Delta t}$,

$i = \dfrac{1{,}6 \times 10^{-3}}{1} = 1{,}6 \times 10^{-3}$ A

$i = 1{,}6 \times 10^{-3}$ A

EXERCÍCIOS PROPOSTOS

1. O elétron do átomo de Bohr, possui a freqüência de $6 \cdot 10^{15}$ Hz em sua órbita circular. Sendo a carga do elétron $1{,}6 \times 10^{-19}$ C, determine a intensidade da corrente elétrica na órbita.

Resposta
$9{,}6 \times 10^{-4}$ A

2. Em um aparelho elétrico ligado corretamente, lê-se a inscrição (480 W - 120 V). Sendo a carga elementar $1{,}6 \times 10^{-19}$ C, calcular o número de elétrons passando por uma secção transversal do aparelho em 1 s.

Resposta
$2{,}5 \times 10^{19}$ elétrons

3. Quando uma carga elétrica de 2×10^{-3} C vai do ponto A até o ponto B de um condutor, as forças elétricas realizam trabalho de 0,6 J. Calcule a ddp entre os pontos A e B.

Resposta
300 V

4. Entre dois pontos de um condutor, deslocam-se 10^{18} elétrons em 1 segundo, sendo posta em jogo a potência de 48 W. Sendo e = $1,6 \times 10^{-19}$ C, calcule a ddp entre os dois pontos.

Resposta
300 V

•RESISTORES

1. RESISTORES – LEI DE Ohm

Denomina-se resistores a todo condutor no qual a energia elétrica é transformada, exclusivamente em calor.

Considerando um fio condutor de qualquer material, mantendo em seus terminais a ddp e a correspondente intensidade de corrente estabelecida, Ohm conclui que:

"A intensidade da corrente elétrica que percorre um fio condutor é diretamente proporcional à ddp aplicada."

A expressão matemática que traduz esse fato é:

$$U = R\,i$$

R = constante, denominada resistência elétrica do resistor.

O gráfico correspondente à esta lei é:

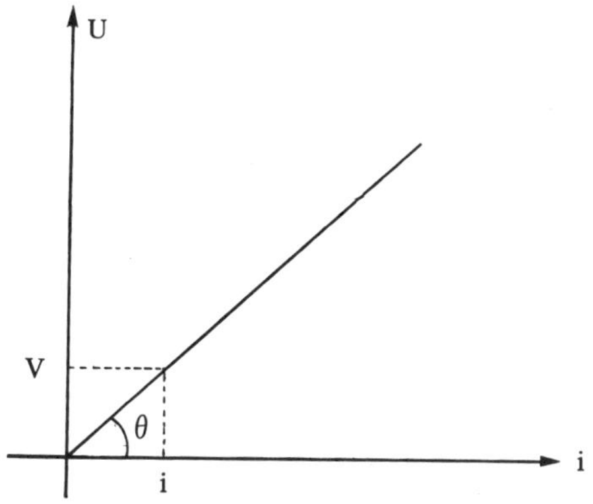

Todo condutor que obedece à Lei de Ohm, é chamado "condutor ohmico".

O fato de um condutor qualquer obedecer ou não à Lei de Ohm depende somente da ocorrência da variação da sua resistência com a temperatura.

Pode-se formular esta afirmação matematicamente como:

$R = R_0\,[1 + \alpha\,(t - t_0)]$

onde

R = resistência elétrica

Unidade da Resistência Elétrica

No Sistema Internacional (S I), R é medido em OHM (símbolo Ω)

$$1\,\Omega = \frac{1\,V}{1\,A}$$

o quilo – ohm = K Ω

$$1\,K\Omega = 10^3\,\Omega$$

Usando a relação

U = R . i, podemos escrever:

$$1\,\text{Volt} = 1\,\Omega\;1\,A$$

2. LEI DE JOULE

O fenômeno da transformação de energia elétrica em térmica é denominado de efeito térmico ou efeito Joule.

Um resistor transforma exclusivamente em calor a energia recebida de um circuito, daí, é usual dizer que um resistor dissipa a potência elétrica que recebe do circuito.

A expressão da Lei de Joule é:

$$P = R\,i^2$$

Sendo

$$\text{Potência} = \frac{\text{trabalho}}{\text{tempo}}$$

$$P = \frac{\tau}{t} = \frac{q \cdot U}{t}$$

$\frac{q}{t} = i$, logo $\boxed{P = U\,i}$

mas, U = R i (ohm) e $i = \frac{U}{R}$ assim,

$$P = \frac{U^2}{R}$$

EXERCÍCIOS RESOLVIDOS

1. Uma lâmpada de 220V - 100W permaneceu ligada durante 300 horas num mês. Sendo o preço do KWh, Cz$ 1,20, calcular o gasto nos casos:

Solução

a) A potência da lâmpada é 100 W. A potência total é $P_T = 100\text{ W} \times 300\text{ h}$, daí, $P_T = 30\text{ KWh}$.

Usando uma regra de 3, calcula-se o gasto quando ligada a ddp de 220 V, ou seja:

1 KWh – Cz$ 1,20
30 KWh – x
donde x = 36,00, daí o gasto será de

Cz$ 36,00

b) Como $P = \dfrac{V^2}{R}$, ou

$P = Vi$, donde $i = \dfrac{V}{R}$

que dará $P = \dfrac{V^2}{R}$

Colocando os valores,

$$100 = \frac{(220)^2}{R} \therefore \boxed{R = \frac{(220)^2}{100}}$$

Mas,

$$P^1 = \frac{V'^2}{R} = \frac{(110)^2}{\frac{(220)^2}{100}} = 25\text{ W}$$

Logo, a potência da lâmpada quando ligada numa ddp de 110 V, será 25 W. A potência total, será:

$P_T = 25\text{ W} \cdot 300\text{ h} = 7500\text{ W} \cdot \text{h}$
$P_T = 7{,}5\text{ KWh}$
Por regra de 3,
1 KWh – Cz$ 1,20
7,5 KWh – x
donde
x = 900, daí, o gasto será de

Cz$ 9,00

2. Um adulto ingere o equivalente a 2500 Kcal/dia. Seu consumo de energia elétrica é de 12 KWh/dia. Calcule a relação entre esses consumos.

Solução

E_i = Energia ingerida $= 2.500 \dfrac{\text{Kcal}}{\text{dia}}$

E_ℓ = Energia elétrica consumida $= 12 \dfrac{\text{KWh}}{\text{dia}}$

$$Ei = 25 \times 10^5 \frac{\text{cal}}{\text{dia}} =$$

Como 1 cal = 4,18 J, virá:

$$Ei = 25 \times 10^5 \frac{\text{cal}}{\text{dia}} = 4{,}18 \times 25 \times 10^5 \frac{\text{J}}{\text{dia}}$$

$$\boxed{Ei = 104{,}5 \,.\, 10^5 \text{ J/dia}} \qquad (1)$$

$$E_\ell = 12 \frac{\text{KWh}}{\text{dia}} = 12 \times 10^3 \times 36 \times 10^2 \text{ J/dia}$$

$$\boxed{E_\ell = 432 \times 10^5 \text{ J/dia}} \qquad (2)$$

Dividindo (1) por (2), vem:

$$\frac{Ei}{E_\ell} = \frac{104{,}5 \,.\, 10^5}{432 \,.\, 10^5} = \frac{104{,}5}{432} \cong 0{,}24$$

$$\boxed{\frac{E_i}{E_\ell} \cong 0{,}24}$$

3. Com um resistor que dissipa 1400 W quer-se aquecer 2 kg de água a 20°C. Quer o aquecimento a 70°C. Calcular o tempo necessário para realizar essa operação. Dado 1 cal = 4,18 J.

Solução

P = 1400 W
$\Delta t = t - to = 70^\circ - 20^\circ = 50^\circ\text{ C}$
t = ?
Por $Q = m\,c\,\Delta t$, obtém-se o calor recebido pela água.

Sendo $P = \dfrac{\tau}{t}$, vem

$$P = \frac{\text{energia}}{t} = \frac{Q}{t} = \frac{m\,c\,\Delta t}{t} = \text{ou}$$

$$P = \frac{Q}{t} \to Q = P\,t$$

Usando a igualdade entre
$Q = m\,c\,\Delta t$
e
$Q = P\,t$, teremos:

$$m\,c\,\Delta t = P\,t \to t = \frac{m\,c\,\Delta t}{P} = \frac{2000 \,.\, 4{,}18 \,.\, 50}{1400} =$$

t = 291,4 s
t ≅ 5 minutos

4. Pedro mudou-se da cidade de São José dos Campos para São Paulo e trouxe consigo um aquecedor elétrico. Em São José dos Campos, a tensão na rede elétrica é 220V e em São Paulo é 110V. Foi sugerido a Pedro trocar a resistência do seu aquecedor. Calcule qual será a nova resistência a ser trocada.

Solução

Seja P_A = potência em São José dos Campos.

$$\text{logo } P_A = \frac{U_A{}^2}{R_A} = \frac{(220)^2}{R_A} = \frac{48400}{R_A}$$

P_B = potência em São Paulo.

logo $P_B = \frac{U_B^2}{R_B} = \frac{(110)^2}{R_B} = \frac{12100}{R_B}$

como $P_A = P_B$, vem

$$\frac{48400}{R_A} = \frac{12100}{R_B} \rightarrow \text{onde, teremos}$$

$$\frac{R_B}{R_A} = \frac{12100}{48400} = 4 \rightarrow \text{daí,} \quad \boxed{R_B = \frac{R_A}{4}}$$

R_B será a nova resistência.

3. RESISTIVIDADE

Verifica-se que a resistência elétrica de um resistor depende do material que o constitui e de suas dimensões. Em outras palavras, a resistência R de um fio condutor é diretamente proporcional ao seu comprimento ℓ é inversamente proporcional à área A de sua secção transversal. Isto é:

$$\boxed{R = \rho \cdot \frac{\ell}{A}}$$

ℓ = comprimento considerado, A = área, demais e p = rô = resistividade do material.

A resistividade de um material é determinada apenas experimentalmente e depende da temperatura em que ele se encontra. De modo geral, os metais aumentam de resistividade quando aquecidos.

EXERCÍCIOS RESOLVIDOS

1. Determinar a resistência elétrica de um fio de níquel-cromo de 20 m de comprimento e área da secção transversal $4 \cdot 10^{-8}$ m². Sendo a resistividade do níquel-cromo dado por $p = 1{,}5 \cdot 1{,}0^{-6}$ Ω.

Solução

$$R = \rho \frac{\ell}{A} = 1{,}5 \cdot 10^{-6} \frac{20}{4 \cdot 10^{-8}} = \frac{3 \cdot 10^{-6}}{4 \cdot 10^{-8}} =$$

R = 750 Ω

2. A resistência elétrica de um resistor de fio metálico é 60 Ω. Cortando-se um pedaço de 3 m do fio, verifica-se que a resistência do resistor passa a 15 Ω. Calcular o comprimento total do fio.

Solução

$R = \rho \frac{\ell}{A}$ e

$$R' = \rho \frac{(\ell - 3)}{A} \therefore$$

$$\frac{R}{R'} = \frac{\rho \frac{\ell}{A}}{\rho \frac{(\ell - 3)}{A}} = \frac{\ell}{A} : \frac{(\ell - 3)}{A} = \frac{\ell}{A} \cdot \frac{A}{(\ell - 3)}$$

$$\frac{R}{R'} = \frac{\ell}{(\ell - 3)} \rightarrow \frac{60}{15} = \frac{\ell}{\ell - 3}$$

$60\,\ell - 180 = 15\,\ell \rightarrow$

$45\,\ell = 180 \rightarrow \ell = \frac{180}{45} = 4$ m

$$\boxed{\ell = 4 \text{ m}}$$

3. Um fio condutor de cobre possui comprimento ℓ e resistência R. Sendo o diâmetro da secção transversal D, verifique o que acontece à resistência R do fio nos casos:
a) Duplicando o seu comprimento.
b) Duplicando o seu diâmetro.
c) Reduzindo à metade o comprimento e o diâmetro.

Solução

a) Sendo $\begin{cases} \ell' = 2\,\ell \\ D' = D \\ A' = A \end{cases}$

teremos $\begin{cases} \text{antes: } R = \rho \frac{\ell}{A} & (1) \\ \text{depois } R' = \rho \frac{\ell'}{A'} = \rho \frac{2\,\ell}{A} & (2) \end{cases}$

Dividindo (1) por (2), vem:

$$\frac{R}{R'} = \frac{\rho \frac{\ell}{A}}{\rho \frac{2\,\ell}{A}} = \frac{\ell}{2\,\ell} = \frac{1}{2}$$

$\frac{R}{R'} = \frac{1}{2} \rightarrow \boxed{R' = 2\,R}$ (a resistência é duplicada)

b) Sendo $\begin{cases} \ell' = \ell \\ D' = 2\,D \end{cases}$

teremos:

$$A = \pi R^2 = \pi \left(\frac{D}{2}\right)^2$$

$$A = \pi \left(\frac{2D}{2}\right)^2 =$$

$A = \pi D^2$

antes $\{R = \rho \frac{\ell}{A} = \rho \frac{\ell}{\pi \left(\frac{D}{2}\right)^2} =$

$$= \rho \frac{\ell}{\pi \frac{D^2}{4}} = \rho \frac{4\ell}{\pi D^2} \qquad (1)$$

$$\text{depois } \{R' = \rho \frac{\ell}{A} = \rho \frac{\ell}{\pi D^2} \qquad (2)$$

Dividindo (1) por (2), vem:

$$\frac{R}{R'} = \frac{\rho \frac{4\ell}{\pi D^2}}{\rho \frac{\ell}{\pi D^2}} = 4 \rightarrow \frac{R}{R'} = 4 \rightarrow$$

$$\boxed{R' = \frac{R}{4}}$$

(a resistência fica dividida por 4).

c) Como $\begin{cases} \ell' = \frac{\ell}{2} \\ D' = \frac{D}{2} \end{cases}$

Sendo

$$A' = \pi R_2 = \pi \left(\frac{D'}{2}\right)^2 = \pi \left(\frac{\frac{D}{2}}{2}\right)^2 =$$

$$= \pi \frac{\frac{D^2}{4}}{4} = \frac{\pi D^2}{16}$$

$$\text{antes: } \{R = \rho \frac{\ell}{A} = \rho \frac{4\ell}{\pi D^2} \qquad (1)$$

$$\text{depois } \{R' = \rho \frac{\ell'}{A'} = \rho \frac{\frac{\ell}{2}}{\frac{\pi D^2}{16}} = \rho \frac{8\ell}{\pi D^2} \qquad (2)$$

Dividindo (1) por (2), vem:

$$\frac{R}{R'} = \frac{\rho \frac{4\ell}{\pi D^2}}{\rho \frac{8\ell}{\pi D^2}} = \frac{4}{8} = \frac{1}{2}$$

$$\frac{R}{R'} = \frac{1}{2} \rightarrow \text{ ou } \boxed{R' = 2R}$$

(a resistência fica duplicada)

EXERCÍCIOS PROPOSTOS

1. Um fio condutor possui resistividade igual a 10^{-7} Ω m. Calcule o valor de sua resistência se possui o comprimento de 25 m e área de secção transversal 5 m m^2

Resposta
0,5 Ω

2. O cobre, possui resistividade igual a $1{,}7 \cdot 10^{-8}$ Ω m e a prata, possui resistividade igual a $1{,}6 \cdot 10^{-8}$ Ω m, todos a 20ºC. Sabe-se que os coeficientes de dilatação são $3{,}9 \times 10^{-6}$ C^{-1} e $3{,}8 \times 10^{-3}$ C^{-1} respectivamente. Calcule:

a) A que temperatura o cobre e a prata vão possuir a mesma resistividade.
b) O valor da resistência de um fio de cobre a 100ºC. Sabe-se que a 20ºC, o cobre possui resistência igual a 10 Ω.

Respostas
a) - 181,8ºC
b) 13,12 Ω

TESTES

1. Aplica-se uma diferença de potencial de 220 V a um resistor de resistência 50 Ω. A potência e a intensidade de corrente elétrica são, respectivamente, iguais a:

a) 968 W e 44 A
b) 96,8 W e 4,4 A
c) 96,8 W e 44 A
d) 968 W e 4,4 A
e) n.r.a.

2. (MACK-SP). O filamento de tungstênio de uma lâmpada tem resistência de 20 Ω a 20ºC; sabendo-se que sua secção transversal mede $1{,}102 \times 10^{-4}$ mm^2 e que a resistividade vale $5{,}51 \times 10^{-2}$ μ Ωm, o comprimento do filamento valerá:

a) 2 cm
b) 4 cm
c) 6 cm
d) 8 cm
e) n.r.a.

3. A resistência elétrica de um fio condutor é 20 Ω. A resistência elétrica de um outro fio de mesmo material, mesmo comprimento e diâmetro duas vezes maior será:

a) 40 Ω
b) 80 Ω
c) 20 Ω
d) 10 Ω
e) 5 Ω

4. (F.M. Pouso Alegre-MG). Em um resistor de 20 Ω está indicada que a potência máxima que ele pode dissipar é 20 W. Concluímos que a máxima d.d.p. que pode ser aplicada a este resistor é de:

a) 10 V
b) 20 V
c) 40 V
d) 120 V
e) 400 V

5. A função do fusível num circuito elétrico é:
a) Aumentar a resistência elétrica do circuito.
b) Diminuir a resistência elétrica do circuito.
c) Aumentar a diferença de potencial.
d) Diminuir a diferença de potencial.
e) Interromper a corrente elétrica quando for excessiva.

6. Aplica-se uma d.d.p. de 100 V a um reostato cuja resistência pode ser modificada de um valor, mínimo 20 Ω a um valor máximo 1000 Ω. Enquanto aumentamos a resistência elétrica do seu valor mínimo até o máximo, a intensidade de corrente e a potência dissipada sofrerão variações, respectivamente de:
a) 5 A e 0,1 A   500 W a 10 W
b) 5 A a 0,1 A   10 W a 500 W
c) 0,1 A a 5 A   10 W a 500 W
d) 0,1 A a 5 A   500 W a 10 W
e) n.r.a.

7. Para se elevar a temperatura, de uma massa m de água, de Δt utiliza-se um fio homogêneo de níquel-cromo de comprimento ℓ sob uma diferença de potencial U. Cortando-se o fio ao meio e utilizando-se apenas a metade do seu comprimento original, o tempo gasto no aquecimento, exatamente nas mesmas condições, será:
a) Duas vezes maior.
b) Quatro vezes maior.
c) Duas vezes menor.
d) Quatro vezes menor.
e) Igual ao anterior.

8. No teste anterior, se além de utilizar a metade da resistência original diminuísse a d.d.p. U também para a metade, o tempo gasto no aquecimento da água seria:
a) Duas vezes maior.
b) Quatro vezes maior.
c) Duas vezes menor.
d) Quatro vezes menor.
e) Igual ao inicial.

9. (CESGRANRIO-SP). Se você quisesse aquecer 1 litro de água de 25°C até 100°C em cinco minutos aproximadamente, qual dos aquecedores esquematizados abaixo você escolheria?

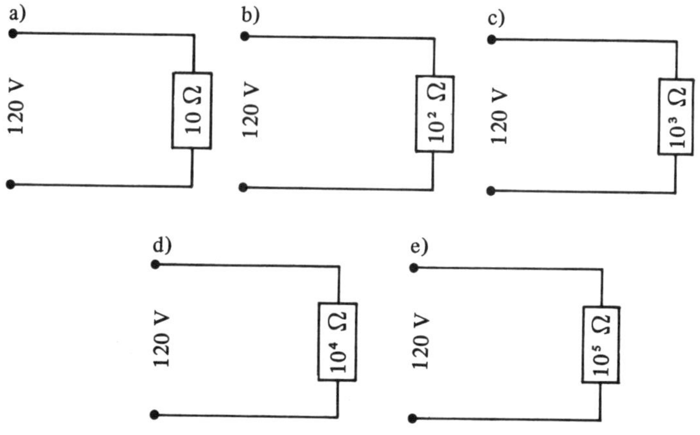

10. (F. M. Santa Casa-SP). Quando em uma lâmpada a intensidade de corrente diminui de 1%, a potência dissipada decrescerá mais aproximadamente da seguinte porcentagem, considerando-se constante o valor da resistência:
a) 10%
b) 5%
c) 2%
d) 1%
e) 0,1%

11. (COMBIMED-RJ). Uma lâmpada A, submetida à d.d.p. de 12 volts, desenvolve uma potência de 12 watts. Outra lâmpada B, submetida a d.d.p. de 6 volts, desenvolve uma potência de 6 watts; logo:
a) As duas lâmpadas têm resistências iguais.
b) A resistência da lâmpada A é maior que a da lâmpada B.
c) A corrente na lâmpada A é o dobro da corrente na lâmpada B.
d) A corrente na lâmpada A é a metade da corrente na lâmpada B.
e) Todas as respostas anteriores estão erradas.

•ASSOCIAÇÃO DE RESISTORES

1. EM SÉRIE

Dois ou mais resistores estão associados em série quando ligados um em seguida do outro, de modo a serem percorridos pela mesma corrente elétrica.

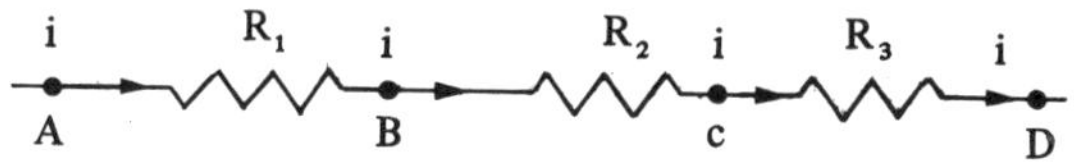

Para um número n de resistores em série, vale:

$$R = R_1 + R_2 + R_3 + \ldots\ldots + R_n$$

2. EM PARALELO

Dois ou mais resistores estão associados em paralelo quando são ligados pelos terminais, de modo que fiquem submetidos à mesma ddp.

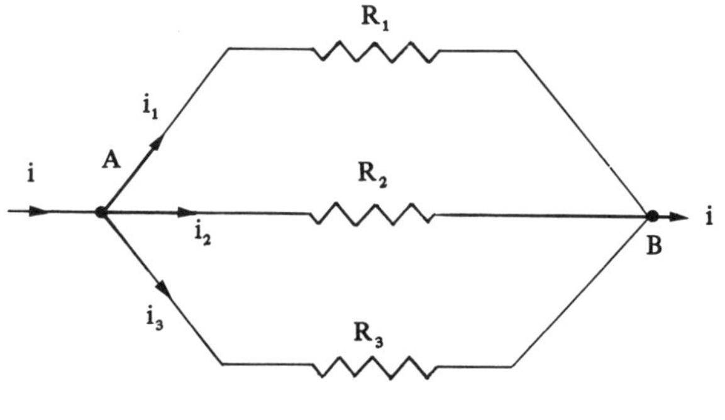

Para um número n de resistores em série, vale:

$$\frac{1}{R} = \frac{1}{R_1} + \frac{1}{R_2} + \frac{1}{R_3} + \ldots\ldots\ldots + \frac{1}{R_n}$$

RESISTORES		
	EM SÉRIE	EM PARALELO
	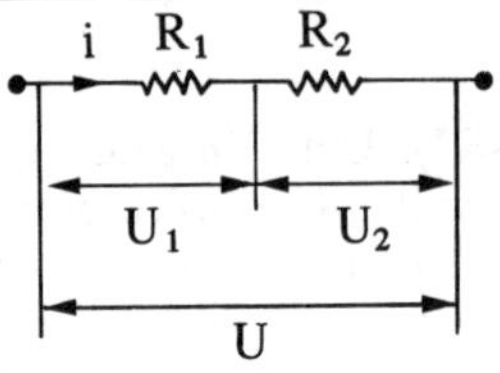	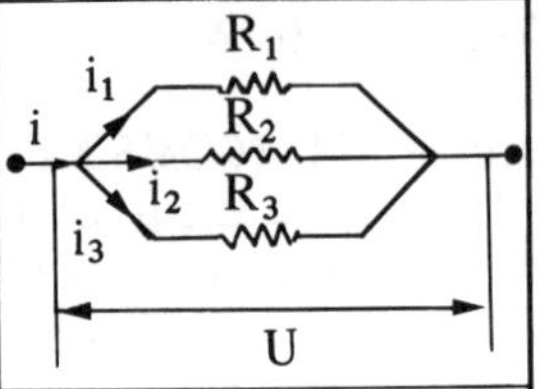
corrente	**mesma** $i = i_1 = i_2 = \ldots\ldots$	**se divide** $i = i_1 + i_2 + \ldots\ldots$
tensão	**se divide** $U = U_1 + U_2 + \ldots\ldots$	**mesma** $U = U_1 = U_2 = \cdots$
resistência equivalente	$R = R_1 + R_2 + \ldots$	$\frac{1}{R} = \frac{1}{R_1} + \frac{1}{R_2} + \ldots\ldots$

EXERCÍCIOS RESOLVIDOS

1. Calcular a resistência equivalente à associação abaixo.

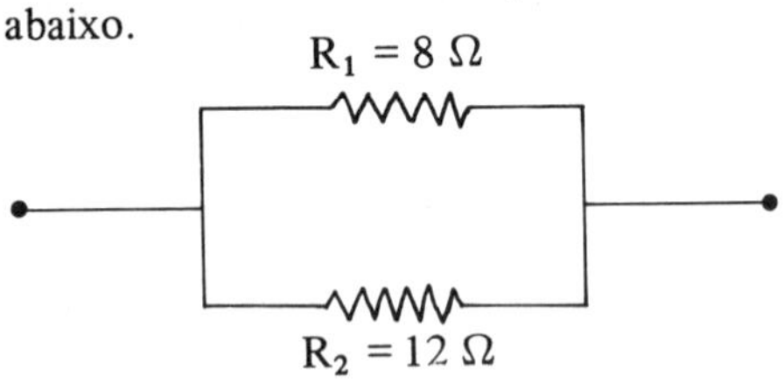

Solução

$$\frac{1}{R} = \frac{1}{R_1} + \frac{1}{R_2} \rightarrow \frac{1}{R} = \frac{1}{8} + \frac{1}{12} = \frac{5}{24}$$

$$\frac{1}{R} = \frac{5}{24} \rightarrow \boxed{R = 4{,}8\ \Omega}$$

2. No exercício anterior, se a corrente que passa por R_1 tem valor $i_1 = 3$ A, qual o valor da corrente i_2 passando por R_2?

Solução

$u_1 = R_1 \times i_1 \rightarrow U_1 = 8 \times 3 = 24$ Volts.

Como os resistores estão ligados em paralelos, é válido a relação $U_2 = U_1 = 24$ V. Daí,

$U_2 = R_2 \times i_2 \rightarrow 24 = 12 \times i_2 \rightarrow$

$$\boxed{i_2 = 2\ \text{A}}$$

3. Três resistores de resistências R_1, R_2 e R_3 estão associados em série, sendo aplicada aos terminais uma ddp de 18 V. Calcular:

a) A resistência equivalente do sistema.
b) A intensidade de corrente que a percorre.
c) A ddp entre os terminais de cada resistor.

Dados:
$R_1 = 1\ \Omega$
$R_2 = 3\ \Omega$
$R_3 = 5\ \Omega$

Solução

O esquema será

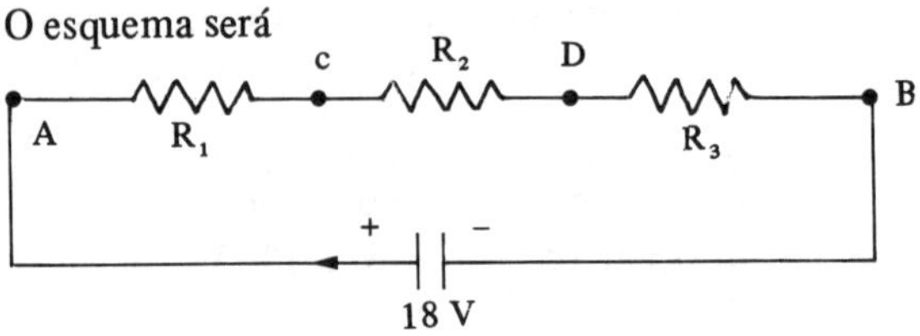

que dará:

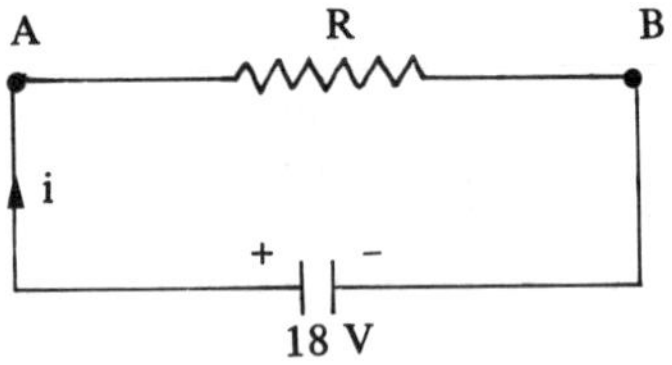

a) Como os resistores estão associados em série, são percorridos pela mesma corrente. A resistência do resistor equivalente será:

$R = R_1 + R_2 + R_3$
$R = 1 + 3 + 5 = 9\ \Omega$

$$\boxed{R = 9\ \Omega}$$

b) A corrente que percorre o resistor equivalente é igual a da corrente que atravessa cada resistor associado, pela Lei de Ohm;

$$V_{AB} = R_i \rightarrow i = \frac{V_{AB}}{R} = \frac{18}{9} = 2$$

$$\boxed{i = 2\ \text{A}}$$

c) A mesma corrente percorre cada um dos resistores associados, assim:

$V_{Ac} = R_1 \cdot i = 1 \cdot 2 = 2 \Rightarrow V_{Ac} = 2$ V

$V_{cD} = R_2 \cdot i = 3 \cdot 2 = 6 \Rightarrow V_{cD} = 6$ V

$V_{DB} = R_3 \cdot i = 5 \cdot 2 = 10 \Rightarrow V_{DB} = 10$ V

4. Na associação abaixo, determinar a resistência equivalente entre os pontos A e B.

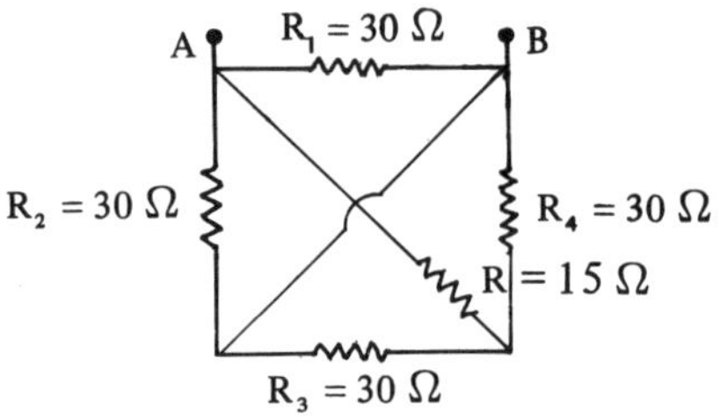

Solução

Primeiro, coloquemos letras no esquema.

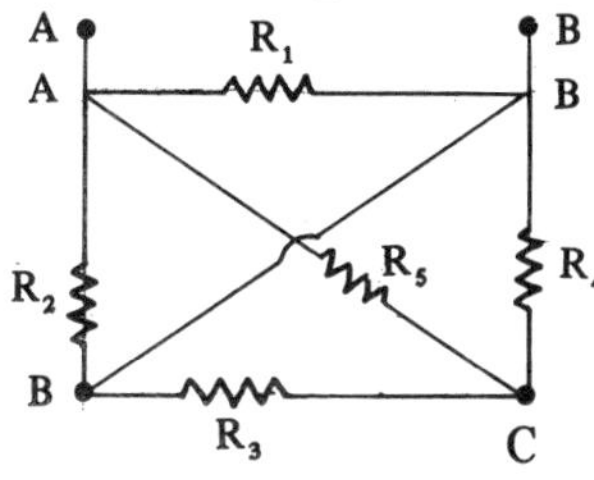

Redesenhando o esquema, teremos:

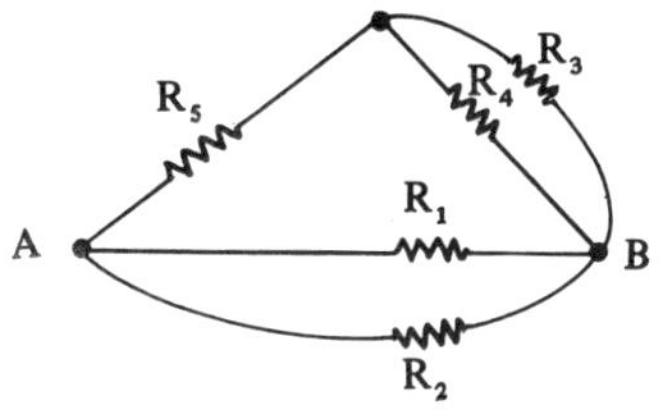

Resolvendo o sistema parcial, vem:

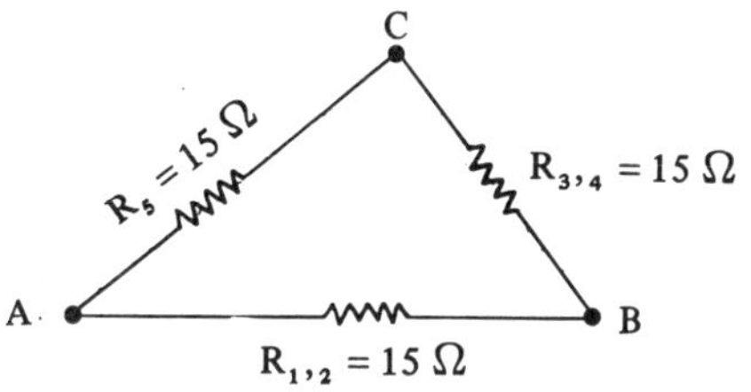

que dará o sistema abaixo:

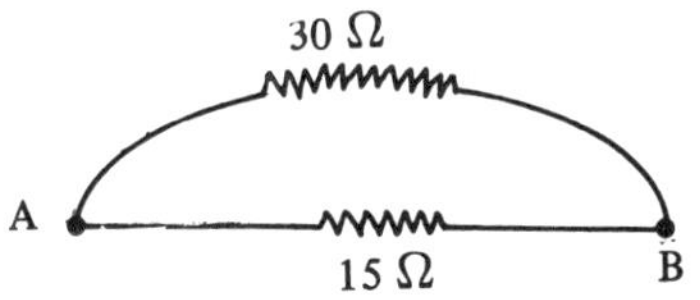

que dará finalmente o sistema unitário abaixo:

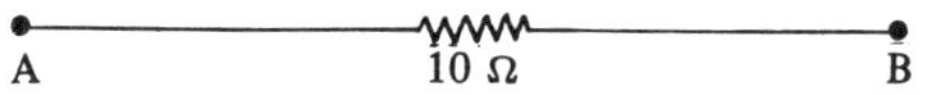

Portanto, a resistência equivalente do sistema, será 10 Ω.

5. Três resistores em série, de resistência 200 Ω, 400 Ω e R submetido a uma d.d.p. de 110 V têm 0,1 A de intesidade de corrente que os atravessa. Qual o valor da resistência R?

Solução

$R_S = 200 + 400 + R$

$U = 110\ V$

$i = 0.1\ A$

Pela Lei de Ohm: $110 = (600 + R)\, i$

R = 500 Ω	Resposta	R = 500 Ω

6. Na associação de resistores esquematizada ao lado, a intensidade de corrente no resistor de resistência 10 Ω é 1 A quando a chave K está fechada. Determinar:

a) A d.d.p. aplicada entre A e B.

b) A queda de tensão no resistor de resistência 15 Ω.

c) Abrindo-se a chave K, a nova intensidade de corrente elétrica nos resistores.

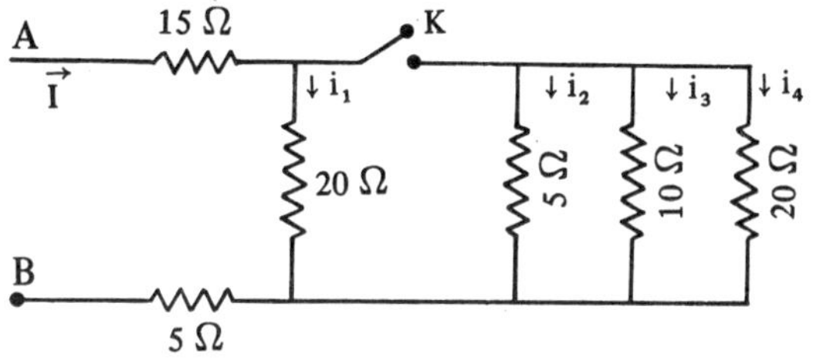

Solução

a) $\frac{1}{R_p} = \frac{1}{20} + \frac{1}{5} + \frac{1}{10} + \frac{1}{20} \Rightarrow R_p = 2{,}5\ \Omega$

e $R_T = 15 + 2{,}5 + 5 \Rightarrow R_T = 22{,}5\ \Omega$

$20\, i_1 = 5 i_2 = 10\, i_3 = 20\, i_4$

e $i_3 = 1\ A$

$i_1 = 0{,}5\ A\ ;\ i_3 = 1\ A$

$i_2 = 2\ A\ ;\ i_4 = 0{,}5\ A\ \therefore\ I = 4\ A$

$U = R_T\ .\ I \therefore U = 22{,}5\ .\ 4 \therefore$ $\boxed{U = 90\ V}$

b) $U_{15} = 15\ .\ 4 \therefore$ $\boxed{U_{15} = 60\ V}$

c) Com a chave aberta a resistência equivalente será: $R'_T = 15 + 20 + 5 = 40\ \Omega$

$U = R'_T\ .\ I' \ \therefore\ I' = \frac{90}{40} \Rightarrow$ $\boxed{I' = 2{,}25\ A}$

7. (MAPOFEI-SP). Associam-se em série dois resistores, sendo $R_1 = 2{,}0\ \Omega$ e $R_2 = 3{,}0\ \Omega$. A tensão medida entre os terminais do primeiro é $U_1 = 30\ V$. Determinar a corrente i_2 e a tensão U_2 no outro resistor.

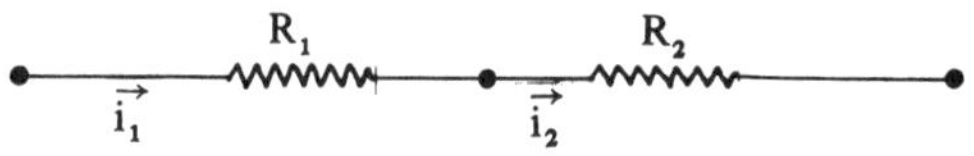

Solução

Pela Lei de Ohm: $30 = 2{,}0\ .\ i_1 \Rightarrow i_1 = 15\ A$

Estando R_2 em série com $R_1 \Rightarrow$ $\boxed{i_2 = 15\ A}$

$U_2 = R_2\ .\ i_2 \therefore U_2 = 3{,}0\ .\ 15 \Rightarrow$ $\boxed{U_2 = 45\ V}$

Respostas: $\boxed{i_2 = 15\ A \quad U_2 = 45\ V}$

8. No esquema abaixo, a d.d.p. aplicada entre os terminais A e B é 120 V. Determinar:

a) As intensidades de corrente em cada resistor.

b) As quedas de tensão em cada resistor.

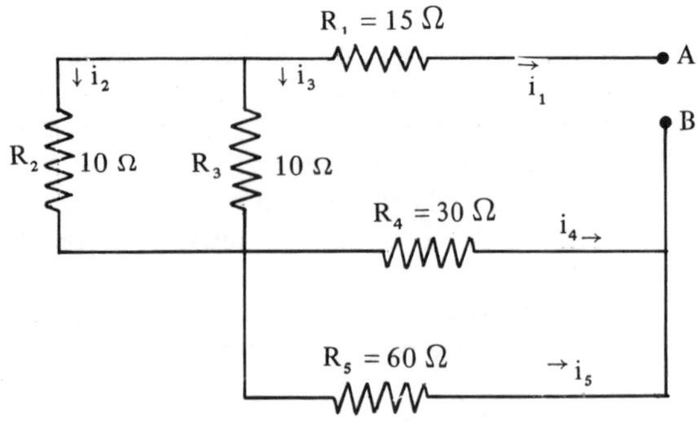

Solução

a) A resistência equivalente de 10 Ω em paralelo com 10 Ω é 5 Ω e a de 30 Ω em paralelo com 60 Ω é 20 Ω. Assim a resistência equivalente total: $R_T = 15 + 5 + 20 \therefore R_T = 40\ \Omega$.

Pela Lei de Ohm: $120 = 40 \cdot I \therefore I = 3$ A

Daí: $\boxed{i_1 = 3\text{ A}}$, $\boxed{i_2 = i_3 = 1{,}5\text{ A}}$

$\boxed{i_4 = 2\text{ A}}$ e $\boxed{i_5 = 1\text{ A}}$

b) $U_1 = R_1\, i_1 = 15 \cdot 3 \therefore \boxed{U_1 = 45\text{ V}}$

$U_2 = U_3 = R_2\, i_2 = R_3\, i_3 \Rightarrow \boxed{U_2 = U_3 = 15\text{ V}}$

$U_4 = U_5 = R_4\, i_4 = R_5\, i_5 \Rightarrow \boxed{U_4 = U_5 = 60\text{ V}}$

EXERCÍCIOS PROPOSTOS

1. Determine o resistor equivalente das associações abaixo, entre os terminais A e B.

a)

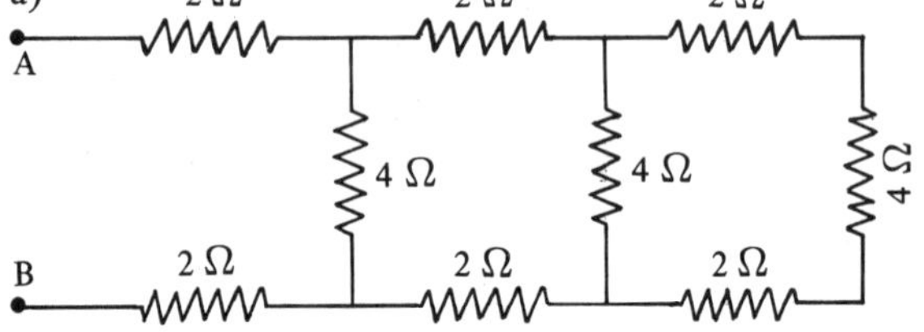

b)

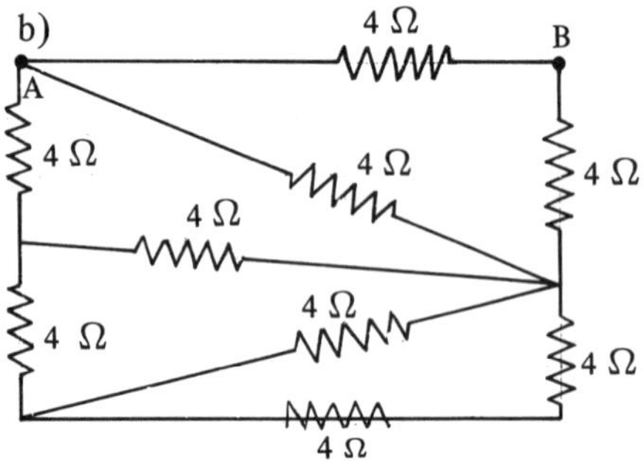

Respostas
a) 6,5 Ω
b) 2,47 Ω

2. Na figura abaixo F é um fusível que suporta uma corrente máxima de 5 A e L é uma lâmpada que consome 300 W sob uma ddp de 110 V. Determine a resistência mínima x que pode ser ligada em paralelo com a lâmpada sem queimar o fusível.

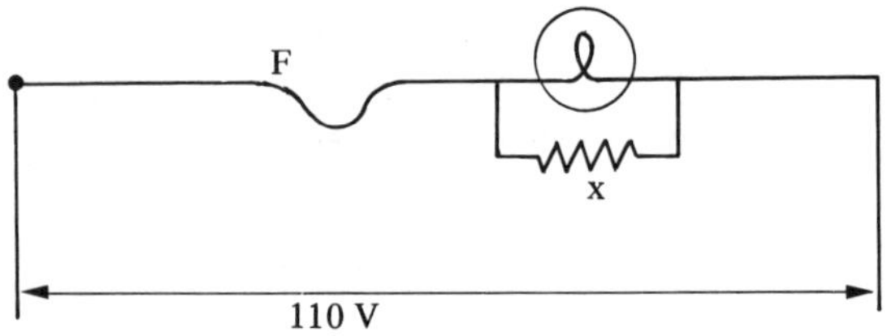

Resposta
48,4 Ω

3. Dois fios condutores 1 e 2 podem ser ligados, entre si, em série e em paralelo. Eles são geometricamente iguais e suas resistências valem 2 Ω e 5 Ω por metro de condutor. Aplica-se entre as extremidades de cada associação a mesma ddp. Sendo Q_1 e Q_2 as quantidades de calor desprendidas em cada fio devido ao efeito Joule, avaliar a relação $\frac{Q_2}{Q_1}$ nos casos:

a) Em série.
b) Em paralelo.

Respostas

a) $\frac{Q_2}{Q_1} = \frac{5}{2}$

b) $\frac{Q_2}{Q_1} = \frac{2}{5}$

TESTES

1. Dois resistores de resistências, respectivamente iguais a R_1 e R_2 com $R_1 > R_2$, são associados, inicialmente em série, obtendo-se a resistência equivalente R_s e depois em paralelo com resistência equivalente R_p. Podemos afirmar que certamente:

a) $R_s > R_1$ e $R_p > R_2$
b) $R_s < R_1$ e $R_p < R_2$
c) $R_s < R_1$ e $R_p > R_2$
d) $R_s > R_1$ e $R_p < R_2$
e) $R_s > R_1 + R_2$ e $R_p < \frac{R_1 + R_2}{2}$

2. Deseja-se obter máximo aquecimento da água, utilizando-se uma d.d.p. de 220 V, com três fios exatamente iguais de níquel-cromo. O melhor resultado será obtido:

a) Ligando-se os três fios em série.
b) Ligando-se os três fios em paralelo.

c) Ligando-se dois fios em paralelo com um em série.
d) Ligando-se dois fios em série com um em paralelo.
e) Usando-se apenas um único fio.

3. (F.M. Santa Casa-SP). Um jovem comprou um aparelho elétrico que fora fabricado para operar em 110 volts e consumir 55 watts, mas a rede elétrica de sua casa era de 220 volts. Pensou então em utilizar um resistor, ligado em série com o aparelho, para limitar a corrente e a tensão. O resistor utilizado deve ter a resistência R e dissipar a potência P, dadas a seguir:
a) R = 110 ohms; P = 55 watts
b) R = 220 ohms; P = 110 watts
c) R = 110 ohms; P = 220 watts
d) R = 110 ohms; P = 110 watts
e) R = 220 ohms; P = 55 watts

4. Aplica-se uma diferença de potencial de 110 V nos extremos da associação em série de duas lâmpadas com as especificações 110 V – 100 W e 110 V – 60 W. Podemos afirmar que:
a) A resistência elétrica da lâmpada de 60 W é menor que a de 100 W.
b) A intensidade de corrente na lâmpada de 60 W é maior que a na de 100 W.
c) A d.d.p. aplicada à lâmpada de 60 W é menor que na de 100 W.
d) A lâmpada de 60 W têm resistência maior, maior d.d.p. e igual intensidade de corrente que na de 100 W.
e) A lâmpada de 60 W dissipa menor potência que a de 100 W nas condições apresentadas.

5. No esquema abaixo cada resistor tem resistência de 60 Ω. A diferença de potencial aplicada entre os extremos A e B é de 240 V. A resistência equivalente e a intensidade de corrente elétrica em cada resistor são, respectivamente, iguais a:
a) 80 Ω e 1 A
b) 80 Ω e 3 A
c) 40 Ω e 6 A
d) 40 Ω e 2 A
e) n.r.a.

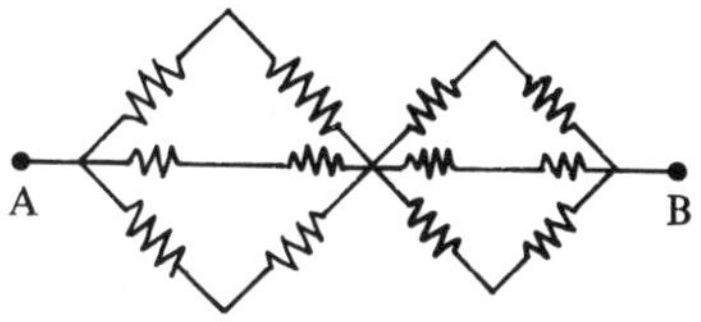

6. (COMCITEC-RJ). Um chuveiro elétrico foi construído para funcionar em 110 V e 220 V. É constituído por três resistores, sendo dois de resistência igual a R e um de resistência 2 R. Quais dos esquemas (abaixo) de ligações devemos usar para obtermos o mesmo aquecimento de água nas duas d.d.p?

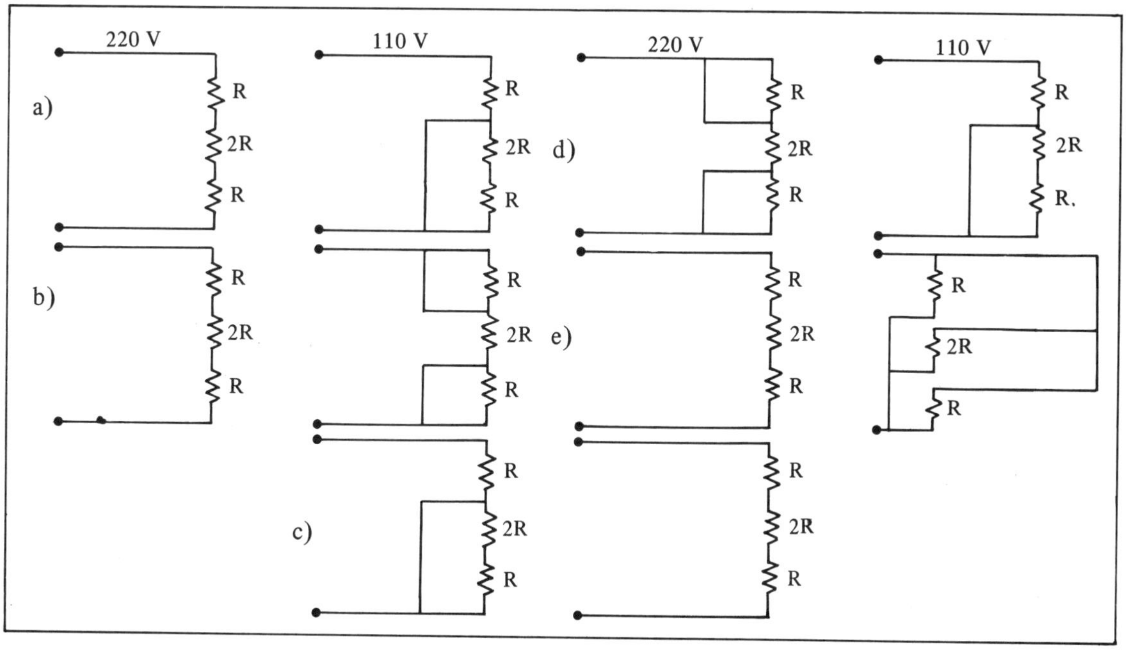

7. (COMBIMED-RJ). Três lâmpadas incandescentes iguais estão associadas em paralelo; a d.d.p. U, entre os extremos da associação, é mantida constante. Se uma das lâmpadas se queimar.
a) A corrente em cada uma das outras duas lâmpadas não sofrerá alteração.
b) A corrente em cada uma das outras lâmpadas aumentará.
c) A corrente total não sofrerá alteração.
d) A corrente total aumentará.
e) A resistência da associação diminuirá.

(CESCEM-SP). O esquema abaixo refere-se às questões de números 8 a 12.

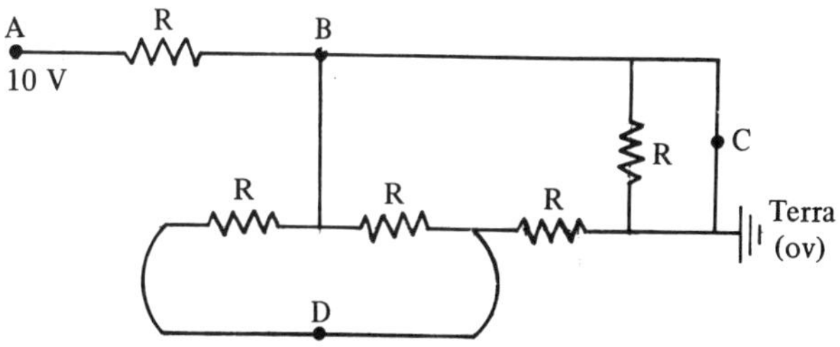

8. No circuito acima, R = 10 ohms, os fios de ligação têm resistência nula. A resistência equivalente ao sistema acima é igual, em ohms, a:
a) 10
b) 23,3
c) 40
d) 50
e) Um valor diferente dos anteriores.

9. O potencial da Terra é suposto igual a zero. Se o potencial de A é 10 V, a intensidade de corrente em D é:

a) 1 A b) $\frac{10}{23,3}$ A c) $\frac{10}{35}$ A d) 5 A

e) Um valor diferente dos anteriores.

10. Nas condições dadas na questão anterior, o potencial em B é, em volts.

a) 10 b) zero c) $10 - \frac{100}{23,3}$ d) $10 - \frac{100}{35}$

e) Um valor diferente dos anteriores.

11. Se o fio quebra e o circuito fica aberto em C, a resistência equivalente do circuito passa a ser, em ohms, um valor igual a:
a) 10
b) 16
c) 50
d) 35
e) Um valor diferente dos anteriores.

12. A energia dissipada no circuito, nas condições anteriores, com circuito aberto em C, em watts, é um valor igual a:
a) 10
b) 16,5
c) 6,25
d) 1,25
e) Um valor diferente dos anteriores.

•GERADORES E RECEPTORES

I. GERADORES

1. INTRODUÇÃO

Denominam-se geradores a todos aparelhos elétricos que transformam qualquer tipo de energia em energia elétrica. A função básica dos geradores, é transformar outras formas de energia em energia elétrica.

Alguns geradores tais como pilhas e acumuladores, possuem como base a energia química e em usinas hidrelétricas, é a energia mecânica da água que é transformada em elétrica.

2. EQUAÇÃO DO GERADOR

A potência gerada por um gerador não é utilizada totalmente. Há perdas de uma pequena fração por dissipação sob forma de calor, no próprio gerador por causa das resistências de todos os condutores que constituem o gerador. Estas resistências, são denominadas.

"resistência interna do gerador."
ou

Potência gerada = Potência dissipada + Potência útil.

$P_{gerada} = P_{dissipada} + P_{útil}$

$Pg = Pd + Pu$

$P_g = E \cdot i$ (E = ddp total gerada ou força eletromotriz = fem).
$P_d = Ri^2$ (Potência interna do gerador)
$P_u = Ui$ (U = ddp nos terminais do gerador).

Logo:
$Ei = Ri + Ui$, ÷ por i, teremos
$E = Ri + U$ ou

$U = E - Ri$

que define a equação de um gerador.

Em particular, quando $i = 0 \rightarrow U = E$.

3. SÍMBOLO DO GERADOR

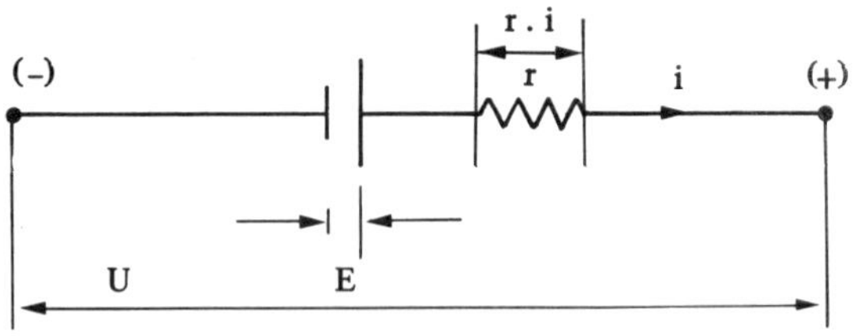

4. RENDIMENTO ELÉTRICO η DO GERADOR

Define-se como η à razão entre a potência útil e a potência consumida: ou

$\eta = \frac{Ui}{Ei} \rightarrow$ $\boxed{\eta = \frac{U}{E}}$

5. GERADOR EM CIRCUITO ABERTO

Um gerador está em circuito aberto, quando não há percurso fechado para as cargas elétricas. Nesse caso, i = 0 e resulta

$U = E$

Isto mostra que a ddp em seus terminais é igual à sua fem.

II. RECEPTORES

1. INTRODUÇÃO

São dispositivos que recebem energia elétrica e a transformam em outras formas, que não sejam esclusivamente térmicas.

Exemplos

Motores elétricos transformam energia elétrica em mecânica.

Lâmpadas transformam energia elétrica em radiante.

Os acumuladores, durante a carga, transformam energia elétrica em química.

2. EQUAÇÃO DO RECEPTOR

Potência consumida = $P_{dissipada} + P_{útil}$

$P_{consumida} = P_c = U \cdot i$ (U = ddp aplicada nos terminais do receptor)

$P_{dissipada} = P_d = r\,i^2$ (r = resistência interna do receptor).

$P_{útil} = P_u = E \cdot i$ (E = ddp, ou fem).

$P_c = P_d + P_u$

$U \cdot i = r\,i^2 + E\,i$ ou

$$\boxed{U = r\,i + E}$$ que é a equação do receptor.

Quando $r = 0 \rightarrow U = E$.

3. SÍMBOLO DO RECEPTOR

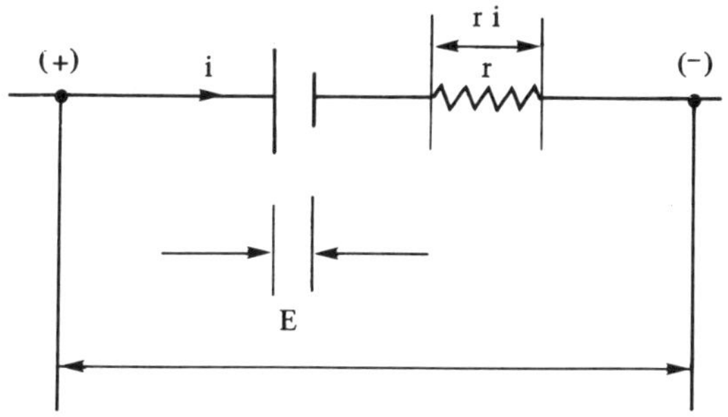

4. RENDIMENTO ELÉTRICO η' DO RECEPTOR

Define-se como η' ao quociente entre a potência elétrica útil e a potência elétrica fornecida ou consumida.

$$\eta' = \frac{P_u}{P_f} = \frac{E' \not{i}}{U' \not{i}} = E'$$

$$\boxed{\eta' = \frac{E'}{U'}}$$

III. CIRCUITOS SIMPLES

1. LEI DE POUILLET

Claude Povillet (1790-1868) aperfeiçoou vários aparelhos usados na Física. Estabeleceu experimentalmente, a lei para determinar em um circuito, onde não existem ligações em paralelo.

Para um circuito simples formado apenas por um gerador (E, r) e um resistor (R), a Lei de Pouillet, é escrita por:

$$\boxed{E = (R + r)\,i}$$

onde

i = intensidade de corrente que atravessa o gerador.

R = resistência externa do circuito, que poderá ser a resistência equivalente de uma associação qualquer de resistores.

2. ASSOCIAÇÃO DE GERADORES

Como os resistores, os geradores podem ser associados em série e em paralelos.

a) Associação em Série

Nesta associação, o pólo positivo de um é ligado ao pólo negativo do outro, de modo que todos os geradores são percorridos pela mesma corrente.

Figura 1

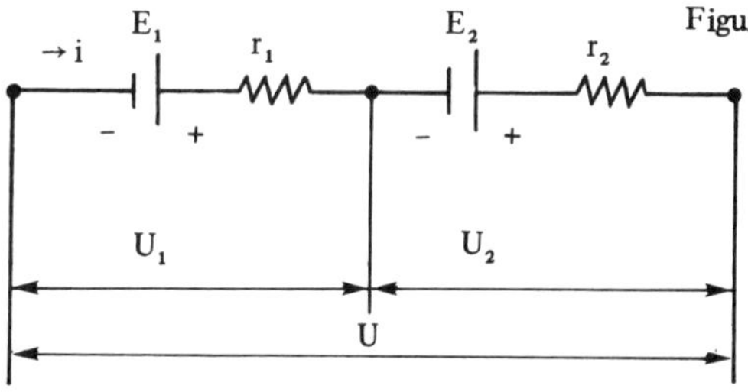

Figura 2

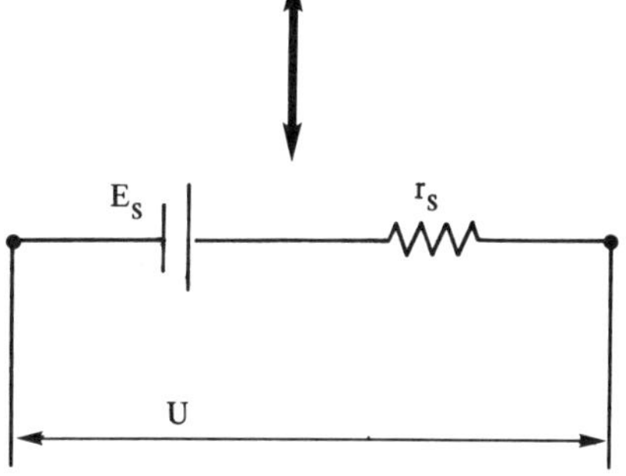

Na figura 1,

$U_1 = E_1 - r_1\,i$ e

$U_2 = E_2 - r_2\,i$ ∴

$U_1 + U_2 = E_1 + E_2\,(r_1 + r_2)\,i \rightarrow$

$\rightarrow$ Sendo $U = U_1 + U_2$,

temos, $$\boxed{U = E_1 + E_2\,(r_1 + r_2)\,i}$$

Para o gerador equivalente, $U = E_s - r_s\, i$

Comparando estas duas expressões de U que devem ser iguais para qualquer valor de i, obtemos:

$$r_s = r_1 + r_s \qquad E_s = E_1 + E_s \quad \rightarrow \quad r_s = nr \qquad Es = nE$$

b) Associação em Paralelo

Na associação em paralelo, os pólos positivos de cada gerador são ligados entre si, assim como os pólos negativos.

Não se deve associar em paralelo gerador de fem diferentes.

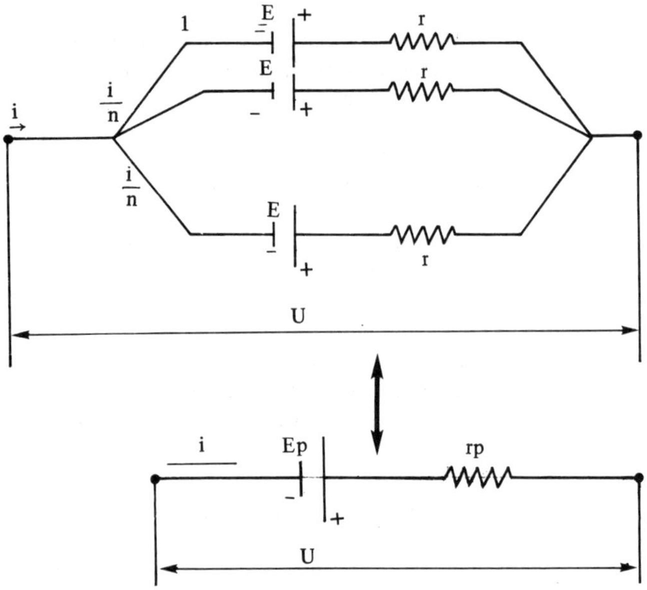

Todos os geradores mantêm a mesma ddpU sendo que a corrente i se distribui entre eles.

Para cada gerador

$$U = E - r\left(\frac{i}{n}\right) =$$

$$U = E - \left(\frac{r}{n}\right) i$$

no gerador equivalente $U = E_p - rp \cdot i$, Logo,

$$r_p = \frac{r}{n} \qquad E_p = E$$

c) Gerador Reversível

Existem geradores que podem passar a funcionar como receptores, devido a inversão do sentido da corrente. Esses geradores são chamados geradores reversíveis. Os acumuladores de automóveis são considerados como tais.

O funcionamento deste gerador:

normalmente, os acumuladores funcionam como geradores, transformando energia química em energia elétrica. Entretanto, durante o processo de recarga efetuada pelo dínamo, os acumuladores são submetidos a uma ddp maior que sua fem, sendo percorridos por corrente em sentido contrário. Nessas condições, a fem age como fcem e a energia elétrica é transformada em energia química; desse modo, o acumulador passa a funcionar como receptor.

Gráficos correspondentes ou característicos

1º do gerador

Um gerador possui a equação

$U = E - r\,i = -\,r\,i + E$ função do 1º grau

entre a ddp e a corrente.

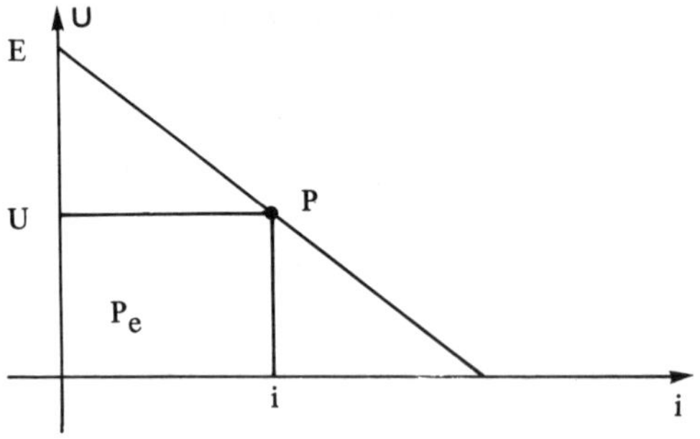

P_e = potência elétrica = U . i

2º do receptor

Um receptor possui a equação

$U = E' + r\,i = r\,i + E'$

função do 1º grau, entre a ddp e a corrente.

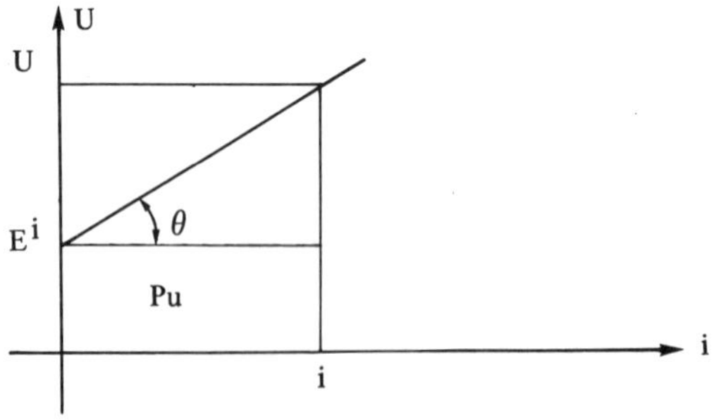

Pu = potência elétrica = E' i.

3º do gerador reversível

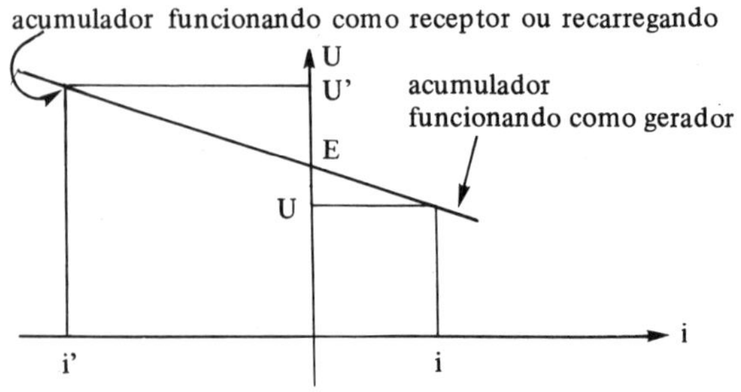

IV. CIRCUITOS COMPOSTOS OU REDE ELÉTRICA

1. CONCEITOS INICIAIS

Nó = é o ponto de interligação de três ou mais condutores.
Ramo = é o trecho da rede entre dois nós consecutivos.
Malha = é a poligonal fechada que possui ramos como lados.

2. LEIS DE KIRCHHOFF

1ª Lei: Conhecida como Lei dos Nós.
Afirma que:

"Em um nó, a soma algébrica das intensidades das correntes é nula."

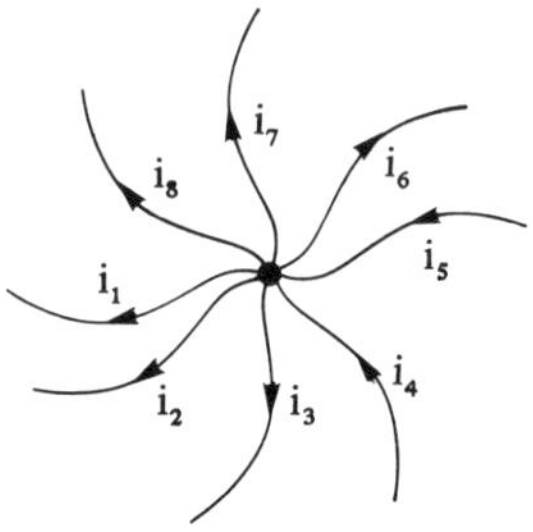

correntes num sentido = correntes noutro sentido.
correntes mesmo sentido = correntes mesmo sentidos

$i_1 + i_2 + i_3 + i_6 = i_4 + i_5 + i_7 + i_8$ ou
$i_1 + i_2 + i_3 + i_6 - i_4 - i_5 - i_7 - i_8 = 0$

2ª Lei: Conhecida como Leis das Malhas
Afirma que:

"Percorrendo uma malha num determinado sentido, a soma algébrica das tensões nos seus ramos é nula."

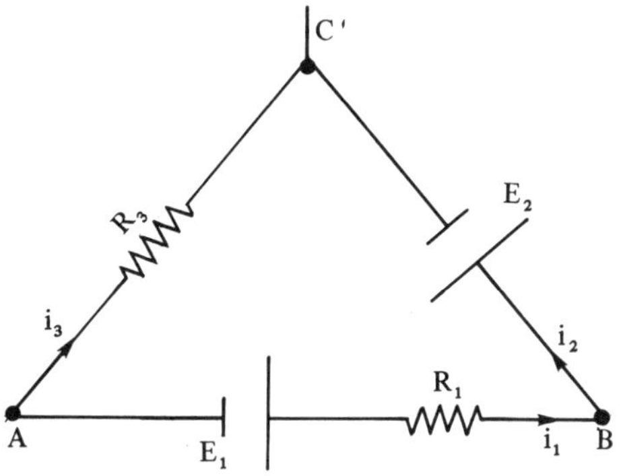

Pelo esquema → $V_A > V_B$, $V_B > V_C$ e $V_A > V_C$

Percorrendo a malha no sentido anti-horário A B C A, ↓ teremos:

a) em R_1 → queda de potencial
b) em R_3 → elevação de potencial
c) em E_1 → elevação de potencial
d) em E_2 → queda de potencial

Considerando → positiva a queda de tensão
negativa a elevação de tensão,

teremos:

$V_B - V_A = - E_1 + R_1 \cdot i_1$

$V_C - V_B = E_2$

$V_A - V_C = - R_3 \cdot i_3$

Somando membro a mebro,
$(V_B - V_A) + (V_C - V_B) + (V_A - V_C) = 0$ (Pela Lei de Kirchhoff).

Logo,

$$- E_1 + R_1 \cdot i_1 + E_2 - R_3 \cdot i_3 = 0 \qquad (1)$$

Percorrendo a malha no sentido horário A C B A, temos:

a) em R_3 → queda de potencial
b) em E_2 → elevação de potencial
c) em R_1 → elevação de potencial
d) em E_1 → queda de potencial

teremos:
$V_A - V_B = E_1 - R_1 \cdot i_1$
$V_B - V_C = - E_2$
$V_C - V_A = R_3\, i_3$
Somando membro a membro,
$(V_A - V_B) + (V_B - V_C) + (V_C - V_A) = 0$ (Lei de Kirchhoff).

Logo,

$$E_1 - R_1 \cdot i_1 - E_2 + R_3\, i_3 = 0 \qquad (2)$$

Comparando (1) e (2), observa-se que são iguais e conclui-se que:
a) A tensão nos resistores é dada por ± Ri, vigorando o sinal positivo quando o sentido concorda a corrente e vice-versa.
b) A fem (ou fcem) E é precedida de sinal igual ao primeiro pólo atingido pelo sentido de percurso.
Obs: fem = força eletromotriz
fcem = força contra eletromotriz

EXERCÍCIOS RESOLVIDOS

1. Quando a chave está aberta, a corrente total no circuito ao lado é 1,5 A; com a chave fechada, a corrente total é 2 A.
Calcular a fem e a resistência interna r do gerador.

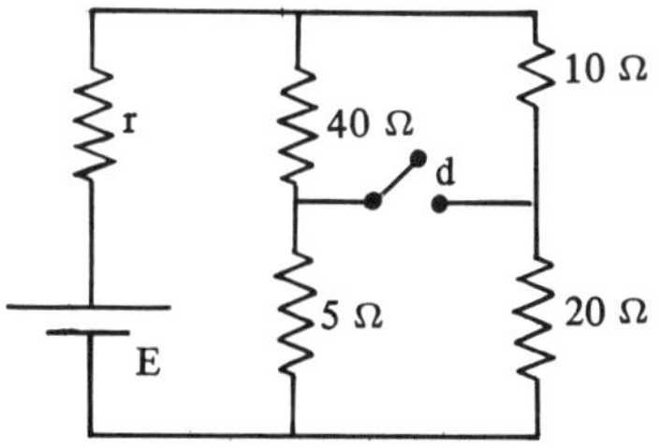

Solução

Chave aberta

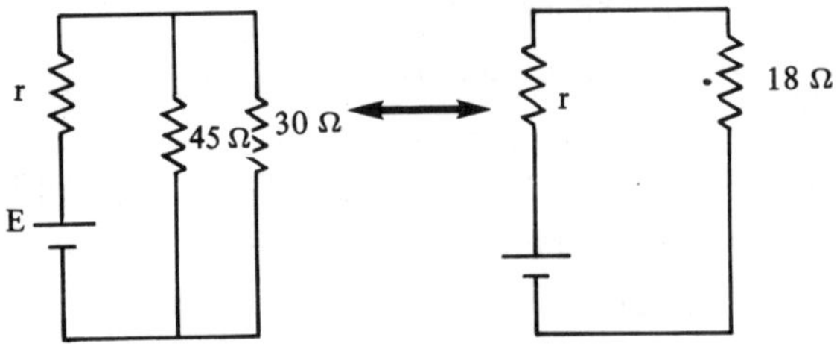

como $i = 1{,}5\ A \rightarrow i = \dfrac{E}{r + 18}$

$E = (r + 18)\, i \rightarrow$

$$\boxed{E = 1{,}5\,(r + 18)} \qquad (1)$$

Chave aberta

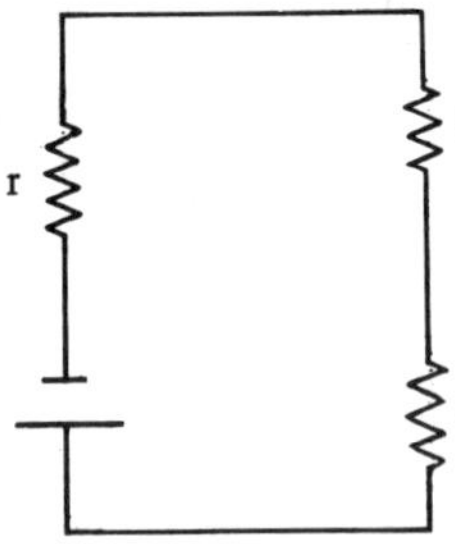

8 — Achada por $\dfrac{1}{R} = \dfrac{1}{40} + \dfrac{1}{10}$

4 — Achada por $\dfrac{1}{R} = \dfrac{1}{5} + \dfrac{1}{20}$

Como i = 2 A, vem:

$i = \dfrac{E}{r + 12} \rightarrow$

$E = i\,(r + 12)$

$$\boxed{E = 2\,(r + 12)} \qquad (2)$$

Comparando (1) e (2), teremos:

$1{,}5\,(r + 18) = 2\,(r + 12) \rightarrow$

$1{,}5\,r + 27{,}0 = 2\,r + 24$

$27 - 24 = 2\,r - 1{,}5\,r \rightarrow$

$3 = 0{,}5\,r \rightarrow r = \dfrac{3}{0{,}5} = 6\ \Omega$

Logo $\boxed{r = 6\ \Omega}$

$E = 2\,(r + 12)$

$E = 2\,(6 + 12)$

$$\boxed{E = 36 \text{ volts}}$$

2. Uma lanterna de mão possui 3 pilhas iguais dispostas em série. Um voltímetro indica a voltagem total de 4,5 V. Quando se acende a lâmpada de 17,5 Ω, o voltímetro indica 3,5 V. Calcule a fem e a resistência interna de cada uma das pilhas.

Solução

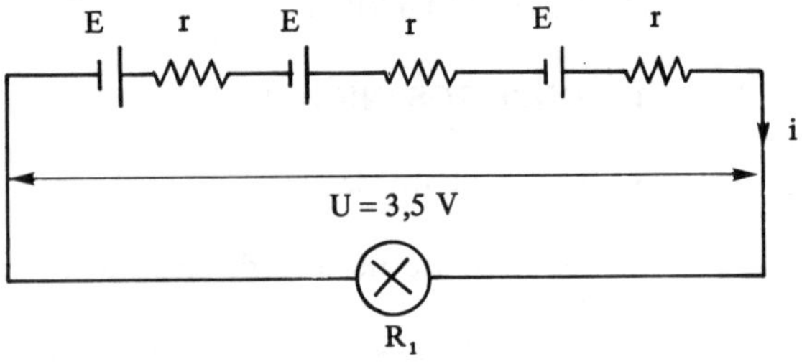

$i = \dfrac{u}{R_1} = \dfrac{3{,}5}{17{,}5\ \Omega} = 0{,}2\ A$

$$\boxed{i = 0{,}2\ A}$$

Mas $i = \dfrac{E}{r + R}$, aplicando ao sistema,

$i = \dfrac{3\,E}{3\,r + R} \rightarrow$

$0{,}2 = \dfrac{3\,.\,1{,}5}{3\,r + 17{,}5} \rightarrow$

$0{,}2 = \dfrac{4{,}5}{3\,r + 17{,}5} \rightarrow 0{,}6\,r + 3{,}50 = 4{,}5$

$0{,}6\,r = 4{,}5 - 3{,}5 \rightarrow 0{,}6\,r = 1{,}0 \rightarrow$

$r = \dfrac{1{,}0}{0{,}6} = \rightarrow \boxed{r \cong 1{,}67\ \Omega}$

3. Duas pilhas associadas em série, possuindo cada uma resistência interna r e fem E, alimentam o circuito na figura. Sendo:

$E = 2\ V$
$R = 3\ \Omega$
$r = 1\ \Omega$,
$I = 0{,}25\ A$ e
$r_2 = 2r_1$, calcule:

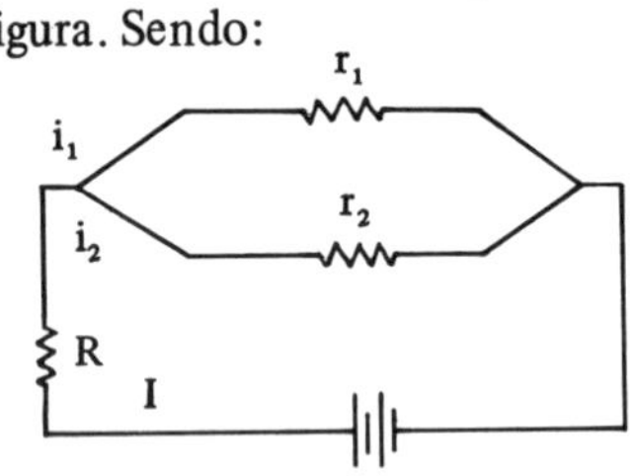

a) r_1

b) A energia fornecida pelas duas pilhas durante 5 horas.

Solução

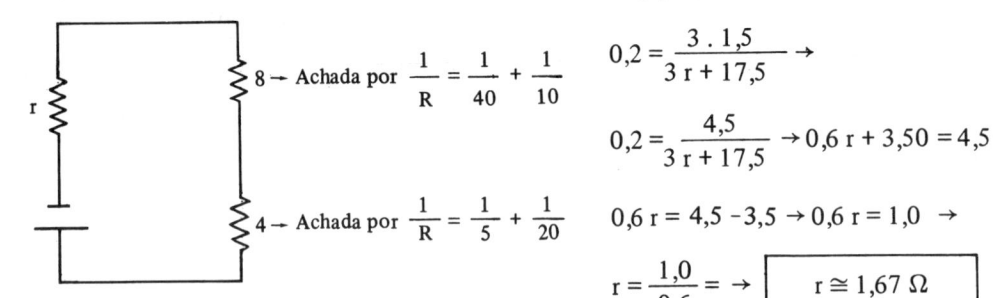

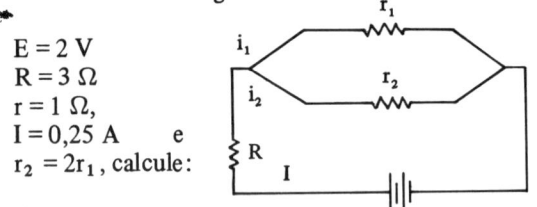

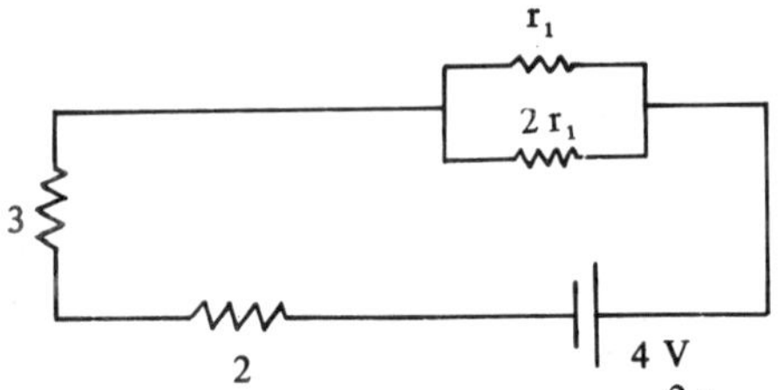

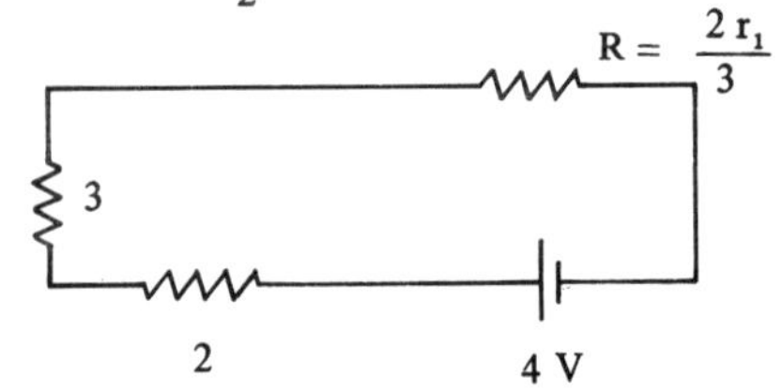

Desenvolvendo

$$\frac{1}{R}=\frac{1}{r_1}+\frac{1}{2r_1}\rightarrow$$

$$\frac{1}{R}=\frac{2\,r_1}{2r_1^{\,2}}+\frac{r_1}{2r_1^{\,2}}=\frac{3\,r_1}{2r_1^{\,2}}$$

$$\frac{1}{R}=\frac{3\cancel{r_1}}{2r_1^{\cancel{2}}}=\frac{3}{2r_1}$$

$$\frac{1}{R}=\frac{3}{2r_1}\rightarrow 3\,R=2\,r_1$$

$$\boxed{R=\frac{2\,r_1}{3}}$$

Logo:

$$4\,V=I\,\left(2+3+\frac{2\,r_1}{3}\right)=$$

$$4=0{,}25\,\frac{(5+2\,r_1)}{3}=$$

$$4-1{,}25=\frac{0{,}5\,r_1}{3}$$

$$2{,}75=\frac{0{,}5\,r_1}{3}\rightarrow r_1=\frac{3\cdot 2{,}75}{0{,}5}=16{,}5\,\Omega$$

$$\boxed{r_1=16{,}5\,\Omega}$$

b) A potência útil será: $P=R\,I^2$

$$P=\left(3+\frac{2\,r_1}{3}\right)\,I^2=$$

$$P=\left(3+\frac{2\,(16{,}5)}{3}\right)\,(0{,}25)^2=$$

$P=0{,}875$ W

Como energia: $E=P\,.\,\Delta t$,

$E=P\,\Delta t$
$E=0{,}875\,.\,5\,h$

$$\boxed{E=4{,}375\ W}$$

4. Calcule o valor de R para que a corrente fornecida pela associação de geradores em oposição seja 2 A.

Dados:

$E_1=55$ V $\quad r_1=1{,}5\,\Omega$
$E_2=5$ V $\quad r_2=1{,}2\,\Omega$

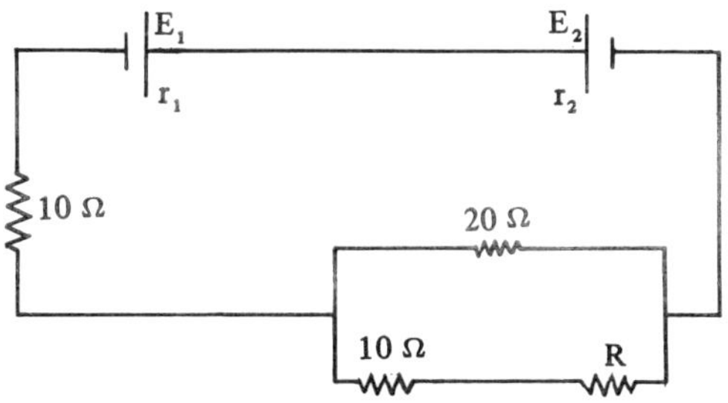

Solução

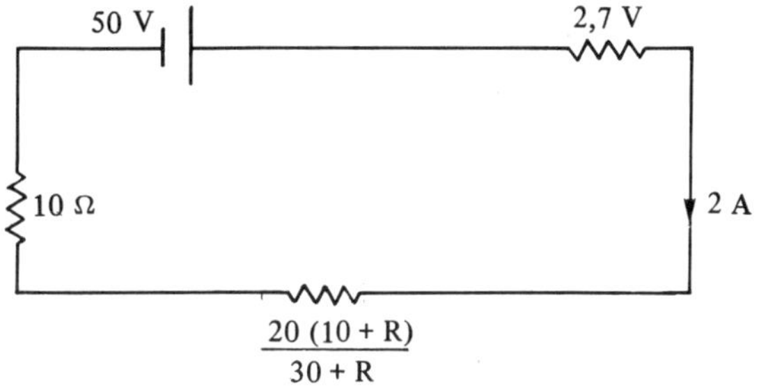

$$50\,V=2\,\left(2{,}7+\frac{20\,(10+R)}{30+R}+10\right)$$

$$25=12{,}7+\frac{20\,(10+R)}{30+R}$$

$$12{,}3=\frac{200+20\,R}{30+R}\rightarrow$$

$369+12{,}3\,R=200+20\,R$
$169=7{,}7\,R$

$$\boxed{R\cong 22\,\Omega}$$

5. No circuito esquematizado ao lado, determinar:
a) A intensidade de corrente.
b) A queda de tensão interna do gerador.
c) A d.d.p. que o gerador fornece ao circuito externo.

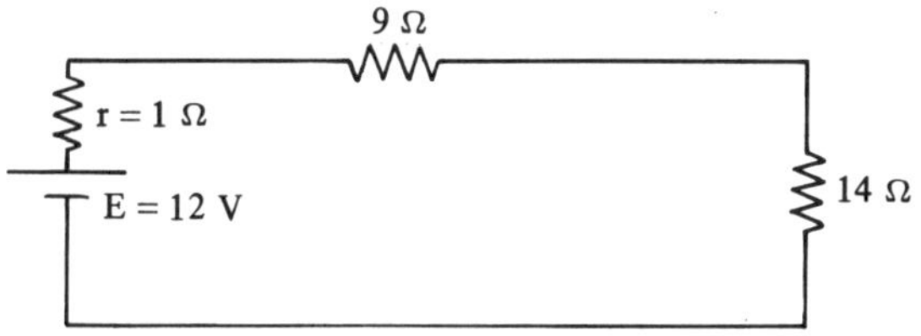

Solução

a) $r=1\,\Omega$; $R=23\,\Omega$ e $E=12$ V

Pela Lei de Povillet: $E=(R+r)\,i$

$12=(23+1)\,i\ \therefore$ $\boxed{i=0{,}5\ A}$

b) $\Delta U=r\,.\,i\ \therefore\ \Delta U=1\,.\,0{,}5\Rightarrow$ $\boxed{\Delta U=0{,}5\ V}$

c) Pela equação do gerador:
$U=E-r\,.\,i$
$U=12-0{,}5$ $\boxed{U=11{,}5\ V}$

Respostas:

a) $i=0{,}5$ A b) $\Delta U=0{,}5$ V	c) $U=11{,}5$ V

6. (MAPOFEI-SP). Quando um gerador é ligado a um resistor $R_1=900\,\Omega$, observa-se que a tensão em seus terminais é $U_1=90$ V, enquanto que pelo resistor circula a corrente $i_1=100$ mA. Substituin-

do-se o resistor por outro $R_2 = 100\ \Omega$, a corrente se altera para $i_2 = 500$ mA e a tensão nos terminais do gerador passa a $U_2 = 50$ V. Calcule:

a) A fem do gerador.

b) A resistência interna do mesmo.

Solução

Pela Lei de Povillet,

a) $E = (R_1 + r)\, i_1 \therefore E = (900 + r)\, 0{,}1$

b) $E = (R_2 + r)\, i_2 \therefore E = (100 + r)\, 0{,}5$

$\{(900 + r)\, 0{,}1 = (100 + r)\, 0{,}5$

$\therefore$ $\boxed{r = 100\ \Omega}$

Substituindo em (I) o valor de r obtido, temos:

$E = (900 + 100) \,.\, 0{,}1 \therefore$ $\boxed{E = 100\ \text{V}}$

Logo:

a) fem = 100 V

b) $r = 100\ \Omega$

7. No circuito esquematizado ao lado, determinar:

a) As intensidades de correntes nos trechos AB, BC e BD e CD.

b) As ddp entre os pontos AB, BC, BD e CD.

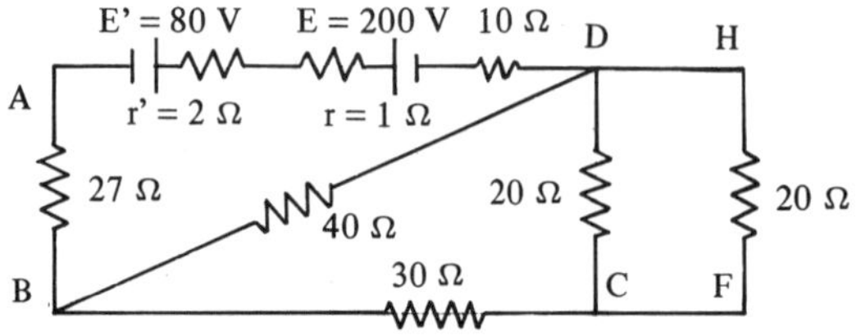

Solução

a) Determinação da resistência equivalente:
$20\ \Omega$ em paralelo com $20\ \Omega \Rightarrow$ equivalente $10\ \Omega$, esta em série com $30\ \Omega \Rightarrow$ equivalente $40\ \Omega$, esta em paralelo com $40\ \Omega \Rightarrow$ equivalente $20\ \Omega$ e esta em série com $10\ \Omega$ e $27\ \Omega \Rightarrow 57\ \Omega$: $R = 57\ \Omega$.
Pela equação do circuito: $E - E' = (r + r' + R)\, i$

$200 - 80 = (1 + 2 + 57)\, i \therefore$ $\boxed{i = 2\ \text{A}}$

Daí: $\boxed{i_{AB} = 2\ \text{A}}$, $\boxed{i_{BC} = i_{BD} = 1\ \text{A}}$ e

$\boxed{i_{CD} = 0{,}5\ \text{A}}$

b) Pela Lei de Ohm, temos:

$U_{RB} = 27 \,.\, 2 \quad \therefore$ $\boxed{U_{AB} = 54\ \text{V}}$

$U_{BC} = 30 \,.\, 1 \quad \therefore$ $\boxed{U_{BC} = 30\ \text{V}}$

$U_{BD} = 40 \,.\, 1 \quad \therefore$ $\boxed{U_{BD} = 40\ \text{V}}$

$U_{CD} = 20 \,.\, 0{,}5 \therefore$ $\boxed{U_{CD} = 10\ \text{V}}$

8. (MAPOFEI-SP). No circuito esquematizado na figura, o gerador G é ideal (resistência interna nula) de fem E. Sabe-se que o amperímetro A, ideal, indica 1 A e que o resistor R dissipa 18 W.

a) Qual a indicação do voltímetro ideal V, ligado entre os pontos B e N?

b) Qual o valor de R?

c) Qual a fem E do gerador G?

Dados:

$R_1 = 1{,}5\ \Omega$; $R_2 = 0{,}50\ \Omega$; $R_3 = 4{,}0\ \Omega$.

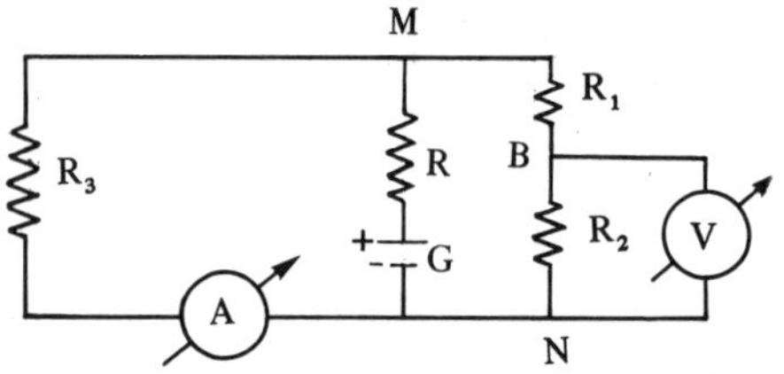

Solução

i_1 = intensidade de corrente em R_1 e R_2

i_3 = intensidade de corrente em R_3

U_3 = ddp em R_3

U_{MN} = ddp nos extremos da associação em série R_1 e R_2

U_{BN} = ddp em R_2 registrada no voltímetro V

Pela Lei de Ohm, temos:

$U_3 = R_3 \,.\, i_3 = 4{,}0 \,.\, 1 \therefore U_3 = 4{,}0$ V

mas $U_{MN} = U_3 = 4{,}0$ V e $U_{MN} = (R_1 + R_2)\, i_1$

$4{,}0 = (1{,}5 + 0{,}50)\, i_1 \Rightarrow i_1 = 2{,}0$ A

A intensidade de corrente I em R é $I = i_3 + i_1 \therefore$
$\therefore I = 3$ A

a) $U_{BN} = R_2\, i_1 = 0{,}50 \,.\, 2{,}0 \Rightarrow$ $\boxed{U_{BN} = 1{,}0\ \text{V}}$

b) $P = RI^2 \therefore 18 = R \,.\, 3^2 \Rightarrow$ $\boxed{R = 2\ \Omega}$

c) $U_{MN} = E - R\, I \therefore 4{,}0 = E - 2 \,.\, 3 \Rightarrow$ $\boxed{E = 10\ \text{V}}$

Respostas: 1) 1,0 V b) 2 Ω c) 10 V

9. No circuito abaixo onde $E \doteq 1{,}5$ V e $r_i = 1{,}0\ \Omega$.

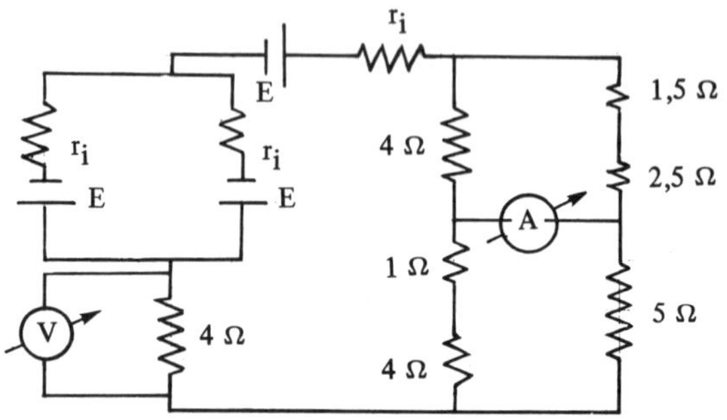

Determinar

a) A corrente no amperímetro ideal A.

b) A ddp registrada no voltímetro V (ideal)

c) Sendo os geradores de
$E = 3{,}0$ V e $r_i = 1{,}0\ \Omega$
de como modificaria as respostas dos itens a e b.

Solução

a) Como 4 . 5 = (1 + 4) (1,5 + 2,5) a ponte está no equilíbrio e temos i_A = 0 pelo amperímetro A i_A = 0.

b) A resistência equivalente do circuito é R = 4 + + 4 . 5 = 8,5 Ω.

A característica do gerador equivalente ao da associação: E = 3,0 V e r_i = 1,5 Ω.

Por Pouillet, E = (R + r) i → 3,0 = (8,5 + 1,5) i →

$i = 0{,}3\ A$

a ddp no voltímetro V será U = 4 . 0 . 3 =

$V = 1{,}2\ V$

c) O amperímetro continua registrando $i_A = 0$

As características da nova associação de geradores E = 6,0 V e r_i = 1,5 Ω.

Como E = (R + r) i → 6,0 = (8,5 + 1,5) i →

→ $i' = 0{,}6\ A$ e U = 4,0,6 →

→ $U = 2{,}4\ V$

10. No circuito abaixo

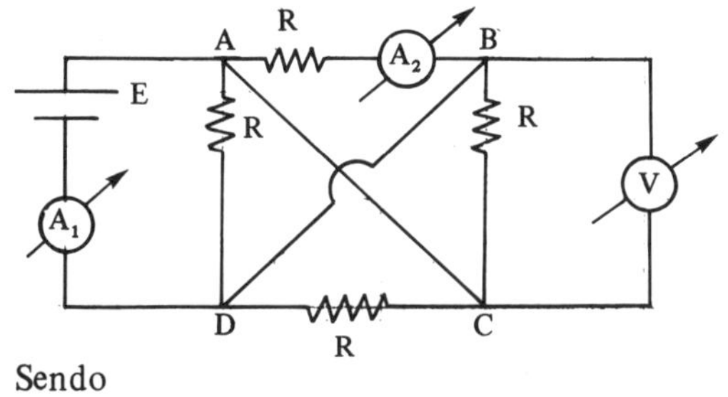

Sendo

R = 200 Ω
E = 100 V

Calcule

a) As intensidades de corrente registradas nos amperímetros A_1 e A_2.

b) A ddp registrada no voltímetro V.

Solução

Nota-se que A ≡ C e B ≡ D ∴ o circuito pode ser esquematizado.

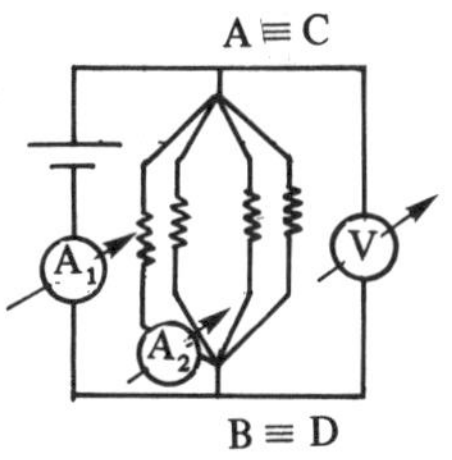

A resistência equivalente será:

$$R_T = \frac{R}{4} = \frac{200}{4} = 50\ \Omega$$

a) Por Pouillet
E = (R + r) i → $i = 2\ A$

Daí: A_1 registra $i_1 = 2\ A$

A_2 registra $i_2 = \frac{i_1}{4}$ = $i_2 = 0{,}5\ A$

b) Como o gerador é ideal, isto é r = 0

ΔU = 0 → E = U ⇒ E = 100 V

∴ V registra $U = 100\ V$

EXERCÍCIOS PROPOSTOS

1. Uma bateria está ligada a um circuito externo, sendo atravessada pela corrente i = 10 A. Nessas condições, ela absorve do circuito externo a potência P = 110 W. Invertendo-se os terminais da bateria, a corrente passa a i' = 5 A, sendo que agora ela fornece ao circuito externo a potência P' = 27,5 W. Calcule a fem ou fcem e a resistência interna da bateria.

Respostas
E = 7,33 V
r = 0,367 Ω

2. Um aparelho de TV, de potência 400 W, é alimentado pela corrente de 2 A obtida de uma bateria de acumuladores associados em série, cada um com fem de 2 v e resistência interna de 0,5 Ω. Determine o número de acumuladores usados e a quantidade de calor libertada durante 10 minutos.
Observação 1 cal = 4,18 J

Respostas
n = 200
Q = 57416 cal

3. Um circuito elétrico é constituído por uma pilha cuja resistência interna é de 0,5 Ω, ligada em série com uma lâmpada que consome 0,195 W e uma resistência R constituída por 81,7 m de fio de nicromo ($\rho = 10^{-6}$ Ω . m) de 1,02 mm de diâmetro. Verifica-se que a quantidade de calor desenvolvida em R, em 1 hora, é de 861 cal. Pergunta-se:
a) Qual a resistência da lâmpada L?
b) Qual a fem da pilha?

Respostas
a) R_L = 19,5 Ω
b) E = 12 V

4. Considere o circuito da página seguinte
Na caixa x, há um elemento de circuito. Quando a chave S está fechada, não há corrente no trecho a b c d. Quando S está aberta, a corrente que passa por R_1 é de 0,5 A.

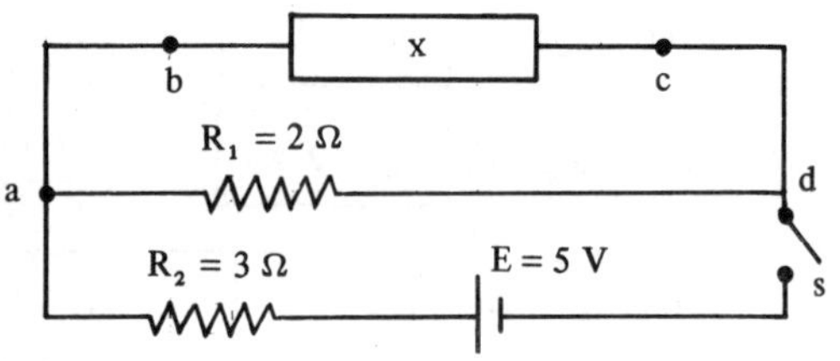

Calcule.

a) A fem do gerador em X.

b) A resistência do elemento do circuito.

Respostas

a) $E_X = 2$ V

b) $r_X = 2\ \Omega$

5. Calcule as intensidades das correntes que percorrem cada um dos três ramos do circuito abaixo.

Dados:
$R_1 = 5{,}5\ \Omega$
$R_2 = 4{,}5\ \Omega$
$R_3 = 3{,}0\ \Omega$
$r_1 = 0{,}5\ \Omega$
$r_2 = 0{,}5\ \Omega$
$E_1 = 1{,}5$ V
$E_2 = 1{,}5$ V

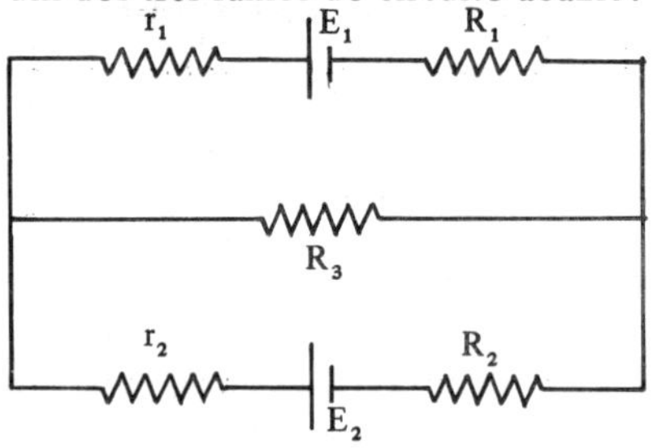

Respostas

0,12 A, sentido: vertical descendente

0,26 A, sentido: horizontal e para frente

0,144 A, sentido: vertical ascendente

6. Calcule as intensidades das correntes nos diversos trechos do circuito abaixo.

Dados:
$R_1 = 10\ \Omega$
$R_2 = 5\ \Omega$
$R_3 = 9\ \Omega$
$R_4 = 1\ \Omega$
$E_1 = 100$ V
$E_2 = 20$ V
$r_1 = r_2 = 1\ \Omega$

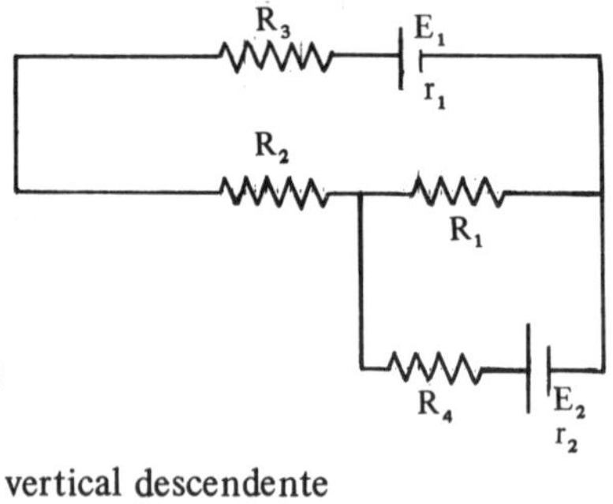

Respostas

5 A, sentido: vertical descendente

2,5 A sentido: horizontal e para frente

2,5 A sentido: vertical descendente

TESTES

1. (PUC-RS). Um gerador de fem 12 V e resistência interna 1 Ω está ligado a três resistores, conforme o circuito ao lado. A corrente i total do circuito é:

a) 2,0 A

b) 3,0 A

c) $\frac{4}{3}$ A

d) 12,0 A

e) n.r.a.

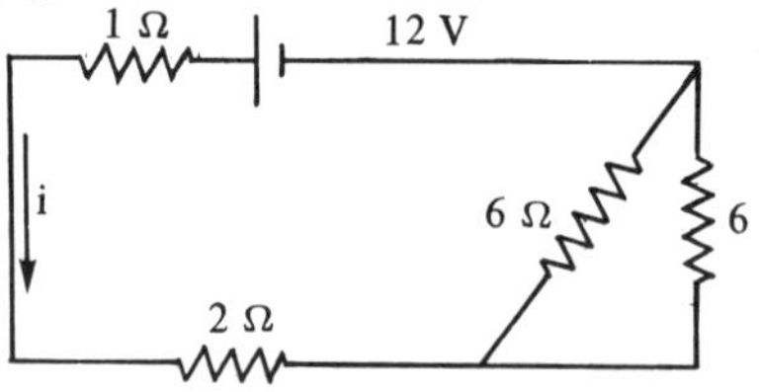

2. (CESCEM-SP). O esquema abaixo é o de um circuito com cinco lâmpadas L e uma bateria B. Os números juntos a cada lâmpada indicam a corrente, em ampères, que passa pela lâmpada.

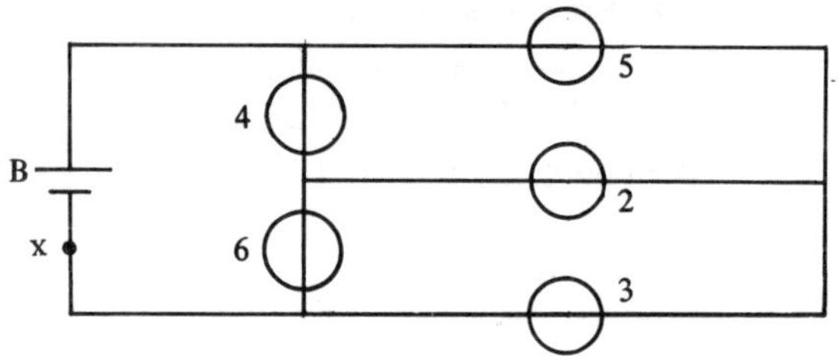

Qual a corrente que passa pelo ponto X, em ampères?

a) 3

b) 9

c) 10

d) 15

e) 20

3. (F.M. Pouso Alegre-MG). No circuito da figura, suponha nula a resistência da bateria. As leituras dos aparelhos são:

V = 12 V, A_1 = 2A e A_2 = 2 A. Se desligarmos a chave Ch:

I. A leitura de V continua a ser 12 V.

II. A leitura de A_1 continua a ser 2 A.

III. A leitura de A_2 será zero.

a) Apenas I é verdadeira.

b) Apenas II é verdadeira.

c) Apenas III é verdadeira.

d) Todas são falsas.

e) Pelo menos duas são verdadeiras.

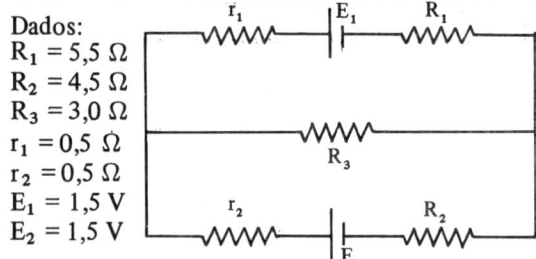

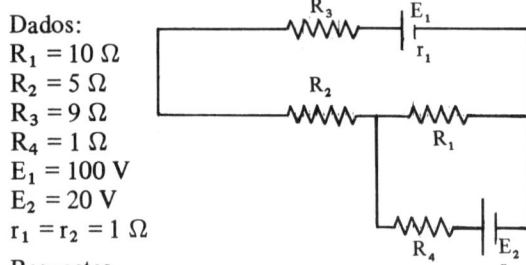

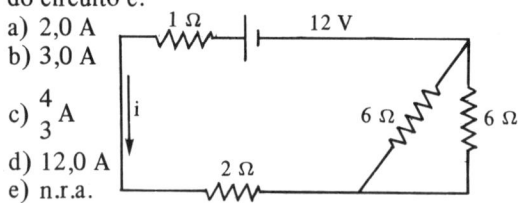

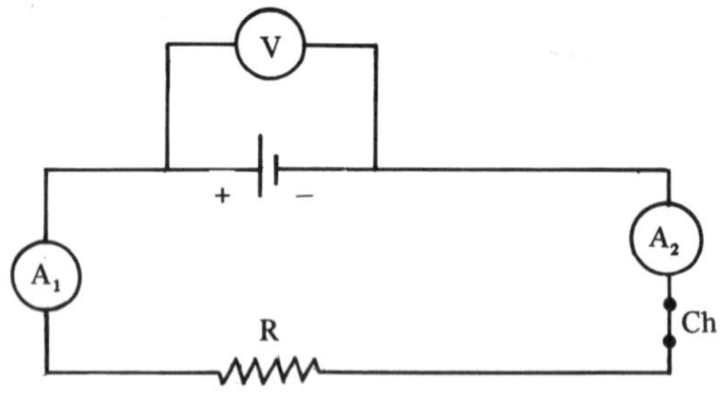

4. (F.M. Santo Amaro-SP). O circuito ao lado representa uma associação entre condutores de resistência elétrica 2 Ω cada, um gerador sem resistência interna e força eletromotriz E, desconhecida, um condutor de resistência desconhecida R e dois amperímetros ideais.

As leituras nos amperímetros são, respectivamente, 5 A em A_1 e 3 A em A_2. Pode-se afirmar que:

a) A fem do gerador é aproximadamente 35 V e a resistência desconhecida é 2 Ω.

b) A diferença de potencial entre A e B vale 10 V.

c) A resistência desconhecida vale 4 Ω.

d) A resistência desconhecida dissipa potência de 12 W e a fem do gerador vale 29 V.

e) Não há nenhuma afirmação correta.

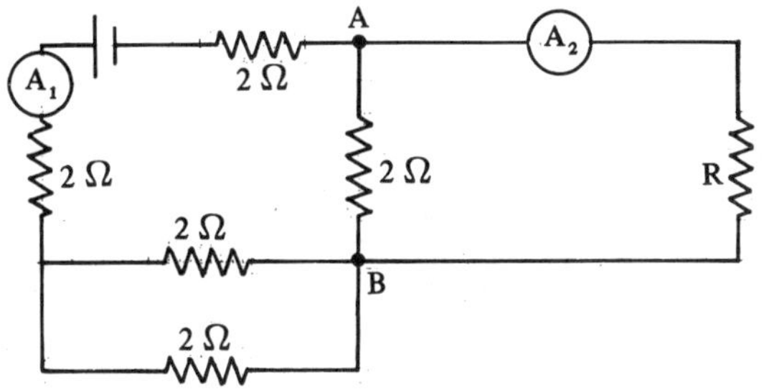

5. (CESCEA-SP). No circuito ao lado, E é a força eletromotriz (variável) de uma bateria cuja resistência interna é nula, $R_1 = R = 5\ \Omega$ são resistências puras. Se E caiu de 2 volts, qual foi a queda de tensão entre A e B?

a) Também de 2 volts.
b) Apenas de 1 volt.
c) Apenas de 0,5 volt.
d) Não variou.
e) N.R.A.

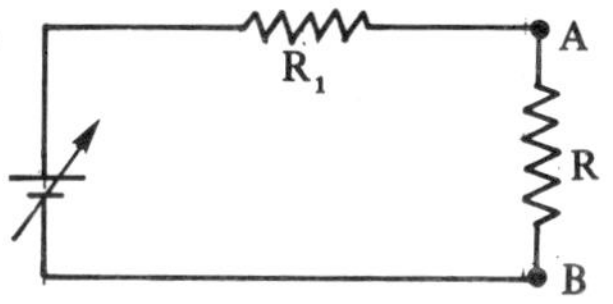

6. Ainda com referência aos dados e à figura da questão anterior, pergunta-se: qual foi a queda de corrente no circuito, se E caiu de 2 volts?

a) 2 A b) 0 2 A c) 0,02 A
d) Não variou. e) N.R.A.

7. Ainda com referência aos dados e à figura da questão número 7, pergunta-se: o que podemos dizer sobre a potência dissipada no circuito, se E dobrou o seu valor?

a) A potência também dobrou.
b) A potência triplicou.
c) A potência quadruplicou.
d) A potência permaneceu constante.
e) N.R.A.

8. (MACK-SP). Um afonte de fem constante e de resistência interna desprezível está ligada em série com um voltímetro e com uma resistência variável R. Quando R tem o valor 10 Ω o voltímetro acusa 2,0 V, mas, quando R é aumentada para 100 Ω, a leitura do voltímetro passa para 1,4 V. A resistência interna do voltímetro e a fem da fonte valem respectivamente:

a) 300 Ω e 3,2 V
b) 100 Ω e 1 V
c) 150 Ω e 3 V
d) 200 Ω e 2,1 V
e) N.R.A.

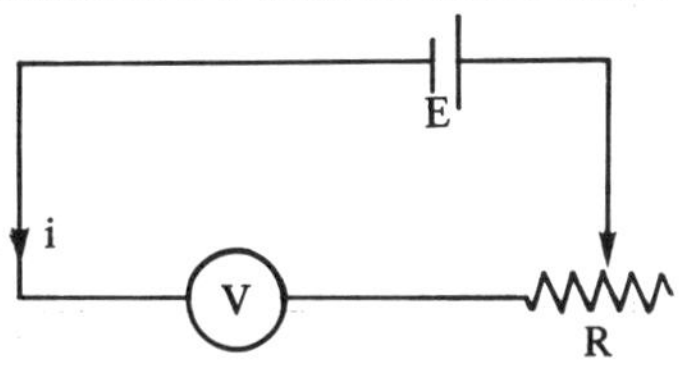

9. (CESESP-PE). Na figura abaixo, a corrente entregue pela bateria ao circuito é, em ampères:

a) 1 b) 5 c) 10 d) 2 e) 7

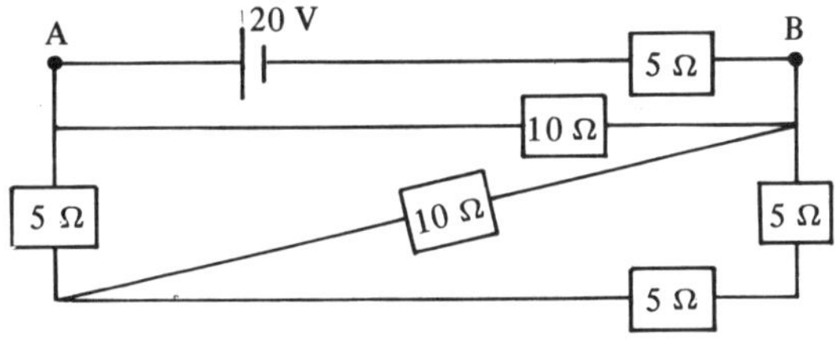

•MEDIDAS E INTRUMENTOS DE CORRENTE CONTÍNUA

1. INTRODUÇÃO

A maioria das medidas elétricas consiste na determinação de uma grandeza em função de outras, que são dadas por um instrumento convenientemente calibrado.

2. GALVANÔMETROS

Qualquer instrumento usado para indicar ou medir uma corrente é chamado galvanômetro, cujo funcionamento tem por base a ação do conjugado exercido sobre uma bobina por um campo magnético.

Todos os galvanômetros usados hoje em dia, são do tipo de D'Arsonval, de bobina móvel ou capaz de girar em torno de um eixo.

Quando a bobina móvel em vez de ser suspensa a uma fibra fina é articulada entre dois mancais de rubi ou ágata, recebe o nome de galvanômetro de bobina articulada.

3. AMPERÍMETROS

São aparelhos capazes de medir correntes da ordem de alguns a muitos ampères. Do ponto de vista da Eletrodinâmica, esses aparelhos comportam-se como resistores.

Num amperímetro, a corrente que percorre o medidor é denominado corrente de fundo de escala.

Um amperímetro é baseado na interação de um condutor percorrido por uma corrente e um campo magnético. Para medir a corrente em um ponto qualquer de um circuito, este deve ser aberto e o amperímetro ser intercalado de tal forma que toda a corrente passe através dele (conforme figura abaixo).

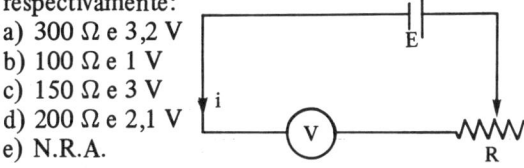

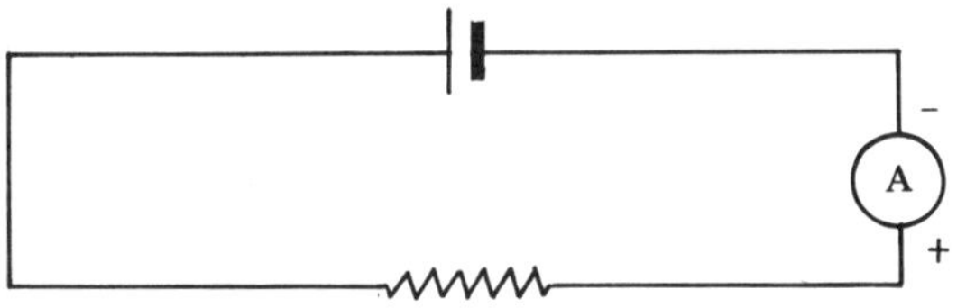

Um amperímetro é chamado ideal quando apresenta a resistência nula.

4. VOLTÍMETROS

Voltímetro é um instrumento que mede a diferença de potencial, entre dois pontos de um circuito. É baseado na interação de uma corrente com um campo magnético. Os terminais do voltímetro são sempre ligados aos pontos entre os quais deseja-se conhecer a diferença de potencial. A resistência interna de um voltímetro deve ser muito grande para que a corrente desviada para ele seja tão pequena que praticamente não altere as características do circuito.

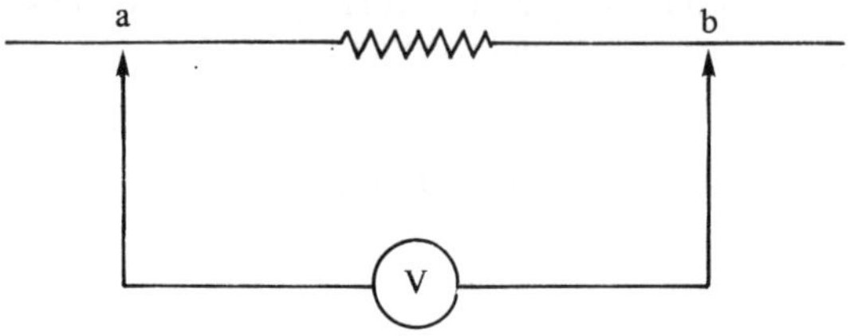

Um voltímetro é ideal quando a sua resistência é infinita.

Para transformar amperímetro em voltímetro, teremos que colocar em série com o instrumen-

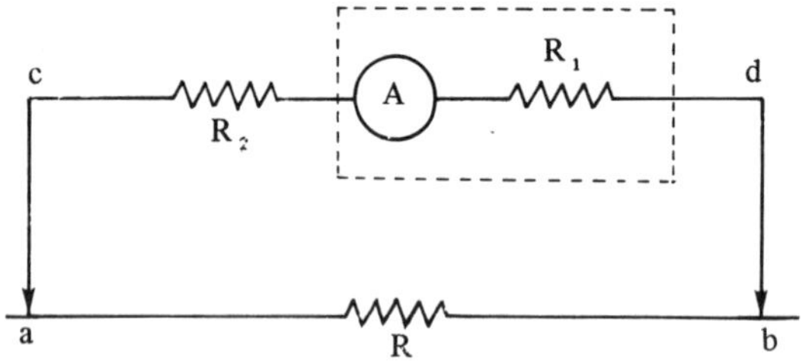

to uma resistência R_2 de tal sorte que, quando o conjunto estiver ligado a uma ddp, passe pelo medidor uma corrente.

5. OHMÍMETROS

A resistência de um condutor é a relação entre a diferença de potencial entre seus terminais e a corrente que o percorre. O ohmímetro, elimina esse cálculo, pela graduçã o de uma escala em ohms.

Funcionamento de um ohmímetro.

Seja o circuito abaixo.

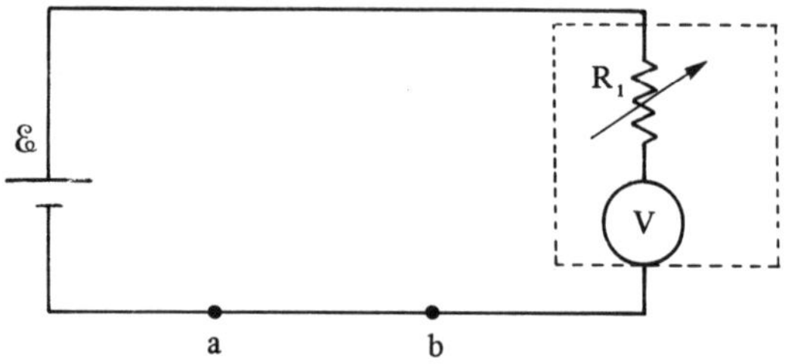

R_1 = resistência interna do voltímetro

Entre os pontos a e b, colocamos uma fio de resistência desprezível. Admitindo que a fem, $\mathcal{E}$ da bateria seja 6,0 Volts, e que $R_1 = 10 \times 10^3$ Ω. Sendo a resistência interna da bateria muito pequena, em relação à do voltímetro (R_1), a queda de potencial na própria bateria e desprezível. A leitura no ohmímetro será, então 6,0 Volts. Neste ponto da escala, marcamos zero ohms, que é o valor da resistência interna entre os pontos a e b.

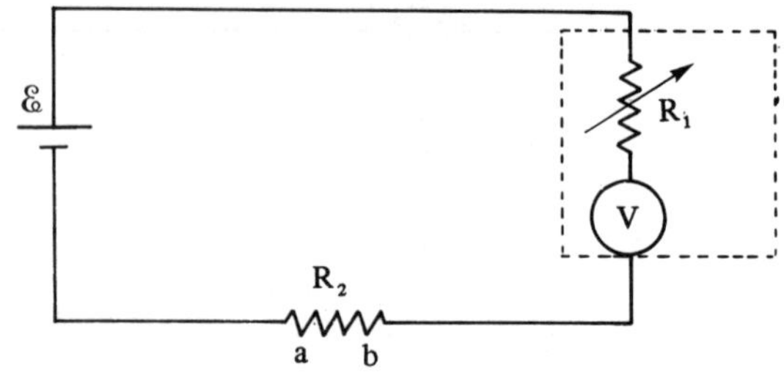

colocando R_2 no circuito, a corrente será modificada.

Cálculo de R_2.

$$\text{Sendo } I = \frac{U_1}{R_1} = \text{e} \quad I = \frac{U_2}{R_2} = \frac{\mathcal{E} - U_1}{R_2}$$

$$\text{Logo } \frac{U_1}{R_1} = \frac{\mathcal{E} - U_1}{R_2} \therefore \boxed{R_2 = \frac{(\mathcal{E} - U_1)R_1}{U_1}}$$

Para o exemplo

$$R_2 = \frac{(6{,}0 - 4{,}0)\,10 \times 10^3}{4{,}0} = 5{,}0 \times 10^3 \ \Omega$$

6. SHUNTS

Nos medidores de corrente que possuem fundo de escala em frações de ampères, quando aconteceu da corrente que o atravessa possuir uma grande intensidade, maior que o fundo de escala, ele será danificado. Para protegê-los, os medidores, de resistência R, são dotados de um condutor de pequena resistência R_S denominado shunt (desvio).

Multiplicação do Shunt

O fator de multiplicação do Shunt é n.

$$\boxed{n = \frac{I}{i}}$$

I = corrente a ser medida
i = fundo de escala (máxima corrente)

ou em função das resistências,

$$\boxed{n = 1 + \frac{R}{R_S}}$$

7. PONTE DE WHEATSTONE

Um dos meios para a medida da resistência elétrica é através de um circuito denominado ponte de Wheatstone. A ponte de Wheatstone é um método mais preciso do que o método do voltímetro e amperímetro.

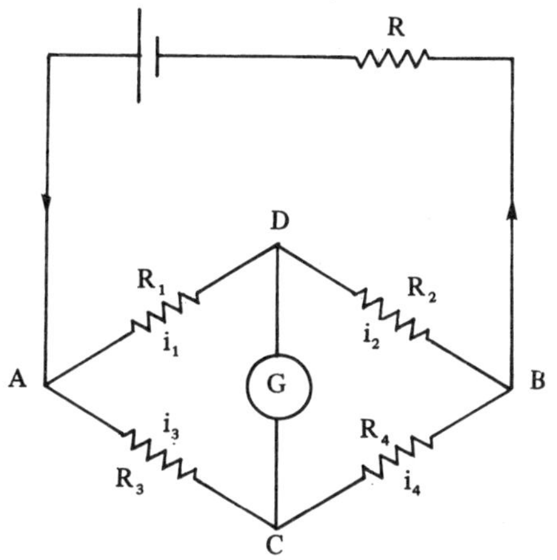

R = resistência da pilha, usada para limitar a corrente circulante na associação. Três das resistências, possuem valores conhecidos e uma delas é a resistência a ser medida.

Na ponte de Wheatstone, em equilíbrio, são iguais os produtos das resistências opostas:

$$R_1\ R_4 = R_2\ R_3$$

A Ponte de Wheatstone em Laboratório, é usada fazendo uma substituição dos resistores R_3 e R_4 por um fio homogêneo de secção transversal constante, sobre o qual se apoia um cursor ligado ao galvanômetro. O cursor realiza o equilíbrio em posição conveniente.

A resistência R_2 é fixa, denominando-se resistência de comparação.

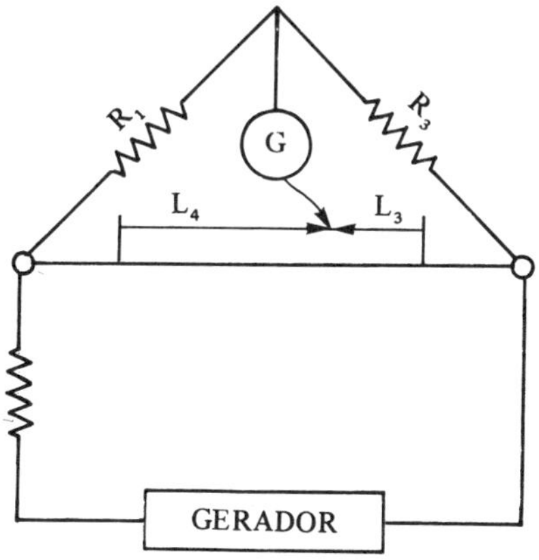

Vale a relação:

$$R_1 = R_2 \frac{L_4}{L_3}$$

EXERCÍCIO RESOLVIDO

1. Calcule a potência dissipada no resistor r do circuito ao lado.

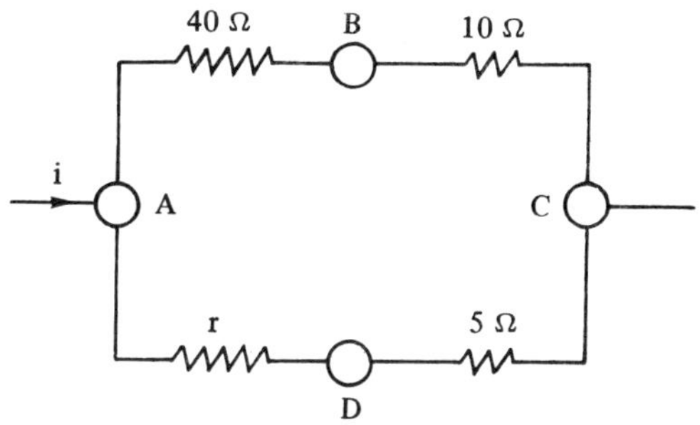

Dados: I = 3 A

Solução

Pela figura, $V_D = V_B$ e neste ponto i = 0. Usando a ponta de Wheatstone:

$40 \times 50 = 10\ r \rightarrow$

$r = \frac{200}{10} = 20$

$r = 20\ \Omega$

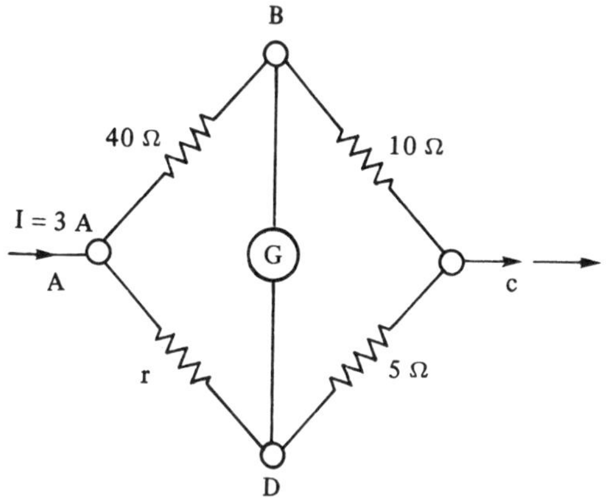

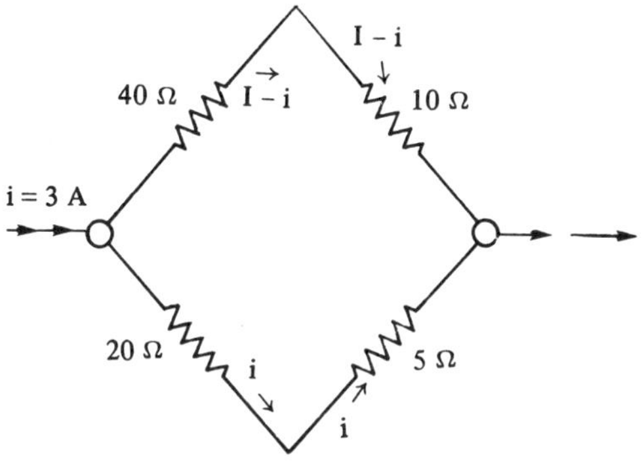

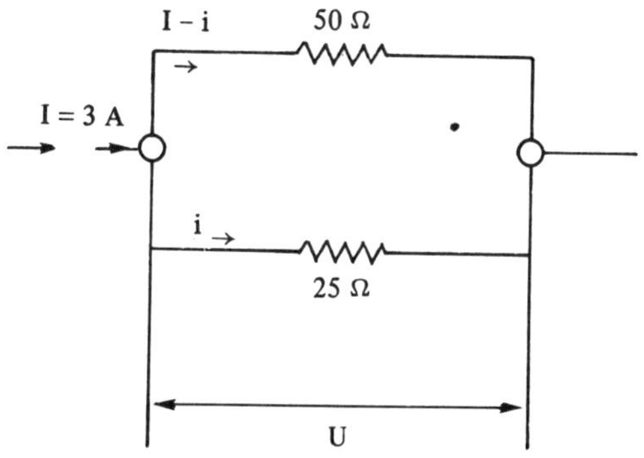

como a ddp é a mesma,

$U = 25\ i = 50\ (3 - i)\ \therefore$

$25\ i = 150 - 50\ i$

$75\ i = 150 \rightarrow \frac{150}{75} = i = \underline{\underline{2\ A}}$

No resistor,

$P = R\ i^2$

$P = 20(2)^2 = P = \underline{\underline{80\ W}}$

EXERCÍCIOS PROPOSTOS

1. Um amperímetro, cuja resistência elétrica é 9,9 Ω, quando usado para medir até 5 A, deve ser equipado com uma resistência shunt de 0,1 Ω.

a) Calcule a corrente de fundo de escala deste aparelho.

b) Que resistência deveria ser usada e como deveria ser ela ligada, caso esse amperímetro fosse empregado como voltímetro para medir até 50 V?

Respostas

a) 50 mA

b) 990 Ω

2. Mede-se a resistência elétrica R_1 de um resistor, com a ponte de Wheatstone, de um fio, em que este tem 1 m de comprimento. A resistência de comparação é de 50 Ω e o equilíbrio da ponte se dá, estando o cursor a 80 cm da extremidade do fio, que fica do lado do resistor. Determine:

a) O esquema desta ponte, indicando o amperímetro e o gerador de alimentação.

b) A nova posição de equilíbrio do cursor, se por aquecimento, a resistência do resistor aumentar de 25%.

3. ELETROMAGNETISMO

1. INTRODUÇÃO

Alguns relatos antigos atestam que os fenômenos magnéticos eram conhecidos desde tempos remotos.

Os instrumentos magnéticos primitivos eram confeccionados com minério de ferro como a magnetita. Mais tarde, descobriu-se que barras de ferro podiam ser magnetizadas, ou seja, imantadas por processos artificiais. Surgiram os ímãs artificiais.

O fenômeno da imantação de um corpo através de um ímã, chama-se indução magnética.

a) Substâncias Imantadas

Todas substâncias ao sofrer o fenômeno da imantação, podem ser classificadas em três categorias:

1ª *Substâncias ferro magnéticas*

Essas substâncias se imantam no mesmo sentido de um campo magnético. Isto é: ao se imantar determinadas substâncias essas ficam imantadas no mesmo sentido do campo magnético que causou a imantação. São ferromagnéticos: ferro, cobalto, níquel e algumas ligas desses metais.

2ª *Substâncias paramagnéticas*

As substâncias que se imantam de forma pouco intensa sob a ação de um campo magnético, recebem o nome de paramagnéticas. Exemplos:

alumínio,
cromo,
manganês,
platina,
ar,
oxigênio líquido etc.

3ª *Substâncias diamagnéticas*

As substâncias que conseguem enfraquecer um campo magnético quando são colocadas nele, isto é: quando são imantadas, se imantam em sentido contrário ao campo magnético. Exemplo:

antimônio,
bismuto,
cobre,
chumbo,
mercúrio,
ouro,
prata,
zinco,
água etc.

b) Linhas de Indução

Convencionou-se representar um campo magnético como um campo que possui linhas semelhantes ao campo elétrico. Essas linhas, receberam o nome de linhas de indução. Representadas por vetores de indução $\vec{B}$.

O sentido convencional do campo magnético de um ímã é:

"As linhas de indução saem do Pólo Norte e morrem no Pólo Sul."

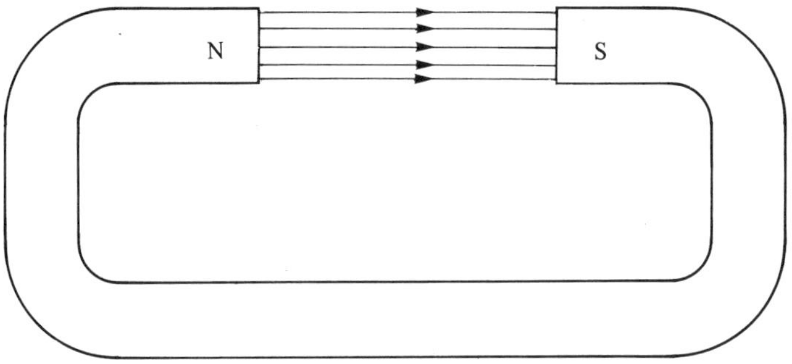

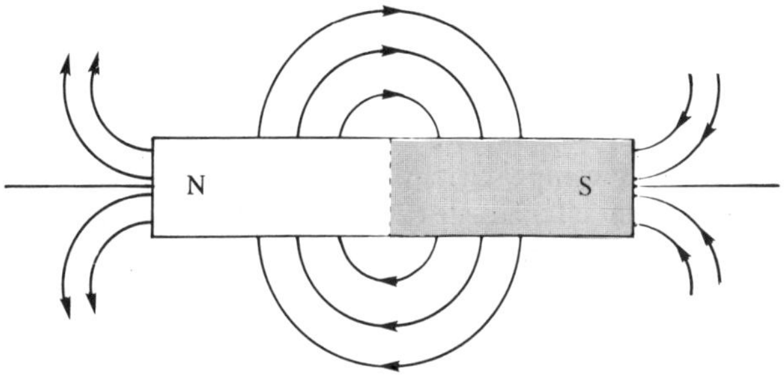

•CAMPO MAGNÉTICO

1. CONCEITOS

Cargas elétricas em movimento, originam na região do espaço onde ocorre o movimento, um campo de forças denominado campo magnético.

A cada ponto de um campo magnético, associaremos um vetor $\vec{B}$ denominado vetor indução magnética ou campo magnético.

Numa generalização, podemos definir o campo magnético de ímãs, devido a particulares movimentos que os elétrons executam no interior de seus átomos.

2. DOS IMÃS

Em 1823, Ampère, sugeria que o magnetismo era devido a correntes elétricas circulantes na matéria. J. J. Thomson, Lord Rutherford e Niels Böhr, entre outros, fazem a identificação dessas correntes chamando-as "correntes amperianas".

Um elétron pode criar um campo magnético de duas formas.

1ª girando em torno do seu núcleo (equivale a uma pequena espira de corrente) e

2ª pela criação de um efeito magnético devido a sua rotação conhecida como SPIN.

Baseado nestas duas formas, hoje é devidamente aceito que as propriedades magnéticas da matéria devem ser explicadas em termos do movimento dos elétrons nos átomos.

Num ímã há, em geral dois pólos. O pólo do ímã que aponta para o Pólo Norte geográfico é chamado norte do ímã. O pólo do ímã que aponta para o Pólo Sul geográfico é chamado de pólo sul do ímã.

Uma prova a mais de que campos magnéticos são criados por cargas em movimento foi dada pela experiência de Rowland – físico americano (1848-1901). Ele provou que cargas isoladas quando giradas mecanicamente desviavam uma agulha magnética de forma idêntica à que seria esperada se essas cargas se movessem sob a forma de corrente em um condutor. A experiência constitui em girar rapidamente um disco de ebonite carregado.

3. DAS CORRENTES

Explorando o campo ao redor de um fio condutor, muito longo, percorrido por corrente, com uma pequena bússola, descobriu-se que as linhas de forças são círculos concêntricos com centros no fio. A regra conveniente para determinar o sentido do campo próximo ao fio é a "regra da mão direita."

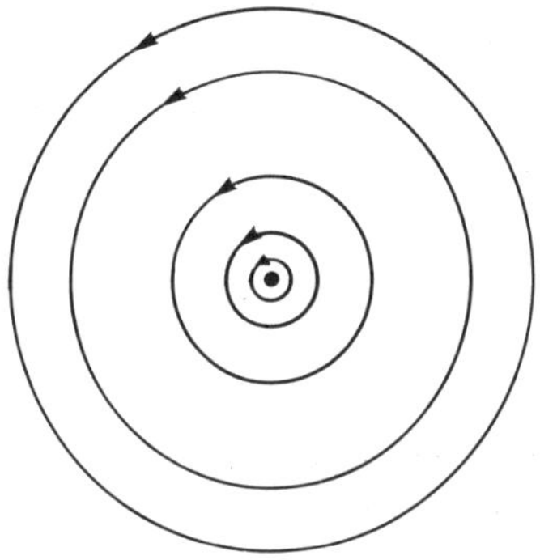

a) corrente saindo do papel

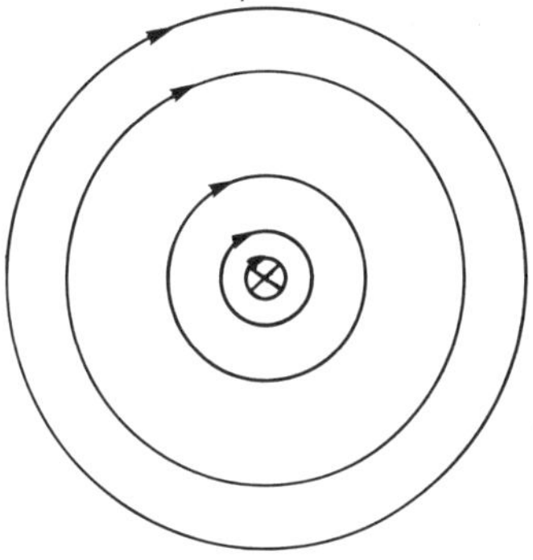

b) corrente entrando no papel

A regra baseia-se no seguinte:

"Com a mão direita, segure um fio, de forma que o polegar esteje estendido no sentido da corrente. Os dedos que envolvem os fios, apontarão o sentido do campo magnético."

Nas figuras, o ponto representa uma corrente que sai do papel e a cruz representa uma corrente que penetra na folha de papel.

Uma das leis estabelecidas para determinar um campo magnético devido a corrente, é a Lei de Biot e Ampère.

Esta lei tem a forma:

$$\Delta B = K \frac{i \, \Delta \ell \text{ sen } \alpha}{r^2}$$

$$K = \frac{\mu o}{4\pi} = 10^{-7} \frac{W}{A \cdot m}$$

μ_o = permeabilidade magnética do vácuo.

$$\mu_o = 4\pi \times 10^{-7} \frac{\text{Weber}}{\text{Ampère - metro}}$$

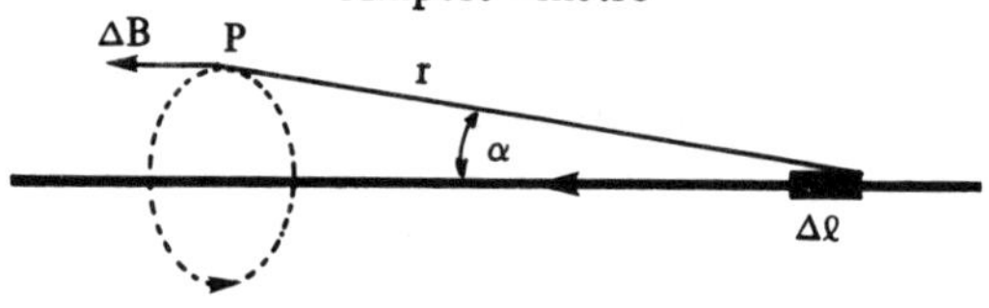

A lei possui as seguintes características:

1ª *direção:* perpendicular ao plano onde está o ponto P

2ª *intensidade:* diretamente proporcional a i e a $\Delta\ell$ sen α e inversamente proporcional ao quadrado da distância r^2.

3ª *sentido:* regra da mão direita (aberta); ou seja:
dedão = indica a corrente
os outros dedos = indicam o sentido de $\Delta\ell$
palma da mão = indica o sentido do campo. Será da palma da mão para fora.

4. NO CENTRO E NO EIXO DE UMA ESPIRA CIRCULAR

a) *No centro da espira*

Aplicada a Lei de Ampère no cálculo do campo magnético devido a uma corrente, no centro 0 de uma espira circular de raio r, teremos:

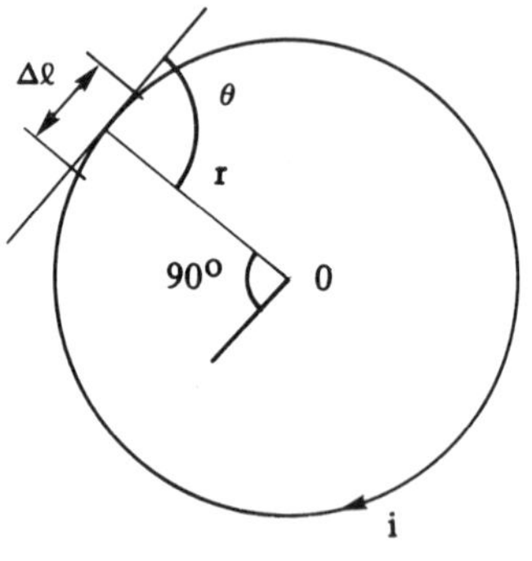

$\Delta B = K \frac{i \, \Delta\ell \text{ sen } \alpha}{r^2}$ → como a distância de cada elemento de corrente i $\Delta \ell$ ao ponto 0 é r, e o ângulo θ é sempre 90°, teremos:

$$\Delta B = K \frac{i \, \Delta \ell \text{ sen } 90^o}{r^2} = K \frac{i \, \Delta \ell}{r^2}$$

Sendo $K = \frac{\mu o}{4\pi}$, vem

$$\Delta B = \frac{\mu o}{4\pi} \frac{i \, \Delta \ell}{r^2}$$

Todos os $\Delta\ell$ da espira somados, darão o comprimento do círculo, ou $\Delta\ell = 2\pi$ R, daí

$$\Delta B = \frac{\mu o}{\underset{2}{4\pi}} \, i \, \frac{2\pi \not{R}}{\not{r^2}} =$$

$$\boxed{\Delta B = \frac{\mu o}{2} \frac{i}{r}}$$

Exemplo

Calcular o campo elementar Δ B no centro de uma espira circular de 20 cm de raio, percorrida por uma corrente de 2 A.

Solução

$$\Delta B = \frac{\mu o}{2} \cdot \frac{i}{R} =$$

$$\mu o = 4\pi \times 10^{-7} \frac{W}{A \cdot m} =$$

$$\Delta B = \frac{\not{4}\pi \times 10^{-7}}{\not{2}} \cdot \frac{\not{2}}{\not{2} \times 10^{-1}} =$$

$$\boxed{\Delta B = 2\pi \cdot 10^{-6} \frac{W}{m^2}}$$

b) *No eixo da espira*

Seja a espira abaixo:

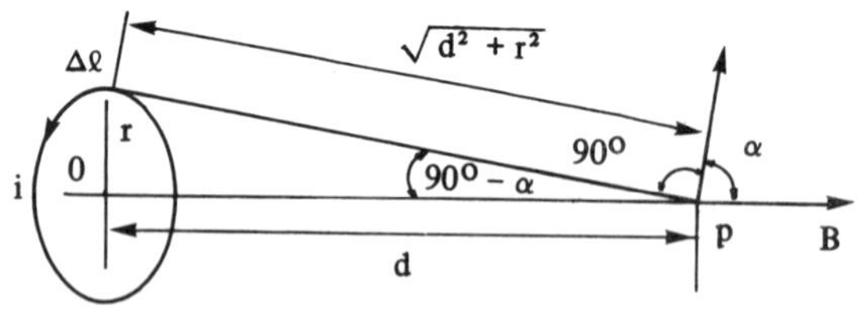

$$\Delta B_{op} = \Delta B \cos \alpha = \frac{\mu o \, i \, \Delta \ell \cos \alpha}{4\pi (r^2 + d^2)^{3/2}} =$$

Sendo $\cos \alpha = \frac{r}{\sqrt{d^2 + r^2}}$, portanto,

$$\Delta B_{op} = \frac{\mu o \, i \, \Delta \ell \, r}{4\pi (r^2 + d^2)^{3/2}} \cdot = \frac{i \, \Delta \ell}{10^7 (r^2 + d^2)^{3/2}} =$$

Levando em conta a área da espira $A = \pi R^2$, vem

$$B = \Sigma \Delta B_{op} = \frac{i \, r \, 2\pi r}{10^7 (r^2 + d^2)^{3/2}} = \frac{i \, 2\pi r^2}{10^7 (r^2 + d^2)^{3/2}}$$

ou

$$B = \frac{2 \mu o \, A \, i}{4\pi (r^2 + d^2)^{3/2}}$$

Se $d \gg r$, resulta

$$B = \frac{2\,\mu o\, A\, i}{4\,\pi\, d^3} \quad \text{ou}$$

$$\boxed{B = \frac{2\,A\,i}{10^7\, d^3}}$$

Para uma bobina constituída por N espiras justapostas,

$$\boxed{B = N\, \frac{2\,A\,i}{10^7\, d^3}}$$

onde A = área da bobina.

Para a bobina chata com N espiras iguais justaposta,

$$\boxed{B = N\, \frac{\mu o}{2} \cdot \frac{i}{r}} \qquad r = \text{raio}$$

Observação: B é vertical *e sua unidade* é o Tesla = T

EXERCÍCIOS RESOLVIDOS

1. Duas espiras circulares E_1 e E_2, concêntricas e coplanares, de raios $R_1 = 10\,\pi$ cm e $R_2 = 2{,}5\,\pi$ cm, são percorridas pelas correntes i_1 e i_2 conforme figura abaixo. Sendo

$i_1 = 10$ A e

$$\mu = 4\,\pi \times 10^{-7}\ \frac{W}{A\,.\,m} \text{ ou}$$

$$\mu = 4\,\pi \times 10^{-7}\ \frac{\text{Tesla}\,.\,m}{A}$$

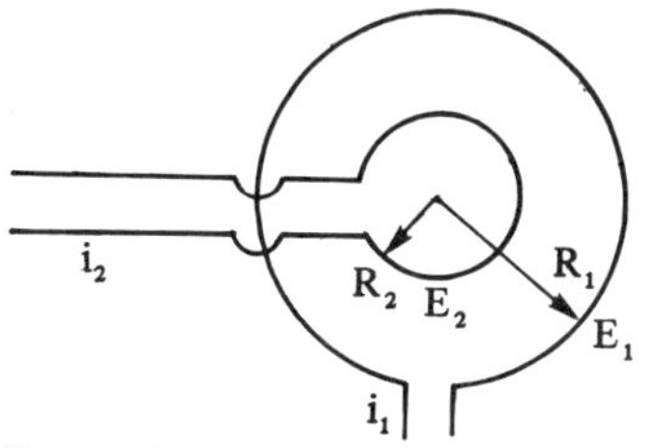

Determinar

a) O campo magnético originado pela corrente i_1 no centro 0.

b) O valor de i_2, para que o campo magnético resultante no centro seja nulo.

Solução

Consideremos B_1 = campo magnético da espira 1

$R_1 = 10\,\pi$ cm $= 10^{-1}\,\pi$ m

$i_1 = 10$ A

$$B_1 = \frac{\mu o}{2}\,\frac{i_1}{R_1} = \frac{4\,\pi\,.\,10^{-7}}{2} \cdot \frac{10}{10^{-1}\,\pi} =$$

$$\boxed{B_1 = 2\,.\,10^{-5}\ T}$$

Consideremos B_2 = campo magnéticos da espira 2

$R_2 = 2{,}5\,\pi$ cm $= 2{,}5 \times 10^{-2}\,\pi$ m.

$$B_2 = \frac{\mu o}{2}\,\frac{i_2}{R_2} = \frac{4\,\pi \times 10^{-7}}{2} \cdot \frac{i_2}{2{,}5 \times 10^{-2}\,\pi} =$$

$$B_2 = \frac{2\,\pi \times 10^{-7}\, i_2}{2{,}5 \times 10^{-2}\,\pi} = \frac{2 \times 10^{-7}\, i_2}{2{,}5 \times 10^{-2}}$$

Logo:

$B_1 = 2 \times 10^{-5}$ R (resolução do item a)

$$B_2 = \frac{2 \times 10^{-7}\, i_2}{2{,}5 \times 10^{-2}}$$

Para o campo magnético resultante no centro ser nulo, é necessário que

$B_1 = B_2$ (mesma direção e sentido opostos, e mesma intensidade).

$$2 \times 10^{-5} = \frac{2 \times 10^{-7}\, i_2}{2{,}5 \times 10^{-2}} \rightarrow$$

$$5 \times 10^{-5} \times 10^{-2} = 2 \times 10^{-7}\, i_2 \rightarrow$$

$$i_2 = \frac{5 \times 10^{-7}}{2 \times 10^{-7}} = 2{,}5\ A$$

$$\boxed{i_2 = 2{,}5\ A}$$

2. Um condutor reto e extenso é percorrido por uma corrente elétrica de intensidade $i = 4$ A. Calcular a intensidade do vetor de indução magnética $\vec{B}$ no ponto P situado a 2 cm do condutor.

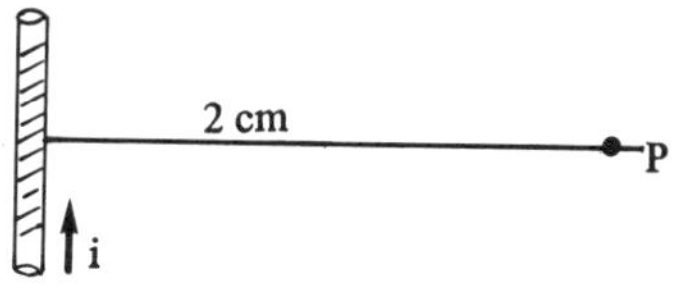

Solução

$$B = \frac{\mu o}{2\,\pi}\,\frac{i}{r} \rightarrow$$

$$B = \frac{4\pi\,.\,10^{-7}}{2\pi} \cdot \frac{4}{2\,.\,10^{-2}} = \frac{2\,.\,10^{-7}\,.\,4}{2\,.\,10^{-2}} =$$

$$\boxed{B = 4\,.\,10^{-5}\ T}$$

3. Numa bobina de 200 cm de comprimento, 5 cm de raio e 4000 espiras passa uma corrente de 10 A. Calcular o campo magnético no centro da bobina.

Solução

$$\hat{\mu} o = 4\,\pi \times 10^{-7}\ \frac{T\,m}{A}$$

N = 4000 espiras

i = 10 A

$r = 5$ cm $= 5 \times 10^{-2}$ m

$B = N\,\frac{\mu o}{2} \cdot \frac{i}{r}$

$B = 4000\;\frac{4\,\pi \times 10^{-7}}{2} \cdot \frac{10}{5 \times 10^{-2}} =$

$B = 4 \times 10^3 \,.\, 4\,\pi \,.\, 10^{-7} \times 10^1 \times 10^{+2} \times 10^1 =$

$B = 16\,\pi \times 10^{+7} \times 10^{-7} \rightarrow$

$$B = 16\,\pi\,T$$

EXERCÍCIOS PROPOSTOS

1. Duas espiras iguais de raios 2 π cm são colocadas com centros coincidentes em planos perpendiculares, no vácuo e percorridas pelas correntes $i_1 = 4$ A e $i_2 = 3$ A. Caracterizar o campo magnético B em seu centro 0.

Dado $\mu o = 4\,\pi \,.\, 10^{-7}\;\frac{T\,.\,m}{A}$

Resposta
$B = 5 \times 10^{-5}$ T

2. Um condutor reto de comprimento infinito é percorrido pela corrente constante de 1,5 A, no vácuo. Calcule a intensidade magnética do campo $\vec{B}$ num ponto que dista 0,25 m do condutor.
Dado $\mu o = 4\,\pi \times 10^{-7}\;\frac{T\,.\,m}{A}$

Resposta
$B = 1{,}2 \times 10^{-6}$ T

3. Uma bobina chata, formada por 100 espiras circulares de raios 5 π cm, é percorrida por uma corrente de 10 A. Calcule a intensidade do campo magnético no centro da bobina. Sabe-se que a bobina está no vácuo.

Dado $\mu o = 4\,\pi\,10^{-7}\;\frac{T\,.\,m}{A}$

Resposta
$B = 4 \times 10^{-3}$ T

4. Determine o campo magnético resultante no ponto 0, equidistante dos três condutores conforme figura abaixo.

Dados:
$\alpha = 60^o$
$i = 10$ A
$\mu o = 4\,\pi \times 10^{-7}\;\frac{T\,.\,m}{A}$

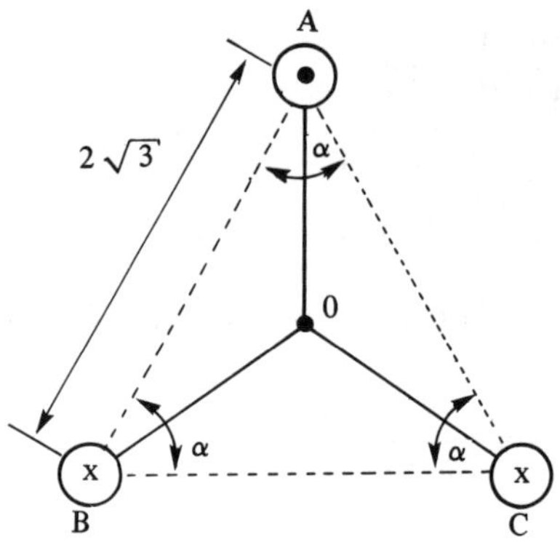

Resposta
$B = 2 \times 10^{-6}$ T

5. Campo de solenóide. As extremidades do solenóide são denominadas pólos:

Norte → de onde saem as linhas de indução

Sul → por onde entram essas linhas.

Para um selenóide,

$$B = \mu o\,\frac{N}{\ell} \,.\, i$$

N = número de espiras
ℓ = comprimento do solenóide

FORÇA MAGNÉTICA

1. INTRODUÇÃO

A força de Lorentz, é a força da ação de um campo magnético sobre uma carga em movimento.

Estando a carga elétrica em movimento, em um campo magnético há uma interação entre esse campo e o campo originado pela carga. Essa interação manifesta-se por forças que agem na carga elétrica: estas forças são denominadas forças magnéticas.

Se uma carga de q Coulombs se move com uma velocidade de v metros por segundos, numa direção normal, a carga estará sujeita a uma força de f Newtons, normal a B e v, dada experimentalmente por:

$$f = Bvq$$

cujo diagrama ilustrativo (Figura 1) das direções e sentidos dos vetores B, v e f para uma partícula carregada em um campo magnético, mostra esses perpendicularismo. Neste caso, a carga se desloca em direção perpendicular à do campo $\vec{B}$. No caso da carga se deslocar em outra direção, e v forma ângulo α com $\vec{B}$.

$$f = bvq \text{ sen } \alpha$$

Figura 1

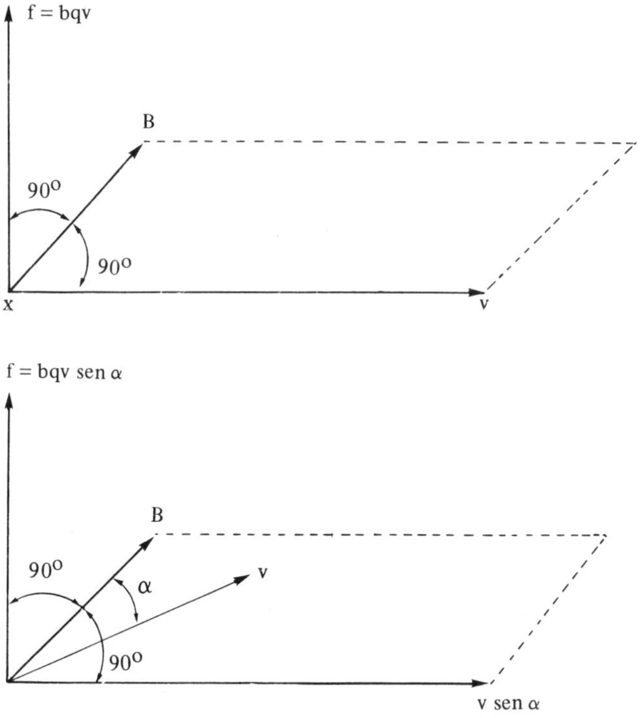

2. MOVIMENTO DE PARTÍCULAS CARREGADAS EM CAMPOS ELÉTRICOS E MAGNÉTICOS

Pode-se obter informações importantes, com relação às propriedades dos elétrons e de outras partículas carregadas, estudando seu movimento em campos elétricos e magnéticos combinados.

Admitimos, que um campo eletrostático E é paralelo ao eixo dos X e que uma partícula de massa *m* e carga positiva *q*, possua a velocidade de V_A em A com a direção do eixo dos X. Pela definição de campo elétrico, a força f que age em q vale:

$$f = Eq$$

Pela 2ª Lei de Newton, a aceleração constante na direção do eixo dos x é

$$a = \frac{f}{m}$$

ou

$$a = \frac{Eq}{m}$$

Neste caso, o trabalho realizado pelo campo sobre a carga para acelerá-la de A até B, separados pela distância d, é medida pela diferença entre as energias cinéticas em B e A.

$$Eq\, d = \frac{1}{2} m V_B^2 - \frac{1}{2} m V_A^2$$

Como a diferença de potencial entre B e A para um campo uniforme é

V = Ed, teremos:

$$Vq = \frac{1}{2} m V_B^2 - \frac{1}{2} m V_A^2$$

que indica que quando uma partícula carregada "cai" de uma diferença de potencial V aumenta sua energia cinética.

3. MOVIMENTO DE UMA PARTÍCULA CARREGADA LANÇADA ENTRE AS PLACAS DE UM CONDENSADOR PLANO

Seja o condensador conforme abaixo:

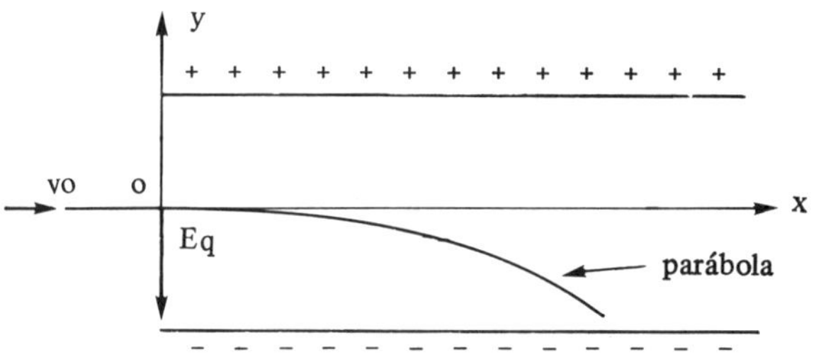

A força constante Eq age continuamente numa direção normal à velocidade inicial vo, e a partícula descreverá uma parábola entre as placas do condensador. O movimento da partícula é semelhante ao movimento do projétil. A equação da parábola é:

$$y = \left(\frac{1}{2} \frac{E\,q}{vo^2\, m}\right) x^2$$

Fora do condensador, região sem campo a partícula prosseguirá em linha reta.

4. PARTÍCULA SE MOVENDO EM CAMPO MAGNÉTICO UNIFORME

Seja o campo magnético constante abaixo:

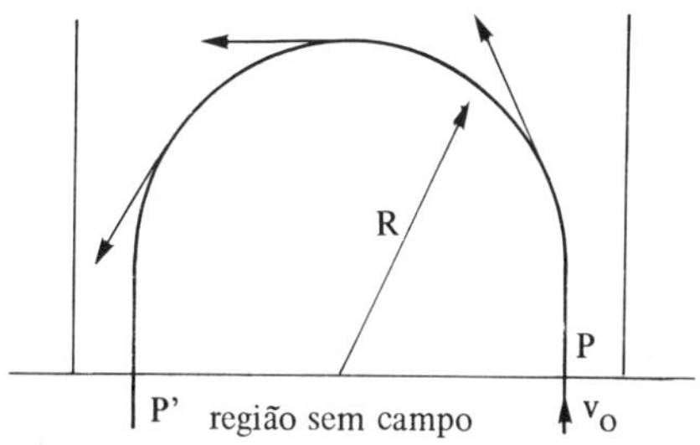

A força que age sobre a partícula é constante em módulo e é sempre normal à velocidade vo, de forma que a partícula terá uma trajetória circular de raio r. A força centrípeta na partícula é:

$$F_{cp} = \frac{m\,v^2}{R} \;;$$

e, como a força é B q v, segue-se que no equilíbrio,

$$B\,q\,v = \frac{m\,v^2}{R} \quad \text{, ou}$$

$$\boxed{R = \frac{m\,v}{q\,B}}$$

considerando ainda que

$$\omega = \frac{v}{R} \text{ e que } T = \frac{2\pi}{\omega}\text{, temos:}$$

$$\omega = \frac{q\,B}{m}$$

$$T = \frac{2\pi m}{q\,B}$$

onde T é o tempo gasto pela partícula para descrever um círculo completo.

Resumindo

Quando uma carga puntiforme q é lançada em um campo magnético, ocorrem três casos:

1º $\vec{v}$ é paralela a $\vec{B}$.

Neste caso, o ângulo α vale 0° ou 180° e sen $0^o = 0$. Daí,

$$f = 0$$

A carga segue em movimento retilíneo uniforme.

2º $\vec{v}$ é perpendicular a $\vec{B}$.

Neste caso, a f já não é nula, é uma força centrípeta, alterando apenas a direção da velocidade. O raio da trajetória será:

$$\boxed{R = \frac{m\,v}{B\,q}}$$

3º $\vec{v}$ é oblíqua a $\vec{B}$.

A velocidade $\vec{v}$ pode ser decomposta nos eixos x e y. A trajetória é uma hélice cilíndrica e o movimento é uniforme.

5. FORÇA SOBRE UM CONDUTOR RETO EM CAMPO UNIFORME

Um condutor reto de comprimento ℓ, totalmente imerso num campo magnético uniforme e perpendicular a ℓ, quando circular uma corrente de intensidade i no mesmo, este ficará sujeito a uma força f cujo sentido é o da mão direita.

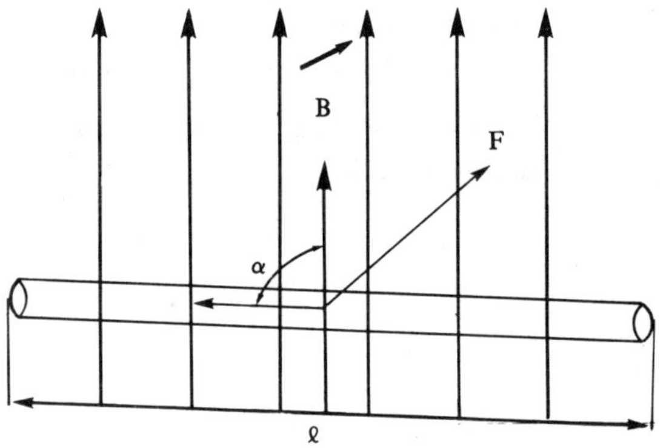

Sendo $i = \frac{\Delta q}{\Delta t}$ ou $i = \frac{q}{t}$, donde

$q = i\,t$

A força magnética resultante no condutor terá intensidade

$f = B\,q\,v$ sen α ∴

$f = B\,i\,t\,v$ sen α. Sendo $v = \frac{\ell}{t}$, vem

$f = B\,i\,\not{t}\,\frac{\ell}{\not{t}}$ sen α, que dará

$$\boxed{f = B\,i\,\ell \text{ sen } \alpha}$$

6. FORÇA ENTRE CONDUTORES PARALELOS

Condutores paralelos percorridos por correntes, se atraem ou se repelem. O campo $\vec{B}$ por unidade de comprimento, que age no fio percorrido pela corrente i_1 é

$$B_1 = \frac{\mu o}{2\pi}\,\frac{i_1}{R}$$

nos pontos em que está o outro condutor. Sendo B_1 perpendicular à i_2, a força magnética f, ao longo de um comprimento ℓ terá intensidade dada por:

$f = B\,i\,\ell$ sen α,

como há o perpendicularismo entre B_1 e i_2, α vale 90° e a força será:

$f = B_1\,i_2\,\ell$,

que dará:

$$f = \frac{\mu o}{2\pi}\,\frac{i_1}{R}\,.\,i_2\,\ell \quad \text{ou}$$

$$\boxed{f = \frac{\mu o}{2\pi}\,\frac{i_1\,.\,i_2}{R}\,.\,\ell}$$

Observação

As correntes não originam campo magnético nos condutores que elas atravessam.

EXERCÍCIOS RESOLVIDOS

1. Uma partícula α, cuja carga elétrica é $q = 3,2 \times 10^{-19}$ C, move-se com velocidade $v = 3 \times 10^5$ m/s em uma região de campo magnético $\vec{B}$ de intensidade $2,4 \times 10^5$ T, conforme figura. Caracterize a força magnética agente na partícula.

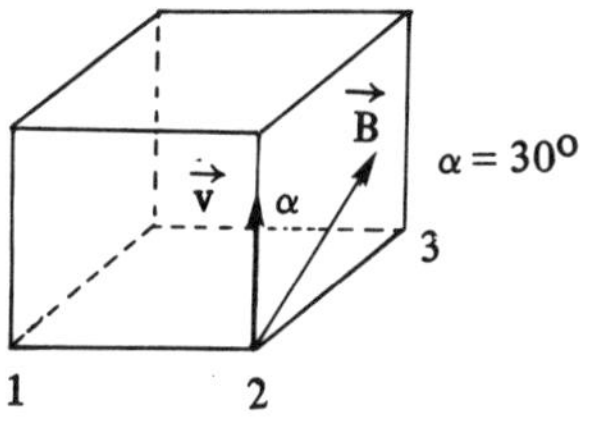

Solução

$F = q\,v\,B\,\text{sen}\,\alpha$

$F = 3,2 \times 10^{-19} \,.\, 3 \times 10^5 \times 2,4 \times 10^5 \,.\, \text{sen}\,30°$

$F = 11,52 \times 10^{-9}$ N.

Características

A direção da força → da reta 1 para a 2
O sentido da força → da reta 2 para 1
intensidade → $11,52 \times 10^{-9}$ N

2. Um elétron penetra em uma região, onde um campo magnético uniforme é originado durante t segundos, de tal forma que a trajetória é a indicada abaixo. Determine a intensidade de $\vec{B}$.

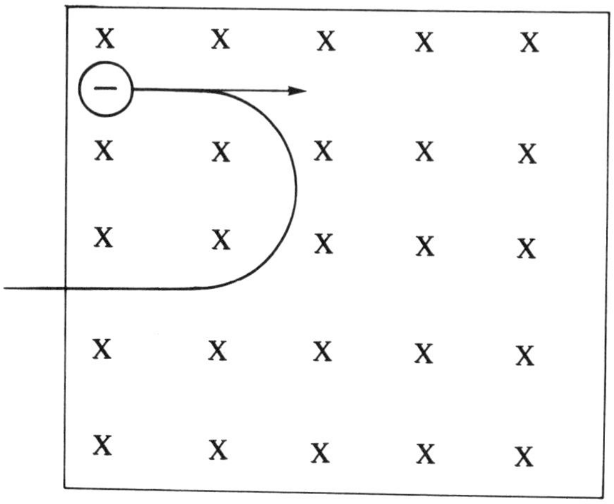

Solução

$F = q\,v\,B\,\text{sen}\,\alpha$

Como a partícula entra perpendicularmente ao campo $\vec{B}$, α é 90°, então

$F = q\,v\,B$

Sendo a trajetória circular, aparece a força centrípeta,

$$F_{cp} = \frac{m\,v^2}{R}$$

Em qualquer ponto, há o equilíbrio e

$F_{cp} = F$, ou

$$q\,v\,B = \frac{m\,v^2}{R} \quad \text{, daí}$$

$$B = \frac{m\,v^2}{q\,v\,R} = \frac{m\,v}{R\,q}$$

$$\boxed{B = \frac{m\,v}{R\,q}} \qquad (1)$$

A distância percorrida é x seu valor é $x = v\,t$

Pela figura, x = meio círculo,

$x = \pi\,R$

Então,

$$\pi\,R = v\,t \rightarrow \boxed{v = \frac{\pi\,R}{t}} \qquad (2)$$

Colocando (2) em (1), teremos:

$$B = \frac{m\left(\frac{\pi\,R}{t}\right)}{R\,q} = \frac{\pi\,m}{q\,t}$$

$$\boxed{B = \frac{\pi\,.\,m}{q\,.\,t}}$$

que será a intensidade do campo B.

3. Um segmento de condutor reto e horizontal, tendo comprimento $\ell = 20$ cm e massa $m = 40$ g, é percorrido pela corrente $i = 5,0$ A e está em equilíbrio sob as ações exclusivas da gravidade g e de um campo magnético $\vec{B}$ horizontal. Adotar

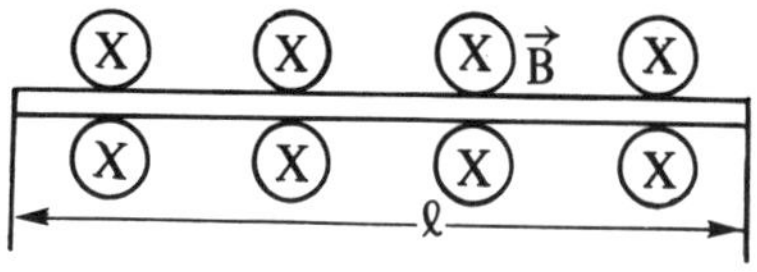

Determine B e o sentido de i.

Solução

Dados $\begin{cases} \ell = 20 \text{ cm} = 0,2 \text{ m} \\ i = 5,0 \text{ A} \\ m = 40 \text{ g} = 0,04 \text{ kg} \\ g = 10 \text{ m/s}^2 \end{cases}$

Para haver o equilíbrio,

$Fm = P$

Sendo

$Fm = B\,i\,\ell\,\text{sen}\,\alpha$ (força num condutor)

$P = mg$,

$B\,i\,\ell\,\text{sen}\,\alpha = m\,g \rightarrow \quad B = \dfrac{m\,g}{i\,\ell\,\text{sen}\,\alpha}$

Sendo $\alpha = 90^o$ (força para cima no condutor)

$$B = \frac{m\,g}{i\,\ell} = \frac{0{,}04 \cdot 10}{5{,}0 \cdot 0{,}2} =$$

$$\boxed{B = 0{,}4\ T}$$

O sentido de i deve ser da esquerda para a direita, para que a força magnética seja de baixo para cima.

EXERCÍCIOS PROPOSTOS

1. Uma pequena esfera eletrizada com carga $3\ \mu C$ penetra num campo magnético com a quantidade de movimento de 10^{-2} N. s e direção perpendicular ao vetor $\vec{B}$. Verifica-se que ela passa a executar uma trajetória circular de raio 50 cm. Calcule a intensidade do vetor $\vec{B}$.
Resposta
$B = 6{,}7\ T$

2. Um próton atravessa uma região em que existem dois campos uniformes, um magnético e outro elétrico perpendiculares entre si e à direção do movimento da partícula. Sendo E a intensidade do campo elétrico e B a intensidade do campo magnético, calcule a velocidade do próton.

Resposta

$$v = \frac{E}{B}$$

3. Calcule a intensidade da força magnética que age em um condutor de 20 cm, percorrido pela corrente elétrica de 10 A, colocado perpendicularmente às linhas de indução de um campo magnético de intensidade 1 T. Indique, em um esquema, a direção e o sentido da força.

Resposta
F = 2 N

4. Dado o gráfico abaixo obtido pelos dados experimentais da corrente atuando num fio condutor colocado perpendicularmente às linhas de indução e medida a força atuante sobre o fio, determine a intensidade do campo magnético.

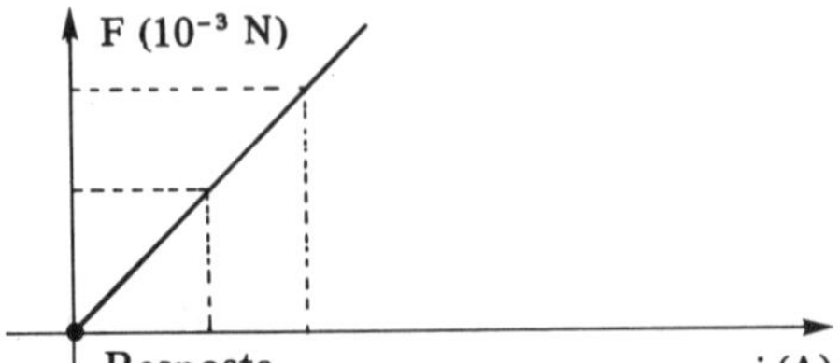

Resposta
$B = 5 \times 10^{-2}$ T

5. Os condutores C_1, C_2 e C_3 abaixo, são percorridos por correntes iguais de 10 A. Esses condutores estão situados no interior de um campo magnético uniforme de intensidade B = 0,05 T. Determine a intensidade da força magnética exercida nos condutores, se o campo $\vec{B}$ é horizontal e paralelo ao plano da figura.

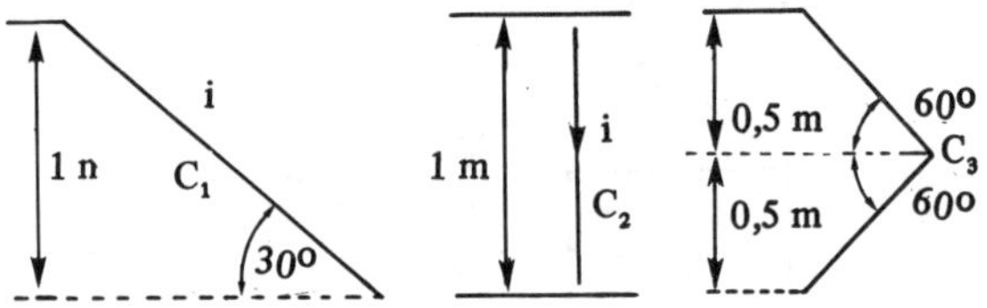

Em $C_1 \rightarrow F = 0{,}5$ N
Em $C_2 \rightarrow F = 0{,}5$ N
Em $C_3 \rightarrow F = 0{,}35$ N

6. Dado o quadro condutor da figura abaixo de 2 m por 1 m imerso no campo magnético uniforme de intensidade $B = 3 \times 10^{-2}$ T. No quadro circula uma corrente de 2 A. Calcule o momento de rotação a que ele fica submetido.

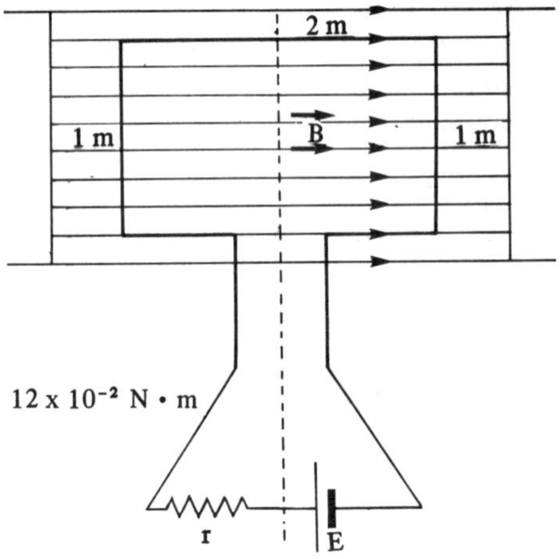

7. A barra condutora de 1 m de comprimento e peso 2 N, mergulhada no campo magnético B = = 0,1 T, alonga a mola (isolada e pendurada) de 0,2 m além de seu comprimento em repouso. Circulando uma corrente i pela barra, esta é trazida a uma nova posição de equilíbrio. Quando se desliga a corrente, a barra passa a executar um MHS de amplitude 0,1 m. Calcule a intensidade da corrente i.

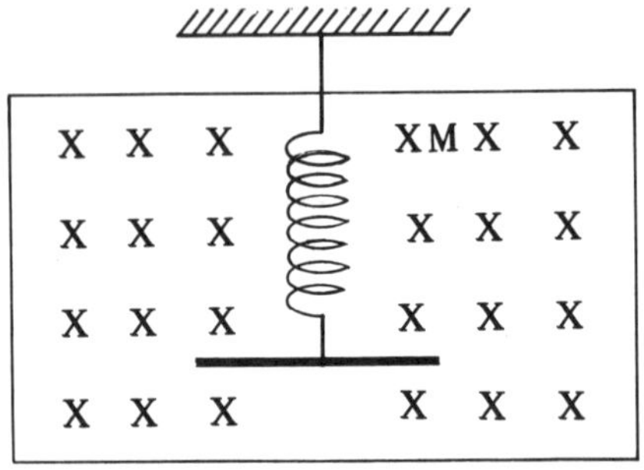

Resposta
i = 10 A

TESTES

1. No esquema abaixo, uma corrente elétrica de intensidade i percorre o fio condutor. Nos pontos M e N o vetor indução magnética $\vec{B}$ têm:
a) A mesma direção e o mesmo sentido.
b) A mesma direção porém sentidos opostos.
c) Direções perpendiculares.
d) Direções paralelas à do condutor porém de sentidos opostos.
e) N.R.A.

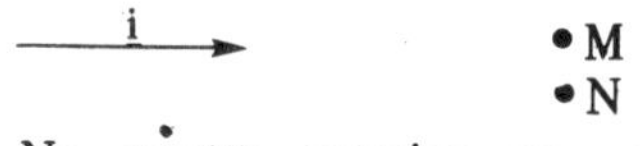

2. Na questão anterior, no ponto M a intensidade de $\vec{B}$:
a) Só depende da intensidade da corrente i.
b) Independe da distância do ponto M ao fio condutor.
c) É inversamente proporcional à corrente i.
d) É diretamente proporcional à corrente i.
e) N.R.A.

3. Dois fios condutores muito compridos, retos e paralelos são percorridos por correntes de intensidades $i_1 = i_2$ e de mesmo sentido. Podemos concluir que:
a) Há repulsão entre os fios condutores.
b) Há atração entre os fios condutores.
c) O vetor indução magnética no ponto médio da distância que separa os fios condutores tem intensidade nula.
d) O vetor indução magnética devido a i_1 e i_2 tem a mesma intensidade em qualquer ponto.
e) As alternativas b e c estão corretas.

4. (CESCEM-SP). Para que duas partículas eletrizadas possam descrever circunferências de raios iguais, mas de sentidos opostos, com velocidades iguais e de mesmo sentido:
a) Ambas devem ter cargas iguais, mas de sinais opostos, não importando suas massas.
b) Ambas devem possuir a mesma massa, não importando suas cargas.
c) Suas massas devem ser iguais e os sinais de suas cargas contrário, não importando o valor das mesmas.
d) Ambas devem ter a relação $\frac{q}{m}$ de mesmo valor, mas de sinais contrários.
e) Nenhuma das anteriores.

5. (ITA-SP). Um campo magnético $\vec{B}$ é perpendicular ao papel e orientado do papel para o observador. Uma corrente elétrica i passa na espira circular de raio r, cujo plano coincide com o do papel. As forças que agem sobre a espira são tais, que tendem a produzir nela:
a) Um encolhimento.
b) Um alargamento.
c) Uma rotação no sentido horário em torno de um eixo vertical, pelo seu centro.
d) Uma rotação no sentido anti-horário em torno do eixo vertical, pelo centro.
e) Uma rotação em torno do eixo E - E' do plano da espira.

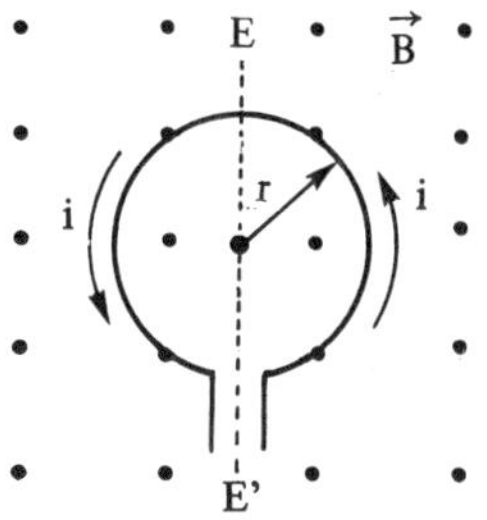

6. (ITA-SP). No colégio de Patópolis, a sineta era controlada por um grande relógio de pêndulo colocado na entrada do corredor principal. A bola do pêndulo do relógio era de ferro. Dois alunos, Zezinho e Luizinho, costumavam pregar pela ao professor Ludovico, do seguinte modo: eles tinham um ímã muito forte que, ao entrarem às 8 h, colocavam perto do relógio, para que o mesmo se adiantasse. Às 12 h, ao saírem, mudavam a posição do ímã, para que o relógio se atrasasse. Em que lugar eles colocavam o ímã:
a) Na frente do relógio, pela manhã, e atrás dele, à tarde.
b) Atrás do relógio, pela manhã, e na frente, à tarde.
c) Atrás do número 8 do mostrador, pela manhã, e atrás do número 12, à tarde.
d) Embaixo do relógio, pela manhã, e em cima, à tarde.
e) Em cima do relógio, pela manhã, e embaixo, à tarde.

7. (UFRGS-RS). A figura mostra três posições sucessivas de uma espira condutora, que se desloca com velocidade constante numa região em que há um campo magnético uniforme, perpendicular à página e para dentro da página.
Selecione a alternativa que supre as omissões nas frases seguintes:
Qual ou quais delas são verdadeiras:
a) Apenas I   c) Apenas III   e) Apenas II e III
b) Apenas II   d) Apenas I e II

8. Um partícula de carga elétrica q penetra com velocidade $\vec{v}$ numa região do espaço onde há campo de indução magnética constante $\vec{B}$. Supondo apenas forças de natureza magnética agindo sobre a partícula, podemos afirmar que:
a) A trajetória da partícula só pode ser uma circunferência.
b) A trajetória da partícula só pode ser uma reta.
c) A trajetória da partícula pode ser retilínea.
d) A trajetória da partícula só pode ser uma hélice cilíndrica.
e) N.R.A.

9. (CESCEA-SP). O Desenho ilustra uma região do espaço tomada por um campo de indução magnética uniforme, perpendicular a esta página e emergindo dela. Três corpos puntuais de

massas iguais são lançados sucessivamente neste campo, com velocidades iguais, e seguem as trajetórias marcadas.

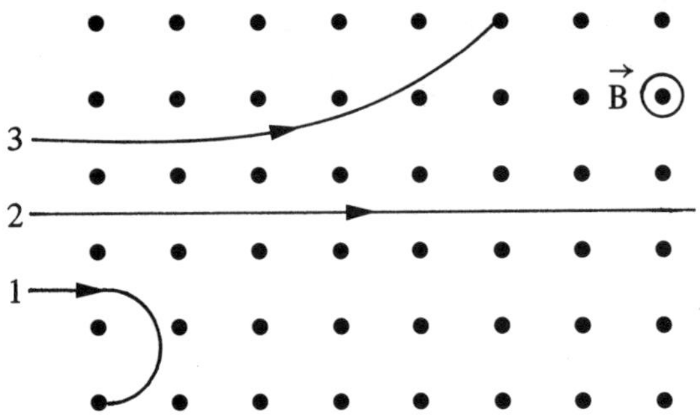

Considere as proposições:
I. Os corpos 1 e 3 estão eletrizados com cargas opostas.
II. O corpo 2 não está eletrizado.
III. O corpo 3 tem carga elétrica positiva.

I. Na posição (1), a espira está penetrando na região, onde existe o campo magnético e, conseqüentemente, está____________
o fluxo magnético através da espira.
II. Na posição (2), não há____________
na espira.
III. Na posição (3), a corrente elétrica induzida na espira, em relação à corrente induzida na posição (1), tem sentido.

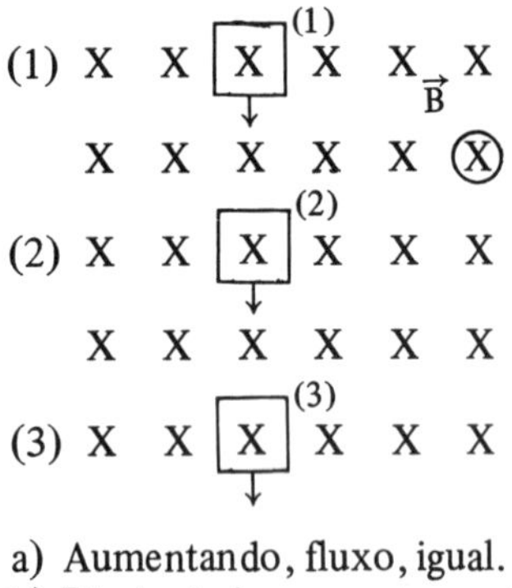

a) Aumentando, fluxo, igual.
b) Diminuindo, corrente, contrário.
c) Diminuindo, fluxo, contrário.
d) Aumentando, corrente, contrário.
e) Diminuindo, fluxo, igual.

10. (CESCEA-SP). Um corpúsculo de massa m e carga q movimenta-se num campo magnético B, constante; sua trajetória é circular e de raio r. A fim de obtermos uma trajetória de maior raio, poderíamos:
a) Aumentar o campo B.
b) Diminuir a massa m do corpúsculo.
c) Diminuir a velocidade v.
d) Diminuir a carga q.
e) N.R.A.

11. Um feixe de elétrons com velocidade $\vec{v}$, penetra numa região onde há campo magnético uniforme $\vec{B}$ e não sofre deflexão. Considerando desprezível a ação da gravidade, podemos concluir que:
a) As direções de $\vec{v}$ e $\vec{B}$ são perpendiculares.
b) As direções de $\vec{v}$ e $\vec{B}$ são iguais, não importando a existência de campo elétrico na região.
c) Se não houver campo elétrico $\vec{E}$, $\vec{v}$ e $\vec{B}$ tem a mesma direção.
d) Se houver campo elétrico $\vec{E}$, este deve ser de mesma direção e sentido oposto de $\vec{B}$.
e) Se houver campo elétrico $\vec{E}$, este deve ser de mesma direção e mesmo sentido de $\vec{B}$.

12. (MACK-SP). Um elétron e um próton são lançados, separadamente, com velocidades perpendiculares a um mesmo campo de indução magnética $\vec{B}$. Assinale a afirmação verdadeira.
a) A partícula de maior velocidade terá um movimento de menor período.
b) A partícula de maior velocidade terá um movimento de maior período.
c) A freqüência do movimento do próton será maior.
d) A freqüência do movimento do próton será menor.
e) Se as velocidades das duas partículas forem iguais, os raios de suas trajetórias também serão iguais.

13. Ainda na questão anterior, podemos afirmar que:
a) A carga elétrica do corpo 1 é positiva e a de 3 é negativa, sendo em valor absoluto a carga elétrica de 1 menor que a de 3.
b) A carga elétrica do corpo 1 é negativa e a de 3 é positiva, sendo em valor absoluto a carga elétrica de 1 menor que a de 3.
c) A carga elétrica do corpo 1 é positiva e a de 3 é negativa, sendo em valor absoluto, a carga elétrica de 1 maior que a de 3.
d) A carga elétrica do corpo 1 é negativa e a de 3 é positiva, sendo em valor absoluto a carga elétrica de 1 maior que a de 3.
e) N.R.A.

14. (FUVEST-SP). Uma agulha magnética (pequeno ímã) está suspensa por seu centro, podendo girar livremente em qualquer direção. Próximo está um condutor retilíneo pelo qual faz-se passar uma forte corrente elétrica de intensidade constante. Pode-se afirmar que a agulha tende a orientar-se:
a) Na direção vertical com o pólo norte para baixo.
b) Num plano perpendicular ao fio com os dois pólos eqüidistantes do fio.
c) Paralelamente ao fio com o sentido sul-norte da agulha coincidindo com o sentido da corrente.
d) Paralelamente ao fio com o sentido norte-sul da agulha coincidindo com o sentido da corrente.
e) De forma que um dos pólos esteja o mais próximo possível do fio.

INDUÇÃO ELETROMAGNÉTICA

1. INTRODUÇÃO

Em 1820, Oersted descobriu que um campo magnético está sempre associado a uma corrente elétrica.

Em 1830, Joseph Henry, descobriu correntes circulares em bobinas enroladas no ferro colocado entre os pólos de um de seus eletroímãs, quando a corrente era ligada ou interrompida nas bobinas principais do eletroímã.

Em 1831, Faraday descobriu correntes produzidas em bobinas, quando outra corrente era iniciada ou interrompida em outra bobina, enrolada no mesmo núcleo.

Os geradores elétricos que nos fornecem energia, bem como os transformadores que permitem a transmissão dessa energia que é usada em indústrias, são uma aplicação direta da descoberta da indução eletromagnética feita por Faraday.

2. FORÇA ELETROMOTRIZ DE MOVIMENTO

Quando um condutor se movimenta num campo magnético uniforme, esse condutor corresponde, assim a um gerador de fem e se diz ser a sede de uma fem de movimento, de grandeza definida por:

$$\mathcal{E} = B \ell v$$

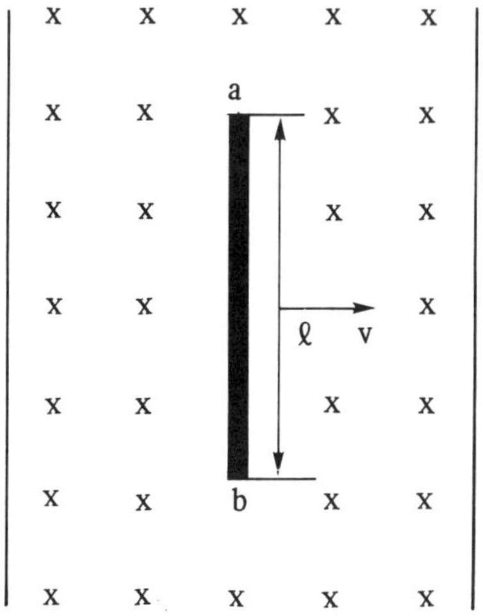

Quando um gerador estiver em circuito aberto, e não havendo percurso fechado para as cargas elétricas, não se estabelece a corrente i (i = 0) e pela equação do gerador, a ddp nos seus terminais é igual a fem. Isto é: U = E

A unidade de $\mathcal{E}$ é $\frac{\text{Weber}}{m^2} = \frac{W}{m^2}$

3. FLUXO MAGNÉTICO

Após várias verificações, Faraday descobriu que somente há fem se houver variação do fluxo magnético ϕ.

$$\phi = B\ A \cos\theta$$

onde θ é o ângulo entre o vetor $\vec{B}$ e a normal N a área da espira ou de um quadro.

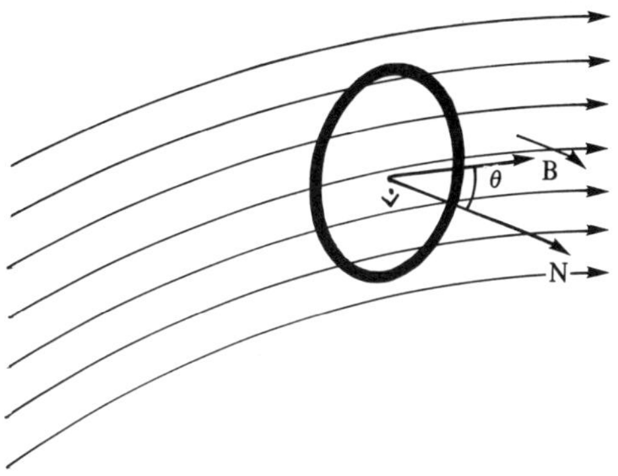

A unidade do fluxo magnético é o Weber (Wb) que apresenta o Maxwell (Mx) como submúltiplo.

4. LEI DE LENZ

Essa lei determina o sentido da corrente induzida. Afirma que:

"O sentido da corrente induzida é tal que, por seus efeitos, ele se opõe à causa que lhe deu origem."

Para existir corrente induzida, devemos ter um circuito fechado.

5. LEI DE FARADAY – NEWMANN

Essa lei, relaciona o decaimento do fluxo num intervalo de tempo considerado. Isto é:

"A fem induzida em um circuito é igual ao quociente da variação do fluxo magnético pelo intervalo de tempo que ocorre, com sinal trocado."

ou

e = força induzida média

$$e = -\frac{\Delta\phi}{\Delta t}$$

6. AUTO-INDUÇÃO

Uma bobina com várias espiras pode ser considerada como muitas bobinas ligadas em série. Uma corrente variável através da bobina resultará num fluxo variável através da mesma e portanto, numa fem induzida. Pelo fato desta força eletromotriz se opor à causa que a cria (tende a se opor à variação da corrente) é chamada de força contra eletromotriz. Essa afirmação pode ser escrita em símbolos por:

$$E_a = - L \frac{\Delta i}{\Delta t}$$

onde:

E_a é a fem induzida

L é o coeficiente de auto-indução ou indutância

A unidade de L é o henry (H).

EXERCÍCIOS RESOLVIDOS

1. A indução B na região compreendida entre as peças polares de um eletroímã é de 0,5 $\frac{W}{m^2}$. Determinar a fem induzida em um condutor retilíneo de 10 cm de comprimento, perpendicular a B, que se movimenta com a velocidade de 1 m/s perpendicularmente a B e a seu próprio comprimento.

Solução

$\mathcal{E} = B\,\ell\,v$

$\mathcal{E} = 0{,}5 \frac{W}{m^2} \cdot 0{,}10\ m \cdot 1\ m/s =$

$\mathcal{E} = 0{,}05\ V$

2. Um quadro retangular de dimensões 6 cm e 10 cm, é colocado perpendicularmente a um campo magnético de intensidade 10^{-3} T. A intensidade do campo é reduzida a zero em 3 seg. Determine a fem induzida neste intervalo de tempo.

Solução

Cálculo da área $A = 6 \times 10 = 60\ cm^2 = 6 \times 10^{-3}\ m^2$.

$\Delta B = B_f - B = -10^{-3}\ T$

A variação do fluxo será:

$\Delta \phi = \Delta B \cdot A \cdot \cos\theta \rightarrow \cos\theta = 1\ (\theta = 0)$

$\Delta \phi = (-10^{-3}) \times (6 \times 10^{-3}) \times 1 \rightarrow$

$\Delta \phi = -6 \times 10^{-6}\ Wb.$

A fem induzida, será:

$$e = -\frac{\Delta \phi}{\Delta t} = -\frac{(-6 \times 10^{-6})}{3}$$

$$e = 2 \times 10^{-6}\ \text{Volts}$$

EXERCÍCIOS PROPOSTOS

1. Uma espira circular de área 1 m^2 é colocada em um campo magnético. O campo magnético mantém-se perpendicular ao plano da espira, porém sua intensidade diminui uniformemente à razão de 2 T por segundo. Calcule a intensidade de corrente que circula pela espira, se sua resistência elétrica vale 4 Ω.

Resposta
$i = 0{,}5\ A$

2. Na figura abaixo, têm-se um campo magnético uniforme de intensidade 0,4 T, perpendicular ao plano do papel. Neste plano, está uma espira, cujo comprimento pode aumentar ou diminuir. Em 0,1 s, verifica-se que a área passa do valor $A_1 = 1{,}20\ cm^2$ para $A_2 = 0{,}30\ cm^2$. Calcule a fem induzida na espira e indique, em um esquema, o sentido da corrente induzida.

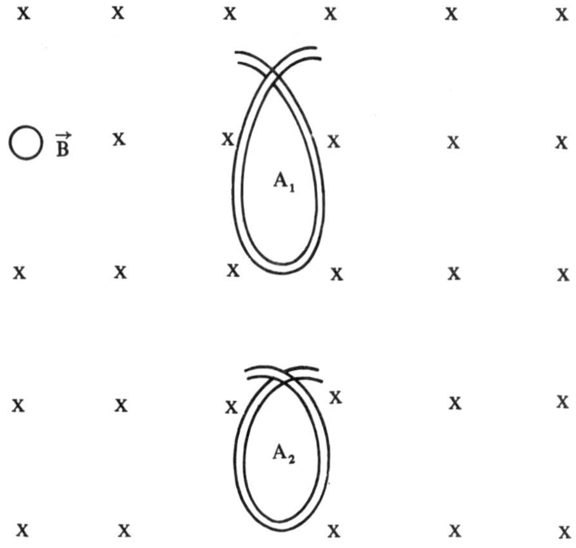

Resposta
$3{,}6 \times 10^{-4}\ V$

3. Uma bobina tem indutância de 0,25 H. Calcule a fem induzida média na bobina, quando a corrente decresce de 2 A a zero, em 16 s.

Resposta
$1{,}56 \times 10^{-3}\ V$

CORRENTE ALTERNADA

Quando um espira gira em um campo magnético uniforme com velocidade angular constante, o fluxo magnético é máximo e vale:

$$\phi_{máx} = B\,A$$

Admitindo que a espira esteja perpendicular às linhas de indução. Neste instante, $t = 0$ e $\theta = 0$.

Em um instante t posterior, a espira gira de um ângulo $\theta = \omega t$ e o fluxo ϕ valerá:

$$\phi = B A \cos \theta$$

Como $B A = \phi_{máx}$, virá

$$\phi = \phi_{máx} \cos \theta$$

Sendo $\theta = \omega t$, teremos

$$\boxed{\phi = \phi_{máx} \cdot \cos \omega t}$$

O fluxo magnético variando com o tempo, criará uma fem induzida entre os terminais da espira de valor.

$$\boxed{e = \phi_{máx}\, \omega \operatorname{sen} \omega t}$$

que é uma função senoidal do tempo, e seu valor máximo será:

$$e_{máx} = \phi_{máx}\, \omega$$

e, portanto,

$$\boxed{e = e_{máx} \operatorname{sen} \omega t}$$

A fem assume valores positivos e negativos periodicamente que lança em um circuito uma corrente chamada corrente alternada que varia em intensidade e sentido.

Se ligarmos um resistor de resistência R à espira, pela Lei de Ohm,

$$i = \frac{U}{R} = \frac{e}{R} \therefore$$

$$i = \frac{e_{máx}}{R}$$

Esta corrente será máxima, ou

$$i_{máx} = \frac{e_{máx}}{R}$$

A intensidade da corrente valerá:

$$\boxed{i = i_{máx} \operatorname{sen} \omega t}$$

A velocidade angular ou pulsação da corrente ω valerá:

$$\omega = \frac{2\pi}{T} = 2\pi f \quad (f = \frac{1}{T})$$

EXERCÍCIO RESOLVIDO

Uma bobina chata formada de 500 espiras quadradas de área igual a 6 cm^2, gira em torno de um eixo XY em um campo magnético uniforme, de intensidade 0,1 T. Se a espira efetua 3600 revoluções por minuto, determine

a) A velocidade angular da bobina.
b) O valor máximo da fem induzida.

Solução

a) A freqüência = f

$$f = \frac{3600}{60} = 60 \text{ Hz}$$

$$\omega = \frac{2\pi}{T} = 2\pi f = 2\pi \cdot 60 = 120\pi \ \frac{rad}{s}$$

b) Área = 6 cm^2 = 6×10^{-4} m^2

O fluxo magnético $\phi_{máx} = B A$

A bobina tem N = 500 espiras e o valor máximo da fem induzida será:

$$e_{máx} = N \phi_{máx}\, \omega = N B A \omega \therefore$$

$$e_{máx} = 500 \times 0{,}1 \times 6 \times 10^{-4} \times 120\pi \therefore$$

$$e_{máx} = 11{,}30 \text{ V.}$$

EXERCÍCIOS PROPOSTOS

1. Uma bobina de uma só espira quadrada, de lado a = 0,1 m, gira com velocidade angular ω em torno do eixo XY, num campo magnético uniforme, de intensidade 0,1 T. Para que seja induzida nesta bobina uma fem de valor máximo 10 V, calcule a velocidade angular da bobina.

Resposta
$\omega = 10^3$ rad/s

2. Uma bobina chata, formada de 500 espiras quadradas, de lado a = 20 cm, gira em torno de um eixo xy com velocidade angular ω. A bobina encontra-se em uma região, onde existe um campo magnético uniforme de intensidade 0,2 T, perpendicular a xy. Cada espira tem uma resistência de 0,04 Ω. Quando os terminais da bobina estão em curto circuito, ela é percorrida por uma corrente elétrica de valor eficaz igual a 3,5 A. Calcule a velocidade angular da bobina.

Resposta
$\omega = 25$ rad/s

1º ANO DO ENSINO MÉDIO

Capítulo 1

1) (CESESP-PE) Os sistemas de unidades empregados na Física são constituídos por grandezas fundamentais e derivadas. Na engenharia, um dos sistemas mais utilizados é o MKS, o qual tem como grandezas fundamentais:
a) massa, força e tempo
b) força, comprimento e tempo
c) comprimento, energia mecânica e tempo
d) comprimento, aceleração da gravidade e tempo

2) (CESGRANRIO-RJ) Em qual das opções abaixo se colocam corretamente, em ordem decrescente, as unidades de comprimento apresentadas?
a) km, m, mμm, mm, cm
b) km, m, mm, mμm, cm
c) m, km, mm, mμm, cm
d) km, m, cm, mm, mμm
e) mm, mμm, km, mm, cm

3) (CEFET-PR) A medição do comprimento de um lápis foi realizada por um aluno usando uma régua graduada em mm. Das alternativas apresentadas, aquela que expressa corretamente a medida obtida é:
a) 15 cm
b) 150 mm
c) 15,00 cm
d) 15,0 cm
e) 150,00 mm

4) (FEI-SP) A massa do sol é cerca de $1{,}99.10^{30}$ kg. A massa de um átomo de hidrogênio, constituinte principal do Sol, é $1{,}67.10^{-27}$ kg. Quantos átomos de hidrogênio há aproximadamente no Sol?
a) $1{,}5 \, . \, 10^{-57}$ átomos
b) $1{,}2 \, . \, 10^{57}$ átomos
c) $1{,}5 \, . \, 10^{57}$ átomos
d) $1{,}2 \, . \, 10^{-57}$ átomos
e) $1{,}2 \, . \, 10^{3}$ átomos

5) (UERJ) Qual ordem de grandeza do número de segundos contidos em um mês?
a) 10^3
b) 10^4
c) 10^6
d) 10^5
e) 10^7

Capítulo 3

1) (CESGRANRIO) Uma pessoa, correndo, percorre 4,0 km com velocidade escalar média de 12 km/h. O tempo do percurso é de:
a) 3,0 min
b) 12,40 min
c) 20 min
d) 30 min
e) 33 min

2) (UFPA) Um Transatlântico faz uma viagem de 3600 km em 6 dias e 6 horas. Em metros por segundo, sua velocidade de cruzeiro é, aproximadamente:
a) 24,12
b) 12,40
c) 6,70
d) 3,40
e) 1,86

3) (UEL-PR) Um carro percorreu a metade de uma estrada viajando a 30 km/h e, a outra metade da estrada, a 60 km/h. Sua velocidade média no percurso total foi de:
a) 60 km/h
b) 54 km/h
c) 48 km/h
d) 40 km/h
e) 30 km/h

4) (CESGRANRIO-RJ) Um atleta desloca-se em movimento uniformemente variado. Às 2h, 29 min e 55 s, sua velocidade é de 1 m/s e, logo a seguir, às 2h, 30 min e 25 s, está com 10 m/s. Qual a aceleração escalar desse atleta?
a) 0,03 m/s^2
b) 0,1 m/s^2
c) 0,3 m/s^2
d) 1,0 m/s^2
e) 3,0 m/s^2

5) (UEL-PR) Um trem em movimento está a 15 m/s quando o maquinista freia, parando o trem em 10 s. Admitindo a aceleração constante, pode-se concluir que os módulos da aceleração e do deslocamento do trem neste intervalo de tempo valem, em unidades do Sistema Internacional, respectivamente,
a) 0,66 e 75
b) 0,66 e 150
c) 1,0 e 150
d) 1,5 e 150
e) 1,5 e 75

6) (UFTM) Dois projéteis iguais são atirados da mesma posição (40 m acima do solo), verticalmente, em sentidos opostos e com a mesma velocidade. E 2 s o primeiro projétil atinge o solo. Depois de quanto tempo da chegada do primeiro o segundo atingirá o solo? (Despreze qualquer atrito e considere g = 10 m/s²)

a) 1 s
b) 2 s
c) 3 s
d) 4 s
e) 5 s

Capítulos 4 a 11

1) (UFPI) Duas forças de intensidades 20 N e 50 N tem resultantes de intensidades máxima e mínima respectivamente iguais a:

a) 70 N e 30 N
b) 150 N e 20 N
c) 200 N e 70 N
d) 210 N e 30 N

2) (UFRGS) Um corpo de massa igual a 5 kg, inicialmente em repouso, sofre a ação de uma força resultante de 30 N. Qual a velocidade do corpo depois de 5s?

a) 5 m/s
b) 6 m/s
c) 25 m/s
d) 30 m/s
e) 150 m/s

3) (MACK-SP) Um elevador cujo peso é de 1200 N desce com uma aceleração constante de 1 m/s². Admitindo g = 10 m/s², podemos afirmar que a tração no cabo é de:

a) 980 N
b) 890 N
c) 1100 N
d) 1080 N
e) n.d.a.

4) (UNIFOR-CE) Em determinado instante, uma bola de 200g cai verticalmente com aceleração de 4,0 m/s². Nesse instante, o módulo da força de resistência, exercida pelo ar sobre essa bola, é, em newtons, igual a:

a) 0,20
b) 0,40
c) 1,2
d) 1,5
e) 2,0

5) (FCC-BA) Um corpo de massa igual a 5,0 kg, abandonado sobre um plano inclinado rugoso, desliza com aceleração igual a 4,0 m/s². O componente da força peso do corpo na direção do plano inclinado vale 25,0 N. A força de atrito entre o corpo e o plano inclinado, em newtons, deve ser igual a:

a) 5,0
b) 10
c) 15
d) 20
e) 25

6) (UFSM-RS) Suponha que um caminhão de massa igual a $1,0 \,.\, 10^4$ kg suba, com velocidade constante de 9 km/h, em uma estrada com 30° de inclinação com a horizontal.
Que potência seria necessária ao motor do caminhão? Adote g = 10 m/s².

a) $9,0 \,.\, 10^5$ W
b) $2,5 \,.\, 10^5$ W
c) $1,25 \,.\, 10^5$ W
d) $4,0 \,.\, 10^4$ W
e) $1,1 \,.\, 10^4$ W

7) (FATEC-SP) Considere as afirmações:

I) O rendimento de uma máquina simples é a razão entre o trabalho útil e o trabalho do operador
II) Nas máquinas simples reais, o rendimento é maior que a unidade
III) O rendimento de uma máquina é dado por um número puro

É (são) correta(s):

a) I e II
b) II e III
c) I e III
d) I, II e III
e) II

8) (FGV-SP) Uma pedra de 2 kg é lançada do solo, verticalmente para cima, com uma energia cinética de 500 J. Adote g = 10 m/s². Se em um determinado instante a sua velocidade for de 10 m/s, ela estará a uma altura do solo, em metros, de:

a) 50
b) 40
c) 30
d) 20
e) 10

9) (ACAFE-SC) Uma criança, inicialmente em repouso, encontra-se sobre um escorregador de 2,4 m de altura. Ao descer escorregando, ocorre uma perda de 25% da energia mecânica inicial devido às forças dissipativas. Supondo que a aceleração da gravidade no local é de 10 m/s², calcule a velocidade, em metros por segundo, com que a criança atinge o solo.

a) 4
b) 6
c) 7

d) 9
e) 10

10) (SANTA CASA-SP) Um homem sobre patins está em repouso na superfície congelada de um lago. Em dado momento, arremessa, para a frente, uma pedra de 10 kg que adquire velocidade horizontal de 8,0 m/s. Sendo desprezível o atrito entre os patins e o gelo, o homem, que tem massa de 80 kg, adquire uma velocidade que, em metros por segundo, vale:
a) 10
b) 5,0
c) 2,0
d) 1,0
e) 0,5

11) (UFAL) Um pedaço de massa de modelar de 200 g é atirado horizontalmente com velocidade de 12 m/s contra um carrinho de massa 600 g, inicialmente parado sobre uma superfície horizontal. Se a massa se choca contra o carrinho e nele permanece grudada, a velocidade com que o conjunto passa a se mover é, em metros por segundo:
a) 3
b) 6
c) 8
d) 9
e) 12

Capítulos 12 e 13

1) (UNEB-BA) Um bloco de $2m^3$ de volume está totalmente imerso em um líquido de densidade igual a $4g/cm^3$. Se a aceleração da gravidade local é $10\ m/s^2$, o empuxo sofrido pelo bloco tem intensidade:
a) 100 k N
b) 80 k N
c) 60 k N
d) 40 k N
e) 20 k N

2) (PUC-RJ) Duas esferas metálicas, feitas de metais diferentes, com o mesmo diâmetro, uma maciça e outra oca, estão totalmente imersas e em equilíbrio num recipiente que contém água. A respeito dos empuxos nas esferas, conclui-se que:
a) são iguais
b) o empuxo sobre a esfera oca é maior que o exercido sobre a maciça
c) o empuxo sobre a esfera maciça é maior que o exercido sobre a oca
d) o empuxo é maior sobre a esfera que tem maior densidade
e) o empuxo sobre a esfera oca é maior que o seu peso

3) (U. E. Sudoeste da Bahia) Dois corpos A e B estão completamente imersos em água e as intensidades dos empuxos que atuam sobre A e B são, respectivamente, E_A e E_B com $E_A = E_B$. Nessas condições, são necessariamente iguais:
a) as suas massas
b) os seus volumes
c) as suas densidades
d) as formas geométricas
e) os seus pesos específicos

4) (UEL-PR) O peso de um corpo homogêneo, de densidade $7{,}8\ g/cm^3$, é obtido por meio de um dinamômetro, que registra 3,9 N, no ar. Mergulhando o corpo completamente em um líquido, o dinamômetro acusa 3,0 N. Nessas condições, sendo $g = 10\ m/s^2$, a densidade do líquido, em g/cm^3, vale:
a) 0,90
b) 1,8
c) 2,7
d) 3,6
e) 4,5

5) (PUC-MG) Um corpo de densidade d flutua em um líquido de densidade 2 d. Nessas circunstâncias, o empuxo sobre o corpo tem intensidade:
a) igual ao peso do corpo
b) igual ao dobro do peso do corpo
c) igual à metade do peso do corpo
d) impossível de ser relacionada com o peso do corpo
e) nula

6) (VUNESP-SP) Um bloco de madeira bóia na superfície de um tanque, recebendo um empuxo de 8,0 N. O peso desse bloco de madeira é, em newtons:
a) 80
b) 64
c) 8,0
d) 6,4
e) 0,80

7) (VUNESP-SP) A massa específica de certa madeira é $0{,}80\ g/cm^3$. Jogando-se um pedaço dessa madeira na água, de massa específica $1{,}0\ g/cm^3$, a porção da madeira que emergirá da água, após o equilíbrio será:
a) 25%
b) 80%
c) 20%
d) 75%
e) 42%

8) (ACAFE-SC) Um prego é colocado entre dois dedos que produzem a mesma força, de modo que a ponta do prego é pressionada por um dedo e a cabeça do prego pelo outro. O dedo que pressiona o lado da ponta sente dor em função de:

a) a pressão ser inversamente proporcional à área para uma mesma força
b) a força ser diretamente proporcional à aceleração e inversamente proporcional à pressão
c) a pressão ser diretamente proporcional à força para uma mesma área
d) a sua área de contato ser menor e, em conseqüência, a pressão também
e) o prego sofrer uma pressão igual em ambos os lados, mas em sentidos opostos

2º ANO DO ENSINO MÉDIO

Capítulos 1 a 7

1) (MACK-SP) Um turista, ao descer no aeroporto de Nova Iorque, viu um termômetro marcando 68ºF. Fazendo algumas contas, esse turista verificou que essa temperatura era igual à de São Paulo, quando embarcara. A temperatura de São Paulo, no momento de seu embarque, era de:
a) 10ºC
b) 15ºC
c) 20ºC
d) 25ºC
e) 28ºC

2) (UFSM-RS) Uma escala termométrica x atribui 20ºX para o ponto de gelo e 80ºX para o ponto de vapor d'água. Quando um termômetro graduado na escala centígrada marcar 50ºC, o termômetro graduado na escala X marcará:
a) 30ºX
b) 40ºX
c) 50ºX
d) 60ºX
e) 70ºX

3) (OSEC-SP) Uma temperatura na escala Farenheit é expressa por um número que é o triplo do correspondente na escala Celsius. Essa temperatura é:
a) 26,7ºF
b) 53,3ºF
c) 80,0ºF
d) 90,0ºF
e) n.d.a.

4) (PUC-RS) Um fio metálico tem 100 m de comprimento e coeficiente de dilatação linear igual a $17 \cdot 10^{-6}\,°C^{-1}$. A variação de comprimento desse fio, quando a temperatura varia 10ºC, é de:
a) 17 mm
b) 1,7 m
c) 17 m
d) $17 \cdot 10^{-3}$ mm
e) $17 \cdot 10^{-6}$ m

5) Uma régua de alumínio, com coeficiente de dilatação linear $a\alpha = 25 \cdot 10^{-6}\,K^{-1}$, tem comprimento de 200,0 cm a 20ºC. Qual o valor, em centímetros, do seu comprimento a 60ºC?
a) 200,1
b) 200,2
c) 200,3
d) 200,4
e) 200,5

6) (UFJF) Um recipiente de cobre tem 1000 cm^3 de capacidade a 0ºC. Sua capacidade a 100,0ºC mede ($a\alpha_{Cu} = 1{,}700 \cdot 10^{-3}\,°C^{-1}$):
a) 1017 cm^3
b) 1005 cm^3
c) 1003 cm^3
d) 1002 cm^3
e) 1001 cm^3

7) (UFMG) Um corpo tem capacidade térmica igual a 18 cal/ºC e o calor específico do material que o constitui é igual a 0,12 cal/gºC. A massa desse corpo vale:
a) 150 g
b) 180 g
c) 220 g
d) 280 g
e) 330 g

8) (CESGRANRIO-RJ) Que quantidade de calor deve-se retirar de 1,00 kg de água inicialmente a 20ºC, para transformá-lo totalmente a 0ºC?
a) 20 kcal
b) 40 kcal
c) 60 kcal
d) 80 kcal
e) 100 kcal

9) (UNIMEP-SP) Quinze litros de uma determinada massa gasosa encontram-se a uma pressão de 8 atm e à temperatura de 30ºC. Ao sofrer uma expansão isotérmica, seu volume passa para 20 L. Qual será a nova pressão?
a) 10 atm
b) 6 atm
c) 8 atm
d) 5 atm
e) É impossível determinar

10) (FAM-SP) Se a energia cinética média das moléculas de um gás aumentar e o volume permanecer constante:
a) a pressão do gás aumentará e a sua temperatura permanecerá constante
b) a pressão permanecerá constante e a temperatura aumentará
c) a pressão e a temperatura aumentarão
d) a pressão diminuirá e a temperatura aumentará
e) a temperatura diminuirá e a pressão permanecerá constante

11) (UECE) Nas transformações isotérmicas dos gases perfeitos, é incorreto afirmar que:
a) Não há variação de temperatura
b) A variação de energia interna do gás é nula
c) Não ocorre troca de calor entre o gás e o ambiente
d) O calor trocado pelo gás com o exterior é igual ao trabalho realizado no mesmo processo

12) (PUC-RS) Um sistema recebe 300 cal de uma fonte térmica, ao mesmo tempo em que realiza um trabalho de 854 J. Sabendo-se que 1 cal é igual a 4,18 J, pode-se afirmar que a energia interna do sistema aumenta:
a) 300 J
b) 400 J
c) 554 J
d) 1154 J
e) 1254 J

13) (UFU-MG) Um gás está confinado em um cilindro provido de um pistão. Ele é aquecido, mas seu volume não é alterado. É possível afirmar que:
a) A energia interna do gás não varia
b) O trabalho realizado nesta transformação é nulo
c) O pistão sobe durante o aquecimento
d) A força que o gás exerce sobre o pistão permanece constante
e) A energia cinética média das partículas do gás diminui

Capítulos 8 a 11

1) (UEAL) Quando uma pedra cai num lago tranqüilo, formam-se ondas circulares. O fato de as ondas serem circulares é uma evidência de que:
a) as ondas transportam energia
b) as ondas transportam matéria
c) a velocidade de propagação das cordas é a mesma em todas as direções
d) a velocidade de propagação das cordas depende da densidade da pedra
e) n.d.a.

2) (MACK-SP) Um fio metálico de 2 m de comprimento e 10 g de massa é tracionado mediante uma força de 200 N. A velocidade de propagação de um pulso transversal nesse fio é de:
a) 200 m/s
b) 100 m/s
c) 50 m/s
d) 210 m/s
e) n.d.a.

3) (PUC-SP) A velocidade de propagação de uma perturbação transversal numa corda de massa específica linear igual a 0,010 kg/m, tracionada por uma força de 64 N é, em metros por segundo, de:
a) 0,64
b) 40
c) 64
d) 80
e) 320

4) (UFPA) Uma onda tem freqüência de 10 Hz e se propaga com velocidade de 400 m/s. Então, seu comprimento de onda vale, em metros:
a) 0,04
b) 0,4
c) 4
d) 40
e) 400

5) (UNIUBE-MG) Um fio de náilon de 80 cm de comprimento e com extremos fixos é tracionado por uma força. Ao ser excitado por uma fonte de 10 Hz, origina uma onda estacionária de três nós. A velocidade de propagação da onda no fio é, em metros por segundo, igual a:
a) 20
b) 40
c) 80
d) 140
e) 180

6) (PUC-SP) Para determinar a profundidade de um poço de petróleo, um cientista emitiu com uma fonte, na abertura do poço, ondas sonoras de freqüência 220 Hz. Sabendo-se que o comprimento de onda, durante o percurso é de 1,5 m e que o cientista recebe como resposta um eco após 8 s, a profundidade do poço é:
a) 2640 m
b) 1440 m
c) 2880 m
d) 1320 m
e) 330 m

7) (UFLA-MG) A pesca industrial moderna se utiliza de sonares para a localização de cardumes. Considerando a velocidade do som na água aproximadamente 1500 m/s, e que o sonar recebe o som de volta 1s após a emissão, então a distância do barco ao cardume é de:
a) 250 m
b) 500 m
c) 750 m
d) 1000 m
e) 1500 m

8) (UEL-PR) Um trem de ondas planas propagando-se na água atinge um obstáculo e sofre um desvio, tendendo a contorná-lo. Esse fenômeno ondulatório denomina-se:
a) interferência
b) polarização

c) difração
d) refração
e) reflexão

Capítulos 12 e 13

1) (METODISTA-SP) Um observador A, visando um espelho, vê um segundo observador B. Se B visar o mesmo espelho, ele verá o observador A. Esse fato se explica pelo:
a) princípio da propagação retilínea da luz
b) princípio da independência dos raios de luz
c) princípio da reversibilidade dos raios de luz
d) absorção da luz na superfície do espelho
e) princípio da propagação curvilínea da luz

2) (UFAL) Os eclipses da Lua ocorrem sempre:
a) que a Lua, ou parte dela, está na sombra da Terra
b) que a Terra, ou parte dela, está na sombra da Lua
c) que a Lua está entre o Sol e a Terra
d) de madrugada
e) durante o dia

3) (FESP-SP) Um edifício projeta no solo uma sombra de 40 m. No mesmo instante, um observador toma uma haste vertical de 20cm e nota que sua sombra mede 0,80m. A altura do edifício é de:
a) 4,0 m
b) 8,0 m
c) 10 m
d) 20 m
e) 40 m

4) (PUC-SP) Uma câmara escura tem 20 cm de profundidade. A que distância do orifício (da câmara) uma pessoa de 1,70 m deve permanecer para que sua imagem seja da ordem de 10 cm?
a) 1,0 m
b) 1,7 m
c) 2,0 m
d) 20 m
e) 40 m

5) (ITA-SP) Um jovem estudante, para fazer a barba mais eficientemente, resolve comprar um espelho esférico que aumenta duas vezes a imagem do seu rosto quando ele se coloca a 50 cm dele. Que tipo de espelho ele deve usar e qual o raio de curvatura?
a) convexo com r = 50 cm
b) côncavo com r = 200 cm
c) côncavo com r = 33,3 cm
d) convexo com r = 67 cm
e) um espelho diferente dos mencionados

6) (USTJ-SP) Um objeto real é colocado a 60 cm de um espelho esférico. Este produz uma imagem virtual a 30 cm do vértice. O raio de curvatura desse espelho mede:
a) 20 cm
b) 60 cm
c) 80 cm
d) 40 cm
e) 120 cm

7) (FGV-SP) Uma criança que olha por cima de um aquário é vista por um peixe. O peixe verá a cabeça da criança:
a) acima do local onde ela realmente se encontra
b) abaixo do local onde ela realmente se encontra
c) no local exato onde ela realmente se encontra
d) caso não haja interferência luminosa
e) maior que a verdadeira, devido à combinação da refração com a reflexão

8) (PUC-SP) Uma lente convergente fornece, de um objeto real, disposto perpendicularmente ao seu eixo e situado a 3 cm de distância, uma imagem virtual três vezes maior que o objeto. A distância focal da lente:
a) 4,5 cm
b) 2,25 cm
c) 0,48 cm
d) 5,0 cm
e) 3,0 cm

9) (UFES) Uma lupa é construída com uma lente delgada biconvexa com distância focal de 10 cm. A que distância do centro óptico da lupa, sobre o eixo principal, devemos colocar um objeto, para que sua imagem apareça ampliada por um fator 5?
a) 2 cm
b) 6 cm
c) 8 cm
d) 12 cm
e) 15 cm

10) (PUC-SP) Um projetor de slides de 40 cm de distância focal está situado a 2 m de uma tela. Os slides projetados serão aumentados de:
a) 40 vezes
b) 20 vezes
c) 10 vezes
d) 5 vezes
e) 4 vezes

3º ANO DO ENSINO MÉDIO

Capítulo 1

1) (PUC-SP) Não é possível eletrizar uma barra metálica segurando-a com uma mão porque:
a) a barra metálica é isolante e o corpo humano, bom condutor

b) a barra metálica é condutora e o corpo humano, isolante
c) tanto a barra metálica como o corpo humano são bons condutores
d) a barra metálica é condutora e o corpo humano, semicondutor
e) tanto a barra metálica como o corpo humano são isolantes

2) (UNIFOR-CE) Um bastão é atritado com um pano. A seguir, repele uma esfera eletrizada negativamente. Pode-se afirmar corretamente que o bastão foi eletrizado:
a) positivamente, por contato com o pano
b) positivamente, por indução da esfera
c) negativamente, por indução da esfera
d) negativamente, por atrito com o pano
e) neutralizado, ao aproximar-se da esfera

3) (FAPI-MG) Os corpos eletrizados por atritos, contato e indução ficam carregados, respectivamente, com cargas de sinais:
a) iguais, iguais e iguais
b) contrários, iguais e contrários
c) iguais, iguais e contrários
d) contrários, iguais e iguais

4) (PUC-SP) O funcionamento de um pára-raios, é baseado:
a) na indução eletrostática e no poder das pontas
b) na blindagem eletrostática e no poder das pontas
c) na indução e na blindagem eletrostática
d) no efeito Joule e no poder das pontas
e) no efeito Joule e na indução eletrostática

5) (FAPI-MG) Uma esfera condutora de raio r = 5 cm, localizada no vácuo, está eletrizada com uma carga $q = 2 \cdot 10^{-6}$ C. Isso permite afirmar que:
a) o potencial dessa esfera é nulo
b) o potencial no centro dessa esfera é o mesmo da superfície
c) a 50 cm da superfície da esfera o potencial é $9 \cdot 10^5$ V
d) a 30 cm do centro da esfera o potencial é $9 \cdot 10^5$ V

Capítulo 2

1) (PUC-RS) A razão entre a carga que flui por uma secção reta de um condutor e o tempo gasto para essa carga fluir define uma grandeza elétrica chamada:
a) intensidade de corrente
b) resistência
c) condutância
d) diferença de potencial
e) força eletromotriz

2) (UNEB-BA) A corrente elétrica num subcondutor metálico se deve ao movimento de:
a) íons de metal, no mesmo sentido convencional da corrente
b) prótons, no sentido oposto ao sentido convencional da corrente
c) elétrons, no sentido oposto ao sentido convencional da corrente
d) elétrons, no mesmo sentido convencional da corrente
e) prótons, no mesmo sentido convencional da corrente

3) (UNITAU-SP) 5,0 mðC de carga atravessam a seção reta de um fio metálico, num intervalo de tempo igual a 2,0 milissegundos. A corrente elétrica que atravessa a seção é de:
a) 1,0 mA
b) 1,5 mA
c) 2,0 mA
d) 2,5 mA
e) 3,0 mA

4) (UNISINOS-RS) Nas campanhas para alertar a população sobre a importância de economizar energia, sugere-se não ligar eletrodomésticos no horário de pico, entre 18h e 21h (Zero hora, 03/11/97).
A energia elétrica consumida por um ferro de engomar, de 900W, ao permanecer ligado durante 10 min, é de:
a) 0,15 kW/h
b) 1,5 W/h
c) 540000 kWh
d) 540000 J
e) 540000 cal

5) (UFES) Uma pilha de fem igual a 1,5 V e resistência desprezível fornece à lâmpada de uma pequena lanterna uma corrente elétrica igual a 0,2A. Se a lâmpada permanece acesa durante 1h, a energia química da pilha que se transforma em energia elétrica é:
a) 0,3 J
b) 1,5 J
c) 7,5 J
d) 54 J
e) 1080 J

6) (MACK-SP) Um gerador elétrico é percorrido por uma corrente de 2A de intensidade e dissipa internamente 20 W. Se a ddp entre os terminais do gerador é de 120V, sua fem é de:
a) 160 V
b) 150 V
c) 140 V
d) 130 V
e) 110 V

Capítulo 3

1) (PUC-SP) Quando uma barra de ferro é magnetizada, são:
a) acrescentados elétrons à barra
b) retirados elétrons da barra
c) acrescentados ímãs elementares à barra
d) retirados ímãs elementares da barra
e) ordenados os ímãs elementares da barra

2) (UNISINOS-RS) Sabe-se que a Terra apresenta propriedades magnéticas comportando-se como um imenso ímã. Próximo ao pólo ________ geográfico da Terra existe um pólo _________ magnético, que atrai o pólo _________ da agulha magnética de uma bússula. As lacunas são corretamente preenchidas, respectivamente:
a) norte; sul; norte
b) norte; norte; sul
c) sul; sul; norte
d) sul; positivo; negativo
e) norte; positivo; negativo

3) (FESP-PE) Um fio condutor retilíneo e muito longo é percorrido por uma corrente de intensidade 2,0 A. O campo magnético a 50,0 cm do fio terá intensidade:
a) $2,0 \cdot 10^{-7}$ T
b) $4,0 \cdot 10^{-7}$ T
c) $8,0 \cdot 10^{-7}$ T
d) $1,6 \cdot 10^{-6}$ T
e) $3,2 \cdot 10^{-6}$ T

4) (UFRGS) Analisando o comportamento de partículas que se movimentam perpendicularmente à direção de um campo magnético, verifica-se que a partícula que não é acelerada pela força devida a esse campo é:
a) o nêutron
b) o próton
c) o elétron
d) a partícula alfa
e) a partícula beta

5) (UFMA) Uma carga elétrica de 10^{-10} C é lançada perpendicularmente às linhas de força de um campo magnético, com uma velocidade de 10^3 m/s. Sabendo-se que uma força de 10^{-8} N passa a agir sobre a carga, então a intensidade do campo é:
a) 10^3 T
b) 10^2 T
c) 10 T
d) 10^{-1} T

TESTES DE VESTIBULARES – RESPOSTAS

1º ANO DO ENSINO MÉDIO

Capítulo 1
1) c
2) d
3) c
4) b
5) c

Capítulo 3
1) c
2) c
3) d
4) c
5) e
6) b

Capítulos 4 a 11
1) a
2) d
3) d
4) c
5) a
6) c
7) c
8) d
9) b
10) d
11) a

Capítulos 12 e 13
1) b
2) a
3) b
4) b
5) a
6) c
7) c
8) a

2º ANO DO ENSINO MÉDIO

Capítulos 1 a 7
1) c
2) c
3) c
4) a
5) b
6) b
7) a
8) e
9) b
10) c
11) c

12) b
13) b

Capítulos 8 a 11
1) c
2) a
3) d
4) d
5) c
6) d
7) c
8) c

Capítulos 12 e 13
1) c
2) a
3) c
4) d
5) b
6) e
7) a
8) a
9) c
10) e

3º ANO DO ENSINO MÉDIO

Capítulo 1
1) c
2) d
3) b
4) a
5) b

Capítulo 2
1) a
2) c
3) d
4) d
5) e
6) d

Capítulo 3
1) e
2) a
3) c
4) a
5) d